구속사의 관점에서 본

마태복음 강해

구속사의 관점에서 본
마태복음 강해

| 자녀에게 물려주는 말씀유산 |

최성배 지음

다시 오실 주님을 맞이할 신부로 단장되는 데 조금이나마 도움이 되기를

오늘 우리는 이 땅에서 하나님 나라의 백성으로서의 삶을 살 뿐만 아니라
그리스도의 신부로서 하나님 나라가 완성될 때 신랑 되신 예수님을
어떻게 맞이할 것인가를 준비하며 살아야 할 것입니다.

좋은땅

머리말

4대째 믿는 집에서 태어나 믿음의 조상으로부터 신앙의 큰 빚을 졌고 특히 아버님이 마지막 유언을 온유, 겸손, 자기부인이라는 글을 써서 액자에 담아 주셨는데, 한평생 교회 장로로 신앙생활 하면서 가장 어려웠던 점을 마음에 소원을 담아 자식에게 남겨 준 것으로 생각됩니다.

그래서 나도 빚진 자의 심정으로 자식들에게 신앙의 유산을 마음의 소원을 담아 남겨 주고 싶은 마음에 이 책을 쓰게 되었는데 마태복음을 선택한 이유는 아버지의 자식을 향한 소원이 산상수훈 말씀에 담겨 있고, 나 자신도 산상수훈의 삶을 제대로 살지 못함으로 자식들에게 신앙의 본을 보이지 못한 미안함과 하나님 앞에 회개하는 마음이 있기 때문이고, 또한 마태복음이 신, 구약 성경 전체를 연결하고 알 수 있게 해 주는 책이기 때문입니다.

우리가 알다시피 4복음서 중에 마태복음은 유대인들을 향한 복음서이기 때문에 구약성경 인용 구절이 가장 많은 93구절이나 됩니다. 그리고 마태복음의 총 주제는 하나님 나라로서 예수가 하나님 나라의 왕으로 오셔서 하나님 나라의 그 처음 시작을 어떻게 해서 마지막을 어떻게 완성할 것인가를 보여 주고 있습니다.

그러므로 오늘 우리는 이 땅에서 하나님 나라의 백성으로서의 삶을 살 뿐만 아니라 그리스도의 신부로서 하나님 나라가 완성될 때 신랑 되신 예수님을 어떻게 맞이할 것인가를 준비하며 살아야 할 것입니다.

본 책의 내용은 2년 동안 교회에서 강해설교한 것을 그대로 옮겨 놓은 것인데, 바라기는 이 책을 통해서 다시 오실 주님을 맞이할 신부로 단장되는 데 조금이나마 도움이 되기를 바랍니다.

| 목 차 |

머리말   ··· 4

아브라함과 다윗의 자손 예수 그리스도 (마1:1)   ··· 8

복음인 예수 그리스도의 족보 (마1:1~17)   ··· 17

인간이시면서 하나님이신 예수 그리스도 (마1:18~25)   ··· 23

누가 재림의 예수를 맞이할 수 있는가 (마2:1~14)   ··· 30

구약의 예언을 성취하신 예수 그리스도 (마2:13~23)   ··· 38

회개의 세례로 길을 예비하는 자 (마3:1~12)   ··· 44

세례 받으시고 마귀의 시험을 받으시는 예수님 (마3:13~4:2) ··· 50

마귀의 시험을 이기심1 (마4:1~4)   ··· 57

마귀의 시험을 이기심2 (마4:5~7)   ··· 64

마귀의 시험을 이기심3 (마4:8~11)   ··· 71

무리가 아닌 제자만이 누리는 축복 (마4:23~5:2)   ··· 78

심령이 가난한 자의 복 (마5:3)   ··· 84

애통하는 자의 복 (마5:4)   ··· 91

온유한 자의 복 (마5:5)   ··· 99

의에 주리고 목마른 자의 복 (마5:6)   ··· 106

긍휼히 여기는 자의 복 (마5:7)   ··· 113

마음이 청결한 자의 복 (마5:8)   ··· 120

화평하게 하는 자의 복 (마5:9)   ··· 128

의를 위하여 박해를 받는 자의 복 (마5:10~12)   ··· 135

너희는 세상의 소금이라 (마5:13)   ··· 141

너희는 세상의 빛이라 (마5:14~16)   ··· 150

율법의 완성자로 오신 예수 (마5:17~20) … 158

네 이웃을 네 자신과 같이 사랑해야 하는 이유 (마5:21~32) … 167

하나님의 온전하심같이 너희도 온전하라 (마5:38~48) … 175

구제함을 은밀하게 하라 (마6:1~4) … 183

올바른 기도의 태도와 내용 (마6:5~13) … 192

보물을 땅에 쌓지 않고 하늘에 쌓는 자 (마6:19~24) … 200

당신은 염려하십니까 (마6:24~34) … 209

비판하지 말고 분별하라 (마7:1~12) … 217

구원은 좁은 문 좁은 길로 가는 자이다 (마7:21~23) … 225

나병을 깨끗하게 하심 (마8:1~4) … 234

백부장의 믿음 (마8:5~13) … 243

모든 질병을 짊어지신 예수님 (마8:16~17) … 252

예수님을 따르는 바른 자세와 각오 (마8:18~22) … 261

예수님이 함께하신다는 믿음 (마8:23~27) … 268

귀신 들린 자를 고치신 예수님 (마8:28~34) … 277

세리 마태를 부르심 (마9:9~13) … 284

죽은 것이 아니라 잔다 (마9:18~26) … 292

베드로를 부르심 (마10:2~4) … 299

복음 전파자의 자세 (마10:16~23) … 306

선지자보다 나은 자 (마11:2~6) … 314

복음의 양면성 (마11:20~24) … 320

참된 안식 (마11:25~30) … 328

씨 뿌리는 비유 (마13:10~17) … 338

알곡과 가라지 비유 (마13:24~30, 36~43) … 345

겨자씨 비유 (마13:31~32) … 352

누룩 비유 (마13:33) … 360

보화와 진주의 비유 (마13:44~46) … 368

그물 비유 (마13:47~50) … 374

천국을 소유하는 믿음 (마14:22~33) … 381

의문의 종교와 마음의 신앙 (마15:1~20) … 389

자녀의 떡과 개의 부스러기 (마15:21~28) … 397

칠병이어의 표적 (마15:32~16:4) … 404

바리새인과 사두개인의 누룩 (마16:1~12) … 413

예수님은 누구신가 (마16:13~16) … 420

반석 위에 세워진 교회 (마16:13~20) … 429

교회의 영광인 천국 열쇠 (마16:13~20) … 438

자기 십자가를 지고 따르라 (마16:21~24) … 445

자기부인과 십자가 (마16:24~28) … 453

십자가와 부활의 영광 (마17:1~8) … 462

능력 있는 믿음 (마17:14~23) … 469

천국에서 큰 사람 (마18:1~14) … 476

천국에서 누가 큰 자인가 (마18:15~35) … 483

하나님의 헤세드의 사랑 (마19:1~12) … 490

포도원 품꾼 비유 (마20:1~16) … 498

열매와 기도 (마21:18~22) … 506

혼인 잔치 비유 (마22:1~14) … 513

참된 영적 지도자 (마23:1~12) … 520

마지막 때의 징조1 (마24:1~14) … 527

마지막 때의 징조2 (마24:1~14) … 536

열 처녀 비유 (마25:1~13) … 543

양과 염소의 비유 (마25:31~46) … 552

마지막 주자 (마28:16~20) … 559

아브라함과 다윗의 자손 예수 그리스도
(마1:1)

한 송이 국화꽃을 피우기 위해 봄부터 소쩍새가 울었다고 했는데, 우리가 거의 1년 넘게 아브라함과 다윗 이야기를 생각한 것은 바로 마1:1을 열기 위해서입니다.

여러분 신약성경을 처음 열면서 왜 아브라함과 다윗과 예수 그리스도의 족보로 시작되는지 그 이유를 아십니까?

성경은 전체가 66권으로 되어 있지만 하나하나, 따로따로 떨어져 있는 것이 아니라 창세기부터 요한계시록까지 전체가 하나의 강물처럼 연결되어 있는데요. 그러면 창세기부터 요한계시록까지 무엇으로 연결되어 있는가.

예수님이 직접 말씀하셨지요. 요5:39 '너희가 성경에서 영생을 얻는 줄 생각하고 성경을 연구하거니와 이 성경이 곧 내게 대하여 증언하는 것이니라'

여기서 말하는 성경은 구약성경을 말하니까 성경 전체가 예수 그리스도로 연결되어 있다는 것입니다. 그래서 구약은 이 땅에 오실 예수 그리스도, 신약 4복음서는 이 땅에 오신 예수 그리스도, 그다음 사도행전에서 요한계시록까지는 다시 오실 예수 그리스도. 그러니까 성경 전체가 예수 이야기이기 때문에 1,600년 동안 40명의 저자가 기록했음에도 불구하고 처음 시작과 끝인 창세기와 요한계시록을 연결시키면 톱니바퀴가 맞아 돌아가듯이 둘이 딱 들어맞게 되어 있습니다.

이것이 왜 신약성경을 열면서 예수 그리스도의 족보로 시작되는지 그 이유예요. 아브라함과 다윗이 구약성경 전체이고 예수 그리스도가 신약성경 전체라는 것인데요. 그러면 왜 아담이 아니고 아브라함부터 시작되는가? 그 이유를 알려면 아브라함을 부르신 배경을 알아야 합니다. 하나님이 왜 아브라함을 부르셨죠? 그 이유를 알려면 바로 앞장인 창세기 11장의 바벨탑 사건을 알아야 하는데요. 바벨탑 사건은 한마디로 인간 전체가 하나 되어 하나님을 반역한 사건인데 아담, 하와가 범죄한 이후에 인간들은 계속 타락하여 마침내 노아 때 죄악이 차고 넘쳤을 뿐만 아니라 하나님의 백성이 세상과 섞여 더 이상 스스로 정화할 수 없게 되었을 때 하나님이 홍수로 심판하셨습니다. 그리고 이때 홍수심판에서 노아의 가족 식구 여덟 사람만이 살아남았는데요. 문제는 이 노아의 후손들이 또 '시날 평지를 만나 거기 거류하며 성읍과 탑을 건설하여 그 탑 꼭대기를 하늘에 닿게 하여 우리 이름을 내고 온 지면에 흩어짐을 면하자'(창11:4) 하고는 하나님을 대적하고 있습니다.

　우리 인간은 죄인이라 인간이 하나님 앞에 나아가려면 반드시 죄 문제를 해결해야 하기 때문에 오직 하나님의 은혜의 방편인 양의 희생을 통한 죄를 가림으로만 하나님 앞에 나아갈 수 있는데, 인간들이 벽돌을 만들고 역청을 만들어 탑을 쌓음으로 인간적인 수단과 방법으로 하늘에 닿겠다고 하고 있으니, 이건 안 되지요. 우리가 알다시피 아담이 범죄했을 때 하나님이 양의 희생을 통한 가죽옷을 지어 입혀 보냄으로 하나님 앞에 나아갈 수 있는 길을 마련해 주셨는데 이 하나님의 은혜를 배은망덕으로 갚고 있으니 이것은 안 되지요. 그래서 이때 하나님이 다시 이들을 심판하셨는데 노아 때처럼 완전히 쓸어버린 것이 아니라 언어를 혼잡케 해서 온 땅에 흩어 버리셨다고 했습니다.

그러니까 인간이 세우는 이 세상 나라는 하는 일이 전부가 하나 되어 하나님을 대적하는 일뿐이니까, 인간이 세우는 나라는 안 된다는 것이지요. 그래서 이때 하나님이 아브라함 한 사람을 선택하여 인간이 아닌 하나님이 세우는 하나님의 왕국을 세우기로 하셨습니다.

창12:1~3 '아브라함 너를 복으로 삼아 땅의 모든 족속이 너로 말미암아 복을 받게 하겠다'고 하셨는데 우리 한글 성경은 명확하지 않습니다만 원어 성경에는 이 3절 안에 '내가'라는 말이 5번이나 나오는데 그 이유는 이 나라는 하나님이 세우시는 하나님 나라이기 때문입니다. 그래서 아브라함을 택하여 하나님이 세우시는 하나님 나라를 말씀하시면서 땅의 모든 족속이 네 씨로 말미암아 복을 얻을 것이라고 하셨는데요. 그러면 아브라함에게 하신 이 언약이 언제 어디서 이루어지는가 했을 때 예수 그리스도를 통하여 이 언약이 이루어졌습니다. 그래서 마태복음 시작이 아브라함으로 시작해서 마지막이 예수 그리스도로 끝맺고 있는데요.

마28:19~20 '하늘과 땅의 모든 권세를 내게 주셨으니 그러므로 너희는 가서 모든 민족을 제자로 삼아 아버지와 아들과 성령의 이름으로 세례를 베풀고 내가 너희에게 분부한 모든 것을 가르쳐 지키게 하라 볼지어다 내가 세상 끝날까지 너희와 항상 함께 있으리라 하시니라'

예수님의 탄생으로 시작해서 예수님이 십자가에서 죽으시고 부활하신 다음 이제 승천하시기 전에 아브라함과 맺은 언약을 성취하기 위해 세상 모든 족속으로 제자를 삼으라는 지상명령으로 끝을 맺고 있는데요.

그러면 이렇게 놓고 봤을 때 오늘 이 시대가 어떤 시대입니까? 두 가지, 첫째 하나는 예수님의 지상명령인 땅끝까지 복음이 전해지는 그래서 이 세상 마지막 종말이 다가오는 시대입니다. 마24:14 '이 천국 복음이 모든 민족에게 증언되기 위하여 온 세상에 전파되리니 그제야 끝이 오리라'

지금 급속도로 땅끝까지 복음이 전해지고 있으니까 오늘 이 시대는 말세지말 주님의 재림이 임박한 시대입니다.

그다음 또 하나는 주님이 다시 이 땅에 오시는 것은 이 세상을 심판하기 위함이니까 인간들 전체가 하나 되어 하나님을 대적하는 바벨탑 사건이 재현되는 시대입니다. 오늘 이 시대 온 세상 전체가 하나님을 대적하고 있지요.

그러면 우리 인간 전체가 하나 되어 하나님을 대적하고 있는 것이 무엇입니까? 이 세상 신(神)인 번영과 번성의 신(神), 바알 우상을 숭배하는 것입니다. 바알은 우리가 알기 쉽게 돈과 SEX의 신인데요. 예수님이 이 말세 때를 가리켜 이 악하고 음란한 세대라고 했는데 오늘 이 세상이 왜 악하게 되었지요? 돈입니다. 왜 더럽게 되었지요? 음란입니다. 세상 신인 바알이 돈과 음란으로 이 세상을 지배하고 있어요. 먼저 음란입니다. 성적 타락의 극치가 동성애인데 오늘날 전 세계적으로 하나 되어 국가적으로 합법화하는 것은 동성애밖에 없습니다.

이것은 하나님의 창조질서를 정면으로 대적하는 행위인데요.

롬1:20~27 '세상 모든 만물들을 볼 때 그것을 만드신 하나님이 계심을 분명히 알 수 있음에도 불구하고 이 하나님을 영화롭게 하지 아니하고 오히려 그 생각이 허망하여지며 미련한 마음이 어두워졌나니 스스로 지혜 있다 하나, 어리석게 되어 썩어지지 아니하는 하나님의 영광을 썩어질 사람과 새와 짐승과 기어다니는 동물 모양의 우상으로 바꾸었느니라 그러므로 하나님께서 그들을 마음의 정욕대로 더러움에 내버려 두사 그들의 몸을 서로 욕되게 하게 하셨으니 이는 그들이 하나님의 진리를 거짓 것으로 바꾸어 피조물을 조물주보다 더 경배하고 섬김이라 이 때문에 하나님께서 그들을 부끄러운 욕심에 내버려 두셨으니 곧 그들의 여자들도 순리대로 쓸 것을 바꾸어 역리로 쓰며 그와 같이 남자들도 순리대로 여자 쓰기를 버리고 서로 향하여 음욕이 불 일 듯하매 남자가 남자와 더불어 부끄러운 일을 행하여 그들의 그릇됨에 상당한 보응을 그들 자신이 받았느니라'

인간들이 하나님이 아닌 우상을 신으로 섬기니까 짐승들도 하지 않는 동성애로 짐승보다 더 더러운 수준으로 떨어지고 말았습니다.

얼마 전에 천만이 넘는 관객을 동원한 '보헤미안 랩소디'라는 영화가 있었는데요. 제가 영화는 잘 보지 않는데 거의 몇 년 만에 그 영화를 봤습니다. 한 인생이 동성애로 파멸되는 영화지요. 직업도 없이 알바를 하던 별 볼 일 없던 청년이 하루아침에 일약 스타가 되어 파멸되는 것인데요. 실화를 소재로 해서 만든 영화입니다. 그러니까 세상에서 인간에게 주어지는 특별한 달란트와 인기는 마귀가 가져다주는 거예요. 그래서 자기를 높이고 자기가 영광을 받는 인기라고 하는 것, 이것을 이길 능력이 우리 인간에게는 없습니다.

결국, 인기 정상에서 스스로 자신을 파괴해 파멸되고 마는데요. 오늘 인간들이 동성애가 나쁜 줄 다 알지만 그런데도 그것을 극복하지 못해서 스스로 파멸되는데 우리나라가 지금 해마다 AIDS 환자가 급증하는데 그 뿌리가 동성애입니다. 치료비만 1년에 1,200억으로 해마다 급증하고 있는데 동성애의 마지막은 파멸이에요.

그러면 죽는 줄 알면서 왜 그러는가? 그 뒤에 원수 마귀 사탄의 역사가 있기 때문에 인간의 이성이나 능력으로는 도무지 그것을 이길 수가 없기 때문에 그렇습니다. 결국, 마지막 심판을 향해 달려가고 있는데요. 예수님이 직접 말씀하셨죠. 이 세상 마지막 종말의 때가 롯의 때와 같다고. 롯의 때 소돔과 고모라성이 하나님의 유황불 심판으로 멸망했는데 왜 그렇죠? 극한 음란인 동성애입니다. 두 천사가 사람의 몸을 입고 소돔을 심판하기 위해 갔을 때 롯이 자기 집으로 초대해서 대접하는데 소돔 사람들이 노소를 막론하고 그 집을 에워싸고 '오늘 밤 네게 온 사람들을 이끌어 내라. 우리가 그들을 상관하리라'고 했는데 이 상관한다는 말이 성관계를 말합니다. 그러니 남자가 남자와 더불어 관계를 하겠다. 동성애지요. 그러니까 이 동성애는 오늘날 생겨난 게 아니라 롯의 때에도 있었습니다. 롯의 때 극한 음란이 심판을 가져왔어요. 뿐만 아니라 심지어 롯은 어떻게 했다고요. 딸이 둘 있었는데 아버지 롯과 두 딸이 관계해서 후손을 얻었다고 했습니다. 하나님이 절대 금하신 근친상간이지요. 모압과 암몬 족속의 조상이 되었는데요. 하나님이 이들을 정죄하셔서 모압과 암몬 족속은 영원히 여호와의 총회에 들어오지 못하게 하라고 했습니다. 인간 타락의 극치가 성적 타락인 동성애예요.

그다음 돈이 이 세상을 지배하고 있습니다.

여러분, 중동의 IS 아시죠. 빈 라덴이 원조인데 돈이 다스리는 이 세상 나라를 절대 용서할 수 없다 해 가지고는, 미국 뉴욕에 있는 쌍둥이 빌딩인 세계무역센터를 비행기로 폭파시켜 버렸는데요, 하나님의 마지막 심판에 대한 SIGN입니다.

예수님이 하나님의 심판을 앞둔 이스라엘 백성들을 향하여 '이 악하고 음란한 세대'라고 했는데 오늘날 이 세상이 왜 악하게 되었지요. 돈입니다. 돈이 일만 악의 뿌리라고 했는데 돈은 신(神)이에요. 맘몬이라고 하는 바알신인데요. 이 세상 왕이니까 사람들이 갈수록 돈을 섬기고 돈에 매이는데, 이 세상 마지막 멸망 때까지입니다.

그래서 이 세상 마지막 때에 적그리스도가 나타나 자신이 하나님의 자리에 앉아 하나님 노릇 한다고 했는데요, 그러면 적그리스도가 무엇으로 전 세계를 지배하고 다스리는가. 돈입니다.

계13:15~18 '그가 권세를 받아 그 짐승의 우상에게 생기를 주어 그 짐승의 우상으로 말하게 하고 또 짐승의 우상에게 경배하지 아니하는 자는 몇이든지 다 죽이게 하더라 그가 모든 자, 곧 작은 자나, 큰 자나, 부자나, 가난한 자나, 자유인이나, 종들에게 그 오른손에나 이마에 표를 받게 하고 누구든지 이 표를 가진 자 외에는 매매를 못하게 하니 이 표는 곧 짐승의 이름이나 그 이름의 수라 지혜가 여기 있으니 총명한 자는 그 짐승의 수를 세어 보라 그것은 사람의 수니 그의 수는 육백육십육이니라'

적그리스도에게 절하고 표를 받을래, 아니면 굶어 죽을래 둘 중에 하나를 선택해야 하는데요, 우리나라 일제강점기 때 신사참배하고 똑같지요.

거의 대부분의 신자들이 신사 앞에 절했지요. 심지어 목사들까지도, 장로회 제38차 총회 때 신사참배는 우상숭배가 아니라 국가를 향한 국민의 례다 해 가지고는 그 앞에 다 절했습니다. 그 결과 6.25전쟁이라는 참혹한 징계의 채찍을 맞고 70년 이상 남북이 분단되어 있는데요, 그런데 이것은 이 세상 마지막 종말 때도 똑같아요.

적그리스도 앞에 절할래, 아니면 죽을래 했을 때 적그리스도 앞에 절하는 수많은 배교자들이 등장할 것입니다. 예수님이 인자가 올 때에 너희에게서 믿음을 보겠느냐 할 정도로. 그러나 우리는 끝까지 적그리스도에게 무릎 꿇지 않고 목숨 걸고 신앙을 지켜야 하는데요.

이 세상 마지막 종말 때에는 다니엘과 그의 세 친구의 영성을 가져야 믿음을 지킬 수 있어요. 하나님의 진리 앞에 '죽으면 죽으리라'의 신앙입니다. 그러면 오늘날 이 영성이 어디에 있는가. 목숨을 건 선교사들에게 있더라고요. 세상에 속하지 않고 하늘에 속하여 예수 그리스도의 복음을 위해서 자신의 생명을 내건 사람들. 한 선교단체가 중동에 1,300명의 선교사를 파송했는데 이들은 전부 다 목숨을 건 평신도 선교사들이에요. 뿐만 아니라 우리나라 평신도들이 지금 1년에 5천 명 이상이 단기선교를 나가고 있는데 저도 한 번 나갔다 왔는데요. 이들을 보면서 큰 도전이 되고 힘을 얻고 용기를 얻었습니다. 지금 우리나라가 엄청난 위기 가운데 있는데 그래도 이 위기 가운데 하나님의 보호하심이 있는 것은 선교사님들 덕분입니다. 하나님이 마지막 세계 선교의 완성을 위하여 한국 선교사님들을 사용하고 있어요. 오늘 우리는 이들을 위해 기도하고 후원하고 이들의 신앙을 본받고 따라가야 합니다. 마지막 때는 목숨을 걸어야 하니까.

마10:32~33 '누구든지 사람 앞에서 나를 시인하면 나도 하늘에 계신 내 아버지 앞에서 그를 시인할 것이요, 누구든지 사람 앞에서 나를 부인하면 나도 하늘에 계신 내 아버지 앞에서 그를 부인하리라'

우리 기독교인은 절대 공산주의자나 동성애자가 될 수 없는데요. 왜냐 공산주의는 칼 막스라고 하는 신학교를 나온 사람이 만든 기독교 이단이기 때문입니다. 공산주의는 그 원리가 하나님 대신에 유물론이라는 물질로 바꾸어 넣은 것 외에는 우리 기독교하고 그 원리가 똑같습니다. 어쨌든 공산주의로 전 세계를 적화해서 하나님을 대적하려고 시도했는데, 1991년 소련의 붕괴로 실패했습니다. 공산주의가 소련과 중국을 끝으로 더 이상 확산되지 않았어요. 그러나 동성애는 어떻습니까. 지금 유럽, 미국, 캐나다, 호주 할 것 없이 전 세계가 하나로 확산되고 있습니다. 오히려 공산국이었던 소련만 반대하고 있고 그 외의 대부분의 나라들이 다 찬성으로 돌아섰는데요. 성경에 보면 마지막 때 결국 다 하나 되어 하나님을 대적하는 것으로 되어 있습니다. 미국은 지금 법으로 동성애가 합법화되었으니까, 동성애를 반대하면 공무원, 선생 아무것도 될 수 없지요. 딤후3:1~4 '말세에 고통하는 때가 이르리니 사람들이 자기를 사랑하고 돈을 사랑하고 쾌락 사랑하기를 하나님 사랑하기보다 더하여 경건의 모양은 있으나 경건의 능력은 부인하니 너희는 이들에게서 돌아서라' 오늘 이 말씀은 세상에 믿지 않는 자들이 아니라 교회 안에 있는 교인들을 향한 경고의 말씀입니다. 오늘 교회 안은 돈이 지배하고 있으니까 이것은 이미 완성되었고요, 그다음 동성애는 현재 진행 중인데요. 미국 장로교회는 동성애자가 안수받는 것을 허락했고요, 연합감리교 교단도 지금 법 통과 일보 직전에 와 있고, 오로지 남침례교회만이 겨우 버티고 있는데 언제까지 버틸 수 있을는지.

우리나라도 지금 합법화 일보 직전이지요. 차별금지법이라고 소수인권인 동성애자들을 보호해야 한다고 하면서 이것을 위반하면 법 위반으로 감옥 가야 합니다. 앞으로 우리나라도 동성애 반대하면 공무원이고 선생이고 면접단계에서 다 탈락되는 날이 올 거예요. 그러니 오늘 우리가 정말 깨어 있어야 합니다.

마지막까지 어둠의 세력과 싸워서 이겨야 할 뿐만 아니라 끝까지 우리 믿음의 정절을 지켜야 할 줄 믿습니다. 아멘, 아멘.

복음인 예수 그리스도의 족보
(마1:1~17)

오늘 본문의 내용에 들어가기 전에 먼저 한 가지 생각할 것은, 우리가 알다시피 4복음서의 내용은 거의가 비슷비슷하지 않습니까. 아니, 어떤 내용은 아예 똑같지요. 그러면 여러분, 왜 그럴까요?

왜 이 아까운 성경 안에 거의 비슷비슷한 내용을 네 번씩이나 반복해서 써 놓았을까요? 여기에는 그만한 이유가 있는데요. 왜냐하면 똑같은 예수님을 이야기하고 있지만 보는 방향에 따라서 나타나는 강조점이 다르기 때문입니다. 쉽게 예를 들어 우리 사람도 앞에서 본 모습하고 뒤에서 본 모습하고 옆에서, 또 위에서 본 모습이 각각 다르지 않습니까. 똑같은 사람인데도 보는 방향에 따라서 완전히 다르게 보입니다. 마찬가지 원리로 똑같은 예수님이지만 네 번에 걸쳐서 반복해 놓은 것은 그 보는 관점에 따라서 강조점이 다르기 때문인데요. 그러면 여러분, 4복음서에 나타나는 예수님의 모습은 각각 어떤 모습일까요?

에스겔서에서도 나오고 요한계시록에서도 나옵니다만 하나님의 보좌 주위에 네 생물이 있는데 분명 머리는 하나인데 각각 그 얼굴 모양이 4가지 형태로 나타났다고 했습니다.

첫째 얼굴은 사자의 모습이고, 둘째 얼굴은 송아지의 모습이고, 셋째 얼굴은 사람의 모습이고, 넷째 얼굴은 독수리의 얼굴이라고 했는데요. 이것은 메시아이신 예수 그리스도의 4가지 사역을 상징하고 있는 것입니다.

그래서 4복음서의 내용하고 똑같은데요. 마태복음은 사자의 얼굴로 예수 그리스도의 왕 되심을 상징하고 마가복음은 송아지의 얼굴로 종으로 일하시는 예수 그리스도, 누가복음은 사람의 얼굴로 참인간이신 예수 그리스도로, 요한복음은 독수리 얼굴로 하나님의 아들이신 예수 그리스도를 각각 상징적으로 나타낸다는 것입니다.

그러니까 예수 그리스도가 이 땅에서 하실 사역의 내용에 따라서 그 얼굴이 각각 다른 모습인데요. 이 네 얼굴은 어느 것 하나가 없어도 안 되는데 왜냐하면, 이 네 얼굴 전체가 모여서 하나의 온전한 모습을 나타내기 때문입니다.

그러면, 오늘 우리가 마태복음을 생각하려고 하는데 예수 그리스도의 어떤 모습입니까? 사자 얼굴의 모습이니까, 만왕의 왕이요, 만주의 주가 되시는, 왕 되신 예수 그리스도의 모습입니다. 하나님 나라와 하나님 나라의 왕이 되시는 예수 그리스도 이것이 마태복음 전체의 주제요, 내용입니다.

먼저 오늘은 족보 이야기인데요. 왕 되신 예수 그리스도 시니까 왕의 족보가 쭉 나오지요. 그런데 왕은 왕인데 어떤 나라의 왕입니까?

자기 백성을 저희 죄에서 구원할 구세주라고 했으니까, 메시아 왕국입니다. 죄 문제를 해결할 메시아니까, 이 세상 나라가 아니라 하나님 나라의 왕 되심이 분명합니다. 그렇기 때문에 요한복음 18:37 이하에서 빌라도가 예수에게 묻기를 '네가 유대인의 왕이냐' 하니까, 이때 예수님의 대답이 '네 말과 같이 내가 왕이니라 내가 이를 위하여 났으며 이를 위하여 세상에 왔노라 그러나 내 나라는 이 세상에 속한 것이 아니니라'

예수님이 자기가 왕이심을 분명히 확증하셨는데요. 그러니까 마태복음 1장에 나오는 족보는 세상 족보가 아니라 하나님 나라의 족보라는 것입니다.

그러면 여러분, 하나님 왕국의 족보인 예수님의 족보의 특징이 무엇입니까? 한마디로 말해서 복음입니다. 예수님의 족보는 복음이에요.

왜냐하면, 크게 두 가지 이유 때문인데요.

첫째 하나는, 이것은 이스라엘의 역사를 통해서 우리 온 인류의 역사를 그대로 나타내주고 있는데요. 이스라엘의 역사를 각각 14대씩 3대로 나누어 놨지요. 아브라함부터 다윗까지, 다윗부터 바벨론 포로까지, 바벨론 포로부터 그리스도까지, 그러니까 우리가 알다시피 하나님이 아브라함 한 사람을 선택하셔서 다윗 때에 이르러 자신의 왕국을 이 땅 위에 건설하셨습니다. 다윗은 메시아 왕국의 왕이신 예수 그리스도의 모형이었어요. 그런데 다윗 이후 이스라엘이 어떻게 됩니까. 범죄하고 타락하고 결국 망해서 바벨론 나라에 포로로 잡혀갔습니다. 그러면 바벨론 포로 이후에 예수가 오실 때까지 이들은 누구를 기다립니까. 메시아지요. 자기들을 포로에서 해방시켜 줄 뿐만 아니라 만왕의 왕 만주의 주로 이 세상을 다스릴 하나님 왕국의 왕이 오시기를 간절히 기다립니다. 그런데 그렇게 간절히 기다리고 기다렸는데 마침내 오신 메시아가 누구라는 말입니까. 예수 그리스도라는 말이지요.

자기 백성을 저희 죄에서 구원할 자 메시아입니다.

하나님이 처음 하나님의 왕국을 에덴에 창설하셨고 아담, 하와를 살게 했어요. 그런데 이들이 어떻게 합니까? 범죄하지요. 타락했습니다.

그래서 이후로 완전히 마귀의 사슬에 묶여서 마귀 종노릇하게 되었는데요. 이때 하나님이 약속을 하나 주셨습니다. 창3:15 여자의 후손을 통하여 뱀의 머리를 부서뜨림으로 구원할 것을 약속하셨는데요. 이때부터 계속 계속 우리 인간은 누구를 기다리게 됩니까. 메시아지요. 마귀의 종으로부터 죄의 사슬로부터 해방시켜 줄 해방자를 기다리게 되었는데 그 기다린 해방자가 누구라는 것입니까. 예수지요. 예수.

예수가 자기 백성을 저희 죄에서 구원할 자라고 했으니까 그러니 이렇게 놓고 보니까 예수의 족보는 복음 아닙니까. 복음이지요. 뿐만 아니라 예수님의 족보에 여자들의 이름이 몇 사람 올라와 있는데요. 다말, 라합, 룻, 우리야의 아내 밧세바가 나옵니다. 그러면 이 네 여자의 공통점이 무엇입니까? 한결같이 그렇고 그런 여자들입니다. 하나님의 선민과는 상관이 없는 이방 여인들일 뿐만 아니라 다말은 시아버지와 관계해서 아이를 생산한 여인이고, 라합은 그 출신이 기생이고, 룻은 그 당시 이스라엘로부터 개처럼 취급받던 모압 여자이고, 밧세바는 다윗과 간통한 여인입니다. 그러니까 우리 인간의 생각으로 봤을 때는 도대체 이런 여자들이 어떻게 메시아의 족보에 올라와 있는지 알 수가 없습니다. 그런데 여러분, 바로 이것이 복음이라는 것인데요, 무엇입니까. 우리의 메시아로 오신 예수님은 다른 문제를 해결하러 오신 분이 아니라 우리 인간의 모든 허물과 죄 문제를 해결하러 오신 분이라는 것입니다.

'내가 온 것은 의인을 부르러 온 것이 아니요, 죄인을 불러 구원하려 함이니라.' 예수가 이 땅에 오신 이유는 전적으로 죄인을 구원할 메시아 구세주로 오셨으니까, 어떤 출신이나 그 어떤 죄라도 예수 안에서는 구원받는데 장애 되는 것은 없다는 것입니다.

'누구든지 주의 이름을 부르는 자는 구원을 얻으리라.' 누구든지 예수를 믿기만 하면 멸망치 않고 영생을 얻으리라. 남녀노소, 빈부귀천, 유, 무식 할 것 없이 누구든지 예수를 나의 구세주로 믿고 영접하면 구원이에요. 그러니 얼마나 감사합니까.

그중에서도 여자들은 특별히 더 감사해야 하는데요, 왜냐하면 우리가 알다시피 에덴동산에서 하와가 먼저 범죄한 다음 아담을 끌어들였기 때문에 그 신세가 더 까무러졌지요.

창3:18 '내가 네게 임신하는 고통을 크게 더하리니 네가 수고하고 자식을 낳을 것이며 너는 남편을 원하고 남편은 너를 다스릴 것이니라'

여자들의 신세가 정말 형편없게 되었어요. 사람 취급을 못 받았습니다. 그래서 이스라엘 나라에서는 여자를 사람의 수에 치지도 않았어요.

그러면 언제부터 여자가 사람 취급받기 시작했는가? 예수님이 이 땅에 오시고부터입니다. 예수가 오고부터 여성 해방운동이 일어났는데요. 여러분, 솔직히 우리나라 5천 년 역사 중에 여자들이 제대로 대접받기 시작한 때가 언제부터입니까? 기독교가 우리나라에 들어오고부터입니다. 기독교가 들어오고부터 여자들이 숨을 쉬기 시작했지, 그전에는 형편없었어요. 남편이 첩을 얻어도 '앗' 소리 한 번 못 하던 때가 있었습니다.

지금도 기독교가 들어가지 않은 나라들에 있어서 여자들의 대접은 형편없지요. 특히 중동의 이슬람권 나라는 얼굴도 못 내놓고 다녀요. 그런데 오늘날은 여성상위 시대가 되어서 오히려 남자들이 수난을 당하고 있는데요. 어쨌든 예수님의 족보는 복음이요, 은혜입니다. 그다음 또 하나, 예수님의 족보에 나타난 복음의 특징은 생명의 족보라는 것입니다. 2~16절까지 낳고, 낳고, 낳고 하다가 마지막이 예수 그리스도로 끝납니다. 그런데 여러분, 똑같은 족보가 구약성경에서도 나오는데요. 창세기 5장에 나오는 아담의 족보입니다. 거기를 보면 낳고, 낳고, 낳고와 함께 무엇이 등장합니까. 죽고, 죽고, 죽고가 나와요. 아담이 몇 세에 누구를 낳고, 몇 세까지 장수하다가, 몇 세에 죽으니라.

언제 죽었다는 말이 꼭 나옵니다. 그러면 여러분, 이것은 과연 무엇을 말하는 것입니까? 우리와 똑같은 생명인데 아담 안에서는 죽음의 역사라는 것입니다. '900세 이상 오래는 살았지만 결국은 죽었더라'가 끝입니다. 잘

나가다가 항상 마지막 끝이 비극이에요.

그러나, 이에 반해 마태복음에 나오는 예수의 족보는 어떻습니까? 죽음에 대한 기록이 없습니다. 낳았다는 말밖에는 없어요. 죽었다는 말이 없습니다.

그러므로 여러분, 우리 예수 믿는 사람들의 족보는 세상 사람들의 족보와는 정반대예요. 세상에서 이렇게 어려움 당하고 저렇게 핍박당하고 예수 때문에 여러 가지 어려움과 시험이 있었지만, 그러나, 결국은 '예수 안에서 그 마지막이 살았더라'입니다.

왜냐? 예수 안에서는 죽음이 없는 영생이니까.

예수님이 직접 말씀하셨어요. '나는 부활이요 생명이니 나를 믿는 자는 죽어도 살겠고 무릇 살아서 나를 믿는 자는 영원히 죽지 아니하리라'

우리 예수 믿는 사람은 죽음의 족보가 아니라 산 사람의 족보에 들어가 있습니다. 예수 안에서 우리는 죽음이 없고 새로운 세계가 시작된 거예요.

그러니까 우리의 육체는 세상 족보 책에 기록되어 있지만, 우리 영의 족보는 하나님의 생명으로 영생하는 예수님의 족보에 기록되어 있습니다. 예수 안에서 산 자니까 우리는 더 이상 죽은 자들이 아닙니다.

우리 아버지 하나님은 살아 계시고 또 산 자의 아버지이시기 때문에 오늘 우리는 예수 안에서 영원히 산 자들인 줄 믿습니다. 그러니 이것이 복음이지요. 생명의 족보 안에 있는 우리 복음입니다.

인간이시면서 하나님이신 예수 그리스도
(마1:18~25)

오늘 세상 사람들은 우리 예수 믿는 사람들이 자기들을 보고 영적으로 죽어 있다고 말하면 도무지 이해하지를 못합니다. 아니 멀쩡하게 살아 있는 사람보고 왜 죽어 있다고 하느냐고 굉장히 기분 나빠하는데요.

그러나 여러분, 이것은 세상 사람들이 우리 인간의 생명은 두 개로 되어 있다는 사실을 몰라서 그렇습니다. 우리가 알다시피 하나님이 우리 인간을 처음 만드실 때 두 개의 생명으로 만드셨어요.

창2:7 '여호와 하나님이 땅의 흙으로 사람을 지으시고 생기를 그 코에 불어넣으시니 사람이 생령이 되니라' 흙으로부터 온 우리 육체의 생명과 하나님의 생기로부터 온 영적 생명, 이 두 개의 생명체로 만드셨다는 것입니다. 그렇기 때문에 아담이 범죄했을 때 하나님이 창2:17 '선악을 알게 하는 나무의 열매는 먹지 말라 네가 먹는 날에는 반드시 죽으리라' 했음에도 불구하고 즉시 죽지를 않았어요. 몇 살까지 살았는가. 창세기 5장을 보니까 930세를 살고 죽었다고 했습니다. 그러므로 아담이 범죄했을 때 하나님이 반드시 죽는다고 한 생명은 육적 생명이 아니라 영적 생명입니다. 영적 죽음은 하나님과 분리될 때 일어나니까 아담이 범죄함으로 에덴에서 쫓겨나 하나님과 함께할 수 없었는데 이것이 바로 영적 죽음이에요. 그렇기 때문에, 아담의 후손인 우리 인간은 태어날 때부터 어떻다고요. 엡2:1 '허물과 죄로 죽었던 너희를 살리셨도다' 여기서 죽었다는 말은 우리 육체의 생명이 아니라 영적 생명을 말합니다. 그러니까 몸은 멀쩡하게 살아 숨을 쉬고 있는데도 영적으로는 허물과 죄 중에 있는 상태, 이것이 바로 우리 인간의 참모습인데요. 이것을 세상 사람들이 전혀 모릅니다. 오히려 우리보고 멍청하다고 욕합니다. 그러므로 오늘 우리가 풀어야 할 숙제는 처녀가 아이를 낳았다는 문제인데요. 어때요 여러분, 오늘날 어떤 처녀가 남자 없이 자기 혼자 아이를 가졌다고 하면 믿을 수 있습니까? 아니요, 아무도 안 믿어 줄 것입니다. 처녀가 아이를 낳다니 말도 안 되는 소리라고 할 거예요. 그런데 우리 기독교가 바로 이 '처녀가 아이를 낳았다' 하고 있으니 세상 사람들이 사기 치지 말라고 도무지 못 믿겠다고 합니다. 그래서 오늘 세상 사람들이 우리 기독교를 가장 믿기 힘들어하는 것 중에 하나가 바로 이 '처녀가 아이를 낳았다'고 하는 문제예요.

그러면 여러분, 오늘 우리가 이 문제를 어떻게 해결해야 할까요?

성경은 분명히 예수는 처녀의 몸에서 태어났다고 했는데 우리는 그냥 무조건 믿어라 할 수도 없잖아요. 그래서 오늘은 좀 어렵고 딱딱한 문제지만 이것은 너무너무 중요하기 때문에 반드시 이 숙제를 풀어야 되겠습니다.

제가 처음에 말씀드린 대로 하나님과 우리 인간은 원래 에덴에서 함께 살았다고 했습니다. 우리 인간이 범죄함으로 하나님과 떨어지게 되었는데요. 그 이유는 하나님은 도무지 죄하고는 함께할 수 없는 완전히 100% 의로우신 분이기 때문에 그렇습니다.

그런데 문제는 하나님은 도무지 죄하고는 함께하실 수 없음에도 불구하고 우리 인간을 사랑하신다는 것인데요. 그러니 여러분, 이 일을 어떻게 합니까?

죄는 미워하시지만, 우리 인간은 사랑하시니 그래서 이 문제를 어떻게 해결할 것인가 연구한 끝에 하나님의 무궁한 지혜로 한 가지 해결책을 내었는데 그것은 바로 우리 인간에게서 죄 문제를 해결함으로 다시 우리 인간과 하나 되어 사랑을 나누는 길입니다. 우리 인간에게서 죄 문제만 해결해 버리면 얼마든지 함께하며 사랑할 수 있으니까. 그래서 전적으로 우리 인간의 죄 문제를 해결하기 위해 오신 분이 예수입니다. 21절 '아들을 낳으리니 이름을 예수라 하라 이는 그가 자기 백성을 그들의 죄에서 구원할 자이심이라 하니라'

예수가 우리의 죄 문제를 해결할 유일한 구원자로 오셨다는 것입니다.

그러면 여러분, 우리 인간의 죄 문제를 해결하기 위하여 하나님이신 예수가 왜 인간의 몸을 입고 이 땅에 오실 수밖에 없었는가요?

그 이유는 죄인인 우리 인간을 대신해서 죽으러 오셨기 때문입니다.

마20:28 '인자가 온 것은 섬김을 받으려 함이 아니요 도리어 섬기려 하고 자기 목숨을 많은 사람의 대속물로 주려 함이니라'

하나님의 절대적인 법칙에 죄의 삯은 사망이요, 한번 죄인으로 태어났으면 죽을 때까지 죄인이라는 것입니다. 죄인이 스스로 의인이 될 수는 없어요. 여러분 어때요, 우리가 날 때부터 타고난 피를 다시 바꿀 수 있습니까?

아니요, 스스로는 절대 바꿀 수 없습니다. 꼭 바꾸고 싶다면 죽었다가 다시 태어나는 길밖에 없어요. 한번 박씨로 태어났으면 죽을 때까지 박씨예요. 성은 못 바꿉니다. 마찬가지로 영적으로도 우리가 원래 태어나기를 아담의 후손 죄씨로 태어났기 때문에 죽기 전에는 이 죄씨로부터 벗어날 길이 없습니다. 그러니 어떻게 합니까?

우리가 의인이 되려면 죽었다가 다시 태어나는 길밖에는 없어요. 그런데 바로 이 일을 누가 하셨다는 것입니까. 예수가 했어요. 예수가 육체의 몸을 입고 이 땅에 오셔서 죄인 된 우리의 육체를 대신해서 죽고 죄 없는 의인의 몸으로 다시 부활하셔서 새생명을 우리에게 주셨다고 했습니다.

그러니까 우리가 예수의 십자가의 죽으심을 믿음으로 예수와 함께 우리의 옛사람은 죽고 하나님의 아들이신 예수의 새생명으로 다시 살아났다는 거예요. 그런데 그 증거가 바로 오늘 우리 예수 믿는 사람들이라고 했습니다.

여러분, 우리 예수 믿는 사람들은 지금 생명이 두 개예요. 아버지, 어머니로부터 온 아담의 생명인 죄의 몸이 있고요, 또 예수를 구세주로 믿고 영접함으로 말미암아 하나님을 아버지로 해서 주어진 새로운 영적 생명이 있습니다. 그런데 바로 이 새생명은 전적으로 예수 때문에 주어졌다는 것인데요. 왜냐하면, 우리가 믿는 예수야말로 두 개의 생명을 가졌기 때문입니다. 100% 사람이면서 동시에 100% 신이신 분이 예수님이신데 그 증거가 바로 족보에 나타나 있습니다.

우리가 지난 시간에 이미 말씀드렸습니다만 예수의 육신의 아버지인 요셉은 혈통적으로 아브라함과 다윗의 자손이라고 했습니다. 분명히 혈통적으로는 예수의 아버지가 아브라함과 다윗의 후손인 요셉이에요. 그런데 문제는 16절입니다. 16절 '마리아에게서 그리스도라 칭하는 예수가 나시니라' 지금까지는 꼭 남자가 낳고, 낳고 했는데 예수만은 여자가 낳았다고 했는데요. 그러므로 여러분, 우리가 여기에서 오해하지 말아야 할 것은, 지금 이 말이 요셉과 마리아가 결혼해서 두 사람 사이에서 태어났다는 말이 아니라 남자 없이 여자 하나만으로 예수가 태어났다는 것입니다. 예수만은 여자의 후손이에요.

인간이 범죄했을 때 태초에 하나님이 이미 말씀하셨지요.

창3:15 '내가 너로 여자와 원수가 되게 하고 네 후손도 여자의 후손과 원수가 되게 하리니 여자의 후손은 네 머리를 상하게 할 것이요 너는 그의 발꿈치를 상하게 할 것이니라' 메시아가 여자의 후손으로 온다고 했으니까 요셉과 관계없이 마리아 혼자서 아이를 낳았다는 것입니다. 그래서 마리아가 임신한 것을 알고 요셉이 고민, 고민하다가 가만히 끊고자 했다고 하지 않습니까.

왜냐하면, '약혼만 했지 동침한 적이 없으니까 함께하지 않았는데 아기를 가졌다'. 도저히 받아들이기가 어렵지요. 그러니 문제는 분명히 혈통적으로는 요셉의 아들인데 요셉과는 전혀 관계없이 마리아 혼자서 낳았다고 했을 때 과연 예수의 아버지는 누구이십니까?

18~20절 '요셉아 네 아내 마리아 데려오기를 무서워하지 말라 그에게 잉태된 자는 성령으로 된 것이라' 예수의 아버지가 성령이라고 했는데요. 성령은 제3위 하나님이시니까 예수의 아버지는 하나님이십니다.

바로 여기에 영적 비밀이 들어 있는데요. 예수는 100% 인간의 후손으로 인간의 몸을 입고 오셨지만 그러나, 동시에 그분은 사람의 아들이 아닌 하나님의 아들로서 오셨다는 것입니다. 베드로가 신앙고백했지요. '주는 그리스도(사람의 아들)시오 살아 계신 하나님의 아들이시니이다' 100% 사람이면서 100% 하나님이시라는 고백입니다.

그러면 여러분, 이것이 도대체 어떻게 가능한 일입니까? 사람은 불가능하지만 신이신 하나님에게는 얼마든지 가능하다는 것인데요. 그 증거가 바로 우리 예수 믿는 사람들이라고 했습니다. 예수 믿는 사람은 예수를 구세주로 영접하는 순간 하나님의 생명이 그대로 우리에게 주어져요.

요1:12~13 '영접하는 자 곧 그 이름을 믿는 자에는 하나님의 자녀가 되는 권세를 주셨으니 이는 혈통으로나 육정으로나 사람의 뜻으로 나지 아니하고 오직 하나님께로부터 난 자들이니라' 하나님께로부터 난 자라고 했습니다. 그러므로 여러분, 우리 예수 믿는 사람에게는 생명이 2개 있어요. 아버지, 어머니에게서 난 우리 육체의 생명이 있고, 또 하나 하나님께로서 난 영적 새생명이 있습니다. 그래서 우리 예수 믿는 사람에게 있어서는 우리 육신의 생명이 아니라 우리의 영적 생명이 진짜입니다. 왜냐하면, 우리 육신의 생명은 이미 예수와 함께 십자가에서 죽었기 때문인데요. 갈2:20 '내가 그리스도와 함께 십자가에 못 박혔나니 그런즉 이것은 내가 사는 것이 아니요 오직 내 안에 그리스도께서 사시는 것이라 이제 내가 육체 가운데 사는 것은 나를 사랑하사 나를 위하여 자기 자신을 버리신 하나님의 아들을 믿는 믿음 안에서 사는 것이라' 내 안에 있는 예수의 생명이 진짜인데 이것이 영생하는 생명이요, 하나님이 나와 함께하는 생명입니다. 고후5:17 '그런즉 누구든지 그리스도 안에 있으면 새로운 피조물이라 이전 것은 지나갔으니 보라 새 것이 되었도다' 여기서 새것은 새생명을 가진 자라는 말입니다.

그러면 여러분, 이제 마지막 남은 하나 왜 예수님은 남자와 관계없이 처녀의 몸을 통하여 와야만 했을까요? 그 이유는 크게 두 가지인데요. 첫째 하나는, 죄의 씨는 역시 죄씨로서 씨는 도무지 바꿀 수 없기 때문입니다. 씨는 남자에게 있는데 예수가 남자의 후손으로 온다면 죄씨의 후손이므로 역시 죄씨일 수밖에 없어요. 그러니 죄 없는 씨라야만 영생을 줄 수 있는 생명이기 때문에 처음부터 죄의 씨가 없는 여인의 후손으로 오게 되었다는 것입니다. 그다음 또 하나는 하나님의 원래 법칙 안에 죄인이 죄인의 죄를 대속할 수 없기 때문에 그렇습니다. 예수는 우리 인간의 죄 문제를 해결하러 오셨는데 자기가 죄인이면 다른 죄인들의 죄를 속할 수가 없으니까 죄 없는 몸으로 제물이 되시기 위해 오셨기 때문에 여자의 후손으로 오셨다는 것입니다. 이제 말씀을 마치겠습니다. 우리가 믿는 예수님은 100% 사람이면서 또 동시에 100% 하나님이셨습니다. 그렇기 때문에 족보가 2개 필요한데요. 하나는 혈통적 족보요, 또 하나는 영적 생명의 족보입니다. 육신의 혈통적 족보는 인간으로서 우리 모든 죄인의 혈통을 다 대표하셨습니다.

그러나 그분은 여자의 후손이요, 또 성령으로 잉태하셨기 때문에 죄는 없으신 하나님의 아들 의인이셨습니다. 그 결과, 우리의 죄를 대속할 수 있는 유일한 제물이시요, 또 우리를 죄에서 구원할 수 있는 유일한 구원자가 되십니다.

여러분, 예수님이 여러분 안에 함께 거하십니까? 그분은 하나님이세요. 이것을 '임마누엘'이라고 했는데, '하나님이 나와 함께 계시다'는 뜻입니다. 그래서 하나님이 나와 함께하시는 것을 보니까 우리에게 영적 생명이 있음을 알 수 있습니다. 그리고 이것은 하나님과 영원토록 함께하는 영생하는 생명입니다.

요3:16 '하나님이 세상을 이처럼 사랑하사 독생자를 주셨으니 이는 그를 믿는 자마다 멸망하지 않고 영생을 얻게 하려 하심이라'

누가 재림의 예수를 맞이할 수 있는가
(마2:1~14)

우리가 알다시피 성경은 예언의 책입니다. 하나님이 먼저 약속하시고 그 약속을 그대로 성취하신 것이 성경책인데요. 그러면 성경에서 아직 이루어지지 않은 예언이 있는가. 예수의 재림입니다.

행1:11 '하늘로 올리우신 이 예수는 하늘로 가심을 본 그대로 오시리라'

주님이 다시 이 땅에 오신다는 이 예언을 빼놓고는 모든 예언이 다 이루어졌어요. 그러면 여러분, 성경에서 예수님이 다시 이 땅에 오신다고 318 번이나 예언해 놓았는데 이 예언은 과연 언제 이루어질까요? 물론 성경에서는 '그날과 그때는 아무도 모르나니 하늘의 천사들도 아들도 모르고 오직 아버지만이 아시느니라'고 했으니까 하나님 한 분 외에는 아무도 정확한 때를 알 수 없습니다. 그런데 문제는 분명히 정확한 때는 아무도 알 수 없다고 했음에도 불구하고 주님의 재림을 기다리고 있는 자들에게 있어서는 이것이 결코 감추어진 비밀이 아니라는 것인데요.

살전5:2~4 '주의 날이 밤에 도둑같이 이를 줄을 너희 자신이 자세히 알기 때문이라 그들이 평안하다 안전하다 할 그때에 임신한 여자에게 해산의 고통이 이름과 같이 멸망이 갑자기 그들에게 이르리니 결코 피하지 못하리라 형제들아 너희는 어둠에 있지 아니하매 그날이 도둑같이 너희에게 임하지 못하리니'

주의 재림이 어둠에 속해 있는 멸망의 자녀들에게는 감추어져 있지만 빛의 아들에게는 감추어진 비밀이 아니라고 했으니까, 오늘 예수 믿고 구원받은 우리들은 충분히 예비할 수 있다는 것입니다. 물론, 그렇다고 해서 몇 년, 몇 월, 며칠을 정확하게 알 수 있다는 말은 아닙니다. 그러나 주님 오실 날이 가까움을 알고 미리 준비하며 기다릴 수 있을 정도는 충분히 알 수 있다는 말입니다. 왜냐하면, 그 증거가 오늘 본문인데요. 오늘 본문 말씀은 하나님이 말씀하신 예언 중에 예수님이 처음 이 땅에 오시는 때의 예언이 이루어지고 있는 장면입니다.

　세 부류의 사람들이 나오는데, 헤롯왕이 나오고, 대제사장과 서기관들의 무리가 나오고, 마지막으로 동방박사 세 사람이 나오는데요. 그런데 이 세 부류의 사람들 중에 누구만이 메시아가 이 세상에 옴을 알 수 있었습니까? 유대 땅에 있던 헤롯 왕이나 대제사장과 서기관들이 아니라 이방 나라에 살던 동방박사들만이 이 사실을 알았다고 했습니다. 그러니 참 의외인데요, 예수는 분명히 유대인의 왕으로 오셨는데, 자기 백성들은 전혀 알지 못하고 엉뚱하게 이방 나라의 박사들이 알고 영접했습니다. 그런데 여러분, 이것은 주님이 다시 오시는 재림 사건 때도 똑같다는 것인데요. 왜냐하면, 그 이유를 이제 오늘 제가 설명드리겠습니다. 우선 오늘 본문을 우리가 제대로 이해하려면 이때 당시의 시대적 배경을 알고 있어야 하는데요. 우리가 알다시피 이스라엘 나라가 범죄하여 이방 나라인 바벨론 나라에 포로로 잡혀갔습니다. 그 기간이 장장 70년이라고 했으니까 너무너무 가슴에 한이 맺힌 것이지요. 그래서 이때 생겨난 것이 바로 메시아를 기다리는 메시아 대망사상인데요. 구약성경에 선지자들을 통하여 예언한 메시아가 오셔서 자신들을 구원해 줄 것에 대한 기대입니다. 물론 이들은 하나님의 은혜로 70년 만에 바벨론 포로에서 해방되어 다시 고국으로 돌아오게 되었습니다만, 그러나 문제는 그 이후로도 계속 외세의 침략에 짓밟혔다는 것이지요. 헬라제국과 로마제국에 의해 400년 이상을 무참히 짓밟혔습니다. 그러니 기다리고 있던 구원자 메시아를 더욱 간절히 기다릴 수밖에 없는 상황입니다. 뿐만 아니라, 이스라엘 나라는 어려울 때마다 하나님이 선지자들을 보내서 구원의 메시지를 들려주셨는데 문제는 말라기 선지자 이후 세례 요한 때까지 400년 동안이나 하나님이 선지자를 한 사람도 보내지 않았다는 것입니다. 현실 상황은 점점 더 어렵고 힘든 가운데 있는데 위로부터 구원의 메시지가 없어요. 그러니까 예수님이 오실 그때 당시에는 그야말로 메시아가 이 땅에 오실 것을 눈이 빠지도록 기다리던 그때에 오셨어요. 그런데 여러분, 이 세대를 가리켜 사람들이 뭐라고 합니까. '말세다'라고 합니다. 우리 믿는 사람들만이 하는 말이 아니라 세상에 믿지 않는 사람들의 입에서도 똑같이 나오는 말입니다. 심지어 과학자들이나 경제학자들, 세상에서 똑똑하다고 하는 사람들까지도 이 지구는 이제 얼마 안 남았다고 합니다. 자연환경이 너무 많이 파괴되었다고 하지요. 뿐만 아니라 곳곳에 전염병이 돌고 전쟁과 기근과 재난과 지진이 일어나고 있습니다. 일본에서는 전쟁보다 지진을 더 무서워한다고 하지 않습니까? 어쨌든 주님이 재림할 시기가 가까웠다고 지금 전 세계적으로 난리인데요. 얼마나 사람들의 마음이 불안하면 이단들이 잘못된 종말론을 가지고 사람들을 꼬드기는데도 수많은 사람들이 그 말을 듣고 따라갈 정도로 급박한 상황입니다. 주님이 다시 이 땅에 오실 모든 필요충분조건이 다 차 있어요. 그러니 틀림없이 주님은 오실 텐데요. 그러면 바로 이러한 시대 상황 속에서 누가 다시 오실 주님을 알고 영접할 수 있을까요?

물론 오늘 본문 보니까 동방박사들처럼 주님의 재림을 간절히 기다리는 자만이 만날 수 있지요. 그러니까 오늘 지금 이 세상도 세 부류의 사람들이 있습니다.

첫째는 헤롯 왕 같은 사람인데요, 이 세상 왕입니다. 공산주의자들같이 자기들이 왕이 되어 하나님의 왕국을 대적하는 자들이요. 예수님이 이 땅에 오심을 너무너무 싫어하는 자들입니다. 그러니까 오늘 우리 주위에 원수 마귀가 그 마음을 왕으로 다스리고 있는 모든 사람들이 여기에 포함되는데요, 예수 믿는다고 하고 교회 다닌다고 하면 무조건 싫어하는 사람들이요. 어떻게 해서라도 예수 믿는 사람들을 핍박하고 교회가 하는 일에 훼방을 놓으려고 하는 사람들입니다. 저는 목사라서 그런지 이런 부류의 사람들이 너무나 많이 눈에 들어오는데요. 오늘 우리 주위에 수없이 많은 교회가 있는 것 같지만 이것 하나, 하나 세워지기가 보통 힘든 게 아닙니다. 제가 관양동에서 처음 교회를 시작하기 전에 먼저 여기 산본을 둘러봤는데요, 도무지 교회를 주려고 하지 않습니다. 군포시청 뒤에 있는 3층짜리 건물인데 한창 짓고 있었어요. 그래서 지하 홀을 얻어 보려고 한창 이야기가 잘 진행되었습니다. 좋은 조건으로 계약할 수 있겠더라고요. 그래서 이제 계약합시다 하니까 무엇 하려고 하느냐고 묻길래 교회 하려고 한다고 하니까 그렇게 웃고 있던 얼굴이 갑자기 안색이 싹 변하면서 교회는 안 된대요. 수억을 줘도 교회만은 절대 안 된다고 했습니다. 자기가 교회를 주면 동네에서 쫓겨난대요. 여러분이 몰라서 그렇지 참 많습니다. 곳곳에 교회를 대적하는 세력들이 도사리고 있어요. 우리가 이제 내년에 교회를 지으려고 하는데요, 진짜 군포에서는 마지막 기회가 될지 모릅니다. 왜냐하면, 빈 땅이 거기뿐이니까. 주민들이 이미 살고 있는 곳에는 앞으로 교회 짓는 일이 거의 불가능합니다. 왜냐하면, 내년 하반기부터 교회를 세우려면 먼저 주민 공청회를 열어야 해요. 그래서 사전에 다 설명을 하고 주민 한 사람, 한 사람 전부 동의를 얻어야 건축허가가 난다고 했으니까 이거는 짓지 말라는 말과 같습니다. 그런데 지금 우리는 완전히 비어 있는 땅이니까 빨리 지으면 돼요. 이미 지어 놓은 것을 가지고 시비할 수는 없으니까.

그다음 또 하나, 어떤 종류의 사람들이 있는가?

대제사장과 서기관들의 무리와 같은 사람들인데요. 이들은 메시아를 훼방하는 세력들은 아닙니다. 아니, 오히려 겉으로 볼 때는 하나님을 알고 있고 성경을 알고 하나님을 섬긴다는 사람들입니다. 그런데 문제는 알고만 있었지 믿지는 않았어요. 성경을 줄줄 외울 정도로 잘 알고 있었지만 도무지 믿음으로 화답하지 않는 형식적이고 의식적인 사람들이었습니다. 어때요 여러분, 오늘날 이런 사람들이 우리 주위에 없습니까. 아니요, 너무너무 많습니다.

하나님을 믿는다고 하고, 예수의 재림을 믿는다고 하고, 교회도 다니고 겉으로 보기에는 전혀 문제가 없어요. 그런데 문제는 말뿐이지 믿지는 않아요. 그래서 주님 맞이할 준비는 하지 않습니다. 무엇입니까? 행함이 없는 믿음이지요. 죽은 믿음입니다. 믿는다고는 하는데 시체예요. 등은 들고 있는데 그 안에 기름이 없습니다.

여러분, 솔직히 오늘 우리 신자들 중에 주님 오늘 오신다고 하면 할렐루야 하면서 기쁨으로 맞이할 수 있는 사람이 몇 사람이나 되겠습니까? 분명히 교회를 다니고 있고 예수를 믿는다고 하고 예수님이 다시 오신다는 것을 수없이 들어서 알고 있음에도 불구하고 알고만 있을 뿐 믿음으로 화답하지는 않습니다. 완전히 겉모양만 신자지 속 내용이 없어요. 여러분, 제가 늘 말씀드립니다만 시집갈 신부가 결혼 날짜를 기다리지 않는 신부 봤습니까. 1970년대에 실제로 우리나라에 있었던 일인데요. 신랑이 저 멀리 중동에 돈 벌러 갔어요. 그러다가 장장 7년 만에 귀국한다는 연락이 왔습니다. 그런데 이때 만약 부인이 기쁨으로 신랑을 기다리는 것이 아니라 '큰일 났네'라고 하면 어떻게 됩니까. 밤을 새워 가며 신랑을 기다리는 게 정상이지 '큰일 났네. 좀 더 있다 오지 왜 벌써 와', 이것은 절대 정상이 아님니다. 주님의 재림을 알았으면 준비하고 기다려야 해요. 기다림이 없는 신부, 준비함이 없는 신부는 가짜입니다. 그다음 이제 마지막으로 동방박사들인데요. 이들은 하나님이 말씀하신 예언의 말씀을 그대로 믿음으로 받아들였어요. 그래서 매일매일 그 말씀을 붙들고 메시아가 오실 날을 기다렸는데요. 그런데 바로 이렇게 메시아가 오심을 믿고 간절히 기다리는 자에게 하나님이 무엇을 보여 주셨습니까? 2절 그의 별을 보고, 메시아 탄생의 별을 보여 주셨다고 했습니다. 그런데 이것은 어디에 나오는 예언입니까. 구약성경 민수기에 나오는 예언이지요. 발람이라고 하는 이방 나라 선지자가 이스라엘 백성들을 향하여 하나님의 계시를 받아 예언했는데요.

민24:16~19 '한 별이 야곱에게서 나오며 한 홀이 이스라엘에게서 일어난다'고 예언했는데 이것은 장차 이 땅에 오실 메시아에 대한 예언의 말씀입니다. 그런데 동방박사들이 바로 이 하나님의 예언의 말씀을 그대로 믿고 화답했을 때 하나님이 그 징조를 보여 주셨어요. 똑같은 별인데 다른 사람들은 아무도 알아보지 못했으나 하나님의 예언의 말씀을 그대로 믿고 화답한 동방박사들에게는 메시아의 탄생을 알리는 그 별이 보였습니다. 그런데 여러분, 이것은 오늘날 우리도 똑같습니다. 성경에 보면 예수가 다시 이 땅에 오실 때에 나타날 여러 가지 징조와 표적들을 수없이 예언해 놓으셨는데요. 마태복음은 24장 한 장 전체에 예언해 놓으셨지요. 그런데 똑같은 예언의 말씀이지만 주님의 재림에 대한 징조와 표적은 믿음으로 온전히 화답하는 사람만이 볼 수 있습니다. 믿음으로 보지 못하는 사람은 나타나지를 않으니까, 하나님의 표적을 찾을 수가 없습니다. 그러므로 여러분, 동방박사들이 그냥 우연히 메시아의 별을 발견했을 것으로 생각하면 안 됩니다. 구약에서 예언한 메시아가 오실 것에 대한 말씀을 확실히 믿고 있었어요. 그래서 계속 그 메시아를 기다리며 찾던 중에 드디어 발견하고 메시아를 맞이할 수 있었던 것입니다.

그런데 이것은 오늘 우리도 마찬가지, 우리가 다시 오실 주님을 맞이한다고 했을 때 그냥 아무 준비 없이 우연히 주님을 맞이할 수 있을 것이다. 아니요, 그것은 절대 불가능합니다. 주님의 재림을 매일매일 기다리며 오늘 하루하루를 깨어서 거룩하게 준비하는 사람, 이 사람이 주님을 맞이할 수 있습니다.

그러면 오늘날의 동방박사는 누구입니까?

롬12:1~2 '그러므로 형제들아 내가 하나님의 모든 자비하심으로 너희를 권하노니 너희 몸을 하나님이 기뻐하시는 거룩한 산 제물로 드리라 이는 너희가 드릴 영적 예배니라 너희는 이 세대를 본받지 말고 오직 마음을 새롭게 함으로 변화를 받아 하나님의 선하시고 기뻐하시고 온전하신 뜻이 무엇인지 분별하도록 하라'

'하나님 앞에 너희 몸을 거룩한 산 제물로 드리라'라고 했는데요. 이것은 하나님의 말씀을 믿음으로 매일매일 하나님의 말씀을 좇아 살므로 그리스도의 거룩한 신부로 단장하는 삶을 살아라, 라는 것입니다. 여러분, 솔직히 오늘 우리가 다시 오실 주님을 기다리는 표시가 무엇입니까. 크게 두 가지예요. 첫째 하나는 하나님을 부지런히 찾는 것을 보고 알 수 있습니다. 좌우지간 주의 재림을 기다리는 자는 부지런히 부지런히 주님을 찾아요. 주일 날도 수요일에도 새벽기도에도 좌우지간 예배시간만은 어떠한 수고와 노력과 희생의 대가를 지불하더라도 두 번째로 돌리지 않습니다. 이 악하고 음란한 세대에서 타락하지 않고 깨어서 있을 수 있는 길은 오직 하나 예배에 성공하는 길 밖에는 없습니다. 하나님 먼저의 신앙, 하나님 제일주의, 하나님 중심의 신앙생활 외에는 우리를 이 세상에서 지켜줄 수 있는 게 없어요. 하나님 앞에 나와야 하나님이 힘 주시고, 능력 주시고, 새롭게 해 주십니다. 그러므로 우리 삶에 최우선 순위가 예배가 되어야 합니다. 그런데 이때 중요한 것은 하나님을 예배하되 그냥 예배해서는 안 되는데요. 마음을 묶어 드려야 합니다. 지금 동방박사를 보니까 주님을 경배하러 찾아왔는데 황금과 유향과 몰약을 준비하여 주게 드렸다고 했습니다. 그런데 이 황금과 유향과 몰약은 그때 당시로서는 최고로 값진 물건들이었습니다. 그러니까 동방박사들은 메시아를 경배하기 위해 그때 당시 가장 귀한 보배를 갖고 경배하러 왔다는 것인데요. 왜냐하면, 그들의 마음이 메시아를 경배하는 일에 최우선으로 가 있었기 때문입니다. 그러므로 우리가 하나님 앞에 나올 때는 반드시 내 마음이 어디에 있는가 살펴야 합니다. 내 마음의 중심을 갖고 하나님을 경배해야지 마음이 빠진 제사 아무 소용이 없습니다.

오늘 나의 가장 귀한 보배는 예수 그리스도이십니까? 예수를 위해서라면 무엇이라도, 아니 나의 생명마저도 기꺼이 드릴 용의가 있습니까? 그렇다면 이 사람은 진짜 예수의 재림을 준비하며 기다리는 사람입니다. 이런 분들에게는 절대 주님이 도적같이 임할 수 없어요. 오늘 우리는 말로만 주여, 주여 하면 안 됩니다. 진정한 예수의 신부는 부지런히 주를 찾는 자요, 열심히 주께 자신을 묶어 드리는 일을 계속하면서 준비하며 주를 기다리는 자인 줄 믿습니다.

구약의 예언을 성취하신 예수 그리스도
(마2:13~23)

여러분, 우리가 성경을 가리켜 예언의 책이라고 하지만 오늘 우리에게 있어서는 더 이상 예언의 책이 아닙니다. 왜냐하면, 예수의 재림 한 가지만 빼놓고는 수백 가지의 예언이 다 이루어져서 오늘 우리는 예언의 말씀이 그대로 이루어진 것을 확인만 하면 되기 때문입니다.

우리가 구약성경을 보면 예수님이 누구의 후손으로 오시고 또 어떤 장소에서 어떻게 태어나며 어디에서 어떻게 자라서 마침내 어떻게 죽으시고 부활하시고 승천하실 것이라는 것까지 아주 조목조목 예언해 놓았는데 이것이 몽땅 다 이루어졌습니다. 뿐만 아니라, 예수님이 십자가에서 마지막 죽는 순간까지도 구약의 예언을 그대로 이루셨는데요. 그래서 죽으실 때도 다 이루었다 하시고 운명하셨습니다. 그러니까 예수님은 이 땅에 사실 때 자기 마음대로 사신 것이 하나가 없어요. 전부가 다 구약성경에서 이미 예언해 놓은 예언 꼭 그대로 살다가 가셨습니다. 그런데 바로 이 사실을 특히 마태복음에서 강조하고 있는데요. 예수의 탄생에서부터 어릴 때 핍박받아 애굽으로 내려갔다가 다시 이스라엘로 돌아와 나사렛에서 자라시는 것까지 전부가 다 구약에서 예언해 놓은 꼭 그대로 이루셨다는 것입니다.

그러므로 여러분, 이렇게 놓고 봤을 때 오늘 본문의 내용은 무엇입니까? 예수님이 태어나자마자 헤롯 왕이 죽이려고 했기 때문에 애굽으로 피난 갔다가 헤롯 왕이 죽고 난 다음 다시 이스라엘로 돌아와 갈릴리 지방인 나사렛에서 사셨다고 하는 아주 평범한 내용인데요. 그러나 바로 이 평범한 내용이 구약의 예언을 이루기 위함이었다고 했을 때 여기에는 특별한 영적 의미가 들어 있다는 것입니다. 먼저 예수님이 언제까지 애굽에 피난 가 있었다고요? '헤롯이 죽기까지.' 그런데 이것이 무엇을 이루기 위함이라고요?

'이는 주께서 선지자로 말씀하신 바 애굽에서 내 아들을 불렀다 함을 이루려 하심이니라' 그러니까 구약의 예언을 이루기 위함이라고 했을 때 여기에는 분명히 영적 의미가 들어 있는데요. 여러분, 지금 이 세상은 누가 권세를 잡고 있는 곳입니까? 원수 마귀지요. 원수 마귀가 권세를 잡고 왕으로 다스리고 있습니다. 그러니 원수 마귀가 왕으로 다스리고 있는 곳에 만왕의 왕이요, 만주의 주가 되시는 예수님이 오셨으니 원수 마귀의 입장에서는 가만히 있을 수 없는 상황입니다. 그래서 헤롯 왕은 세상 왕 마귀니까 어떻게 했다고 합니까?

'소동한지라' 두려움과 공포로 떨었다는 말입니다. 그리고 이제 최후의 발악을 하기 시작하는데요. '심히 노하여 사람을 보내어 베들레헴과 그 모든 지경 안에 있는 사내아이를 박사들에게 자세히 알아본 그때를 기준하여 두 살부터 그 아래로 다 죽이니' 사탄의 정체가 바로 드러나고 있습니다.

요8:44을 보면 마귀의 정체를 두 가지 '거짓말 장이요', '살인자'라고 했는데 헤롯 왕이 꼭 그래요. 어떻게 거짓말합니까?

'나도 가서 경배하겠다' 해 놓고는 경배는 고사하고 예수를 죽이기 위해 베들레헴에서 태어난 2살 이하의 아이들을 한꺼번에 다 죽여 버렸습니다. 이게 사탄의 정체예요. 입만 벌리면 거짓말하고 기회만 있으면 도둑질하고 죽이고 멸망시키려고 하는 것이 사탄의 정체입니다. 그런데 문제는 이러한 사건까지도 무엇의 성취라고요. 구약성경 예레미야 31:15에 예언한 말씀이 꼭 그대로 이루어졌다는 것입니다.

여러분, 우리가 알다시피 베들레헴은 슬픈 역사를 가지고 있는 곳 아닙니까. 야곱이 자기가 가장 사랑했던 아내 라헬이 죽었을 때 그를 묻고 슬퍼했던 곳이요, 또 이스라엘이 바벨론 나라에 포로로 잡혀갈 때 잡혀가는 자식들을 바라보며 통곡하는 이스라엘 어머니들의 슬픔을 상징합니다. 그래서 지금 18절에 나오는 라헬은 한 사람을 말하는 것이 아니라 이스라엘 나라 전체의 슬픔을 말하는 거예요. 그러니까 예수가 탄생하기 전까지 베들레헴은 죽음의 장소요, 슬픔과 통곡의 장소였습니다. 그런데 바로 이곳에 예수님이 태어났다고 하는 것은 무엇을 의미합니까. 죽음과 슬픔과 고통과 통곡만이 있는 이 세상에 생명과 평안과 기쁨과 소망이 되시는 예수가 탄생했다는 것입니다. 그러므로 여러분, 예수 없는 세상은 완전히 죽음이에요. 예수만이 죽음과 통곡의 세상에 생명과 기쁨을 줄 수 있는 유일한 분이십니다. 그렇기 때문에, 예레미야 31:16~17을 보면 슬퍼하는 이스라엘 백성들에게 하나님이 뭐라고 말씀하십니까.

　'나 여호와가 말하노라 네 소리를 금하여 울지 말며 네 눈을 금하여 눈물을 흘리지 말라 너희 최후에 소망이 있을 것이라'

　최후에 소망이 있다고 했는데요, 누구 때문입니까? 예수 때문이지요. '죽음의 땅에 메시아이신 예수를 보내 주실 것이기 때문에 울지 말라. 눈물을 흘리지 말라. 너희에게 소망이 있다'고 하신 것입니다. 그러니까 메시아이신 예수가 이 땅에 오셔서 하나님의 나라를 건설할 것인데 어떻게 슬퍼할 수 있겠느냐는 것인데요. 그런데 여러분, 이 예언은 오늘날 예언 그대로 이루어졌습니다. 여러분, 베들레헴이라는 말의 뜻이 무엇입니까. '떡집'이라는 말입니다. 풍성하다는 말이에요. 그러니까 죽음과 슬픔과 통곡의 장소인 베들레헴에 생명의 떡이 되신 예수님이 오심으로 풍성한 생명의 장소로 바뀌어졌다는 말입니다. 죽음에서 생명으로 완전히 바뀌어져 버렸어요.

그런데 여러분, 이것은 오늘날 우리에게도 똑같습니다. 처음 기독교가 들어가는 곳이면 어디든지 대적자들이 나타납니다. 생명을 걸고 죽이려는 자들이 있어요. 그러나 이상하지요. 그렇게 죽이려고 별짓을 다 하는데도 결과는 죽음이 아니라 생명입니다. 절망이 소망으로 바뀌어지고 슬픔과 통곡이 기쁨과 환호로 바뀌어집니다. 여러분, 우리나라를 한번 보세요. 기독교가 처음 들어올 때 얼마나 핍박이 많았습니까. 우리나라에 맨 처음 들어온 영국 토머스 선교사가 복음 한 번 제대로 전하지 못하고 대동강변에서 목이 잘려 순교했는데요. 그러나 여러분, 이러한 박해와 핍박에도 불구하고 예수 복음이 들어옴으로 우리나라가 어떻게 되었습니까? 거의 5천 년 동안 죽음과 슬픔과 고통과 통곡과 배고픔이 있던 이 나라에 생명과 기쁨과 평안과 소망이 넘치게 되었습니다.

여러분, 솔직히 말해서 우리나라가 반만 년 역사라고 하지만 5천 년의 역사를 다 합쳐도 기독교 1백 년 역사 동안에 이루어 놓은 것을 따라가지 못합니다. 우리나라 역사상 오늘날처럼 잘살고 풍요로운 시대는 단 한 번도 없었어요. 맨날 못 먹고 헐벗고 외세의 침략에 시달리고 조공이나 갖다 바치고, 정말 비참했습니다. 그러므로 여러분, 도대체 이 나라에 누가 생명을 불어넣은 것입니까? 예수입니다. 예수가 들어오니까 죽음이 물러가고 슬픔과 통곡 소리가 물러가고 대신에 기쁨과 찬송의 소리가 넘쳐나게 되었습니다.

그러면 예수가 어떤 분이신가?

두 가지, 첫째 하나는 헤롯이 죽기까지 거기 있었으니 이는 주께서 선지자를 통하여 말씀하신 바 '애굽으로부터 내 아들을 불렀다 함을 이루려 하심이라' 이 말씀은 예수가 왜 이 땅에 오셨는지를 상징적으로 나타내고 있는데요.

예수가 왜 태어나자마자 애굽으로 내려가셨는가? 그 이유는 전적으로 죄인 된 오늘 우리 인간들 때문이라는 것입니다. 왜냐하면, 애굽은 죄의 종노릇하고 있는 우리 인간의 모습을 상징하고 있는 장소이기 때문인데요. 애굽은 원수 마귀가 왕으로 다스리는 우리 인간이 구원받기 전의 상태를 가리킵니다. 그러므로 예수님은 전혀 죄가 없으신 분이시오, 또 마귀의 굴레에 도무지 속박당할 수 없는 분이시지만 그분이 몸소 애굽으로 내려가신 이유는 전적으로 우리 인간의 죄 문제를 해결하러 오셨기 때문입니다. 우리 인간을 대신해서 고난당하시고 고통당하시고 죽으시기 위해서 오셨기 때문에 애굽으로 내려가신 거예요.

그다음 또 하나 예수님은 왜 애굽에서 올라와 나사렛 땅에서 사셨는가. 22~23절 '꿈에 지시하심을 받아 갈릴리 지방으로 떠나가 나사렛이라는 동네에 가서 사니 이는 선지자로 하신 말씀에 나사렛 사람이라 칭하리라 하심을 이루려 함이러라' 예수님이 나사렛에서 사신 이유도 전적으로 구약성경의 예언을 이루시기 위해서였다는 것인데요. 그러므로 여러분, 우리가 나사렛 예수라고 했을 때는 그때 당시의 배경을 알고 있어야 합니다. 왜냐하면 그때 당시에 나사렛 사람이라고 하면 '가장 비천한 사람들이 사는 곳'이라는 경멸의 뜻으로 사용되었기 때문인데요. 지금 우리나라는 특별하게 지역을 구별하고 있지는 않습니다만 일본만 해도 저 북쪽 홋카이도에 있는 원주민 아이티 사람하고 저 남쪽에 있는 오키나와 사람하고는 본토 사람들이 굉장히 차별을 합니다. 꼭 백인이 흑인을 대하듯이 차별하는데요. 마찬가지 예수님 당시에도 갈릴리 지역은 유대인들이 많이 살지 않는 이방인들과 로마 군인들이 주로 상주하는 아주 비천한 지역이었습니다. 그래서 요한복음에 보면 빌립이 나다나엘에게 나사렛 예수를 와서 보라고 하니까 나사렛에서 무슨 선한 것이 나겠느냐 하고 빈정댔듯이 나사렛은 멸시, 천대받는 곳이에요. 그러니 보세요. 예수님은 나실 때부터 거할 방이 없어 마구간에서 나서 말 밥통에 뉘이셨고요, 또 자라나신 곳도 그때 당시 이스라엘 땅 중에서 가장 비천한 지역에서 자라셨는데 그 이유가 무엇입니까?

그 이유를 예수님이 직접 말씀하셨는데요. '인자가 온 것은 섬김을 받으려 함이 아니요 오히려 섬기려 하고 자기 목숨을 많은 사람들의 대속물로 주려 함이니라' 예수는 이 땅에 가장 낮은 종의 모습으로 오셨는데 그 이유는 우리 모든 사람들을 섬기시되 죽기까지 섬기러 오셨기 때문입니다. 가장 낮고 비천한 모습으로 오셨기 때문에 세상 사람들의 눈에는 도무지 귀하게 보이지를 않았어요. 아니, 왕이라고는 상상조차 하지를 못했습니다.

무엇입니까? 겸손입니다, 겸손. 신이신 그분이 인간의 몸을 입고 이 땅에 오셔서 십자가에서 죽기까지 종으로 섬긴 겸손. 그러므로 오늘 누가 과연 예수를 맞이할 수 있는가. 겸손한 자입니다. 예수님 자신이 겸손한 분이시므로 겸손한 자만이 예수를 맞이할 수 있어요.

지금 이스라엘 베들레헴에 가면 베들레헴교회가 세워져 있는데요. 그 특징이 문 입구가 1m 20cm 정도밖에는 안 돼요. 그래서 안으로 들어가려면 반드시 머리를 숙이고 들어가야 하는데요, 왜 그렇게 만들었는가? 겸손한 자만이 주님을 맞이할 수 있기 때문입니다.

오늘 이 시대 우리나라 교회의 모습은 너무 높아져 있는데요. 도무지 겸손히 낮추지를 못함으로 맛 잃은 소금이 되어 세상 사람들로부터 짓밟힘을 당하고 있는데 빨리 회개하고 돌이켜야 합니다. 그래야 예수님과 함께 동행하는 가운데 승리할 수 있습니다.

회개의 세례로 길을 예비하는 자
(마3:1~12)

성경에 보면 '사람은 외모를 보거니와 여호와는 그 중심을 보느니라'고 했습니다. 그러므로 오늘 우리 인간이 하나님 앞에 나아갈 때 무엇이 가장 중요한가? 마음입니다, 마음.

마음을 가지고 하나님 앞에 나아가야지, 마음이 빠져 버리면 오히려 하나님 앞에 나아가지 않는 것만도 못합니다. 우리가 알다시피 예수님이 얼마나 온유하신 분이십니까. '상한 갈대도 꺾지 아니하시고 꺼져 가는 심지도 끄지 않으시는 분'이라고 했지요. 우리 인간으로서는 도무지 상상할 수 없을 정도로 자비하신 분이십니다. 그런데 여러분, 단 한 부류의 사람들을 향해서는 욕을 하고 저주를 한 대상이 있는데요, 누굽니까? 바리새인과 서기관들입니다.

예수님이 이들을 향하여 '이 독사의 새끼들아 회칠한 무덤 같은 종자들아'라고 했는데요, 이들은 형식적인 종교인들로서 마음이 빠진 상태에서 겉모양만 하나님을 찾는 자들이었는데 이들을 향해서는 가차 없이 욕하고 저주했습니다. 하나님이 가장 역겨워하는 부류의 사람들이에요. 토하여 내치고 싶다고 했으니까 도무지 하나님이 견디지 못해하십니다. 그러면 여러분, 우리가 똑같이 신앙생활을 하는데 어떻게 해서 이런 사람들이 생겨날까요. 그 이유는 딱 하나입니다. 회개할 줄 모르면 이렇게 됩니다. 하나님의 말씀을 받고도 돌이키지 않고 회개하지 않으면 말씀이 오히려 우리 마음을 강퍅하게 만들고 변질되게 만들어 버려요. 하나님 말씀의 특징이지요. 잘 먹으면 양약이요, 우리 영의 양식이 되지만 듣고도 돌이키지 않고 회개하지 않으면 독약이 되어 오히려 우리에게 해가 됩니다. 그러므로 오늘 우리가 하나님의 말씀을 받기 전에 먼저 우리 자신을 살펴야 하는데요. 나는 과연 하나님의 말씀을 받을 때 어떤 마음 밭인가. 여러분 스스로 이것을 한번 생각해 보시기 바랍니다.

그러면 이제 오늘 본문의 내용이 무엇입니까. 세례 요한에 대한 이야기인데요. 자신을 '광야에서 외치는 자의 소리'라고 하면서 무엇을 위해 보내심을 받았다고요. '너희는 주의 길을 준비하라 그가 오실 길을 곧게 하라 하였느니라' 주님이 오시는 길을 예비하여 주님이 편안하게 가실 수 있도록 길을 편편하게 닦는 일을 맡았다고 했습니다. 그런데 이 말씀을 이해하려면 그때 당시의 시대적 배경을 알아야 하는데요. 그때 당시에는 왕이 어떤 곳에 행차한다고 했을 때 왕이 오기 전에 미리 길을 닦고 정비하는 일이 있었습니다. 왕의 행차가 순탄하게 잘 이루어질 수 있도록 길을 깨끗하게 닦아 놓는다는 것인데요, 이것은 요즈음도 그렇지요. 제가 군대 있을 때입니다. 광주 포병학교에서 16주간 훈련을 받고 있었는데 하루는 VIP가 방문한다는 것입니다. 그때 당시 육군참모총장인 이세호 대장이 온다고 했는데요, 그런데 보세요. VIP가 지나가는 C.P 본부 앞이 아스팔트길인데 진짜 하이타이를 풀어서 씻어 내는 것을 제가 직접 봤는데요. 소방호스를 가지고 와서 깨끗하게 씻어 내는 것을 제가 봤습니다. 마찬가지로 만왕의 왕이요, 만주의 주이신 예수님이 가시는 길이니까 세례 요한이 먼저 예수님이 잘 가실 수 있도록 미리 길을 열어 놓는 일을 맡았다고 했습니다. 그러면 여러분, 세례 요한이 지금 VIP인 예수님이 잘 지나갈 수 있도록 어떤 길을 닦고 있다고 했습니까?

'요단강 사방에서 다 그에게로 나아와 자기들의 죄를 자복하고 요단강에서 그에게 세례를 받더니', '나는 너희로 회개하게 하기 위하여 물로 세례를 베풀거니와'

죄 사함을 받을 수 있는 회개의 길이라고 했으니까, 이것은 분명히 마음의 길이지요. 예수님이 복음을 전했을 때 복음을 잘 받아들여 회개하고 돌이킬 수 있도록 마음을 준비시키는 일이었습니다.

그런데 여러분, 이것은 오늘 우리들도 똑같습니다. 우리 안에 예수 그리스도의 복음이 잘 들어오게 하기 위해서 제일 먼저 회개할 수 있는 심령이 되어야 합니다. 말씀이 떨어지면 그 말씀을 잘 받을 뿐만 아니라, 그 말씀대로 순종하여 돌이킬 수 있도록 마음이 준비되어야 한다는 것인데요. 이렇게 놓고 봤을 때 오늘 원수 마귀가 가장 싫어하는 것이 무엇입니까. 그것은 말씀을 잘 받아먹음으로 열매 맺는 것입니다. 그래서 원수 마귀는 두 가지, 하나는 아예 말씀을 듣지 못하게 하는 것이요, 또 하나는 말씀을 들어도 열매 맺지 못하게 하는 것인데요. 이 두 가지 일을 하는데 사활을 걸었어요. 여러분 어때요, 우리가 교회 나와서 말씀을 들으려고 하면 교회 나올 수 없도록 방해하는 것들이 없습니까. 또 교회를 나왔어도 너무 졸려서 정신을 못 차리거나 엉뚱한 생각 하느라 전혀 말씀을 마음에 담지 못하는 일은 없습니까? 분명히 있지요. 그런데 이것은 다 마귀가 방해하기 때문에 그렇습니다.

저는 목사이기 때문에 매일 말씀을 보고 매일 기도하는데요, 매일 하는 일이지만 매일 원수 마귀가 방해하려고 애쓰는 것을 제가 직접 느낍니다.

그러므로 여러분, 원수 마귀가 말씀을 먹지 못하는 일에 목숨을 걸었다면 우리는 말씀을 먹는 일에 목숨을 걸어야 하는데요. 그 첫째가 마음 준비입니다. 여러분, 그렇지 않습니까? 우리가 밥을 먹는다고 했을 때 제일 첫째가 무엇입니까? 식욕입니다, 식욕. 식욕이 있어야 밥을 먹을 수 있어요. 마찬가지 우리가 영의 양식을 먹으려고 해도 식욕이 필요한데요, 그 식욕이 바로 마음의 준비입니다. 마음이 얼마나 갈급한가에 따라서 말씀을 먹을 수도 있고 먹지 못할 수도 있어요. 그래서 성경은 '너희는 갓난아기들같이 순전하고 신령한 젖을 사모하라'고 했습니다. 여러분, 갓난아기가 얼마나 엄마 젖을 사모하는지 아시죠.

어쨌든 세례 요한이 먼저 마음을 준비시키는 일을 했기 때문에 예수님이 복음을 전파할 때 첫마디가 '회개하라. 천국이 가까이 왔느니라'였습니다. 왜 회개해야 하는지 설명이 없고 바로 회개할 것과 천국을 들고나왔어요. 다시 말해서, 마음이 준비된 사람은 그 말씀을 듣고 회개하여 돌이킨다는 것이요, 마음이 아직 준비되지 못한 자는 아무리 복음이 던져져도 못 알아듣는다는 것입니다. 그렇기 때문에 예수님이 직접 이렇게 말씀하셨어요.

'귀 있는 자는 들을지어다 돼지에게는 진주를 던지지 말라'

복음을 들을 수 있는 마음이 준비된 영혼이 따로 있다는 말씀입니다. 예수는 의인을 부르러 오신 것이 아니라 죄인을 불러 구원하기 위해 오셨습니다. 그러므로 똑같은 주의 복음이 떨어져도 마음이 강퍅한 사람은 '내가 무슨 죄인이냐'는 것이지요. '내가 왜 예수를 구세주로 받아들여야 하는가. 필요 없다. 예수는 예수고 나는 나다'라고 합니다.

그러나 이에 반해서 똑같은 주의 복음이 떨어지는데도 마음이 준비된 사람은 가슴을 치며 '형제들아 내가 어찌할꼬' 하면서 회개하고 돌아오는데요. 참 신기한 일입니다. 똑같은 복음을 듣고도 한 사람은 돌아오고 한 사람은 돌아오지 않는데 마음의 문제입니다. 그러므로 여러분, 우리가 이 원리를 알기 때문에 우리의 부모나 형제나 친척이나 친구나 누구를 전도하려고 할 때는 반드시 기도부터 해야 합니다. 그 마음을 먼저 말랑말랑하게 만들어 복음을 쉽게 받아들일 수 있게 해야 합니다. 이것은 마치 우리가 감을 딸 때 감이 익을 때까지 기다리는 것과 같습니다. 빨갛게 홍시가 되면 톡 건드리기만 해도 떨어지는데요. 마찬가지 우리가 그 영혼을 놓고 열심히 기도하면 이상하게도 그 강퍅하고 완악한 마음이 허물허물 허물어지기 시작합니다. 그래서 복음을 받아들일 만한 때가 되면 그냥 톡 건드리기만 해도 교회 나오게 되어 있어요. 자, 이제 오늘 본문의 내용을 놓고 한 가지만 생각하려고 하는데요. 회개하지 않는 심령에 대한 하나님의 심판에 대해서는 우리가 다 아니까 반복하지 않고요. 하나님의 말씀을 받기 위해 우리의 마음을 준비하기 위한 죄에 대한 자백의 문제입니다. 왜냐하면, 교회 나오고 예수의 이름을 부르는 것으로 다 구원받는 것이 아니기 때문인데요, 아무리 교회 나온 지 오래됐고 아무리 예수의 이름을 많이 불러도 그것으로 우리가 구원받을 수 있는 것은 아닙니다. 그러므로 여러분, 우리는 어디에 관심을 가져야 합니까?

당신은 언제 예수를 구세주로 영접하고 거듭난 사람이 되었습니까?

당신은 정말 물과 성령으로 거듭난 그리스도인입니까? 바로 여기에 우리의 관심이 모두어져야 합니다. 왜냐, 우리의 신앙생활은 우리의 영이 다시 태어나는 순간부터 시작되기 때문에. 그러면 여러분, 예수를 구주로 영접했다는 말이 무엇입니까? 나는 죽고 예수로 사는 것을 말하니까 내 안에 주인이 바뀌었다는 말이지요. 지금까지는 내가 주인이 되어 나를 따라갔던 사람인데 이제부터는 예수님을 주인 삼고 따라가며 살겠노라고 결단하는 것이 주인이 바뀐 사람의 첫 고백입니다. 그러니 여러분, 먼저 내가 주님께로 돌이키지 않고야 어떻게 주님의 뒤를 따를 수 있겠습니까. 그러니까 주님을 따르려면 반드시 먼저 주님께로 돌이켜야 해요.

그런데도 오늘날 교회 안에서 큰 착각이 무엇인고 하면 마음에 감동 받고 눈물을 흘리며 뉘우친 것을 가지고 회개라고 생각한다는 것입니다. 아니에요. 여러분, 그것은 진정한 회개가 아닙니다. 감동이나 뉘우침은 세상에 믿지 않는 사람들도 하는 거예요. 그러므로 우리 그리스도인이 말하는 진정한 회개는 뉘우치는 정도가 아니라 완전히 돌아서서 주님께로 향하는 것까지를 포함하고 있습니다. 물론 우리의 육신이 약해서 순간순간 넘어지기는 하지만, 그러나 우리 마음의 중심은 완전히 주님을 향하여 돌아서 있어야 해요.

누가복음 15장에 나오는 탕자의 비유에서 이것이 잘 나오고 있는데요. 그는 먼저 자신의 잘못을 깨달았습니다. '내가 하늘과 아버지께 죽을죄를 지었구나.' 그런데 여기에서 끝나지 않았어요. 그다음 어떻게 했습니까.

'이에 일어나서 아버지께로 돌아가니라'고 했습니다. 그러니까 탕자는 자신의 잘못을 마음에 깨달았을 뿐만 아니라 일어나 완전히 돌이켜서 아버지께로 돌아갔는데 이것이 바로 진정한 회개입니다. 그런데 문제는 그다음부터라는 것인데요, 무엇입니까?

분명히 회개하여 돌이켰고, 죄를 짓고 싶지 않음에도 불구하고 여전히 죄를 짓고 있다는 것입니다. 마음이 완전히 주님께로 돌아서기는 했지만 육신이 약해서 넘어지고 쓰러질 때가 있는데 이때는 과연 어떻게 해야 하는가. 이때는 빨리 죄를 자백함으로 깨끗하게 씻어 내야 합니다. (요일1:9) 그대로 머물러 있으면 안 돼요. 성경에서는 이것을 목욕하는 것과 세수하는 것으로 말씀하셨는데요. 회개가 목욕이라면 자백은 세수하는 것입니다. 오늘 우리가 목욕은 매일 하지 않지만 매일매일 세수함으로 얼굴과 손발을 깨끗하게 유지하듯이 우리가 매일매일 죄를 자백함으로 마음을 깨끗하게 해야 합니다. 그래야 하나님의 말씀을 받아먹음으로 살 수 있어요.

세례 받으시고 마귀의 시험을 받으시는 예수님
(마3:13~4:2)

성경에서는 때가 굉장히 중요합니다. 원어로 '카이로스'라고 했는데 인간의 역사 속에 나타난 하나님의 때를 '카이로스'라고 하는데요, 예수님은 하나님의 시간인 카이로스 때를 사셨어요.

그래서 오늘 본문 마3:13 '이때에'라고 했고 4:1 '그때에'라고 했습니다. 그러니까 하나님은 그냥 아무 때나 덮어 놓고 일하시지 않고 때를 맞추어서 일하세요. 예수님이 이 땅에 오신 때도 그렇지요.

갈4:4 '때가 차매 하나님이 그 아들을 보내사 여자에게서 나게 하시고'

예수님이 이 땅에 오신 것도 그냥 우연히 오신 것이 아니라 아담이 범죄하자마자 약속하셨던 여자의 후손인 메시아가 수천 년 동안 약속되어 오다가 때가 차매 아브라함과 다윗의 후손으로 여자의 몸인 마리아의 몸을 빌려서 이 땅에 오셨다는 것입니다.

제가 신학교를 가서 공부하면서 깜짝 놀랐던 것은 예수님이 이 땅에 오신 때가 그렇게 절묘할 수가 없었어요.

크게 3가지 특징이 있었는데요. 첫째 하나는 알렉산더 대왕의 헬라제국이 서구라파와 인도에 이르기까지 전체를 통일시켜 언어가 하나로 통일되어 있었고 그다음 로마제국이 세계를 점령하면서 모든 길을 로마로 통하도록 길을 다 닦아 놓았고요, 그다음 흩어진 유대인 디아스포라에 의해 각 지역마다 유대인 회당이 준비되어 있었습니다. 그 결과 예수님 승천 이후에 사도 바울과 예수의 열두 제자들에 의해 예루살렘과 온 유대와 사마리아와 소아시아 전체와 로마에까지 복음이 전해지는 데 불과 30년밖에는 걸리지 않았습니다. 그러니까 복음 증거를 위한 모든 준비가 다 갖추어졌을 때 예수님이 이 땅에 오셨으니, 이때가 얼마나 중요합니까. 뿐만 아니라, 예수님도 이 땅에 태어나서 바로 사역하시지 않고 30년 동안 침묵하시고 기다리시다가 30세가 되었을 때 비로소 공생애를 시작하셨는데요. 오늘 본문 말씀 보니까 두 가지 세례를 받으시고, 이때 하늘로부터 성령이 임하면서 '이는 내 사랑하는 아들이라'는 하나님의 선포를 들으신 다음 이때부터 일하셨습니다.

그러면 여러분, 세례가 무엇입니까? 죄인인 나는 죽고 의인인 예수로 사는 것이 세례입니다. 죄 사함 받고 하나님의 자녀가 되었다는 의식이 세례예요. 그런데 문제는 예수님은 죄가 없으신데 왜 세례를 받으셨는가? 그 이유는 전적으로 죄인 된 우리 인간을 대신하기 위해 이 땅에 오셨기 때문입니다. 지난 2장에서 예수님이 태어나자마자 바로 애굽으로 피난 가신 것도 우리 인간을 대신해서 오셨기 때문이라고 했지요. 애굽은 세상을 의미하고 바로왕은 세상왕 마귀를 상징하니까. 마찬가지로 공생애를 시작하기 전에 세례부터 받으신 것도 죄인인 우리 인간을 대신해서 오셨기 때문입니다. 죄인은 죽고 의인으로 다시 살게 하기 위해. 그뿐만 아니라 예수님은 하나님의 아들로서 신이심에도 불구하고 혼자 사역하시지 않고 세례를 받을 때 하늘로부터 성령이 임함으로 비로소 사역을 시작하고 있는데 그 이유는 4장에 나오니까 그때 말씀드리기로 하고요. 어쨌든 오늘 우리도 때가 중요합니다. 삼위일체 하나님의 구원 역사로 구원받아야 할 때가 있고요, 또 성령의 능력에 힘입어 사역을 해야 할 때가 있습니다.

그러면 먼저 앞에 3:13에 나오는 '이때에'입니다. 3:16~17 '이때에 예수께서 세례를 받으시고' 이것은 예수님이 하나님의 아들로서 이 땅에 만왕의 왕, 만주의 주로 오셨음을 알리는 왕의 대관식인데요. '하늘이 열리고', '성령이 임하고', '사랑하는 아들'이라는 성부 하나님의 음성을 들었는데요. 성부, 성자, 성령 삼위일체 하나님의 역사지요. 창세기 1장에서 태초에 천지를 창조할 때하고 똑같습니다. 에베소 1장을 보면 오늘 우리가 구원받은 것도 삼위일체 하나님의 역사라고 했습니다. 그런데 이 일이 있자마자 어떤 일이 일어나고 있습니까. 4:1 '그때에 예수께서 성령에게 이끌리어 마귀에게 시험을 받으러 광야로 가사' 여러분 어때요, 오늘 우리가 예수 믿고 구원받아 세례를 받고 나면 이상 끝입니까? 더 이상 어려움도 없고 시험도 없고 만사형통입니까? 아니요, 나는 하나님의 아들이 되었다 하는 그 순간 이 세상 왕인 마귀에게 선전포고하는 것이 되어져서 이때부터 본격적인 영적 전쟁이 시작됩니다. 원수 마귀와 매일매일 피 튀기는 영적 전쟁을 치러야 해요. 그러므로 오늘 우리 그리스도인들은 반드시 성령으로 무장되어 있어야 합니다. 그런데 오늘 우리를 놀라게 하는 것은 예수님이 마귀의 시험을 받으러 광야로 가셨는데 누가 이끌었다고요. 4:1 '성령에 이끌리어' 마가복음 1장에서는 '성령이 곧 예수를 광야로 몰아내신지라'고 했습니다. 그러니까 우리는 여기에서 중요한 영적 진리 하나를 발견해야 하는데요, 그것은 무엇인고 하니 오늘 우리가 신앙생활 하면서 또 교회를 섬기면서 주어지는 모든 어려움은 그냥 우연이 아니라 하나님이 허락하신 것이라는 것입니다. 참새 한 마리도 하나님의 허락 없이는 떨어지는 법이 없다고 했으니까. 그래서 성경은 뭐라고 합니까.

전7:14 '형통한 날에는 기뻐하고 곤고한 날에는 되돌아보아라 이 두 가지를 하나님이 병행하게 하사 사람이 그의 장래일을 능히 헤아려 알지 못하게 하셨느니라'

형통도 하나님이 주시는 것이지만 고난과 곤고함도 하나님이 주신 것이라는 것입니다. 이런 의미에서 우리 그리스도인들에게 있어서 모든 고통에는 뜻이 있다는 것인데요. 오늘 우리가 여러 가지 어려움을 만날 때 왜 나에게 이런 어려움이 왔는지 잘 모를 때가 많습니다. 그러나 분명한 것은 그럼에도 불구하고 그것은 하나님이 뜻을 가지고 허락하셨다는 거예요.

불의의 교통사고로 온 몸에 화상을 입은 이지선 자매, 날 때부터 뇌성마비로 온몸이 뒤틀려 있는 송명희 자매, 왜 그런 일이 일어났는지 도무지 그 이유를 알지 못하지요. 그러나 그럼에도 불구하고, 한 가지 사실은 확실한데 그것은 그 고난이 오늘 우리에게 유익하기 때문에 하나님이 허락하셨다는 것입니다. 그러므로 여러분, 하나님의 자녀라고 해도 만사가 잘되는 형통의 복만 주시는 것이 아니라 고난도 함께 주셔서 그 고난 때문에 하나님을 바라보고 하나님을 붙들고 하나님을 힘입어 유익되게 하신다는 거예요. '하나님을 사랑하는 자 곧 그 뜻대로 부르심을 입은 자들에게는 모든 일이 합력하여 선을 이루느니라'(롬8:28)

그러니까 오늘 우리는 어려움이 왔을 때 세상 사람들처럼 '운이 없다느니', '재수가 없다느니', '하나님이 나를 사랑하지 않는다느니' 이러면 안 돼요. 여러분, 제가 몇 번 말씀드렸지요. 비가 오지 않고 햇빛만 쬐면 땅이 사막화된다고. 햇빛도 나야 하지만 적당히 구름이 끼고 비도 내려 줘야 땅이 비옥하게 되어 농사를 지을 수 있습니다. 마찬가지로 우리 인간은 형통하기만 하고 고난이 없으면 인간이 안 됩니다. 형통과 곤고함이 적당히 섞일 때 사람이 사람 되는 거예요. 그러면 예수님은 하나님의 아들이심에도 불구하고 왜 마귀에게 시험을 받으셔야 했나. 그 이유는 4:2에 나옵니다.

'사십일을 밤낮으로 금식 후에 주리신지라' 여러분, 40일이라고 하면 기억나는 게 없습니까. 이스라엘 백성들이 40년 동안 광야 생활을 통과하는 것이니까, 여기서 하루는 1년이에요. 그러니까 우리가 예수 믿고 구원받은 다음 이 세상 떠나기 전까지의 전 기간을 40년으로 보는 거예요.

그래서 예수님이 우리를 대신해서 이 땅에서 원수 마귀와 싸워 승리하는 것을 상징적으로 보여 주시기 위해 광야에서 40일 동안 금식하고 원수 마귀와의 싸움을 싸운 것입니다. 물론 이 싸움에서 승리하셨는데요. 그 내용은 우리가 다음 시간에 생각하기로 하고요. 오늘은 '왜 하필 광야냐'라고 했을 때 광야는 침묵과 고독의 장소입니다. 광야에는 아무것도 없지 않습니까?

오히려 들짐승의 위협이 있고 고독과 외로움과 두려움만 있는 곳이 광야예요. 그러면 하나님은 왜 하나님의 일을 시작하기 전에 먼저 광야로 내보내시는가. 그 이유는 하나님의 꿈을 가지고 하나님의 일을 이루고자 하는 사역자의 일생은 이런 광야의 과정을 거치지 않으면 안 되기 때문인데요.

여러분, 사역자의 고독을 아십니까. 계속 어려움은 밀려오는데 이것을 누구에게 말할 수도 없고 혼자서 온몸으로 막아야 하니까 너무너무 고독합니다. 그러나 여러분, 과일나무가 어떻게 열매를 맺습니까. 봄, 여름, 가을뿐만 아니라 혹독한 겨울을 겪고 나야 열매를 맺어요. 마찬가지 여러분, 오늘 우리가 어떤 어려움을 만났을 때라도 용기를 잃지 않아야 하는 것은 멀지 않은 장래에 회복될 것이라는 소망 때문입니다. 왜냐, 하나님은 우리 인생에게 곤고한 날만 주시는 것이 아니라 형통한 날도 함께 주셨으니까. 그래서 사도 바울이 고백했지요.

고전10:13 '사람이 감당할 시험 밖에는 너희가 당한 것이 없나니 오직 하나님은 미쁘사 너희가 감당하지 못할 시험 당함을 허락하지 아니하시고 시험당할 즈음에 또한 피할 길을 내사 너희로 능히 감당하게 하시느니라'

사람이 감당치 못할 시험은 없는데, 왜냐하면 하나님이 감당케 하실 뿐만 아니라 곤고함과 함께 마침내 형통한 날도 주시니까. 바라기는 오늘 예배 가운데 이 은혜를 꼭 받아 가시기 바랍니다. 그다음 또 하나 오늘 예수님이 세례를 받자마자 등장한 것이 마귀인데요. 여러분, 꼭 기억하세요. 마귀는 추상적인 존재가 아니라 분명한 실체를 가지고 있고 인격을 가진 영물이라는 사실을. 성령님이 눈에 보이지 않지만 인격을 가지신 영이라면 마귀도 인격을 가진 뚜렷한 실존하는 악한 영입니다. 그러므로 오늘 우리는 두 가지 극단에 빠지면 안 되는데요. 하나는 모든 일을 마귀의 역사로 결부시키는데 이것은 아니지요. 그다음 또 하나, 마귀의 역사를 완전히 무시하는 것 이것도 안 됩니다. 왜냐, 마귀의 시험은 실제적으로 계속 있으니까. 여러분, 교회는 사교집단이 아니에요. 이 땅에 있는 하나님의 왕국이니까 원수 마귀가 왕 노릇 하고 있는 이 땅에서 원수 마귀와 치열한 영적 전쟁을 치루고 있는 것이 교회입니다.

그러니까 교회에서 신앙생활 하려면 마귀와의 영적 전쟁을 피할 길이 없는데요. 그러면 이 마귀가 언제 역사하는가. 첫째 하나님의 사역을 시작하려고 할 때입니다.

창세기 1장을 보면 하나님이 아담, 하와를 만드신 다음 이들을 통하여 하나님의 사역을 시작하려고 하자 바로 마귀가 유혹했어요. 그러므로 마귀는 하나님을 기쁘시게 하고 하나님의 뜻을 이루려고 하면 귀신같이 나타나서 방해를 놓습니다. 그래서 우리가 주의 일을 시작하려고 할 때 정신을 차리고 근신하며 깨어 기도해야 합니다. 여러분, 예수님이 광야에 가서 뭐 하셨습니까. 40일 동안 금식하며 기도하셨어요. 그러므로 오늘 우리가 하나님의 일을 하려면 마귀의 역사를 각오하고 하나님 앞에 간절히 기도해야 합니다.

'기도와 금식 외에 다른 유로는 이런 일을 할 수 없느니라' 하나님의 일은 영적 전쟁이기 때문에 기도 없이는 할 수가 없어요.

그다음 또 하나, 마귀가 예수님께 나타난 시점이 언제였습니까?

예수님이 성령을 힘입어 성령 충만할 때였습니다. 40일 동안 금식 기도 하셨으니까 성령 충만 중에 충만이지요. 그러므로 여러분, 우리가 자주 경험하는 바입니다만 오늘 우리가 언제 시험에 들고 넘어지는가, 은혜 받고 성령 충만할 때 이때 마귀의 시험을 받아 넘어집니다. 그래서 성경에서는 '선 줄로 아는 자는 넘어질까 조심하라'고 했는데요, 자아도취가 그렇게 위험한 것입니다. 하나님도 때를 잘 아시지만, 마귀도 때를 잘 알아요. 언제 공격해야 할지, 어디를 공격해야 할지를 알고 가장 방심하고 있을 때 공격하니까 내가 잘되고 평안할 때 이때야말로 정신 차리고 근신하여 기도해야 합니다. 특히 마지막 말세 때 마귀가 최후 발악하는 시대 바로 오늘 이 시대지요. 그러므로 우리는 매일 매 순간마다 위를 바라보고 하나님을 붙들고 기도함으로 하루하루 하나님이 주시는 은혜로 살아야 합니다.

히4:14~16 '그러므로 우리에게 큰 대제사장이 계시니 승천하신 이, 곧 하나님의 아들 예수시라 우리가 믿는 도리를 굳게 잡을지어다 우리에게 있는 대제사장은 우리의 연약함을 동정하지 못하신 이가 아니요 모든 일에 우리와 똑같이 시험받으신 이로되 죄는 없으시니라 그러므로 우리는 긍휼하심을 받고 때를 따라 돕는 은혜를 얻기 위하여 은혜의 보좌 앞에 담대히 나아갈 것이니라' 이스라엘 백성들이 광야에서 매일매일 하나님의 은혜로 살았듯이 오늘 우리도 매일매일 하나님의 은혜로 살 수 있어요. 에덴동산에서 첫 번째 아담은 마귀의 시험에 넘어졌지만, 그러나 둘째 아담인 예수는 가장 척박한 광야에서 승리하셨습니다. 왜냐하면, 깨어 기도하셨기 때문에. 그러므로 예수님의 제자들을 향한 마지막 당부가 무엇입니까?

'시험에 들지 않도록 항상 깨어 기도하라'고 하셨습니다.

마귀의 시험을 이기심1
(마4:1~4)

여러분, 하나님에게도 이름이 있음을 알고 계십니까? 우리 말 성경을 보면 전부 하나님으로 되어 있지만, 실제 원문상으로는 하나님의 이름이 다르게 나타나 있는데요.

크게 두 가지, 첫째 하나는 '엘'(엘로힘, 엘샤다이)이라는 이름인데요. 이 이름은 주로 창조주 하나님을 나타낼 때 사용됩니다. 그러니까 우리 인간과는 별도로 하나님이 단독적으로 행하시는 경우에만 '엘'이라는 이름을 사용했어요.

그다음 또 하나는 '여호와'라는 이름인데요. 신약에서는 이것을 '아도나이 주님'이라고 했는데 우리 인간과 함께하시는 하나님을 말합니다. 우리의 음성을 들으시고 우리와 함께 상의하시고 우리와 함께 기뻐하고 즐거워하며 고통하시는 하나님.

우리 인간은 하나님이 만드신 창조물이지만 로봇처럼 만드시지 않고 우리에게 자유의지를 주셔서 스스로 생각하고 스스로 결단할 수 있게 했습니다. 그래서 하나님은 우리를 강제로 끌고 가려고 하는 것이 아니라, 우리 스스로 깨닫고 하나님의 뜻에 순종하기를 원하심으로 우리와 더불어 함께하시는 하나님을 말할 때 '여호와'라고 합니다.

그러므로 여러분, 우리가 엘 하나님이 하시는 일에 대해서는 물어볼 수가 없습니다. 예를 들면 나는 왜 한국 사람으로 태어났는가? 나는 왜 남자가 아니고 여잔가? 나는 왜 성이 박씨가 아니고 이씨인가? 이런 질문은 입만 아픈 질문입니다. 왜냐하면, 그것은 나를 만드신 하나님만이 가지고 있는 절대 주권이니까 이것은 우리가 그냥 받아들여야지, '왜?'라는 질문이 용납 안 돼요. 말 그대로 하나님의 절대적인 뜻이니까 이것은 하나님이 우리와 상의하지 않습니다. 성경을 보면 이러한 하나님의 뜻이 많이 나오고 있는데요.

예를 들면 하나님의 영혼 구원 계획인데요. 하나님이 영혼들을 그렇게 사랑하신다고 했는데 왜 직접 나타나거나 직접 음성을 들려주시지 않는가? 만약 오늘이라도 하늘에서 벼락 치는 음성으로 '너희는 나를 믿지 않으면 전부가 멸망이다'라고 한마디만 하면 아무리 고래 힘줄 같은 사람이라도 버들버들 떨면서 하나님 앞에 나올 텐데, 왜 하나님은 가만히 침묵만 지키고 계신가? 그 이유를 무엇이라고요.

고전1:21 '하나님의 지혜에 있어서는 이 세상이 자기 지혜로 하나님을 알지 못하는 고로 하나님께서 전도의 미련한 것으로 믿는 자들을 구원하시기를 기뻐하셨도다' 하나님은 다른 방법이 아니라 전도를 통해서 하는 것이 하나님의 뜻이라는 것입니다. 그러니 더 이상 우리 인간이 여기에 '왜?'라는 질문을 할 수가 없습니다. 그러므로 이렇게 놓고 봤을 때 예수님이 이 땅에 오신 이유를 무엇이라고 했습니까.

요6:38~39 '내가 하늘로서 내려온 것은 내 뜻을 행하려 함이 아니요 나를 보내신 이의 뜻을 행하려 함이니라' 예수님은 전적으로 하나님의 뜻을 행하기 위해 이 땅에 오셨다고 했습니다. 그래서 예수님 자신의 뜻대로 할 수 있는 것은 아무것도 없었어요. 그러면 이러한 내용을 염두에 두고 오늘 본문을 보면 무엇입니까. 40일 동안 금식하여 주린 예수님에게 마귀가 찾아와서 시험했다고 했습니다. '네가 만일 하나님의 아들이어든 명하여 이 돌들로 떡덩이가 되게 하라' '네가 정말 하나님의 아들이면 너 자신이 하나님의 아들 됨을 스스로 나타내 보여 봐라고 했습니다. 다시 말해서 너는 하나님의 아들로서 얼마든지 돌을 떡덩이로 만들 수 있는 능력이 있지 않느냐, 그러니 네가 하나님의 아들이라면 그 능력을 한번 과시해 보라는 것인데요. 그러나 이때 예수님의 대답이 무엇입니까? '사람이 떡으로만 살 것이 아니요 하나님의 입으로부터 나오는 모든 말씀으로 살 것이라 하였느니라' 하시니 무슨 뜻입니까? 나는 이 땅에 온 목적이 '내가 하나님이다' 하는 것을 과시하기 위해서 온 것이 아니라 전적으로 하나님의 말씀에 순종해서 그분의 뜻을 이루기 위해 왔다는 것입니다. 그러니까 예수님에게는 얼마든지 돌을 떡으로 만들 수 있는 능력이 있었지만 마귀의 청이 하나님의 뜻과 같지 않았기 때문에 단호히 거절하신 것입니다. 그래서 여러분, 예수님은 자신이 배가 고플 때는 무화과나무 밑에까지 가서 열매를 찾았지만 자신이 구세주이심을 나타낼 때는 보리 떡 다섯 개와 물고기 두 마리로 5천 명을 먹이고도 열두 바구니가 남는 기적을 행하셨습니다. 왜냐하면, 그것이 하나님의 뜻이니까. 영혼 구원을 목적으로 이 땅에 오셨으니까. 그러면 여러분, 지금 예수님의 삶의 목적이 다른 무엇을 이루기 위함이 아니라 전적으로 하나님의 말씀에 순종하여 하나님의 뜻을 이루는 것이었다면 과연 오늘 우리는 어떻게 살아야 합니까?

오늘 우리는 하나님의 자녀요, 예수 그리스도의 제자입니다. 제자는 선생이 한 그대로 뒤따라가는 자들 아닙니까. 어때요 여러분, 오늘 우리에게도 이런 결단이 있습니까. '나의 사는 목적은 세상의 그 무엇이 아니라 하나님의 뜻을 행하고 그 뜻을 이루는 것이다. 나는 밥 먹기 위해 사는 사람이 아니라 하나님의 말씀을 우선해서 하나님의 말씀을 좇아 사는 사람이다'라고 하는 결단. 성경에서는 이것을 좁은 길이라고 했는데요. 내 뜻대로가 아닙니다. 하나님의 뜻대로, 하나님이 말씀하신 대로 순종하며 사는 것이 좁은 길이에요. 그렇기 때문에 이 길을 가려고 하면 그 첫 번째 조건이 무엇이라고요. '너희가 나를 따라오려거든 자기를 부인하고 날마다 자기 십자가를 지고 따라올지니라' 자기를 부인하고 십자를 지는 것이니까 내 뜻, 내 소원이 아닙니다. 하나님의 뜻 하나님의 소원이에요. 그러면 여러분, 이러한 본문을 놓고 오늘 우리 자신을 한번 살펴봅시다. 여러분은 지금 세상을 사는 목적이 무엇입니까? 돈입니까? 하나님의 뜻입니까? 아니면 다른 어떤 무엇입니까? 우리는 예수를 믿고 있고 하나님을 아버지라 부르고 있는데요, 그러면 여러분, 그 이유가 무엇입니까? 왜 하나님을 믿고 있지요? 내 뜻 내 소원을 이루기 위해서입니까? 아니면, 아버지의 뜻 아버지의 소원을 이루기 위해서입니까?

여러분, 이 문제는 우리 신앙인에게 있어서 너무나 중요한 문제인데요. 왜냐 내가 사는 목적이요, 이유니까. 여러분, 오늘 신자들을 보면 정말 큰일 났어요. 왜냐하면, 명색이 신자인데 하나님의 뜻보다는 자기 뜻을 이루기 위해서 하나님을 찾기 때문입니다. 도무지 하나님의 뜻을 찾지 않아요. 오직 내 뜻만 이루고 나면 이상 끝입니다. 하나님이 나를 통해서 무엇을 하시고자 하는가에 대해서는 전혀 관심이 없어요.

그래서 좁은 길로 가려고 하지 않고 어떻게 해서든 넓은 길로 편안한 길로 자기 좋은 대로 가려고 합니다. 예를 들어 볼게요. 여러분, 우리가 직장이나 직업을 선택한다고 합시다. 어때요, 오늘 우리는 신앙을 우선해서 결정합니까? 아니면 하나님은 두 번째이고 돈 많이 주고 조건 좋은 것이 우선입니까? 어느 거예요? 답은 이미 우리가 알고 있습니다. 아무리 돈이 많이 들어오고 아무리 조건이 좋다고 해도 하나님이 원하시는 것이 아니요, 신앙생활에 지장을 주는 것이라면 과감하게 거절할 수 있어야 합니다. 그러나 오늘 많은 신자들이 돈과 직장을 우선하는 경우가 많은데요. 제가 처음 목회를 시작했을 때 주일 날 직장에 나가시는 분이 계셨습니다. 그래서 제가 늘 권하는 말이 '그 직장 그만두세요. 믿음으로 결단하면 하나님이 반드시 다른 직장을 주실 것입니다. 그러니 믿음으로 한번 결단해 보세요.' 그래요. 그러면 제가 이렇게 권할 때 아멘 하고 순종하면 얼마나 좋겠습니까! 말 안 듣지요. 아니, 오히려 인상 씁니다. 목사가 돼 가지고 남의 집 밥줄 끊어 놓으려고 한다고. 그러나 여러분, 사실은 무엇이 문제입니까. 믿음이 문제지요. 이 사람은 하나님을 믿는 믿음이 없습니다. 특히 하나님이 내 아버지가 되신다는 것을 모르고 있어요. 여러분, 자기 아버지가 억만장자인데 자기 아들이 밥 굶는 것 보고 가만히 있을 아버지가 있습니까. 그것도 하나님을 더 우선해서 찾겠다는데 만약 여러분이 하늘나라와 그의 의를 먼저 구했는데 밥을 굶는다. 제가 책임지겠습니다. 만약 그런 하나님이라면 저부터 믿지 않겠어요. 여러분, 저는 지금까지 하나님 먼저의 신앙을 가지고 살았기 때문에 밥을 굶었다고 하는 이야기를 들어 본 적이 없습니다. 혹시 여러분, 주위에 그런 분이 계시면 저에게 좀 연락해 주세요. 얼굴이라도 한번 보게. 여러분, 속지 마세요. 원수 마귀는 항상 우리에게 속삭입니다. 하나님이 밥 먹여 주느냐고, 신앙생활도 돈이 있고 나서부터라고. 그러니 돈 좀 열심히 벌고 난 다음 그다음에 신앙생활을 해도 늦지 않다고. 사람은 뭐니 뭐니 해도 돈이 최고야. 돈이 있고 난 다음에 하나님도 있고, 신앙생활도 있다고 합니다. 어때요, 여러분, 우리가 지금까지 신앙생활 하면서 많이 들어 봤던 이야기 아닙니까. 우리 신앙생활에 있어서 최대의 적은 돈입니다. 하나님과 어깨를 나란히 할 수 있는 것이 돈이니까, 돈의 위력이라는 것은 엄청난 것입니다. 성경에서도 돈은 신이라고 했고 일만 악의 뿌리라고 했어요. 제가 아는 사람 중에도 부부 간에 장로고 권사고 그런데요. 자녀들 혼사 문제를 이야기하는데 무엇을 가장 많이 보는고 하니 여러 가지 이유를 대지만 결국은 돈을 제일 우선적으로 보더라고요. 아들이 의사인데 선을 여러 번 봤는데도 잘 안 돼요. 돈을 우선해서 구하니까 잘 안 될 수밖에 없지요. 그러데 요즈음은 많이 변한 것 같은데요. 왜냐하면, 큰딸을 불신 집안에 보내 가지고 혼났거든요. 변호사한테 보냈는데 안 믿는 집이에요.

남편은 이제 겨우 교회 나오기 시작한 초신자인데 결혼을 한 지 2년이 지났는데도 애기가 없으니까 시집에서 얼마나 구박이 심한지 그것도 시집에서 시부모님을 모시고 함께 살고 있으니 죽을 맛이지요. 그래서 친정어머니가 하도 신경을 많이 쓰고 해서 밥을 제대로 먹지 못한다고 했습니다. 여러 자매들 잘 들으세요. 인생은 밥이 전부가 아니에요. 절대 우리의 행복은 돈에 달려 있지 않고 전적 하나님의 손에 달려 있습니다.

시127:1 '여호와께서 집을 세우지 아니하시면 세우는 자의 수고가 헛되며 여호와께서 성을 지키지 아니하시면 파수꾼의 깨어 있음이 허사로다'

여러분, 저는 우리가 이 세상을 살면서 돈이 꼭 필요하다는 것 절대 부인하지 않습니다. 아니, 너무너무 필요하지요. 그러나 그것이 아무리 요긴한 것이라고 할지라도 하나님보다 우선하지는 못합니다.

왜냐 우리의 행복은 돈이 아니라 하나님의 손에 달려 있기 때문에. 여러분, 오늘날 세상이 왜 이렇게 메말라 가고 삭막해지는지 아십니까? 돈이 하나님이 되어서 그래요.

암8:11 '내가 기근을 땅에 보내리니 양식이 없어 주림이 아니요 물이 없어 갈함이 아니요 여호와의 말씀을 듣지 못한 기갈이라'

북이스라엘이 여로보암 2세 때 경제적으로는 가장 번성한 시대를 살았지만 그들의 영적 삶은 완전히 피폐해 있었습니다. 왜냐 말씀을 좇아 살지 않고 돈을 좇아서 사니까. 오늘 우리나라도 똑같지요. 하나님의 말씀을 좇아 살지 않고 돈을 좇아서 사니까 갈수록 피폐해집니다. 요즈음은 어떤가 모르겠는데 2~30년 전까지만 해도 돈이면 안 되는 게 없었습니다. 돈이 실력이요, 인격인 시대였어요. 그런데 이것은 절대 망합니다. 아니, 꼭 망했어요. 역사가 이것을 증명합니다. 여러분, 오늘날 전 세계를 한번 보세요. 어떤 나라들이 잘살고 있습니까? 기독교 복음이 왕성했던 나라들이 다 잘살고 있습니다. 그러면 오늘날 어떤 나라들이 쇠퇴하고 있습니까? 하나님보다 빵을 우선해서 찾는 기독교 나라들이 망해 가고 있습니다. 유럽이 그렇지요. 스페인, 포르투갈, 그리스, 프랑스, 영국, 이태리가 그렇고 지금 미국이 그 뒤를 쫓아가고 있습니다. 미국이 청교도 정신으로 하나님을 우선순위에 두었을 때는 세계 최대 채권국이었는데 이들이 빵을 우선하고 물질 만능주의로 흘러갔을 때 지금 세계 최대 채무국이 되었습니다. 우리나라도 지금 우리 믿는 신자들이 하나님보다 돈을 우선함으로 영적으로 내려가 이 사회가 이렇게 혼란에 빠져 있습니다. 그러므로 여러분, 이제 결론입니다. 오늘날 우리 신앙생활의 최대의 적은 뭐니 뭐니 해도 돈입니다. 돈이 꼭 필요한 것임에도 불구하고 우리의 신앙생활을 가장 방해하는 요소 중 하나예요. 그러므로 오늘 예수님의 말씀을 마음에 담읍시다.

'사람이 떡으로만 살 것이 아니요 하나님의 입으로부터 나오는 모든 말씀으로 살 것이니라'

여러분, 성경은 말씀합니다. '사람이 무엇으로 심든지 그대로 거두리라. 자기의 육체를 위하여 심는 자는 육체로부터 썩어질 것을 거두고 성령을 위하여 심는 자는 성령으로부터 영생을 거두리라.'

사람이 무엇으로 심든지 그대로 거둔다는 것은 불변의 진리입니다. 말씀대로 살면 영생을 얻고 돈을 쫓아가면 멸망이라는 것. 우리는 이미 마지막 결론을 다 알고 있습니다. 요는 우리가 이 말씀대로 사느냐, 살지 못하느냐 여기에 달려 있어요. 선택은 여러분 자유지만 그러나 그 결과는 생명과 죽음이에요. 승리하시기 바랍니다.

마귀의 시험을 이기심2
(마4:5~7)

여러분, 우리가 한 가지 꼭 기억해야 할 것은 하나님께서 성경책을 마무리하면서 무엇을 가장 강하게 경고하셨는고 하니 계22:18~19 '만일 누구든지 이것들 외에 더하면 하나님이 이 책에 기록된 재앙들을 그에게 더하실 터이요 만일 누구든지 이 책의 예언의 말씀에서 제하여 버리면 하나님이 이 책에 기록된 생명나무와 거룩한 성에 참여함을 제하여 버리시리라' 하나님이 말씀하신 것 외에 더하거나 빼 버리는 것에 대해서 강하게 경고하셨는데요. 아니, 아예 심판받고 망한다고 했습니다. 여러분, 우리의 조상인 아담과 하와도 이 짓 하다가 망했지 않습니까. 우리가 알다시피 하나님은 아담, 하와에게 분명히 '네가 이것을 먹는 날에는 반드시 죽으리라'고 했는데 그러나 하와는 뱀에게 무엇이라 대답하고 있습니까. '죽을까 하노라'고 했습니다. 안 죽을 수도 있다는 말인데요. 죽을지 안 죽을지 확실히 모른다는 말입니다. 분명한 하나님의 말씀을 살짝 비틀어 버렸어요. 그러자 즉시 마귀가 '너희는 결코 죽지 아니하리라. 아니, 오히려 너희 눈이 밝아져 하나님같이 되리라'고 했습니다. 그러자 이 말을 믿고 홀까닥 따 먹었는데 그 결과 망했습니다. 그러므로 하나님의 말씀은 있는 그대로 먹어야지 자기 마음대로 조제해서 먹다가는 큰일 나요. 먹고 죽습니다. 여러분, 이런 말 들어 보셨습니까. 어디 가 보니까 말씀을 기가 막히게 잘 쪼개는데 얼마나 잘 쪼개는지 내 나고 그런 말씀은 처음 들어 본다고. 예, 처음일 수밖에 없지요. 왜냐 하나님의 말씀이 아니고 자기가 복음이니까 처음 들어 보는 게 당연합니다. 신령하다고요? 아니요, 그 약 먹으면 죽어요. 독초입니다.

오늘날 잘못된 이단들이 전부 이것 아닙니까. 신천지, 하나님의교회, 여호와의증인, 구원파 전부 다 하나님의 말씀을 자기 멋대로 빼고 보태고 해서 살짝 비틀어 버리는데 조심해야 합니다. 오늘은 예수님이 마귀로부터 받은 두 번째 시험인데요. 원수 마귀가 예수를 예루살렘 성전으로 데려가서는 성전 꼭대기 위에 다 세웠다고 했습니다. 그리고는 '네가 사람이 떡으로만 사는 것이 아니요 하나님의 입에서 나오는 모든 말씀으로 산다고 했으니 네가 만일 하나님의 아들이어든 하나님의 말씀대로 한번 뛰어내려 봐. 하나님이 시편에서 천사들을 보내어 너를 붙듦으로 발이 돌에 부딪히지 않게 하겠다고 했으니 어디 한번 뛰어내려 봐'라고 했습니다. 그러자 이때 예수님의 대답입니다. '주 너의 하나님을 시험하지 말라 하였느니라' 하고 단칼에 거절했는데요. 그러면 여러분, 마귀의 이 시험이 예수님이 볼 때는 왜 하나님을 시험하는 것이었을까요? 그 이유는 크게 두 가지인데요. 첫째 하나는 하나님의 말씀을 자기 욕심을 채우는 데 사용하면 그것은 하나님을 시험하는 것이 되기 때문입니다. 여러분, 우리가 지난 시간에 이미 생각했습니다만, 예수님이 이 땅에 오신 이유가 무엇이라고요. 자신을 이 땅에 과시하러 오신 것이 아니라 전적으로 하나님의 뜻을 이루기 위해 오셨다고 했습니다.

그러니 여러분, 지금 예수님이 성전 꼭대기에서 뛰어내린다고 했을 때 이것이 하나님의 뜻을 이루는 것하고 상관이 있습니까? 아니요, 전혀 상관없습니다. 단지 내가 이 정도다 하는 자기 과시용밖에는 안 돼요. 왜냐 지금 마귀가 하나님이 약속한 대로 천사가 와서 너를 붙드나, 안 붙드나 한번 보자 하는 것은 살면 하나님의 말씀이 진실이고 죽으면 하나님의 말씀이 거짓이다, 라고 하는 것이니까 만약 뛰어내린다면 하나님의 말씀을 자기 과시를 위해서 사욕으로 사용하는 결과가 되는 것입니다.

그러면 여러분 어때요, '우리가 믿는 하나님은 마귀에게 나는 하나님이다' 하는 것을 증명해 보일 필요가 있습니까? 또 하나님이 마귀가 이렇게 하라, 저렇게 하라 한다고 해서 하는 그런 분이십니까? 아니지요. 우리가 믿는 하나님은 그런 분이 아니십니다. 그런데도 오늘 세상 사람들은 하나님이 있다고 하는데 어디 한번 보여 봐라, 그러면 내가 믿겠다고 하는데요. 그러면 어때요, 하나님이 자신을 보여 주면서 나를 믿으라고 나타내 보이십니까? 아니요, 하나님은 그런 분이 아니십니다. 그분은 자신에 대해서 말씀하시기를 '나는 스스로 있는 자다'라고 했습니다. 누가 있다고 해서 있고, 없다고 해서 없는 것이 아니라 우리가 믿고 못 믿고 간에 그분은 스스로 있는 분이니까, 자신을 나타내 보일 필요가 없는 분이십니다. 우리가 믿는 하나님은 절대 자신을 설명하려고 하거나 설득하려고 하시는 분이 아니시고 자신의 하나님 되심을 일방적으로 선포하시는 분이십니다.

'태초에 하나님이 천지를 창조하시니라', '나는 알파요 오메가요 시작과 끝이라' 이상 끝입니다. '어떻게'가 없어요, 전혀 설명이 없습니다. 왜 그런가 설명해 봐야 알아듣지를 못하기 때문에 그렇습니다. 자, 보세요. 개미 떼가 있다고 했을 때 자기들끼리는 뭐라고 뭐라고 통하겠지요. 그러나 우리가 개미에게 '내가 어떤 실력자인 줄 너 아냐. 나는 말이야, 너희들을 살릴 수도 있고 죽일 수도 있어. 내 마음대로 할 수 있단 말이야' 아무리 말해 보세요. 개미가 알아듣나. 못 알아들어요. 꼭 마찬가지로 하나님이 자신을 우리 인간에게 설명한다. 아무리 설명해도 우리 인간이 알아듣지를 못해요. 그러니 어떻게 합니까? 할 수 없이 하나님이 직접 인간의 몸을 입고 이 땅에 오셔서 직접 보여 주시는 수밖에는 없습니다. 인간이 신이 될 수는 없으니까 신이 우리 인간과 통하시려고 인간으로 이 땅에 오셨어요. 그러므로 여러분, 이제 대답하세요. 마귀가 뛰어내리라고 했을 때 예수님이 왜 안 뛰어내리셨습니까? 뛰어내렸다가는 머리가 깨지고 피가 나고 죽으니까 안 뛰어내렸어요. 왜냐하면, 우리 인간과 통하기 위해 오신 예수님은 우리와 똑같은 몸을 입고 계셨기 때문입니다. 칼에 베이면 피가 나고요, 가시에 찔리면 아픔을 느끼고 잠 못 자면 피곤을 느끼고, 때를 거르면 배고픔을 느끼고 우리와 똑같았습니다.

그렇기 때문에 히브리서를 보면 뭐라고 했습니까?

히5:7 '그는 육체에 계실 때에 심한 통곡과 눈물로 간구와 소원을 올렸다'고 했습니다. 우리와 똑같이 고통하고 눈물 흘리시는 몸을 입고 계셨어요. 어쨌든 하나님이 가장 싫어하는 일이 있다면 그것은 자신을 시험하는 것입니다. 얼마나 싫어하시는지 우리가 민수기를 보면 이스라엘 백성들이 광야에서 하나님을 시험하다가 하나님이 불뱀을 보내서 하루에 수만 명을 한꺼번에 죽여 버렸습니다. 그러면 오늘 우리에게는 하나님을 시험하는 일들이 없습니까? 신앙생활 해 봐야 별수 없더라, 하나님이 살아 계시다면 이럴 수가 있나, 도대체 지금까지 신앙생활 했지만 달라진 게 뭐 있나, 하나님이 살아 계시다면 한번 나타내 봐. 이런 생각의 밑바닥은 전부가 하나님을 불신하고 시험하는 마음입니다. 그러므로 여러분, 이런 헌금은 절대 하지 마세요. '내가 이것을 드렸으니까 이렇게 해 주십시오' 하는 것. 또 '내가 이렇게 할 테니까 먼저 축복 좀 주세요'. 이것은 다 하나님을 시험하는 일입니다.

제가 아는 부흥사 목사님이 이런 간증을 합니다. 서울에서 부흥회를 인도했는데 한 성도가 은혜 받았다고 하면서 무엇을 부탁하는고 하니, 지금 부동산을 하나 갖고 있는데 이것 좀 팔리게 기도해 달라고, 이것 팔리면 얼마를 헌금하겠다고 했습니다. 여러분, 뭐라고 대답해야 합니까? 정신 차리라고 해야 합니다. 당신 지금 원수 마귀의 시험에 빠져 있다고 이야기해 주어야 해요. 여러분, 헌금은 감사하는 마음으로 드려야지, 어떤 조건이 붙으면 그것은 이미 감사가 아니에요. 그것은 하나님을 상대해서 장사하고 흥정하는 행위입니다. 하나님이 마음이 넓어 꾹 참고 계셔서 그렇지 우리 인간 같으면 벼락을 내릴 일입니다. 조심하셔야 돼요. 그러므로 우리의 하나님을 향한 신앙은 어떤 마음입니까?

'그리 아니하실지라도 나는 하나님만 섬기겠습니다' 하는 마음입니다. 무슨 조건이 있어서 하나님을 섬기는 것이 아니에요. 하나님은 하나님이기 때문에 하나님으로 섬기는 것이 마땅하다는 것입니다. 그러므로 이렇게 구해야 해요.

주여 내 마음에 소원이 있습니다. 그러나 내 뜻대로 마옵시고 아버지 뜻대로 되기를 원하나이다. 이것이 참신앙이에요. 무엇을 해 주면 하나님이고 무엇을 안 해 주면 하나님이 아니고가 아닙니다. 절대 우리가 하나님을 시험해서는 안 돼요. 그 다음 또 하나 예수님이 왜 하나님을 시험하지 말라고 했는가. 원수 마귀가 하나님의 말씀을 자기 멋대로 가감해 버렸기 때문입니다. 마귀가 지금 시편 91편의 말씀을 가지고 아주 그럴듯하게 시험하고 있는데요. 그러나 이것은 완전히 잘못된 인용입니다.

시91:11~12 '그가 너를 위하여 그의 천사를 명령하사 네 모든 길에서 너를 지키게 하심이라 그들이 그들의 손으로 너를 붙들어 발이 돌에 부딪히지 아니하게 하리로다' 여러분, 우리가 하나님의 말씀을 볼 때 가장 중요한 것은 문맥입니다. 어떤 상황 속에서 어떤 뜻으로 이 말씀이 쓰였나 하는 것인데요. 지금 마태복음 4장에서 원수 마귀가 인용한 하나님의 말씀과 실제 시편 91편에 나타난 말씀하고는 차이가 있습니다. 마태복음 4장에서는 시편 91편에서 하신 하나님의 말씀 중에 중요한 부분을 제해 버렸는데요, 그 것은 '네 모든 길에서'라는 말입니다. 이 말을 마태복음에서는 빼먹었어요. 그러니까 지금 시편 91편에서 하나님이 약속하고 있는 말씀은 높은 곳에 서 뛰어내리면 상하지 않게 해 주겠다는 것이 아니라 그의 모든 인생길에 서 하나님이 천사를 보내어 지켜 주시겠다는 약속입니다. 그러니까 하나 님을 피난처로 삼고 하나님을 전심으로 의지하는 자를 그의 인생길에서 지켜 주시겠다는 말이지, 벼랑에서 뛰어내리면 밑에서 받쳐 주시겠다는 말씀이 아니에요. 전혀 하나님이 의도하는 바하고는 엉뚱한 방향으로 마 귀가 비틀어 버렸습니다. 그런데 이것이야말로 하나님께 정면으로 도전하 는 일이요, 하나님을 시험하는 것이라는 것인데요. 왜냐 절대적인 하나님 의 말씀을 자기 멋대로 넣었다 뺐다 비틀었다 하니까. 여러분, 오늘 우리 는 어떻습니까. 우리에게는 하나님의 말씀을 내 멋대로 비틀어 버리는 이 런 일이 없습니까? 오늘날은 이단들뿐만 아니라 제대로 신앙생활 한다고 하는 우리 중에서도 하나님의 말씀을 자기 멋대로 비틀어 버리는 경우가 너무너무 많습니다. 자기 마음에 들도록 만들어서 받아들인다는 것인데 요. 오늘 솔직히 우리가 하나님의 말씀을 대할 때 말씀하신 그대로 받아들 이고 있습니까? 아니면 내가 가지고 있는 잣대가 또 하나 있습니까?

또 하나의 잣대가 있지요. 그래서 그 자 가지고 하나님의 말씀을 내 머리 에 끼워 맞춰서 내 마음대로 비틀어서 받아들이고 있는데요. 이것 큰일 날 일입니다. 예수님이 직접 말씀하셨지요. '너희가 돌이켜 어린아이처럼 되지 아니하면 결단코 천국에 들어가지 못하리라' 무슨 말씀입니까. 머리 굴리지 말라는 것입니다. 하나님이 말씀하셨으면 어린아이처럼 그냥 단순하게 받 아들이라는 것입니다. 더 보태거나 빼지 말라는 거예요. 여러분, 어린아이 일수록 있는 그대로 받아들이지 않습니까. 그래서 여러분, 제가 늘 강조하고 있습니다만 신앙생활은 우직해야 합니다. 그야말로 미련스러울 정도로 우직해야 해요. 다니엘과 그의 세 친구처럼 요셉처럼 하나님의 말씀에 관한 한 목숨을 걸어 버려야 합니다.

여러분, 성경을 보세요. 우리에게 세상과 타협하라는 말이 단 한 군데라도 나오는가? 그냥 믿고 순종하라고 했습니다. 처음부터 끝까지 하나님이 말씀하셨으면 그대로 믿고 순종하라는 거예요.

여러분, 우리는 하나님을 시험해서는 안 됩니다. 하나님의 말씀은 하나님이 말씀하신 그대로 우리가 믿고 순종하는 것, 이것 이상이 없어요.

고후1:21 '하나님의 약속은 얼마든지 그리스도 안에서 예가 되니 그런즉 그로 말미암아 우리가 아멘 하여 하나님께 영광을 돌리게 되느니라' 하나님의 말씀이면 예, 하나님의 말씀이 아니면 아니요, 이것만 하면 됩니다.

마귀의 시험을 이기심3
(마4:8~11)

여러분, 우리가 신앙생활 할 때 최대의 유혹은 세상 자랑, 세상 영광입니다. 아무리 신앙생활을 오래 해도 이것을 포기하기란 쉽지 않은데요. 우리가 알다시피 예수님이 십자가를 지시기 위해서 예루살렘으로 올라간다고 하니까 베드로가 뭐라고 합니까. '안 됩니다. 선생님, 선생님 같은 분은 세상의 왕이 되셔야지 왜 죽으신다고 하십니까. 절대 안 됩니다.' 그랬어요. 그러자 이때 예수님의 대답입니다. '사탄아 물러가라. 네가 하나님의 일을 생각하지 아니하고 사람의 일을 생각하는도다' 하고 책망하셨는데요. 3년 동안 예수를 따라다닌 수제자 베드로가 이 모양입니다. 세상 자랑, 세상 영광을 포기하지 못했어요. 예수님의 뒤를 따르려면 자기를 부인하고 제 십자가를 지고 따라야 한다고 했는데도 나의 자랑, 나의 영광을 포기하는 것이 이렇게도 어렵습니다.

오늘은 예수님의 마지막 세 번째 마귀의 시험인데요. 예수를 높은 산꼭대기로 데리고 올라가 천하만국의 영광을 보여 주면서 내 앞에 엎드려 절만 하면 이 모든 것을 다 주겠다고 했습니다. 그러자 이때 예수님의 대답인데요. '사탄아 물러가라 기록되었으되 주 너의 하나님께 경배하고 다만 그를 섬기라 하셨느니라'고 하면서 단호하게 물리쳤다고 하는 것이 오늘 본문의 내용입니다.

그러면 여러분, 오늘 본문의 내용을 보니까 무엇이 생각납니까? 에덴동산에서 맨 처음 마귀가 아담 하와를 유혹하던 것과 똑같지요. 선악과를 보여 주면서 '먹기만 해. 그러면 너희가 하나님처럼 될 수 있는 거야' 하고 유혹했는데요. 똑같습니다. 먼저 보여 주고 그다음 주겠다 하면서 유혹했습니다. 그런데 여러분, 이것은 오늘 우리도 똑같은데요. 마귀가 우리를 어떻게 유혹하는가. 먼저 보여 주고 그다음은 주겠다 하면서 꼬드깁니다. 그런데 문제는 이것이 거짓말이요, 사기라는 것인데요. 여러분, 우리가 알다시피 우리가 사는 이 세상은 겉으로 나타나는 모양이 굉장히 매력적이라 끄는 힘이 굉장히 강합니다. 우리가 계속 생각하고 있고 계속 쳐다보고 있으면 나도 모르는 사이에 끌려 들어가게 만드는 힘이 세상에는 있어요. 여러분, 이런 말이 있지요. 무슨 일이든지 세상 것에 한번 미치면 그것 못 빠져나온다는 것. 제가 아는 한 분은 국회의원을 지내신 분입니다. 그런데 여러분, 놀라지 마세요. 한번 국회의원을 하고 2번 내리 선거에서 실패했는데도 그것 포기하지 못하고 아직까지 다른 것을 못합니다. 계속 정치에 미련을 못 버리고 나이가 65세인데 아직까지 놀부처럼 놀고 있는데요. 이것이 세상이 끄는 매력이요, 힘입니다. 한번 빠지면 못 빠져나와요. 뿐만 아니라 우리 인간에게는 묘한 데가 있는데요. 그것은 자기가 좋아하는 취미가 한 가지씩은 꼭 다 가지고 있다는 것입니다. 그래서 그것이 무엇이든 간에 그 재미로 살아갑니다. 그런데 문제는 우리를 끄는 세상의 매력은 그 겉모양만 그럴듯한 것이지 실제 내용은 그렇지 못하다는 것인데요.

제가 신학교를 갈 때 제 사업체를 인수하신 분의 친구가 유명한 가수입니다. 둘이 초등학교 때부터 단짝친구라고 했는데요, 그런데 그분의 말이 그래요. 연예계라는 것이 겉으로 보기에는 화려한 것 같지만 그 겉옷 하나만 들추면 그 안에는 얼마나 더럽고 추악한지 환멸을 느낀다고 했습니다. 여러분, 세상 영광이라고 하는 게 그래요. 돈, 권력, 명예, 인기. 겉으로 보면 얼마나 화려하고 찬란합니까! 그러나 가까이 가면 갈수록 실망스럽고 더럽고 냄새나는 것이 세상 영광 안에 들어 있어요. 여러분, 오늘날 사람들이 왜 마약 먹고 헤롱대는지 아십니까? 세상 영광을 가까이서 보니까 너무 실망스럽거든요. 너무 별 볼 일 없어 그러니까 좀 더 멀리서 뭔가 있는 것처럼 보려고 그 짓 하는 것입니다.

그러나 여러분, 성경은 분명히 무엇이라고 합니까? 이 세상의 모든 영광은 헛되다고 했습니다. '헛되고 헛되며 헛되고 헛되니 모든 것이 헛되도다 사람이 해 아래서 수고하는 모든 수고가 자기에게 무엇이 유익한고' 이 세상에서 제일 많은 부귀영화를 누렸다는 솔로몬왕의 고백이니까 틀림없습니다. 세상의 모든 영광이 그 겉모양은 찬란하고 화려한데 가까이 가서 보면 허무하고 헛된 것이 세상 영광이에요. 여러분 어때요, '세상의 모든 영광이 헛되다'라는 것을 알고 계셨습니까. 이것을 알았다면 가장 큰 지혜요, 가장 큰 은혜입니다. 요즈음은 좀 덜한 것 같습니다만 불과 몇 년 전까지만 해도 백화점이 터져 나간다고 했는데요. 왜 그렇습니까? 세상 영광이 끄는 매력 때문에 그렇습니다. 아이쇼핑이라고 하지요. 눈이 보기 좋은 대로 끌고 가는 것, 마귀의 속임수예요. 오늘 우리는 보는 것을 주의해야 합니다. 남자들은 여자들 보는 눈을 주의해야 하고 여자들은 세상 물욕을 주의해야 합니다. 이웃집에 좋은 가구를 들여놓는 것을 보고 신경질이 납니까? 그래서 설거지할 때 그릇이 깨지나요. 조심해야 합니다. 보는 것을 조심해야 해요. 왜냐하면 마귀가 그다음으로 우리를 유혹하는 단계가 마음을 사로잡아 주겠다고 유혹하기 때문인데요. 보게 할 뿐만 아니라 모든 영광을 주겠다고 약속합니다. 그런데 문제는 이 약속 뒤에 무서운 독이 들어 있다는 것인데요. 제가 아는 사람 중에 경마에 미친 사람이 있습니다. 이 사람은 돈만 손에 쥐면 제정신이 아니에요. 경마해서 재산 다 날리고 처자식이

73

단칸 셋방에서 살고 있고 부인이 파출부 노릇을 해서 겨우 입에 풀칠하고 살고 있는데도 아직 정신을 못 차려요. 그래서 돈만 쥐어지면 경마장으로 달려갑니다. 그러면서 그 사람이 그래요. 꼭 이번에는 될 것 같다고.

여러분, 어때요. 세상의 여러 유혹들이 여러분들을 꼬드겨서 따라가 보니까 정말 참만족이 있었습니까?

마귀가 약속한 대로 정말 모든 영광이 주어졌습니까? 아니요, 속지 마세요. 완전히 그 정반대입니다. 마릴린 먼로, 엘비스 프레슬리 둘 다 세상적으로는 모든 부와 인기와 영광을 한 손에 쥔 사람들이었는데요. 그러나 한 사람은 자살했고 한 사람은 약물 중독으로 나이 40도 못 되어 요절했습니다. 엘비스 프레슬리가 그랬다고 하지요. 주치의사가 약물을 끊어라 하니까 너무 외롭고 불안해서 잠을 이룰 수 없다고, 약물을 복용하지 않고는 도무지 견딜 수가 없다고 했는데요. 마귀의 정체입니다. 세상의 모든 영광이 화려하고 찬란한 모습으로 다가오지만 사실 그 뒤에는 우리를 죽이려고 하는 마귀의 독살이 숨어 있어요. 성경에서 분명히 말씀해 놓았지요. 마귀가 오는 것은 도둑질하고 죽이고 멸망시키는 것뿐이라고. 꼭 낚시하는 원리하고 같습니다. 처음 겉으로 보기에는 기가 막히게 매력적인데 일단 낚시에 걸리면 어떻게 합니까. 국물도 없지요. 아가미를 콱 꿰어 가지고는 자기 멋대로 끌고 다니다가 결국은 매운탕감이 되고 맙니다. 여러분, 하와가 선악과를 따 먹고 하나님같이 되었습니까? 아니요, 죽도록 고생하는 멸망의 자리에 떨어지고 말았습니다. 여자분들, 아이 낳아 보셨습니까? 어때요. 사람이 할 짓입니까? 원수 마귀가 그렇게 만들어 놓았어요. 남자분들 돈 벌기가 쉽습니까? 너무너무 어렵고 힘든데 그것 원수 마귀가 그렇게 만들어 놓은 거예요. 금방 세상의 모든 영광을 다 줄 것처럼 꼬드겨 가지고는 일단 걸려들면 신세 까무러지게 만들어 놓는 것이 마귀의 술책입니다.

그럼에도 불구하고 우리 인간은 원래 출신이 죄인 출신이라 아무리 속고 또 속아도 계속 마귀의 유혹이 매력적으로 보인다는 것입니다. 그래서 하지 말라고 하면 더 하고 싶고, 하지 못하게 한 것은 기어코 해야만 속이 풀리는 게 우리 인간이에요. 그러므로 여러분, 우리는 어떻게 마귀의 유혹을 물리칠 수 있습니까? 예수님이 쓰신 방법대로 사탄이 유혹할 때 사탄아 물러가라 하고 즉시 물리쳐야 합니다. 아예 상대를 하지 않아야 해요. 여러분, 제가 지난 시간에도 잠깐 말씀드렸습니다만 예수님이라고 해서 마귀가 유혹했을 때 마음이 끌리지 않았을 것이라고 생각하면 안 됩니다. 만약 그렇다면 예수님의 십자가는 완전히 헛된 것이 되는데요. 왜냐하면 예수님이 이 땅에 오신 목적이 전적으로 우리를 대신하는 속죄 제물로 오셨기 때문에, 만약 우리 몸과 다른 구조를 가지셨다면 그분은 결코 우리를 대신할 수 없기 때문입니다. 그분의 몸은 우리 몸과 똑같은 몸이셨어요. 마귀가 유혹하면 유혹을 느끼는 몸이었다는 말입니다. 그러면 마귀가 세상 영광으로 유혹했을 때 예수님이 쓰신 방법이 아예 근처에도 오지 못하게 단호하게 물리쳤다면 오늘 우리는 과연 어떻게 해야 할까요. 오늘 우리도 똑같습니다. 마귀가 틈탈 기회를 주면 안 되니까, 아예 상종을 하지 말아야 합니다.

만약 내가 돈에 약하다 그런데 맨날 돈만 생각하고 돈 되는 일이면 무슨 짓이든 하려고 하고 돈, 돈 하면서 돈을 따라다니십니까. 일평생 돈의 종이 될 수밖에 없습니다. 또 내가 정욕에 약한데 맨날 그런 데만 관심을 갖고 영화, 잡지, 인터넷 같은 것도 전부 그런 것만 골라서 본다. 물어볼 것도 없습니다. 여러분, 우리 인간은 별 수 없어요. 견물생심이라고 가까이 있고 곁에 두고 있고 품에 품고 있으면 결국 죄짓게 되어 있습니다. 다른 재주가 없어요. 기회를 주면 죄짓게 되어 있는 게 우리 인간이에요. 그러므로 우리는 어떻게 해야 합니까. 예수님이 쓰신 방법을 그대로 써야 합니다. 사탄아 물러가라 하고 아예 근처에도 오지 못하게 하고 상종하지 말아야 해요. 성경 창세기에 보면 요셉이 보디발의 아내가 유혹했을 때 어떻게 했습니까. 도망가 버렸어요. 어영부영하다가는 절단 나니까 아예 도망가 버린 것입니다. 아예 상대하지 않는 것, 이게 최고로 좋은 방법이에요.

그러므로 여러분, 오늘 우리는 항상 두 음성에 귀가 밝아야 합니다. 무엇이 하나님의 음성인가, 또 무엇이 사탄의 유혹인가.

그 이유는 기록되었으되 '주 너의 하나님께 경배하고 다만 그를 섬기라' 사탄은 물리치고 하나님만 경배하고 섬기기 위해서입니다. 여러분, 사실 이 둘은 떨어질 수가 없는 것인데요. 마귀의 유혹을 물리치지 않고 어떻게 하나님을 섬길 수 있으며 하나님의 말씀에 순종할 수 있겠습니까? 이 둘은 함께 붙어 있어서 하나님께 순복하려면 반드시 마귀를 대적해야 합니다. 이런 재미나는 이야기가 있는데요, 개를 훈련시킬 때 먹음직한 고깃덩어리를 앞에 놓고 훈련시킨다고 했습니다. 그러니 고기 보고 가만히 있을 개가 어디 있습니까. 주인이 뭐라고 해도 귀에 안 들어오지요. 당장 달려가서 고기를 덥석 뭅니다. 그러면 이때 훈련사가 회초리를 가지고 사정없이 내리쳐요. 그리고는 입에 문 고기를 빼앗아 버립니다. 그리고는 이 훈련을 계속 반복하는 거예요. 고기를 앞에 놓고 주인이 말하기 전에 움직이면 회초리로 때려서 제자리 놓고, 제자리 놓고 이 훈련을 계속 반복하고 나면 나중에는 어떻게 되느냐? 고기를 바로 코앞에 두어도 입에 물지를 않는다고 했습니다. 대신에 어떻게 하는가? 주인을 쳐다보고 있다고 했는데요. 고기를 먹고 못 먹고는 주인의 뜻에 달려 있으니까 주인이 뭐라고 하나 그것만 쳐다보고 있지 절대 자기 마음대로 하지 않는다는 것입니다.

그런데 여러분, 오늘 우리에게도 바로 이 훈련이 필요합니다. 우리 앞에 아무리 기가 막힌 것이 놓여 있다고 할지라도 그것 보지 않고 누구 바라봐야 합니까? 주님을 바라봐야 합니다. 내 뜻대로 할 수 있는 게 아무것도 없으니까. 주인이 먹으라고 하면 먹고, 먹지 말라고 하면 먹지 말아야 하니까. 완전히 주인이 말씀하시는 대로 순종하는 종이 되어야 할 줄 믿습니다.

무리가 아닌 제자만이 누리는 축복
(마4:23~5:2)

예수님이 이 땅에 오셔서 행하신 3가지 사역이 가르치시고 전파하시고 치유하시는 사역이었는데 오늘 교회가 예수님의 3가지 사역을 잘 계승해 나가야 합니다. 왜냐하면, 우리는 예수님이 행하신 발자취를 그대로 따라가는 제자이기 때문인데요. 제자는 그 가치와 목표가 선생과 동일합니다. 이런 관점에서 오늘 우리가 예수님으로부터 한 가지 배워야 할 것은 예수님의 관심과 태도입니다. 그때 당시 예수님이 행하신 가르치는 사역과 전파하는 사역과 치유하는 사역 이 3가지 사역 중에 사람들에게 가장 관심을 끈 사역이 어떤 사역이었을까 했을 때 그 답은 물론 치유하는 사역입니다.

마4:24~25에서 온 수리아 전체에 소문이 나서 각색병자들을 다 데려왔다고 했고, 또 갈릴리 데가볼리, 예루살렘, 유대, 요단강 건너편까지 온 이스라엘 땅뿐만 아니라 요단강 건너편 이방 땅에서까지 소문을 듣고 왔다고 했으니 그야말로 예수님의 인기가 어떠했을지 우리가 충분히 미루어 짐작할 수 있습니다. 그런데 문제는 예수님의 태도인데요. 사람들은 자신의 문제에 관심을 갖고 그 문제를 해결하기 위해 예수님께 나오지만 예수님의 관심은 문제 해결보다도 말씀을 가르치고 복음을 전파하는 일에 더 관심이 많으셨다는 것입니다.

마5:1 '예수께서 무리를 보시고 산에 올라가 앉으시니 제자들이 나아온지라' 수많은 무리들이 따르는 인기 절정의 자리에 있었지만 그 자리에 머물지 않으시고 무리를 떠나 산 위로 올라가 앉으셨다고 했는데요. 그 이유는 말씀을 가르치고 복음을 전파하기 위해서였습니다. 그러니 무리들의 관심과 예수님의 관심이 달랐어요. 우리가 잘 아는 오병이어의 기적을 행했을 때도 마찬가지인데요. 보리떡 다섯 개와 물고기 두 마리로 5천 명을 먹이고도 열두 바구니를 남겼을 때 따르는 무리들이 얼마나 환호했던지 아예 왕으로까지 삼으려고 했다고 했습니다. 그러나 이때도 예수님은 이들을 떠나 혼자 기도하기 위해 산으로 올라가셨다고 했어요. 그러니까 예수님의 태도는 오늘 이 시대 상황하고는 정반대입니다. 오늘 이 시대는 자기 PR 시대라고 해서 어떻게 해서든 자기를 띄우려고 애를 쓰고, 조금만 뜨면 자기를 과시하고 나타내고 그러는데, 예수님은 이런 일을 오히려 피하시고 어떻게 해서든 말씀을 가르치고 복음을 전파해서 한 영혼이라도 더 살리려는 일에 최선을 다하고 있는데, 오늘 우리가 예수님의 이 태도를 본받고 배워야 할 줄 믿습니다.

그다음 또 하나 우리가 예수님으로부터 배워야 할 것은 예수님은 철저하게 무리와 제자를 구분했다는 것입니다.

무리의 특징은 예수님이 가르치시려는 하나님 나라와 천국복음에 대해서는 별 관심이 없어요. 오로지 이적을 행하고 병을 고치고 하는 이적과 기사에만 관심을 가졌습니다. 그러나 여기에 반해서 제자들은 이적, 기사보다는 예수님으로부터 말씀을 가르침 받고 천국복음을 듣는 일에 더 관심을 가졌는데요.

요한복음 6장에서 이것이 자세히 나옵니다. 예수님이 오병이어의 기적을 행했을 때 수많은 무리들이 복음보다는 떡에 더 관심을 가지니까 '썩을 양식을 위하여 일하지 말고 영생하도록 있는 양식을 위하여 하라', '내 살을 먹고 내 피를 마셔야 영생을 얻는다'고 하시니까 따르던 무리들이 알아듣기 심히 어렵다 하면서 다 떠나갔을 때 예수님이 제자들에게 너희들도 가려느냐 하고 묻자 이때 베드로가 대답하기를 '영생의 말씀이 주께 있사오니 우리가 누구에게로 가오리이까'라고 대답했습니다. 그러니까 제자들은 이적, 기사보다 예수님이 가르치는 말씀에 더 관심이 있었어요. 이것이 무리와 제자의 차이입니다.

그리고 또 하나 제자와 무리를 구분 짓는 것은 눅14:25~27 '수많은 무리가 함께 갈 새 예수께서 돌이키사 이르시되 무릇 내게 오는 자가 자기 부모와 처자와 형제와 자매와 더욱이 자기 목숨까지 미워하지 아니하면 능히 나의 제자가 되지 못하고 누구든지 자기 십자가를 지고 나를 따르지 않는 자도 능히 내 제자가 되지 못하리라' 여기에서도 무리와 제자를 구분 짓고 있는데요, 무리들은 아무런 대가 지불이 없습니다. 그냥 와서 자기 관심, 자기 욕심만 채우면 끝이에요. 그러나 제자는 엄청난 대가 지불이 있어야 한다고 했습니다. 자기 부모와 처자와 형제와 자매와 더욱이 자기 목숨까지 미워하지 아니하면 능히 나의 제자가 되지 못한다고 했으니까. 나의 모든 소유 전부를 포기해야 할 만큼 큰 대가 지불을 요구하는데요. 이것은 소위 예수 그리스도의 주 되심, 예수 중심으로 사는 것을 말합니다.

오늘 우리가 교회를 세움에 있어서 셀리더로, 교사로, 식사 봉사로, 교회 청소로, 전도하고, 헌금하고, 봉사하고 엄청난 희생의 대가를 지불해야 하는데요. 이게 제자의 모습입니다.

그러면 이렇게 놓고 봤을 때 우리는 과연 무리입니까, 제자입니까.

무리는 자기중심적으로 신앙생활 하는 사람이고 제자는 예수님 중심으로 신앙생활 하는 사람이라고 했을 때 오늘 교회 안에 무리가 많습니까, 제자가 많습니까?

정답은 무리는 점점 많아지고 있고 제자는 점점 줄어들고 있는 현실입니다. 여러분, 오늘날 왜 대형 교회로 사람들이 몰립니까? 첫 번째 이유가 부담이 없기 때문입니다. 작은 교회는 여러 가지 부담되는 일이 많다는 거예요. 큰 교회는 주일예배 한 번 빠져도 빠졌는지도 몰라요. 그런데 작은 교회는 한 번 빠지면 금방 전화 와서 왜 안 나오셨느냐고 묻고, 그러면 여러 가지 구차한 변명을 해야 하고 귀찮다는 것입니다. 과거에는 오히려 개척교회에 가서 헌신하고 봉사하려는 사람들이 많이 있었어요. 그런데 지금은 있던 사람조차 빠져나오고 있는 실정입니다. 그만큼 참제자가 없다는 거예요. 옛날에는 교회가 집에서 가까워야 했습니다. 왜냐, 저녁예배, 수요예배, 새벽 기도회를 나가야 하는데 멀면 안 되잖아요. 그런데 요즈음은 주일 낮 예배 한 번으로 끝내니까 교회가 멀수록 좋다고 합니다. 그러나 여러분, 우리가 알다시피 주일 낮 예배 한 번만으로 신앙생활이 제대로 될 수 없잖아요.

저는 대형 교회를 욕하고 싶은 마음이 전혀 없습니다만 주일 날 서울에서 지방까지 버스를 돌리고 하는 그런 일은 아닌 것 같아요. 지금 우리 교회에도 서울 큰 교회에서 집사 직분까지 받았는데도 바쁘면 너무 머니까 우리 교회로 한 달에 한 번, 두 달에 한 번 나오고 있는 실정입니다. 그러나 여러분, 이런 사람은 제자가 아니지요. 무리입니다, 무리.

요즈음 우리 기독교 신자들이 칭송을 받지 못하고 엄청난 욕을 먹고 있는데 그 이유는 제자가 아니라 무리들이 많아서 그렇습니다. 그러면 예수님은 왜 우리를 제자로 부르시는가? 그 이유는 제자들에게만 주시고자 하는 특별한 복이 있기 때문인데요. 크게 두 가지, 첫째 하나는 혼탁한 이 세상 가운데서도 신령한 하나님 나라에 대한 실체를 맛본다는 것입니다. 우리가 앞으로 생각하게 될 8복과 신상수훈은 무리들에게 주신 것이 아니라 제자들에게 주신 복이에요. 그러니까 예수님의 제자로 끝까지 주의 뒤를 따를 사람에게는 주님이 주시는 특별한 복이 있습니다. 그러나 아무런 대가 지불 없이 무리로 편하게 신앙생활한 사람에게는 부끄러운 구원이 있을 뿐이에요. 전혀 이 땅에서 천국을 경험하지 못합니다. 히브리서 11장에 나오는 우리 믿음의 선진들은 이 땅에서 외국인과 나그네처럼 살았다고 했는데 그 이유는 천국을 바라보고 천국을 사모하며 살았기 때문이라고 했습니다.

또 우리 신앙의 선진들이 부른 찬송을 보면 전부 다 하늘의 신령한 은혜를 노래하고 있는데 이것은 이 땅에서 천국을 경험한 제자들만이 부를 수 있는 찬송입니다.(내 영혼이 은총 입어, 예수를 나의 구주 삼고)

그다음 또 하나 순종하는 제자들만이 누릴 수 있는 특별한 기쁨이 있는데요. 8복에 나오는 '복이 있나니'라는 말의 원어적 뜻은 '오, 행복하여라'입니다. 어때요, 심령이 가난한 자, 애통하는 자 '오, 행복하여라'. 말이 됩니까. 그런데 이게 말이 돼요. 왜냐하면, 이 땅에서 누리는 하나님 나라의 기쁨과 즐거움 때문에 행복할 수 있으니까. 이 행복은 오직 순종하는 제자만이 누릴 수 있습니다.

예수님이 이 땅에 오셔서 행하신 첫 번째 기적이 가나의 혼인잔치에서 물을 포도주로 변화시킨 것인데요. 이때 이 사실을 아무도 몰랐는데 예수님의 말씀에 순종해서 항아리에서 물을 떠온 하인들만 알았다고 했습니다. 그러니까 예수님이 말씀하셨을 때 항아리에 물을 가득 채우고 떠서 갖다 주라고 했을 때 인간의 상식으로는 순종하기 참 어렵지요. 그러나 믿음으로 순종했을 때 기적이 일어났습니다. 맞아요. 여러분, 오늘 우리가 예수를 믿어도 아무나 하늘의 이적과 기쁨을 맛볼 수 있는 것이 아니라 오직 예수님의 말씀을 듣고 순종한 사람들만이 하늘의 이적과 기쁨을 맛보고 알 수 있습니다. 여러분, 오늘 우리는 예수님의 말씀을 듣고 순종하는 참제자가 됨으로 하늘의 기쁨과 이적을 경험하며 살고 있습니까? 오늘 우리 주위에 주님의 말씀에 순종하여 참제자가 됨으로 하늘의 이적과 기쁨을 맛본 수많은 증인들이 있습니다. 성경에도 나오지요. 예수님이 십자가에서 돌아가신 후 두려움에 떨고 있는 제자들을 찾아오셔서 요14:27 '평안을 너희에게 끼치노니 곧 나의 평안을 너희에 주노라 내가 너희에게 주는 것은 세상이 주는 것과 같지 아니하니라 너희는 마음에 근심하지도 말고 두려워하지도 말라'고 하셨는데 이 축복이 무리들은 안 돼요. 오직 예수님을 따르는 제자들만이 누릴 수 있는 특권이요, 행복입니다. 우리가 잘 아는 이지선 자매. 불의의 교통사고로 얼굴과 온몸에 화상을 입고 절망 가운데 있을 때 '사랑하는 딸아 안심해라 내가 너를 존귀케 하겠다'는 주님의 음성을 듣고 마음에 평강을 얻은 다음 지금까지 이 축복을 누리고 있는데요. '지선아 사랑해'라는 간증집이 기독교 일반 전체에서 BEST SELLER가 되었습니다. 오늘 성경은 말씀합니다. 빌4:7 '아무것도 염려하지 말고 다만 기도와 간구로 너희 구할 것을 감사함으로 하나님께 아뢰라 그리하면 모든 지각에 뛰어난 하나님의 평강이 그리스도 예수 안에서 너희 마음과 생각을 지키시리라' 하나님의 평강 이것은 우리 인간의 상상을 뛰어넘는 하나님 나라에서만 누릴 수 있는 행복인데 기도하는 제자가 되면 이 행복, 이 축복이 주어진다는 것입니다.

심령이 가난한 자의 복
(마5:3)

우리 인간이 발견한 말 중에 최고의 명언이 하나 있다면 그것은 바로 '너 자신을 알라'는 말입니다. 소크라테스라고 하는 철학자가 한 말인데요, 사실 이것은 성경에서 가장 강조하고 있는 내용 중에 하나예요.

누가복음 12장에 보면 어리석은 부자에 대한 이야기가 나오는데 한 부자가 곡식을 풍성하게 거두었을 때 생각하기를 내가 창고를 크게 짓고 그곳에다가 곡식을 잔뜩 쌓아 놓고는 '내 영혼아 여러 해 쓸 물건을 많이 쌓아 두었으니 이제 평안히 쉬고 먹고 마시고 즐거워하자' 하니까 이때 하나님이 이 부자를 보고 '어리석은 자여 오늘 밤에 네 영혼을 도로 찾으리니 그러면 네 예비한 것이 뉘 것이 되겠느냐' 하셨는데 하루살이 인생이라는 너 자신의 주제를 모르고 있다는 말씀입니다. 너의 인생의 주인이 따로 있는데, 그래서 내가 오늘 밤 당장 너를 부를 텐데 너 지금 무슨 어리석은 생각을 하고 있느냐는 것입니다.

주님이 이 비유의 결론을 맺으면서 자기를 위하여 재물을 쌓아 두고 하나님께 부요치 못한 자가 이와 같으리라고 하셨는데요. 세상적으로는 모든 것을 다 가진 부자였지만 하나님께 대해서는 아무것도 가진 것이 없는 그야말로 자기 자신의 주제를 알지 못하는 가장 어리석은 자요, 불쌍한 자요, 멸망할 자라는 것입니다. 그러므로 오늘은 이제 하나님 앞에서 어리석은 자가 되지 않기 위해 하나님이 보실 때 참된 복이 무엇이냐 하는 문제를 생각하려고 하는데요. 소위 8복이라고 하는 것인데 중요한 것은 주님이 말씀하신 복은 8가지 몽땅 다 어떤 사람이 되어야 마땅한가 하는 천국 백성의 신앙 인격을 말씀하고 있을 뿐만 아니라 8복은 하나하나 따로따로 떨어져 있는 것이 아니라 계단을 오르듯이 한 단계, 한 단계 올라가는 신앙의 성숙과 완성을 보여 주고 있다는 것입니다. 그래서 첫 번째 복인 심령이 가난한 자가 받는 복이 천국이고 마지막 여덟 번째 복인 의를 위하여 박해를 받는 자의 복이 천국인 것은 우리 개인의 천국이 어떻게 시작되고 어떻게 완성되는가를 보여 주고 있다는 것입니다.

그러니까 예수가 구세주 되심을 깨닫고 믿고 영접함으로 구원을 받은 다음 예수를 왕으로 삼고 천국의 삶을 살기 시작하면서 점점 그리스도를 닮아 세상의 빛과 소금이 되면서 의를 위하여 박해를 받는 사도적 제자의 자리까지 장성함으로 천국백성이 완성된다는 것입니다.

이것은 마치 베드로가 처음 예수가 주님인 것을 깨닫고 '나를 떠나소서 나는 죄인이로소이다' 하고 고백한 다음 모든 것을 버리고 예수님을 따랐을 때 여러 가지 우여곡절을 거쳤지만 자기를 부인하고 끝까지 십자가를 지고 주의 뒤를 따름으로 마침내 복음을 전하다가 십자가에 거꾸로 매달려 순교한 것과 같습니다. 그러면 이제 천국의 시작인 첫 번째 복입니다.

'심령이 가난한 자는 복이 있나니 천국이 그들의 것임이요' 우리가 알기 쉽게 다시 말하면 마음이 가난한 자가 복이 있다는 말인데요. 여러분, 마음이 가난하다는 말이 무슨 뜻입니까? 마음이 약하거나 욕심이 없다는 말입니까? 아니요, 그런 뜻이 아닙니다. 왜냐하면, 천국을 주신다고 했고 그다음 4절에서 애통하는 자가 복이 있다고 하는 것을 보니까 뭔가 다른 문제가 있는 것이 분명한데요. 먼저 결론부터 말씀드려서 우리 인간이 범죄하여 하나님과 분리됨으로 천국을 잃어버린 문제요, 그 일 때문에 애통하며 울 수밖에 없는 문제입니다. 여러분, 우리가 알다시피 우리 인간의 모든 불행은 하나님과의 관계가 끊어지면서부터 시작되었지 않습니까? 성경을 보면 우리 인간의 그 첫출발은 참 행복하게 시작되었습니다. 에덴동산에서 시작했는데 하나님이 왕으로 다스리는 기가 막히게 좋은 곳이었어요. 하나님 보시기에 좋았으니까 우리 인간의 눈에는 얼마나 더 좋았겠습니까. 그러나 이렇게 행복했던 우리 인간이 하나님의 말씀을 거역함으로 말미암아 졸지에 그곳에서 쫓겨나게 되었는데요. 그 결과 이 땅은 즉시 저주를 받아 가시와 엉겅퀴를 내게 되었고 여자는 해산의 고통이 주어지고 남자는 이마에 땀을 흘려야만 먹고 살 수 있는 그야말로 기가 막힌 운명의 자리로 떨어지고 말았습니다. 졸지에 천국을 잃어버렸어요.

여러분, 우리가 알다시피 부잣집에서 편안하게 잘 지내던 아이가 졸지에 부모를 잃어버리고 객지에서 유리방황한다고 한번 생각해 보세요. 생각만 해도 정말 끔찍합니다. 이 아이에게 도대체 세상의 그 무엇으로 행복을 다시 찾아 줄 수 있겠습니까? 돈입니까, 호의호식입니까, 세상의 부귀영화입니까. 아니요, 이 아이는 자기 부모를 다시 만나기 전까지는 그 어떠한 것으로도 참행복을 되찾을 수 없습니다. 그러면 여러분, 심령이 가난한 자가 누굽니까? 영적으로 자기 아버지를 잃어버렸다는 사실을 깨달은 자입니다. 그래서 나의 영의 아버지가 되시는 하나님 없이는 살 수 없다고 하는 사람. 나는 어떻게 해서든 나의 영의 아버지 되시는 하나님을 만나야 되겠다고 하는 사람. 이 사람이 마음이 가난한 사람이요, 바로 이 사람에게 천국의 복이 주어진다는 거예요. 그렇기 때문에 예수님이 이 땅에 오셔서 공생애를 시작하며 외친 첫마디가 무엇입니까?

'회개하라 천국이 가까웠느니라' 무슨 말씀입니까? 내가 바로 하나님을 다시 만나게 하는 천국으로 이 땅에 왔다는 말씀입니다. (내가 곧 길이요 진리요 생명이니 나로 말미암지 않고는 아버지께로 올 자가 없느니라) 예수를 통해서만 하나님을 만날 수 있다는 거예요. 그러므로 여러분, 하나님을 떠나 있는 우리 인간의 영적 모습이 예수님이 보실 때는 어떠했습니까? 눅 4:18 '주의 성령이 내게 임하셨으니 이는 가난한 자에게 복음을 전하게 하시려고 내게 기름을 부으시고 나를 보내사 포로 된 자에게 자유를, 눈먼 자에게 다시 보게 함을 전파하며 눌린 자를 자유롭게 하고 주의 은혜의 해를 전파하게 하려 하심이라' 주님이 보실 때 우리 인간들의 영적 모습은 죄의 사슬에 꽁꽁 묶여서 포로 된 자요, 영적으로 눈이 멀어 있고 마귀의 손아귀에 완전히 눌려서 고통당하고 있는 비참한 모습으로 보였습니다. 그래서 예수님이 자신을 가리켜 고통의 자리에 있는 죄인 된 우리를 구원하기 위한 구원자로 이 땅에 오셨다고 했는데요. 어때요 여러분, 여러분은 마음이 가난합니까? 여러분의 영적 참모습을 보고 '예수님 나는 당신의 도우심이 필요합니다. 나를 마귀의 사슬에서 건져내어 나의 참 아버지이신 하나님을 만나게 해 주세요' 하는 울부짖음이 있습니까? 이것은 하나님이 은혜를 주셔야만 깨달을 수 있는데요. 현재의 상태로는 도저히 살 수 없음을 알고 '나를 도와주옵소서. 나에게 다시 한번 천국 열쇠를 주옵소서'라고 하는 간절한 울부짖음이 있는 자가 마음이 가난한 자입니다.

그래서 자신의 영적 비참한 모습을 보고 '나는 주님 없이는 살 수 없습니다'라고 하는 바로 이 사람에게 천국을 주시겠다고 약속하셨는데요. 성 어거스틴이 말했지요. 나는 하나님의 품으로 돌아오기 전까지는 마음의 참 평안이 없었다고. 어때요 여러분, 여러분은 마음이 가난하십니까? 그래서 주님 없이는 살수 없음을 알고 주님을 주인으로 영접함으로 주님이 주시는 천국의 기쁨이 무엇인지, 또 하나님의 품에 돌아왔을 때 주어지는 참평안이 무엇인지를 알고 계십니까?

'하나님의 나라는 여기 있다, 저기 있다 할 것이 아니요, 너희 안에 있느니라 하나님의 나라는 먹는 것과 마시는 것이 아니라 오직 성령 안에서 의와 평강과 희락이라'

마음이 가난한 자에게 주어지는 천국의 기쁨입니다.

그런데 오늘날 문제는 하나님을 믿는다고 그러고 하나님의 이름을 부르고 있으면서도 마음이 가난하지 않아서 주님 없이도 얼마든지 살 수 있다고 하고, 세상 재미로도 얼마든지 만족 할 수 있다고 하는데요. 그래서 '교회 좀 나오시지요! 신앙생활 좀 열심히 하시지요!'라고 하면 바빠서라고 합니다.

그런데 여러분, 하나님 앞에서는 이 바쁘다는 말이 얼마나 하나님을 진노하게 하는 말인 줄 아십니까?

눅14:16 이하를 보면 왕이 큰 잔치를 차려 놓고 자기 종들을 보내어서 여러 사람들을 잔치에 초청했다고 했습니다. 그런데 잔치에 초대받은 사람들이 뭐라고 하는고 하니 나는 밭을 샀으니 거기 나가 봐야 되겠다고 하고, 나는 소를 샀으니 시험해 보러 나가야 되겠다 하고, 나는 장가들었으니 가지 못하겠노라 하면서 한결같이 세상일이 바쁘다는 핑계로 왕의 초대를 거절했다고 했습니다. 그러자 이 소식을 들은 왕이 뭐라고 합니까? 군대를 보내서 그들을 다 진멸해 버리고 이제 너희는 산이나 들이나 골목을 다니며 가난한 자, 병든 자, 소경 된 자, 불쌍한 자들을 불러 이 잔치 자리를 채우라고 했습니다. 무슨 말씀입니까?

하나님 나라 잔치에는 세상일에 바쁘고 세상 것으로 마음이 배불러 있는 사람에게는 합당하지 않다는 것입니다. 그야말로 마음이 가난한 자요, 주님의 도우심이 필요하다고, 주님 없이는 살 수 없다고 하는 이런 사람들을 위해 준비되어 있는 것이 천국 잔치예요.

여러분, 어때요, 바쁘십니까? 세상일에 관심이 많아서 천국에 대해서는 별 관심이 없나요? 그래서 예수님이 회개하라 천국이 가까웠느니라고 해도 농담으로 들리고 자장가로 들립니까? 또 내일 삼수갑산을 갈 값이라도 오늘 먹고 마시고 즐기고 보자는 배짱이 있습니까?

제가 언젠가 책을 보니까 오늘날 현대인들의 모습에 대해서 그림을 그려 놨는데요. 어떤 사람이 굉장히 큰 회사를 차려 놓고는 사장실에서 열심히 일을 하고 있는데, 지금 문밖에서는 수많은 사람들이 와서 문을 두드리고 있습니다. 여러 가지 이유를 가지고 만나려고 하는 사람들이 줄 서 있는데요, 그런데 그 많은 사람들 중에 예수님도 함께 끼어 있습니다. 그래서 여러 사람을 다 만난 후 한참 만에 겨우 예수님이 그 방에 들어와서 말씀합니다.

'여보시오, 아무리 바쁘게 살아가고 있지만 사람이 언젠가는 한 번 죽게 되어 있소. 그리고 죽은 다음에는 하나님 앞에서 심판이 기다리고 있으니 오늘 살아 있을 때 준비하면서 살아야 되지 않겠소.'

그랬더니 이 사람은 그 말에 고개도 들지 않은 채 말합니다. '여보시오, 나는 지금 대단히 바쁘오. 너무 바쁘니까 다음 기회에 한 번 나를 찾아주시오. 오늘은 안 되겠소. 제발 오늘은 좀 나가 주시오'라고 합니다. 그 후에도 예수님이 몇 번이고 찾아갔지만 번번이 이런 식으로 쫓겨나고 말았는데요. 그러던 어느 날 이제 죽음의 사자가 그 사람을 찾아가게 되었습니다. '이보시오, 이제 시간이 다 되었으니 나와 같이 갑시다.' 그런데 이때도 그 사람은 똑같이 말합니다. '아, 나 지금 바쁘오. 그러니 다음에 언제 한번 또 오시오. 그때 다시 이야기해 봅시다' 하면서 쫓아내려고 했습니다. 그러나 그 죽음의 사자가 말하기를 '나에게는 다음이란 없소. 지금 당장 나와 함께 가야겠소' 하고는 데려가고 말았다고 했는데요.

여러분, 우리 인간이 얼마나 어리석은 줄 아십니까. 이 세상을 떠나야 한다는 것을 분명히 알고 있으면서도 살기는 마치 이 세상에서 영원히 살 것처럼 그렇게 살아가고 있습니다. 어리석은 부자처럼 자기 인생의 주인이 자기인 줄 알다가 졸지에 낭패를 당하게 되는데요. 여러분, 바쁘십니까? 그래서 주님을 찾을 시간이 없나요?

성경은 말씀하고 있습니다. 눅21:34 '너희는 스스로 조심하라 그렇지 않으면 방탕함과 술 취함과 생활의 염려로 마음이 둔하여지고 뜻밖에 그날이 덫과 같이 너희에게 임하리라' 세상에 대해서는 부요하고 하나님께 대해서는 가난한 자의 마지막 말로입니다. 졸지에 망하게 되어 있어요.

그러므로 여러분, 우리는 어떻게 해서든 마음이 가난한 자가 되어야 되겠습니다. 여러분, 마음이 가난한 사람은 어떠한 삶의 자세로 살아갑니까? 세상에 소망을 두지 아니하고 하늘나라에 소망을 두어 주님 앞에 설 그날을 준비하면서 살아갑니다.

여러분, 우리 인생이 무엇입니까. 성경은 말씀합니다. '너희 생명이 무엇이뇨 너희는 잠깐 보이다 없어지는 안개니라' 우리 인생 자체가 너무너무 빨리 사라져 버리는 꿈과 같은 인생입니다. 세상에서도 일장춘몽이라고 하잖아요.

그러니 이 짧은 인생길에서 우리는 어떻게 살아야 되겠습니까?

이 세상도 그 정욕도 다 지나가되 하나님의 뜻을 행하는 자는 영원히 거하리로다. 지나가는 것이 아닌 영원한 것을 위해서 살아야 해요. 마음이 가난한 자의 특징입니다. 이 세상의 모든 일들이 헛된 꿈인 줄 알고 영원한 것을 위해서 사모하며 준비하며 사는 삶 '이 사람이 마음이 가난한 자입니다'.

애통하는 자의 복
(마5:4)

우리가 8복을 시작하면서 8복은 단계적으로 연결되어 있다고 했는데요. 그래서 심령이 가난한 것과 애통하는 것은 동전의 양면처럼 함께 붙어 있습니다.

하나님이 나에게 은혜를 주셔서 복음을 듣게 하시고, 내 심령에 빛을 비추어 주시면 예수가 나의 구세주이심을 깨달음과 동시에 나의 죄 된 모습이 나타나게 되는데요. 예수님이 나의 주인이신데 내가 주인 노릇하며 살았으니 그 생각하는 것이나 행한 모든 것이 죄밖에 없지요.

예수의 빛 앞에서 애통하며 회개할 수밖에 없습니다. 그래서 심령이 가난한 자의 복에 이어 애통하는 자의 복인데요. '애통하는 자는 복이 있나니 그들이 위로를 받을 것임이요' 여기서의 애통은 죄에 대한 애통입니다. 감추어져 있던 죄악이 다 드러나기 때문인데요, 오늘 우리 중에 누구도 병원에 가는 것을 좋아할 사람은 없습니다. 특히 요즈음처럼 죽을병이 많을 때는 정말 불안하기 짝이 없는데요. 병원 의사는 진단을 확실히 하기 위해 검사를 해 봐야 한다고 하지만 검사를 받는 입장에서는 가슴이 철렁 내려앉는 이야기입니다.

제가 아는 사람 중에도 몸이 좀 안 좋아서 병원에 갔는데 간이 좀 안 좋은 것 같다고 몇 가지 검사를 해 봐야 되겠다고 해서 검사를 했는데 검사 결과도 나오기 전에 다 죽게 된 것을 봤습니다. 어쨌든 X-RAY나 초음파나

MRI나 내시경 같은 게 있어서 우리 몸 안에 감추어진 병들을 찾아볼 수 있게 되었다는 것은 퍽 다행스러운 일입니다. 병을 초기에 발견해야 살 수 있기 때문에 불안해도 검사를 해야 돼요. 그래서 확실한 점검을 받는 게 안전합니다. 그러면 여러분, 우리 몸에 감추어진 병은 이렇게 찾아낸다고 하지만 우리 눈에 보이지 않는 우리의 영의 모습은 어떻게 볼 수 있을까요. 여기에도 똑같이 빛이 필요한데요. 예수님이 직접 말씀하셨습니다.

요3:19~20 '빛이 세상에 왔으되 사람들이 자기 행위가 악하므로 빛보다 어둠을 더 사랑한 것이니라 악을 행하는 자마다 빛을 미워하여 빛으로 오지 아니하나니 이는 그 행위가 드러날까 함이요' 무슨 말인고 하면 세상 사람들이 도무지 예수 앞에 나오려고 하지 않는데 그 이유는 예수님이 진리의 빛이시기 때문에 예수 앞에 나오면 자기의 악한 행위가 다 드러날까 봐 나오지 않으려 한다는 것입니다. 이것은 오늘 우리가 보고 있는 것이지요. 세상 사람들에게 전도를 하거나 교회에 좀 나오시라고 하면 뭐라고 합니까? 좋은 줄은 알지만 다음에 가겠다고 합니다. 왜 그렇습니까? 비록 어둠이지만 세상에서 사는 게 훨씬 더 좋은데 빛 가운데로 나오라 하니까 싫어하는 것이지요. 그래서 남자분들이 제일 많이 핑계하는 게 뭡니까. 술, 담배를 못 끊어서 교회 못 나가겠다고 합니다. 그런데 여러분, 이것은 핑계에 불과하고 세상에 대한 미련을 못 버려서 그렇습니다. 세상 재미 다 빼앗긴다고 생각해서 교회 나가면 무슨 큰일이 나는 줄 아는데요.

그러면 여러분, 우리 예수 믿는 사람과 세상에 믿지 않는 사람과의 차이가 무엇입니까? 똑같은 죄인인데 우리 예수 믿는 사람은 빛 앞에 나온 죄인이고 세상 사람들은 빛 앞에 나오지 않은 죄인입니다.

이것은 신학적으로 죄 용서받은 죄인과 죄 용서받지 못한 죄인이라고 하는데요. 비록 내가 죄인이지만 빛 앞에 나와서 내가 죄인인 것을 깨달으면 살길이 생겨납니다. 그러나 세상 사람들처럼 끝까지 빛 앞에 나오지 않으면 살아날 수 있는 길이 없어요. 그러면 이제 물어봅시다.

우리가 몸이 안 좋아서 병원에 갔는데 검사 결과 암으로 판명이 나서 죽는다고 합니다. 치료약이 없어서 도무지 살 가망이 없다고 했을 때 이때의 심정이 어떻겠습니까? 저는 이때의 기분을 좀 아는데요. 제가 과거에 집사일 때 일입니다. 찬송을 부르는데 목이 쉬고 막혀서 부를 수가 없습니다. 이비인후과에 갔더니 목에 혹이 있다는 거예요. 혹시 암이 아닌가 하고 물었더니 자기도 모르겠대요. 수술을 해서 혹을 떼어 내 조직검사를 해 봐야 확실히 알 수 있다고 했습니다. 그래서 이제 수술 날짜를 잡아 놓고 병원 밖을 나오는데요, 하늘이 노랬습니다. 세상이 다르게 보여요. '야! 사람 죽는 것 우습네' 하는 생각이 들고요, 참 한마디로 허망했어요. 결국은 암이 아닌 것으로 판명이 났습니다만 암을 선고받은 사람의 심정을 그때 조금이나마 맛본 것 같아요. 그러면 여러분, 우리 영의 모습을 예수 그리스도의 빛으로 한번 비추어 본다면 어떻게 나타날까요?

사도 바울이 영적 MRI로 쫙 찍어 보니까 롬3:10~15 '의인은 없나니 한 사람도 없다'고 하면서 저희 목구멍은 열린 무덤이요, 그 혀로는 속임을 베풀며 그 입술에는 독사의 독이 있고 그 입에는 저주와 악독이 가득하고, 그 발은 피 흘리는데 빠른지라 머리부터 발끝까지 완전히 죄 덩어리라는 것입니다.

뿐만 아니라 그것도 악성이라서 손을 쓸 수가 없다고 했는데요. 그러니 완전히 절망이지요. 어때요 여러분, 이것 보고 울지 않을 수 있습니까? 울어야지요, 울지 않을 수가 없습니다. 자신이 죄로 말미암아 멸망하게 된 것을 보고 울지 않는 사람은 아직 한 사람도 못 봤습니다. 그러면 여러분, 이렇게 절망 가운데 막 울고 있는데 그 병을 고칠 수 있는 의사가 한 분 나타났다면 어때요, 위로가 됩니까? 위로 정도가 아니라 너무 기뻐서 춤을 출 수밖에 없습니다. 구세주지요, 구세주.

이분이 말씀합니다. 내가 너의 모든 죗값을 대신 다 지불했으니, 너는 이 사실을 믿음으로 받기만 하면 살 수 있노라고, 어때요, 할렐루야 아닙니까.

우리 영이 죽게 되어 절대 절망한 만큼 예수 때문에 다시 살게 되었을 때는 더 큰 기쁨과 위로가 될 줄 믿습니다. 이때부터 예수를 생각만 해도 가슴이 뜨거워지고 예수 이름만 들어도 눈물이 나는데요. 이게 첫사랑입니다.

그런데 문제는 이때 한 번 우는 것으로 다 끝나는 것이 아니라 이때부터 이제 본격적으로 시작되는 것이라는 것인데요. 왜냐하면 자! 보세요. 우리가 만약 암에 걸렸는데 왜 걸렸는지 그 이유를 알았다고 한다면 어때요. 그 짓을 계속하고 싶겠습니까?

아니지요! 그것이 음식이든 잘못된 습관이든 간에 암의 원인이 되었다면 두 번 다시 거들떠보기도 싫을 것입니다. 술, 담배 없이는 못 산다고 하던 사람도 암에 걸렸다고 하면 바로 딱 끊으니까 돈 주면서 제발 하시라고 해도 안 해요. 하면 죽는 줄 아니까. 그런데 여러분, 안타깝게도 우리가 영적으로는 이게 잘 안 된다는 거예요. 분명히 죄 때문에 죽을병에 걸렸다가 겨우 살아났다면 이제 두 번 다시 죄라고 하면 거들떠보기도 싫어야 이것이 정상인데 우리의 현실은 어떻습니까? 예수님이 주신 새생명은 죄를 거들떠보지도 않으려고 하는데 그러나 원래 어머니 배 속에서 나온 나는 여전히 죄를 좋아하고 여전히 죄를 사랑하고 여전히 죄를 짓고 있다는 사실입니다. 뿐만 아니라, 이 육신의 정욕이 뭐라고 하는고 하니 내가 너 죽을 때까지 항상 함께하겠다고 합니다. 그러니 여러분, 이게 보통 문제가 아니잖아요. 나를 죽이려고 하는 것이 찰거머리처럼 일평생 나와 함께 붙어 있으니 얼마나 징글징글한 일입니까. 이것에 대해서 사도 바울이 잘 고백했지요.

롬7:22~23 '선을 행하기 원하는 나에게 악이 함께 있도다 내 속사람으로는 하나님의 법을 즐거워하되 내 지체 속에서 한 다른 법이 내 마음의 법과 싸워 내 지체 속에 있는 죄의 법 아래로 나를 사로잡아 오는 것을 보는도다 오호라 나는 곤고한 사람이로다 이 사망의 몸에서 누가 나를 건져내랴'

절규지요 절규! 애통입니다. 애통! 어때요, 여러분.

여러분에게는 이 절규와 애통이 없습니까? 제가 이미 여러 번 말씀드렸습니다만 제가 마귀의 종노릇했음을 깨닫고 난 다음부터 죄라고 하면 정말 요만큼도 짓고 싶은 마음이 없어요.

그러나 현실은 어떤가? 어때요, 여러분! 목사는 죄 안 짓습니까? 아니요, 저도 역시 죄를 짓고 있습니다.

원하지 않지만 죄를 짓고 있는 게 현실이에요. 그러니 가슴을 칠 수밖에 없지요. 오, 주여! 어떻게 해야 합니까? 또 죄를 지었습니다, 하고 애통하며 울지 않을 수가 없습니다.

이사야 선지자가 성전에서 하나님의 빛이 비추어져 자신의 죄 된 참모습을 봤을 때 뭐라고 고백합니까?

'화로다 나여 망하게 되었도다 나는 입술이 부정한 사람이요 입술이 부정한 백성 중에 거하면서 만군의 여호와이신 왕을 뵈었음이라' 하면서 애통하고 있는데요. 여러분은 어때요. 여러분은 죄짓지 않습니까? 이제 구원받았으니까 완전히 깨끗하지요.

저는 이것을 낙지에다가 비유하고 싶은데요, 분명히 예수 그리스도의 십자가로 나의 옛사람의 머리통은 박살이 났어요. 그런데 요게 머리통이 날아갔는데도 여전히 꼼지락거린다는 것입니다. 도무지 죄를 짓고 싶지 않은데 이게 본능적으로 꼼지락거려요. 그러므로 여러분, 나의 이 본능적인 죄 때문에 애통하고 있습니까? 죄짓고 싶지 않지만 죄짓는 것 때문에 괴로워하고 있느냐고요. 살아 있다는 증거입니다. 그러나 혹시 여러분 자신의 죄 때문에 애통하지 못하고 있습니까? 그렇다면 병들어 있는지 모릅니다. 영적으로 완전히 잠들어 있어서 마귀 기분 맞추고 있는지 몰라요. 요한계시록에 나오지요, 라오디게아교회 교인들에 대한 이야기가 나오는데 그들이 자신들을 보고 뭐라고 합니까.

나는 부자라. 부요하여 부족한 것이 없노라. 그러나 주님의 눈으로 볼 때는 어떠했습니까? '네 곤고한 것과, 가련한 것과, 가난한 것과, 눈먼 것과, 벌거벗은 것을 알지 못하는도다' 완전히 정반대지요. 그래서 라오디게아교회 교인들이 애통하지 않으니까 주님이 대신 애통해하고 있는데요.

여러분, 주님이 이 땅에 계실 때 언제 애통해하셨습니까? 딱 3번 눈물을 흘렸다는 기록이 나오는데요. 나사로의 무덤 앞에서, 예루살렘 성을 바라보시면서, 마지막 십자가 사역을 앞에 놓고 겟세마네 동산에서 눈물을 흘리셨습니다. 그 이유는 죄로 말미암아 멸망당할 우리 인간들의 운명 때문에 바로 눈앞에 구원의 길이요, 살 수 있는 생명의 길을 놓고도 자기들의 죄 된 참모습을 보지 못하고 애통하지 않는 것을 보면서 예수님이 대신 애통하며 눈물을 흘리셨습니다.

마23:37 '예루살렘아 예루살렘아 선지자들을 죽이고 네게 파송된 자들을 돌로 치는 자여 암탉이 그 새끼를 날개 아래에 모음같이 내가 네 자녀를 모으려 한 일이 몇 번이더냐 그러나 너희가 원하지 아니하였도다'

도무지 죄에 대한 감각이 없습니다. 죄가 그렇게 만든 거예요. 여러분, 나사로의 무덤 앞에서도 예수님이 우셨는데 그 이유가 무엇입니까? 친한 친구가 죽었기 때문입니까? 아니지요. 그것 때문이라면 주님이 곧 다시 살릴 것이니까 울 필요까지는 없습니다. 그러면 왜 우셨을까요. 그것은 바로 나사로의 죽음 뒤에 숨어 있는 죄로 인한 인간의 근본적인 불행을 보고 눈물 흘리며 우신 것이지요. 인간의 죽음과 모든 불행의 뿌리가 죄 때문이라는 것을 아시기 때문에 그래서 우리 인간이 죄 때문에 당하게 되는 모든 아픔과 고통과 불행을 자신의 고통과 아픔과 불행으로 여겼기 때문에 우셨다는 것입니다.

우리는 지금 예수의 뒤를 따라가는 예수의 제자들인데 오늘 우리에게도 이 애통함이 있습니까? 심령이 가난하여 주님 없이는 살 수 없다고 주님이 나의 전부라고 해야 하는데, 여전히 나를 사랑하고 세상을 사랑해서 주님 없이 살고 있는 내 모습을 보면서 또 오늘 우리 주위에 예수 없이 죽어가고 있는 수많은 영혼들을 보면서 애통하지 않을 수 없지요. 예수님은 이 땅에 계실 때 죽어 가는 우리 영혼들의 불행을 바라보면서 히5:7 '심한 통곡과 눈물로 간구와 소원을 올렸다'고 했는데요. 오늘 우리도 나 자신의 죄와 죄로 인하여 우리 주위에 죽어 가고 있는 수많은 영혼들의 멸망을 바라보면서 가슴을 치며 애통하며 우는 것이 있어야 해요. 그러면 이런 자에게 주님의 위로가 임할 것입니다. 여러분, 혹시 오늘 우리의 마음이 도무지 이웃을 향한 애통함이 없습니까? 심지어 나의 가족 식구나 나의 자녀의 운명을 놓고도 통곡하지 못하나요? 주님이 말씀하셨습니다.

'그 피 값을 네 손에서 찾겠노라'고 여러분 주님이 괜히 우리를 구원해 주신 게 아니에요. 우리를 통해서 다른 생명을 구원하기 위하여 우리를 먼저 구원해 주신 것입니다. 예수님이 승천하시기 전에 지상명령으로 주셨지요.

마28:19~20 '너희는 가서 모든 족속으로 제자를 삼아 아버지와 아들과 성령의 이름으로 세례를 주고 내가 너희에게 분부한 모든 것을 가르쳐 지키게 하라 볼지어다 이 세상 끝날까지 너희와 항상 함께 있으리라' 영혼 구원을 사명으로 받았기 때문에 내가 사는 이유요, 사는 목적입니다. 해도 되고, 안 해도 되는 것이 아니라 반드시 해야 해요.

그러므로 여러분 죄로 인하여 절대 잠들지 마십시오. 그래서 먼저 여러분 자신의 죄 된 모습을 보고 애통하세요. 그리고 한 걸음 더 나아가 오늘 우리 주위에 있는 가까운 사람들, 가족들, 친구들, 이웃들로부터 시작해서 전 세계에 아직 예수의 이름조차 들어 보지 못하고 죽어 가고 있는 수많은 영혼들을 위해서 애통해야 합니다.

시126:6 '눈물을 흘리며 씨를 뿌리는 자는 기쁨으로 거두리로다 울며 씨를 뿌리러 나가는 자는 정녕 기쁨으로 그 단을 가지고 돌아오리로다' 여러분, 우리의 애통함으로 인하여 한 영혼이 주님의 품으로 돌아왔을 때 이때의 기쁨을 여러분은 아십니까. 바라기는 나의 죄 때문에 애통해서 울고 또 죄 때문에 죽어 가고 있는 내 이웃을 위하여 애통하며 울 때 주님이 약속하신 대로 하늘의 위로가 넘쳐날 것입니다.

온유한 자의 복
(마5:5)

저는 과거에 주님의 부르심을 받고 목회의 길을 가려고 했을 때 제일 망설여지는 게 하나 있었는데 그것은 바로 나에게 과연 목회자다운 겸손한 모습이 있는가 하는 것이었습니다. 왜냐하면, 제가 그때까지 알고 있던 목회자는 보통 사람과는 그 겉모습이 달랐기 때문인데요. 거룩한 옷차림, 거룩한 말씨, 거룩한 표정에 거룩한 걸음걸이까지 도무지 따라 할 수 없는, 아니 흉내조차 낼 수 없을 것 같았습니다. 그래서 주님이 소명을 주셨을 때, '주여! 마음은 원이로되 자질이 없나이다. 어떻게 하면 좋습니까?' 하고 고민했던 기억이 있는데요. 그러던 제가 신학교에 가 신학을 공부하면서 성경이 말하는 참된 겸손이 무엇인가 하는 것을 알고부터는 이 부담감에서 완전히 해방되었습니다.

왜냐하면, 성경에서는 참된 겸손을 완전히 다르게 말하고 있었기 때문인데요. 그러면, 성경에서 말하는 겸손이 뭔가 한마디로 '예수님이 겸손이다'라고 했습니다.

마11:28 '나는 마음이 온유하고 겸손하니 나의 멍에를 매고 내게 배우라' 예수가 온유하고 겸손하니까 나를 부인하고 예수로 사는 삶을 배워야 한다는 것인데요. 그러니까, 참된 겸손은 예수님의 마음인데 종으로 섬기는 마음이요, 하나님의 뜻을 이루기 위해 죽기까지 순종하는 마음입니다. 겉모양이 아니라 그 마음이요, 중심이에요.

빌2:5~7 '너희 안에 이 마음을 품어라 곧 그리스도 예수의 마음이니 그는 근본 하나님의 본체시나 하나님과 동등됨을 취할 것으로 여기지 아니하시고 오히려 자기를 비워 종의 형체를 가지사 사람들과 같이 되셨고 사람의 모양으로 나타나사 자기를 낮추시고 죽기까지 복종하셨으니 곧 십자가에 죽으심이라' 그러니까 참된 겸손은 거룩한 말씨나 거룩한 표정이나 거룩한 걸음걸이가 아니라 섬기는 삶이요, 하나님의 뜻에 절대 순종하는 삶입니다.

섬김과 순종, 이것이 참된 겸손이에요. 그래서 저는 거룩한 말씨, 거룩한 표정, 거룩한 걸음걸이 같은 것 없이 그냥 생긴 모습대로 살지만 제 마음에 간절한 소원이 있는데 그것은 일평생 동안 변함없이 섬기는 삶을 살고 하나님의 뜻에 절대복종하는 삶을 살고 싶다는 것입니다. 왜냐하면, 우리가 알다시피 천국의 법칙은 섬김을 받는 자가 대접받는 곳이 아니라 섬기는 자가 대접받는 곳이라고 예수님이 직접 말씀하셨기 때문입니다.

'너희 중에 누구든지 크고자 하는 자는 너희를 섬기는 자가 되고 너희의 종이 되어야 하리라' 오늘은 8복 중 3번째 복인 온유한 자의 복입니다.

'온유한 자는 복이 있나니 그들이 땅을 기업으로 얻을 것임이요'

오늘 우리가 예수를 믿고 구원받았어도 온유하지 못한 이유는 철저한 회개가 되지 않았기 때문입니다. 왜냐하면, 우리가 예수 믿고 구원받았을 때 세례를 받게 되는데 이 세례는 철저하게 나의 옛사람은 죽고 예수님을 나의 주인으로 삼고 살겠다는 혼인서약이요, 선포인데 우리의 현실은 나는 죽고 예수로 사는 이것이 너무나 안 된다는 것입니다. 그래서 예수님이 직접 말씀하셨지요. '너희가 나를 따라오려거든 자기를 부인하고 날마다 제 십자가를 지고 따라올지니라' 맞아요. 내가 죽고 예수로 사는 삶은 하루 아침에 되는 것이 아니라 날마다 애통하는 가운데 나는 죽고 예수로 사는 이 훈련을 통하여 이루어지는 것입니다. 그래서 오늘 본문에 나오는 온유는 헬라 원어로 '프라오스'라고 했는데 이 단어는 동물을 훈련시킬 때 쓰이는 단어로 날 때부터 타고난 기질을 말하는 것이 아니라 후천적으로 훈련되고 길들여진 마음을 말합니다. 성경에 그 대표적인 예가 나오는데 모세의 경우입니다. 민12:3 '이 사람 모세는 온유함이 세상 모든 사람보다 승하더라'고 했는데 모세가 날 때부터 온유한 사람이었습니까? 아니요, 그는 40이될 때까지만 해도 혈기방장한 사람이요, 자기 뜻에 맞지 않으면 사람을 쳐죽여 가면서까지 자기 뜻을 이루고 마는 사람이었습니다. 그러던 그가 미디안 광야로 도망가 그곳에서 40년 동안 양을 치며 훈련을 받았는데 그 결과 가장 온유한 사람이 되었다는 것입니다. 그러니까 원래는 온유한 사람이 아니었는데 40년 동안 훈련되고 훈련되어서 마침내 온유한 사람이 되었어요. 그러므로 이 온유는 훈련이 필요합니다. 하루아침에 되는 게 아니에요. 그러면 도대체 이 온유한 마음이란 어떤 마음을 말하는 것일까요? 또 어떻게 우리가 온유한 사람으로 훈련되어질 수 있을까요? 먼저 결론부터 말씀드려서 이 온유한 마음의 첫출발은 예수 그리스도로부터 출발되어집니다.

왜냐하면, 우리 인간의 마음이 아니라 예수님의 마음이니까. 우리 인간이 처음에는 내가 주인이요, 내가 왕이 되어서 내가 최고인 줄 알고 내 멋대로 살아가다가 인생의 허무와 모든 불행 앞에서 신을 생각하게 됩니다. 부모를 잃은 고아가 자기 부모를 찾듯이 하나님을 떠난 우리 인간은 자기의 주인인 하나님 찾게 되는데요. 그래서 나 혼자 힘으로는 살 수 없습니다, 나의 주인이신 주님이 필요합니다 할 때 이것이 심령이 가난한 자예요. 그다음 우리의 심령이 이렇게 가난하게 되었을 때 하나님이 은혜를 주셔서 우리 자신을 볼 수 있는 빛을 비추어 주신다고 했는데요. 내 영의 참모습을 보게 하는데 머리부터 발끝까지 죄악으로 가득 차서 영원히 멸망

받게 될 죄 덩어리의 모습입니다.

롬3:10~14에서 말하기를 머리부터 발끝까지 완전히 죄 덩어리니까 절대 절망이지요. 도무지 살아날 가망이 없습니다. 그러니 이 모습을 보고는 애통하며 울지 않을 수 없지요. 그래서 막 울고 통곡할 때 구원자가 나타나는데 나의 영혼을 살릴 수 있는 유일한 구원자 예수 그리스도이십니다.

그래서 우리는 예수를 나의 주, 나의 하나님으로 영접하게 되는데요. 그 순간 나의 주인이 바뀌어집니다. 내가 주인이 아니에요. 예수님이 나의 주인이 되셨습니다. 그런데 새로운 주인인 예수님이 나를 보고 지금까지는 네가 네 마음대로 살았지만 이제부터는 내가 너의 주인이니까 내 말에 순종하며 살아야 한다고 하시면서 나는 마음이 온유하고 겸손하니 나의 멍에를 매고 내게 배우라, 하십니다. (마11:28)

그러니 보세요, 이 온유한 마음은 절대 내 마음이 아니지요. 예수를 영접하는 순간 예수 때문에 주어지는 예수의 마음입니다. 내가 온유한 자가 아니에요. 내가 예수님을 주인으로 모시고 그분께 순종할 때 예수 때문에 온유하게 되는 것입니다. 그러므로 온유함은 그냥 나타나는 것이 아니라 날마다 나를 부인하고 주의 십자가를 지고 주의 뒤를 따를 때 훈련으로 나타나는 성품입니다.

사도 바울을 보세요. 우리가 알다시피 이 사도 바울도 원래 타고난 기질은 온유하지 않았어요. 자기 마음에 안 들면 그 사람을 없애기 전까지는 잠을 이루지 못했던 사람입니다. 특히 예수 믿는 사람을 보면 몸에 두드러기가 나서 가만있지를 못했습니다. 그래서 예수 믿는 사람들을 잡아들이고 스데반 집사가 순교 당할 때 제일 앞장서서 무리들을 선동했던 사람이었다고 했는데요. 그러면, 이러던 사람이 어떻게 해서 갑자기 온유한 사람이 되었습니까? 그는 고백합니다. 자기는 다메섹 도상에서 예수를 만났는데 빛이 비추어지면서 자기가 핍박했던 예수가 구세주인 것을 깨닫고 마음에 영접한 다음 일평생 동안 그분을 주인으로 섬기며 그분께 순종하는 삶을 살기로 했다고 했는데 그 결과 이때부터 그는 온유한 사람이 되었다는 것입니다. 자신이 온유한 것이 아니라 주인을 예수로 바꾸었기 때문에. 그러나 여기에서 우리가 한 가지 주의해야 할 것은 바울이 이때 한번 결심한 것으로 완전히 온유한 사람이 된 것이 아니라 이때는 시작이었어요. 그는 이때로부터 시작해서 일평생 동안 예수를 닮는 온유한 삶을 살려고 애썼는데요. 그래서 뭐라고 고백합니까? '나는 나를 쳐서 복종시키고 나는 날마다 죽노라'고 했습니다.

예수님께 순종하려고 하면 내가 살아 있어 가지고는 안 되니까 날마다 자기를 쳐서 복종시킴으로 자기가 죽는 삶을 살았다는 말입니다.

그러므로 누가 온유한 자입니까? 자기를 쳐서 복종시키는 자입니다. 누가 온유한 자입니까? 날마다 자기는 죽고 내 안에서 그리스도가 살아나는 사람입니다. 예수님께 전적으로 순종하는 사람. 이 사람이 온유한 자예요.

그러니 여러분, 이것이 하루아침에 됩니까? 안 되지요. 끊임없이 끊임없이 매일매일 일평생 동안 힘쓰고 애써야 할 문제입니다. 성화는 하루아침에 안 돼요. 일평생 해야 할 일입니다. 그래서 사도 바울은 두렵고 떨림으로 너희 구원을 이루라고 했어요. 어때요, 내가 죽는 것, 이것 쉬워요? 아니요, 정말 어렵습니다. 절대 하루아침에 안 돼요. 날마다 날마다 훈련해야 합니다. 저는 솔직히 목사지만 내가 죽는 것, 이게 제일 어려워요. 이것만 되면 다 된 것입니다.

저의 아버님이 유언적 글을 액자에 담아 주셨는데요, '온유, 겸손, 자기부인'이라는 글인데 한평생 교회 장로로 봉직하면서 제일 안 되고 힘들었던 것을 마음에 소원을 담아 유언으로 남긴 것입니다.

그러므로 우리는 날마다 나를 죽이는 이 훈련을 끊임없이 함으로 우리 일평생 동안 그리스도를 본받고 닮아 가는 온유한 자가 되시기 바랍니다.

그러면 이제 마지막으로 우리는 어떻게 날마다 나 자신을 죽일 수 있을까요?

그 비결은 크게 두 가지입니다. 첫째 하나는 벧전2:21을 보니까 예수가 나를 위해서 어떤 고난을 받으셨는가를 생각하면서 참으라고 했습니다.

벧전2:21 '그리스도도 너희를 위하여 고난받으사 너희에게 본을 끼쳐 그 자취를 따라오게 하셨느니라'

예수님이 나 같은 죄인을 위해서 끝까지 온유함으로 참으시면서 구원하셨다 하는 것을 생각하고 나도 끝까지 온유함으로 참으라는 것입니다. 주님이 먼저 일체 오래 참으심으로 나를 구원해 주셨으니 우리도 이 주님 때문에 끝까지 참고 인내할 수 있어야 합니다.

그다음 또 하나 우리가 어떻게 끝까지 온유한 삶을 살 수 있는가? 우리에게 약속한 기업이 있기에 온유한 삶을 살 수 있습니다. '땅을 기업으로 받을 것임이요' 여기서 땅은 이 땅뿐만 아니라 하늘의 기업까지를 포함하는 말입니다.

먼저 땅의 기업입니다. 온유함의 대명사로 이삭을 생각할 수 있는데요. 이삭이 가는 곳곳마다 파 놓은 샘을 빼앗는 블레셋 사람들을 향하여 끝까지 참고 온유함으로 양보했을 때 하나님이 넓은 지경을 얻게 하는 축복을 주셨습니다.

그다음 하늘의 기업은 복음 전도입니다. 복음 전도를 통해서 이 땅을 정복하는 것을 가리키는데 행1:8 '오직 성령이 너희에게 임하시면 너희가 권능을 받고 예루살렘과 온 유대와 사마리아와 땅끝까지 이르러 내 증인이 되리라'.

예수님을 보세요. 우리가 알다시피 오늘날 예수 복음이 온 세상 전체에 퍼져 나가 있는데요, 예수님이 무엇으로 이 세상을 정복하셨습니까? 다른 무기를 쓰지 않았습니다. 단지 온유와 겸손으로 나타난 사랑, 이것 하나로 온 세상을 정복하셨습니다. 꼭 마찬가지로 오늘 우리가 예수의 제자로서 어떻게 이 땅을 정복할 수 있는가? 십자가 복음인 예수님의 온유와 겸손으로만이 이 땅을 정복할 수 있습니다. 우리나라가 대표적인 예 아닙니까. 외국 선교사들이 온유함으로 끝까지 섬김으로 오늘 우리나라가 있는 것입니다.

그러므로 복음 전도가 우리에게 있어서 얼마나 영광스러운 일인지 모릅니다. 단12:3 '많은 사람을 옳은 데로 돌아오게 한 자는 하늘의 별과 같이 영원히 빛나리라'

하늘에서 스타가 된다는 것인데요, 복음 전도자가 장차 하늘에서 누리게 될 영광을 말합니다. 얼마나 이것이 귀한 일인지 하늘에 있는 천사가 가장 흠모한다고 했습니다. 그러니 한 영혼이 천하보다 귀하다는 이 비밀을 알고 있는 우리로서는 얼마든지 온유할 수 있지요. 예수 전하다가 욕먹는 것 당연하게 여깁니다. 아니, 기쁘고 즐겁게 여깁니다. 다른 사람이 뭐라고 하든 나를 아무리 핍박하고 어려움을 줘도 우리는 온유할 수 있고 웃을 수 있습니다.

왜냐 장차 받을 하늘의 기업과 영광이 있기 때문에.

롬8:18 '현재의 고난은 장차 우리에게 나타날 영광과 비교할 수 없도다'

의에 주리고 목마른 자의 복
(마5:6)

우리 인간이면 누구나 할 것 없이 의롭게 살고 싶다는 마음이 있습니다.

물론 이것은 양심이 주는 마음인데요. 우리가 보통 양심껏 산다고 하는데 의롭게 살고 싶다는 말입니다. 그래서 세상 사람들이 하나님을 믿지 않아도 스스로 위로받는 것은 나름대로는 열심히 의롭게 살려고 노력하기 때문입니다.

그런데 이렇게 자기 나름대로는 의롭게 살았고 또 의로운 것이 조금은 있다고 믿고 있던 사람이 막상 하나님 앞에 서고 보면, 나에게는 의로운 것이 하나가 없을 뿐만 아니라, 내가 지금까지 의롭다고 생각했던 것들이 하나님 앞에서는 전혀 소용이 없다는 사실을 알게 되었을 때 너무너무 당황하게 되지요.

의로운 것이 있는 줄 알았는데 의로운 것이 전혀 없으니까, 정신이 하나도 없습니다. 그런데 이것이 바로 양심껏 살던 사람이 하나님을 만났을 때 가지게 되는 첫 번째 소감이에요. 절대 절망하게 되는 것.

그러면 여러분, 하나님이 요구하시는 의란 과연 무엇일까요?

'의에 주리고 목마른 자는 복이 있나니 그들이 배부를 것임이요'

먼저 결론부터 말씀드리면 이 '의'는 세상 사람들이 생각하는 의하고는 차원이 다른 의입니다. 왜냐하면, 여기서 말하는 의는 영적인 것이기 때문인데요. 우리 예수 믿고 구원받은 사람은 생명이 몇 개입니까? 두 개지요,

두 개!

하나는 어머니 배 속에서 나온 원래의 내가 있고, 또 하나는 하나님의 말씀으로 태어난 우리의 영적 생명이 있습니다. 그런데 이 두 생명은 그 생명을 유지하는 방식이 달라요. 우리 육체의 생명은 밥을 먹어야 살 수 있습니다만, 우리의 영적 생명은 하나님의 의인 말씀을 먹어야만 살 수 있습니다. 그래서 성경에서는 '사람이 떡으로만 살 것이 아니요, 하나님의 입에서 나오는 모든 말씀으로 살 것이니라'고 했는데요.

하나님만이 유일한 '의'이시므로 우리 신자는 하나님의 말씀 없이는 결코 살 수 없다는 말입니다. 그러므로 오늘 본문에 나오는 '의'라는 말은 말뜻 그대로는 옳고 바른 것입니다만, 그러나 여기에는 반드시 그 대상이 있기 때문에 무엇에 대해서 옳고 바르다는 것입니다. 쉽게 예를 들어서 우리가 '정의사회 구현'이라는 말을 자주 쓰는데 이것은 우리 인간이 사회에 대해서 옳고 바른 관계를 가진다는 것입니다. 법과 질서를 바르게 지킨다는 것이지요. 또 형제 간에 서로 의좋게 지내라는 말은 형제 간에 서로 올바른 관계를 맺으라는 말입니다. 그러니까 '의'는 반드시 대상이 있어요. 왜냐, 무엇과의 관계에 있어서 옳고 바른 관계를 가지라는 뜻이니까.

그러므로 이렇게 놓고 봤을 때 성경이 말하는 '의'를 구하라는 말은 하나님과의 바른 관계를 맺도록 하라는 것입니다. 내 법이 아니고 내 마음이나 내 생각이 아니라 하나님의 법이요, 하나님의 마음과 생각입니다. 그래서 하나님의 법과 마음과 생각에 나를 맞춤으로 하나님과의 관계를 바로 맺는 것, 이것이 성경이 말하는 '의'입니다. 그러니 보세요. 우리가 원래는 나의 의로 살았던 사람들입니다. 내 양심껏 최선을 다해서 살았어요. 그런데 어느 날 하나님을 만나고 보니까 이것이 도무지 소용이 없더라는 것이지요. 왜냐하면, 참된 '의'는 내 기준이 아니고 하나님이 기준이기 때문에. 나는 어느 정도만 의로우면 되는 줄 알았는데 하나님은 100% '의'를 요구하고 계십니다. 또 나는 사람 앞에서만 의로우면 되는 줄 알았는데 하나님은 우리의 마음 중심을 보고 판단하기 때문에 내 마음으로 생각하는 것 까지도 보신다고 했습니다. 예수님이 직접 말씀하셨죠. '마음으로 형제를 미워하기만 해도 그것은 이미 살인한 것이요, 여인을 보고 음욕을 품기만 해도 그것은 이미 간음한 것이라' 뿐만 아니라 하나님 앞에서는 큰 죄든 작은 죄든 눈곱만 한 죄라도 있다면 이것을 해결하지 않고는 도무지 하나님과 바른 관계를 맺을 수 없다고 합니다. 그러니 어떻게 합니까?

죄를 지어서 죄인 된 것이 아니라 날 때부터 죄인이라 죄를 짓지 않을 수 없는 우리로서는 절대 절망할 수밖에 없지요. '아이고, 나는 이제 완전히 틀렸구나' 하는 이때 예수 그리스도께서 우리에게 다가오셔서 내가 너의 모든 죄 문제를 다 해결했으니까 나를 통해서 하나님 앞에 나아갈 수 있는 길이 열렸다고 말씀하십니다.

롬3:20~24 '죄로 말미암아 하나님과 분리되었던 우리가 예수의 의를 힘입어 하나님과 하나 되고 하나님의 생명으로 살게 되었으니' 우리가 이 하나님의 '의'인 예수를 사랑하고 사모할 수밖에 없지요. 그래서 '의에 주리고 목마른 자는 배부름을 얻을 것이요'라는 말은 예수 그리스도로 말미암아 하나님의 자녀로 다시 태어났으니까 날마다 날마다 나의 '의' 되신 예수를 사모하고 목말라 하게 된다는 것입니다.

어린 애기가 태어나자마자 '으앙!' 하고 우는 것은 젖 달라고 하는 것과 같이 우리의 영적 생명도 태어나게 되면 태어나자마자 하나님의 '의'인 말씀을 먹고 싶어 한다는 것입니다. 말씀을 통한 하나님과의 바른 관계를 통해서만 자라나니까. 그러므로 여러분, '신앙이 성숙하다', '믿음이 자랐다'는 말은 하나님의 말씀을 믿고 순종함으로 하나님과의 관계가 점점 바르게 맺어졌다는 말입니다.

우리가 알다시피 우리가 처음 하나님을 만났을 때 우리 영의 참모습은 눈, 코, 귀만 달렸다 뿐이지 도무지 하나님과 닮지 않은 모습이지요. 하나님의 말씀이 옳다는 것도 알겠고 또 그 뜻대로 살아야 되겠다는 것도 알겠는데, 현재의 나의 모습을 보면 도무지 엄두가 나지 않습니다. 하나님과 멀어도 너무 멀어요. 하나님은 하라고 하는데 나는 못하겠고, 하나님이 하지 말라고 하는 것은 너무 하고 싶고 도무지 박자가 맞지 않습니다.

그래서 우리가 예수를 처음 믿으면 제일 걱정되는 게 내가 원래 살던 방식하고 예수님이 하라고 하는 방식하고가 너무 다르니까 그대로 따라 하다가는 되지도 않을뿐더러 금방 망할 것 같아요. 도무지 불가능하고 안 될 것 같습니다.

그러던 우리가 영적 생명이 점점 자라나면서 생각이 정반대로 내가 생각하던 방식이 아니라 하나님이 생각하는 방식으로 바뀌는데요. 우리가 과거에 하나님을 알지 못했을 때는 어떤 수단, 방법을 써서라도 돈만 들어오면 되고 내 욕심만 만족시키면 됐어요. 그러나 나의 신앙이 점점 자라나게 되면 돈이 문제가 아니고 나의 욕심이 문제가 아니라, 오직 하나, 하나님과의 바른 관계만 맺을 수 있다면 얼마든지 그런 것들을 포기할 수 있는 사람으로 바뀌게 됩니다.

왜냐하면, 과거에 불의로 내 욕심을 채울 때보다 하나님과의 바른 관계를 가질 때 주어지는 기쁨과 만족이 훨씬 크기 때문입니다. 나를 기쁘게 하고 나를 만족시키는 것보다 하나님을 기쁘시게 하고 하나님을 만족시키는 것이 더 기쁘다는 것, 이것은 내가 실제로 맛봐야 알 수 있는 것인데요.

사랑의교회에서 실시하는 제자훈련 세미나에 참석했을 때 장로님 한 분이 나와서 이런 간증을 합니다. 이분이 근육무력증으로 대학을 휴학하고

2년을 침대에 누워 절대 절망하는 상황에서 '하나님, 한 번만 살려 주시면 하나님의 영광을 위해서 살겠습니다' 하고 서원기도를 했을 때 하나님이 기적적으로 고쳐 주셔서 다시 일어나게 되었다고 했습니다. 침대에서 일어난 다음 내가 어떻게 하나님의 영광을 위해서 살 수 있을까 생각하는데, 자기에게 옷을 볼 줄 아는 패션 감각이 있음을 알고 이화여대 앞에 다섯 평도 안 되는 보세점 가게를 차렸는데 장사가 너무 잘되어서 계속 확장을 했다고 했습니다. 이렇게 일취월장하여 5년 만에 연매출 100억쯤 되는 중소기업이 되었을 때 세금 문제가 마음에 걸렸다고 했습니다. 왜냐하면, 세금을 피하기 위해 이중장부를 하고 있었기 때문인데요. 고민, 고민하다가 망하면 망하자 하고 이중장부를 포기하고 있는 그대로 해서 세무보고를 했는데 회사가 망한 것이 아니라 이때부터 회사가 급성장해서 그때 당시 연간매출이 5천억이 넘는 한국 50대기업 중에 하나가 되었다고 했습니다. 물론 우리가 하나님의 말씀대로 할 때 손해 보는 경우도 많이 있지요, 그러나 마음은 기쁘다는 것입니다. 그때 그는 성경공부팀을 두 팀 인도하고 있었는데 사업보다도 그 일이 더 우선이라고 했습니다. 자기가 해외 출장 등으로 바쁜데도 이 시간만큼은 우선해서 지킨다고 했는데요. 왜 그런가 하니까 자기가 살아야 되기 때문이라고 했습니다.

자기의 영적 생명은 하나님의 '의'를 먹어야만 산다는 것이지요. 이것 먹지 않으면 그의 영적 생명이 죽으니까, 그 일을 가장 우선해서 살 수밖에 없다는 것입니다.

어때요, 여러분은 내 영이 살기 위해서 하늘나라와 그의 의를 먼저 구합니까?

이제 마지막으로 의에 주리고 목마른 자에게 배부름을 주신다고 했는데 이게 무슨 뜻입니까? 오늘 우리가 살아 있고 건강하다는 증거는 배고픔을 느낀다는 것인데요. 병이 들었거나 죽은 시체는 전혀 이런 감각이 없어요. 도무지 배고픔이나 목마름을 느끼지 못합니다. 오늘 여러분에게 영적 생명이 있습니까?

여러분의 영적 생명은 건강합니까? 그렇다면 반드시 의에 주리고 목말라 하는 것이 있어야 합니다. 여러분, 나 자신을 가만히 한 번 살펴보세요. 나에게 과연 의에 주리고 목마른 것이 있는가. 만약 없다면 두 가지 이유밖에는 없습니다. 하나는 병들었거나 또 하나는 아예 영적 생명이 죽어 있거나. 여러분, 영적 생명도 유산이 있다는 것을 아십니까? 한때는 열심히 하나님을 찾았는데 어느 날부터인가 갑자기 그만둬 버려요. 교회조차도 나오지 않는데 그래도 아무렇지도 않다고 한다면 유산된 거예요. 생명이 생기다가 말았습니다. 왜냐하면, 영적 생명이 있으면 절대 하나님을 떠나지 못하기 때문이에요. 안 먹고는 살 수 없으니까 생명이 있는데 어떻게 안 먹고 삽니까?

그런데 제가 볼 때는 오늘 많은 신자들이 병이 들었어요. 식욕결핍증. 그래서 일주일에 한 끼만 먹거나 그것도 건너뛰어 가면서 먹는데 그런데도 전혀 배고픔을 못 느낍니다. 배부르다, 배부르다 하는데 그것 병든 거예요.

정상이 아닙니다. 매일 하루 세끼 밥 먹듯이 매일 영의 양식을 먹어야 하는데 일주일에 적어도 세 번은 정식으로 먹어야 건강합니다. 이것이 없으면 건강할 수 없어요. '의에 주리고 목마른 자는 배부를 것이라'고 했는데 여러분은 과연 하나님의 '의'로 말미암아 배부름을 얻고 참만족을 얻고 부족함이 없는 삶을 살고 있습니까? 여러분, 꼭 기억하세요. 사람이 조금 배가 고프면 쥐엄열매를 찾지만 정말 배가 고프면 하나님 아버지를 찾는다는 사실을.

우리 신자의 만족은 빵이 아니라 영의 양식인 말씀을 받아먹음으로 하나님과의 바른 관계를 맺는 것입니다. 바라기는, 꼭 의에 주리고 목마른 자가 되어 하나님과의 바른 관계를 맺음으로 영적으로 풍성한 배부름을 얻게 되시기 바랍니다.

'여호와는 나의 목자시니 내게 부족함이 없으리로다'

긍휼히 여기는 자의 복
(마5:7)

저는 목회를 하고 나서야 비로소 하나님의 마음이 얼마나 넓은지, 또 하나님의 사랑과 오래 참으심이 얼마나 대단한 것인지 알 수 있게 되었습니다.

물론 목회하기 전에도 전혀 모르고 있었던 것은 아닙니다만, 지금처럼 실감하지는 못했었어요. 여러분, 솔직히 오늘 우리가 행한 행위에 비하면 하나님의 오래 참으심과 긍휼히 여기심이 우리의 상상을 초월하니까 '과연 하나님은 신이십니다' 하고 감탄할 수밖에 없지 않습니까. 다윗이 고백했지요.

시103:10 '우리의 죄를 따라 우리를 처벌하지 아니하시며 우리의 죄악을 따라 우리에게 그대로 갚지 아니하셨으니 이는 그가 우리의 체질을 아시며 우리가 단지 먼지뿐임을 기억하심이로다'

하나님이 우리를 죄대로 갚지 않으시는 것은 우리의 체질이 원래부터 약함을 아시고 불쌍히 여기시기 때문이라고 했습니다. 이것은 제가 별도로 설명하지 않아도 여러분이 다 잘 알고 계실 텐데요. 우리의 행위에 비해서 하나님이 우리를 불쌍히 여기시는 마음과 오래 참으시는 마음은 훨씬 더 큽니다.

그래서 저는 목사지만 어떤 때는 통곡하고 싶을 때가 있는데요. 왜냐하면 하나님이 나를 쓰시기에 너무 힘드실 것 같아서 저는 알고 있거든요. 나 자신이 얼마나 부족한 그릇이라는 것을. 그래서 주님의 입장에서 나를 생각하면서 통곡하고 싶을 때가 있습니다. 이때는 다른 아무 할 말이 없지요. 그냥, '주여, 불쌍히 여겨 주옵소서! 불쌍히 여겨 주옵소서!' 1시간 동안 내내 이 기도만 하다가 끝낸 적도 있습니다.

그러면 오늘 본문의 내용이 무엇입니까?

'긍휼히 여기는 자는 복이 있나니 그들이 긍휼히 여김을 받을 것임이요' 우선 긍휼이라는 말이 무슨 뜻인가부터 살펴봐야겠는데요, 물론 말뜻 그대로는 불쌍히 여기는 마음이지요. 그런데 긍휼을 은혜와 함께 놓고 보면 더 쉽게 그 뜻을 잘 알 수 있습니다. 그러면 먼저 은혜가 무엇입니까? 은혜는 도무지 받을 만한 자격이 없는 자에게 베풀어진 하나님의 호의입니다.

쉽게 말해서 우리가 구원받은 것 내가 자격이 있어서 주어진 것이 아니지요. 엡2:8~9 '너희는 그 은혜에 의하여 믿음으로 말미암아 구원을 받았으니 이것은 너희에게서 난 것이 아니요, 하나님의 선물이라 행위에서 난 것이 아니니 이는 누구든지 자랑하지 못하게 함이라'

하나님이 공짜로 주신 선물이니까 자랑할 것이 아무것도 없습니다. 그러면 이에 비해서 긍휼은 무엇입니까? 마땅히 받아야 할 형벌이 있음에도 불구하고 하나님이 불쌍히 여겨서 유보 시키는 것을 말합니다. 죄의 삯은 하나님의 법에 분명히 사망이요, 지옥의 멸망이에요. 그런데 하나님이 우리를 불쌍히 여기셔서 우리의 죄대로 갚지 않으시고 오래 참고 기다려 구원해 주셨다면 이것은 하나님의 긍휼임이 분명합니다.

그러므로 하나님의 긍휼에는 두 가지 특징이 있는데요. 하나는, 우리의 죄대로 갚지 않으신다는 것이요, 또 하나는 우리의 연약함을 아시고 불쌍히 여기신다는 것입니다. 그러면 이제 본론으로 들어가서 누가 긍휼을 베풀 수 있는가 했을 때 먼저 결론부터 말씀드리면 우리 그리스도인만이 참 긍휼을 베풀 수 있습니다. 아니, 우리 그리스도인은 마땅히 긍휼을 베풀어야 하고 긍휼을 베풀지 않으면 그리스도인이 아니에요. 왜냐하면 여기에는 그만한 이유가 있는데요.

첫째 이유는, 우리가 먼저 긍휼을 받았기 때문입니다. 여러분은 예수님의 십자가의 죽으심에서 무엇을 보셨습니까? 나 같은 죄인을 구원하시기 위해서 만왕의 왕이신 그분이 발가벗겨진 채 채찍질 당하시고 머리에 가시관을 쓰시고 얼굴에 침 뱉음을 당하시고 십자가에서 피 한 방울 남김없이 다 쏟으셨는데 그 이유가 전적으로 나의 죄 때문이라고 했을 때 여기에서 무엇을 볼 수 있습니까?

물론 하나님의 사랑인데요, 사랑 중에 특별히 하나님의 '헤세드의 사랑'인 긍휼히 여기는 사랑입니다. 우리의 멸망을 그냥 지켜볼 수 없어서 자신이 대신 저주와 형벌을 감당하시겠다는 하나님의 우리를 향한 긍휼히 여기시는 마음인데요. 우리는 사랑을 받은 자들입니다. 그것도 우리가 의로울 때가 아니고 우리가 아직 죄인 되었을 때 우리가 하나님과 원수 된 자리에 있을 때 하나님이 우리를 불쌍히 여기셔서 이 일을 행하셨어요. 그러므로 여러분, 예수님이 이 땅에 오셔서 공생애 3년 동안 행하신 일이 전부 무엇입니까? 처음부터 끝까지 긍휼 베푸심입니다. 병들고 가난하고 불쌍한 자들을 보고 그냥 지나치는 법이 없었어요. 늘 긍휼과 자비를 베푸셨습니다. 그래서 따르는 무리들을 보고 저들이 목자 없는 양 같음을 보시고 민망히 여기셨다고 했는데, 민망히 여기셨다는 말은 너무너무 불쌍히 여기셔서 자기의 생명이라도 주고 싶어 하는 마음입니다. 늘 마음으로 울고 다니셨어요. 뿐만 아니라, 마지막 결정적인 장면이 하나 나오는데 그것은 제자들을 향한 마음입니다.

3년 동안이나 죽도록 가르치고 돌보아 온 수제자 베드로 그는 우리가 알다시피 예수님이 잡히시던 그 밤에 3번씩이나 예수를 부인하고 도망갔지요. 그것도 저주하고 욕하면서까지 부인하고 도망갔는데요. 여러분, 오늘 우리 같으면 어떻게 할까요? 물어볼 것이 없습니다. 저 같으면 두 번 다시 보지 않았을 거예요. 그러나 우리 주님은 부활하신 후에 베드로를 직접 찾아가서서 네가 나를 사랑하느냐 물으시고 사랑한다고 하니까 내 양을 먹이라고 다시 사명을 맡겨 주시는 장면이 나오는데요. 주님의 긍휼하심입니다. 베드로의 배신보다도 그의 약함을 더 불쌍히 여기시는 주님의 마음인데요. 솔직히 오늘 우리도 주님의 긍휼하심이 아니었다면 여기 남아 있을 사람이 있습니까? 아니요, 우리는 주님을 3번이 아니라 30번, 300번 더 부인했지만, 주님이 긍휼을 베푸셔서 여기에 앉아 있는 거예요. 그러므로 오늘 내가 여기 앉아 있는 것 자체가 내 재주, 내 능력이 아니라 100% 주의 긍휼하심 때문입니다. 저는 특히 하나님이 싫다고 도망갔다가 다시 돌아온 사람이 되어서 그런지 몰라도 나의 나 된 것은 전적 하나님의 긍휼하심이에요. 여러분, 오늘 우리가 주님의 긍휼하심을 입었습니까? 그렇다면 마땅히 긍휼을 베풀어야 해요. 빚을 졌으면 빚을 갚아야지요. 그다음 또 하나 왜 우리가 긍휼을 베푸는 것이 마땅한가? 그 이유는 우리 예수 믿는 사람은 하나님의 긍휼이 없이는 단 한순간도 살 수 없기 때문입니다.

여러분, 오늘 우리 중에 하나님의 긍휼하심 없이도 살 수 있는 사람 있습니까?

아니요, 오늘 우리가 지금 목숨이 붙어 있어서 숨 쉴 수 있는 것, 이것 자체가 내 재주, 내 실력이 아닙니다. 전적 하나님의 긍휼하심이에요. 예수님이 직접 말씀하셨지요.

눅13:1~5 '실로암에서 망대가 무너져 열여덟 사람이 죽었는데 죽은 사람들이 너희보다 죄가 더 있는 줄 아느냐 아니라 너희도 회개치 아니하면 다 이와 같이 망하리라'

오늘 내가 아무 일 없이 살고 있는 것, 이것 내가 의롭고 잘난 데가 있어서 살고 있는 게 아니라는 것입니다. 어때요, 오늘 하루에도 수많은 사람들이 사고로 병으로 죽어 가고 있는데 그들이 우리보다 못난 사람이라서 그렇습니까? 아니요, 그들도 우리와 조금도 다름없는 똑같은 사람들입니다. 그들도 자기들이 그렇게 허망하게 세상을 떠날 줄은 꿈에도 몰랐던 사람들이에요.

그러므로 오늘 우리는 매일매일 주님의 긍휼하심과 돌보심이 필요한 자들입니다.

약4:13~14 '내가 내일 어떤 도시에 가서 거기서 일 년을 머물며 장사하여 이익을 보리라 하는 자들아 내일 일을 너희가 알지 못하는도다 네 인생이 무엇이뇨 잠시 보이다 없어지는 안개니라'

잠깐 보이다 없어지는 안개 같은 우리 인생인데 누가 감히 내일 일을 장담할 수 있습니까? 매일 매 순간 주님의 긍휼하심이 필요해요.

오늘 우리가 성경을 보면 나도 모르게 화가 나게 만드는 인물이 하나 나오는데요. 도무지 동정하고 싶지 않은 사람입니다.

마18:21~34을 보면 한 사람이 1만 달란트의 빚을 지고 있다고 했습니다. 지금 돈으로 따지면 6천억 정도 되니까 도저히 갚을 수 없는 액수의 빚입니다. 주인이 빚을 갚으라고 했을 때 엎드려 간청을 하니까 주인이 불쌍히 여겨서 그 빚을 다 탕감해 주었다고 했습니다. 놀라운 긍휼이지요. 그런데 우리를 놀라게 하는 것은 엄청난 빚을 탕감받은 사람이 바깥에 나가자마자 자기에게 100데나리온의 빚을 지고 있는 사람을 만났다고 했습니다. 이 돈은 오늘날로 따지면 1,000만 원 정도 되는 돈인데요, 그럼에도 불구하고 어떻게 했다고요. 빚을 갚을 테니 제발 조금만 기다려 달라고 사정사정함에도 불구하고 절대 용서할 수 없다고 해 가지고는 멱살을 잡고 관가에 데려가 옥에 넘겨 버렸다고 했습니다.

그러자 이 소식을 전해들은 주인이 어떻게 했다고요. 너무너무 화가 나서 불러다가는 내가 너를 불쌍히 여김같이 너도 그를 불쌍히 여김이 마땅치 아니하냐 하고는 빚 탕감해 준 것을 취소하고 옥에 넘겨 버렸다고 했습니다. 그러면서 주님의 마지막 결론이 무엇입니까?

'너희가 각각 중심으로 형제를 용서하지 아니하면 너희 친부께서도 너희에게 이와 같이 하시리라'

우리는 원래 생겨 먹기를 원수를 사랑하는 것은 고사하고 나에게 조금만 손해를 끼쳐도 혈압이 오르고 심장의 맥박이 뛰는 사람들입니다.

그런 우리들이 어떻게 원수를 사랑하며 어떻게 긍휼을 베풀 수 있습니까?

그 이유는 오직 하나 긍휼을 베풀지 않았다가는 내가 먼저 큰일 나기 때문에 긍휼을 베풀어야 합니다.

약2:13 '긍휼을 행하지 않는 자에게는 긍휼 없는 심판이 있으리라' 여러분, 이것이 얼마나 무서운 말씀입니까? 저는 이것보다 더 무서운 말씀은 없다고 보는데요. 하나님의 심판대 앞에 섰는데 하나님의 긍휼히 여기심이 없이 설 수 있는 사람이 누가 있습니까? 그런데, 만약 내가 긍휼을 베풀지 않아서 하나님의 긍휼하심을 받지 못한다면 생각만 해도 오싹합니다.

그러면 이제 마지막으로 우리는 과연 누구에게 어떤 긍휼을 베풀어야 할까요? 먼저 결론부터 말씀드려서 원수에게까지도 긍휼을 베풀어야 합니다.

마5:43~47 '네 이웃을 사랑하고 네 원수를 미워하라 하였다는 것을 너희가 들었으나 나는 너희에게 이르노니 너희 원수를 사랑하며 너희를 박해하는 자를 위하여 기도하라'

어때요, 예수님은 이것을 말로만 했습니까? 아니요, 실제 실천하는 삶을 사셨습니다. 요13:1~2 '세상에 있는 자기 사람들을 사랑하시되 끝까지 사랑하시니라 마귀가 벌써 시몬의 아들 가룟 유다의 마음에 예수를 팔려는 생각을 넣었더라' 예수님이 그의 제자들을 사랑하시되 끝까지 사랑하셨다고 했는데요. 어때요, 사랑할 만해서 사랑했습니까? 아니요, 예수님이 잡히시던 그 밤에 다 도망간 제자들입니다. 심지어 가룟 유다는 예수님을 배반하여 은 삼십에 팔아넘김으로 은혜를 배은망덕으로 갚는 원수예요, 그러나 그럼에도 불구하고, 예수님은 얼마나 가룟 유다를 긍휼히 여기셨는지 몇 번이고 돌이킬 수 있는 기회를 주었는데요. 원수마저도 원수로 갚지 않고 긍휼을 베푸시는 사랑입니다. 그러므로 여러분, 오늘 누가 과연 원수 사랑을 실천할 수 있을까요? 오직 하나 나는 죽고 예수로 사는 사람, 이 사람만이 원수에게 긍휼을 베풀 수 있습니다. 우리나라에 산중인이 있지요. 자기의 두 아들을 죽인 공산당 청년을 용서하고 양자로 삼은 손양원 목사님, 원수를 사랑함으로 하늘의 별과 같이 빛나는 분이 되셨는데요. 자기 힘으로 할 수 있는 게 아니지요. 의에 주리고 목말라 예수님처럼 살기를 소원하셨던 분이 나는 죽고 예수로 삶으로 원수를 사랑할 수 있었던 것입니다. 오늘 우리도 예수님을 본받고 예수님을 본받은 손양원 목사님을 본받아 원수까지도 사랑하는 긍휼히 여김으로 긍휼히 여김을 받는 복을 받게 되시기 바랍니다.

마음이 청결한 자의 복
(마5:8)

벌써 오래된 이야기입니다만, 고 한경직 목사님이 목회자 수련회에 강사로 오셔서서 하시는 말씀이 '나이가 들면 마음이 좀 깨끗해질 줄 알았는데 그렇지도 않은가 봅니다'라고 했습니다. 여러분 연세가 90이 되시는 분이 90 평생을 신앙으로 살아왔음에도 불구하고 그렇게 말씀하시니 이게 도대체 어떻게 된 일입니까? 또 합동 측 대표로는 박윤선 목사님이 계신데 제가 볼 때 이분같이 하나님 한 분만을 사랑하고 순전한 마음을 가진 분은 없어요. 연세가 80이 되었는데도 꼭 어린아이 같았습니다. 그런데도 이분이 기도하시면 제일 많이 고백하는 것이 '나는 가장 큰 죄인입니다. 마음이 어둡고 부패한 놈입니다'라고 했습니다. 그러니 여러분, 이분도 80 평생을 신앙생활 했는데 마음이 어둡고 부패해 있다고 하니 이것이 도대체 어떻게 된 일입니까?

맞아요. 여러분, 성경은 분명히 우리에게 만물보다 더 거짓되고 부패한 것이 우리 인간의 마음이라고 했어요. 우리의 마음은 원래 날 때부터 그 씨가 죄씨이기 때문에 일평생 동안 아무리 깨끗해지려고 노력하고 또 노력해도 결코 깨끗해지거나 선해질 수가 없습니다. 잠깐잠깐 속에 감추어져 있을 뿐이지 기회만 되면 언제든지 다시 올라오게 되어 있어요. 그렇기 때문에, 예수님이 이것을 두고 사람이 거듭나지 아니하면 하나님 나라를 볼 수 없다고 했는데, 사람이 하나님 나라를 보려면 반드시 하나님으로부터 다시 태어나야만 한다는 말씀입니다. 원래 어머니 배 속에서 나온 옛사람은 변화되어 새로워질 수 없으니까 물과 성령으로 완전히 새로 태어난 하나님의 새생명만이 하나님 나라를 볼 수 있고 하나님 나라에 들어갈 수 있다는 거예요. 그러므로 예수 믿고 구원함을 받은 사람들은 어떤 사람들입니까?

고후5:17 '누구든지 그리스도 안에 있으면 새로운 피조물이라 이전 것은 지나갔으니 보라 새것이 되었도다'

여기서 새로운 피조물이라는 뜻은 하나님으로부터 완전히 새롭게 창조된 새로운 생명체라는 말입니다. 그러니까 하나님께로부터 새롭게 태어난 이 새생명이야말로 깨끗한 마음이요, 거룩한 마음이요, 하나님을 볼 수 있는 마음이라는 것인데요. 맞습니까? 맞아요. 우리의 마음은 결코 개선될 수 없습니다.

하나님의 생명으로 다시 태어나야만 돼요.

오늘 본문의 내용이 무엇입니까?

'마음이 청결한 자는 복이 있나니 그들이 하나님을 볼 것이요'

마음이 청결한 자는 누구보고 하신 말씀입니까? 오늘 예수 믿고 구원받은 우리보고 하시는 말씀입니다. 예수를 모르는 세상 사람들은 죽었다 깨어나도 하나님을 볼 수 없어요. 예수 믿고 죄 문제를 해결 받은 오늘 우리만이 하나님을 뵈올 수 있는 특권이 주어졌습니다. 그러면 이렇게 놓고 봤을 때 청결한 마음이란 어떤 마음입니까? 예수 믿고 구원함을 받아 새로운 생명을 받은 우리 그리스도인의 마음이요, 일심으로 하나님을 향하는 깨끗한 마음입니다. 우리가 알다시피 예수 믿기 전에 우리의 마음이 어떠했습니까? 이때도 일편단심이지요. 일편단심은 일편단심인데 그 방향이 세상이었습니다. 나의 욕심을 좇아 악을 행하기 좋아하고 죄짓기를 즐겨 하는 더러운 마음이었어요. 도무지 하나님을 향하는 마음은 없었습니다. 그런데 예수를 믿고부터 하나님을 향하는 마음으로 바뀌었다는 것인데요. 그러니 이제 문제가 생겼습니다. 왜냐하면 제가 처음 시작하면서 말씀드린 대로 우리가 원래 어머니 배 속에서 태어난 나의 옛사람은 죄를 사랑하는 마음이 우리의 일평생 동안 아무리 신앙생활을 오래 해도 죽을 때까지 없어지지 않는다고 했습니다. 처음이나 우리가 죽을 때나 한결같이 똑같아요. 이 마음은 일평생 죄를 사랑하고 죄짓기를 좋아합니다. 그러니 이런 마음속에 예수 믿고 구원받은 새생명이 주어졌으니 피 튀기는 전쟁이 일어나는 것이지요. 일평생 동안 이 둘은 서로 갈등을 일으키고 매 순간순간마다 전쟁을 하게 되어 있습니다.

그러므로 이렇게 놓고 봤을 때 우리의 마음이 깨끗하고 더럽고는 어디에 달려 있습니까? 선택에 달려 있습니다. 옛 마음과 새 마음 이 둘 중에 어느 것을 선택하느냐에 따라서 더러워질 수도 있고 깨끗해질 수도 있는데요. 원래 내가 좋아하는 마음대로 행하면 더러워 어두워질 것이요, 새롭게 주어진 새생명의 마음을 따르면 깨끗하고 밝은 마음이 되어질 것입니다. 오늘 우리 앞에 하나님과 세상 이 둘이 함께 놓여 있는데 우리는 과연 어느 것을 선택해야 할까요? 성경은 말씀하고 있습니다.

마6:22~24에 한 사람이 두 주인을 섬길 수 없기 때문에, 하나님이냐, 재물이냐 이 둘 중에 반드시 하나를 선택해야 한다고, 그래서 어느 것을 선택하느냐에 따라서 우리의 마음이 더러워질 수도 있고, 깨끗해질 수도 있다고 했는데요. 그러므로 우리의 마음이 청결해지려면 그 전제가 주님과 우리와의 관계가 사랑의 관계라는 것을 알아야 합니다. 세상은 영적 세계를 보여 주는 그림책이니까 세상 원리하고 똑같아요. 부부가 결혼을 했는데 신부가 자기 남편 놔두고 다른 남자한테 슬슬 눈을 돌리게 되면 음부가 되는 것이지요. 마찬가지로 영적으로 봤을 때 우리의 주인은 주님이십니다.

세례는 주님과의 영적 혼인예식이에요.

그런데 만약 우리가 주님을 뒤로하고 세상을 사랑해서 세상하고 짝짜꿍해서 돌아간다면 이것은 간음 행위이지요.

약4:4 '간음하는 여자들이여 세상과 벗 된 것이 하나님과 원수 됨을 알지 못하느냐 그런즉 누구든지 세상과 벗이 되고자 하는 자는 스스로 하나님과 원수되는 것이니라'

여기서 여자는 그냥 여자가 아니라 그리스도의 신부 된 오늘 우리 성도를 가리킵니다. 그래서 약4:5 '너희는 하나님이 우리 속에 거하게 하신 성령이 시기하기까지 사모한다 하신 말씀을 헛된 줄로 생각하느냐'

우리의 마음이 온전히 하나님을 향하지 못하고 세상을 사랑해서 세상으로 마음이 빼앗길 때 하나님 편에서는 자기 신부가 간음을 행하는 것이니까 시기하신다는 것이지요. 어때요 여러분, 사랑한다면 시기하는 것이 당연한 것 아닙니까? 하나님이 우리를 사랑하시기 때문에 성도가 하나님이 아닌 다른 세상 것을 사랑하게 되면 하나님이 이것을 못 견뎌하신다는 것입니다. 여러분, 우리 중에 누가 부인이 바람이 났는데 그것 보고 가만히 있을 남편이 있습니까? 아니요, 절대 가만있지 않습니다. 그러니까 우리가 구약성경을 보면 전부 이 이야기입니다. 구약의 이스라엘 백성들, 하나님이 그들을 사랑해서 애굽에서 구원하여 시내산에서 혼인계약을 맺고 가나안 땅을 선물로 주었더니만 하라는 하나님은 사랑하지 않고 바알 우상을 숭배함으로 각종 음행으로 완전히 더러워져 버렸다고 했습니다. 그러자 하나님이 이들을 심판하셨지요. 주위 나라들로부터 계속 어려움을 당하게 되는데요. 하나님은 자기 백성을 사랑하기 때문에 일편단심으로 자기를 사랑해 주기를 바라는데 이스라엘 백성들은 바람이 나 가지고 계속 바알 우상 신을 섬김으로 도무지 거룩하게, 깨끗하게 구별되지 못하니까 하나님이 가만히 계시지를 못했습니다. 결국, 그들은 망해서 전 세계에 흩어져 2천년 동안 나라 없이 유리방황했는데요. 그런데 여러분, 이것은 오늘 우리도 똑같습니다.

하나님을 사랑해서 하나님이 원하시는 뜻을 쫓아가면 점점 더 깨끗해지고, 세상을 사랑해서 내 욕심을 따라서 가게 되면 금방 더러워지고 어두워지게 됩니다. 여러분은 이것을 못 느끼십니까. 저는 목사라서 그런지 이것을 매 순간순간 피부로 느끼며 살아가고 있습니다. 주님을 잘 쫓아가다가도 조금만 나의 욕심을 앞세우면 금방 어두워지고 더러워집니다. 특히 돈 문제에 신경 쓰거나 사람과의 관계에서 불화가 일어나면 이것이 더 심하게 일어나는데요. 여러분들은 어떠신지 모르겠습니다만 저는 목사라도 부부싸움을 합니다. 그런데 그 특징이 하루를 못 넘겨요. 왜냐하면, 금방 풀지 않으면 당장 다음 날 새벽에 설교하는데 지장이 있기 때문에 그전에 빨리 풀어야 됩니다. 성경에 나오지요. 분을 내어도 죄를 짓지 말며 해가 지도록 분을 품지 말라. 틀림없습니다. 분을 내어도 죄를 짓기까지 품으면 안 돼요.

그러면 이제 마지막으로 우리는 어떻게 청결한 마음을 유지할 수 있을까요? 두 가진데요, 첫째 하나는 갈5:24 '그리스도 예수의 사람들은 육체와 함께 그 정욕과 탐심을 십자가에 못 박았느니라'

예수 믿고 구원함을 받은 사람은 자기 원래의 나는 예수 그리스도와 함께 십자가에 못 박혀 죽은 것으로 여기라는 것입니다. 비록 우리의 육체는 살아 있고 일평생 죄짓기를 좋아하지만, 그러나 우리가 예수를 영접하는 순간 예수가 나의 주인이니까 나는 죽고 내 안에 주인인 예수로 살아야 한다는 것입니다. 그러니까 우리의 마음을 깨끗하게 하려면 그 첫 번째가 나를 부인하는 거예요. 왜냐 내가 살아 가지고는 뭐가 안 되니까. 끊임없이, 끊임없이 나를 쳐서 복종시켜야 합니다. 사도 바울이 고백했지요. 나는 날마다 죽노라. 나는 내 몸을 쳐서 복종시키노라. 전부 다 자기와의 싸움을 말하고 있는데요. 왜냐 나를 부인하지 않고는 예수로 살 수 없으니까. 반드시 나를 십자가에 못 박아야 해요.

그런데 우리의 신앙생활은 이것 하나만으로는 부족합니다. 왜냐하면, 아무리 나를 쳐서 복종시켜도 나도 모르는 사이에 내가 계속 계속 올라오니까 그러니 어떻게 해야 합니까. 또 하나 갈5:16 '너희는 성령을 쫓아 행하라 그리하면 육체의 욕심을 이루지 아니하리라'

아주 적극적인 방법인데요, 성령님께 순종하고 성령을 쫓아 행하면 죄지을 틈이 없다는 것입니다. 이것을 근원요법이라고 하는데요. 여러분, 우리에게 만성두통이 왔다고 했을 때 머리가 아프니까 머리를 잘라 버립니까? 아니요, 머리가 아파도 그렇게 할 수는 없어요. 그러므로 두통의 원인을 알아 그것을 제거해야 합니다. 근본 원인을 치료하면 머리를 그냥 두어도 전혀 문제가 없으니까 제가 늘 말씀드립니다만 우리 신앙생활은 절대 억지로 할 수 있는 게 아닙니다. 물 흐르듯이 그냥 저절로 되게 해야 하는데요, 그러려면 재미도 있고 기쁨도 있어야 합니다. 여러분, 불교를 한번 보세요. 재미있게 생겼습니까? 아니요. 이 사람들은 머리를 잘라 버리려고 하기 때문에 되지도 않고 재미도 없습니다. 일평생 고행의 길을 가다가 마는 거예요. 그러나 이에 반해 우리 기독교는 두통의 원인을 알게 해서 그 원인을 제거해 줄 뿐만 아니라 이제는 그 머리를 사용할 수 있게까지 해 주니까 기쁨과 즐거움으로 행복하게 신앙생활 할 수 있습니다. 여러분, 한번 생각해 보세요. 세상에서 사랑하는 것만큼 행복하고 달콤한 것이 또 있습니까? 없어요. 최고의 기쁨이요, 최고의 행복입니다. 그런데 기독교는 사랑의 종교예요. 그래서 내가 그분의 뜻을 쫓아 행하기 전에 무엇부터 하라고 했습니까. 사랑부터 하라고 했습니다. 사랑하는 것 없이 내가 이것 하지 않아야 되겠다. 아무리 힘써 보세요. 힘만 들었지, 되지가 않아요. 그러나 여러분, 우리가 주님을 사랑해 보세요. 그분이 하라고 하는 것이 전혀 힘들지 않습니다. 오히려 큰 기쁨과 즐거움으로 행할 수 있어요. 왜냐, 그분을 뜨겁게 사랑하니까.

여러분, 자녀들을 위해 왜 그렇게 생명 바쳐 헌신합니까? 사랑하니까 힘들지 않게 생명 바쳐 헌신하는 것입니다. 그런데 이때 우리가 한 가지 알아야 할 것은 우리의 신앙생활이 항상 승리하는 것만은 아니라는 거예요. 우리가 알다시피 우리가 예수를 믿고 있지만, 우리 육신이 약해서 세상을 따라갈 때가 있고 죄를 지을 때가 있습니다. 그러면 이때는 어떻게 해야 합니까?

요일1:9 '만일 우리가 우리 죄를 자백하면 그는 미쁘시고 의로우사 우리 죄를 사하시며 우리를 모든 불의에서 깨끗케 하실 것이요'

죄 사함을 받을 수 있는 길이 있다는 것인데요, 이것이야말로 우리 그리스도인만이 갖고 있는 최고의 특권입니다. 예수 십자가의 보혈의 능력이 우리의 모든 죄를 처음부터 끝까지 계속 계속 사할 수 있는 능력이 있다는 것, 그래서 잘못을 했어도 죄를 자백하고 돌이키기만 하면 하나님이 용서해 주시겠다는 약속입니다. 그런데 문제는 이 회개가 내 마음대로 안 된다는 것인데요. 죄의 자백만큼 내 마음대로 안 되는 게 없습니다. 그러므로 우리는 자백하기 위해 어떻게 해야 합니까?

두 가지 하나님의 말씀과 기도를 통해서 자백할 수 있어야 합니다.

여러분, 하나님의 말씀은 우리 마음을 비추는 거울이지요. 그다음 기도는 말씀에 비추어 잘못된 것은 자백함으로 죄를 씻는 것입니다.

그러므로 우리는 교회 나와서 하나님의 말씀 듣고 하나님께 기도하는 것, 이것 아무것도 아닌 것 같지만 사실 알고 보면 이것이야말로 우리의 심령에는 최고의 양약입니다. 왜냐, 말씀을 듣고 깨닫는 그대로 자백하면 깨끗하게 씻음받으니까. 여러분이 아침마다 세수하는 것, 별것 아닙니까? 아니요, 일주일만 세수 안 해도 더러워서 볼 수가 없습니다. 꼭 마찬가지로 우리의 마음도 매일매일 세수할 필요가 있는데요. 왜냐 매일매일 더러워지고 금방 금방 더러워지니까 매일 매 순간 씻어야 합니다. 오늘 말씀을 보니까 마음이 청결한 자가 하나님을 볼 수 있다고 했는데요. 맞아요, 우리가 죄를 지으면 하나님과 우리 사이에 죄가 가로막혀 하나님을 볼 수 없습니다. 죄가 있으면 하나님과의 관계가 불편해져 하나님 앞에 나아갈 수 있는 담대함을 잃어버려요. 그러므로 여러분, 오늘 우리는 주의 긍휼하심을 받고 때를 따라 돕는 은혜를 얻기 위하여 날마다 은혜의 보좌 앞에 나아가야 한다고 했을 때 마음이 청결한 이것이 최고의 복 아닙니까?

여러분, 꼭 기억하세요. 하나님이 주시는 신령한 복은 거룩한 것이기 때문에 마음이 깨끗한 그릇에만 주실 수 있다는 사실을.

그러므로 매일매일 하나님을 뵈옵고 하나님으로부터 복을 받으려면 이편 무엇보다도 마음을 깨끗하게 해야 합니다.

또 우리가 하나님의 손에 쓰임 받기를 소원하는데 하나님은 모든 그릇을 다 쓰시지만 더러운 그릇은 쓰실 수가 없어요. 그러니까 우리가 하나님의 자녀로서 하늘과 땅의 모든 권세와 축복이 주어졌지만, 이것이 내 것 되지 못하는 단 하나의 이유는 마음이 깨끗하지 못해서 그렇습니다. 오늘 성령으로 시작했다가 육체로 마치는 사람들의 99.9%의 이유는 마음이 깨끗하지 못해서 그래요. 그러므로 우리는 어떻게 해서든 마음을 깨끗하게 지켜야 하는데 그래서 성경은 우리의 마음을 청결하게 하기 위해 금식을 해서라도 청결하게 하라고 했습니다.

마6:16~18 '무릇 지킬 만한 것보다 네 마음을 지키라 생명의 근원이 이에서 남이니라'

화평하게 하는 자의 복
(마5:9)

성경을 보면 예수님이 이 땅에 오셨을 때 천군, 천사들이 노래하기를 눅 2:14 '지극히 높은 곳에서는 하나님께 영광이요, 땅에서는 기뻐하심을 입은 사람들 중에 평화로다'라고 했는데요. 그러니까 예수님이 이 땅에 오신 목적이 평화를 주시는 평화의 왕으로 오셨다는 것입니다. 그러면 여러분, 예수님이 주시고자 한 이 샬롬은 과연 어떤 것을 말하는 것일까요? 예수님이 직접 말씀하셨지요. 눅12:49~53 '내가 불을 땅에 던지러 왔노니 이 불이 이미 붙었으면 내가 무엇을 원하리요 나는 받을 세례가 있으니 그것이 이루어지기까지 나의 답답함이 어떠하겠느냐 내가 세상에 화평을 주려고 온 줄 아느냐 내가 너희에게 이르노니 아니라 도리어 분쟁하게 하려 함이로라 이후부터 한 집에 다섯 사람이 있어 분쟁하되 셋이 둘과 둘이 셋과 하리니 아버지가 아들과 아들이 아버지와 어머니가 딸과 딸이 어머니와 시어머니가 며느리와 며느리가 시어머니와 분쟁하리라 하시니라'

예수님이 주시고자 하는 평화는 세상 사람들이 말하는 평화와는 다릅니다. 왜냐하면, 이 평화는 예수님의 십자가의 죽으심으로만 이루어질 수 있는 평화요, 또 이 평화의 복음이 주어지면 집안에 분쟁이 일어난다고 했기 때문인데요, 그러면 주님이 주시고자 하는 평화는 과연 어떤 것일까요?

하나님과 자기 백성 사이에 이루어지는 평화니까 원수 마귀에 대해서는 전쟁을 선포하는 평화입니다. 오늘 우리는 날 때부터 죄인이라 소속이 마귀 소속이에요. 그러니 마귀 소속에서 하나님 소속으로 옮겨지는 것이니까 마귀에게 속한 사람과는 부모라도 심지어 부부 사이라도 분쟁이 일어나는 평화입니다. 오늘날은 실감하기 어렵지만, 우리나라에 처음 기독교가 들어왔을 때 집안 식구 중에 제일 먼저 예수를 믿은 사람은 보통 핍박받는 게 아니었습니다. 서양 귀신이 붙었다 해 가지고는 집안에서 쫓겨나는 수모를 당했어요.

그렇기 때문에, 예수님이 이 땅에 평화의 왕으로 오셨지만 어떤 사람에게 평화의 왕으로 오셨다고 했습니까?

'땅에서는 기뻐하심을 입은 사람들 중에 평화로다' 여기서 기뻐하심을 입은 사람은 하나님의 택함 받은 자기 백성을 말합니다. 그러니까 이 세상 모든 사람을 위한 평화의 왕이 아니라 예수를 영접하지 않는 세상 사람들에게는 원수가 되는 평화의 왕입니다. 그러므로 예수님이 왜 이 땅에서 핍박받았는지 또 왜 하나님의 자녀가 되면 이 땅에서 핍박을 받는지 그 이유를 아시겠지요.

그러면 여러분, 오늘 본문의 내용이 무엇입니까?

'화평하게 하는 자는 복이 있나니 그들이 하나님의 아들이라 일컬음을 받을 것임이요' 화평하게 하는 자가 복이 있다고 했는데 여기서 화평하게 하는 자는 예수를 믿음으로 하나님과 화평을 이룬 자입니다.

엡2:14~16 '그는 우리의 화평이신지라 둘로 하나를 만드사 원수 된 것 곧 중간에 막힌 담을 자기 육체로 허시고 법조문으로 된 계명의 율법을 폐하셨으니 이는 둘로 자기 안에서 한 새사람을 지어 화평하게 하시고 또 십자가로 이 둘을 한 몸으로 하나님과 화목하게 하려 하심이라'

우리가 원래는 죄로 말미암아 하나님과 원수였는데, 예수님이 십자가에서 우리의 죄 문제를 해결하심으로 하나님과 우리가 화평할 수 있도록 만드셨다는 것입니다. 뿐만 아니라, 우리가 받은 이 하나님과의 화평을 다른 사람에게 나누어 주는 화평하게 하는 자가 되었다는 것인데요. 왜냐하면 화평의 왕이 되시는 예수님이 지금 이 땅에 계시지 않지만, 그의 영인 성령으로 오늘 우리 예수 믿는 자들을 통해서 이 일을 계속하고 계시기 때문입니다.

요14:12 '나를 믿는 자는 나의 하는 일을 저도 할 것이요 또한 이보다 큰 것도 하리니 이는 내가 아버지께로 감이라'

예수님이 가지고 계신 화평을 오늘 우리에게 그대로 위임하고 가셨어요. 그러므로 오늘 우리는 화평하게 하는 자가 되어야 합니다. 그러면 여러분, 예수님이 이 땅에 위임하신 화평은 어떤 것입니까? 또 오늘날 이 화평이 어떻게 실현되고 있습니까? 먼저 예수님이 이 땅에 위임하신 화평인데요, 3가지입니다.

첫째는 하나님과 우리 인간 사이의 화목이요, 둘째는 이웃과 이웃 사이의 화해요, 셋째는 나와 나 자신 사이의 평안입니다. 그러니까 이 땅에 평화가 없고 우리 인간에게 평화가 없는 이유는 전적으로 죄 때문이었는데 예수님이 십자가로 죄 문제를 해결함으로 모든 관계를 다 회복시켜 주셨다는 것입니다.

예수님이 분명히 말씀하셨지요. '평안을 너희에게 주노니 곧 나의 평안을 너희에게 주노라 내가 너희에게 주는 것은 세상이 주는 것과 같지 아니하니라'

죄 문제를 해결함으로 주어지는 평화니까 세상이 주는 것과 같지 않다고 했습니다. 그러니까 세상의 역사는 어떤 역사라는 말입니까? 하나님을 향해서는 반역하는 역사요, 이웃과 이웃 사이는 전쟁하고 분쟁하는 역사요, 나와 나 자신 사이는 갈등하고 투쟁하는 역사입니다.

그러니까 우리 인간이 죄로 말미암아 하나님을 떠나 마귀에게 속한 그 순간부터 지금까지 우리 인간의 역사는 싸우고 투쟁하는 전쟁의 역사로 이어져 왔습니다. 그러므로 이러한 우리 인간의 역사 속에 예수님이 왜 오셨는가? 하나님과 우리 인간 사이를 화목하게 하고 이웃과 이웃 사이를 화해하게 하고 나와 나 자신 사이에 평안을 주시기 위해 예수님이 오셨습니다.

여러분, 예수님이 오시기 전 이 땅은 어떠했습니까. 끊임없는 전쟁과 속박 가운데 살고 있었습니다. 예수님이 태어난 유대 나라조차 로마의 식민지였는데, 로마제국이 전쟁과 칼로 세계를 지배하고 있을 때였습니다.

그러니까 예수님 당시 상황은 식민지가 있었고 노예들이 있었고 특히 여자들은 형편없는 취급을 받고 있었으니까 평화가 전혀 없었어요. 억압과 굴종밖에는 없었습니다. 그런데 예수님이 오시자마자 남녀노소, 빈부귀천 유, 무식 할 것 없이 모든 사람은 하나님 앞에 평등했습니다. 예수님 앞에 나올 수 없는 사람은 아무도 없었어요. 심지어 그때 당시 죄인이라 불리던 세리와 창기뿐만 아니라 여자들까지도 평등하게 대우하셨습니다. 그렇기 때문에, 이때부터 시작해서 예수의 복음이 들어가는 곳곳마다 아무리 억압되고 불평등한 나라들이라도 참된 평화가 주어졌는데요. 대표적인 나라가 우리나라 아닙니까. 우리나라 역사책을 한번 보세요. 전부가 전쟁의 역사요, 당파 싸움의 역사입니다. 고구려, 신라, 백제 삼국이 싸웠다는 이야기, 삼국통일 이후에는 당파 싸움으로 싸웠다는 이야기, 계속 전쟁하고 싸우는 역사예요. 그런데 이러던 나라에 기독교 복음이 들어오자 전쟁이 그치고 종들이 해방되고 여성들이 해방되는 그야말로 만인이 평등하게 되는 일이 일어났습니다. 평화가 온 거예요.

여러분, 우리나라가 백 년 전만 해도 여자들의 위치가 형편없었어요. 여필종부라고 해서 남자의 부속물 정도로 취급받았습니다. 여러분, 지금도 예수가 없는 중동 나라에 한번 가 보세요. 여자들이 노예나 짐승 취급을 받고 있습니다. 우리나라도 불과 100년 전만 해도 종이 있고 양반 상놈이 있었어요. 그런데 예수가 들어오자 이것이 무너져 버렸습니다. 법 앞에서는 만인이 평등한 모든 계급과 신분의 차이가 철폐되는 진정한 평화의 나라가 된 것입니다. 우리가 알다시피 미국이 노예를 해방시키기 위해 전쟁까지 치렀는데 이것은 그 뿌리가 다 기독교 정신에서 나온 것입니다. 하나님 앞에서 만인이 다 평등하다는 거예요. 뿐만 아니라, 우리가 이웃과의 관계라고 했을 때 그 기초가 성경에서 나왔습니다. 미국법, 영국법 다 그래요. '네 이웃을 네 몸과 같이 사랑하라'는 하나님의 말씀에서 나온 정신입니다. 어쨌든 예수가 들어가는 곳곳마다 자유와 평화가 깃들게 되는 것은 예수가 바로 평강의 왕이요, 화평의 주인공이기 때문에 그렇습니다.

그다음 예수가 나와 나 자신 사이에 평강을 주러 오셨다는 말이 무엇입니까?

이것은 제가 하도 많이 반복해서 입이 아플 정도인데요. 우리 인간이 죄를 지음으로 하나님과의 화평을 잃어버렸을 때 모든 불화는 시작되었다고 했습니다. 창세기에 보면 아담이 범죄하여 하나님과 분리되자마자 부부 싸움이 시작되었고, 또 형제 간에 살인이 일어났어요. 죄로 인하여 내 마음에 평안과 만족을 잃어버렸습니다. 그러므로 내 마음에 평화를 회복하려면 가장 먼저 하나님과의 화평을 회복해야 해요. 왜냐하면, 모든 문제가 거기서부터 시작되었으니까.

그런데 사실 제가 목회하면서 가장 어려운 문제는 교회 나오시는 분들이 하나님의 손에 들린 떡과 고기에만 관심이 있지 하나님과의 화평에 우선적으로 관심을 두지 않는다는 것입니다. 참평안을 얻기를 원하는데 죄 문제부터 먼저 해결하려고 하지 않아요. 그래서 목사가 마음에 위로와 평안을 줄 생각은 안 하고 맨날 죄, 죄 해서 우리를 죄인 취급한다고 듣기 싫어하는데요. 그러나 여러분, 성경에서는 분명히 우리가 죄 문제를 먼저 해결하지 않으면 절대 마음의 평안이 없다고 했습니다. 왜냐하면, 죄 문제를 해결하지 않으면 하나님과 원수 된 자리에 있기 때문에, 하나님과 원수 된 자리에 있으면서 하나님께 무엇을 달라고 하면 어떻게 하나님이 주시겠느냐는 것입니다. 말이 안 되지요. 그렇기 때문에 사도 바울이 말했지요.

롬5:1 '우리가 믿음으로 의롭다 하심을 얻었은즉 우리 주 예수 그리스도로 말미암아 하나님과 더불어 화평을 누리자'

예수를 믿음으로 구원을 받았으면 맨 먼저 하나님과 화평을 누리자고 했는데 여러분, 왜 예수 그리스도로 말미암아 하나님과 화평을 누리는 것이 첫 번째입니까? 그 이유는 먼저 하나님과의 화평이 이루어져야 그다음 모든 좋은 것이 다 주어지기 때문입니다. '너희는 먼저 그의 나라와 그의 의를 구하라 그리하면 모든 것을 더하시리라'

그러므로 이제 마지막으로 화평하게 하는 자에게 주어지는 축복이 무엇입니까? '하나님의 아들이라 일컬음을 받을 것임이요'라고 했는데요. 우리가 세상 사람들로부터 하나님의 아들로 인정받을 수 있는 길이 무엇일까요? 우리가 철야 기도하고, 금식 기도하고, 열심히 성경 공부하고, 찬송을 부를 때 그래서 놀라운 기적이 일어날 때입니까? 아니요, 그런 것들은 사실 세상 사람들에게는 관심조차 없습니다. 귀에 들리지도 않아요. 그러면 우리가 어떻게 할 때 우리 자신이 참 하나님의 아들 됨을 세상 사람들에게 보여 줄 수 있을까요? 그 길은 오직 한 길, 나 자신이 하나님과 화목함으로 받은 마음의 화평과 기쁨을 세상에 나타내 보여 줄 때입니다. 그래서 오늘 예수님이 8복의 결론으로 뭐라고 말씀하십니까?

마5:14~16 '너희는 세상의 빛이라 산 위에 있는 동네가 숨겨지지 못할 것이요 사람이 등불을 켜서 말 아래에 두지 아니하고 등경 위에 두나니 이러므로 집안 모든 사람에게 비치느니라 이같이 너희 빛이 사람 앞에 비치게 하여 그들로 너희 착한 행실을 보고 하늘에 계신 너희 아버지께 영광을 돌리게 하라'

여기서 착한 행실이 바로 화평케 하는 일을 말합니다.

의를 위하여 박해를 받는 자의 복
(마5:10~12)

원수 마귀는 크게 두 가지 방향에서 우리를 공격합니다. 하나는 밖에서 우리를 공격하지요. 환난, 핍박 등 바깥 환경을 통해서 우리를 공격하는 것이 있고요, 그다음 또 하나는 안에서 우리를 공격하는데 이것은 우리 육신의 정욕을 꼬드겨서 하나님을 사랑하지 못하게 하고 세상을 사랑하도록 만듭니다.

그러면 이 둘 중에서 어느 공격이 더 무서운가? 물론 둘 다 무서운 공격입니다만 저는 두 번째 것이 더 무섭다고 생각합니다. 왜냐하면, 우리 기독교 2천 년 역사를 살펴보면 마귀가 바깥의 핍박을 가지고는 승리한 적이 단 한 번도 없었어요. 오히려 부흥의 불길이 더 뜨겁게 타올랐습니다. 그러나 반대로 바깥 환경이 평안하고 아무 문제가 없을 때 이때는 언제나 망했습니다. 우리 신자가 한 번도 승리한 적이 없어요. 그러면 오늘 우리는 지금 어떤 때를 살아가고 있는가? 마귀가 안에서 우리를 공격하고 있는 시대니까 반드시 망하는 때를 우리가 살아가고 있습니다. 그러니 정신 바짝 차리고 깨어 있어야 해요.

오늘 본문의 내용이 무엇입니까?

'의를 위하여 박해를 받는 자는 복이 있나니 천국이 그들의 것임이라'

저는 사실 오늘 본문을 준비하면서 굉장한 어려움을 느꼈습니다. 왜냐하면, 예수님 당시의 상황하고 오늘 우리의 상황하고는 너무나 큰 차이가 있기 때문인데요. 물론 불신자 집안에 결혼했거나 아니면 남편이 신앙생활을 하지 않을 때 받는 핍박이 있지요. 그러나 오늘 성경에서 말하는 핍박은 그런 정도가 아닙니다. '어떤 이들은 희롱과 채찍질뿐만 아니라 결박과 옥에 갇히는 시험도 받았으며 돌로 치는 것과 톱으로 켜는 것과 시험과 칼에 죽는 것을 당하고 양과 염소의 가죽을 입고 유리하여 궁핍과 환난과 학대를 받았으니 이런 사람은 세상이 감당치 못하도다'

오늘날 우리가 당하는 것과는 비교가 안 되지요. 사실 초대교회 당시는 잡히면 감옥에 갇히거나 죽임을 당하는 상황에서 생명을 걸고 신앙생활 했으니까 이것은 보통 핍박받은 것이 아닙니다. 그러니 이런 사람들이 받은 핍박하고 오늘 우리가 받는 핍박하고를 비교한다고 했을 때 실감이 안 나지요. 저는 목사라도 실감이 안 나요. 그러면 '오늘날 우리 같은 상황에서의 핍박은 어떤 것인가?' 했을 때 초대교회 때의 상황과는 그 방향이 다를 수밖에 없습니다.

밖에서 당하는 핍박이 아니라 내 안에서 공격하는 마귀의 핍박이에요. 그러면 오늘 우리가 당하는 핍박이라는 것은 어떤 것일까요?

이것을 알기 위해서는 먼저 핍박이 아닌 것이 무엇인가부터 살펴봐야 하는데요, 우리가 신앙생활 하는 데 있어서 핍박이 아닌 것도 있습니까?

10절 '의를 위하여' 핍박받는 것만 참된 핍박입니다. 그러니까 의를 위해서 핍박받는 것이 아니라 자신의 실수나 잘못된 생각으로 받게 되는 핍박은 참된 핍박이 아니라는 것인데요. 만약 입시를 치러야 할 학생이 교회일 한답시고 매일 교회에서 시간을 보내기 때문에 집에 와서 부모님께 꾸중을 들었을 때 핍박받은 것입니까? 또 한창 가정을 돌보고 자식을 보살펴야 할 가정주부가 교회일 한답시고 집안일을 제대로 돌보지 않고 자식들 밥도 제대로 차려 주지 않으면서 가방 들고 심방이나 전도를 한다고 했을 때, 심지어 금식기도 한다고 하면서 3일씩, 일주일씩 산에 가서 내려오지 않는다면 그래서 남편에게 얻어 터졌을 때 핍박받은 것입니까? 아니요, 그것은 터지는 게 당연한 것입니다.

또 여러분이 가끔 한 번씩 보셨을 것입니다만, 만원 전철 속에서 전도하다가 욕먹는 것, 지금 콩나물시루처럼 실려서 가는 것만 해도 힘겨운데 그 속에서 전도를 한답시고 예수 믿으라고 고함을 치면 어떨까요?

전도는 고사하고 욕이 바가지째로 날아오지요. 뭐라고 욕합니까? 너 같이 미친놈 될까 봐 예수 못 믿겠다고 합니다. 다시 말해서 이것은 전도가 아니라 오히려 전도의 길을 막아 버리는 것이지요. 제가 언젠가 명동 앞을 지나다가 깜짝 놀란 일이 있는데요, 한 젊은 청년인데 옷을 해괴망측하게 입었어요. 옛날 약장수 선전하는 것처럼 등하고 가슴에다가 '예수천당, 불신지옥'이라고 새겨 가지고는 미친 듯이 춤을 추며 가는 것을 보았는데요. 제가 하도 어이가 없어서 한참 동안 쳐다본 적이 있습니다. 잘못되어도 보통 잘못된 게 아니에요. 여러분, 꼭 기억하세요. 예수 잘못 믿으면 완전히 패가망신한다는 것. 오늘날 신천지나 하나님의교회, 여호와의증인 같은 각종 이단들, 자기들은 하나님의 일을 하느라 즐겁게 핍박받는다고 하지만 사실은 마귀의 꼬임에 빠져 미친 짓 하고 있는 것입니다. 가정이 완전히 파괴되어 버려요. JMS 보세요.

그러므로 성경에서는 우리보고 뭐라고 합니까?

경주하는 자가 법대로 경주해야 한다고 했고 잘못된 열심으로 당하는 수고와 어려움은 아무 소용이 없다고 했습니다. 반드시 성경이 말하는 의를 위하여 핍박받는 것, 이것만이 참된 핍박이라는 것입니다.

그러면 이제 오늘 본문에서 말하는 진정한 핍박이란 과연 어떤 것일까요?

한마디로 말해서 이것은 오직 내가 예수에게 속했다는 것 때문에 받게 되는 핍박을 말합니다. 예수 편을 택하지 않으면 전혀 문제가 없어요. 예수를 택했기 때문에 당하는 어려움입니다. 예수님이 직접 말씀하셨지요.

요15:18~19 '세상이 너희를 미워하면 너희보다 먼저 나를 미워한 줄 알라 너희가 세상에 속하였으면 세상이 자기의 것을 사랑할 터이나 너희는 세상에 속한 자가 아니요 도리어 세상에서 나의 택함을 입은 자인 고로 세상이 너희를 미워하느니라'

그러니까 우리가 예수 편에 서지 않으면 전혀 어려움이 없는데 우리가 예수 편에 서서 예수를 택했기 때문에 받는 어려움입니다. 그래서 우리 예수 믿는 사람들을 가리켜 성도라고 했는데 그 뜻은 세상을 살고 있지만, 세상에서 거룩하게 구별되었다는 뜻입니다.

그러니까 세상과 구별되게 사는 것, 이것이 그렇게 힘들고 어렵다는 것인데요. 예를 들어 봅시다. 요즈음 세상에서 거짓말하지 않고 정직하게 사는 것. 참 어려운데요. 당장 한소리 듣지요. 다른 사람들 다 적당하게 타협하며 살아가는데 혼자만 유별나게 그런다고 하면서 욕을 바가지로 얻어먹습니다. 알아주기는커녕 오히려 멍청하다고 그리고 바보스럽다고 합니다. 그다음, 악하고 음란한 것들이 쫙 깔려 있는 시대를 지금 살아가고 있는데 이런 세태에서 정결하게 깨끗하게 살아간다는 것 결코 쉽지 않습니다. 또 여러분, 남자들이 사회생활 하면서 가장 중요시 여기는 것이 인간관계인데 만약 예수 믿는 것 때문에 술자리라든지 여러 가지 세상 쾌락을 쫓는 자리에 함께 동참하지 않으면 친구들이 다 떨어질 수밖에 없지요. 여러분, 예수 제대로 믿으면 세상 친구들 다 떨어집니다. 그러니 보통 어려운 일이 아니잖아요. 뿐만 아니라, 우리가 하나님을 알지 못하는 영혼들에게 전도를 한다고 했을 때 거의 대부분 돌아오는 것이 멸시와 천대와 욕과 업신여김을 받는 것입니다. 우리 인간이 제일 자존심 상하는 게 업신여김 받는

138

것인데, 믿지 않는 사람들이 우리 믿는 사람들이 갖고 있는 엄청난 하늘의 비밀을 알 턱이 없지요. 그러니 분명히 멸시하게 되어 있습니다. 그러므로 오늘 우리가 세상과 구별되어 예수님의 뒤를 쫓는 이 일이 보통 일이 아니지요. 그래서 딤후 3:12을 보면 사도 바울이 '무릇 그리스도 예수 안에서 경건하게 살고자 하는 자는 핍박을 받으리라'고 했는데 내가 세상과 구별되어 거룩하고 깨끗하게 사는 것, 이것 자체가 핍박을 각오한 삶이라는 것입니다. 경건하게 살고자 하면 핍박을 각오하지 않으면 안 돼요.

그런데 문제는 이러한 우리 예수 믿는 사람들을 향하여 핍박을 받을 때 어떻게 하라고요. '기뻐하고 즐거워하라 하늘에서 너희의 상이 큼이라'

'하늘에서 받을 상을 생각하면서 기뻐하고 즐거워하라'고 했는데요. 말을 바꾸면 하늘의 상을 기대하지 않는 사람은 기뻐하고 즐거워할 수 없다는 말입니다. 그러면 여러분, 과연 예수 믿는 것 때문에 핍박이 왔을 때 기뻐하고 즐거워하고 있습니까?

'너희 전에 있던 선지자들도 이같이 박해하였느니라'

우리보다 앞선 선지자들과 하나님의 택한 백성들 전부가 박해를 받았다고 하는데 오늘 우리만 예외가 될 수 있을까요? 아니요, 우리 믿음의 선진들이 이 땅에 사는 동안 핍박받는 대가를 지불하고 하늘의 영원한 상급을 기대했듯이 오늘 우리도 똑같이 핍박의 터널을 통과하는 값을 지불해야 해요.

여러분, 오늘날 세상 사람들 한번 보세요. 이 땅에서의 영광을 얻기 위해서도 얼마나 값비싼 대가를 치르고 있습니까? 올림픽에서 금메달 하나만 따려고 해도 해산의 수고와 고통을 열 번은 거쳐야 합니다. 그런데도 그들은 그 일을 해내고 있어요. 그러면 오늘 예수 믿는 우리는 어떻습니까?

주기철 목사님, 손양원 목사님 다 순교하셨는데 천국의 소망이 없다면 순교할 수 없지요. 오늘날도 선교사님들의 삶을 보면 선교하는 나라들에서 엄청난 핍박을 받고 있는데, 내일을 생각하면 선교할 수 없다고 했습니다.

경제적으로, 환경적으로 엄청난 어려움을 당하고 있는데요. 이들에게 만약 하늘의 상에 대한 기대가 없다면 그 어려움을 감당할 수 있겠습니까?

절대 없지요. 천국의 소망과 상이 있기 때문에, 그 모든 어려움들을 기쁨으로 감당하는 것입니다. 그래서 이들의 구호는 항상 '마라나타 주 예수여 오시옵소서'인데요. 주님이 다시 오실 때 주어질 하늘의 상과 면류관 외에는 소망이 없으니까 그런 것입니다. 그래서 요한계시록 21장을 보니까 우리가 장차 가게 될 천국은 12문으로 되어 있는데 그 문이 큰 진주 하나씩으로 되어 있다고 했습니다. 그러면 여러분, 이 진주가 어떻게 만들어집니까? 조개의 몸 안에 불순물이 들어왔을 때 그 통증을 없애기 위해 계속 몸 안에서 진액을 짜내어 감싸게 되는데 그 진액이 뭉쳐지고 뭉쳐져서 진주가 만들어진다고 했습니다. 그러니 그 진주는 고통을 극복한 증거물이에요. 그야말로 조개의 입장에서는 죽음을 건 사투에서 얻어진 결산물입니다. 그래서 예수님이 천국에 대해서 천국은 침노하는 자가 빼앗는 곳이라고 했고, 천국에 들어가려면 많은 환난을 겪어야 할 것이라고 했습니다.

그러므로 여러분, 정말 천국을 소유하고 있고 장차 하나님이 우리에게 주실 상을 기대하고 있습니까. 그렇다면 마귀가 권세 잡고 있는 이 세상과 끝까지 싸우십시오. 결코, 세상과 타협하지 않고 핍박을 각오하고 끝까지 싸우는 자만이 얻을 수 있는 면류관입니다.

롬8:17~18 '우리가 그와 함께 영광을 받기 위하여 고난도 함께 받아야 될 것이니라 생각건대 현재의 고난은 장차 받을 영광과 족히 비교할 수 없도다'

어때요, 값 지불할 각오가 되셨습니까? 그렇다면 의를 위하여 박해를 받는 삶을 살아야 합니다.

너희는 세상의 소금이라
(마5:13)

　오늘 교회는 사명이 있습니다. 세상을 구원하고 살리는 사명인데요. 마귀가 왕 노릇하는 이 세상은 장차 하나님의 심판으로 망할 도성입니다.

　만약 교회가 세상을 살리지 못하면 이 세상과 세상에 속한 모든 자들은 다 심판받고 멸망할 수밖에 없어요. 그러므로 이런 의미에서 이 세상 모든 역사는 하나님의 선교 역사입니다. 각 시대마다 하나님이 하나님의 사람들을 세워 이 세상을 구원하는 일을 하셨는데요. 오늘 우리나라가 대표적이지요. 5천 년 동안 하나님을 모르고 우상을 섬김으로 너무 가난하고 저주받은 세월을 살아왔는데 하나님이 선교사들을 이 땅에 보내 주셔서 이 땅을 구원함으로 오늘날 이렇게 밝아지고 부요하게 잘사는 좋은 나라가 되었습니다.

　그래서 오늘 기독교가 우리나라에 들어와서 5천 년 동안 우상을 섬겼던 피폐한 이 나라를 살려 내었는데요, 그러나 오늘 이 시대는 어떻습니까?

　교회가 세상에 영향을 주어 세상을 살려 내는 것이 아니라 오히려 세상의 영향을 받아 세상과 섞임으로 칭송을 받기보다는 욕을 먹고 손가락질을 당하고 있는 현실입니다.

　그러므로 우리가 어떻게 할 때 이 세상을 살려 낼 수 있을까요?

　오늘 본문 말씀을 보니까 예수님이 그의 제자들을 향하여 '너희는 세상의 소금이라'고 하셨는데 이게 무슨 뜻입니까?

그 뜻은 오늘 우리가 세상의 소금 역할을 잘 감당해서 이 세상을 살려 내라는 말씀입니다. 그러면 소금의 역할이 무엇인가 했을 때 여러 가지 역할이 있겠습니다만, 그 첫 번째는 맛을 내는 것이지요. 만약 소금이 제맛을 내지 못 한다면 그 소금은 더 이상 소금이 아닙니다. 오늘 본문 보니까 밖에 버려져 사람들의 발에 밟힐 뿐이라고 했는데요. 실제로 이스라엘 나라에 가면 소금을 길바닥에 버려요. 왜냐하면, 이스라엘 나라는 천연소금이 아니고 돌소금이기 때문인데요. 소금산이 있어서 광석처럼 파내는데 너무 불순물이 많이 들어 있어서 소금 맛을 내지 못하는 것들은 골라내어서 길에 버려 버리는데 이것을 두고 하신 말씀입니다. 우리나라도 겨울에 눈이 많이 오면 길에 염화칼슘을 뿌리는데 그것 소금입니다. 소금이 빙점이 낮으니까 땅이 얼지 않도록 뿌리는데요. 어쨌든 소금은 제맛을 내야 귀한 것이지 제맛을 내지 못하면 길바닥에 버려질 만큼 가치가 없습니다. 그런데 이것은 영적으로도 마찬가지 우리 그리스도인들이 그리스도인으로서 맛을 낼 수 있어야 사람들로부터 칭송을 받고 가치가 있는 것이지, 제맛을 내지 못하면 칭찬은 고사하고 손가락질 당하고 욕먹고 멸시를 받을 뿐입니다.

그러면 오늘 우리가 예수 믿는 사람으로서 어떻게 하면 제맛을 낼 수 있을까요? 우리가 오늘 본문 말씀을 이해하려면 이 말씀의 배경을 알아야 하는데요. 오늘 말씀은 산상수훈으로 일반 군중들을 대상으로 주신 말씀이 아니라 제자들을 따로 분리해서 제자들에게 주신 말씀이라는 것입니다.

그러니까 너희는 세상의 빛과 소금이라고 했을 때 아무나 빛과 소금이 될 수 있는 것이 아니라 제자로 특별히 훈련된 자만이 이렇게 살 수 있다는 거예요.

마5:38 이하에서 나옵니다만, 원수를 사랑하고 너를 괴롭히는 자를 저주하지 말고 축복하고 오른뺨을 치면 왼편 뺨을 돌려대고 속옷을 가지고자 하면 겉옷까지 주고 억지로 5리를 같이 가자 하면 10리를 가 주고. 어때요, 이것 보통 일반 군중들이 할 수 있습니까?

아니요, 군중에게서 분리되어 특별히 제자로 훈련된 자만이 할 수 있습니다. 그러므로 오늘 우리보고 너희는 세상의 소금이라고 했을 때 이것은 그냥 적당히 때우는 신앙생활로는 안 되고 예수의 제자로 특별히 세상과 구별된 삶을 살 때만이 세상의 소금이 될 수 있다는 거예요.

그래서 여러분, 오늘 우리 신자를 가리켜 성도라 그리스도인이라 하는데 무슨 뜻입니까? 세상에서 그리스도의 것으로 거룩하게 구별된 자라는 뜻입니다.

그러니까 오늘 우리가 세상과 구별된 삶을 살아야 성도가 되는 것이지 세상과 섞여서 세상 사람과 똑같이 살고 있다면 이 사람은 성도가 아니에요.

그러면 왜 거룩하게 구별된 삶을 살아야 하는가? 그 이유는 썩고, 부패해서 점점 맛을 잃어 가고 있는 이 세상에 맛을 내기 위함입니다. 우리가 소금 역할을 해야 이 세상을 살릴 수 있어요. 그러므로 오늘 우리는 세상이 썩고 부패했다고 한탄하기 전에 내가 과연 제대로 소금 맛을 내고 있는지 살펴야 합니다. 왜냐하면, 세상은 원래부터 썩고 부패한 곳이니까 한 번도 거룩해 본 적이 없으니까. 여러분, 오늘 우리 주위에 이단들이 많이 생겨났는데요. 왜 이렇게 이단들이 많이 생겨나고 있습니까? 마땅히 맛을 내야 할 교회가 제맛을 내지 못하니까 이단들이 횡행하는 것입니다. 그러므로 오늘 우리는 그 어떤 무엇보다도 세상과 거룩하게 구별됨으로 소금의 역할을 제대로 감당해야 되겠는데요. 그러면 오늘 우리 신자가 어떻게 살 때 세상의 소금 역할을 제대로 감당하는 맛 나는 삶을 살 수 있습니까? 성경은 말씀합니다.

살전5:16~18 '항상 기뻐하라 쉬지 말고 기도하라 범사에 감사하라 이는 그리스도 예수 안에서 너희를 향하신 하나님의 뜻이니라'

여기서 하나님의 뜻이라는 말은 하나님의 소원이라는 것입니다. 그러니까 우리가 항상 기뻐하고 쉬지 않고 기도하고 범사에 감사할 때 이 세상의 소금으로 살 수 있다는 것인데요. 여러분, 지금 이 세상에 기쁨이 있습니까? 없어요.

겉으로 웃는 것 같지만 속으로는 울고 있습니다. 그런데 기쁨이 없는 이 세상에서 항상 기쁜 얼굴을 하고 기쁘게 산다, 엄청나게 맛이 나지요.

제가 신학교 다닐 때 교수님인데, 처음 미국 유학을 가서 크게 실수할 뻔했다고 했습니다. 왜냐하면, 미국 여자 교수분인데 자기를 보고 항상 웃고 반갑게 인사를 하고 해서, 혹시 저 여교수가 나를 좋아하는 것 아닌가, 이렇게 오해했기 때문인데요. 나중에 알고 보니까 그분이 자기를 좋아해서 그런 것이 아니라 그 나라 문화가 그렇더라는 것입니다.

처음 보는 사람이라도 먼저 '하이' 하고 웃으면서 인사하는 것. 우리나라는 같은 아파트에 살아도 인사 잘 안 하지요. 엘리베이터 안에서 그냥 무뚝뚝하게 있는데 미국은 안 그래요. 생전 처음 보는 사람이라도 웃고 인사하고 친절하고, 왜냐 그 바탕이 기독교 문화라서 그래요. 기독교 문화는 그 바탕이 기쁨입니다. 항상 기뻐하고 즐거워하는 거예요.

그러나 기독교 문화가 아닌 공산권이나 타 종교권에 한번 가 보세요. 완전히 분위기가 다릅니다. 제가 여러 해 전에 공산국가인 러시아에 선교여행을 갔는데요. 얼마나 얼굴이 사납고 불친절한지 웃는 것은 아예 없고, 인상 팍 쓰고 있는데 골난 사람같이 보였어요. 특히 상트페테르부르크에 있는 여름궁전에 가서 혼났는데요. 화장실이 간이 화장실인데 1달러에 두 사람이에요. 그래서 두 사람이 1달러를 내고 볼일을 보고 나왔는데 나보고 돈을 내라는 거예요. 분명히 돈을 냈다고 하는데도 못 봤다고 하면서 막 우기는데 할 수 없이 돈을 더 주고 나왔습니다.

여러분, 우리가 예수 믿으면 인상이 밝아야 합니다. 우리 얼굴이 전도지예요.

교회 안에 보면 밝은 사람이 있는데 얼마나 보기 좋고 아름다운지 몰라요. 그래서 항상 밝은 인상을 가질 때 세상에 믿지 않는 사람들에게 좋은 영향을 주고 그들을 교회로 인도할 수 있습니다.

은혜라는 말이 원어로 카리스인데 기쁨이라는 뜻입니다. 그래서 우리가 예수를 내 안에 모시고 은혜를 받으면 기쁨이 충만해지는 거예요. 왜냐, 예수가 기쁨이니까. 우리 예수 믿는 사람은 어디를 가도 분위기를 밝게 할 수 있어야 합니다. 여러분, 우리가 어떤 모임에 가면 분위기 메이커가 있잖아요. 그 사람만 오면 분위기가 밝아지고 좋아지고 기쁘고 즐겁고 한데 여러분이 그렇게 되셔야 합니다.

그다음 범사에 감사하는 생활인데요. 세상 사람들은 감사하기보다는 원망, 불평이 전공이지요. 그래서 10가지 좋다가도 1가지가 나쁘면 원망하고 불평하는데요. 지금 우리나라가 과거에 비해서 감사할 것이 얼마나 많습니까?

100배나 많은데도 원망과 불평이 과거 어려울 때보다 10배나 더 많은데요. 참 안타깝습니다. 그런데 이에 반해서 우리 예수 믿는 사람들은 그렇지 않아요. 사고를 당하고 몸을 다치고 해도 감사하다고 합니다. 다리 부러졌는데 머리 안 다친 것 감사하다 하고, 차 사고가 나 차가 다 부서졌는데도 차만 부서지고 몸 안 다친 것 감사하고. 어떻게 해서든 감사거리를 찾아내어서 감사하는데요. 그래서 세상에 믿지 않는 사람들이 이상하다고 하는데, 아니요, 세상의 소금이라서 그렇습니다. 여러분, 이 세상이 천국

되고 지옥 되는 것 간단합니다.

전부가 원망, 불평하면 지옥 되고요, 전부가 감사하면 천국 돼요. 오늘 감사가 없는 이 세상에서 감사함으로 소금의 역할을 감당해야 할 줄 믿습니다.

뿐만 아니라, 우리가 세상의 소금이 되려면 사랑으로 세상을 품어야 합니다.

'새 계명을 너희에게 주노니 내가 너희를 사랑한 것 같이 너희도 서로 사랑하라' 우리가 세상의 소금이 되려면 다른 사람을 용납하고 품어 주고 그래야 합니다. 공의, 정의를 부르짖으면서 다른 사람을 율법의 잣대로 정죄하고 그러지 마세요. 사람은 다 약점이 있고 부족한 부분이 있는데 그 약하고 아픈 부위를 콕콕 찌르고 그러면 안 됩니다. 다른 사람이 나의 약한 부분을 콕콕 찌르면 그런 분 좋습니까? 아니요, 피하고 싶어요. 사람들이 자꾸 나를 피한다, 다른 사람 탓하지 마세요. 내 탓입니다.

참 이상한 것은 교회는 분명히 사랑의 공동체요, 용서의 공동체임에도 불구하고 교인들만큼 용서하지 않는 사람이 없다는 거예요. 한번 맺었다 하면 죽을 때까지 안 풀고 가져가는데 참 불행한 일입니다.

저도 사실 목사 체질이 잘 안 맞아요. 나도 잘못하면서 다른 사람보고 이래라저래라 하는 것 제 적성에 안 맞습니다. 그러나, 그럼에도 불구하고 '제가 설교하고 가르치는 것은 내가 다른 사람을 가르치기 전에 제 자신을 보고 설교하고 가르친다' 이렇게 생각하니까 할 수 있는 거예요. 여러분, 오늘 우리는 다른 사람 눈에 있는 티만 보고 자신의 들보를 보지 못하고 그러면 안 돼요. 남을 나보다 낮게 여기고 사랑으로 섬겨야 소금이 될 수 있습니다.

그러므로 셀모임으로 모이면 서로 위로하고 사랑으로 격려하고 힘이 되고 그러세요. 꼭 보면, 부정적인 말하고 은혜스러운 분위기에 초를 쳐서 분위기를 엉망으로 만드는 사람이 있는데요, 그러지 마세요. 셀리더 골병 듭니다. 항상 입장을 바꿔 놓고 생각할 수 있어야 해요. 셀리더들이 그래요. 셀리더를 해 보니까 목사님 심정이 이해가 간다고, 그만큼 힘들다는 것인데요. 셀리더가 기쁨으로 할 수 있게 하세요. 그리고 셀리더도 가르치려고 하고 분위기를 무겁게 이끌지 말고 서로 마음을 터놓고 내려놓음으로 치유받고 회복되고, 신앙생활을 기쁘고 즐겁게 할 수 있도록 이끌어 가야 합니다.

뿐만 아니라, 우리가 예수를 믿음으로 가장 멋쟁이가 되어야 하는데요. 오늘 예수 믿고 멋있게 된 사람들이 우리 주위에 얼마나 많이 있습니까? 세계적인 사람 다 예수 믿는 사람이지요. 록펠러, 카네기, 바하, 헨델, 베토벤, 미켈란젤로, 에디슨, 뉴턴, 워싱턴, 에이브러햄 링컨.

우리나라에도 장기려, 유일환, 최대섭 같은 분들이 계신데 예수 믿음으로 기쁘고 즐겁고 멋있고 맛있는 사람이 되시기 바랍니다.

그러면 이제 마지막으로 제일 중요한 것, 과연 오늘 우리가 어떻게 세상의 소금이 될 수 있는가 했을 때, 그것은 자기희생을 통해서 될 수 있습니다.

여러분, 오늘 우리가 왜 욕먹고 사람들로부터 싫어 버린 바 되고 왕따가 되고 그렇습니까? 자기밖에 몰라서 그래요. 자기희생을 해야 좋아하는데 자기희생을 안 하니까 다 싫어하는 것입니다.

여러분, 소금을 쳤는데 소금이 안 녹아, 그래서 맛이 안 나, 그러면 되겠습니까? 안 돼요. 안 녹는 소금, 그런 것은 김장하는 데나 쓰지 식탁용으로는 안 씁니다. 마찬가지, 우리 그리스도인도 맛을 내려면 자기희생을 할 줄 알아야 합니다. 요즈음 정말 세대 차이가 많이 나는데요. 제가 어릴 때는 아버지의 권위가 대단했습니다. 아버지 말이 곧 법이요, 무조건 순종했어야 했어요. 그런데 요즈음은 이게 안 통하지요. 아버지 노릇도 그렇고, 남편 노릇도 그렇고 자기희생 없이는 권위가 없습니다. 내가 희생해야 아버지로서의 권위도, 남편으로서의 권위도 세워져요. 그런데 이게 나쁜 것이 아니고 좋은 것입니다.

여러분, 예수님의 위대하심이 무엇입니까? 자기희생이지요. 우리를 구원하기 위해 죽기까지 낮추시고 희생하셨는데요. 그러므로 여러분, 사랑이 무엇입니까? 자기희생입니다. 우리 집사람이 그래요, 절대 말로만 사랑하지 말라고. 자기희생 없이 말로만 하는 것 다 거짓말이라고, 정말 사랑하면 희생의 본을 보이라는 것인데요. 맞아요. 소금은 나를 희생해야 맛이 나는 것입니다. 예수님이 직접 말씀하셨지요.

'한 알의 밀이 땅에 떨어져 죽지 아니하면 한 알 그대로 있고 죽으면 많은 열매를 맺느니라'

자기희생이 있어야 많은 열매를 맺는다고 했을 때 사실 저는 많은 부족함을 느낍니다. 내가 과연 교인들을 충분한 사랑으로 희생하며 돌보고 있는가? 마음이 아파요. 그러나 이 각오는 있습니다.

'정말 어렵고 힘들지만 우리 성도들에게 좋은 영의 꼴을 먹이기 위해 기도하는 일과 말씀 보는 일만큼은 최선을 다한다.'

이것만은 우리 집사람이나 우리 아이들이 다 인정할 만큼 힘쓰고 있습니다.

제가 기도하고 말씀 연구하는 것을 보고 '와! 어떻게 그렇게까지 할 수 있나!' 그래요. 다른 것 잘 못 하는데 이거라도 열심히 잘 해야지요.

여러분, 우리 교회가 세상의 소금이 되어야 합니다. 이웃을 사랑으로 돌봄으로 선한 영향을 미쳐야 해요. 가난한 자들, 불우한 자들을 도와야 합니다.

희생 없이 소금이 될 수 있는 비결은 없어요. 여러분, 교회 안에서 성도들을 섬길 때 희생 좀 하세요. 성도들에게는 베풀고 하나님으로부터는 축복받고 그래서 축복을 흘려보내는 축복의 통로가 되세요. 여러분, 나를 희생하면 손해 보는 게 아니에요. 예수님이 직접 말씀하셨지요.

막10:30 '주를 위해서 희생하면 이 땅에서 100배를 받고 내세에 영생을 얻는다'고, 저희 집 이야기를 자꾸 해서 죄송합니다. 이옥희 권사님, 저의 장모님이신데요. 참 복을 많이 받았어요. 어떻게 복을 받았나, 그 비결은 딱 하나, 다른 사람 대접을 잘합니다. 그렇게 베풀어요. 하여튼 집사 때부터 유명했습니다. 계속 베푸니까 하나님이 계속 채워 주시는 거예요. 저희 집 사람이 이것을 물려받았는데요. 없는데도 계속 베푸는데 우리 집 아이들도 이것 좀 물려받았으면 좋겠어요. 교회 안에도 보면 계속 베푸는 사람이 있는데 제일 보기 좋고 제일 부럽습니다. 정말 마음에 감동이 오고요, '하나님 축복해 주세요' 기도가 저절로 나옵니다. 바라기는 오늘 우리 모두가 소금의 역할을 잘 감당함으로 하나님께 영광 돌리는 가운데 최고의 축복을 받게 되시기 바랍니다.

너희는 세상의 빛이라
(마5:14~16)

오늘 세상이 너무 어둡지요. 정치, 사회, 경제 할 것 없이 앞이 잘 안 보일 정도로 깜깜합니다. 그러나, 우리가 기억해야 할 것은 세상이 어둡고 깜깜하면 할수록 빛은 더 빛날 수 있다는 거예요. 여러분, 빛이 언제 빛납니까? 깜깜한 밤에 빛납니다. 그래서 별이 '빛나는 밤에'라는 노래가 있잖아요. 어쨌든 세상이 어두우면 어두울수록 우리 예수 믿는 사람들은 더더욱 어둠을 밝히는 빛을 발해야 합니다.

우리가 알다시피 그냥 빛을 비출 수는 없어요. 다니엘처럼 뭔가 세상과 구별되게 빛 된 삶을 살므로 빛을 비출 수 있습니다.

오늘 본문에서도 '너희 착한 행실을 보고'라고 했는데요, 여기서 착한 행실은 하나님의 자녀로서의 구별된 삶, 빛 된 삶을 말합니다. 그러니까 하나님의 자녀로서 빛 된 삶을 살므로 어둠의 세상을 밝히라는 것인데요. 그런데 오늘 본문 말씀을 통해서 우리가 충격을 받는 것은 예수님께서 그의 제자인 우리를 보고 '너희는 세상의 빛이라'고 했다는 것입니다. 여러분, 우리가 알다시피 우리 그리스도인은 발광체가 아니고 반사체예요. 나에게 빛이 있는 것이 아니라 주님께 빛이 있으니까 우리가 주님과 온전히 하나 될 때 주님의 빛으로 빛을 비출 수 있습니다. 그럼에도 오늘 예수님은 이러한 우리를 놓고 '너희는 세상의 빛이라'고 했으니 참 이해하기 어려운데요. 우리의 실력을 모르면 모를까, 다 알고 있으면서 어떻게 이렇게 말씀하실 수 있는가?

주님이 빛이라고 하면 얼마든지 인정하고 받을 수 있지만, 우리 보고 빛이라고 하면 받아들이기가 참 어렵습니다. 그러나 여러분, 우리가 여기에서 한 가지 기억해야 할 것은 지금 예수님이 우리 보고 '너희는 세상의 빛'이라고 하는 것은 우리의 행위에 근거한 것이 아니라 우리의 신분에 근거한 것이라는 것입니다. 우리가 원래는 마귀 자식으로 어둠에 속해 있었지만, 예수 믿고 구원받아 하나님의 자녀가 되면 이제는 빛에 속한 자가 된다는 거예요. 어둠의 자식이 아니라 빛의 자녀입니다. 예수님이 직접 말씀하셨지요.

요8:12 '나는 세상의 빛이니 나를 따르는 자는 어둠에 다니지 아니하고 생명의 빛을 얻으리라'

예수를 믿고 따라가면 이제 더 이상 어둠에 속하지 않고 빛 가운데 거하게 된다는 것입니다. 소속이 어둠의 자식이 아니라 빛의 자녀예요. 그러면 우리의 신분이 마귀 자식일 때하고 하나님의 자녀일 때하고가 같겠습니까? 더 쉽게 말해서 내 안에 주인이 마귀일 때하고 내 안에 주인이 주님일 때하고 같겠느냐고요. 절대 같을 수가 없습니다. 주인이 바뀌었는데 어떻게 같을 수 있습니까? 저의 경우를 보면 하늘만큼 땅만큼 차이가 나는데요.

먼저 생각하는 게 달라요. 과거에 예수를 영접하기 전에는 세상 것을 좋아하고 세상 가치관을 쫓아서 살았는데 예수를 내 안에 주인으로 영접한 다음부터는 세상 것보다는 하늘의 것을 더 좋아하게 되고 세상 가치가 아닌 하늘나라 가치관으로 사는 자로 바뀌었습니다. 그래서 저는 예수 믿기 전에 좋아했던 것 지금도 좋아서 하고 있는 것이 하나가 없어요. 아니, 취미만 바뀐 것이 아니라 친구나 사귀는 사람까지도 다 바뀌었습니다. 안 바뀐 것이 하나가 없어요. 참 이것은 신비한데요. 과거에 저는 세상과 세상 것을 너무 좋아해서 세상에 미쳤다 할 정도로 세상을 좋아했는데요, 그런데 지금은 하나도 좋은 게 없으니까 얼마나 많이 바뀐 것입니까. 내가 알고 나를 아는 모든 사람들이 다 알 정도로 바뀌었습니다. 그러면 내가 예수와 똑같이 되었나? 아니요, 그것은 아니에요.

예수하고 비교하면 너무너무 부족하지만 그러나, 그럼에도 불구하고 중요한 사실은 내가 마귀를 따라가지 않고 예수를 따라가고 있고 그 결과 마귀를 닮지 않고 예수를 닮아 가고 있다는 사실입니다. 과거에는 상상도 못한 일인데 예수 믿고 신분이 바뀌니까 이게 돼요.

여러분, 우리가 생전 처음 보는 사람이라도 예수 믿는 사람은 표가 나요? 안 나요? 표가 납니다. 얼굴 인상에서부터 나타나 있고 말하는 것 들어 보면 금방 알 수 있습니다. 왜냐, 정도의 차이는 있지만, 예수 따라가고 있고 예수 닮아 가고 있기 때문에. 그러므로 여러분, 지금 예수님이 '너희는 세상의 빛'이라고 하면서 뭐라고 하십니까?

'산 위에 있는 동네가 숨겨지지 못할 것이요'라고 했는데요, 산 위에 있는 동네 감출 수 있습니까? 못 감추지요. 골짜기나 동굴 속에 있으면 모를까, 산 위에 있는 동네는 절대 감출 수가 없습니다.

마찬가지 오늘 우리 예수 믿는 사람도 빛에 속해 있기 때문에 절대 감출 수가 없어요. 아무리 감추려고 해도 빛이기 때문에 표가 납니다. 재미있는 이야기 하나 해 드릴게요. 제가 과거에 회사 다닐 때 회사 일로 거래처 사장님한테 갔는데 마침 몇 사람이 둘러앉아서 고스톱을 치고 있더라고요. 저도 왕년에 좀 했으니까 옆에 앉아 구경하고 있는데 그중에 한 사람이 잘되니까 흥이 나서 콧노래를 흥얼거리는데 가만히 들어 보니까, 찬송가야! 신이 나서 자기도 모르게 노래한다는 게 찬송이 나온 거예요. 한창 흥얼거리다가 아차 싶었던지 갑자기 딱 그만두던데요, 다른 사람은 눈치채지 못

했는지 모르지만 저는 알았어요. 저거 예수쟁이구나. 감출 수가 없어요.

여러분, 오늘 우리가 아무리 부족하다고 해도 내가 예수 믿는 것 감출 수가 없습니다. 왜냐, 소속이 빛의 자녀니까 빛을 감출 수가 없기 때문에 그래요.

그런데 문제는 오늘 우리 예수 믿는 사람들이 이렇게 빛에 속해 있음에도 불구하고 빛을 비추기보다는 빛을 가리려고 하는 황당한 짓을 하고 있다는 것인데요. 예수 믿는데 안 믿는 척하는 것입니다. 제가 여러 번 말씀드렸죠. 같은 회사 다니는 사람들인데 3년 동안 같은 교회 다니는 것을 몰랐다고. 왜냐, 말 안 하고 가만있으니까. 그러나 여러분, 우리가 말 안 하고 가만있어도 내가 예수 믿으면 빛의 자녀예요. 언젠가는 드러나므로 도무지 이 빛을 감출 수가 없습니다. 그러니 감추려고 하지 말고 자수해서 광명 찾아야 해요.

'사람이 등불을 켜서 말 아래에 두지 아니하고 등경 위에 두나니 이러므로 집안 모든 사람에게 비치느니라'

여기서 말은 쌀을 담는 됫박을 말합니다. 옛날에 쌀집에 됫박이 있었지요. 그러니 아무도 등불을 켜서 됫박으로 덮어 놓지 않습니다. 모든 사람이 다 볼 수 있도록 등경 위에 올려놔요.

마찬가지 오늘 우리도 우리의 빛을 가리는 됫박을 치워야 합니다. 언제 어디서나 예수 믿는 사람으로서의 빛을 나타내야 해요. 그러면 이제 '너희는 세상의 빛'이라는 이 말씀을 가지고 몇 가지 생각해 보겠는데요. 오늘 우리가 세상의 빛이라는 말은 첫째로 우리는 나 자신만을 위해서 사는 자가 아니라는 것입니다. 여러분, 빛을 왜 밝힙니까? 나 혼자 빛나기 위해서입니까? 아니요, 어둠을 밝히기 위해서입니다. 만약 등불을 켜서 됫박으로 가려 놓고 있다면 그 빛은 더 이상 빛이 아니에요. 등불은 어둠을 밝히기 위해서 켜는 것이지 안 보이는데 감추어 두기 위해서 켜는 게 아닙니다. 그러므로 빛이신 예수님이 이 땅에 오셔서 하신 일이 무엇입니까? 빛을 비춤으로 어둠에 있는 사람들을 구원하고 치유하고 회복시키는 일을 하셨습니다.

'인자가 온 것은 섬김을 받으려 함이 아니라 도리어 섬기려 하고 자기 목숨을 많은 사람의 대속물로 주려 함이니라'

예수님은 자신이 영광을 받으려고 오신 것이 아니라 빛을 비추어 어둠에 있는 자들을 살리고 구원하기 위해 오셨다고 했습니다. 그런데 이것은 오늘 우리 예수 믿는 사람들도 마찬가지, 예수님께로부터 계명을 하나 받았는데요.

'새 계명을 너희에게 주노니 내가 너희를 사랑한 것 같이 너희도 서로 사랑하라'

예수님의 십자가 사랑의 빛을 받아 내가 구원받았듯이 우리도 이 사랑의 빛을 비추어 다른 사람들을 구원하라는 말씀입니다. 여러분, 오늘 우리 교회가 선교하고 구제하는 일을 하고 있는데요. 선교사님들을 후원하고 선교단체를 후원하고 또 기아대책본부나 소년, 소녀 가장들을 돕는 일을 하고 있는데 교회가 돈이 남아돌아서 하는 게 아닙니다. 우리 교회는 교회를 건축했기 때문에 부채가 있고 재정적으로 어려움이 있어요. 그러나 그럼에도 불구하고 우리가 후원하는 것은 교회의 존재 목적이 빛을 나누는 것이기 때문에 그렇습니다.

'너희가 받았으면 너희도 나누어 주라'고 계명으로 받았어요. 그러니 반드시 해야 합니다. 사실 저는 이 일을 마음껏 못해서 제 마음에 한이 맺혀 있는데요. 앞으로 우리 교회 형편이 나아지면 경상비 빼고는 전부 다 내보낼 거예요.

왜냐, 교회의 사명과 존재 목적이 빛을 나누는 것이니까. 우리 교회가 이 땅에 있는 한 계속 이 일을 해야 합니다. 꼭 부흥해서 이 일을 잘 감당하도록 합시다. 그다음 또 하나 빛 된 삶을 살기 위해서는 하나님으로부터 은혜를 공급받아야 한다는 것입니다. 앞에서 말씀드린 대로 우리는 발광체가 아니라 반사체니까. 빛을 비추려면 계속 빛을 공급받아야 해요. 이런 의미에서 교회는 영적 배터리 충전소입니다. 하나님 앞에 나와 예배할 때 우리의 영적 배터리가 계속 충전된다는 것인데요. 핸드폰 배터리 충전하는 것하고 똑같습니다. 처음에는 빨간불이 되어 있다가 충전이 완료되면 파란불이 되지요. 그러면 충전된 배터리로 5일, 일주일 사용합니다. 그러다가 배터리가 떨어지면 또다시 충전해서 쓰는데요. 마찬가지 우리가 주일 날 영적 배터리를 충전해서 주말쯤 되면 불이 깜빡깜빡하면서 배터리가 떨어졌다는 신호가 들어와요. 그러면 주일 날 교회 와서 다시 충전시켜서 다시 일주일을 세상에서 사는데요. 어두운 세상에 불을 밝히기 위해서 매 예배 시간마다 영적으로 충만하게 충전하시기 바랍니다. 이제 마지막 세 번째로 우리가 빛 된 삶을 살면 하나님께 영광을 돌리게 된다는 것입니다.

'이같이 너희 빛이 사람 앞에 비치게 하여 그들도 너희 착한 행실을 보고 하늘에 계신 너희 아버지께 영광을 돌리게 하라'

우리 삶의 목적이 하나님께 영광 돌리는 것인데 우리가 빛 된 삶을 살면 하나님이 영광을 받으신다고 하니 우리는 꼭 빛 된 삶을 살아야 합니다.

한국목회자협회와 국민일보가 공동으로 조사한 것인데요. 질문 중에 '한국 교회가 성장이 둔화하게 된 1차적인 원인이 무엇이라고 생각하십니까?' 하는 문항에서 65%가 '기독교인들의 신앙과 행위가 일치하지 않기 때문입니다'라고 대답했다고 했는데요, 예수 믿는 사람들이 예수 믿는 사람답게 살지 않기 때문에 믿지 않는 사람들이 교회 나오지 않으려고 한다는 것입니다. 또 '한국 교회의 새로운 부흥을 위해 가장 먼저 해야 할 일이 있다면 그것이 무엇입니까?' 하는 문항에서 첫 번째 37%가 회개와 기도운동이라고 했고, 두 번째 32%가 기독교인으로서의 윤리적인 삶의 실천이라고 대답했다고 했습니다. 맞아요. 여러분, 우리가 세상을 향하여 빛을 비추려면 무엇보다 먼저 빛을 공급받기 위해 하나님과 나 사이에 가로막힌 죄의 담을 허무는 회개운동에 힘써야 하고, 그다음 세상에 빛을 비추기 위해서는 하나님의 자녀로서의 빛 된 삶을 살기 위해 힘써야 한다는 것입니다.

여러분, 우리는 누가 뭐라고 해도 하나님과 교회를 대표하는 자들이에요. 내가 어떻게 사느냐에 따라서 하나님과 교회에 영광을 돌릴 수도 있고 욕을 돌릴 수도 있습니다. 그러므로 우리는 절대 아무렇게나 살면 안 돼요. 하나님의 자녀답게 빛 된 삶을 살아야 하는데요, 이게 보통 어려운 게 아닙니다.

저는 교회를 지으면서 화병이 났었는데요. 목사니까 함부로 할 수는 없고 참자니 속에서 열불이 나고 자다가도 화가 나서 벌떡벌떡 일어나고 속이 쓰려서 잠을 못 잔 적이 한두 번이 아니었습니다. 왜냐, 하나님께 욕을 돌리면 안 되니까. 세상의 어둠을 밝히기 위해 빛 된 삶을 살아야 하니까. 애매한 소리, 억울한 소리를 들어도 계속 참아야 하기 때문에 그렇습니다. 여러분, 오늘 우리 예수 믿는 사람들은 어두운 세상을 밝히는 빛이기 때문에 누가 알아주든 안 알아주든 상관없이 등대지기처럼 등대를 밝히는 역할을 해야 합니다.

우리나라 가곡 중에 '등대지기'라는 노래가 있지요.

'얼어붙은 달그림자 물결 위에 차고
한겨울에 거센 파도 모으는 작은 섬
생각하라 저 등대를 지키는 사람의

거룩하고 아름다운 사랑의 마음을'

등대지기가 아무도 알아주지 않지만, 배들을 안전하게 인도하기 위해 계속 불을 밝히는 일을 하듯이 오늘 우리도 빛의 자녀로서 남이 알아주든 알아주지 않든 어둠의 세상을 밝혀 영혼들을 살리기 위해 빛을 비추는 사명을 계속 감당해야 합니다. 그러므로 우리는 기도해야 합니다. 하나님, 비록 작은 빛이지만 어둠의 세상을 밝히는 등대의 사명을 감당케 하옵소서. 어떻게 해서든 생명의 빛을 비추어서 다른 사람들을 살리는 일을 하게 하옵소서.

율법의 완성자로 오신 예수
(마5:17~20)

여러분은 천국에도 차등이 있다는 사실을 알고 계십니까? 구원만 받으면 끝이 아니라 장차 천국에서 우리에게 주어질 상이 있습니다. 그러므로 우리 믿음의 선진들처럼 천국의 상이 있음을 알고 상을 얻기 위하여 열심히 준비하는 삶을 살아야 하는데요. 예수님이 직접 말씀하셨습니다.

천국에서 높은 자가 있고 낮은 자가 있다고 했고, 또 큰 자가 있고 작은 자가 있다고 했고, 또 많이 가진 자와 적게 가진 자가 있다고 했습니다.

그 기준은 섬기는 자가 높은 자라고 했고, 율법을 지켜 행하는 자가 큰 자라고 했고, 열심히 주께 충성하는 자가 많이 가지게 된다고 했습니다.

이 세상은 천국을 보여 주는 그림책이니까 분명히 천국에도 차이가 있어요. 그래서 부활하신 예수님이 성경을 마감하면서 분명히 약속했습니다.

계22:12 '보라 내가 속히 오리니 내가 줄 상이 내게 있어 각 사람에게 그가 행한 대로 갚아 주리라'

각 사람마다 그가 행한 대로 상을 주시겠다고 분명히 약속하고 계십니다. 그러면 오늘 여러분은 신앙생활 하면서 하늘의 상을 기대하면서 살고 있습니까? 아니면 기대하지 않고 신앙생활 하고 있습니까? 혹시 하늘의 상이 있는 줄조차도 모르고 신앙생활 하고 있지는 않습니까? 사도 바울이 분명히 고백했지요.

빌3:13~14 '형제들아 나는 아직 내가 잡은 줄로 여기지 아니하고 오직 한

일 즉 뒤에 있는 것은 잊어버리고 앞에 있는 것을 잡으려고 푯대를 향하여 그리스도 예수 안에서 하나님이 위에서 부르신 부름의 상을 위하여 달려가노라'

고전15:58 '그러므로 내 사랑하는 형제들아 견실하며 흔들리지 말고 항상 주의 일에 더욱 힘쓰는 자들이 되라 이는 너희 수고가 주 안에서 헛되지 않은 줄 앎이라'

오늘 하늘의 상을 기대하지 않는 사람들은 '천국에 가는 것만 해도 황송한데 무슨 상까지 주시려고 하십니까. 상은 그만두고라도 천국에만 들어가게 해 주옵소서. 저는 그것만으로도 족합니다' 하는 이런 사람들이 있어요, 없어요?

있어요. 많이 있습니다. 저도 과거에 그랬던 사람이니까. 그러나 여러분, 이것은 전부 다 마귀의 속임수입니다. 왜냐하면, 상을 기대하지 않는 믿음은 참믿음이 아니기 때문인데요.

히11:6 '믿음이 없이는 기쁘시게 못 하나니 하나님께 나아가는 자는 반드시 그가 계신 것과 그가 또한 자기를 찾는 자들에게 상 주시는 이심을 믿어야 할지니라'

상을 기대하는 믿음이 온전한 믿음이에요. 그래서 상에 대해서는 성경에 수없이 반복해서 나옵니다. 고전3:10~15에 보면 천국의 상급을 집 짓는 것에다 비유했는데요, 어떤 사람은 금과 은과 보석으로 집을 짓고 어떤 사람은 나무나 풀이나 짚으로 집을 짓는데 마지막에 하나님이 불로 태워 본다고 했습니다. 그래서 타지 않고 그대로 남아 있으면 주님으로부터 큰 칭찬과 상급을 받게 되지만, 만약 다 타 버리고 아무것도 남는 것이 없으면 무서운 책망을 받으며 불 가운데서 끄집어낸 것처럼 부끄러운 구원을 받을 것이라고 했습니다.

그러면 여러분들은 이 둘 중에서 어느 것을 하실래요? '불 가운데서 끄집어낸 것 같아도 좋으니 그냥 구원만 해 주십시오'입니까? 아니면 칭찬과 상급을 받는 자가 되기를 원하십니까? 저 같으면 이왕 신앙생활 할 바에야 칭찬받고 상 받는 자가 되기를 원합니다. 사도 바울이 고백했지요.

딤후4:7~8 '내가 선한 싸움을 싸우고 나의 달려갈 길을 마치고 믿음을 지켰으니 이제 후로는 나를 위하여 의의 면류관이 예비되었으므로 주 곧 의로우신 재판장이 그날에 내게 주실 것이니 내게만 아니라 주의 나타나심을 사모하는 모든 자에게니라'

사도 바울은 장차 자기가 받게 될 상에 대해서 확신했을 뿐만 아니라 주를 사모하며 기다리는 모든 자에게도 똑같이 상이 주어질 것을 확신하고 있습니다.

그러므로 오늘 우리도 꼭 상을 기대하는 믿음을 가지고 열심히 신앙생활 하게 되시기 바랍니다. 그러면 오늘 본문의 내용이 무엇입니까? 한마디로 오늘 우리가 율법을 지켜 행해야 할 이유인데요. 우리가 장차 천국에 갔을 때 크다 일컬음을 받을 사람과 작다고 일컬음을 받을 사람에 대해서 말씀하고 있는데, 그 기준이 무엇입니까?

'누구든지 이 계명 중의 지극히 작은 것 하나라도 버리고 또 그같이 사람을 가르치는 자는 천국에서 지극히 작다 일컬음을 받을 것이요 누구든지 이를 행하며 가르치는 자는 천국에서 크다 일컬음을 받으리라'

천국에서 지극히 작다, 천국에서 크다, 둘 다 천국에서입니다. 그러니까 이것은 구원과는 관계가 없어요. 구원은 믿음으로 받는 것이요, 우리의 행위로 받는 것이 아니니까. 예수님이 십자가에 달리셨을 때 한쪽 편 강도처럼 오직 예수를 나의 구세주로 믿고 영접하기만 하면 천국에 갈 수 있어요. 그러나 하늘의 상급은 그렇지 않습니다. 하늘의 상급은 똑같이 천국에 들어갔지만 큰 자가 있고 작은 자가 있어요. 그래서 하나님의 심판에는 두 가지 종류가 있는데요. 하나는 구원심판이고 또 하나는 상급심판입니다. 구원심판은 우리 신자하고는 상관이 없어요. 예수를 구세주로 영접하지 않은 불신자들만이 받게 되는 심판입니다. 계20:12~15에 나오지요. 장차 주님이 재림하신 다음에 백 보좌 심판을 하시는데 이때에 생명책에 기록되지 않은 불신자들을 심판해서 불못에 던져 넣겠다고 했는데 이것을 둘째 사망이라고 했습니다. 하나님과 영원히 분리되는 멸망의 심판이에요. 그러나 이에 반해서 상급심판은 예수 믿고 구원함을 받은 자들이 받게 되는 심판인데요, 고후5:10에 나오지요. 우리가 이 땅에 거하든지 떠나든지 항상 주를 기쁘시게 하는 자 되기를 힘쓰는데, 그 이유는 '우리가 다 반드시 그리스도의 심판대 앞에 드러나 각각 선악 간에 그 몸으로 행한 것을 따라 받으려 함이라' 이 심판은 구원과는 관계가 없어요. 우리가 이 땅에서 행한 그대로 보상을 받게 되는 것이니까 상급심판입니다.

그런데 오늘날 많은 신자들이 뭐라고 합니까? '하나님의 말씀대로 살겠다고 애쓸 필요가 있냐? 그냥 적당하게 편하게 쉽게 신앙생활 하자' 하면서 신앙생활에 크게 힘쓰지 않는데요. 좋아요, 여러분, 그러나 한 가지는 꼭 기억하십시오. 여러분이 적당하게 그냥 편하고 쉽게 신앙생활 하면 할수록 하늘의 상과는 점점 멀어진다는 사실을. 그래서 나중에 천국에 갔는데 상이 없어 면류관이 아닌 개털모자 하나 쓰고 저 구석에 쭈그리고 앉아 있게 될지도 모릅니다.

그러니 여러분, 우리는 절대 그렇게 되지 맙시다. 우리 믿음의 선진들은 전부가 다 하늘의 상을 바라보고 열심히 달음질쳤는데 우리가 일평생 신앙생활 하고도 하늘에서 상급이 없다면 이보다 더 억울한 일이 어디 있겠습니까? 제발 천국에 가서 껄껄하지 마시고 이 땅에 있을 동안에 열심히 충성하고 열심히 신앙생활 잘 해서 장차 천국에서 상 받고 면류관 받는 여러분들 되시기 바랍니다. 오늘 우리가 율법을 지켜 행해야 천국에서 크다 일컬음을 받는다고 했을 때 예수와 율법은 어떤 관계입니까?

'내가 율법이나 선지자를 폐하러 온 줄로 생각하지 말라 폐하러 온 것이 아니요 완전하게 하려 함이라'

예수님이 율법을 완성하러 오셨다고 했는데요, 이게 무슨 뜻입니까? 율법은 우리의 행복을 위해서 주신 것임에도 불구하고 아무도 이 율법을 다 지켜 행할 수가 없습니다. 그래서 율법을 지켜 행할 수 없는 우리 인간을 위해 예수님이 이 땅에 오셔서 율법을 다 지켜 행하신 다음 마지막에 십자가의 사랑으로 율법을 완성하셨다는 것인데요. 우리가 알다시피 이 율법은 하나님 사랑과 이웃 사랑인데 예수님이 십자가의 사랑으로 이 사랑을 완성하셨습니다. 그러므로 우리가 율법을 지켜 행한다고 했을 때 한 가지 주의해야 할 사항이 있는데요.

'너희 의가 서기관과 바리새인보다 더 낫지 못하면 결코 천국에 들어가지 못하리라'

율법을 지켜 행하는데 자칫 잘못해서 서기관과 바리새인들같이 지키다가는 하늘의 상급은 고사하고 천국에조차 들어가지 못한다고 했습니다. 그러면 과연 서기관과 바리새인들의 '의'라는 것이 어떤 것입니까?

마23:1~7을 보면 이들의 두 가지 잘못이 나오는데요. '말만 하고 행치 아니하며', '저희 모든 행위를 사람에게 보이고자 하나니'

첫째 하나는 말만 깠지 행함의 열매가 없다는 것이요, 그다음 또 하나는 하나님 앞에서가 아니라 사람에게 나타내 보이려고 하는 외식하는 자들이었다는 것입니다. 그러니까 하나님을 섬기기는 섬겼는데 그 방식이 잘못되었다는 거예요. 여러분, 우리가 알다시피 이 세상에서 하나님을 섬기는 열심, 열심 하지만 유대인들만큼 열심 있는 자들이 또 있습니까? 그야말로 율법에 묶이다 못해 아예 율법 지키는 일에 목숨을 건 사람들입니다.

정말 그들이 율법을 지키는 것을 보면 무서울 정도인데요, 그러나 그럼에도 불구하고 왜 이들은 하나님의 심판과 저주를 받았습니까? 그 이유는 딱 하나, 잘못된 열심이어서 그렇습니다.

롬10:2~3 '저희가 하나님께 열심히 있으나 지식을 쫓은 것이 아니라 하나님의 의를 모르고 자기 의를 세우려고 힘써 하나님의 의를 복종치 아니하였느니라'

무슨 뜻인가 하면, 하나님의 의인 예수 복음으로 구원받을 생각은 하지 않고 율법을 지켜 행하는 자기 의로 구원받으려고 했다는 것입니다. 그래서 구원받는 것은 율법을 지켜 행함으로 하나님을 열심히 섬기는 그 행위 때문이지, 하나님이 우리 인간을 사랑해서 자신의 생명을 주신 십자가 복음과는 아무 상관이 없다는 것입니다. 그러니까 이들에게는 예수가 필요 없어요. 오로지 율법을 지켜 행하는 그 의로만 구원을 받을 수 있다고 생각합니다. 그래서 하나님의 의인 예수를 십자가에 못 박아 죽여 버렸는데요, 그 결과 어떻게 되었습니까? 가장 비참한 심판과 저주를 받은 민족이 되었어요. 그들이 얼마나 비극적인 민족이 되었는가 하는 것을 확인하려면 폴란드에 있는 아우슈비츠 홀로코스트 기념관을 한번 가 보세요. 안경이 산더미, 틀니가 산더미, 머리카락이 산더미, 600만 명이 가스실에서 살육을 당했는데 그것은 짐승 취급이지 절대 사람 취급이 아닙니다. 사람이 완전히 짐승이 되어 버렸어요. 하나님의 의를 버리고 자기 의를 내세운 결과입니다.

그런데 여러분, 이것은 오늘 우리 시대에도 똑같지 않습니까? 우리가 알다시피 하나님께 열심 있다, 열심 있다 이단들보다 더 열심 있는 사람들이 또 있습니까? 자기 전 재산을 송두리째 바쳐 버리고, 직업도 학업도 다 던져 버리고 생명 걸고 하나님을 섬기고 있습니다. 특히 신천지나 여호와의 증인 같은 이단들의 열심은 무섭습니다. 우리가 흉내도 못 내요. 그러나 그 엄청난 열심이 있음에도 불구하고 그들의 동기가 무엇입니까?

하나님의 의인 예수를 무시해 버리고 자기들이 행하는 그 행위의 열심으로 구원받으려고 합니다. 예수 그리스도의 은혜를 몰라요. 그래서 계시록 7장에 나오는 144,000은 마지막 때 구원받는 이스라엘 백성들의 상징적 숫자임에도 불구하고 자기들이라고 주장하면서 그 숫자 안에 들기 위하여 목숨 걸고 전도하는데요. 정말 불쌍한 자들입니다. 왜냐하면, 하나님의 의하고는 상관없이 자기 의를 가지고 하나님의 원수 된 짓을 하고 있으니까. 그러면 이제 마지막으로 하나님이 요구하시는 의는 무엇입니까? 딱 하나이지요. 예수님이 직접 말씀하셨습니다.

마22:37~40 '네 마음을 다하고 목숨을 다하고 뜻을 다하여 주 너의 하나님을 사랑하라' 하셨으니 이것이 첫째 되는 계명이요, 둘째도 그와 같으니 '네 이웃을 네 자신같이 사랑하라' 하셨으니 이 두 계명이 온 율법과 선지자의 강령이니라. 하나님을 사랑하고 이웃을 사랑하는 이 안에 하나님의 모든 계명이 다 들어 있다고 했는데요, 십계명이지요. 1~4계명까지는 하나님을 사랑하라고 했고, 5~10계명까지는 네 이웃을 사랑하라고 했습니다. 그러므로 우리의 의는 하나님을 사랑하는 것입니다. 그분을 사랑해서 순종하는 거예요. 왜냐하면 하나님을 사랑하면 그의 계명에 순종하지 않을 수 없으니까.

여러분은 하나님의 말씀을 지켜 행하는데 하나님을 사랑하기 때문입니까? 아니면 나의 의를 드러내기 위함입니까?

저는 이 이야기만 나오면 제 자신의 간증을 하지 않을 수 없는데요. 저는 과거에 왜 하나님의 말씀에 순종하려고 했는가 하면 벌 받지 않고 지옥 가지 않기 위해서였습니다. 도무지 천국에 갈 확신이 없었어요. 그래서 죄만 지으면 '아! 나는 이제 지옥이구나'. 또 부흥회에 참석해서 은혜받고 눈물 흘리고 나면 '아! 이제 천당이구나' 하면서 천국과 지옥을 왔다 갔다 하다가 결국은 하나님을 떠나고 말았는데요. 왜냐하면 너무 힘들어서 도망갔습니다. 천당은 가고 싶지만 율법을 지켜 행함으로 구원받으려고 하니까 도무지 피곤해서 안 되겠더라고요. 아니, 아예 불가능하다는 사실을 깨달았습니다. 그래서 '천당은 가고 싶지만 힘들어서 못 가겠다' 하고는 도망갔는데요. 지키지도 못할 것을 지켜 행하라고 하니까 하나님이 꼭 심술쟁이 할아버지 같더라고요. 그러다가 이제 제가 군대에서 살아 계신 하나님을 처음 만났는데요, 첫 느낌이 이것입니다.

내가 하나님을 잘못 오해했구나. 하나님은 심술쟁이 할아버지가 아니라 나를 너무너무 사랑해서 자신의 생명까지 주신 분이라는 것을 알고 이때 처음으로 하나님의 사랑을 깊이 깨닫게 되었는데요. 그러자 참 이상하지요. 이렇게 하나님의 사랑을 깨닫고 나니까 하나님의 계명을 지키지 못해 넘어질 때가 많이 있지만 내 마음으로는 더 이상 하나님의 계명을 떠나고 싶지 않아요. 왜냐 하나님을 사랑하니까. 하나님을 사랑하지 않을 때는 그렇게도 무거운 멍에요, 짐이었는데 하나님을 사랑하게 되니까 자원하는 마음으로 순종하게 되더라고요.

이것은 마치 무엇과 같은고 하니 어린아이가 자라날 때는 부모의 간섭이 싫어서 반항하지만 나중에 커서 부모의 사랑을 깨닫고 난 다음에는 자원하는 마음으로 순종하여 받드는 것하고 똑같은데요. 하나님의 계명은 하나님을 사랑하라고 준 것이지 우리를 얽어 매기 위해서 주신 것이 아닙니다.

여러분, 하나님의 말씀을 자세히 한번 살펴보세요. 그 어느 것도 우리를 벌주기 위해서 주신 것이 아니라, 우리를 사랑하기 때문에 우리의 행복을 위하여 자신의 생명을 주듯이 주신 말씀이라는 것을 깨닫게 될 것입니다.

그러므로 우리는 하나님의 말씀을 지켜 행하기 전에 먼저 하나님을 사랑해야 해요. 사랑만 하면 지켜 행하는 것은 자동이니까. 그래서 부활하신 예수님이 베드로를 찾아가 물으시는 질문이 딱 하나입니다. '네가 나를 사랑하느냐.'

요14:21 '나의 계명을 지키는 자라야 나를 사랑하는 자니 나를 사랑하는 자는 내 아버지께 사랑을 받을 것이요 나도 그를 사랑하여 그에게 나를 나타내리라'

하나님을 사랑하는 자만이 주의 계명을 지켜 행할 수 있습니다.

네 이웃을 네 자신과 같이 사랑해야 하는 이유
(마5:21~32)

오늘 우리가 천국과 지옥을 무엇으로 구분할 수 있을까요? 무엇을 보면 천국과 지옥이 구분되는가 했을 때 이런 재미있는 이야기가 있습니다.

어떤 사람이 천국과 지옥을 가 보았는데 천국 사람들은 얼굴 혈색이 좋고 기름이 줄줄 흐르는데 지옥 사람들은 얼마나 말라비틀어졌던지 뼈하고 가죽만 남았더라는 거예요. 왜 그런가 가만히 살펴보니까 젓가락이 굉장히 길더래요. 한 2미터쯤 되니까 도저히 음식을 집어서 자기 입에 넣을 수가 없지요. 그런데 천국도 젓가락 길이가 똑같이 2미터임에도 불구하고 사랑으로 서로 사이좋게 먹여 주니까 기름이 흐를 수밖에 없고, 지옥은 자기 혼자만 먹겠다고 서로 아귀다툼을 하니까 말라비틀어질 수밖에 없다는 것입니다.

물론 웃자고 지어낸 이야기입니다만 그러나 충분히 일리가 있는 이야기입니다. 왜냐하면, 예수님이 직접 말씀하셨죠.

요10:10 '도둑이 오는 것은 도둑질하고 죽이고 멸망시키려는 것뿐이요 내가 온 것은 양으로 생명을 얻게 하고 더 풍성히 얻게 하려는 것이라'

원수 마귀와 예수님의 차이입니다. 마귀는 자기밖에는 몰라요. 너가 없습니다. 자기 욕심만 채울 수 있다면 너야 죽든지 말든지 아무 상관이 없어요. 그래서 마귀에게 속하면 국물도 없습니다. 도둑질하고 죽이고 멸망시키는 것뿐이니까 뼈도 못 추려요. 그러나 이에 반해서 예수님은 어떻습니까? 우리를 위해서 자신의 생명을 주신 분이지요. 자기가 없어요. 우리를 위해서 완전히 자신을 희생하신 분이십니다. 마귀하고는 정반대예요. 우리만 잘될 수 있다면 무엇이든 하실 수 있는 분이 바로 예수님입니다.

그러면 오늘 본문의 내용이 무엇입니까?

마5:17에서 '율법을 폐하러 온 것이 아니라 완전하게 하려함이니라'는 말씀을 설명하기 위한 살인과 간음에 대한 예수님의 해석입니다.

먼저 살인에 대해서 재해석하셨는데요. 마5:21 '옛사람에게 말한 바 살인하지 말라 누구든지 살인하면 심판을 받게 되리라 하였다는 것을 너희가 들었으나' 구약율법에서는 살인한 자는 죽이라고 했지요. 이에는 이, 눈에는 눈입니다. 그러면 지금 서기관과 바리새인의 의는 무엇입니까? 나 중심입니다. 율법을 나 중심으로 해석해서 형제에게 노하고 욕하고 미련한 놈이라고 해도 실제 살인만 행하지 않았으면 살인하지 말라는 율법을 지켰기 때문에 나는 의롭다는 것입니다. 그러나 이에 대한 예수님의 대답은 무엇입니까?

'나는 너희에게 이르노니 형제에게 노하는 자마다 심판을 받게 되고 형제에 대하여 라가라 하는 자는 공회에 잡혀가게 되고 미련한 놈이라 하는 자는 지옥 불에 들어가게 되리라'

형제에 대하여 노하거나 욕하고 저주하기만 해도 그것은 이미 살인한 것이나 다름이 없다고 했습니다. 그러면 그 이유가 무엇인가 했을 때, 하나님의 계명은 그 첫출발이 '하지 말라'로부터 시작된 것이 아니라 '하라'는 것으로부터 출발했기 때문에 그렇습니다. 아니, 이게 무슨 말입니까?

여러분, 하나님의 계명이 어떻게 시작됩니까?

'네 마음을 다하고 뜻을 다하고 힘을 다하여 주 너의 하나님을 사랑하고 또 네 이웃을 네 몸과 같이 사랑하라 이것이 온 율법과 선지자의 강령이니라'

하나님의 모든 계명은 '사랑하라'는 계명에서 출발했다는 것입니다.

다시 말해서 살인하지 않았기 때문에 내가 의롭게 되는 것이 아니라 형제를 사랑하라고 했는데 사랑하지 않았기 때문에 죄라는 것입니다.

여러분, 형제를 사랑하는데 어떻게 미워하고 욕하고 살인할 수 있습니까? 사랑하면 절대 불가능해요. 그러므로 사랑하지 않는 것이 죄입니다. 그러면 하나님의 계명은 왜 사랑하라는 것으로 출발되는가? 그 이유는 창 1:27에 나오지요.

창1:27 '하나님이 자기 형상 곧 하나님의 형상대로 사람을 창조하시되 남자와 여자를 창조하시고'라고 했습니다. 하나님이 맨 처음 우리 인간을 창조하실 때 우리 인간만은 하나님의 형상대로 창조하셨다는 것인데요, 여기에서 형상이라는 말은 원어적으로 이런 의미입니다. 큰 바윗덩어리로 이루어진 돌산이 있다고 합시다. 그러면 그 큰 바위 중에 한 부분을 떼어 내서 잘 갈고 다듬어 멋진 조각작품을 만들었다고 했을 때 어때요, 그 조각작품과 원래 바위는 본질이 같습니까, 다릅니까? 똑같지요. 그 질이 똑같습니다. 그런데 하나님이 우리 인간을 창조하실 때 하나님과 그 질이 똑같게 그렇게 창조하셨다는 것입니다. 창조주와 피조물로만 구분되지 그 본질은 똑같아요. 그렇기 때문에 하나님을 아버지로 부를 수 있는 것은 만물 중에 우리 인간밖에는 없습니다.

그러므로 하나님이 우리 인간을 자기 형상대로 창조했다고 했을 때 우리 인간을 사랑하는 것은 곧 누구를 사랑하는 것입니까? 하나님을 사랑하는 것과 똑같지요. 그래서 성경에 보면 네 형제에게 행한 선행을 하나님이 갚아 주시겠다고 했는데요. 왜냐하면 하나님 자신이 진 빚하고 똑같이 여기기 때문에 그렇습니다. 그러므로 하나님을 사랑하고 네 이웃을 사랑하라는 말씀은 결코 둘이 떨어질 수 있는 것이 아니에요. 하나님을 사랑하는 것이 곧 네 이웃을 사랑하는 것이요, 네 이웃을 사랑하는 것이 곧 하나님을 사랑하는 것입니다.

이렇게 놓고 봤을 때 오늘 우리가 왜 형제를 미워할 수 없습니까? 왜 형제를 욕하고 저주할 수 없습니까? 그것은 형제의 생명이 바로 하나님의 생명이기 때문에 그렇습니다. 분명히 우리가 형제를 향하여 욕하고 있지만, 그것은 하나님에 대한 모독이요 하나님에 대한 도전이기 때문에 죄가 된다는 거예요.

그래서 오늘 주님은 분명히 말씀하고 있습니다. 형제를 욕하고 모독하는 자는 내가 용서하지 않고, 불 못에 던져 넣겠다고. 왜냐 하나님에 대한 도전이기 때문에 그렇습니다. 또 우리가 왜 음욕을 품을 수가 없습니까? 왜 우리는 간음할 수 없습니까? 그것은 바로 하나님의 생명이기 때문에 그렇습니다. 분명히 사람에 대한 일이지만 그것은 하나님에 대한 것과 똑같이 보기 때문에 그렇게 할 수 없다는 거예요. 여러분, 우리 중에 아무리 간댕이가 부어도 하나님과 간음하자 하는 사람은 없을 것 아닙니까?

그럼에도 오늘 우리의 현실은 어떻습니까? 오늘 우리가 인간의 생명을 하나님의 생명으로 보고 있습니까? 또 부부 간에 정절을 지키는 것을 하나님께 대하여 정절을 지키는 것으로 여기고 있습니까? 하나님께서 천국의 모형으로 이 땅에 주신 것이 가정과 교회, 두 가지인데요. 하나님과 우리와의 관계는 부자지간이므로 가정을 통하여 생명을 주셨고, 또 예수님과 우리와의 관계는 부부관계이므로 오늘 우리 가정의 부부관계도 순결을 지켜야 하는 관계입니다.

자녀로서 생명을 얻고, 신부로서 정절을 지키고 이게 가정이에요.

그런데 이에 반해서 원수 마귀가 권세를 잡고 있는 이 세상은 어떻습니까? 두 가지, 생명 파괴와 음행입니다. 여러분, 오늘 원수 마귀가 우리의 가정을 파괴시키기 위해서 얼마나 힘쓰고 있는지 아십니까? 무서운 속도로 지금 우리의 가정을 파괴하고 있는데요. 가정폭력, 가족 살인. 지금 뉴스거리도 되지 못합니다. 또 간음은 어떻습니까? 지금 미국 같은 곳은 두 가정 중에 한 가정이 이혼하고 우리나라는 세 가정 중에 한 가정이 이혼하고 있다고 했습니다.

그런데 이혼 사유 중에 1위가 불륜 때문이라고 했는데요, 간음이 아무런 죄의식 없이 행해지고 있습니다. 뿐만 아니라, 요즈음은 어떻게 된 건지 이혼을 하면 서로 아이를 안 맡으려고 한대요. 불과 얼마 전까지만 해도 서로 맡으려고 했는데 완전히 바뀌었어요. 하나님은 우리 인간의 생명을 자기 생명과 똑같이 취급하고 있는데 한 해에 버려지는 아이들이 얼마나 많은 줄 아십니까?

수천 명이에요. 지금 보육원에 있는 아이들, 다 부모가 있는 아이들입니다. 생명 경시 사상이 만연하고 있어요. 제가 어릴 때만 해도 살인사건이 하나 일어나면 며칠 동안 신문에서 대서특필했습니다. 그러나 오늘날 한번 보세요.

거의 매일 살인사건이 일어나지만 누구 하나 귀 기울입니까?

아이들 게임에도 수없이 죽이는 내용이 많아요. 살인, 폭력, 간음, 음란퇴폐, 마약, 이혼 전부가 원수 마귀가 하는 일들입니다. 오늘도 하루에 수많은 사람들이 전쟁으로, 폭력으로 죽어 가고 있고요, 온 지구가 음란과 퇴폐로 더럽혀져 가고 있습니다. 정말 악하고 음란한 세대예요.

우리가 성경을 보면, 하나님이 이 세상을 두 번 심판하셨는데요. 한 번은 노아의 때고, 또 한 번은 롯의 때인데요. 그러면 이때의 특징이 무엇인가? 두 가지, 엄청난 폭력과 음란으로 사람들이 육체가 되었다고 했는데요. 범죄함으로 하나님의 영이 떠나 짐승처럼 되었다는 말입니다.

그런데 오늘날 우리 시대야말로 바로 그런 때가 아닙니까? 그러면 이러한 세상 가운데 사는 우리가 어떻게 우리 자신을 지킬 수 있을까요? 오늘 성경 보니까 형제를 향하여 노하기만 해도 욕하고 저주하기만 해도 지옥 불에 들어간다고 했고, 또 여인을 보고 음욕을 품기만 해도 이미 마음에 간음한 것이 되어 지옥 불에 떨어진다고 했는데, 오늘 우리 중에 이 법에 걸리지 않을 사람 있습니까? 제가 알기로는 없어요. 아니, 지금까지 한 사람도 없었습니다. 그러므로 이것은 우리 인간의 마음으로는 불가능해요. 그러면 어떻게 해야 하는가? 그 길은 오직 하나, 롬8:13 '너희가 육신대로 살면 반드시 죽을 것이로되 영으로서 몸의 행실을 죽이면 살리니' 무슨 뜻입니까? 우리는 원래 어머니 배 속에서 나온 나는 죽었다 깨어나도 할 수 없다는 말입니다. 우리의 육신은 내가 이 세상을 떠나는 그 순간까지 형제를 미워할 수밖에 없고 여인을 보면 음욕을 품을 수밖에 없어요. 그러므로 육신대로 살면 죽습니다. 그 결과는 영원한 지옥의 멸망이에요.

그렇기 때문에 영으로서 몸의 행실을 죽이면 산다고 했는데, 이때의 영은 내가 예수를 구세주로 영접할 때 하나님이 주신 영적 새생명입니다. 성령으로 거듭난 생명이에요.

그런데 이 새생명은 예수의 생명이기 때문에 그 본성이 형제를 사랑합니다. 그 본성이 음란을 싫어하고 정결하고 순결하기를 원해요. 그러니 이 새생명으로 나의 육신을 이겨야 살 수 있습니다. 이 길 외에는 다른 것은 없어요. 그런데 성경 보니까 우리 예수 믿는 사람들은 어떤 사람이라고요?

갈2:20 '내가 그리스도와 함께 십자가에 못 박혔나니 그런즉 이제는 내가 사는 것이 아니요 오직 내 안에 그리스도께서 사시는 것이라 이제 내가 육체 가운데 사는 것은 나를 사랑하사 나를 위하여 자기 자신을 버리신 하나님의 아들을 믿는 믿음 안에서 사는 것이라'

갈5:24 '그리스도 예수의 사람들은 육체와 함께 그 정욕과 탐심을 십자가에 못 박았느니라'

우리의 육신은 이미 2천 년 전에 예수와 함께 십자가에 못 박혀 죽었어요. 우리는 지금 예수님이 주신 새로운 영적 생명을 가지고 사는 자들입니다.

우리 영의 생명으로 끊임없이 우리 육신의 생명을 부인하면서 사는 자들이에요. 그러므로 오늘 우리는 사람을 볼 때 어떻게 봐야 합니까? 육체로 봐서는 안 됩니다. 그리스도 예수 안에서 영으로 사람을 봐야 해요. 하나님의 생명으로 하나님의 형상으로 봐야 합니다. 우리의 육신은 사람을 육체로 보려고 하지만 그러나 나의 육신은 이미 죽었어요. 비록 아직 숨 쉬고 있지만 이미 죽은 것으로 여겨야 합니다.

그래서 영으로 사는 사람은 사람을 볼 때 영으로 보게 되는데 미워 보이는 사람도 영으로 보면 불쌍하게 보입니다. 또 육체로 보면 음욕이 일어나는데 영으로 보면 음욕을 뛰어넘어요. 왜냐 그리스도의 사랑 안에서 보면 육신의 정욕은 비교가 안 되니까. 주님 안에서의 사랑을 세상적인 사랑과 비교합니까? 그것은 영적인 사랑이 무엇인가를 모르는 사람들이 하는 말입니다.

자신의 생명을 주신 사랑이요, 자신의 전부를 다 준 사랑이기 때문에 여기에는 미움이나 더러운 음욕 같은 것이 끼어들 수가 없는 사랑입니다.

영으로 사람을 한번 보세요. 그리스도의 사랑으로 사람들을 한번 사랑해 보세요. 거기가 바로 천국입니다. 분명히 그 대상이 사람임에도 불구하고 그리스도의 사랑으로 사랑하면 거기에 주님이 계세요. 그래서 이루 말할 수 없는 기쁨을 맛보게 되는데요. 이 재미로 우리가 신앙생활 하는 것입니다.

'하나님의 나라는 여기 있다 저기 있다 할 것이 아니요 너희 안에 있느니라'

173

형제자매를 사랑하는 그곳에 하나님 나라가 임합니다. 그러므로 오늘 우리가 왜 전도해야 합니까? 오늘 우리가 왜 선교해야 합니까?

영으로 봤을 때 그 한 영혼은 하나님의 생명이기 때문에 해야 합니다. 우리가 영으로 사람을 보면 온 천하를 주고도 바꾸지 않을 너무나 귀한 하나님의 생명이기 때문에 우리는 전도합니다. 우리는 땅끝까지 선교하러 나갑니다.

하나님의 온전하심같이 너희도 온전하라
(마5:38~48)

우리가 신앙생활 하는 가운데 우리의 코를 납작하게 만드는 본문이 있다면 아마 오늘 본문일 것입니다. 보면 볼수록 자신이 없어요. 사실 저는 목사지만 건너뛰고 싶은 본문입니다. 그러나 그럼에도 불구하고 이 말씀을 우리에게 주신 이유는 우리에게 꼭 필요한 말씀이기 때문인데요. 우선 악한 자를 대적하지 말라 하시면서 '오른뺨을 치거든 왼뺨도 돌려 대며 속옷을 가지고 가고자 하는 자에게 겉옷까지 가지게 하며 억지로 오 리를 가게 하거든 십 리를 동행하고 구하는 자에게 주며 꾸고자 하는 자에게 거절하지 말'라고 하셨습니다.

우와! '너희 원수를 사랑하라'까지 갈 것도 없어요. 여기까지만 해도 맥이 확 풀립니다. 아예 죽으라고 하는 게 낫지, 사람이 어떻게 이렇게까지 하면서 살 수 있겠나? 혈압 터져서 못 살 것 같다. 맞아요. 분명히 문자적으로만 보면 그렇습니다.

그러나 우리가 여기에서 한 가지 안심해도 좋은 것은 주님이 지금 이 말씀을 주신 것은 결코 문자적인 뜻으로 주신 것이 아니기 때문입니다. 다시 말해서 우리 예수 믿는 사람들은 무조건 손해를 봐야 하고 악에 대해서 무조건 말도 한마디 못 하는 그런 바보가 되라는 말이 아니에요. 왜냐하면 성경을 보면 알 수 있습니다만 예수님은 이 땅에 계실 때 악과 불의에 대해서 아무 말씀도 안 하신 것이 아니라 오히려 가장 무섭고도 신랄하게 비판하고 책망하셨기 때문입니다. 서기관과 바리새인들을 향하여 '화 있을 진저' 하면서 최고의 저주를 퍼부었고요, 예루살렘 성전에 갔을 때도 성전 안에서 장사를 하는 불의를 보고는 분을 내시면서 상을 둘러엎으시고 채찍을 만들어 짐승들을 다 쫓아냈습니다. 그리고 그때 당시 종교 지도자들을 향해서 독사의 새끼들이라고 했고 헤롯 왕을 향해서는 여우 같은 놈이라고 욕했습니다. 불의에 대해서 가만있는 것이 아니라 강하게 비판하고 책망했어요. 뿐만 아니라, 성경에 보면 예수님이 잡히시던 날 밤에 붙잡혀가서 로마 병정들로부터 뺨을 맞는 장면이 나옵니다. 그러면 이때 예수님이 왼편을 돌려 대면서 '이쪽도 때려 주시오'라고 했습니까? 아니에요, 그렇게 하지 않았습니다. 여러분들의 성경은 어떻게 되어 있는지 모르겠지만 제 성경에는 절대 그런 내용이 없어요. 오히려 어떻게 하셨습니까? 따져 물었어요.

요18:23 '내가 말을 잘못하였으면 그 잘못한 것을 증거하라 잘하였으면 네가 어찌하여 나를 치느냐'

이것은 분명히 따져 묻고 있는 모습이지 결코 왼편을 돌려 대는 모습이 아닙니다. 그러므로 오늘 본문을 문자적으로 해석하는 것은 굉장히 위험해요. 여기에는 더 깊은 뜻이 따로 숨어 있는데요, 그러면 그 뜻이 무엇일까요?

먼저 결론부터 말씀드려서 이것은 우리 그리스도인들이 하나님을 알지 못하는 세상 사람들을 향하여 가지고 있어야 할 기본 마음의 자세라는 것입니다.

세상 사람들은 원수 마귀에게 속하여 자기밖에 모르는 사람들이니까, 또 하나님을 몰라서 그러는 것이니까, 보복하려고 하지 말고 자비를 베풀어야 한다는 마음의 자세예요. 그러므로 이것은 그냥 마지못해 억지로 하는 것이 아니라 잘못된 것을 다 알고 있지만 나는 하나님의 자녀이기 때문에 손해를 감수하고 너그러움을 베풀라는 뜻입니다.

그러면 어떻게 그렇게 말할 수 있는가?

'눈은 눈으로 이는 이로 갚으라 하였다는 것을 너희가 들었으나' 예수님이 3가지 예를 들기 전에 먼저 구약성경에 나오는 계명을 하나 들고나오셨는데요, 이 계명을 그때 당시 유대인들이 잘못 해석하고 있었다는 것입니다.

하나님은 자비의 뜻으로 주셨는데 이들은 보복의 뜻으로 잘못 해석했어요. 그래서 너희의 해석이 잘못되었다, 그러니 이제 보복하려고 하지 말고 자비를 베풀도록 해라고 하는 뜻에서 39절 이하의 말씀을 주셨다는 것입니다. 그러니까 38절에 나오는 이 계명이 왜 보복의 계명이 아닌가 하는 것만 증명하면 39절 이하의 말씀이 저절로 해결된다는 것인데요.

38절 '눈은 눈으로 이는 이로 갚으라' 분명히 받은 그대로 되돌려 보복하라는 뜻 같습니다. 어때요 여러분, 하나님이 무시무시하신 분 같지 않으십니까?

그러나 이 뜻은 그런 뜻이 아니에요. 왜냐하면 이 법은 그때 당시의 윤리법이 아니라 재판법이었기 때문에 그렇습니다. 우리 인간의 악한 본성 때문에 하나님이 재판법으로 만들어 주신 것이 바로 이 법이에요.

다시 말해서 우리 인간에게 맡겨 놓으면 눈을 상했을 때 그 눈 이상으로 갚으려고 한다는 것입니다. 그래서 하나님이 눈이 상했으면 그 이상은 형벌하지 말라는 거예요.

쉽게 말해서 우리가 죄를 지었는데도 벌이 없다면 어떻게 되겠습니까? 엉망이 되지요. 금방 지옥입니다. 그러니 그것은 안 돼요. 반드시 벌을 주어야 합니다. 그러나 벌을 주는데 빵 하나 훔쳤는데 기분 나쁘다고 죽여 버리게 되면 어떻게 됩니까? 안 되지요. 비록 빵을 훔친 것은 잘못이지만 죽이는 것까지는 너무 심하다는 것입니다. 그러니까 하나님 편에서는 범죄자라 할지라도 자비를 베풀어야 하겠는데 인간 손에 맡겨 놓으면 몇 배로 보복하려고 하니까 그러지를 말고 잘못에 맞게 합당한 벌을 주도록 하라는 것입니다.

그러므로 정말 눈을 빼고 이빨을 부러뜨리라는 말이 아니에요. 인간 본성의 악함 때문에 하나님이 자비로 주신 재판법이므로 정당한 벌을 받도록 해야지, 절대 보복을 해서는 안 된다는 뜻입니다. 그러니까 이것은 하나님의 자비에서 나온 계명이에요. 그러므로 이러한 하나님의 취지를 놓고 오늘 예수님이 예로 드신 것을 다시 생각해 볼 때 어떻게 됩니까?

'네 오른편 뺨을 치거든 왼편도 돌려 대며' 이것은 우리 그리스도인들이 인격적인 모독을 당했을 때 어떻게 할 것인가 하는 문제인데요. 뺨을 맞는 것은 인격적인 모독을 당하는 것이니까 정말 참기 어렵지요. 오히려 뺨을 한 대 맞고 마는 것이 낫지, 인격적인 모독을 당했을 때는 참 견디기 어렵습니다. 그러나 우리는 이 경우 꾹 참고 오히려 그들을 자비로 대해 주어야 한다는 것인데요. 왜냐 우리는 하나님의 자녀이기 때문에 하나님의 자녀로서 세상 사람들에게 하나님의 자녀 됨을 보여 주어야 할 사명이 있습니다. 우리가 세상의 빛과 소금이니까. 그래서 예수님이 이 땅에 계실 때 꼭 그렇게 했지요. 세상에서 멸시와 천대와 조롱과 모욕을 예수님만큼 많이 받으신 분이 없지만, 그러나 오직 자신이 하나님의 아들이라는 이유 하나 때문에 뺨을 맞는 정도가 아니라 얼굴에 침 뱉음까지 당하셨습니다. 더 이상 모욕적일 수는 없어요. 그러나 그럼에도 불구하고 우리 예수님은 어떻게 하셨습니까?

'아버지여 저희를 사하여 주옵소서. 자기의 하는 것을 알지 못함이니이다' 하고 하나님을 알지 못해서 그런다는 이유 때문에 보복하거나 저주하지 않고 오히려 불쌍히 여기고 자비를 베풀었습니다. 그러므로 이렇게 놓고 봤을 때 이것을 오늘 우리의 현실로 가져오면 어떻게 됩니까?

제가 처음 안양으로 와서 지하 35평을 임대해 교회를 개척했는데요, 3년을 계약하고 들어갔는데 3년 2개월 만에 아파트 단지 내 상가를 분양받아서 이사를 하게 되었습니다. 그런데 주인 왈 2개월 계약을 위반했으니까 복비를 우리보고 내라는 것입니다. 그러면서 임대가 안 나갔는데 보증금을 내주는 것만 해도 감사하게 생각하라고 했습니다. 보통 일반적으로는 계약기간에 못 미쳐서 나가면 그렇게 하지만 계약기간 1~2달 지난 것은 그렇게 하지 않는데, 그러나 어떡합니까. 보증금을 안 내주겠다는데. 그래서 우리가 할 수 없이 복비를 다 물어 주었어요. 아니, 아예 돈을 떼고 줍디다. 그런데 문제는 여기에서 그치지를 않았어요. 건물을 처음같이 깨끗하게 해 주어야 나머지 100만 원을 주겠다고 합니다. 그래서 이것도 그분이 요구하는 대로 다 했어요. 그런데 마지막으로 또 하나 전기요금을 떼겠다고 했습니다. 그래서 좋다고 우리가 한 달에 전기요금이 7~8천 원 나오니까 만 원만 떼라고 했더니 그것을 어떻게 알 수 있느냐 하면서 2만 원을 떼겠다는 것입니다. 와, 참 얼마나 혈압이 터지던지 제 언성이 막 높아졌어요. 아니, 우리 교회가 아주 멀리 가는 것도 아니고 매 주일마다 교인들을 태우러 차가 오는데 왜 그러시냐고, 영수증을 맡겨 놓으면 우리가 꼭 내겠다고 그런데도 안 된다는 거예요. 한사코 2만 원을 내놓으라는 것입니다.

그러면 여러분, 여러분 생각에는 어떻습니까? 제가 윗도리를 벗고 그곳에서 한바탕 싸우는 게 낫겠어요, 아니면 그냥 자비를 베푸는 게 나을까요? 할 수 없어요. 세상 사람들하고 목사하고 싸우면 목사가 집니다. 이길 재간이 없어요. 억울하지만 집니다. 왜냐 오늘 예수님이 하신 말씀 '자비를 베풀어라 그래서 하나님의 자비를 세상에 나타내 보이라'는 이 말씀 때문에 집니다.

어때요 여러분, 여러분은 목사가 한 판 붙기를 원하십니까? 아니면 자비를 베풀기를 원하십니까?

하나님은 오늘 우리에게 이것을 요구하고 계십니다. '너희는 하나님의 자녀니까 세상 사람들과 다르지 않느냐. 내가 자비를 베푸니까 너희도 자비를 베풀어라.'

그다음 또 하나의 비유는 무엇입니까?

40절 '너를 고발하여 속옷을 가지고자 하는 자에게 겉옷까지도 가지게 하며' 이것도 원리는 똑같은데요, 우리를 껍데기 벗기려는 사람이 있으면 못 이기는 척하고 져 주라는 것입니다.

어때요 여러분, 여러분은 이 말씀이 잘 이해가 갑니까? 저는 이 말씀이 너무너무 잘 이해가 갑니다. 왜냐하면 교회를 해 보니까 정말 최소한의 권리마저도 빼앗기게 되더라고요. 저희 교회가 지하 35평에서 아파트 단지 내 상가 50평을 분양받아 이사를 해서 첫 새벽예배를 드릴 때의 일입니다. 새벽에 갔더니만 상가번영회에서 교회 못 들어오게 하겠다고 문을 잠궈 놓았어요. 그래서 우리는 분양을 받아 들어왔는데도 꼭 도둑고양이 들어오듯이 그렇게 들어와야 했습니다. 왜냐 교회이기 때문에. 상가번영회 회장이 문방구 사장인데 얼마나 유세를 떠는지 처음 입주해서는 새벽기도를 아예 드리지도 못했어요. 문을 안 열어 주니까. 그러자 이때 한 사나이가 나타났으니 바로 경비아저씨입니다. 그분은 마땅히 문을 열어 주어야 할 의무가 있음에도 불구하고 돈을 요구하더라고요, 물론 우리가 수고비로 월 5만 원 정도 생각을 했어요. 그런데 더 내놓으라는 것입니다. 15만 원을 요구해요. 그래서 사정사정해서 10만 원에 낙찰을 봤는데요. 그러면 어떻게 할까요? 같이 시비하고 따지고 그렇게 해야 하겠습니까? 아니요, 그렇게 하지 못했어요. 오직 하나님만 바라봤습니다. 그랬더니 어떻게 되었는가? 어느 날 졸지에 싹 뽑아서 없애 주시더라고요. 그리고 대신에 예수 잘 믿는 분이 경비로 새로 와 가지고는 편안하게 새벽예배를 드렸습니다. 그런데 이분은 수고비를 드려도 안 받아요. 오히려 주님께 봉사하는 마음으로 한다고 했습니다. 그런데 이것이 자비예요. 사람을 원망하지 않고 하나님의 손에 올려 드리는 것.

그다음 세 번째 예인데요. '누구든지 너로 억지로 오 리를 가게 하거든 그 사람과 십 리를 동행하고 네게 구하는 자에게 주며 네게 꾸고자 하는 자에게 거절하지 말라' 부당한 요구입니다. 우리가 맨 처음에 경비아저씨에게 돈을 주고 새벽기도를 시작했다고 했지요, 그런데 돈 받고 하는 일인데도 한 번씩 제껴요. 그래서 바깥에서 추위에 떨다가 간 적이 있었습니다. 그래서 막 따지니까 왈 전화를 놔 달라는 것입니다. 혹시 깜빡 잠에서 못 깨는 수가 있으니까 전화를 놔서 상가 바로 앞에 있는 공중전화로 전화해 주면 그런 일이 없겠다고 합니다. 그래서 어떡합니까? 전화를 놔 주었지요. 답답한 사람이 샘 파야 하니까.

좌우지간 이런 일들은 마지못해서 억지로 한 일들입니다만 그러나 하나님은 자진해서 자비를 베풀라는 것입니다. 그래서 원수마저도 사랑함으로 하나님의 하나님 되심을 세상에 나타내 보이라고 했는데요.

그러면 오늘 우리가 왜 이렇게 해야 합니까? 그 이유가 오늘 말씀의 마지막 결론입니다.

'하늘에 계신 너희 아버지의 온전하심과 같이 너희도 온전하라'

여러분, 우리가 왜 세상에 자비를 베풀고 살아야 합니까?

첫째, 오늘 우리는 하나님의 형상으로 만들어진 하나님의 대리자니까, 하나님의 온전하심과 같이 온전해야 하기 때문에 그렇습니다. 그리고 또 하나는 우리는 단순히 천당 가는 것이 목적이 아니라 하늘에서 상 받고 면류관 받는 자가 되어야 하기 때문에 그래요.

우리는 하나님의 자녀들인데 하나님이 자비의 하나님이시니까 우리도 자비를 베풀어야 한다는 것입니다. 세상 사람들과는 다르기를 원해요. 세상 사람들이 하지 않는 것을 하나님의 자녀니까 더 하는 것을 요구하신다는 것입니다.

그러면 여러분, 오늘 우리는 어떻습니까? 우리는 과연 자비를 베풀고 삽니까? 저는 이런 이야기를 들을 때 참 속상합니다. 예수 믿는 사람들이 더 깍쟁이고 더 인색하다고 그래서 예수쟁이라고 하면 머리를 흔든다고 하는데요.

어때요 여러분, 하나님이 기뻐하시겠습니까? 아니요. 우리는 예수의 뒤를 따라가는 예수의 제자들이요, 하나님의 자녀들입니다. 그러므로 나는 '예수 때문에 손해를 보겠노라. 나는 하나님의 자녀이기 때문에 자비를 베풀겠다'고 하는 이 각오가 있어야 합니다. 그래야 우리가 손해를 봐도 그렇고, 자비를 베풀어도 그렇고 그렇게 신날 수가 없어요. 왜냐 우리는 하나님의 자녀니까.

구제함을 은밀하게 하라
(마6:1~4)

장차 우리 예수 믿는 사람들이 받게 되는 심판은 상급심판이라고 했는데요. 어때요, 여러분. 여러분들은 상 받는 것을 기대하고 있습니까? 저는 사실 과거에 하늘의 상에 대해서 별 기대를 하지 않고 살았던 사람입니다. 그런데 성경을 가만히 살펴보니까 하늘의 상을 얼마나 귀하고 중요하게 여기는지 우리 믿음의 선진들은 전부가 다 하늘의 상을 바라보면서 신앙생활 했더라고요.

신약에서 사도 바울은 말할 것도 없고 히브리서를 보니까 구약에 나오는 모세까지도 히11:23~26에서 애굽의 모든 부귀영화와 바로의 공주의 아들이라는 지위까지도 다 팽개쳐 버리고 자기 백성들과 함께 고난받기를 더 좋아했다고 했는데 그 이유를 전적으로 '상 주심을 바라봄'이라고 했습니다.

그러니까 하늘의 상을 그렇게 귀하게 여겼어요. 그러면 여러분, 오늘 우리는 어떻습니까? 장차 하늘에서 상 받기를 원하십니까? 그렇다면 오늘 잘 나오셨어요. 왜냐하면 산상수훈 전체가, 특히 오늘 6장 말씀이 장차 하늘에서 상 받을 수 있는 비결에 대해 말씀해 주고 있기 때문입니다.

물론 우리 그리스도인들이 세상의 빛과 소금으로 마땅히 해야 할 의무이기도 합니다만 그럼에도 불구하고 하나님은 여기에다가 상까지 걸어 놓으셨어요. 그러니 얼마나 감사합니까? 대표적으로 세 가지를 말씀하셨는데요.

'네 이웃을 향해서는 구제하라.'

'하나님을 향해서는 기도하라.'

'나 자신을 향해서는 금식하라.'

우리의 상을 위하여 구제와 기도와 금식을 말씀하고 있는데요, 이것은 전부가 다 우리 신자들의 경건 생활을 말씀하고 있는 것입니다.

딤전4:8 '오직 경건에 이르기를 연습하라 육체의 연단은 약간의 유익이 있으나 경건은 범사에 유익하니 금생과 내생에 약속이 있느니라'

경건 생활은 장차 하늘의 상과 연결되어 있어요. 그러므로 여러분, 오늘 우리는 얼마나 큰 특권을 가진 자들입니까? 장차 주님 앞에 섰을 때 상이 있다는 것을 알고 있고, 또 무엇을 해야 상을 받을 수 있다는 것까지도 알고 있고 그것을 미리 준비하면서 살 수 있으니 말입니다. 시험을 치는데 네 이웃에 대한 문제는 이미 주어졌지요.

마25:35~36 '내가 주릴 때에 너희가 먹을 것을 주었고 목마를 때에 마시게 하였고 나그네 되었을 때에 영접하였고 벗었을 때에 옷을 입혔고 병들었을 때에 돌아보았고 옥에 갇혔을 때에 와서 보았느니라'

아니, 우리가 언제 그렇게 하였습니까? '여기 네 형제 중에 지극히 작은 자하나에게 한 것이 곧 내게 한 것이니라'

내 이웃을 돌아보는 것이 주님을 대접하는 것과 똑같다고 했으니까 우리가 상 받을 거리는 무궁무진 있습니다. 그러므로 우리는 어떻게 상을 받을 것인가만 생각하면 되지, 상 받을 거리가 없을 것을 걱정할 필요는 없습니다.

오늘 우리 주위에 도움의 손길을 펼쳐야 할 곳이 너무너무 많으니까.

그러면 오늘 우리의 이웃을 향한 구제가 어떻게 할 때 상이 된다고 했습니까?

'사람에게 보이려고 그들 앞에서 너희 의를 행하지 않도록 주의하라 그리하지 아니하면 하늘에 계신 너희 아버지께 상을 받지 못하느니라'

우리는 장차 하늘에서 상 받기 위해 신앙생활 하는 것이니까 장차 하나님으로부터 상을 받으려면 사람에게 보이려고 외식적으로 하지 말고 하나님 앞에서 진실되게 행하라고 했는데요. 하나님은 우리 마음 중심을 보시는 분이니까.

왜 이렇게 해야 되느냐에 대해서는 말씀드릴 필요가 없습니다. 말씀드리지 않아도 여러분들이 다 알고 있으니까. 그러므로 오늘 우리가 생각하려고 하는 것은 딱 하나, 왜 우리가 다 알고 있음에도 불구하고 이것이 잘 안 되는가 하는 것입니다. 당연한 일임에도 불구하고 안 된다면 그 이유가 있을 것 아니에요.

그 이유는 먼저 결론부터 말씀드려서 우리 인간의 연약함 때문에 그렇습니다. 죄인인 우리 인간의 타고난 약함 때문에 상을 잃어버려요. 그러면 여러분, 우리 인간에게 있어서 가장 약한 부분이 무엇입니까?

그것은 바로 나를 자랑하고 나타내고자 하는 마음인데요, 그래서 인정받는 것에 약하고 칭찬에 약하고 인기에 약합니다.

여러분들은 어떤지 모르겠습니다만 제 자신의 경우를 보면, 저를 인정해 주고 칭찬해 주는 사람은 그렇게 좋은데, 반대로 저를 못났다고 그리고 막 깎아내리고 하는 사람은 그렇게 미울 수가 없어요.

나는 주의 종이니까 영향을 안 받아야지, 하면서도 결국은 영향을 받더라고요. 어때요, 여러분. 여러분에게는 이 약점이 없습니까? 있지요. 정도의 차이는 있지만 사람이면 누구나 다 있습니다. 그러면 이 약점이 왜 문제가 됩니까?

그 이유는 우리 그리스도인의 변화된 신분 때문인데요. 여러분, 우리 그리스도인은 어떤 신분입니까?

'이제는 내가 산 것이 아니요 오직 내 안에 그리스도께서 사신 것이라'

예수를 나의 구세주로 영접함으로 주인이 바뀌었다는 것입니다.

그러므로 나를 기쁘게 하기 위해 사는 자들이 아니라 내 안에 주인 되시는 주님을 기쁘시게 하면서 살기로 한 자들이라는 것인데요.

그러니 인정을 받아도 그렇고, 칭찬을 받아도 그렇고, 모든 영광을 누구에게만 돌려야 합니까? 마땅히 주인 되시는 주님께 돌려야 합니다. 내가 가로채면 안 돼요. 그럼에도 불구하고 만약 우리가 내가 인정받기 위해 칭찬에 약하고 인기에 약하다면 이것은 주인이 아니라 누구에게 영광을 돌리는 결과가 됩니까?

나지요, 나. 내가 기분 좋아하고 내가 즐거워하는 것이니까 주님께 영광을 돌리는 것이 아닙니다. 저는 이러한 일들을 오늘 우리 주위에서 너무 많이 보는데요, 자기 주제를 잊어버려서 그렇습니다.

여러분, 예수님이 나귀를 타고 예루살렘 성에 입성하실 때 사람들이 종려나무 가지를 흔들면서 '호산나 다윗의 자손이여' 하며 찬송했는데 이때 만약 예수님을 태운 나귀가 무엇이 된 줄 알고 으스대면 그것 되겠습니까? 안 되지요. 절대 안 됩니다.

오늘날 대부분 하나님의 손에 쓰임 받는 종들을 보면 그 첫출발이 아주 보잘것이 없었어요. 뭐 하나 내놓을 게 없는 사람들입니다. 100% 하나님이 은혜를 베푸셔서 능력이 나타나게 하고 그의 이름을 높여 놓고 부귀와 명예까지 다 얻게 해 주셨는데요, 그럼에도 불구하고 문제는 이 영광을 하나님께 돌리지 않는다는 것입니다. 물론 처음에는 모든 영광을 하나님께 돌렸지요. 그러나 세월이 지나면서 점점 인기와 칭찬이 높아지니까 어느 순간부터 자기 영광으로 가로채기 시작합니다. 자기에게 인기가 있고 자기에게 칭찬이 있는 것으로 착각한다는 것이지요. 그래서 나중에는 완전히 주인이 바뀌어 버리는데요. 제가 알고 있는 분들 중에도 그런 분들이 있습니다. 처음 시작은 너무나 순수하고 겸손하게 잘 했는데 어느 날부터인가 주인이 바뀌어 버렸어요. 분명히 주님께 영광을 돌려야 함에도 불구하고 자기가 인정받으려고 하고 자기가 칭찬받으려고 하고 그래서 이 일을 위해서는 무슨 짓이든 다 하려고 합니다.

완전히 주인이 바뀐 것인데요. 그런데 참 이상한 것은 이 인기와 칭찬은 한번 맛들이면 빠져나오지를 못한다는 것입니다. 인기스타들이 인기에 취한다고 하지 않습니까. 영적으로도 마찬가지 인기에 한 번 취하면 헤어 나오지를 못하는가 봐요. 그래서 이때부터 사람이 어떻게 바뀝니까? 인기의 노예가 되지요. 인기를 누릴 수만 있으면 못 할 일이 없습니다. 자기를 나타내고 과시할 수 있는 일이라면 무슨 일이든 서슴없이 하는데요.

분명히 겉으로는 주의 일을 한다고 하는데 그 내용은 자기 사업을 하고 있는 것입니다. 그래서 성도들이 이것 보고 뭐라고 합니까? 아! 저분이 처음에는 안 그랬었는데 갑자기 저렇게 변해 버렸다고, 참 이상하다고. 맞아요. 자기 의와 자기 자랑이라고 하는 것이 이렇게 무섭습니다. 꼭 최면에 걸리는 것 같고 마약을 먹는 것과 같습니다. 한번 취하고 나면 어떤 수단과 방법을 다 동원해서라도 그 인기를 유지하려고 해요.

우리가 알다시피 천사장 루시퍼가 타락할 때도 똑같지 않습니까. 처음에는 하나님 가까이에서 하나님을 찬양하는 찬양대장이었어요. 그러나 자기 인기가 높아가고 부와 명예가 한 손에 쥐어지니까 교만해 가지고 하나님의 자리에까지 올라 하나님을 대적하다가 음부의 자리까지 떨어지고 말았는데요. 구약에 나오는 사울 왕이 꼭 그렇지요.

처음에는 겸손했던 사람이 사람들로부터 인기를 얻고부터는 자기가 하나님의 자리에 앉아 버렸어요. 그래서 하나님의 명령에 자기 멋대로 불순종하다가 가장 비참하게 망하고 말았습니다.

그런데 여러분, 이 문제만큼은 우리 중에 아무도 장담할 수 없다는 것인데요.

왜냐하면 우리 인간은 원래부터가 자기 자랑을 좋아하기 때문에 그렇습니다. 한국 기독교 역사상 최고의 인기를 누렸던 조용기 목사님. 최고의 스타가 되다 보니까 주위의 시기와 질투로 많은 욕을 얻어먹은 분인데요. 그러나 저는 한 번씩 조 목사님을 욕하는 그분들을 그 자리에 앉혀 놓으면 어떻게 될까 하고 생각해 보는데, 제가 볼 때는 아마 그 열 배일지 모릅니다.

그래서 저는 어떤 면에서 조 목사님을 참 위대한 인물로 보는데요. 왜냐하면 목사 되고 60년을 넘게 그 인기를 누리고 있는데도 아직까지 버티고 있으니까. 보통 사람 같으면 벌써 교주 됐습니다.

저 같은 사람은 지금 별 볼 일 없으니까 그렇지, 만약 저에게도 그렇게 높은 인기와 명예가 주어졌다면 60년 이상을 변함없이 유지할 수 있겠는가. 자신 없어요. 하나님이 특별한 은혜를 주시면 모를까, 도무지 자신할 수가 없을 것 같습니다.

어쨌든 여러분, 제가 지금 말씀드리려고 하는 핵심은 이것입니다. 우리 인간은 자기 의와 자기 자랑에 너무나 약하기 때문에 하나님 앞에서 상을 받기 위해서는 구제할 때에 어떻게 하라고요?

'오른손이 하는 것을 왼손이 모르게 하여 네 구제함을 은밀하게 하라 은밀한 중에 보시는 너의 아버지께서 갚으시리라'

예수님 당시의 종교지도자들인 바리새인들은 구제를 열심히 했는데 전부 다 사람에게 보이기 위해서 회당이나 길거리에서 나팔을 불며 했다는 것입니다. 그래서 그들은 사람들로부터 이미 상을 받았으니까 너희가 하늘의 상을 받기 원한다면 오른손이 하는 것을 왼손이 모르도록 은밀하게 하라고 했는데요. 이 말씀은 우리가 구제할 때에 도둑고양이처럼 몰래 하라는 말이 아닙니다. 왜냐하면 오른손이 구제하는 것을 왼손이 모르게 하는 것은 불가능하기 때문인데요. 그러므로 이 말씀은 남이 알고 모르고가 아니라 구제의 동기가 바뀌지 않게 하라는 것입니다. 다시 말해서 분명히 주인이 따로 있으니까 내가 주인인 것처럼 하지 말라는 거예요. 우리 그리스도인들은 분명히 내가 구제하고 있는 것 같지만 실제는 나의 주인 되시는 주님이 하시는 일입니다.

그러므로 우리는 내가 주인이 아니니까 내가 자랑 받으려고 해서는 안 돼요.

반드시 주님께 영광을 돌려야 합니다. 이런 의미에서 구제는 우리가 할 수만 있으면 은밀하게 하는 게 좋다는 것인데요. 왜냐하면 사람에게 알려지면 자랑하고 싶으니까, 하나님을 위해서가 아니라 너 자신을 위해서 그렇게 하라는 것입니다.

그러면 이제 마지막으로 오늘 우리의 구제가 나의 자랑이 되지 않게 하기 위해서는 어떻게 해야 할까요? 그 비결은 한마디로 철저한 청지기 의식입니다. 고전 4장에 나오지요.

'누가 너를 구별하였느뇨 네게 있는 것 중에 받지 아니한 것이 무엇이뇨 네가 받았은즉 어찌하여 받지 않은 것 같이 자랑하느뇨'

여러분, 내 것 가지고 자비를 베풀었다면 그것은 자랑할 것이 있어요. 그러나 남의 것을 가지고 내가 생색을 내거나 내가 영광을 받는다면 이것은 문제가 됩니다. 그러면 여러분, 오늘 우리가 누구입니까? 예수 그리스도의 종입니다.

내가 주인이 아니에요. 우리의 주인이 따로 있습니다.

나의 생명마저도 내 것이 아니에요. 우리에게 주어진 것은 전부가 다 주인으로부터 맡겨진 것입니다. 그래서 성경은 분명히 말씀하고 있습니다.

눅12:48 '무릇 많이 받은 자에게는 많이 찾을 것이요 많이 맡은 자에게는 많이 달라 할 것이니라'

예수님이 장차 이 땅에 다시 오셨을 때 우리 신자들을 심판하는 기준인데요.

모든 것의 주인이 그분이니까 우리가 주인의 것을 어떻게 관리했는가를 분명히 따지겠다는 것입니다.

맞아요. 여러분, 오늘 우리는 청지기인데 만약 주인의 것을 내 것인 양 으스대고 그러면 되겠습니까? 절대 안 되지요. 청지기는 오로지 주인의 뜻에 순종할 뿐입니다.

이것은 선교횃불회를 운영하고 있는 최순영 장로와 이형자 권사 부부가 잘하고 있는데요. 그분의 말이 그렇습니다.

자기는 지금도 자기를 위해서 돈을 쓸 때는 아까워서 잘 못 쓰는데 하나님이 필요하다고 했을 때는 지금까지 한 번도 'NO'라고 해 본 적이 없다고 했습니다. 왜냐 자기는 단지 청지기에 불과하니까. 이형자 권사님은 우리 한국 기독교 100대 인물 중의 한 분입니다.

그러면 여러분, 오늘 우리도 청지기 의식을 가지고 다른 사람을 구제하고 있습니까? 그렇다면 하나님 앞에 크게 감사해야 할 제목입니다.

왜냐하면 그것은 우리 인간의 마음이 아니라 하나님이 주신 마음이니까. 우리가 알다시피 내 주머니에서 돈 나오는 일이 내 힘으로 할 수 있는 일이 아니잖아요. 하나님을 바라보는 신앙의 힘이 아니면 나오지 않습니다.

세상 사람들이 알아주든 말든 기꺼이 구제할 수 있는 이유는 전적으로 하나님을 주인으로 인정하고 하나님을 바라보는 신앙이 있기 때문이에요.

그런데 이것은 은혜요, 하나님이 주신 마음입니다.

그러므로 우리의 모든 신앙행위가 사람이 보기 때문이 아니라 하나님 앞에서 하나님의 은혜로 하게 되시기를 바랍니다.

위대한 사도 바울이 고백했지요.

고전15:10 '나의 나 된 것은 하나님의 은혜로 된 것이니 내게 주신 그의 은혜가 헛되지 아니하여 내가 모든 사도보다 더 많이 수고하였으나 내가 아니요 오직 나와 함께 하신 하나님의 은혜로라'

올바른 기도의 태도와 내용
(마6:5~13)

하나님은 우리의 마음 중심을 살피신다고 하는 것, 이것은 설명할 필요가 없습니다.

삼상16:7 '사람은 외모를 보거니와 여호와는 중심을 보느니라'

그런데 문제는 우리가 이 사실을 잘 알고 있음에도 불구하고 우리에게 있어서 가장 하기 어려운 일 중에 하나가 우리의 마음을 하나님 앞에 쏟아 놓는 일인데요. 이게 그렇게 힘들고 어려워요. 아니, 저는 성령의 도우심이 없이는 절대 불가능하다고 봅니다.

제가 어떤 책을 보니까 일평생 동안 목회를 하신 아버지가 자기 아들이 목사가 되겠다고 했을 때 두 가지 고충을 말했다고 했는데요.

목사는 두 가지가 어렵다. 하나는 설교 준비하는 게 어렵고, 또 하나는 새벽기도 하는 게 어렵다. 맞아요. 여러분, 목회를 하는 데 이 두 가지가 특히 어려운 게 틀림없습니다. 그러나 저는 여기에 한 가지 더 보태고 싶은데요, 그것은 바로 기도하기가 어렵다는 것입니다. 물론 이때의 기도는 기도하는 것 자체가 어렵다는 것이 아니라, 매 순간순간마다 마음을 쏟아 하나님 앞에 아뢰기가 어렵다는 말입니다. 왜냐하면 목사는 매일매일 예배를 인도해야 하고, 또 똑같은 일을 계속 반복하다 보니까 습관적이 되어 마음을 계속 쏟아 내는 것은 결코 쉬운 일이 아니기 때문인데요. 어때요, 여러분. 여러분들은 마음을 쏟아 내는 기도가 쉽습니까? 결코 쉽지 않습니다.

신앙생활이 오래되면 오래될수록 마음을 쏟아 내는 이게 어려워요. 그러면 오늘 본문의 내용이 무엇입니까? 기도에 대한 것인데 너희가 기도할 때 이렇게 하라고 예수님이 직접 가르쳐 주신 내용입니다. 이 말씀을 생각하기 전에 먼저 한 가지 알고 있어야 할 것은 우리가 기도라고 했을 때 맨 먼저 전제되어야 하는 것이 무엇입니까?

두 가지인데요. 첫째 하나는 내 기도를 듣는 분이 있어야 하고, 그다음 또 하나는 내 기도를 듣는 분이 응답할 수 있는 능력이 있어야 합니다.

너무나 당연한 이야기입니다만, 듣는 분이 없는 기도 할 필요가 없고요, 들어도 응답할 수 없다면 그 기도도 의미가 없습니다. 다시 말해서 기도는 반드시 듣는 분이 있어야 하고 또 그 듣는 분이 꼭 응답하신다고 하는 이 전제하에 할 수 있는 게 기도입니다.

그래서 성경 약1:6~7을 보면 '오직 믿음으로 구하고 조금도 의심하지 말라 의심하는 자는 마치 바람에 밀려 요동하는 물결 같으니 이런 사람은 무엇이든지 주께 얻기를 생각하지 말라'고 했는데 응답 받을 확신이 없는 기도는 더 이상 기도가 아니라는 것입니다.

그러므로 이렇게 기도는 반드시 응답되는 것이라고 전제했을 때 이때 가장 중요한 것은 바로 기도를 받으시는 분의 마음에 합해야 한다는 것이지요. 기도를 응답하시는 분은 그분이시니까, 내 뜻대로가 아니라 기도를 받으시는 그분의 뜻대로 구해야만 응답받을 수가 있습니다.

여러분, 한번 생각해 보세요. 아이가 부모에게 무엇을 해 달라고 막 조른다고 다 들어줍니까? 아니요, 아무리 조르고 매달리고 발버둥을 쳐도 아버지의 뜻에 맞아야 들어주지, 무조건 들어주지는 않습니다.

꼭 마찬가지로 우리의 기도가 반드시 응답된다고 전제했을 때 응답하시는 분은 그분이시니까 그분의 뜻대로 구해야 해요. 내 뜻을 관철시키는 것이 아니라 그분의 뜻에 맞아야 응답되니까.

요일5:14~15 '그를 향하여 우리가 가진 바 담대함이 이것이니 그의 뜻대로 무엇을 구하면 들으심이라 우리가 무엇이든지 구하는 바를 들으시는 줄을 안즉 우리가 그에게 구한 그것을 얻은 줄을 또한 아느니라'

그러면 여러분, 우리는 과연 어떻게 기도해야 그분의 뜻에 맞게 할까요? 크게 두 가지입니다. 첫째 하나는 기도의 태도가 바로 되어야 하고요, 그 다음 또 하나는 기도의 내용이 바로 되어야 합니다. 이 두 가지 중 어느 것 하나가 안 되어도 우리의 기도는 응답받을 수 없어요. 그러면 여러분, 무엇이 바른 기도일까요? 너무 감사하게도 오늘 본문에서 예수님이 이 두 가지를 자세하게 말씀해 주셨고, 또 친히 기도의 모범까지 보여 주셨습니다. 그러므로 우리는 기도를 어떻게 해야 하는가 하는 문제 때문에 어려움을 당할 필요는 없어요. 왜냐 예수님이 직접 다 말씀해 주셨고 또 친히 본을 보여 주셔서 그대로 따라만 하면 되기 때문입니다. 그러면 여러분, 먼저 첫째로 바른 기도의 태도란 어떤 것입니까? 이것을 알기 위해서는 먼저 바른 기도의 태도가 아닌 것이 무엇인가부터 살펴봐야 하는데요.

여러분, 오늘 본문에서 예수님이 가장 싫어하는 기도의 태도는 어떤 것이라고 했습니까?

'너희는 기도할 때에 외식하는 자와 같이 하지 말라, 그들은 사람에게 보이려고 회당과 큰 거리 어귀에 서서 기도하기를 좋아하느니라'

외식하는 기도, 사람에게 보이려고 하는 기도라고 했습니다. 그러니까 우리가 기도할 때 꼭 기억해야 할 것은 우리의 기도가 사람들이 보라고 하는 기도가 되어서는 안 된다는 거예요. 왜냐 기도를 듣는 분은 사람이 아니라 하나님이니까. 그러면 이제 제가 한 가지 물어봅시다. 여러분, 우리가 기도해 보면 기도하기가 쉬워요? 어려워요? 어렵습니다.

그러면 왜 어렵지요? 다른 사람이 듣기 좋게 하려고 하니까 어려워요. 그냥 하나님하고 나하고 일대일로 하려고 하면 쉬운데 다른 사람이 듣기 좋게 하려고 하니까 어렵습니다. 그래서 보통 우리가 교회 안에서 '기도 좀 하시죠' 하면 뭐라고 합니까? '저 기도 못 해요', '저 기도할 줄 몰라요'라고 하는데, 사실은 무엇을 할 줄 모른다는 말입니까? 예, 다른 사람이 듣기 좋게 할 줄 모른다는 말입니다. 혼자서는 얼마든지 할 수 있어요. 하루 종일, 밤을 새워 가면서도 할 수 있습니다. 그러니까 다른 사람이 듣기 좋게 하기가 어렵다는 말이에요.

그런데 감사하게도 지금 예수님은 어떻게 기도하는 것이 바른 기도의 태도라고요? '너는 기도할 때에 네 골방에 들어가 문을 닫고 은밀한 중에 계신 네 아버지께 기도하라 은밀한 중에 보시는 네 아버지께서 갚으시리라'

이 말은 문자적으로 자기 집에다가 기도의 골방을 만들라는 이야기가 아닙니다. 만약 그렇다면 단칸방에 사는 사람은 일평생 기도할 수 없잖아요. 그러니 너희가 기도할 때는 사람 앞에서 사람이 듣기 좋도록 하려고 하지 말고 한 마디를 할지라도 하나님 앞에서 하나님이 들으시게 하라는 말씀입니다. 사람 앞에서 외식하지 않고 하나님 앞에서 진실되게 하는 기도, 이것이 기도의 골방입니다. 그러므로 여러분, 예수님이 어떻게 기도하셨는가를 한번 보세요.

마지막 겟세마네 동산에서 기도하실 때 혼자 가만히 가서서 몰래 기도하셨습니까? 아니요, 베드로와 야고보와 요한, 이 세 제자를 함께 데리고 갔습니다. 그리고는 내가 저쯤 가서 기도할 테니까 너희도 함께 기도해 달라고 기도 부탁까지 했어요. 뿐만 아니라 히5:7을 보니까 혼자 조용조용 기도한 것이 아니라 심한 통곡과 눈물로써 기도했다고 했습니다.

그러니까 뒤에 제자들이 예수님이 무슨 내용으로 기도했는지 다 알고 성경에 기록할 수 있을 정도로 큰 소리로 부르짖는 기도를 하셨어요. 그러나 그럼에도 불구하고 그 기도의 태도는 어떠했습니까?

제자들 들어 보라고 한 기도입니까? 아니면 하나님 앞에서 일대일로 한 기도입니까? 누가복음에 보니까 땀방울이 변하여 핏방울이 되었다고 했으니까 이것은 절대 남에게 보이기 위한 기도가 아닙니다. 그야말로 마음을 쏟고 혼신의 힘을 다 쏟을 때 나타날 수 있는 현상이에요.

그러므로 여러분, 기도는 두 가지밖에는 없어요. 다른 사람 들어 보라고 하는 기도가 있고, 하나님 앞에서 내 마음의 중심을 토하는 기도가 있는데요. 그런데 내 마음의 중심을 토하는 기도는 그 특징이 가식과 외식이 없다는 것입니다. 가장 평범하면서도 가장 간단하고 진실된 기도예요.

'아버지여 할 만하시거든 이 잔을 내게서 옮기시옵소서 그러나 나의 원대로 마옵시고 아버지의 원대로 하옵소서'

조금도 가식이 없습니다. 그냥 자기의 마음에 있는 그대로를 쏟아 놓고 있을 뿐입니다. 조금도 꾸며서 하려는 게 없어요. 그러나 이에 반해서 남들이 보라고 하는 기도는 어떻습니까? 그 특징이 한결같이 길다는 거예요. 길기는 엄청 긴데 마음이 실리지 않으니까 그런 기도를 듣고 있으면, '아이고! 빨리 좀 안 끝나나' 기도가 끝나기를 학수고대하며 기다리게 됩니다. 왜냐 마음이 안 실려 있어서 동의가 안 되기 때문에 그래요.

그러므로 여러분, 기도의 태도에 있어서 가장 중요한 것은 바로 우리의 마음 중심을 그대로 쏟아 놓는 것이 되어야 합니다. 사람 들어 보라고 하는 것이 아니고 하나님 앞에서 하는 것이 기도니까.

우리는 이제 더 이상 '나는 기도하지 못합니다' 할 수 없습니다.

그다음 또 하나 하나님이 기뻐 받으시는 바른 기도의 내용인데요, 과연 하나님에게 어떤 내용의 기도를 아뢰어야 할 것인가? 이것도 마찬가지 하나님이 가장 듣기 싫어하는 기도의 내용을 살펴보면 금방 숙제가 풀립니다.

'기도할 때에 이방인과 같이 중언부언하지 말라 그들은 말을 많이 하여야 들으실 줄 생각하느니라'

'중언부언'하지 말라고 했는데요, 중언부언은 마음에 없는 말을 습관적으로 계속 반복해서 하는 것을 말합니다. 그냥 아무 뜻 없이 중 염불 외우듯이 하는 기도, 이것은 우상을 숭배하는 이방인들이 주로 하는 기도인데요.

그런데 문제는 오늘 우리 믿는 신자에게 있어서도 이상한 버릇이 하나 있는데 그것은 기도는 무조건 말을 많이 해야 되는 줄로 안다는 것입니다. 그래서 기도하라고 하면 어떤 분은 창세기부터 요한계시록까지 설교하는 분이 있고, 또 어떤 분은 같은 말을 아무 뜻도 없이 장단 맞추듯 계속 반복하는 기도가 있는데요. 그런데 이런 기도는 예수 믿는 사람들이 하는 기도가 아니고 예수 믿지 않는 우상 섬기는 사람들이 하는 기도라는 것입니다.

우리가 알다시피 불교에서는 새벽마다 목탁 두드리면서 습관적으로 계속 반복하여 반야심경을 외우지요. 그러나 여러분, 우리가 믿는 하나님은 말을 많이 해야 들으시는 것이 아니라 한마디를 해도 중심으로 토하는 기도를 들으십니다.

그러니까 기도의 양이 아니라 기도의 무게예요.

여러분, 예수님이 겟세마네 동산에서 한 기도의 내용이 무엇입니까?

기도의 내용은 딱 한 가지였습니다. 아버지의 뜻을 알고자 하는 기도.

'할 만하시면 이 잔을 내게서 옮기시옵소서 그러나 내 뜻대로 마옵시고 아버지 뜻대로 되기를 원합니다'

너무나 간단한 내용인데 이것을 1시간, 1시간, 1시간, 총 3시간이나 반복했어요. 그러면 이것이 중언부언이었는가? 아니요.

생명을 바친 그야말로 땀방울이 변하여 핏방울이 될 정도로 마음 중심을 쏟은 기도였습니다. 중언부언 반복한 것이 아니라 전부 하나님과 직접 대화하는 내용입니다. 하나님 앞에서 하나님을 실감하는 가운데 서로 주고받고 하는 교제예요. 서로 대화를 주고받듯이 하니까 여기에 중언부언이 있을 수 없습니다.

여러분, 자식이 아버지 앞에 아뢴다고 한번 생각해 보세요.

무슨 꾸미는 말이 필요하며 무슨 반복하는 말이 필요합니까? 오로지 아버지에게 내 뜻을 전달하고 아버지의 뜻만 알면 되지.

8절 '그들을 본받지 말라 구하기 전에 너희에게 있어야 할 것을 하나님 너희 아버지께서 아시느니라'

놀랍게도 우리가 구하기 전에 하나님은 우리에게 무엇이 있어야 할 것을 다 안다고 했는데요. 그러면 여러분, 하나님이 다 아시면 그냥 들어주시면 되지, 왜 우리에게 기도를 요구하실까요? 그 이유는 우리를 만나 함께 교제하기 위해서입니다.

어때요, 기도하지 않고도 응답된다면 우리가 하나님을 알 수 있겠습니까? 절대 알 수 없지요. 우리의 마음을 쏟아 기도할 때 하나님이 그 기도에 응답하심으로 하나님을 알 수 있습니다. 그래서 우리와 만나서 교제하는 것을 하나님이 가장 원하세요.

계3:20 '볼지어다 내가 문밖에서 두드리노니 누구든지 내 음성을 듣고 문을 열면 내가 그에게로 들어가 그와 더불어 먹고 그는 나와 더불어 먹으리라'

여기서 더불어 먹는다는 말은 함께 교제하는 것을 말합니다. 그러니까 우리 주님이 가장 좋아하는 것이 우리와 사랑을 나누는 교제예요. 오늘 우리가 자식 키우는 것하고 똑같습니다.

그러므로 오늘 우리도 하나님 앞에 기도할 때는 정말 하나님을 만나서 사랑의 대화를 나누듯이 주고받고 할 수 있어야 하는데요. 우리의 기도가 중언부언이 되지 않게 하기 위해서 어떻게 기도하라고요. '너희는 이렇게 기도하라'

우리로 하여금 중언부언하지 않게 하기 위해서 주신 기도의 모본이 바로 주기도문입니다. 물론 이것은 하나의 기도의 틀이기 때문에 이런 식으로 하라는 것이지, 주문 외우듯이 꼭 이것만 외우라는 것은 아닙니다.

그러면 여러분, 주님이 주기도문을 통하여 우리에게 가르치고자 하는 내용이 무엇입니까? 크게 두 부분인데요.

하나님을 향해서 3가지, 나를 향해서 3가지, 총 6가지인데요. 이것을 한 마디로 요약하면 너희는 먼저 그의 나라와 그의 의를 구하라, 그리하면 모든 것을 더해 주시겠다는 것입니다. 그러므로 오늘 우리가 주기도문의 내용을 따라 하늘나라와 그의 의를 먼저 구함으로 모든 것을 더함 받는 복을 받게 되시기 바랍니다.

보물을 땅에 쌓지 않고 하늘에 쌓는 자
(마6:19~24)

여러분, 우리 예수 믿는 사람이 예수 믿지 않는 세상 사람들과 무엇이 다를까요? 오늘 예수님이 선을 하나 그어 주셨는데요. 보물을 하늘에 쌓는 자가 예수 믿는 사람이고, 보물을 땅에 쌓는 자가 예수 믿지 않는 사람이라고 했습니다. 그러면 여러분, 오늘 우리는 지금 보물을 어디에 쌓고 계십니까?

이 땅입니까? 저 하늘입니까? 이것을 생각하기 전에 먼저 보물이 무엇입니까? 24절을 보니까 재물이라고 했는데 쉽게 말해서 돈이지요.

그런데 돈을 하나님과 대비시키고 있으니까 돈은 신입니다. 세상 사람들이 봤을 때 최대의 신이 돈이에요. 돈을 제2의 생명이라고 했으니까. 생명만큼 귀하게 여기는 것이 돈이라는 것입니다.

그러므로 타락한 우리 인간에게 있어서는 돈이 대단한 위험성을 갖고 있는데요. 첫째 하나는 '네 보물이 있는 곳에 네 마음도 있느니라'

돈은 우리의 마음을 사로잡을 수 있는 힘이 있다고 했습니다. 그래서 돈이 일단 우리의 마음을 사로잡으면 무슨 일이든 할 수 있다는 것인데요. 여러분, 오늘날 교도소에 앉아 있는 수많은 재소자들 가서 한번 물어보세요. 왜 거기 앉아 있는지. 돈에 마음이 빼앗겨서 그래요.

딤전6:10 '돈이 일만 악의 뿌리가 되나니'

돈에 일단 마음을 빼앗기고 나면 하지 못할 일이 아무것도 없습니다. 여러분, 세상에서 저질러지고 있는 모든 부정과 불의와 불법에 돈하고 관련되지 않은 것이 무엇이 있습니까. 전부 다 돈하고 관계가 있어요. 그런데 여러분, 이것은 우리 예수 믿는 사람에게도 예외가 아닙니다. 아무리 신앙이 좋던 사람들도 돈에 한번 마음이 뺏기고 나면 금방 돈의 노예가 되고 맙니다.

벌써 여러 해 되었습니다만 짐 베이커 목사와 지미 스와가트 목사라고 미국의 유명한 TV 전도 부흥목사들이었는데 둘 다 돈에 빠져 음행을 저지르다가 결국 도중하차하고 말았습니다. 돈에 마음이 빼앗기면 목사도 소용없어요. 엄청난 힘으로 그 마음을 사로잡아 버립니다.

그러므로 여러분, 우리 예수 믿는 사람은 이 점에서 달라야 하는데요. 마음이 돈에 가 있지 않고 하늘에 가 있어야 합니다. 아무리 입으로 주여, 주여 하면서 성경 찬송 들고 교회 나와도 그 마음이 여전히 돈에 가 있으면 이 사람은 가짜예요. 결코 하나님 나라에 들어갈 수 없습니다.

그다음 또 하나, 돈이 갖고 있는 위험성은 '눈은 몸의 등불이니 그러므로 네 눈이 성하면 온몸이 밝을 것이요 눈이 나쁘면 온몸이 어두울 것이니'

여러분, 보물 이야기 하다가 왜 갑자기 눈 이야기가 나옵니까? 그 이유는 간단합니다. 돈은 우리의 영적 눈을 어둡게 하는 특징이 있기 때문에 그렇습니다. 일단 돈에 우리의 마음을 빼앗기고 나면 도무지 영적인 것을 바로 보지 못해요. 그 대표적 예가 바리새인들 아닙니까. 이들은 입만 벌리면 하나님을 찾고 일주일에 두 번씩 금식기도를 하고 성경을 줄줄 외우고 있었지만 돈에 정신 팔려 버리니까 영적으로 완전히 깜깜합니다. 그들이 그렇게 기다려 온 메시아를 바로 눈앞에 놓고도 알아보지 못했고, 예수님이 이제 곧 이스라엘 나라가 망한다고 해도 전혀 깨닫지를 못하고 있습니다. 완전히 암흑이에요. 여러분, 저도 정말 슬픈 경험을 갖고 있는데요.

제가 처음 은혜를 받고는 주님 없이는 살 수 없을 것 같았는데 돈벌이에 정신이 팔리고 나니까 얼마나 영적으로 어두워져 버리는지 맨날 회개의 제목이 '주여, 돈에 노예가 되지 않게 하옵소서'였습니다.

돈은 점점 많아지는데 영적 눈이 점점 어두워지니까 얼마나 심령이 괴로운지.

그다음 세 번째로 돈이 갖고 있는 위험이 무엇입니까?

'한 사람이 두 주인을 섬기지 못할 것이니 혹 이를 미워하고 저를 사랑하거나 혹 이를 중히 여기고 저를 경히 여김이라 너희가 하나님과 재물을 겸하여 섬기지 못하느니라'

제가 처음에 말씀드렸죠. 돈은 신이라고. 하나님하고 맞견줄 수 있는 것은 돈밖에 없습니다. 그래서 돈은 하나님 행세를 기가 막히게 잘하는데요, 마치 돈이 우리의 주인인 것처럼 또 돈이 우리의 모든 생사화복을 주관할 수 있는 것처럼 착각하게 만듭니다. 여러분, 솔직히 한번 대답해 보세요. 지금 천만 원 이 든 예금통장하고 하나님하고 있다면 어느 것이 내 마음을 더 든든하게 해 줍니까? 예금통장입니까? 하나님입니까? 어느 거예요?

한 부자 청년이 예수님을 찾아와서 묻습니다. '어떻게 하면 영생을 얻으리이까' 이때 예수님의 대답입니다. '네가 가진 재산을 다 팔아 가난한 자들에게 나누어 주라 그리하면 하늘에서 보화가 있으리니 그리고 와서 나를 쫓으라' 그러자 이때 부자 청년이 어떻게 했다고요, '그 청년이 재물이 많음으로 근심하며 가니라' 무엇입니까?

돈이 주인이에요. 돈이 하나님보다 앞섰습니다. 그러니까 예수님이 이 사람을 놓고 뭐라고 합니까? '낙타가 바늘귀로 들어가는 것이 부자가 하나님의 나라에 들어가는 것보다 쉬우니라' 천국 가는 것이 불가능하다는 말입니다.

여러분, 제가 예언 하나 할게요. 우리가 장차 가는 천국에는 돈을 주인으로 섬겼던 사람은 한 사람도 없을 것입니다. 왜냐하면 낙타가 바늘구멍을 통과할 수 없으니까. 재물이 이렇게 무서운 힘을 가지고 있어요. 천국에도 들어가지 못하게 할 만큼 위험천만한 것이 돈입니다.

여러분, 성경 한번 보세요. 성경에 돈 때문에 망한 인물들이 쭉 나오는데요.

아간, 발람, 게하시, 데마, 가룟 유다, 아나니와 삽비라, 전부 다 돈 때문에 망한 사람들입니다.

그러므로 여러분, 우리가 다른 것은 몰라도 돈 문제만큼은 철저하게 해결해야 하는데요, 지금 예수님이 어떻게 하라고 했습니까?

'돈을 땅에 쌓지 말고 하늘에 쌓으라'고 했습니다. 그런데 여기서 중요한 단어는 19절 '너희를 위하여', 20절 '너희를 위하여'. 하나님을 위해서가 아니에요. 우리 자신을 위해서 보물을 하늘에 쌓으라고 했습니다.

여러분, 오늘 우리는 무엇을 잘 착각합니까? 주님을 위해서 헌금한다고 생각하는 것입니다. 그래서 교회에서 헌금 좀 하라고 그러고, 주를 위해서 무슨 일을 좀 하라고 하면 막 불평, 불만 합니다. 목사가 돈밖에 모르고 헌금만 강요한다고. 그러나 여러분, 이것은 하나님을 몰라도 너무 몰라서 그래요. 왜냐 이 세상에 있는 모든 것이 다 하나님의 것이니까.

'금도 내 것이요 은도 내 것이라' 이 세상에 있는 모든 것이 다 하나님의 것이에요. 그러면 왜 하나님 앞에 나올 때 빈손으로 나오지 말고 예물을 가지고 나오라고 하는가? 그 이유는 재물에 담긴 우리의 마음을 받기 위함입니다. 그 마음을 받고 우리를 축복하시려고.

여러분, 눈깔사탕 이야기 아십니까? 아빠가 아들에게 눈깔사탕 한 봉지를 사 주고 나서는 사탕 하나만 달라고 합니다. 어때요, 여러분, 먹고 싶어서 달라고 합니까? 아니요, 사탕 하나를 줄 수 있는 그 마음을 보려고 그러는 것이에요.

그래서 그 마음을 받고 다음에 또 사주려고, 하나님도 똑같습니다. 우리의 마음을 받으시고 더 축복하시려고 보물을 하늘에 쌓으라고 하시는 거예요.

그러므로 여러분, 하나님께 드려지는 것은 전적으로 우리 자신을 위해서 드리는 것이므로 인색함으로 내는 것이나 억지로 내는 것을 제일 싫어한다고 했습니다. 맞아요. 여러분, 하나님은 즐겨 내는 헌금을 받으시고 축복하세요.

그렇기 때문에 여러분이 처음에는 드리기 힘들어서 억지로 드릴지 모르지만 빨리 감사하는 마음으로 자원하는 마음으로 바꾸어야 합니다.

왜냐하면 하나님을 위해서 드리는 것이 아니라 나를 위해서 드리는 것이니까.

그래서 지금 주님이 보물을 땅에 쌓지 말고 하늘에 쌓으라고 했는데요. 그러면 땅에 쌓는다는 말은 무엇이고, 하늘에 쌓는다는 말은 무엇입니까?

땅에 쌓는다는 말은 첫째 움켜쥘 줄만 알고 도무지 내놓을 줄을 모르는 것을 말합니다. 오래된 이야기입니다만 서울 잠실에 가면 아시아선수촌 아파트가 있는데요, 나라에서 강제로 땅을 매입해서 분양한 아파트입니다.

그래서 그때 땅을 보상해 줄 때의 일인데요. 구청에서 보상해 주는 일을 하고 있던 집사님인데 하루는 할머니 한 분이 찾아왔더래요. 그런데 할머니 말이 일평생 땅을 사기만 했지 한 번도 판 적은 없다고 했습니다. 땅을 수만 평을 갖고 있는 분인데 계속 사 모으기만 했대요. 그날도 보자기를 끌러서 내놓는데 보니까 삶은 옥수수 2개입니다. 일종의 뇌물인데요, 땅 보상 잘해 달라고, 그리고 올 때도 버스 타고 왔다고 했습니다. 뿐만 아니라 아들이 하나 있는데 지금 무엇 하는가? 택시를 운전한다고 했습니다.

그것도 돈을 더 벌기 위해서 밤교대만 한다고 했는데요. 그러니까 이 두 모자는 일평생 땅 사 모으는 재미로 사는 사람들인데 참 불쌍한 사람들입니다.

성경에서는 이런 사람들을 뭐라고 했습니까?

전5:13 '내가 해 아래서 큰 폐단 되는 것을 보았나니 곧 소유주가 재물을 자기에게 해 되도록 지키는 것이라'

참진리입니다. 여러분, 오늘 우리 주위에 돈을 움켜쥐고만 있다가 망한 사람이 어디 한둘입니까? 죽을 때도 제명에 못 죽는 사람이 참 많습니다.

'거기는 좀이나 동록이 해하며 도둑이 구멍을 뚫고' 재물이 이 모양, 저 모양으로 다 빠져나가는 것을 말하는데요. 돈을 버는 사람 따로 있고 돈을 쓰는 사람 따로 있다는 말입니다. 돈은 주인이 없어요. 먼저 쓰는 사람이 임자입니다.

움켜쥐고 있어 봐야 그것이 내 것 될 수는 없어요. 그다음 또 하나 땅에 쌓아 둔다는 말은 돈을 쓰기는 쓰는데 잘못된 목적으로 사용하는 경우입니다.

똑같은 돈인데도 자기가 주인인 줄 알고 자기 욕심대로 자기 멋대로 사용한다면 이것은 엄청난 죄가 된다는 것인데요.

예수님이 직접 말씀하셨죠.

눅12:48 '무릇 많이 받은 자에게는 많이 찾을 것이요 많이 맡은 자에게는 많이 달라 할 것이라'

돈의 주인이 하나님이신데 자기 것인 줄 알고 흥청망청 쓴 사람은 나중에 주인 앞에서 계산할 때 엄청 혼날 것입니다. 그러므로 여러분, 돈의 주인이 자기인 것으로 알고 사는 세상 사람들은 할 수 없지만, 돈의 주인이 하나님인 것을 알고 있는 우리는 절대 돈을 나를 위하여 땅에 쌓을 수 없습니다. 하늘에 쌓아야 해요.

그러면 이제 마지막으로 하늘에 쌓는다는 말이 무엇입니까?

땅에 쌓는 것과 정반대입니다. 물질을 대하는 태도가 완전히 달라요. 첫째는 '나는 나그네다. 그러므로 언젠가는 다 두고 간다'는 생각입니다. 그러니 땅에 쌓아 둘 필요가 없지요. 누구 좋은 일 시키려고 움켜쥐고 있습니까.

그다음 또 하나는 '나는 주인의 것을 맡아서 관리하는 청지기다'라는 의식입니다. 내가 이 세상 사는 동안 주인의 것을 잠깐 맡아서 관리하는 것이니 주인의 뜻대로 사용해야 한다는 것인데요. 우리는 종이니까 내 것이라고는 아무것도 없어요. 주인이 따로 있습니다. 그런데 여러분, 여기에서 우리가 한 가지 주의해야 할 것은 내 것은 아무것도 없다고 하니까 먹지도 말고, 입지도 말라는 말이 아닙니다. 또 돈을 벌지 말라는 이야기도 아니요, 저축도 하지 말라는 이야기가 아니에요. 열심히 최선을 다해서 돈을 벌고 이익을 남겨야 하는데 그 사용하는 방법이 나에게 맡겨 주신 주인의 뜻대로 사용해야 한다는 것입니다.

여러분, 어때요, 하나님이 원하시는 방향을 모르세요? 제가 가르쳐 드릴게요.

첫째는 뭐니 뭐니 해도 선교하고 구제하는 일에 사용해야 합니다. 우리는 살면 전도요, 죽으면 천당이니까 일평생 이 일을 감당해야 해요. 제가 아는 권사님인데요. 할아버지가 돌아가시고 혼자 사시는데 6층짜리 조그마한 빌딩을 하나 갖고 있어서 월세 받아서 살았습니다. 그런데 항상 돈이 없어요. 그래서 월세를 미리 좀 달라고 부탁하기도 한다고 했는데요. 왜 그런가, 자기가 쓸 돈이 없어서가 아닙니다. 계속 퍼 주느라고 그래요. 가난한 사람들, 신학생들이 와서 도와달라고 하면 거절을 못 하고, 어떻게 해서든 도와주려고 그래요. 그래서 이분은 매일매일 전도하고 매일매일 도와주는 재미로 산다고 했는데요, 정말 행복한 권사님입니다.

예수님이 직접 말씀하셨지요.

'여기 내 형제 중 지극히 작은 자에게 한 것이 곧 내게 한 것이니 내 아버지께 복 받은 자여 나아와 창세로부터 너희를 위하여 예비된 나라를 상속하라'

선교하고 구제하세요. 하나님이 정말 기뻐하시고 하늘의 축복이 약속되어 있습니다.

그다음 또 하나 하나님이 기뻐하시는 일은 예수님의 발에 향유를 붓는 일입니다. 마리아가 값비싼 향유를 예수님의 발에 부었을 때 제자들은 그것 팔아서 가난한 사람들에게 나누어 주지 아깝게 허비하느냐고 나무랐습니다. 그러나 예수님은 이 일을 나무라지 않고 오히려 이 일을 대대로 꼭 기념하라고 했는데요. 그러면 여러분, 예수님의 발에 향유를 붓는다는 것은 무엇을 의미합니까?

'신앙고백'이지요. '당신은 나의 주 나의 하나님이십니다' 하는 신앙고백인데요.

여러분, 오늘 우리가 '당신이 나의 모든 것의 주인이십니다' 하고 신앙고백으로 주님께 드리는 것이 무엇 있습니까? 십일조와 감사헌물입니다. 이것은 세상 사람들이 도무지 이해하지 못하는 것인데요. 우리가 가난한 사람들을 구제하고 장학사업을 하고 고아원과 양로원과 병원사업 하는 것은 세상 사람들도 칭찬합니다. 그러나 예수님 발에 향유를 붓는 이 일은 미쳤다고 합니다. 도무지 이해를 못 해요. 여러분, 믿지 않는 남편들이 뭐라고 합니까? '교회는 나가도 십일조 하는 것은 안 돼. 그것 하면 나하고 이혼하는 거야'라고 합니다.

그런데 이때 이 말을 듣고 할 수 없지, 하면서 남편 말 듣고 따라가는데 이것은 같이 망하는 길이에요. 왜냐하면 하나님이 직접 징수하시니까. 한 꺼번에 모아서 그 몇 배로 징수합니다. 하나님의 것 도둑질한 죄로 돈도 깨지고 몸도 상하게 돼요. 또 감사 예물은 어떻습니까? 교회를 건축한다고 하면 두 종류의 사람이 있습니다. 한 사람은 도망가는 사람이 있고요, 또 한 사람은 적금을 들어 가면서까지 악착같이 헌금하는 사람이 있습니다.

어떤 사람은 패물까지 몽땅 바치는 사람이 있는데요, 세상 사람들이 이 해할 수 있습니까? 아니요, 미쳤다고 합니다. '정신이 있나! 없나!' 하는데 요. 그러나 이것은 그야말로 보물을 하늘에 쌓는 일입니다. 예수님이 직접 말씀하셨죠.

막10:29~30 '나와 복음을 위하여 집이나 형제나 자매나 어머니나 아버지나 자식이나 전토를 버린 자는 현세에 있어 집과 형제와 자매와 어머니와 자식과 전토를 백 배나 받되 박해를 겸하여 받고 내세에 영생을 받지 못할 자가 없느 니라'

바라기는 오늘 여러분들이 보물을 하늘에 쌓음으로 이생과 내생에 복 받는 자가 되시기 바랍니다.

당신은 염려하십니까
(마6:24~34)

우리가 세상을 살다 보면 염려를 하고 고민을 하는 때가 많이 있는데요. 아마 우리 중에 나는 염려해 보지 않았다고 할 수 있는 사람은 아무도 없을 것입니다. 저도 과거에 한때 얼마나 고민을 많이 했던지 제 취미가 고민이었어요. 노이로제에 걸릴 정도로까지 고민을 했으니까 참 많이 했습니다. 그러면 여러분, 염려를 해 보시니까 어때요. 도움이 돼요, 안 돼요. 제 경험으로는 도움이 안 됩디다. 아니, 도움은 고사하고 고민할수록 손해만 보는 것이 염려였는데요.

그런데 오늘 본문 말씀에도 보니까 염려를 어떤 것이라고 했습니까?

'너희 중에 누가 염려함으로 그 키를 한자라도 더할 수 있겠느냐'

어때요, 염려할 필요가 있다는 말입니까, 없다는 말입니까? 없다는 말입니다. 왜냐하면 염려를 한다고 해서 우리 키가 1cm라도 더 자랄 수 있는 것이 아니니까. 만약 염려를 해서 키를 더 자랄 수 있게 할 수 있다면 우리 중에 키 작은 사람은 아무도 없을 것입니다. 전부 다 염려를 해서라도 키를 키울 것이니까. 그러므로 성경에서도 염려를 한마디로 '할 필요가 없는 것이다'라고 했는데요. 그러나 이렇게 염려는 아무 쓸데없는 것임에도 불구하고 오늘 우리의 현실은 어떻습니까. 염려를 얼마나 많이 하고 있는지 몸에 병이 날 정도입니다. 밤에 잠을 못 자서 먹는 수면제 종류만 해도 수십 종류가 된다고 했고요, 또 병원에 가 보면 병명은 없는데 몸이 아픈 사람이 있는데 이들을 병원에서는 신경성이라고 해서, 이것은 전부가 다 염려를 너무 많이 해서 생겨난 병이라는 것입니다. 그러면 여러분, 도무지 쓸데없고, 아니 오히려 우리에게 큰 해만 가져오는 염려를 왜 우리가 합니까? 왜 병이 날 정도로 많이 하지요. 그 이유는 24절입니다. '한 사람이 두 주인을 섬길 수 없으므로 하나님과 재물을 겸하여 섬길 수 없다'고 했는데요. 그러니까 성경에서는 오늘 우리가 염려하는 이유를 두 주인을 섬기기 때문이라는 것입니다. 어때요, 여러분, 이 말씀에 동의하십니까? 재물을 주인으로 섬길 때 염려하게 된다는 사실을. 자, 한번 보세요. 두 사람이 있습니다. 한 사람은 하나님을 섬기는 사람이고 또 한 사람은 재물을 섬기는 사람인데 두 사람이 똑같이 농사를 지었어요. 그런데 날이 너무 가물어서 벼가 말라 죽게 되었습니다. 그러면 이때 두 사람이 나타내는 반응이 어떨까요? 우선 하나님을 섬기는 사람입니다.

내가 버둥거린다고 비가 오는 것은 아니다. 비가 오고 안 오고는 전적으로 하나님의 손에 달려 있으니까 모든 염려 주께 다 맡기고 기도나 하자. 그러면 하나님이 자기 자녀를 돌보신다 했으니 반드시 도와주실 거야, 하고는 푹 잠을 잘 수 있습니다. 비가 오고 안 오고가 하나님의 손에 달려 있다고 믿으니까.

그러나 재물을 신으로 섬기는 사람은 어떻습니까? 맡길 수가 없지요. 하나님의 손에 달려 있다고 믿지 않으니까 모든 염려를 자기가 다 짊어집니다. 그리고는 '아이고! 큰일 났네. 비가 안 오니 이제 굶어 죽는구나. 아이고, 어쩌나' 하고는 밤새도록 잠도 못 자고 염려를 합니다. 자신의 운명이 하나님이 아니라 자기가 가진 재물에 있다고 믿으니까 재물이 없어지는 것을 보고 염려를 맡길 수가 없습니다. 그러면 여러분, 이제 대답하세요. 이 사람이 밤새도록 잠을 못 자면서 염려를 했으니까 그다음 날 비가 오지요, 아니요. 비 오는 것하고 그 사람이 염려하는 것하고는 아무 상관이 없어요. 밤새도록 염려를 해 봐야 비 오는 데는 조금도 도움이 되지 않습니다. 그렇지만 이 사람은 염려를 맡길 데가 없으니까 밤새도록 염려하느라 잠을 자지 못해요. 그러므로 여러분, 오늘날 사람들이 왜 염려를 하고 밤에 잠을 자지 못합니까? 그 이유는 돈을 신으로 섬기고 있기 때문입니다. 여러분, 돈이라고 하는 것이 참 묘한 것인데요, 왜냐하면 돈은 있어도 고민, 없어도 고민이기 때문입니다.

어때요, 여러분 생각에는 돈만 있으면 절대 염려가 없을 것 같습니까? 아니에요, 그것은 오해입니다. 돈은 있어도 고민, 없어도 고민이에요. 제가 언젠가 한 번 말씀드린 기억이 납니다만 삼성그룹 창업자이신 이병철 씨라고, 하도 돈이 많아서 돈병철이라고 했는데요. 이분이 말년에 위암으로 수술을 받고 고려병원에 입원해 있었습니다. 그런데 고려병원장이 이병철 씨 첫째 사위인데 예수 믿는 사람입니다. 그래서 마침 자기가 살아는 목사님이 병원에 심방을 왔을 때 부탁을 드렸는데요. 오신 김에 저의 장인어른에게 전도 좀 해달라고 그래서 이 목사님이 이병철 씨를 만나서 간단히 예배를 드리고 난 다음에 물어봤대요. '회장님, 회장님은 사업에 크게 성공하시고 한국 제일의 재벌이 되셨으니까 이제는 아무 염려 없이 행복하시겠습니다.' 그러자 이때 이분의 대답이 무엇인고 하니 '행복하다고요? 아니요, 사실 나는 매일 아침 눈을 뜨면 불안하고 초조합니다' 하고 대답하더라고 했습니다. 너무나 뜻밖의 대답이지요.

여러분, 돈이라고 하는 것이 원래 그런 것입니다. 돈이 많으면 염려가 없을 것 같지만 사실은 돈이 많으면 많을수록 그것을 지키고 또 그것을 더 누리려는 생각 때문에 오히려 더 많은 염려와 걱정을 하게 만드는 것이 돈이에요. 그러니 돈은 있어도 염려요, 없어도 염려입니다. 돈을 주인으로 섬기는 이상 염려와는 떨어질 수가 없어요. 그러면 여러분, 오늘 우리는 어떻게 해야 합니까?

우리가 알다시피 우리가 세상에 있는 한 돈은 제2의 생명이잖아요. 돈을 떠나서는 살 수가 없습니다. 그런데 돈하고 염려하고 같이 붙어 있다면 도대체 우리가 어떻게 염려하지 않을 수 있다는 말입니까? 있어요. 딱 한 가지 우리가 염려하지 않을 수 있는 길이 있는데요. 그 비결이 '너희는 먼저 그의 나라와 그의 의를 구하라 그리하면 이 모든 것을 너희에게 더하시리라' 하나님을 우선해서 찾으면 하나님이 모든 것을 더해 주시니까 염려할 필요가 없다는 말씀입니다.

이것이 바로 오늘 하나님을 믿는 우리와 하나님을 알지 못하는 세상 사람과의 차이인데요. 세상 사람들은 자신의 생명과 모든 행복의 원천이 돈에 달려 있다고 믿습니다. 그러니 이 사람들은 일평생 염려할 팔자예요. 돈하고 염려하고가 붙어 있으니까.

그러나 우리 하나님을 믿는 사람은 우리의 생명과 행복의 원천이 돈이 아니라 하나님의 손에 달려 있다고 믿고 사는 사람들입니다. 그래서 세상 사람들은 돈을 주인으로 섬기니까 염려하지 않을 수 없지만 우리는 하나님을 주인으로 섬기니까 주인 되시는 하나님이 염려할지언정 우리는 염려할 필요가 없다는 것입니다. 그래서 여러분, 사실 세상 사람들과 우리 믿는 사람들이 평상시에는 잘 표시가 안 나요. 별 차이가 없는 것 같습니다. 그러면 언제 차이가 나는가? 큰 시험이나 감당하기 어려운 문제가 닥치면 이때 딱 표시가 납니다.

세상 사람들은 이때 염려와 불안을 맡길 데가 없어요. 돈을 믿고 살았기 때문에 돈이 맡아 주지를 못하면 그야말로 안절부절입니다. 여러분, 세상 사람들이 오죽하면 점치러 가고, 부적을 붙이고 하겠습니까. 맡길 곳이 없어서 그래요.

그러나 여러분, 하나님을 주인으로 믿고 사는 사람들은 어떻습니까?

아무리 적은 믿음을 가진 사람이라고 해도 어려울 때는 하나님을 찾고 하나님께 매달리고 하나님께 도와달라고 부탁을 합니다. 왜냐하면 나의 생명과 행복의 열쇠를 하나님이 쥐고 있다고 믿으니까 세상 사람들과는 달라요.

그러므로 여러분, 오늘 본문에서도 뭐라고 합니까?

'그러므로 염려하여 이르기를 무엇을 먹을까 무엇을 마실까, 무엇을 입을까 하지 말라 이는 다 이방인들이 구하는 것이라 너희 하늘 아버지께서 이 모든 것이 너희에게 있어야 할 줄을 아시느니라'

염려하고 하는 것은 하나님을 알지 못하는 이방 사람들이나 하는 것이지, 하나님을 믿는 하나님의 자녀가 하는 일은 아니라고 했습니다. 그러면 여러분, 이제 한 번 물어봅시다. 우리는 모두가 하나님을 주인으로 모시고 사는 사람들인데 여러분들은 지금 어때요. 염려하고 있습니까, 염려하지 않고 있습니까?

제가 대신 대답해 드릴게요. 만약 여러분이 하나님을 섬긴다고 하면서도 재물을 겸하여 섬기고 있거나, 아니면 하나님보다 재물을 더 우선해서 섬기고 있다면 틀림없어요. 여러분은 염려할 수밖에 없을 것입니다. 그러므로 여러분, 우리가 염려하지 않을 수 있는 길은 딱 하나밖에 없어요. 우리의 모든 염려를 맡아 주시는 하나님을 우선해서 찾고 이분에게 우리의 모든 염려를 맡기는 것입니다. 여러분, 예수 믿는다고 다 염려하지 않는 것이 아니에요. 우리의 모든 염려를 맡길 수 있는 믿음이 있어야 염려하지 않을 것입니다. 그러므로 똑같이 하나님을 믿어도 하나님을 우선으로 섬기는 자만이 염려하지 않을 수 있어요.

그러면 여러분, 하나님을 더 우선해서 섬기는 사람은 왜 염려할 필요가 없습니까? '공중의 나는 새를 보라 들에 핀 백합화를 보라 그것 누가 다 먹이시고 입히시느냐'라고 했는데요. 무슨 말씀인가 하면, 하나님이 온 우주 만물의 주인이시니까 그분이 친히 돌보고 계신다는 것입니다. 천지만물을 다 먹이시고 입히세요. 그분의 허락 없이는 참새 한 마리도 그냥 땅에 떨어질 수가 없다고 했습니다. 그런데 하물며 '너희일까 보냐 너희는 나의 자녀가 아니냐'라는 것이지요. 너희는 나의 자녀인데 내가 어찌 너희를 돌보지 않겠느냐는 말씀입니다. 집에 불이 났을 때 여러분 같으면 귀중품부터 먼저 끄집어냅니까, 아니면 내 아이부터 먼저 끄집어냅니까? 다른 것 다 잃어버린다 해도 내 아이부터 먼저 끄집어냅니다. 왜냐 아이보다 더 귀중한 것은 없으니까. 마찬가지 하나님이 보실 때는 많은 창조물이 있지만 자기 자녀만큼 소중한 게 없어요. 그러니 다른 모든 만물은 먹이시고 입히시면서 자기 자녀를 그냥 두지 않지요.

'여인이 어찌 그 젖 먹는 자식을 잊겠으며 자기 태에서 난 아들을 긍휼히 여기지 않겠느냐 그들은 혹시 잊을지라도 나는 너를 잊지 아니할 것이라 내가 너를 내 손바닥에 새겼노라'

하나님은 우리를 지키시고 돌보시되 자기 생명처럼 자기 눈동자처럼 지켜 보호하신다고 했습니다. 그렇기 때문에 지금 주님이 뭐라고 하십니까?

'하물며 너희일까 보냐 믿음이 작은 자들아 모든 만물도 하나님이 다 먹이시고 입히시는데 하물며 나의 자녀인 너희일까 보냐' 그러니 문제는 하나님에게 있는 것이 아니라 믿음이 작은 너희에게 있다는 것입니다. 하나님보다 재물을 더 우선함으로 하나님을 잘 섬기는 것 같다가도 결정적인 순간에는 돈 하면서 재물 앞에 절해 버리는데요. 분명히 하나님을 믿는다고 하고 교회 다닌다고 하는데도 믿음이 없으면 할 수 없어요. 결정적인 순간에는 돈 따라가고 세상 따라가게 되어 있습니다. 그러다 보니까 하나님을 믿는다고 하면서도 항상 염려를 놓지 못하지요. 항상 세상 사람들하고 똑같이 염려를 붙들고 있습니다.

그러나 여러분, 우리가 알아야 할 것은 우리가 붙들고 있는 염려만큼 하나님이 싫어하시는 것은 없다는 것인데요. 왜냐하면 염려는 하나님의 약속을 믿지 못하는 불신앙이기 때문입니다. 우리가 알다시피 하나님이 제일 싫어하시는 것이 불신앙 아닙니까. 그런데 내 영의 아버지이신 하나님이 자기 자녀인 나를 돌보시지 않는다. 이것은 하나님에 대한 모독입니다. 우리도 내 자식을 책임지고 돌볼 줄 알면서 하나님이 자기 자녀인 우리를 책임지고 돌보지 않는다 말이 안 돼요.

한용덕 목사님이라고 일제시대 때 신사참배를 하지 않아서 감옥에까지 가신 분인데요. 이분이 이런 간증을 합니다. 일제시대 때는 신앙생활 하기가 퍽 어려웠대요. 그래서 자기 교회 성도 중에 학교 선생님으로 계시는 여자 집사님이 한번은 긴요하게 상의할 문제가 있다고 자기 집에 찾아왔다고 했습니다.

말씀해 보시라고 하니까 지금 학교에서 주일 날도 학교에 나오라고 나오지 않으면 학교를 그만두게 하겠다고 한다는 것입니다. 그런데 '아시다시피 저희 집은 남편도 없고 아이가 셋씩이니 제가 선생을 그만두면 먹고 살길이 막막합니다. 목사님 어떻게 했으면 좋겠습니까?' 하는 내용인데요. 이때 이 목사님이 아무 말씀도 안 하시고 성경을 주시면서 마태복음 6장을 펴라고 했습니다. 그리고는 33절을 한번 읽어 보시라고. '너희는 먼저 그의 나라와 그의 의를 구하라 그리하면 이 모든 것을 너희에게 더하시라' 읽고 나니까 '집사님, 이 말씀을 하나님의 말씀으로 믿습니까' 하고 물었는데 이 선생님이 아멘 했습니다. 그러자 이 목사님이 '이 말씀을 하나님의 말씀으로 믿으시면 말씀대로 하세요. 그러면 하나님이 다 책임지실 것입니다'라고 했습니다.

그러자 이 말씀을 듣고 난 이 여선생님은 돌아가자마자 바로 학교에다가 사표를 내었다고 했는데요. 어때요, 굶어 죽었을까요? 아니요, 안 굶어 죽었어요. 물론 몹시 힘들고 어려웠습니다. 그러나 하나님이 다 먹여 주셔서 굶어 죽지 않았을 뿐만 아니라 세 아이가 전부 다 훌륭하게 잘 자랐다고 했습니다.

맞아요. 여러분, 우리는 이 세상을 바라보고 돈을 믿고 사는 사람들이 아닙니다. 하나님을 믿기 때문에 하나님을 우선해서 하나님의 말씀에 순종하며 사는 사람들이에요. 그러므로 우리는 이 세상을 바라보고 염려할 자들이 아니라 위를 바라보고 소망 가운데 기뻐하고 즐거워하며 살아야 할 자들입니다.

염려는 더 이상 우리의 것이 아니에요. 하늘나라와 그의 의를 먼저 구하세요. 그러면 나머지는 하나님이 다 책임지십니다. 우리가 알다시피 선교사님들은 벼랑 끝에서 오직 하나님만 바라보고 삽니다. 그럼에도 소망 가운데 기뻐하며 즐거워하며 사는데 그 이유는 모든 염려를 하나님께 다 맡기면 하나님이 책임져 주시기 때문입니다.

비판하지 말고 분별하라
(마7:1~12)

성경을 보면 예수님을 은혜와 진리가 충만한 분이라고 했습니다.

'말씀이 육신이 되어 우리 가운데 거하시매 우리가 그의 영광을 보니 아버지의 독생자의 영광이요 은혜와 진리가 충만하더라'

그러면 여러분, 은혜가 무엇입니까? 히브리 원어로 '헤세드'리고 했는데 사랑이지요. 그러니까 은혜와 사랑 같은 말입니다.

그러면 진리는 무엇입니까? 공의지요. 하나님의 공의의 잣대로 재었을 때 옳고 그름을 판단하는 것 이것이 진리입니다.

또 은혜가 무엇입니까? 헬라 원어로 '카리스'라고 했는데, 성령이지요. 성령의 은혜 맞습니다. 그렇다면 진리는 무엇입니까? 말씀입니다. 진리의 말씀.

그러니까 은혜와 사랑과 성령이 서로 하나로 통하고 진리와 하나님의 공의와 말씀이 서로 하나로 통하게 되어 있는데요, 문제는 이들이 서로 떨어질 수 있느냐는 것입니다.

어때요, 여러분, 은혜와 진리, 사랑과 공의, 성령과 말씀 떨어질 수 있는 것입니까? 아니요, 절대 서로 떨어져서는 안 되는 거예요. 동전의 앞뒤와 같으니까 반드시 함께 있어야 하는 것입니다. 그런데 유감스럽게도 오늘날 많은 교회들이 이 둘 중 하나로 치우쳐 있는데요, 진리의 말씀 쪽으로 치우친 교회에 가 보면 하나님이 너무 많고요, 은혜와 성령 쪽으로 치우친 교회에 가 보면 주책바가지들이 너무 많습니다. 저는 사실 이 둘 다 가 볼 데까지 가 봤던 사람인데요. 제가 어릴 때 다녔던 교회는 정통 장로교합동측으로 진리를 강조하고 하나님의 공의와 말씀만을 강조하던 교회입니다. 그래서 교회만 가면 말씀으로 내리치는데요. 다 옳지요, 다 맞는 말입니다.

그런데 교회만 갔다 오면 힘이 없어요. 왜냐 죽일 죄인이 되어 있으니까. 회개를 안 한 것이 아닙니다. 교회 갈 때마다 회개를 해요. 그런데도 나중에는 염치가 없어서 회개가 안 됩니다. 회개하고, 죄짓고, 회개하고, 죄짓고. '야, 빈대도 낯짝이 있지' 하다가 나중에는 아예 포기해 버렸습니다. 그래서 견디다가, 견디다가 나중에는 도망가 버렸는데요. 천당은 가고 싶었지만 힘들어서 못 가겠더라고요. 그러다가 이제 제가 군대에서 성령의 은혜를 체험 받게 되었는데요. 행위로 구원받는 것이 아니라 하나님의 은혜로 선물로 구원받게 된다는 진리를 깨닫게 되었으니 얼마나 좋습니까. 꼭 감방에 갇혀 있던 죄수가 하루아침에 자유의 몸으로 바깥에 나온 것 같았어요. 그렇게 좋고 기쁠 수가 없었습니다.

그래서 이때부터는 이제 은혜를 찾아 헤매고 돌아다니기 시작했는데요. 좌우지간 은혜가 있다고 하는 곳이면 안 쫓아다녀 본 곳이 없습니다.

부흥회, 기도원, 하다못해 자빠지는 데까지 갔었으니까.

여러분, 자빠지는 데가 무엇 하는 덴줄 아십니까? 입신시키는 데입니다. 얍 하고 기합을 넣으면 팍팍 쓰러지면서 입신하는데요. 저는 쓰러지기만 했고 입신은 못 했어요. 왜냐 분위기 때문에 쓰러져 준 거니까. 다 쓰러지는데 나 혼자만 멀뚱멀뚱 서 있을 수는 없잖아요. 그러면 쓰러지게 해서 어떻게 하나, 기도원 원장 밑에 조수가 하나 있는데 입신하는 여자입니다.

그래서 그 여자가 나 대신 입신을 해서 예수님을 만나 가지고 나에게 대해서 이야기해 주는데요, 다 잊어버렸고 딱 한 가지 기억나는 것은 예수의 십자가에 대한 사랑의 감격이 부족하니까 20일 동안 이 기도원에 와서 금식하라는 것입니다. 일주일도 못 하는데 20일 동안이나 금식하라니, 그것도 처음 신학교 들어가서 공부하기 한창 바쁠 때인데, 어쨌든 처음 은혜 받으니까 절제가 잘 안 돼요. 그래서 고삐 풀린 망아지처럼 이리 뛰고 저리 뛰고 한참 뛰어다니다가 정신을 딱 차리고 보니까 은혜 받는 것까지는 좋은데 그 다음이 없더라고요.

진리 안에서 자라나는 게 없어요. 맨날 똑같애. 무조건 아멘, 할렐루야, 이래도 할렐루야, 저래도 아멘, 꼭 초등학교 6학년 수준입니다. 더 이상 올라가지를 못해요. 그래서 참 이상하다, 이상하다 하고 정신을 차리고 보니까 대한민국에 있는 주책바가지들은 거기 다 모여 있더라고요. 그 생각하는 것이나 행동하는 것들이 어린아이에 머물러 있어요. 여러분들도 많이 보셨을 거예요. 은혜 받으러 기도원 같은 데 가 보면 앞자리에 앉은 은혜파들 싸워요, 안 싸워요. 자리 가지고 꼭 싸웁니다. 그리고 은혜 받고 내려와 버스 줄 서는 데서부터 또 싸우는데요. 은혜는 혼자 다 받는데 싸우기는 혼자 다 싸워 좌우지간 은혜파들 못 말립니다. 그래서 세상 사람들보다 못한 수준이니까 결국 제가 마지막으로 내린 결론이 이것입니다. 은혜도 필요하지만 진리가 꼭 함께 필요하구나. 사랑을 강조해야 하지만 무조건 사랑이 아니라 하나님의 말씀의 공의 안에서의 사랑이구나. 성령의 은혜가 너무나 중요한 것이지만 말씀과 함께하지 않는 성령의 역사는 받지 않는 것보다 못하구나. 여러분, 성령 충만합니까? 여러분의 삶도 똑같이 멋져야 할 줄 믿습니다. 진리 안에서 그리스도의 장성한 분량에 이르기까지 자라야 해요. 그러나 여러분, 말씀을 부르짖습니까?

성령의 역사가 함께하지 않는 말씀, 은혜와 사랑이 없는 말씀, 아무 생명력이 없습니다. 그 말씀은 우리를 살리는 것이 아니라 오히려 바싹 말라비틀어지게 만들어서 우리를 죽여 놓습니다. 그러므로 여러분, 오늘 우리는 은혜와 진리, 사랑과 공의, 성령과 말씀, 이 둘이 항상 함께하시기를 축원합니다.

그러면 이제 오늘 본문의 내용이 무엇입니까?

한마디로 말해서 비판은 하지 말고 분별은 하라는 것인데요. 비판은 누가 기준입니까? 나지요. 나하고 비교했을 때 어떻다는 것입니다. 그러나 분별은 하나님이 기준입니다. 하나님의 말씀에 비추어 봤을 때 어떻다 하는 것이 분별이에요. 그러니까 우리가 이웃을 대할 때 나를 기준으로 비판하지 말라, 그러나 하나님의 공의로는 분별하고 판단하라고 한 것이 오늘 본문의 내용입니다.

그러면 먼저 1~5절 '비판을 받지 아니하려거든 비판하지 말라 너희가 비판하는 그 비판으로 너희가 비판을 받을 것이요 너희가 헤아리는 그 헤아림으로 너희가 헤아림을 받을 것이니라'

이 말씀을 제대로 이해하려면 이때 당시 이스라엘 나라의 배경을 좀 알아야 하는데요. 우리가 알다시피 율법의 교훈은 어떻게 이루어졌습니까? 두 가지, 하라, 하지 말라로 되어 있습니다. 그러다 보니까 자연히 율법을 지켜 행한다고 하는 사람들이 율법을 지켜 행하지 않는 사람들을 가리켜 책잡고, 정죄하고 비판하는 일이 성하게 되었는데요. 특히 율법을 지켜 행한다고 자처하는 바리새인들이 이 일에 앞장을 섰습니다.

'어찌하여 형제의 눈 속에 있는 티는 보고 네 눈 속에 있는 들보는 깨닫지 못하느냐 보라 네 눈 속에 들보가 있는데 어찌하여 형제에게 말하기를 나도 네 눈 속에 있는 티를 빼게 하라 하겠느냐 외식하는 자여 먼저 네 눈 속에서 들보를 빼어라 그 후에야 밝히 보고 형제의 눈 속에서 티를 빼리라'

누가복음 18장에 보면 바리새인과 세리가 함께 기도하는 장면이 나오는데요, 바리새인이 뭐라고 기도합니까? '하나님이여 나는 다른 사람들 곧 토색불의 간음을 하는 자들과 같지 아니하고 이 세리와도 같지 아니함을 감사하나이다 나는 이레에 두 번씩 금식하고 또 소득의 십일조를 드리나이다'

'나는 율법을 지켜 행하는데 저 사람은 지켜 행하지 않습니다' 하는 비판인데요, 그러니까 판단 기준이 전적으로 납니다.

나하고 비교해 봤을 때 저 사람은 나보다 못하다는 것이지요. 그러나 여러분, 바리새인은 지금 무엇을 착각하고 있는 것입니까?

하나님이 왜 율법을 주셨는지를 몰랐어요. 여러분, 하나님이 왜 율법을 주셨습니까? 그것은 자신의 죄를 깨닫게 하기 위해서입니다.

다른 사람을 비판하고 책잡으라고 준 것이 아니라 내가 얼마나 잘못된 죄인인가 하는 것을 깨닫게 하기 위해서 주신 거예요.

그러면 여러분, 율법에 비추어 봤을 때 우리 인간이 무엇이 잘못되었습니까?

'네 마음을 다하고 뜻을 다하고 힘을 다하고 목숨을 다하여 주 너의 하나님을 사랑하고 또한 네 이웃을 네 몸과 같이 사랑하라'고 했으니까 이 계명 앞에서 내가 얼마나 하나님을 사랑하지 못하는 인간인가 하는 것, 또 내가 얼마나 내 이웃을 사랑하지 못하는 인간인가 하는 것을 깨닫고 하나님의 십자가의 은혜를 붙들라고 주신 것이지, 이것 가지고 다른 사람을 욕하고 할퀴라고 준 것이 아니라는 것입니다. 그래서 바리새인은 다른 사람을 정죄했는데, 이에 반해 세리는 멀리 서서 감히 눈을 들어 하늘을 우러러보지도 못하고 다만 가슴을 치며 가로되 '하나님이여, 불쌍히 여기소서. 나는 죄인이로소이다' 하고 고백했는데요. 그러자 이때 주님이 보시고 내린 결론입니다.

'내가 너희에게 이르노니 세리가 바리새인보다 의롭다 하심을 받고 집에

내려갔느니라 무릇 자기를 높이는 자는 낮아지고 자기를 낮추는 자는 높아지리라'

의롭다 함을 인정받은 사람은 바리새인이 아니었어요. 하나님 앞에서 죄를 깨닫고 회개하는 세리가 의롭다 함을 받았습니다.

맞아요. 여러분, 율법은 죄를 깨닫고 회개하여 하나님께로 돌아가게 하기 위해서 주신 것이지, 내가 너보다 낫다 하고 나를 높이고 나를 자랑하고 다른 사람을 비판하기 위해서 주신 것이 아니에요.

마21:31~32에서도 주님이 분명히 말씀하셨습니다.

'세리와 창녀들이 너희보다 먼저 하나님의 나라에 들어가리니 이는 세리와 창녀는 믿고 뉘우쳤으나 너희는 끝까지 뉘우쳐 믿지 아니하였느니라'

똑같은 하나님의 율법인데 그것으로 자기를 높이고 자랑하고 남을 비판하는 도구로 쓴 바리새인은 망했고, 말씀을 듣고 회개하고 뉘우쳐 하나님께로 돌이킨 세리와 창기는 구원을 받았다는 말씀입니다.

그러므로 여러분, 이제 대답하세요. 내 이웃을 비판하는 죄가 무엇입니까?

내가 하나님이 되는 죄입니다. 하나님만이 유일한 심판자이신데 내가 하나님이 되어서 비판하고 있으니 이것을 하나님이 용납하실 리가 없지요.

그래서 '이 독사의 새끼들아 이 회칠한 무덤 같은 종자들아' 하고 욕을 먹을 수밖에 없지요. 그러므로 여러분, 우리는 절대 형제를 비판해서는 안 됩니다.

우리는 하나님이 아니에요. 우리도 똑같이 하나님 앞에서 긍휼을 입어야 할 죄인입니다. 누가 낫고 누가 못하고가 없어요.

그러나 오늘 본문을 보니까 형제를 비판해서는 안 되지만 무엇은 해야 한다고 했습니까?

'거룩한 것을 개에게 주지 말며 너희 진주를 돼지 앞에 던지지 말라 그들이

그것을 발로 밟고 돌이켜 너희를 찢어 상하게 할까 염려하라'

하나님의 말씀의 특징인데요. 하나님의 말씀을 듣고 죄를 깨닫고 회개하여 돌이키는 자에게는 구원을 주시는 엄청나게 귀한 것이지만 그러나 개와 돼지에게는 이 거룩한 진주를 던지지 말라고 했는데요. 누굽니까? 예수를 따라다니며 고의적으로 복음을 전하지 못하도록 훼방을 놓는 바리새인과 서기관들입니다.

성령의 역사를 고의적으로 훼방하는 자들인데요, 이들은 말씀을 들어도 멸망입니다. 그런데 여러분, 여기에서 중요한 것은 이들이 하나님의 말씀을 알아요, 몰라요? 알아요. 하나님의 말씀을 줄줄 외울 정도로 꿰고 있습니다.

그럼에도 불구하고 이들은 하나님의 진리의 말씀을 옳게 분별하지 못하고 자기 자랑과 다른 사람을 비판하는 데 사용하고 있으니 이 같은 자들에게는 더 이상 복음을 줄 필요가 없다는 것입니다. 하나님의 말씀을 가지고 오히려 악용하고 있으니까. 어때요, 여러분, 오늘 우리 주위에 이런 자들 없습니까? 있지요. 있어도 보통 많은 게 아닙니다. 이런 자들을 하나님의 진리의 말씀을 가지고 똑바로 분별해야 합니다.

그러므로 여러분, 예수님이 오늘 우리에게 어떻게 하라고 했습니까?

7절~11절 '구하라 주실 것이라'고 했습니다. 진리를 분별하는 이 지혜는 하나님으로부터만 오니까 '지혜의 말씀을 분별할 수 있게 해 주세요' 하고 겸손하게 구해야 해요. 그러면 이때 하나님이 뭐라고 하십니까. 형제는 비판할 것이 아니라 사랑으로 허물을 약한 부분을 덮어 주라고 하십니다.

물론 책망하지 말라는 것은 아니지요. 잘못했을 때 책망을 하되 사랑 안에서 권면하라고 했습니다. 나 잘났다가 아니라 형제를 진정 사랑하는 마음, 진정 잘되기를 바라는 마음으로 권면해야 합니다. 그러면 여러분, 들

223

는 사람이 이것을 알아요, 몰라요? 알아요. 자기 잘났다고 하는 이야기인 지, 그리스도의 사랑으로 하는 것인지 다 알아요. 그러니까 기도하라는 것입니다.

기도 안 하면 사람의 소리가 나가니까 기도해서 하나님의 음성을 들려주도록 하라는 것입니다. 하나님의 음성은 12절 '그러므로 무엇이든지 남에게 대접을 받고자 하는 대로 너희도 남을 대접하라 이것이 율법이요 선지자니라'

입장을 바꿔 놓고 내 입장에서 먼저 생각하라는 것입니다. 그래서 사도바울은 다른 사람을 대할 때 어떻게 하라고 했습니까?

빌2:3~4 '아무 일에든지 다툼이나 허영으로 하지 말고 오직 겸손한 마음으로 각각 자기보다 남을 낫게 여기고 각각 자기 일을 돌볼뿐더러 또한 각각 다른 사람들의 일을 돌보아 나의 기쁨을 충만하게 하라'

이것은 결국 예수 그리스도의 마음입니다. 그러므로 우리는 이것을 구해야 합니다. 예수님이 종으로 우리를 죽기까지 섬겼듯이 우리도 예수 그리스도의 마음으로 형제를 죽기까지 섬기게 하옵소서.

구원은 좁은 문 좁은 길로 가는 자이다
(마7:21~23)

우리가 하나님의 말씀을 읽을 때 우리의 마음을 아주 불안하게 하고 긴장하게 만드는 말씀들이 있는데요. 오늘 말씀이야말로 그런 말씀 중에 하나입니다.

열심히 주의 일을 하고 자신만만하게 주님 앞에 섰는데 상은 고사하고 저주의 심판을 받아 영원한 멸망의 자리에 떨어지는 자들이 있다고 했으니 참 두렵고 이해하기 힘든 말씀인데요. 그러면 도대체 어떤 점들이 우리를 두렵게 하는가?

첫째, 겉모양을 봤을 때는 전혀 구별할 수 없었다는 점에서 두렵습니다.

'주여! 주여!' 예수를 주로 고백했으니까 분명한 신앙고백이지요. 성경 고전12:3에서 '성령으로 아니하고는 누구든지 예수를 주시라 할 수 없다'고 했는데 어떻게 예수를 주라고 고백하는 자들이 멸망 받을 수 있다는 말입니까?

또 이들은 그냥 입으로만 주를 고백한 것이 아니라 굉장한 열심까지 있었어요. '주의 이름으로 선지자 노릇하며 귀신을 쫓아내며 많은 권능을 행치 아니하였나이까'

주의 일을 했는데 보통 열심히 한 게 아닙니다. 그 열심이나 행했던 일들을 볼 때 도무지 '이 사람들이 어떻게 가짜일 수 있을까?' 할 정도로 그 겉모습이 화려합니다. 아니, 오히려 다른 사람들의 부러움을 사고 '예수를 믿으려면 저 사람처럼 되야 해' 할 정도예요. 뿐만 아니라 이들은 또 이 모든 일을 행할 때 자기 이름으로 하지 않고 주의 이름으로 하였다고 하니 이단도 아닌 것 같습니다.

겉모양만 봐서는 신앙고백이 있고 능력이 나타나고 주의 이름으로 하고 있으니 조금도 흠잡을 데가 없어요. 오늘날 우리 신자들이 볼 때 좋은 것은 다 가지고 있습니다. 그런데 그 마지막이 멸망이라고 했으니 도대체 이 말씀을 보고 불안을 느끼지 않을 사람이 누가 있습니까? 저는 목사라도 이 말씀을 읽을 때 긴장이 됩니다. 왜냐하면, 이런 사람들이 몇몇 소수라면 그래도 안심이 되겠는데 많은 사람이 그렇다고 하니까 문제가 되는데요. 그러므로 여러분, 우리가 신앙생활 하면서 절대 착각하면 안 되는 것이 하나 있는데 그것은 '나는 예수를 믿고 있으니까 어떻게 믿던 틀림없이 천국에 갈 수 있을 것이다' 하는 착각입니다. 아니에요, 여러분. 절대 그렇지 않습니다.

'좁은 문으로 들어가라 멸망으로 인도하는 문은 크고 그 길이 넓어 그리로 들어가는 자가 많고 생명으로 인도하는 문은 좁고 길이 협착하여 찾는 자가 적음이라'

여러분, 여기에서 넓은 문으로 들어가는 사람들은 예수 안 믿는 사람들입니까? 아니요, 예수 믿는 사람들입니다. 교회 다니고 있고 똑같이 예수를 '주여! 주여!' 하고 찾는 사람들이에요. 단지 다른 것이 하나 있다면 될 수 있으면 넓은 길로 쉽고 부담 없는 길을 택해서 간 것밖에는 다른 것이 하나가 없습니다.

그러면 여러분, 부담 없이 예수 믿는 게 어떤 것입니까? 제가 가르쳐 드릴게요.

앞의 말씀 그대로 나는 지금 많이 가고 있는 사람들 편에 섰는지, 아니면 소수의 사람들이 가고 있는 길에 서 있는지를 판단해 보면 금방 알 수 있는데요.

그러면, 소수의 사람이 가는 좁은 문, 좁은 길은 어떤 것인가?

이것을 예수님은 '자기를 부인하고 십자가를 지고 따라오는 자'라고 했습니다. 어때요, 여러분. 여러분은 나를 부인하고 주님이 나에게 맡기신 십자가를 지고 따르고 있습니까, 아니면 그냥 쉽게, 쉽게 나 하고 싶은 대로, 나 편리한 대로 적당하게 신앙생활 하고 있습니까?

여러분, 꼭 기억하세요. 우리가 믿는 기독교는 십자가를 통과한 영광이지, 십자가 없는 영광이 아니에요. 천국에 들어가려면 반드시 좁은 문, 좁은 길인 십자가의 길을 통과해야 합니다. 그다음 또 하나, 우리를 아주 놀라게 하고 등에서 식은땀이 흐르게 만드는 것이 있는데요. 그것은 이 사람들이 주님 앞에 서는 그 순간까지도 자기가 가짜라는 사실을 몰랐다는 것입니다.

다른 사람들의 눈에는 말할 것도 없고 본인 자신도 주님 앞에 서는 그 순간까지도 몰랐어요. 그러니 이게 보통 문제가 아니잖아요. 본인은 틀림없이 천국 갈 줄 알고 갔는데 가 보니까 아니라, 참 끔찍합니다.

그러면 오늘 교회 안에 이런 가짜가 누구인가. 저는 말 못 합니다. 오직 하나님만이 아시니까. 그러나 그럼에도 불구하고 제가 확실하게 말씀드릴 수 있는 것은 상당히 많다는 사실입니다. 왜냐 주님이 직접 말씀하셨으니까. 인자가 올 때에 너희에게서 믿음을 보겠느냐고 했고, 마지막 때가 될수록 불법이 성함으로 사랑이 식어진다고 했으니까 말세 때는 점점 가면 갈수록 진짜보다 가짜가 더 많아진다는 것입니다. 그래서 주님이 이 땅에 다시 오실 그때는 자칭 예수라고 하는 사람들이 제일 많다고 했는데요 '그리스도가 여기 있다, 혹은 저기 있다 하여도 믿지 말라 거짓 그리스도들과 거

227

짓 선지자들이 일어나 큰 표적과 기사를 보여 할 수만 있으면 택하신 자들도 미혹하리라'

많아요, 수도 없이 많아요. 그러므로 정신 바짝 차리지 않으면 거짓 그리스도의 미혹에 넘어갈 수밖에 없습니다. 그런데 여러분, 여러분이 오늘 참 잘 나오신 것은 저는 알 수 없지만, 여러분 자신은 스스로 알 수 있는 길이 있기 때문입니다. 오늘 설교 말씀을 들으면서 여러분 자신을 말씀의 빛으로 잘 비추어 보시면 틀림없이 알 수 있을 것인데요.

'아더 핑크'라고 하는 유명한 설교가가 말했어요. 기독교 2천 년 역사상 오늘날만큼 가짜가 많았던 때는 없었다고. 여러분, 다이아몬드를 겉으로 봤을 때 진짜와 가짜를 구분할 수 있습니까? 제 눈으로 봐서는 아무리 봐도 구분을 못 하겠어요. 겉으로 봤을 때는 똑같으니까, 아니 가짜가 진짜보다 더 멋지게 보일지도 모릅니다. 그렇기 때문에 전문가가 특수현미경을 놓고 자세히 들여다봐야 알 수 있는데요. 겉으로 봐서는 모릅니다.

그러면 여러분, 오늘 본문에 나오는 사람들이 겉으로 봤을 때는 문제가 없었지만 자세히 들여다봤을 때 무엇이 문제였습니까?

크게 두 가지인데요. 첫째는 '그때에 내가 그들에게 밝히 말하되 내가 너희를 도무지 알지 못하니 불법을 행하는 자들아 내게서 떠나가라 하리라'

이들을 향하여 '불법을 행하는 자들아'라고 했는데요. 도대체 왜 불법인가, 간단합니다. 이들이 '주여! 주여!'라고 고백했으니까 누구 뜻대로 살아야 할 자들입니까? '당신은 나의 왕 나의 하나님이십니다. 말씀만 하옵소서. 그대로 순종하겠나이다. 나는 당신의 것이오니 먹든지 마시든지 살든지 죽든지 무엇을 하든지 당신 뜻대로만 살겠습니다' 하는 서약이 바로 '주여!'라고 하는 신앙고백입니다. 그러니까 이들은 입으로는 '주여! 주여!' 했는데 살기는 어떻게요. '내여! 내여!' 하면서 살았다는 말입니다. 내가 하나님께 맞추는 것이 아니라 하나님을 나에게 맞추었어요. 그러면 이것을 어떻게 알 수 있는가? 그 열매를 보고 알 수 있다고 했습니다. '거짓 선지자들을 삼가라 양의 옷을 입고 너희에게 나아오나 속에는 노략질하는 이리라 그들의 열매로 그들을 알지니 가시나무에서 포도를 또 엉겅퀴에서 무화과를 따겠느냐'

똑같은 성령의 역사예요. 그런데 사람이 하나님의 뜻에 맞추느냐 아니면 하나님을 자기 뜻에 맞추느냐에 따라서 그 열매가 다르다는 것인데요.

히6:4~8 '한 번 빛을 받고 하늘의 은사를 맛보고 성령에 참여한 바 되고 하나님의 선한 말씀과 내세의 능력을 맛보고도 타락한 자들은 다시 새롭게 하여 회개하게 할 수 없나니 이는 그들이 하나님의 아들을 다시 십자가에 못 박아 드러내 놓고 욕되게 함이라 땅이 그 위에 자주 내리는 비를 흡수하여 밭 가는 자들이 쓰기에 합당한 채소를 내면 하나님께 복을 받고 만일 가시와 엉겅퀴를 내면 버림을 당하고 저주함에 가까워 그 마지막은 불사름이 되리라'

틀림없이 처음에는 주의 이름을 불렀는데 나중에 타락했다는 것입니다. 그래서 그 열매가 채소를 내는 것이 아니라 가시와 엉겅퀴를 냈다고 했는데요. 그러니까 겉모양은 그럴듯한데 안이 변질되었다는 것입니다. 발람과 게하시와 바리새인처럼 처음에는 잘 출발했어요. 그런데 점점 갈수록 성령의 열매가 아니라 자기 육신의 열매가 맺혔다는 말입니다.

여러분, 이것은 굉장히 중요한데요. 저도 이것을 아는 데 엄청난 시행착오와 오랜 시간이 걸려서 배웠습니다. 여러분, 놀라지 마세요. 오늘날 교회를 하나님께 순종해서 하는 것이 아니라 자기 사업으로 하는데도 엄청나게 은혜를 끼칠 수 있고, 엄청난 능력을 행할 수가 있고, 엄청나게 설교를 잘할 수가 있습니다.

여러분, 지금 우리 한국에 있는 10대 교회 중에 4~5개가 이단으로 판명

되어 있는데요. 대성교회, 성락교회, 예루살렘교회 등등 전부 다 3만 명, 5만 명 이상씩 모이는 교회들입니다.

그런데 이들이 처음부터 이단은 아니었어요. 성령의 역사로 부흥하는 교회들인 줄 알았는데 갈수록 이상하게 변질되어 이단으로 판명 났습니다.

이들이 주님의 일을 하는 줄 알았는데 나중에 알고 보니까 자기 사업을 하고 있었다는 것인데요, 그러니 예수의 이름으로 자기 사업을 하고 있는 교회임에도 불구하고 겉으로 봐서는 전혀 구분이 안 된다는 것입니다.

주의 이름으로 주의 일을 하는 것인지, 아니면 자기 일을 하는 것인지 겉으로 봐서는 전혀 몰라요. 왜냐하면, 순종이라는 것은 사람이 볼 수 있는 것이 아니라 하나님과 1:1 관계이기 때문에 그렇습니다. 사람이 보기에는 봉사도 하고 헌신도 하고 열심히 잘하는 것 같은데 자기 일을 하는 것인지, 하나님께 순종해서 하는 것인지 하나님과 자기 자신 둘밖에는 몰라요.

그러므로 오늘 본문에 나오는 이 사람들은 사람들이 볼 때는 틀림없이 순종도 하고 봉사도 하는 사람들이었습니다마는 엄밀히 보시는 하나님이 보실 때는 무엇입니까?

자기 자랑으로 사람 앞에 보이려고 한 것이지, 주님께 순종해서 한 일은 아니었다는 것입니다. 그런데 이것은 사람이 평가할 수 없어요. 오직 하나님만이 아시고 평가할 수 있는 부분입니다.

여러분, 어때요. 여기 서 있는 목사, 저분은 틀림없이 하나님의 뜻에 순종해서 살고 있을 거야, 아니 여러분, 무엇으로 보장할 수 있습니까?

여러분이 나의 삶을 압니까? 아니요, 아무도 알 수 없어요. 하나님하고 저하고 1:1로만 알 수 있습니다.

그러므로 여러분, 이런 의미에서 봤을 때 내가 정말 주님께 순종하는지 안 하는지 다른 사람은 몰라도 나만은 알 수 있어요. 가만히 살펴보면 다 알 수 있습니다.

여러분, 사실 6장, 7장 전체가 이 이야기가 아닙니까.

사람들은 우리의 겉으로 나타나는 것을 보지만 하나님은 우리의 엄밀한 것을 보시니까 사람에게 보이려고 외식하지 말고 엄밀히 보시는 하나님 앞에서 진실되게 행하도록 하라는 것.

어때요, 여러분. 똑같이 주의 일을 하는데도 사람에게 보이려고 자기 멋대로 자기 자랑으로 하는 사람이 있고, 주님께 순종해서 주의 일을 하는 사람이 있다고 했는데, 이것을 어떻게 알 수 있다고 했는고 하니 그 열매를 보고 안다고 했습니다. 어때요, 여러분, 오늘날 이단들 그 열매가 좋습니까?

하나님으로부터 직접 계시를 받는다고 하는데 어때요. 우리가 보다시피 말하는 것 다르고, 사는 것이 다른 사람들입니다.

그러므로 여러분, 이런 의미에서 목사라고 하는 자리는 참 두렵고 떨리는 자리예요. 왜냐하면, 조금만 정신 차리지 않으면 금방 말하는 것하고 실제 행하는 것하고가 다를 수 있으니까.

여러분, 오늘날 우리 주위에 얼마나 많이 있습니까. 잘나가다가 삼천포로 빠지는 목사들, 그 유명한 목사님들이 하루아침에 뻥뻥 나가떨어지는 것을 보면서 '나는 아니다' 하고 어떻게 장담할 수 있습니까?

여러분, 솔직히 우리는 누구나 할 것 없이 두 얼굴을 가지고 있습니다.

사람 앞에서 얼굴 따로, 하나님 앞에서 얼굴 따로.

저도 여기에서 예외가 아니에요. 그렇기 때문에, 제가 여러분들보다 더 하나님 앞에 몸부림치며 매달리는 사람일지도 모릅니다. 왜냐 하나님이 원하시는 것하고 나의 실제 모습하고가 너무 거리가 머니까.

그러면 여러분, 이들이 불법을 행한 결과 주님이 뭐라고 합니까?

'내가 너희를 도무지 모른다'고 했습니다.

아니, 여러분, 일평생 동안 주의 이름을 부르며 주를 위해서 봉사하고 헌신했는데 주님이 나를 모르신다니 말이 됩니까. 아니요, 충분히 그럴 수 있습니다.

왜냐하면, 성경에서 안다는 말은 겉으로 알고 모르고가 아니라 부부가 같이 살면서 서로 깊이 아는 것처럼 깊은 인격적인 관계를 말하기 때문인데요.

그러니까 여기에서 모른다는 말은 주님과의 교제가 없었다는 말입니다. 도무지 주님이 나와 함께 동행하는 게 없었어요.

그러면 무엇 보고 알 수 있는가? 닮은 것 보고 알 수 있습니다.

여러분, 어때요. 부부가 오래 함께 살면 서로 닮아요, 안 닮아요? 닮아요.

또 자식들은 부모님과 닮아요, 안 닮아요? 같이 살면서 오랫동안 교제하니까 안 닮을 수가 없습니다. 그런데 주님은 양의 목자인데 이리 새끼가 와서 자꾸 엄마, 엄마 하면 안다고 할까요? 모른다고 할까요? 모른다고 합니다.

그러므로 여러분, 이렇게 놓고 봤을 때 오늘 우리는 나 자신을 봤을 때 얼마만큼 주님을 닮아 있습니까?

롬8:29에서 하나님이 그 아들의 형상을 본받게 하기 위해서 우리를 택하셨다고 했는데 또 세상 사람들이 우리의 착한 행실을 보고 하늘에 계신 아버지께 영광을 돌리게 하라고 하셨는데 어때요, 닮았습니까? 닮아야 합니다.

처음에는 별로 닮지 않았을지 모르지만, 날이 가면 갈수록 그분과 계속 교제함을 통하여 점점 닮아 가야 합니다.

그래서 마침내는 우리의 삶 전체가 예수의 편지로, 그분의 형상으로 나타나야 할 줄 믿습니다.

그러므로 이제 우리는 더 이상 장차 주님이 나를 모른다고 할까 봐 겁낼 필요가 없습니다. 무엇 보고요. 성령님께 순종하는 것 보고, 예수를 닮아 가는 것을 보고. 이 두 가지만 되면 전혀 염려할 것이 없습니다.

여러분, 아직 많이 부족하지만 처음 시작할 때에 비해서는 많이 변했잖아요. 그러니 우리가 계속 주님의 말씀에 순종하여 변화될 수만 있다면 우리는 그날에 당당하게 주님 앞에 서게 될 줄 믿습니다.

나병을 깨끗하게 하심
(마8:1~4)

오늘부터 완전히 새로운 단락이 시작되는데요. 본론에 들어가기 전에 마태복음 전체를 이해해야 제대로 알 수 있기 때문에 다시 한번 마태복음 전체의 주제를 생각하겠습니다.

마태복음 전체의 주제는 '하나님 나라'라고 했지요. 그런데 나라가 되려면 왕이 있어야 하고, 그 나라 백성이 있어야 하고, 또 법이 있어야 하는데요. 먼저 하나님 나라의 왕이 누구십니까? 예수지요, 예수. 만왕의 왕, 만주의 주가 되시는 예수 그리스도. 그래서 마태복음은 예수 그리스도의 족보로 시작되고 있는데 왕의 족보입니다.

그런데 예수는 왕은 왕인데 이 세상 나라의 왕이 아니라 하나님 나라의 왕이시니까 죄인인 인간의 후손이 아닌 하나님의 아들로 이 땅에 오셨다는 것인데요. 그래서 예수님의 족보 마지막이 어떻게 되어 있습니까?

마1:16 '야곱은 마리아의 남편 요셉을 낳았으니 마리아에게서 그리스도라 칭하는 예수가 나시니라' 아브라함부터 시작해서 전부가 다 남자의 후손인데 예수님만이 마리아라는 여자의 후손으로 오셨다고 했는데, 그 이유는 마리아의 몸만 빌렸을 뿐 남자 없이 성령으로 잉태되어 하나님의 아들로 이 땅에 오셨기 때문입니다.

그러면 하나님의 아들이신 예수가 왜 인간의 몸을 입고 이 땅에 오셨는가? 그 이유는 죄인 된 우리 인간을 구원하여 하나님의 나라를 이 땅에 세우기 위함이지요. 우리가 알다시피 하나님이 처음 만드신 아담, 하와가 마귀의 꾐에 빠져 범죄함으로 하나님의 에덴동산에서 쫓겨났잖아요. 이때 하나님은 죄인 된 우리 인간을 구원하여 다시 하나님 나라를 회복하기를 계획하셨는데요.

창3:15 '내가 너로 여자와 원수가 되게 하고 네 후손도 여자의 후손과 원수가 되게 하리니 여자의 후손은 네 머리를 상하게 할 것이요 너는 그의 발꿈치를 상하게 할 것이니라' 하시고 여자의 후손으로 마귀를 멸하고 구원할 것을 약속하셨습니다.

왜냐하면, 죄의 씨는 계속 죄인이기 때문에 여자의 후손으로 죄 없는 하나님의 씨인 예수님을 이 땅에 보내심으로 죄인을 구원할 구세주로 삼으셨기 때문이지요. 그래서 마태복음은 크게 두 가지로 되어 있는데요, '예수님이 누구신가?'와 '왜 예수님이 이 땅에 오셨는가?'

그래서 예수님이 3년 동안 제자들을 가르치신 마지막 총결산이 무엇입니까?

'너희는 나를 누구라 하느냐' 이때 베드로가 정답을 말합니다. '주는 그리스도시요, 살아 계신 하나님의 아들이시니이다'

신이신 하나님의 아들이 죄인인 우리 인간을 구원하기 위해 인간의 몸을 입고 이 땅에 오셔서 우리의 구세주 그리스도가 되셨다는 것입니다.

그래서 예수님이 하나님의 아들 되심을 증명하기 위해 예수님의 족보로부터 시작했고 성령으로 잉태되신 것까지 말씀하신 다음, 이제 죄인을 구원할 구세주 그리스도가 되시기 위해서 박해를 받으셨는데요. 마귀가 왕 노릇 하는 이 세상에 하나님의 나라를 세우려고 하니 마귀가 가만있을 수가 없지요.

예수님이 태어나자마자 헤롯 왕의 박해로 애굽으로 피난 갔다가 헤롯 왕이 죽은 다음 다시 이스라엘 땅으로 오셔서 나사렛 동네에서 사시게 됩니다.

그런 다음 이제 나이 30세에 우리 죄인을 대신해 요단강에서 세례를 받으셨을 때 창세기 1장에서 삼위일체 하나님이 천지를 창조하셨듯이 삼위일체 하나님의 재창조의 역사가 시작되는데요.

마3:16~17 '하늘이 열리고 하나님의 성령이 비둘기같이 임하면서 하늘로부터 소리가 있어 이는 내 사랑하는 아들이요 내 기뻐하는 자라' 하는 성부 하나님의 음성이 들리면서 성부, 성자, 성령 삼위일체 하나님의 재창조의 역사, 구원의 역사가 시작됩니다.

그래서 성령에 이끌려 광야로 나가 40일간 금식한 다음 둘째 아담으로 마귀의 시험을 받았는데, 첫째 아담이 실패한 선악과 시험이지요. 돌을 떡으로 만들어 먹으라, 성전 꼭대기에서 뛰어내리라, 천하만국의 영광을 보여 주며 내게 엎드려 경배하라, 먹음직도 하고 보암직도 하고 지혜롭게 할 만큼 탐스럽기도 한 육신의 정욕, 안목의 정욕, 이생의 자랑인 이 시험을 다 물리치신 다음, 드디어 이제 공생애가 시작되는데요. 첫 음성은 '회개하라. 천국이 가까이 왔느니라' 하고 복음을 선포하신 다음 하나님 나라의 헌장인 천국 백성 된 자의 윤리와 도덕법인 산상수훈의 말씀을 가르쳐서 누가 하나님의 백성이 되어 하나님 나라에 들어갈 수 있는가를 말씀하셨습니다.

그리고 오늘부터 이제 본격적으로 예수님의 사역이 시작되는데요. 무엇입니까? 내가 누구인가? 또 내가 무엇을 하러 이 땅에 왔는가?

이것을 말로만이 아니라 실제로 보여 줌으로 증명하고 있는 것이지요.

이렇게 놓고 봤을 때 오늘 문둥병자를 고치신 이 사건은 과연 무엇을 말씀하시고자 하는 것입니까?

성경을 보니까 문둥병자는 영적으로 죄인 된 우리 인간을 상징한다고 했습니다. 그러면 어떻게 해서 우리 인간이 영적 문둥병자란 말입니까? 여기에는 충분한 이유가 있는데요. 문둥병은 그 특징이 한마디로 부정한 병입니다. 그래서 문둥병으로 판명이 나고 나면, 아무도 그 사람에게 가까이 하려고 하지 않아요.

이웃이나 친구뿐만 아니라 심지어 부모, 형제들로부터도 버림을 받는 것이 바로 이 병입니다. 다른 병은 어떻게 해서든 살려 보려고 애를 쓰지만 일단 문둥병으로 판명되면 더 이상 집에 놔두지 않고 소록도로 보냅니다.

그리고 일단 그곳으로 들어갔다고 하면 이상 끝이에요. 그 병이 낫기 전까지는 절대 그곳에서 나오지를 못합니다. 그러니까 한마디로 산송장이 되는 것이 바로 이 병이에요. 살아 있으나 죽은 것이나 다름없습니다.

그런데 여러분, 이것은 영적으로 우리 죄인들도 똑같습니다. 성경에서 우리 인간을 허물과 죄로 죽은 자들이라고 했는데요. 영적 죽음은 하나님과 분리되는 것이니까 이 말은 죄로 인하여 부정하게 되었기 때문에 죄 문제를 해결하기 전에는 도무지 하나님과 함께 살 수 없는 존재가 되었다는 것입니다. 왜냐하면, 하나님은 100% 의롭고 거룩하신 분이기 때문에 죄하고는 도무지 함께하실 수가 없기 때문입니다.

그래서 우리 인간이 죄 문제를 해결하지 않는 한 하나님과는 영원히 떨어져 살 수밖에 없는데요. 그런데 문제는 죄인 된 우리 인간의 또 하나의 특징이 무엇이라고요.

렘13:23 '구스인이 그의 피부를, 표범이 그의 반점을 변하게 할 수 있느냐 할 수 있을진대 악에 익숙한 너희도 선을 행할 수 있으리라'

우리 인간이 죄 문제를 스스로 해결할 수 있는 가능성에 대한 이야기인데요. 여기서 구스인은 흑인을 말하니까 검은 흑인이 몸을 씻어 희게 할 수 있느냐, 그렇다면 너희도 가능성이 있다고 했으니까 이 말은 가능성이 있다는 말입니까? 없다는 말입니까? 없어요. 전혀 없어요.

그러므로 여러분, 꼭 기억하세요. 우리 인간은 죄를 지었기 때문에 죄인된 것이 아니라 죄인이기 때문에 죄를 짓지 않을 수 없는 존재라는 것. 그래서 날 때부터 죄인인 우리 인간은 죽었다 깨어나도 스스로 죄를 짓지 않거나 죄를 씻을 수 있는 길은 없다는 것. 완전 죽음이요, 절대 절망인 존재입니다.

그러니 여러분, 이렇게 놓고 봤을 때 과연 이 사건은 오늘 우리에게 무엇을 말해 주고 있는 것입니까? 예수님만이 문둥병을 고칠 수 있는 유일한 분이셨듯이 오늘 예수님만이 영적 문둥병에 걸린 우리 죄인들을 구원할 수 있는 유일한 구원자, 구세주가 되신다는 것입니다. 이것이 오늘 이 사건을 통하여 주님이 우리에게 말씀하시고자 하는 참뜻이에요. (내가 너희의 구세주 그리스도 메시아라는 것) 그러면 여러분, 이제 두 번째로 과연 예수님이 이 문둥병자를 어떻게 고치고 있습니까?

마8:2~3 '한 나병 환자가 나아와 절하며 이르되 주여 원하시면 저를 깨끗하게 하실 수 있나이다 하거늘, 예수께서 손을 내밀어 그에게 대시며 이르시되 내가 원하노니 깨끗함을 받으라 하시니 즉시 그의 나병이 깨끗하여진지라'

너무 간단합니다. 예수님이 자신의 병을 고쳐 주실 것을 믿음으로 '주여, 원하시면 저를 깨끗게 하실 수 있나이다' 하고 고백하고 있는데요. 그러니까 예수님이 나를 깨끗하게 할 수 있다는 것을 믿고 예수님 앞에 나아간 것, 이게 전부예요. 다른 것 아무것도 없습니다. 그러니까 전적 무엇으로 병 고침 받았습니까? 오직 믿음으로 병 고침을 받았습니다. 다른 것은 아무것도 없어요.

그런데 여러분, 이것은 오늘 우리의 영적 구원도 똑같습니다. 문둥병은 영적 죄인을 상징하니까.

예수님이 우리 죄를 깨끗게 하실 수 있는 분이라는 이 사실을 그냥 믿고 그분 앞에 나아가기만 하면 돼요. 다른 아무 조건이 필요 없습니다.

그냥 믿음으로 나아갈 때 구원함을 받아요. 그러므로 구원은 예수님을 나의 구세주로 믿느냐, 안 믿느냐의 문제지, 내가 무엇을 했느냐, 안 했느냐의 문제가 아니라는 것입니다.

그런데 참 유감스럽게도 오늘날 예수를 믿는다고 하는 사람들 중에 믿음으로 구원을 받는다고 하는 이 축복을 알지 못하고 신앙생활 하는 사람들이 너무너무 많다는 것인데요.

당신 예수 믿습니까? 믿지요. 그러면 이제 모든 죄를 용서받아 구원함을 받았습니까? 글쎄요, 아직 자신 없는데요. 아니, 장차 하늘나라에 갈 수 있지 않습니까? 아니요, 아직 부족해서 죽어 봐야 알겠습니다. 이 사람은 지금 무엇으로 구원받으려고 하는 것입니까? 믿음으로가 아니에요. 자기 행위로 구원받으려고 하는 것입니다. 그러니 여러분, 이 사람은 유감스럽게도 죽었다 깨어나도 구원받을 수가 없어요.

왜냐하면, 검은 흑인이 씻어서 희게 되려고 하는 짓이니까 도무지 불가능합니다. 여러분, 어때요. 우리가 양심에 손을 얹고 생각해 볼 때 나 자신이 의롭습니까? 아니, 앞으로 열심히 노력하면 의롭게 될 수 있겠습니까?

아니요, 우리의 목을 자르지 않는 한 우리가 죄를 짓지 않고 살 수는 없습니다. 그러므로 여러분, 구원이 무엇인가. 구원은 전적으로 나의 죄를 씻을 수 있는 분은 예수밖에는 없다고 믿는 믿음입니다. '나는 도무지 스스로 나의 죄 문제를 해결할 수 없고 오직 예수님만이 나를 깨끗게 하실 수 있습니다' 하고 붙드는 게 믿음이요, 구원이에요. 그래서 이것이 예수님이 이 땅에 오셔서 십자가에서 죽으신 이유입니다. 우리 인간이 도무지 스스로는 죄 문제를 해결할 수 없으니까 예수님이 대신 십자가에서 나의 죄 문제를 해결해 주신 거예요.

그러니까 구원은 나의 실력이 아니라 전적 하나님의 실력입니다. 성경에서는 이것을 목욕하는 것으로 비유했는데요. 여러분, 우리가 알다시피 한번 목욕했으면 이제는 무엇만 씻으면 됩니까? 손발만 씻으면 돼요. 손발이 좀 더러워졌다고 해서 다시 목욕할 필요는 없습니다.

마찬가지 예수님이 십자가에서 나의 과거의 죄, 현재의 죄, 미래의 죄까지 몽땅 다 깨끗하게 함으로 목욕시켜 주셨어요. 그래서 우리가 예수 믿고 난 다음에도 죄를 짓지만, 이것은 손발만 좀 더러워지는 것이기 때문에 절대 우리의 몸 전체가 더럽다고 하지는 않습니다.

그러므로 중요한 것은 내가 과연 예수의 피로 온몸 전체를 목욕했느냐, 하지 않았느냐 하는 이것이 중요한 것이지, 온몸을 목욕하지 않은 채 아무리 손발을 씻어 봐야 이것은 소용이 없다는 것입니다.

그러면 여러분, 여러분들은 지금 어떻습니까? 예수의 피로 온몸을 목욕하셨습니까? '주여! 원하시면 저를 깨끗게 하실 수 있나이다'라고 하는 이 믿음의 고백이 있습니까? 예수님에게 나의 죄를 깨끗하게 씻을 수 있는 권세가 있음을 믿고 나아가는 것, 이것이 목욕하는 것입니다.

그런데 여러분, 정말 유감스럽게도 오늘날 교회 안에 예수의 피로 목욕을 하지 않고 구원받으려고 하는 사람이 있다는 것인데요. 똑같이 교회를 다니고 있고, 똑같이 예배를 드리고, 교회 생활을 하고 있는데, 자신이 영적 문둥병에 걸려 있는 자라는 사실을 모르는 사람입니다.

도무지 스스로는 살길이 없다는 사실을, 오직 예수에게로 가야만 이 병을 고침 받을 수 있다는 사실을 몰라요.

그래서 일평생 동안 자기 의로 구원받아 보려고 몸부림치는데요. 여러분, 좋은 말로 할 때 포기하세요. 성경은 말씀합니다.

만물보다 더 거짓되고 부패한 것이 우리 인간의 마음이라고 했고요. 너희 목구멍은 열린 무덤이요, 그 혀로는 속임을 베풀며 그 입술에는 독사의 독이 있고 그 입에는 저주와 악독이 가득하고 그 발은 피 흘리는 데 빠르니라.

우리 인간은 머리부터 발끝까지 완전히 죄 덩어리예요. 도무지 스스로는 어떻게 해 볼 재간이 없습니다. 그러므로 여러분, 우리 인간은 내가 본 내가 진짜가 아니라 하나님 앞에서 나를 봐야 그게 진짜 나입니다.

이것은 마치 병원에서 MRI를 찍으면 안에 있는 것이 확 드러나듯이 영적으로 하나님 말씀의 빛이 비추어져야 내 영의 참모습을 볼 수가 있어요.

제 간증을 또 하겠는데요. 저는 어릴 때부터 교회를 다녔지만 20년 동안 한 번도 제 영의 참모습을 보지 못했습니다.

그러다가 이제 군대 있을 때 군대 교회에서 고난주간을 맞이해 성찬식을 하는데 먼저 회개의 시간을 가지라고 했습니다.

그래서 눈을 감고 회개의 시간을 가졌는데 이때 하나님이 내 마음에 빛을 비추어 주셨어요. 하나님이 내 마음에 빛을 비추시자마자 내 영의 참모습이 드러났는데요. 얼마나 더럽고 추악한 나인지, 도무지 내가 어떻게 할 수 없는 죄인인 것을 그때 처음으로 깨달았습니다. 그리고 이때 비로소 예수님이 왜 십자가에서 죽으셨는지 그 이유를 알게 되었는데요. 나 스스로는 죄 문제를 어떻게 할 수 없으니까. 예수님이 내 죄 때문에 십자가에서 죽으셨음을 깨닫고 난생 처음으로 '오, 주여! 저에게는 당신이 필요합니다. 당신만이 나의 죄를 깨끗케 하실 수 있습니다' 하는 이 고백을 머리가 아니라 뜨거운 가슴으로 고백하게 되었습니다. 얼마나 눈물이 쏟아지던지 그 자리에서 계속 앉아 있지를 못하고 교회 뒷산에 올라가서 두 시간 동안 엉

엉 하고 울었습니다.

이때 이후로 저의 신앙은 완전히 변했는데요, 예수가 내 죄를 깨끗이 씻어 주신 구세주라는 이 진리가 변함없는 나의 진리가 되었습니다. 그래서 이 사실을 생각할 때마다 내 마음에 감격이 있고, 눈물이 나고 너무나 확실하게 믿어지는 것입니다. 무엇입니까? 예수의 피로 목욕한 것이지요.

나 자신이 또렷하게 알 수 있도록.

그러므로 여러분, 신앙생활 할 때 그냥 교회만 다닌다고 문제가 해결되는 것이 아닙니다. 무엇입니까?

근본적인 해결은 예수의 피로 깨끗함을 받고 구원함을 받는 것입니다.

오늘 여러분 중에 아직 예수의 피로 깨끗함을 받았다는 확신이 없는 분 계십니까? 너무 낙심하지 마세요. 왜냐하면, 여러분은 지금 하나님 앞에 나와서 말씀을 듣고 있으니까.

이제는 한 가지만 남았어요. 무엇입니까? 말씀을 통하여 내 마음에 빛이 비추어지면서 내 영혼의 참모습을 보는 것, 그래서 '주여! 원하시면 저를 깨끗케 하실 수 있나이다. 당신은 나의 죄 문제를 해결할 유일한 구원자 구세주이십니다' 하고 고백할 때 '내가 원하니 깨끗함을 받으라'고 하는 주님의 음성을 듣기만 하면 됩니다. 다른 것 다 준비되었어요. 오직 살아 계신 주님의 음성을 듣기만 하면 여러분의 문제는 해결 받을 줄 믿습니다. 사도 바울이 고백했지요.

'오직 의인은 믿음으로 말미암아 살리라.' 아멘, 아멘.

백부장의 믿음
(마8:5~13)

여러분, 우리가 신앙생활 할 때 제일 중요한 것은 그냥 덮어 놓고 하는 것이 아니라 알고 해야 한다는 것인데요. 특히 우리가 하나님을 믿는다고 했을 때 그냥 막연한 하나님이 아니라 하나님이 누구신가를 알고 믿어야 합니다.

또 하나님 앞에 기도하는 것도 그냥 막연히 기도하면 응답 받는다가 아니라 기도하면 왜 응답받는지를 알고 기도해야 합니다. 그냥 막연한 믿음, 막연한 기도는 결코 응답될 수 없어요.

그러므로 성경에서 '믿음은 바라는 것들의 실상이요 보지 못하는 것들의 증거니 선진들이 이로써 증거를 얻었느니라'고 했는데 이게 무슨 뜻입니까?

우리 믿음의 선진들은 그냥 간절히 바라기만 한 것이 아니라 하나님을 앎으로 반드시 이루어진다는 믿음의 확신을 가지고 나아갔을 때 현실로 응답되었다는 말씀입니다. 막연한 기대가 아니라 확실한 믿음이에요.

그러면 믿음이 무엇입니까? 믿음은 들음에서 나며 들음은 그리스도의 말씀으로 말미암느니라. 믿음은 나의 신념이나 바람이 아니라 하나님의 약속의 말씀을 붙드는 것이 믿음입니다. 믿음은 나에게서 나오는 것이 아니라 말씀으로부터 나오는 거예요. 그러므로 오늘 우리가 하나님 앞에 무엇을 구할 때, 하나님의 약속을 붙드는 믿음으로 나아가야지, 그냥 막연한 바람이나 소원은 안 됩니다. 그러면 이제 오늘 본문의 내용이 무엇입니까?

오늘 본문도 앞에 나오는 문둥병자를 고친 사건과 똑같습니다. 무엇입니까? 죄인인 우리 인간은 영적으로 봤을 때 중풍병자와 똑같다는 것이지요. 왜냐, 내 마음대로 내 몸을 움직이지를 못하니까. 여러분, 우리가 예수 믿기 전 죄의 종, 마귀의 종으로 있을 때를 한번 생각해 보세요. 내 생각대로 살 수 있었습니까? 아니면 죄가 끄는 대로 마귀가 끄는 대로 살았습니까? 죄가 끄는 대로 마귀가 끄는 대로 살았어요. 왜냐 죄의 종, 마귀의 종이니까 내 마음먹은 대로 되지 않았기 때문입니다.

여러분, 오늘 세상에 믿지 않는 사람들 보세요. 부정, 불의, 불법을 저지르다가 하루아침에 나락으로 떨어지고 심지어 감옥에까지 가잖아요.

우리가 알다시피 군 장성들이 부하 여군을 성추행하다가 하루아침에 옷을 벗게 되는데요. 여러분, 군대에서 별 따기가 얼마나 힘든 줄 아십니까?

진짜 하늘의 별 따기만큼 힘들어요. 그럼에도 한순간의 정욕을 이기지 못해 하늘에서 떨어지는 것입니다.

전직 서울시장, 부산시장 보세요. 성추행으로 한 사람은 자살하고, 한 사람은 감옥에 갔지요. 심지어 전직 대통령이 부엉이바위에서 떨어져 자살까지 하는데, 왜 그래요? 내 마음먹은 대로 안 되기 때문입니다. 제 간증을 여러 번 드렸지요. 저는 어렸을 때부터 교회를 다녔지만 죄 문제를 어찌하지 못해 죄에 대해서 항복했다고. 죄를 짓지 않으려고 애쓰고 또 애쓰다가 도저히 안 되어서 결국 '천당은 가고 싶지만 힘들어서 못 가겠다' 하고는 하나님을 떠났던 사람인데요. 그러다가 군대에서 놀랍게도 죄가 싫어지는 기적이 일어났습니다.

왜냐 주님을 사랑하게 되니까 내가 지금까지 사랑해 왔던 세상 것들이 비교가 안 되어서 그렇습니다. 사도 바울이 고백했지요.

'무엇이든지 내게 유익하던 것을 내가 그리스도를 위하여 다 해로 여길뿐더러 또한 모든 것을 해로 여김은 내 주 그리스도를 아는 지식이 가장 고상하기 때문이라.' 내가 그를 위하여 모든 것을 잃어버리고 배설물로 여김은 그리스도를 얻고 그 안에서 발견되려 함이라. 사도 바울은 예수 그리스도를 알고부터 그동안 귀하게 여기고 추구해 왔던 세상 것들을 배설물처럼 여겼다고 했는데요. 여러분, 정말입니다. 저도 예수 믿기 전에 좋아했던 것, 진짜 하나도 빠짐없이 다 버렸는데요. 왜냐 예수님이 너무너무 좋으니까.

예수님과 비교하면 그 어떤 것도 비교가 안 되니까. 그러므로 여러분, 바라기는 더 이상 죄의 종 마귀의 종으로 끌려다니지 말고 예수님을 만나 예수님을 사랑함으로 최고의 행복자가 되시기 바랍니다.

제가 예수 믿고 난 다음 최고의 행복은 내 영혼이 구원받아 천국을 살게 되었다는 것과 더불어 죄에 대해서 'NO' 할 수 있는 자유를 얻게 되었다는 것입니다. 물론 내가 약해서 넘어질 때가 있지요. 그러나 근본적으로 죄가 좋아서 따라가지는 않습니다. 진리를 알지니 진리가 너희를 자유케 하리라. 아멘.

그러므로 이렇게 놓고 봤을 때 오늘 중풍병자를 고치신 사건은 무엇을 의미합니까? 예수님이 바로 영적 중풍 상태에 있는 우리 죄인들을 구원하러 오신 구세주 메시아가 되신다는 것입니다. 그러면 어떻게 무엇으로 고치셨는가?

말씀을 믿음으로 고침 받았어요. 다른 것 아무것도 없습니다. 예수님이 말씀하셨을 때 그 말씀을 그대로 믿는 백부장의 믿음으로 고침받았어요. 그래서 이 백부장은 예수님이 내가 이스라엘 중에서 이만한 믿음을 만나 보지 못했다고 칭찬할 정도로 큰 믿음의 소유자였는데요. 그러면 여러분, 이 백부장이 어떤 믿음을 가졌기에 예수님이 그토록 신기하게 여길 정도로 칭찬했습니까? 크게 두 가지인데요.

첫째 하나는, 내 집에 들어오심을 나는 감당치 못하겠사오니 다만 말씀으로만 하옵소서, 말씀만 하시면 끝난다고 했는데요. 예수님을 전능자 하나님으로 믿는 믿음입니다.

그러니까 이 백부장은 예수님이 누구신가 하는 것을 분명히 알고 있었어요.

무엇입니까? 말씀 한마디로 모든 병을 고칠 수 있는 능력자, 전능자 하나님으로 믿는 믿음입니다. 이 믿음이 기적을 보게 했는데요. 그러면 여러분, 오늘 우리는 과연 예수님을 어떤 분으로 믿고 있습니까? 우리도 백부장과 똑같이 예수님을 하나님의 아들 메시아로서 온 천지 만물을 창조하시고 모든 병을 고치시고 죽은 자를 살리시며 할 수 없는 일이 아무것도 없는 전능자 하나님이심을 믿습니까?

이것 믿어야 해요. 이 믿음이 없이는 응답받을 수 없습니다. 그리고 이 백부장의 믿음을 보니까 예수님은 말씀 한마디로 모든 병을 고칠 수 있는 능력자라는 믿음을 가졌을 뿐만 아니라 또 하나 이 예수님이 하신 말씀도 예수님과 똑같은 권위와 능력을 가졌다는 것을 믿는 믿음입니다. 8절 끝에 '다만 말씀으로만 하옵소서 그러면 내 하인이 낫겠사옵나이다 나도 남의 수하에 있는 사람이요, 내 아래에도 군사가 있으니 이더러 가라 하면 가고 저더러 오라 하면 오고 내 종더러 이것을 하라 하면 하나이다'

예수님하고 예수님이 하시는 말씀하고를 똑같은 권위를 가진 것으로 믿고 있는데요. 그런데 여러분, 이것은 전혀 이상한 것이 아니라 너무나 당연한 것입니다. 왜냐하면, 자, 보세요. 미국 대통령이 있다고 합시다. 그래서 미국 대통령의 친서를 주한 미국 대사를 통해서 우리 한국 대통령에게 전달했다고 했을 때 어때요, 그 서신의 효력이 어떨까요?

분명히 미국 대통령이 직접 말한 것이 아니요, 직접 와서 전달한 것도 아니지만 그 효력은 미국 대통령이 직접 한국에 와서 말하는 것이나 똑같은 효력을 지니고 있습니다. 왜냐하면, 전달방식이 중요한 것이 아니라 누가 말했느냐 하는 것이 중요하기 때문에 똑같은 말이지만 미국 대통령이 했다는 것 때문에 그 대통령이 가지고 있는 힘과 권세와 똑같은 효력은 나타낸다는 것입니다.

마찬가지로 오늘 백부장의 믿음도 예수님이 직접 오셔서 말씀하시는 것이나, 예수님이 말씀하신 것을 전하는 것이나 이 둘을 똑같은 권위와 능력으로 보고 있다는 것인데요. 그런데 이 믿음을 주님이 크게 칭찬을 합니다. 그래서 13절 '가라 네 믿음대로 될지어다' 그만한 믿음이면 100% 응답받는 믿음이라는 것인데요. 그러면 주님이 왜 이렇게 크게 칭찬했습니까?

그 이유는 이때 당시 유대인들은 표적만 찾고 구했지, 도무지 예수님의 말씀을 믿으려고 하지 않았기 때문입니다. 그러니까 예수님의 응답은 사람을 바라보고 표적을 찾는 자들에게 나타나는 것이 아니라 주님을 바라보고 주님의 약속의 말씀을 믿고 붙드는 자에게 나타난다는 거예요.

그러면 여러분, 지금 이 백부장의 믿음을 보니까 오늘 우리하고 무엇이 다릅니까? 오늘 우리 같으면 예수님이 가서 고쳐주시겠다 하면 쌍수를 들어 환영하지요. 아니, 오히려 예수님이 안 가시면 큰일 날 것처럼 말할 것입니다.

꼭 가셔야 한다고, 예수님이 안 가시면 안 고쳐질 것처럼 매달리는데요. 말씀보다는 눈에 보이는 사람을 더 붙들려고 합니다.

분명히 예수님 자신이나 예수님이 하신 말씀은 똑같은 권위와 능력을 가진 것임에도 불구하고, 오늘 우리 신자들은 말씀만 가지고는 도무지 마음에 차지가 않아요. 그래서 꼭 목사가 가야 하고, 또 가서 머리에 손을 얹고 기도해야 하나님의 능력이 나타날 것으로 믿고 있는데요.

그런데 여러분, 문제는 이런 믿음을 우리 주님이 싫어하신다는 것입니다. 예수님이 제자 도마에게 직접 말씀하셨죠. '너는 나를 본고로 믿느냐 보지 못하고 믿는 자가 복되도다'

이 말씀은 예수님이 부활하셨다는 소식을 전해들은 도마가 예수님이 죽기 전에 분명히 예수님이 부활할 것이라는 말씀을 여러 번 반복해서 들었음에도 불구하고 이 약속을 믿지 아니하고 내가 직접 눈으로 보고 손으로 직접 만져 봐야지, 그러기 전에는 절대 믿지 못하겠다고 했을 때 주님이 직접 오셔서 네가 직접 만져 보라고 하면서 주신 책망의 말씀입니다.

주님은 자신이 하신 약속을 믿기를 원하는데 도마는 그 약속은 못 믿겠고, 직접 눈으로 봐야만 믿겠다고 했는데요. 그러면 오늘 우리의 믿음은 어떤 믿음입니까? 하나님의 약속을 붙드는 믿음입니까? 아니면, 눈에 보이는 무엇을 붙드는 믿음입니까? 대답 안 하셔도 다 알아요.

그러나 여러분, 한 가지 분명히 기억하세요. 우리가 하나님의 약속보다 눈에 보이는 무엇을 더 붙드는 것은 전부가 다 그 밑바탕이 불신앙이라는 사실을. 아무리 변명해도 소용없어요. 믿음은 오직 하나님의 말씀으로부터만 온다고 했기 때문에 하나님의 말씀보다 다른 것을 더 붙드는 것은 전부가 다 불신앙 때문에 그렇습니다. 성경은 분명히 말씀하고 있습니다.

요1:1 '태초에 말씀이 계시니라 이 말씀이 하나님과 함께 계셨으니 이 말씀은 곧 하나님이시니라'

하나님이 말씀이시고 말씀이 곧 하나님이시라고 했습니다. 또 하나님의 말씀은 살았고 운동력이 있다고 했는데요. 하나님은 오늘도 살아서 역사하시는데 말씀을 통해서 역사하신다는 것입니다. 그러니 하나님은 말씀이시라고 했고 오늘도 그 말씀을 통해서 일하시는데 만약 오늘 우리가 하나님의 말씀을 제쳐 놓고 다른 어떤 무엇에 더 좌지우지된다면 이것은 바른 신앙의 태도라고 할 수 없지요. 그러니 우리가 하나님의 약속을 붙들었을 때 어떤 축복을 받는가? 이 세상뿐만 아니라 내세의 축복까지 다 받을 수 있는데요.

예를 들어, 내가 지금 암에 걸렸다고 한번 생각해 봅시다. 의사의 말은 살 가망이 거의 없다고 하는데, 그러면 이때 나는 어떻게 해야 할까요?

의사의 말만 듣고 절망하고 낙심해 있을 것입니까? 아니면 하나님의 약속을 붙들고 소망 가운데서 끝까지 승리해야 하겠습니까?

우리가 진짜 참된 신자라면 의사의 말을 듣고 절망할 것이 아니라 하나님의 약속을 붙듦으로 승리해야 할 줄 믿습니다. 왜냐하면, 자, 보세요.

의사의 말이라고 해 봐야 한계가 분명합니다. 왜냐, 자기 능력으로는 고칠 수 없을 뿐만 아니라 설사 고쳐 낸다 해도 불과 얼마 동안의 생명을 연장시키는 일밖에는 더 이상 할 수 있는 게 없으니까, 일시적인 치료지 결코 근본적인 치료가 되지 못합니다. 그러나 하나님의 약속을 붙들면 어때요.

하나님의 약속 안에는 두 가지가 다 들어 있지요. 의사가 고칠 수 없는 것을 하나님은 고칠 수 있을 뿐만 아니라, 설사 고쳐 주시지 않는다 할지라도 영원한 생명을 줄 수 있는 능력이 있으니까 죽어도 영생이에요. 도무지 절망할 수가 없습니다. 의사의 말을 붙들면 살아도 절망이요, 죽어도 절망이지만 그러나 하나님의 약속을 붙들면 살아도 소망이요, 죽어도 소망입니다.

믿음의 기도는 병든 자를 일으킨다고 했으니까 믿음으로 구할 때 하나님이 전능하신 능력으로 고칠 수 있기 때문에 소망이요, 또 만약 고쳐 주시지 않는다고 하더라도 '나는 부활이요 생명이니 나를 믿는 자는 죽어도 살겠고 무릇 살아서 나를 믿는 자는 영원히 죽지 아니하리라'고 했으니까 죽어도 소망이에요.

그러니 이 약속을 붙들고 있는 우리를 도대체 세상의 무엇이 낙심시킬 수 있고 무엇이 절망시킬 수 있는 게 있습니까? 살아도 좋고 죽으면 더 좋은데. 어때요, 여러분, 이것이 제가 목사이기 때문에 드리는 말씀입니까? 아니에요, 우리가 하나님 약속을 붙들면 누구든지 가능한 믿음입니다. 하나님의 말씀을 붙들면 불가능한 것이 없고 또 감당치 못할 시험이 없습니다. 왜냐 어떤 상황 가운데서도 소망이니까.

지금은 원로 목사님이 되셨습니다만 여의도순복음교회 조용기 목사님이라고 세계에서 제일 큰 교회를 목회하셨지요. 그런데 그 이유 중에 하나가 신유의 은사가 크게 나타났기 때문인데요. 이분은 원래가 고등학교 1학년 때 폐병으로 죽을 날만 기다리고 있었다고 했습니다. 그런데 어느 날 중학교 다니는 여학생 하나가 전도를 와서는 신약성경 4복음서, 쪽복음 하나를 주고 갔는데 이분이 그때는 교회도 안 다녔고 하나님도 믿지 않았지만, 그것을 계속 읽었다고 하지요. 한 번 읽고, 두 번 읽고, 세 번 읽고 계속, 계속 반복해서 읽었는데, 보세요. 처음에는 무슨 뜻인지 전혀 알지 못하던 말씀이 계속 반복해서 읽으니까 두 달쯤 후부터는 성경이 믿어지기 시작했고요, 석 달째부터는 그 말씀이 살아서 움직이기 시작했는데 6개월 만에 깨끗하게 병을 치유 받고 일어났다고 했습니다.

그래서 그는 이 체험을 바탕으로 하나님은 우리의 모든 병을 치유할 수 있는 절대적인 능력자라는 확신을 가지고 수많은 병자들을 일으켰다고 했는데요.

그런데 여기서 중요한 것은, 그분이 하나님의 말씀으로 육신의 치유를 받아 다시 살게 되었으니까 그것으로만 만족할 수 있습니까?

아니지요, 하나님의 약속이 만약 우리 육체를 치유하는 것뿐이라면 우리는 언젠가 다시 병들고 늙어서 죽게 될 거니까 이것은 절망이지, 결코 소망이 아닙니다. 그런데 감사하게도 하나님의 약속 안에는 무엇이 함께 있습니까?

우리 육체를 치유하실 뿐만 아니라 우리 영혼에 영원한 생명을 주시는 능력이 있습니다. 죽음 다음의 영원한 하나님 나라에 대해서 보장하고 있어요. 그러니 이 소망과 이 기대가 우리 육체의 건강보다 몇백 배, 몇천 배 더 귀한 것이지요. 이 소망이 있는 한 이 세상의 그 어떤 무엇도 우리를 쓰러뜨릴 수 있는 게 없습니다. 이렇게 놓고 봤을 때 오늘 우리의 문제가 무엇입니까?

오늘 우리의 기도 제목과 마음의 소원이 무엇입니까?

하나님의 약속을 붙드세요. 그러면 그 약속 안에는 이 세상에서의 축복뿐만 아니라 이 세상 다음의 축복까지 함께 다 포함되어 있습니다. 그래서 하나님의 약속을 붙들면 살아도 좋고, 죽으면 더 좋으니까 도무지 겁날 것이 없어요.

모든 염려 다 주께 맡겨 버리고 이제 하나님 약속을 붙드는 믿음을 가지고 소망 가운데서 승리하는 여러분들 되시기 바랍니다.

모든 질병을 짊어지신 예수님
(마8:16~17)

여러분, 예수님이 이 땅에 오심으로 제일 수지맞은 사람이 누굽니까? 첫째는 우리 이방인들이지요. 오늘 우리는 예수님이 안 오셨더라면 복음을 한 번 들어 보지도 못하고 갈 뻔했던 사람들이니까, 정말 큰일 날 뻔했습니다.

그다음에 또 수지맞은 사람은 여자들인데요, 우리가 알다시피 유대인들이 예수님 오시기 전에는 여자들을 숫자에 넣지도 않았잖아요. 아예 사람 취급을 안 했으니까. 성전에 들어가서 제사도 드리지 못하게 했는데요. 그랬던 여자들인데 예수님이 오시자마자 남자와 여자를 똑같이 대접하심으로 팔자를 고쳤습니다. 그래서 오늘날 교회 안에 여자들이 압도적으로 많은데요, 예수 때문에 팔자를 고쳐 너무너무 고마워서 그렇습니다.

그러므로 이렇게 놓고 봤을 때 예수님은 유대인뿐만 아니라 모든 이방인들과 여자들까지 모든 인간의 구세주가 되시는 분이십니다.

그런데 오늘은 본문에 들어가기 전에 우리 몸의 건강 문제를 놓고 좀 생각해 보려고 하는데요. 오늘 몸이 아픈 사람들이 많이 있는데 우리가 일평생 사는 동안에 건강 문제로는 더 이상 방황하지 않도록 분명한 해결 열쇠를 드리려고 합니다.

우선 우리가 이 문제를 해결하려고 하면 기본적으로 알고 있어야 할 것이 한 가지 있는데 그것은 '하나님이 못 고치시는 병도 있는가?' 하는 문제

252

입니다.

물론 그 대답은 '없습니다'이지요. 왜냐하면, 우리가 믿는 하나님은 없는 것을 있는 것처럼 부르시고 또 죽은 자를 살리시는 분이시기 때문에 원칙적으로 못 고치시는 것이란 있을 수 없습니다.

그런데 문제는 고칠 수 없는 것이 없는 하나님이심에도 불구하고 하나님이 고치시지 않는 것은 얼마든지 있다는 것인데요.

크게 두 가지 경우입니다.

첫째 하나는 우리 몸에 육체의 가시로 그냥 두는 것이 더 유익한 경우이고요, 그다음 또 하나는 우리 스스로의 힘으로는 재생시킬 수 없는 경우입니다.

쉽게 예를 들면 손가락이 하나 잘라졌다고 했을 때 우리가 아무리 기도해도 새 손가락이 생겨나지는 않는데요. 왜냐 스스로 재생할 수 없으니까. 또 나이가 들어서 점점 노쇠하고 약해지는 경우도 하나님이 응답하지 않으세요.

어때요, 60대 사람이 기도하면 40대로 젊어질 수 있습니까? 안 돼요. 하나님이 이제 그만 떠날 준비를 하라고 하십니다. 왜냐하면 영원히 늙지 않고 고장 안 나는 생생한 것으로 바꿔 주시려고. 그러므로 여러분, 꼭 기억하세요. 우리 사람들은 건강하게 벌떡벌떡 일어나는 것만을 치유라고 생각하는데, 아니에요. 성경은 죽음도 하나님의 치유라고 했습니다. 아니, 죽음이야말로 영원하고 완전한 치유라고 했어요.

그래서 사도 바울은 오히려 세상을 떠나 주님 계신 곳에 가고 싶다고 했는데요. 그렇기 때문에 우리 기독교의 장례곡은 절대 슬픔으로 끝나지 않습니다.

천국 환송곡으로 소망이 있고 기쁨이 있고 찬양이 있는 것이 기독교의 장례곡이에요. 왜냐하면 죽음이 끝이 아니라 죽음은 단지 영원한 세계의 첫 시작이기 때문에 그렇습니다.

그러니 우리 신자는 지금 이 몸이 진짜 내 몸이 아니라 예수님이 재림하시는 그날에 영원히 병들지도 않고 죽지도 않는 새 몸을 입게 되는데 그게 진짜 내 몸이라는 것입니다.

그러므로 우리 신자는 예수를 나의 구세주로 영접하는 순간 우리 몸의 모든 질병 문제, 또 죽음의 문제까지 몽땅 다 해결 받음으로 병도 겁낼 것 없고 죽음도 겁낼 것 없고 이 세상 그 어떤 것도 우리를 두렵게 할 수 있는 것이 없습니다. 그러면 오늘 우리에게 있어서의 문제가 무엇입니까?

우리가 장차 영원히 병들지 않고 죽지 않는 새 몸을 입는 것까지는 좋은데, 오늘 당장 몸이 아파 고통당하는 것은 어떻게 할 것인가 하는 문제입니다.

아직 나이도 젊고 한창 일해야 할 나이인데 몸이 아파서 아무것도 하지 못하고 있다면 어때요. 새 몸을 입을 그날까지 마냥 기다려야 합니까? 아니지요, 여기에도 살길이 있다고 했습니다. 오늘 본문에 그 길이 나오고 있는데요.

16절 '병든 자들을 다 고치시니' 예수님이 모든 병을 몽땅 다 고치셨다고 했는데요. 어때요, 여러분, 위로가 됩니까? 예수 안에 소망이 있어요. 예수님은 자기 마음에 드는 사람만 골라서 고치기를 원하시는 분이 아니라 자기 앞에 나아오는 병자들을 몽땅 다 고치셨다고 했습니다.

그러니 여러분, 여기에서 우리가 한 가지 알아야 할 것은 특별한 경우를 제외하고는 우리가 병에 시달리는 것을 주님은 원하지 않는다는 거예요.

왜냐하면, 몽땅 다 고치셨다고 했으니까.

오늘 어떤 사람들을 보면 병든 것이 하나님의 뜻이라고 하면서 쉽게 포기해 버리는데요, 천만의 말씀입니다. 우리 주님은 어떻게 해서든 우리의 병을 고치시를 원하시지, 병을 가지고 끙끙 앓기를 원하지 않으세요.

17절 '그가 우리의 연약한 것을 친히 담당하시고 병을 짊어지셨도다'

예수님이 질고를 지고 십자가에서 고통당하신 것은 전적 우리 때문이에요. 왜냐하면, 예수님은 죄가 없으니까 자신의 죄와 허물로는 십자가를 질 이유가 없기 때문입니다.

그러면 이제 한번 대답해 보세요. 어차피 예수님이 우리의 질고를 대신 지신 것인데 몇 가지 질병은 빼놓고 지셨을까요? 당뇨병, 암, 고혈압, 관절염 이런 것은 현대 의학으로도 어떻게 할 수 없으니까. 주님이 안 지셨나요? 아니지요, 우리 주님은 현대 의학으로도 해결할 수 없는 질병까지 병이라는 병은 몽땅 다 지셨어요.

그러므로 예수님이 고치시지 못할 질병은 이 세상에 아무것도 없습니다. 여기에 우리의 소망이 있는데요. 그러면 예수님은 무엇으로 고치시기에 모든 병들을 몽땅 다 고칠 수 있습니까?

'예수께서 말씀으로 고치시니' 말씀 하나로 모든 병을 다 고치셨어요. 그러므로 여러분, 이 말씀은 어떤 말씀입니까?

천지를 창조하시고 우리 인간을 만드신 바로 그 말씀이지요. 그러니 이 말씀은 곧 하나님 자신입니다. 이 말씀 안에는 하나님의 능력인 창조의 능력과 생명의 능력이 함께 들어 있어요. 그래서 도무지 못 이룰 일이 없고, 못 고칠 병이 없습니다. 말씀 한마디로 천지를 창조하신 하나님인데 그 말씀으로 하지 못할 일이 무엇 있겠습니까?

그러면 말씀으로 고친다는 것은 구체적으로 어떻게 고친다는 것일까요?

요15:7 '너희가 내 안에 거하고 내 말이 너희 안에 거하면 무엇이든지 원하는 대로 구하라 그리하면 이루리라'

하나님의 말씀으로 기적을 체험하려면 반드시 그 말씀이 먼저 내 안에 거해야 한다는 것입니다. 다시 말해서 하나님의 말씀이 나에게 살아 있는 생명의 말씀으로 능력의 말씀으로 먼저 들려져야 한다는 거예요.

지금은 이단으로 정죄되었습니다만 용문산에 가면 나운몽이라고 하는 산신령이 한 분 있었어요. 그런데 이분이 한때는 상당히 신령하다는 소리를 들었던 사람입니다. 우리가 잘 아는 조용기 목사님도 신학교 다닐 때 이분 집회를 통해서 많은 은혜를 받았다고 했는데요. 어느 정도로 신령했는가? 그 집회에 참석하면 몽땅 다 입신을 경험한다고 했습니다.

그래서 집회를 마치고 나면 모두들 얼마나 믿음이 충만한지 사자라도 때려잡을 것처럼 믿음이 충만해 가지고 산을 내려오는데 찬송 소리가 그렇게 힘이 있고 우렁찰 수가 없었다고 했습니다. 그래서 그날도 모두들 찬송을 하면서 힘차게 내려오다가 시내를 건너게 되었는데 마침 몇 시간 전에 폭우가 쏟아져 가지고는 시냇물이 엄청나게 세차게 흐르고 있었다고 했습니다. 그런데 이때 여자 처녀 셋이서 서로 손을 잡고 내려와서는 뭐라고 하는고 하니 '베드로를 물 위로 걷게 하신 주님 오늘 저희도 건너게 할 줄 믿습니다' 하고는 세 자매가 손을 잡고 그 시내를 건넜다고 했는데요, 어떻게 되었을까요? 깨끗하게 갔지요. 몇 킬로를 떠내려가 물에 몸이 팅팅 불어 가지고 익사해서 저세상으로 갔습니다.

그러자 이 일 때문에 조용기 목사님이 너무너무 낙심이 되어 가지고 예수 믿는 것을 그만두려고까지 생각했다고 했는데요.

왜냐하면 베드로가 주의 말씀에 의지해서 바다 위를 걸었다면 이 세 자매도 똑같이 믿음으로 말씀에 의지해서 건넜는데 왜 빠져 죽었느냐는 것이지요. 어때요, 여러분, 이 둘 사이에 무엇이 다릅니까? 둘이 똑같습니까? 아니요, 분명한 차이가 있습니다. 그 차이는 베드로는 먼저 주님이 걸어오라는 음성을 듣고 그다음에 물 위를 걸었고 이 세 자매는 주님의 음성을 먼저 들은 것이 아니라 자기 자신들의 믿음의 신념으로 건넜다는 것입니다.

그러니까 둘 다 똑같이 말씀에 의지해도 하나는 능력으로 나타났지만, 또 하나는 능력으로 나타나지 않았다는 것인데요. 이것이 바로 하나님의 주권이라고 하는 것입니다.

우리가 아무리 믿는다고 해도 하나님의 주권적인 음성이 먼저 들려지지 않으면 그 믿음은 능력으로 나타나지 않아요. 왜냐하면 능력은 하나님의 말씀 안에 있는 것이지, 나의 신념 안에 있는 것이 아니니까. 반드시 주님의 주권적인 음성이 먼저 들려져야 하고 이때 능력이 나타납니다. 여러분, 이것은 굉장히 중요한데요. 오늘 본문 앞에 보면 주님이 문둥병자를 고치시고 백부장 하인의 중풍병을 고치시는 사건이 나오는데 전부 무엇입니까?

주님이 먼저 '내가 원하노니 깨끗함을 받으라' 했을 때 깨끗해졌고 '내가 가서 고쳐 주리라' 했을 때 고쳐졌어요. 그러니까 병을 고치기 선에 주님이 병을 고치시겠다는 뜻이 먼저 앞섰습니다.

병 고치는 능력이 나에게 있는 것이 아니라 주님께 있기 때문에 능력을 행하시는 그분의 뜻이 무엇인가 하는 것이 병을 고침에 있어서 가장 핵심이라는 것입니다. 그러므로 똑같은 하나님의 말씀이라도 그 말씀이 내 개인의 말씀으로 먼저 들려져야 해요. 그래야 그때 비로소 능력이 나타납니다.

그러므로 여러분, 이렇게 놓고 봤을 때 하나님의 말씀으로 병을 고치는 것을 오늘 우리의 현실에서는 어떻게 적용해야 하겠습니까?

여기에는 크게 두 가지 적용 면이 있는데요. 첫째 하나는 약5:14~15 '너희 중에 병든 자가 있느냐 그는 교회의 장로들을 청할 것이요, 그들은 주의 이름으로 기름을 바르며 그를 위하여 기도할지니라 믿음의 기도는 병든 자를 구원하리니 주께서 그를 일으키시리라'

제가 병자 심방을 갈 때 붙드는 말씀인데요. 여러분, 어때요. 여러분이 병이 났을 때 교회 목사님을 초청해서 기도를 받으면 주께서 고치시겠다고 했는데 이 말씀을 믿으십니까? 꼭 믿으세요. 하나님이 주신 약속이니까.

성경에 어떤 이에게는 성령으로 병 고치는 은사를 주셨다고 했는데 주의 종에게는 이 특권이 자동적으로 주어져 있습니다.

왜냐하면 주님이 자기 양떼들을 돌보라고 맡기셨으니까. 그러므로 주의 종이 여러분의 건강을 위해서 기도할 때는 주님을 대신해서 기도하는 것이니까 하나님이 여러분의 병을 고쳐 주실 것을 꼭 믿으세요.

이것은 주의 종을 통해서 하나님이 고치시는 것이니까 여러분은 한 가지만 하면 돼요. '주여, 말씀대로 이루어지이다. 약속대로 이루어질 줄 믿습니다' 하고 기도할 때 하나님의 음성만 들려지면 이상 끝입니다. 오늘날 많은 증인들이 있지요. 바울이 루스드라에서 앉은뱅이를 일으키듯이 특히 선교 지역에서 많이 일어나고 있습니다.

그다음 또 하나 우리의 질병 문제를 어떻게 적용할 것인가?

하나님이 우리에게 주신 모든 지혜를 다 동원하는 방법입니다. 먼저 여러분, 여러분 생각에는 우리 몸에 병이 났을 때 병원에 가고 약국에 가는 것 어때요, 믿음이 없는 것입니까? 우리 병은 무조건 기도로만 나아야 합니까? 아니지요, 절대 그렇지 않습니다. 성경 어디에도 그렇게 말한 곳이 없어요. 오히려 성경에서는 사도 바울이 디모데에게 너의 자주 나는 병을 위하여 포도주를 쓰라고 했고 병자를 위하여 기름을 바르며 기도하라고 했습니다.

뿐만 아니라 그 능력 많았던 사도 바울도 마지막 끝까지 데리고 다닌 사람이 바로 의사인 '누가'였습니다. 왜냐하면, 바울에게는 일평생 동안 육체의 가시로 질병이 있었는데 하나님이 고쳐 주시지 않았고 대신에 의사인 누가를 끝까지 붙여서 돌보게 했기 때문입니다.

그러므로 신자가 몸이 아파서 병원에 가고 약국에 가는 것은 전혀 이상한 것이 아니에요. 당연한 것입니다. 왜냐 의사도, 약사도 하나님이 우리의 병 치유를 위해서 주신 것이니까.

그런데 이때 한 가지 주의해야 할 것은 비록 병원에 가서 진찰을 받고 약국에서 약을 구해 먹지만 내 몸의 병을 고치시는 분은 하나님이시라는 것입니다.

여러분, 우리는 이 사실을 꼭 기억해야 합니다.

의사나 약이 병을 고치는 것이 아니라 의사와 약을 통해서 병을 고치시는 이는 하나님이시라는 사실을. 저의 아버님은 의사셨는데요. 저에게 항상 말씀하시는 게 약을 너무 믿지 말고 기도하라고 하셨습니다. 왜냐하면, 똑같은 증세의 병이라 똑같은 약을 투여했는데 한 사람은 살고, 한 사람은 죽기 때문이라고 했습니다. 그래서 저의 아버님은 중환자를 치료할 때는 반드시 하나님 앞에 기도했다고 했는데요. 왜냐 의사의 의술로만 되지 않으니까.

여러분, 우리가 얼핏 생각하면 병원에서 주사를 맞고 약을 먹었으니까 낫는다고 생각할지 모르지만, 그러나 사실은 병원에서 의사가 하는 일이 무엇입니까? 오직 하나, 우리 몸이 원래 가지고 있는 병을 이길 수 있는 힘을 다시 회복할 수 있도록 도와주는 것뿐입니다.

의사가 자기 힘으로 고치는 게 아니에요.

그러므로 여러분, 병원과 약국은 우리를 위해서 하나님이 주신 것입니다만 그러나 그럼에도 불구하고 우리 신자는 치료를 받을 때 항상 무엇이 함께 필요합니까? 내 병을 고치시는 이는 하나님이시라고 하는 믿음이 함께 필요합니다. 그래서 주사를 맞고 약을 먹지만 병을 고치시는 이는 하나님이라는 이 믿음이 꼭 필요해요.

　그러므로 병을 고치는 능력이 하나님께 있다는 이 믿음을 가지고 하나님께 기도하고 하나님을 전심으로 의뢰할 때 하나님이 우리의 병을 고쳐주실 줄 믿습니다. 우리 집사람도 근육염으로 치료를 받았는데 담당 의사가 직접 그래요. 약을 먹어도 안 되는 경우가 많은데 약이 잘 들어서 참 다행이라고.

　여러분, 치료하는 의사도 하나님께 기도한다고 했는데, 병든 우리가 기도하지 않는다면 그것은 말도 안 돼요. 그러므로 어떤 경우든 하나님이 고치신다는 이 믿음을 가지고 기도함으로 일평생 동안 여러분의 건강관리를 잘하시기 바랍니다.

예수님을 따르는 바른 자세와 각오
(마8:18~22)

오늘 여러분의 신앙은 어디에 근거하고 있습니까? 여러분의 느낌입니까? 아니면, 기적적인 사건입니까? 아니면 하나님의 말씀입니까?

우리가 성경을 보면 예수님은 우리의 믿음이 철저하게 말씀에 근거하기를 원하십니다. 예수님이 직접 말씀하셨어요. 요한복음에 보면 예수님이 부활하셨다고 하니까 도마가 뭐라고 합니까?

'내가 그 손의 못 자국을 보며 내 손가락을 그 못 자국에 넣으며 내 손을 그 옆구리에 넣어 보지 않고는 믿지 아니하겠노라'고 했는데요. 그러자 이에 대한 예수님의 대답입니다.

'너는 나를 본고로 믿느냐 보지 못하고 믿는 자들이 복되도다' 예수님을 보고 믿는 자가 되려고 하지 말고 하나님의 약속의 말씀을 믿는 자가 되라고 했습니다.

롬10:17 '믿음은 들음에서 나며 들음은 그리스도의 말씀으로 말미암았느니라' 주님은 철저하게 우리의 믿음이 말씀에 근거하기를 원하세요. 그러므로 여러분, 예수님은 이 땅에 계실 때 수많은 기적을 베푸셨지만 그 기적을 보고 따르기를 원치 않으시고 철저하게 말씀을 듣고 따르기를 원하셨습니다.

오늘 본문에서도 우리가 이 사실을 확실하게 확인할 수 있는데요. 마태복음 8장 전체는 예수님이 이적을 베푸신 장입니다. 병자들을 고치시고 바람과 바다를 잔잔케 하시고 마지막으로 귀신을 쫓아내셨는데요, 이것은 전부 무엇을 나타내는 것입니까? 예수님이 '나는 이 세상을 구원할 메시아다'라는 사실을 나타내는 것이지요.

그래서 병자를 고치심을 통하여 생명의 주가 되심을, 또 바람과 바다를 잔잔케 하심으로 자연 만물의 주가 되심을, 그리고 귀신을 쫓아내심으로 영적 세계의 주가 되심을 나타내고자 한 것입니다.

그러니까 예수가 메시아이심을 보고 믿음으로 구원을 받으라는 메시지가 이 이적과 기사 속에 포함되어 있다는 거예요.

그래서 말씀을 전하신 다음 예수님 자신이 메시아 되심의 증표로서 이적 기사를 행하셨습니다. 그러므로 만약 따르는 무리들이 메시아이신 예수 그리스도에 대한 관심보다는 예수님이 베푸신 이적에 더 관심이 있으면 예수님이 이것을 매우 싫어하셨고 곧 그 자리를 떠나셨어요.

18절 '예수께서 무리가 자기를 에워싸는 것을 보시고 건너편으로 가기를 명하시니라'

예수님이 귀신을 쫓아내고 모든 병자들을 다 고치시니까 난리가 났지요. 수많은 군중들이 몰려들었고 예수님이 무리들의 마음을 완전히 사로잡았습니다. 그런데 이상하게도 바로 이런 인기 절정의 상황에서 주님은 여기를 떠나자고 하셨다는 것인데요. 왜 그렇습니까?

그 이유는 오직 하나, 지금 따르는 무리들의 동기가 잘못되어 있었기 때문입니다. 구세주 되시는 예수님 자신에 대한 관심보다는 예수님이 베푸시는 이적에 더 관심이 있었어요. 그래서 예수님이 지금 나를 따르려면 어떤 각오와 자세가 되어야 하는가 하는 것을 가르쳐 주고 있는 것이 오늘 본문의 내용입니다.

19절 '한 서기관이 나아와 예수께 아뢰되 선생님이여 어디로 가시든지 저는 따르리이다' 지금 한 서기관이 '선생님이여 어디로 가시든지 제가 따르겠습니다'라고 했는데요 뭐 잘못된 데가 있습니까? 아니, 겉으로만 보면 전혀 문제가 없습니다. 그러나 주님은 사람의 마음 중심을 보시는데 그 마음 중심을 보니까 잘못되어 있었어요. 그래서 예수님이 이렇게 대답하십니다.

20절 '여우도 굴이 있고 공중의 새도 거처가 있으되 인자는 머리 둘 곳이 없다' 얼핏 들으면 동문서답인 것 같습니다만 아니에요. 이 대답의 핵심은 네가 지금 잘못 착각해서 나를 따르려고 하고 있다는 것입니다. 네가 지금 나를 따르려는 동기하고 내가 지금 나아가고 있는 방향하고는 완전히 다르다는 것인데요.

그러면 어떻게 다른가. 이 사람이 지금 서기관이라고 했는데 서기관은 예수님 당시에 성경을 연구하는 엘리트 학자입니다. 그러니까 이들의 소원은 훌륭한 선생을 만나 잘 배우고 닦아서 마침내 그 계통의 일인자가 되는 거예요. 그래서 이들은 훌륭한 선생을 만나는 게 소원입니다. 그러므로 이렇게 놓고 봤을 때 지금 이 서기관이 예수님을 따르고자 하는 동기가 무엇입니까?

세상 영광이지요. 자신의 영광을 위하여 선생으로 모시겠다는 말입니다. 그러니 예수님의 대답은 자연히 여우도 굴이 있고, 공중의 새도 거처가 있으되 오직 인자는 머리 둘 곳이 없다지요. 세상 영광하고는 완전히 거리가 멀다는 이야기입니다. 내가 가는 길은 그야말로 고난의 길이요, 세상적으로는 아무것도 손에 넣을 수 없는 전적 희생의 길이라는 거예요. 맞아요. 여러분, 세상 영광, 자신의 영광을 완전히 포기해야 따를 수 있는 것이 주님의 뒤를 따르는 길입니다.

그런데 서기관은 지금 이 사실을 몰랐어요. 자기가 세상에서 출세하는데 엄청난 도움이 될 줄 알고 예수의 뒤를 따르려고 하고 있다는 것입니다. 그러니 서로가 맞지를 않지요. 누구하고 똑같습니까? 예수님의 제자들하고 똑같습니다.

예수의 제자들도 예수가 메시아인 줄은 알았지만 이 세상의 메시아인 줄 알았어요. 그래서 예루살렘 성에 입성해서 예수님이 왕이 되시면 한자리씩 할 꿈을 갖고 있었습니다. 그런데 예수님이 예루살렘에서 힘없이 잡혀가니까 잡히시던 그 밤에 다 도망가 버렸어요. 전혀 기대 밖이라는 것입니다. 따르는 동기가 완전히 잘못되어 있었어요. 그러면 여러분, 오늘 우리는 과연 어떻습니까? 오늘 우리가 주님의 뒤를 따라가고 있는 동기가 무엇입니까?

솔직히 저도 처음 신학교에 갈 때 엄청난 능력을 받아 가지고 한국 교계를 한 번 발칵 뒤집어 놓겠다는 각오로 갔어요. 그냥 시시하게 빌빌거리는 목회는 하지 않겠다 하고 갔습니다만, 그러나 제가 신학을 졸업하고 교회를 개척해서 목회에 철이 들고부터는 완전히 이 생각을 바꾸었습니다.

왜냐하면 목회는 내 마음먹은 대로 되지도 않을뿐더러 되어서도 안 되기 때문이에요. 이 일은 나의 영광을 구하는 것이 아니라 전적으로 주님의 영광을 위한 것이니까. 나는 점점 없어져 버리고 오직 나를 통해서 주님 자신이 직접 그분의 일을 하시는 것입니다. 그래서 어떨 때는 서글플 정도로 내가 없는데요. 아니, 나는 정말 싫어하는 것인데도 십자가를 지고 가라고 합니다. 그래서 꼭 바보같이 따라가야 할 때가 한두 번이 아닌데요. 여러분, 사실 우리 인간은 무슨 재미로 삽니까. 자기 잘난 맛으로 살지요. 곧 죽어도 '내가! 내가! 내가!' 하는 재미로 삽니다. 그런데 여러분, 주님의 뒤를 따르려면 이것을 포기해야 해요. 정말 바보스러울 정도로 나를 포기해야 합니다. 이것이 바로 주를 따르는 자의 자세예요. 그러므로 우리가 주님의 뒤를 따르려고 하면 반드시 자기 영광을 포기하는 이 값을 먼저 계산해 보아야 합니다.

'너희가 나를 따라오려거든 자기를 부인하고 제 십자가를 지고 따라올지니라' 예수의 뒤를 따르는 이 삶은 첫째 내 마음대로 사는 것을 포기해야 하고 그다음 주님이 지워 주시는 십자가를 지고 따라갈 각오를 해야 합니다.

오늘 많은 신자들이 예수 믿고 복 받아 그냥 편안하게 잘살아 보겠다 하는데 이것은 번지수를 잘못 찾은 것입니다.

편안은 고사하고 지금까지 내가 세상에서 좋아했던 것까지 몽땅 다 버려야 해요. 지금까지 세상에서 편안하게 아무 부담도 없이 그냥 지냈는지 모르지만 이제부터는 예수 때문에 마음에 부담이 되더라도 십자가를 지고 가야 합니다.

여러분, 요즈음 목사나 목사 사모가 상당히 인기가 있다고 하는데요. 뭔가 크게 잘못된 것 같습니다. 불과 40년 전만 해도 목사의 인기가 이발사 다음으로 18번째였다고 했습니다. 인기가 없었어요. 왜냐하면 너무 힘들어 보이고 또 세상적으로는 보잘것없어 보이니까.

여러분 어때요, 목사가 일주일에 설교 한 번 하고 편안히 놀고 먹는 것 같습니까? 잘못 봤어요. 인간이 할 수 있는 일 중에 가장 힘든 일이 목회입니다. 인간이 할 수 없기 때문에 할 수 있는 게 목회예요.

그런데 이것은 교회에서 직분을 받는 것도 똑같은 원리입니다. 교회 직분은 세상 감투하고는 달라요. 자신의 영광이 아닙니다. 주를 위해서 더 많은 고난과 짐을 지라고 주는 자리예요. 섬김의 자리이지, 영광 받는 자리가 아닙니다.

그러므로 예수를 따르려면 반드시 나를 부인하고 십자가를 지는 이 값을 먼저 계산해야 합니다. 그다음 또 하나는 21절 '내가 먼저 가서 아버지를 장사하게 허락하옵소서' 이 말씀을 겉으로만 보면 전혀 잘못된 게 없는 것 같습니다. 그러면 이 사람은 지금 무엇이 잘못되었습니까? 예수님이냐,

아버지냐 했을 때 일의 우선순위가 잘못되었다는 것입니다. 여러분, 우리가 성경 말씀이 참 야속하다 할 정도의 말씀이 나오는데요. 눅14:28 '무릇 내게 오는 자가 자기 부모와 처자와 형제와 자매와 및 자기 목숨까지 미워하지 아니하면 능히 나의 제자가 되지 못하고' 얼핏 보면 매정한 것 같지만, 그러나 일의 우선순위를 따졌을 때는 이 말씀이 맞다는 것입니다. 제 신학교 동기요, 저희 교회가 개척했을 때부터 후원했던 김영구 선교사님이 도미니카로 선교를 떠날 때 제가 공항까지 나갔는데요. 마지막 출국 수속을 다 마치고 이제 출국장 안으로 들어갈 때인데, 그분의 어머니가 통곡하며 우는 것을 제가 보았습니다.

그러면 여러분, 성경은 분명히 네 부모를 공경하라고 했고 잘 섬기라고 했는데 이 선교사님이 잘못한 것입니까?

아니지요, 분명히 우리는 부모를 잘 섬기고 봉양해야 됨이 틀림이 없습니다만 그러나 그 일이 하나님의 일보다는 더 앞서지 못합니다.

오늘 우리가 주의 뒤를 따를 때에 인간적인 관계를 더 우선해서 주의 일에 방해를 받는 경우가 많이 있는데요. 이것은 안 됩니다. 우리가 잘 아는 이순신 장군, 이분은 효성이 지극하기로 소문난 사람이었어요. 그러나 임진왜란 중 어머니가 세상을 떠났을 때 그가 어떻게 했습니까. 장례 치르러 가지도 못했어요. 왜냐 나랏일이 더 우선이니까.

꼭 마찬가지로 여러분, 우리 신자는 하나님의 일보다 더 우선하는 것은 아무것도 없습니다. 왜냐 하나님의 영광을 위해 사는 것이 내 삶의 이유요, 목적이니까. 물론 신앙생활을 핑계로 부모를 돌아보지 않거나 자기 가족 식구들에게 소홀히 하는 그런 사람들은 반대합니다만 그러나 그렇다고 해서 신앙의 우선순위가 바뀔 수는 없습니다.

우리가 잘 아는 사랑의 교회 옥한흠 목사님, 미국에 유학 갈 때 자식이 셋입니다. 생활대책도 전혀 없습니다. 그럼에도 고민 고민하다가 '주여, 주의 손에 맡깁니다' 하고는 혼자 미국 유학을 가 버렸어요. 그러면 어때요, 자식들이 굶어 죽었을까요? 아니요, 사모님이 많은 고생을 했습니다만 하나님이 다 돌보아 주셨어요. 그래서 유학을 갔다 온 다음 되돌이켜 보니까 그때의 결단이 백 번, 천 번 잘한 결정이었다고 했습니다. 왜냐하면 하나님이냐 가족이냐 했을 때 하나님이 우선이니까.

할 이야기가 많습니다만 결론을 맺겠습니다. 예수님이 직접 말씀하셨어요.

마11:29~30 '너희는 내게로 와서 나의 멍에를 메고 내게 배우라 그리하면 너희 마음이 쉼을 얻으리니 이는 내 멍에는 쉽고 내 짐은 가벼움이라'

여기서 멍에는 십자가인데요, 왜 십자가를 지는 것이 쉽고 가볍다고 합니까?

그 이유는 처음에는 여러분이 십자가를 지고 갑니다만 그러나 나중에는 그 십자가가 나를 지고 가기 때문에 그렇습니다.

이것이 주님이 주시는 은혜인데요, 주님이 메우시는 십자가는 나를 살리는 생명줄입니다. 그러므로 오늘 우리는 무엇만 신경 쓰면 됩니까?

오직 하나, 나 자신을 100% 주님께 드리기만 하면 돼요. 나의 영광이 아니라 주의 영광을 위해 십자가를 지고 따르겠다는 각오만 되어 있으면 주님은 능히 이 십자가를 지고 가게 하십니다.

그래서 주님은 99%의 헌신이 아니라 100%의 헌신자를 찾고 계십니다.

바라기는 오늘 우리 모두가 끝까지 십자가를 지고 따름으로 승리하는 여러분들 되시기를 바랍니다.

예수님이 함께하신다는 믿음
(마8:23~27)

세상은 요지경이라는 말이 있는데요. 우리 인생은 살아 보면 살아 볼수록 수수께끼요, 알면 알수록 모르는 게 더 많습니다.

여러분, 왜 그렇게 착하고 좋은 사람이 일찍 죽고, 제발 좀 빨리 죽었으면 하는 사람은 끈질기게 오래 사는지 그 이유를 아십니까?

오늘 우리 주위에 열심히 신앙으로 살고 있음에도 불구하고 하루아침에 큰 어려움을 당하여 고통하고 있다면 이것을 도대체 우리가 어떻게 이해하고 설명할 수 있습니까? 몰라요, 도무지 그 이유를 설명할 길이 없습니다.

제가 알고 있는 경우만 해도 장로님이신데 딸이 이화여대 4학년입니다. 그런데 그 딸이 학교 교정에서 초보운전자의 차에 치여서 죽었는데요, 운전이 서툰 사람이 학교 내에서 운전하다가 브레이크를 밟는다는 게 액셀러레이터를 밟아 가지고 몇십 미터를 질질 끌려가다가 죽었다고 했습니다. 참 기가 막히지요.

하루아침에 생떼 같은 딸을 잃었으니 그 부모가 얼마나 슬플까요. 또 제가 아는 목사님 한 분은 40일 장기 금식기도를 마치고 기도원에서 내려왔는데 내려와서 집에 들어서자마자 자기부인이 위암 판정을 받고 수술 대기 중이라는 말을 들었을 때 그 말을 듣는 순간 절망감이 찾아왔다고 했습니다.

산에서 내려올 때는 믿음이 충만했는데 그 믿음 다 어디로 가 버렸는지 그렇게 낙심되고 절망될 수가 없었다고 했는데요. 맞아요. 여러분, 솔직히 우리는 우리 인생을 다 알지 못합니다. 아니, 모르는 게 더 많아요.

성경에도 보면 욥이라고 하는 사람이 하루아침에 모든 불행을 다 당했습니다. 10명이나 되던 자녀들이 다 죽고 부인은 욕하고 도망가고 자신은 온몸에 악창이 나서 기왓조각으로 온몸을 벅벅 긁어야 하는 신세. 너무나 고통스러워하는 그때 세 친구가 찾아와서는 고난의 이유를 나름대로 설명하려고 했습니다만 어때요, 맞았습니까? 아니요, 아무도 맞지 않았어요. 그래서 하나님이 나중에 이들을 크게 꾸짖는 장면이 나오는데요. 맞아요. 여러분, 우리는 아무도 다른 사람이 어려움을 당할 때 왜 어려움을 당하는지 함부로 말할 수가 없습니다.

왜냐하면 설명할 수 없는 게 더 많으니까. 그래서 우리 인간은 단지 그 고난을 어떻게 극복할 수 있을 것인가만 생각할 수 있지, 왜 그 고난이 닥쳤는지는 아무도 설명할 수가 없습니다. 그렇기 때문에 성경에서는 우리 인생살이를 바다에다가 비유했는데요, 바다가 꼭 그렇지요.

평상시에는 잔잔하다가 한번 폭풍이 휘몰아치기 시작하면 얼마나 무섭고 잔인한지 사람의 생명까지도 앗아갈 수 있는 위험으로 다가옵니다.

여러분이 영화 같은 것을 통해서 보셨을 거예요. 폭풍 속의 바다가 얼마나 무서운지. 그런데 성경을 보니까 우리 인생살이가 꼭 그렇다고 했습니다. 형통한 날이 있는가 하면 곤고한 날이 있고 성공할 때가 있는가 하면, 실패할 때가 있고 평안할 때가 있는가 하면 고통할 때가 있다고. 그래서 하나님이 이 두 가지를 나란히 병행하게 해서 우리 인생들이 도무지 장래에 무슨 일이 일어날지 모르게 하셨다고 했는데요.

그러므로 여러분, 우리 인생 항해에 있어서 한 가지 특징이 있다면 그것은 나의 장래 일을 도무지 알 수도 없고 믿을 수도 없다는 것입니다.

마치 우리가 바다가 어찌 될지 알 수 없는 것처럼 우리 인생살이도 믿을 수가 없어요. 특히 갈릴리 바다와 같이 변덕이 심한 바다는 더더욱 믿을 수 없듯이 오늘날 급변하는 시대를 살아가고 있는 우리 인생은 장래 무슨 일을 만날지 정말 믿을 것이 못 됩니다.

아침에 결혼식장에 가서 우리 인생의 가장 절정인 젊은 한 쌍의 화려한 출발을 보았는가 하면 돌아오는 길에 보니까 이제 결혼한 지 얼마 안 되는 신혼부부의 남편인데 출근길에 길 건너다 버스에 치여 죽었다는 허망한 소식을 듣게 되는 것이 바로 우리 인생입니다. 도무지 종잡을 수가 없어요. 왜냐 우리 인생은 바다니까 언제 풍랑이 일어날지 몰라서 그렇습니다.

그러므로 여러분, 오늘 우리가 지혜로운 사람이 되려면 '풍랑이 없을 것이다'가 아니라 반드시 폭풍이 있으니까 언제든지 폭풍을 맞이할 각오를 하고 살아야 합니다. 우리가 이 세상을 떠나면 모를까, 이 세상을 사는 한 폭풍은 피할 길이 없어요. 그러면 이렇게 우리 인생살이에서 일어나는 폭풍을 피할 수가 없는 것이라면 우리가 어떻게 이 풍랑을 극복할 수 있을까요?

그 비결이 오늘 본문에 나오는데요. 우선 오늘 본문을 보니까 아주 대조적인 두 모습이 나오고 있습니다. 지금 똑같은 풍랑을 맞이했는데 하나는 무서워서 막 당황하여 안절부절못하고 있는 제자들의 모습이요, 또 하나는 그 무서운 풍랑 속에서도 평안히 주무시고 계시는 주님의 모습입니다.

그러면 여러분, 어떻게 이럴 수가 있습니까? 지금 풍랑이 일어나서 배가 금방이라도 뒤집어져 물에 잠길 것 같은 위험한 상황이 되었는데 어떻게 주님은 그렇게 태평스럽게 주무실 수가 있을까요?

물론 오죽 피곤하셨으면 그렇게 하셨을까 하고 생각할 수도 있습니다만, 그러나 아무리 봐도 피곤한 것만으로는 그렇게 평안하게 잠자고 계신 것은 아닌 것 같습니다. 그러면 무엇입니까? 예수님이 직접 말씀하셨지요.

요8:29 '나를 보내신 이가 나와 함께하시도다 나는 항상 그가 기뻐하시는 일을 행함으로 나를 혼자 두지 아니하셨느니라' 우리 예수님은 이 땅에 계실 때 하나님이 항상 자기와 함께하시는 것을 믿고 있었어요.

그러니까 지금 엄청난 풍랑 속에서도 평안히 주무실 수 있는 이유는 바로 온 천지 만물을 만드시고 바다를 주관하고 계시는 전능하신 하나님이 함께하심으로 말미암는 평안입니다.

이 평안은 세상의 그 어떤 무엇으로도 빼앗을 수 없는 평안인데요. 심지어 죽음마저도 이 평안을 빼앗아가지 못합니다.

'고목에도 물이 흐르고'라는 책을 보면 사형수들이 극적으로 예수를 믿고 변화되어 마지막 사형당하는 날에 주님의 평안을 안고 가는 모습들이 수기식으로 기록되어 있는 책인데요. 거기를 보면 하나님이 함께하심의 평안을 맛본 이들은 죽음 앞에서도 조금도 두려워하지 않습니다. 아니, 오히려 할렐루야 찬송하면서 형 집행하는 교도관들에게 예수 믿으시라고 진도하면서 죽어 갔는데요. 여러분, 희대의 살인마 김대두가 그렇게 죽었고요, 일가족 일곱 명을 도끼로 잔인하게 살해한 고재봉 씨가 그렇게 죽었습니다. 여러분, 놀랍지 않습니까? 도대체 주님이 주시는 평안이 어떤 것이기에 마지막 죽음을 눈앞에 두고도 할렐루야 찬송하면서 죽어 갈 수 있습니까?

오늘 본문에 나오는 제자들도 지금은 막 두려워하고 무서워하고 있지만 그러나 이들이 오순절 날 성령이 임했을 때 하나님이 함께하실 때 주어지는 주님의 평안을 소유하고 난 다음에는 어떻게 변합니까? 사도행전 4장에 나오지요.

대제사장과 사두개인들이 두 번 다시 예수를 말하지 말라, 예수를 계속 말하면 가만두지 않겠다고 했을 때 베드로가 '하나님 앞에서 너희 말 듣는 것이 하나님 말씀 듣는 것보다 옳은가 판단하라 우리는 보고 들은 것을 말하지 않을 수 없다'고 했습니다.

죽음을 조금도 두려워하지 않는 모습이지요.

또 베드로가 옥에 갇혀서 이제 내일이면 사형을 당하는 날인데 그 전날 천사가 그를 데리러 왔을 때의 상황입니다. 천사가 와 보니까 베드로가 얼마나 깊이 잠들어 있는지 옆구리를 쳐서 깨웠다고 했습니다.

여러분, 한번 생각해 보세요. 그렇게 무서워서 예수를 3번씩이나 저주하면서까지 부인하고 도망갔던 베드로가 어떻게 죽음을 바로 눈앞에 두고도 이렇게 평안하게 잠잘 수 있을까요?

이것이 바로 하나님이 주시는 평안이지요. 하나님이 나와 함께하심으로 주어지는 평안입니다.

그러므로 여러분, 오늘 본문이 우리에게 주고자 하는 핵심이 무엇입니까?

물론 예수님이 자연 모든 만물을 주관하시는 하나님이심을 나타내고 있습니다만 동시에 우리가 인생의 풍랑을 만났을 때에 그 풍랑을 바라보지 말고 오직 풍랑의 주인 되시는 주님을 바라보라는 것입니다. 예수님이 직접 말씀하셨지요.

요16:33 '세상에서는 너희가 환난을 당하나 담대하라 내가 세상을 이기었노라' 환난이 왔을 때 환난을 바라보지 말고 그 환난을 이기신 주님을 바라보라는 것입니다. 그러므로 여러분, 오늘 우리에게 다가오는 모든 고난과 환난은 우리로 하여금 주님을 바라보게 만드는 믿음의 훈련이에요. 여러분, 신앙생활이 무엇입니까? 우리가 어떤 상황 속에서도 주님을 바라보고 주님을 계속 믿고 의지하는 것. 이것이 바로 신앙생활입니다.

그런데 문제는 오늘 본문 보니까 지금 이러한 평안의 주인공인 우리 주님이 함께 계셨음에도 불구하고 제자들이 주님을 바라보지 않고 환경을

272

바라봤을 때 어떻게 했다고요

25절 '주여! 구원하소서 우리가 죽겠나이다'

'우리가 다 죽게 되었는데 지금 무엇하고 계십니까?' 하는 원망입니다. 오늘 우리도 많이 해 본 것이지요. 이렇게 어렵고 힘든데 도대체 주님은 어디 계시냐고, 주님 나 좀 도와주시지 뭐하고 계시느냐고. 그러면 어때요, 우리가 어려움을 당하고 있을 때는 주님이 우리와 함께하시지 않는 것입니까? 아니지요.

주님은 풍랑 속에서도 여전히 우리와 함께하시는 분이세요. 절대 우리를 홀로 내버려 두시지 않습니다. 그러므로 여러분, 하나님께서 우리에게 고난을 주시는 이유는 어떤 환경 속에서도 하나님이 함께하시니까 하나님만 바라보라는 것, 이것을 가르치기 위한 것입니다. 그런데 만약 이 믿음이 없으면 어떻게 하느냐는 거예요. 그래서 주님이 26절 '어찌하여 무서워하느냐 믿음이 작은 자들아' 하고 책망하셨는데요. 여러분, 무슨 믿음입니까?

풍랑 속에서도 주님이 함께하고 계심을 믿고 바라보는 믿음입니다. 그러니까 풍랑이 문제가 아니라 풍랑 가운데 주님이 함께하신다는 믿음이 없는 게 문제라는 것입니다.

그런데 여러분, 이것은 오늘 우리도 마찬가지, 오늘 우리도 주로 언제 주님을 찾습니까? 평상시 평안할 때는 잘 안 찾습니다. 주로 다급한 상황이 되어야 부지런히 주님을 찾는데요. 그런데 문제는 숨이 막 넘어갈 것같이 그렇게 절박하게 찾으면 좀 즉시 들어주시면 얼마나 좋겠습니까? 그러나 정말 주무시고 계시는지 전혀 응답이 없는 것 같을 때 여러분의 마음은 어떻습니까? 막 속이 타고 답답하기 이를 데가 없지요.

그래서 이때 우리가 주로 쓰는 방법이 무엇입니까? 아니, 하나님 믿으면 된다고 했고 무엇이든지 구하면 들어주신다고 했는데 지금 이렇게 애타게 부르짖고 애원하는데 어떻게 된 것입니까?

'도대체 하나님 어디 계십니까? 나를 버리신 것입니까?' 하고 막 원망하고 따지는 것입니다. 그런데 여러분, 이때 우리 주님의 대답이 무엇이라고요. '네 믿음이 어디 있느냐?'라고 하십니다.

무슨 말인고 하면 어떤 어려움 속에서도 주님이 나와 함께하신다는 이 믿음만 있으면 평안을 얻을 수 있는데 이 믿음이 도대체 어디 있느냐는 말입니다. 여러분 어때요, 우리에게 고난이 없이도 하나님이 나와 함께 하심을 체험할 수 있습니까? 우리가 고난이 없이도 하나님의 능력이 어떤 것인지 기도의 응답이 어떤 것인지 산을 옮길 만한 믿음이 무엇인지를 체험할 수 있느냐고요, 없어요. 전혀 없어요.

그러므로 여러분, 고난이야말로 우리의 믿음에 큰 유익을 가져다줍니다.

시119:71 '고난당한 것이 내게 유익이라 이로 말미암아 내가 주의 율례를 배우게 되었나이다 고난당하기 전에는 내가 그릇 행하였더니 이제는 주의 말씀을 지키나이다'

제가 회사를 다니다가 처음 사업을 시작했을 때 사업 밑천이 그리 넉넉하지를 못했어요. 또 처음 시작하는 일이라 계산했던 대로 딱 맞아떨어지지를 않았습니다. 제가 처음 물건을 수입해서 팔 때인데요, 분명히 물건을 사겠다고 해서 갖다 주었는데 며칠 후에 오라고 해서 돈 받으러 가니까 사지 않을 테니 물건을 도로 갖고 가라는 거예요. 아니, 지금 내가 가진 전부를 다 투자했기 때문에 물건이 안 팔리면 생활비도 없는 절박한 상황인데 도로 가져가라니, 진짜 물건을 다시 가져 나오는데 다리가 후들후들 떨리고 간장이 막 녹아내리는 것 같았습니다. 너무너무 불안하고 초조하고 못 견딜 것 같았어요.

설상가상으로 우리 집사람은 첫 애기를 가졌는데 입덧이 너무 심해서 밥도 못 먹고 친정에 가 있었는데 그러한 상황에서 집에 오니까 어떻겠어요. 저절로 무릎이 탁 꿇어지면서 한 시간이고 두 시간이고 막 부르짖어 기도하게 되는데요. 이상합니다. 간절히 기도하는 동안에 어디에서 그런 평안이 찾아오는지 모든 두려움과 불안이 싹 사라지는 것입니다. 언제 불안했느냐는 듯이 평안이 찾아왔는데요, 무엇입니까? 주님이 주시는 평안이지요. 뿐만 아니라 그다음 날부터 일이 풀리기 시작하는데 불티나게 팔려 나갔습니다.

그러니 여러분, 이 고난이 저에게 화가 되었습니까? 아니에요. 지나 놓고 보니까 제가 어릴 때부터 교회를 다녔지만 매일 시간을 정해 놓고 기도하기를 시작한 것은 바로 그때부터더라고요. 왜냐 기도하지 않으면 불안하니까.

그러므로 여러분, 분명히 하나 알아 두세요. 인생의 풍랑을 만났을 때 너무너무 답답하고 고통스럽지만 그럼에도 하나님이 즉시 응답하지 않고 계실 때는 그 고통이 나에게 유익하다는 증거니까 좀 더 견뎌 보라는 것입니다.

그리고 고통 가운데서도 주님이 함께하신다는 것, 주님이 함께하시기만 하면 어떤 고통 속에서도 참평안을 얻을 수 있다는 것, 이것을 좀 체험하시라는 것입니다. 이때 우리의 믿음이 자라니까. 물론 우리가 정말 다급한 상황에서는 즉시 우리를 건져 주시지요. 그러나 고난당하는 것이 우리에게 유익 된다고 생각되면 그분은 아주 냉정하십니다. 아무리 부르짖어도 응답이 없어요.

못 견디겠다고 눈물을 막 흘려도 가만히 계십니다.

그러나 여러분, 이것이 바로 주님의 은혜라는 것인데요. 왜냐하면 당시에는 고통이지만 지나고 보면 유익이니까.

제 경우를 봐도 일찍 집을 떠나 16년 반 동안이나 객지에서 혼자 생활한 것, 또 사업을 한답시고 밤잠을 못 자 가며 번민하던 시간들, 또 서울에서 처음 교회를 시작해서 당한 어려움 등등 엄청난 폭풍이 휘몰아쳤지만 그 무엇 하나 저에게 손해나거나 후회되는 것은 없습니다. 물론 지금도 환경 바라보고 인간적인 생각을 하면 여전히 두려움이 있습니다만 그러나 주님을 바라보면 어디서 그런 담대함이 생기는지 다윗이 이것에 대해서 너무 잘 말해 준 것 같아요.

　'내가 비록 사망의 음침한 골짜기로 다닐지라도 해를 두려워하지 않을 것은 주께서 나와 함께하심이라 주의 지팡이와 막대기가 나를 안위하시나이다'

　주님이 주시는 평안입니다. 주님만 우리와 함께하시면 우리에게 아무리 큰 풍랑이 몰아친다고 해도 우리는 넉넉히 그 풍랑을 이길 수 있을 뿐만 아니라 오히려 믿음이 크게 자라는 유익으로 바뀌어지는 줄 믿습니다.

귀신 들린 자를 고치신 예수님
(마8:28~34)

여러분, 귀신 어떻습니까? 귀신이 있습니까? 없습니까?

우리나라 옛날이야기는 귀신이 빠지면 이야기가 안 되는데요. 오늘 성경에서 드디어 귀신 이야기가 나왔습니다.

성경에 나오는 것 보면 귀신이 있음이 분명한데요. 오늘 이 시대는 눈에 보이는 것만 인정하고 눈에 보이지 않는 것은 인정하지 않으려고 하는데, 아니요, 우리 눈에 보이는 모든 일 들은 눈에 보이지 않는 영적인 것에 의해서 움직여지고 있습니다.

히11:3 '믿음으로 모든 세계가 하나님의 말씀으로 지어진 줄을 우리가 아나니 보이는 것은 나타난 것으로 말미암아 된 것이 아니니라' 우리 눈에 보이는 모든 세계가 눈에 보이지 않는 하나님에 의해서 만들어졌고 눈에 보이지 않는 세력에 의해 움직여진다고 했으니까, 오늘 우리는 눈에 보이지 않지만, 오직 주님을 붙드는 믿음으로 살아야 할 줄 믿습니다.

우리는 8장에서 예수님이 누구이신가를 계속 생각해 오고 있는데요. 오늘 본문은 예수님이 '가다라' 지방에 갔을 때 귀신 들린 자 두 사람이 무덤 사이에서 나와 예수님을 만났다고 했습니다. 그런데 이때 예수님은 이 두 사람과 대화하지 않고 이 두 사람을 사로잡고 있는 눈에 보이지 않는 귀신과 대화를 나누고 있는데요. 그러므로 오늘 우리도 예수님처럼 눈에 보이지 않는 영적 세계를 볼 수 있는 눈이 있어야 합니다.

왜냐 눈에 보이지 않는 귀신이 눈에 보이는 사람을 붙잡고 역사하고 있으니까, 먼저 오늘 귀신은 어디에 있는고 하니 무덤 사이에서 나왔다고 했습니다. 무덤은 죽은 자들이 있는 곳인데 산 자를 그곳으로 끌고 갔다. 귀신이 하는 일이지요. 예수님이 직접 말씀하셨습니다.

'도둑이 오는 것은 도둑질하고 죽이고 멸망시키려는 것뿐이요' 우리를 죽이고 멸망시키려는 것이 바로 마귀요, 마귀의 졸개인 귀신이 하는 일입니다.

여러분, 오늘 우리 눈에 보이지 않지만 알코올중독, 마약중독, 성중독, 비만, 자살과 같이 우리의 건강과 생명을 해치는 모든 일들은 귀신이 하는 일이에요. 왜냐 내 의지로 어떻게 하지 못하니까 눈에 보이지 않는 영적 세력인 귀신의 세력을 대적해서 물리쳐야 합니다. 그러지 않고는 우리가 제대로 살아갈 수가 없어요. 또 그들은 몹시 사납다고 했는데요. 오늘날 폭력과 살인이 얼마나 횡행하고 있습니까. 학교폭력, 가정폭력, 묻지 마 살인, 깡패 이것 다 귀신이 하는 일입니다. 어제도 보니까 생후 2개월 됐는데 운다고 그 아이 아버지가 때려서 죽었더라고요. 신생아를 낳아서 쓰레기통에 버리지를 않나, 전부 다 귀신의 역사예요.

교회 안에도 계속 분쟁과 다툼을 일으키는 사람이 있는데 이것 다 귀신이 하는 일입니다. '성경의 열매는 오직 사랑과 희락과 화평과 오래 참음과 자비와 양선과 충성과 온유와 절제니'라고 했으니까 성령이 충만하면 사랑, 온유, 겸손, 화평으로 나타나지, 절대 생명을 해치고 죽이는 일을 하지 않습니다. 어때요, 여러분. 오늘 우리는 생명을 살리는 일을 하고 있습니까? 생명을 죽이는 일을 하고 있습니까?

그다음 또 하나 귀신의 특징은 이 영물은 도대체 회개하여 돌이킬 줄을 모른다는 것입니다.

29절 '이에 그들이 소리 질러 이르되 하나님의 아들이여 우리가 당신과 무슨 상관이 있나이까' 예수님은 하나님의 아들 구원자 메시아세요. 누구든지 예수 믿고 회개하여 돌이키면 구원받을 수 있습니다. 그런데 귀신은 예수가 하나님의 아들 그리스도이심을 아는데도 돌이켜 회개하지를 않아요. 왜냐 마귀에게 속하여 하나님을 대적하는 영물이니까.

여러분, 사탄, 마귀, 귀신이 원래는 하나님을 섬겼던 천사였음을 알고 계십니까? 이들은 하나님을 섬겼던 천사들인데 타락하여 하나님을 대적함으로 그렇게 된 거예요. 그러면 우리 인간은 어떤가? 오늘 우리 인간은 날 때부터 죄인이라 죄를 지을 수밖에 없는 허물과 죄로 죽은 자들이라고 했습니다. 그러니까 영적으로 보면 죄로 말미암아 마귀에게 속해 공중의 권세 잡은 자, 불순종의 아들들 가운데서 역사하는 영을 쫓아 살아가고 있다고 했는데요. 그런데 놀랍게도 악령에 잡힌 자는 회개하고 돌이키지 않지만, 성령에 잡힌 사람은 회개하고 돌이킨다는 것입니다. 우리가 알다시피 비록 예수가 메시아이심을 알지 못하여 예수를 십자가에 못 박아 죽게 한 유대인들이지만 오순절 날 성령이 임했을 때 베드로의 설교를 듣고 '형제들아, 우리가 어찌할꼬' 하면서 회개하고 구원을 받았어요. 그러나 악령에 잡힌 유대인들은 스데반 집사가 똑같은 복음을 전했지만 회개하지 않고 오히려 이를 갈면서 스데반 집사를 돌로 쳐 죽이고 있습니다. 베드로와 가룟 유다도 마찬가지, 둘 다 예수님을 배신했지만 회개한 베드로는 수제자가 되어 순교까지 했으나 마귀에게 사로잡혀 회개하지 못한 가룟 유다는 스스로 목을 매어 자살하고 말았습니다.

그런데 오늘 우리의 문제는 예수를 믿는데도 왔다리 갔다리 한다는 것이지요. 성령을 쫓아 행할 때가 있는가 하면 육신의 정욕에 잡혀 귀신을 쫓아 따라갈 때가 있어요. 그래서 성경은 어떻게 하라고 했습니까?

갈5:16 '성령을 따라 행하라 그리하면 육체의 욕심을 이루지 아니하리라' 오

279

늘 우리는 성령을 쫓아 행해야지 귀신을 쫓아가면 안 됩니다. 그 마지막이 멸망이니까.

31~32절 '우리를 쫓아내시려면 돼지 떼에 들여보내주소서 하니 그들에게 가라 하시니 귀신들이 돼지에게로 들어간지라 온 떼가 비탈로 내리달아 바다에 들어가서 물에서 몰사하거늘'

오늘 본문에서는 나오지 않지만 누가복음에 보면 귀신이 한둘이 아니라 군대라 숫자가 많아서 귀신을 쫓아내었을 때 이 귀신들이 돼지 떼에게로 들어가 2천 마리나 되는 돼지 떼가 비탈로 내리달아 바다로 들어가 몰사했다고 했는데요. 귀신을 쫓아갔을 때 그 마지막은 죽음이요, 멸망입니다.

그런데 이 사건은 유대인들이 예수님의 메시아 되심을 거부함으로 이스라엘 민족 전체가 멸망할 것을 상징적으로 보여 주는 사건이기도 한데요, 정말 끔찍합니다만 멸망당하는 것을 직접 두 눈으로 보고도 예수님이 메시아이심을 알지 못하는 인간들은 뭐라고 합니까?

33절~34절 '치던 자들이 달아나 시내에 들어가 이 모든 일과 귀신 들린 자의 일을 고하니 온 시내가 예수를 만나려고 나가서 보고 그 지방에서 떠나시기를 간구하더라'

귀신에게 잡혔다가 회복된 두 사람보다 바다에 빠져 죽은 돼지 떼를 더 소중히 여겨서 예수님보고 그 지방을 떠나가시기를 간구했다고 했습니다. 세상 가치관은 인간의 생명보다도 돈을 더 귀하게 여겨요. 어때요, 여러분. 오늘 우리도 눈에 보이지 않는 영적인 것보다 눈에 보이는 돈을 비롯한 육신적이고 세상적인 것을 더 귀하게 여깁니까? 조심해야 합니다. 왜냐 귀신을 쫓아 행하다가 멸망하게 되니까. 마지막 말세 때의 특징이지요.

딤후 3:1~5 '말세에 고통하는 때가 이르리니 사람들이 자기를 사랑하며 돈을 사랑하며 쾌락 사랑하기를 하나님 사랑하기보다 더하여 경건의 모양은 있

으나 경건의 능력은 잃어버린 자라 너희는 이들에게서 돌아서라'

마지막 말세 때는 눈에 보이지 않는 하나님보다 눈에 보이는 세상 것을 더 사랑하여 따라가는데 그러나 여러분, 눈에 보이는 세상 것을 쫓아가면 그 마지막이 멸망이에요.

그러면 오늘 우리가 어떻게 하면 이 무서운 귀신의 세력으로부터 자유할 수 있는가? 그 비결은 한 영혼을 2천 마리의 돼지 떼보다 더 귀중히 여기시는 예수님 앞에 나아와야 합니다.

오늘 우리는 귀신의 세력을 물리치겠다고 귀신과 정면으로 싸우고 할 필요가 없어요. 단지 우리를 귀신의 세력으로부터 건지기를 원하시는 예수 앞에 나아가 예수님을 만나기만 하면 됩니다.

왜냐 귀신의 세력은 어둠이니까 빛 가운데로 나아가면 어둠은 그냥 소리치고 떠나기 때문에 그래요. 그러면 예수 앞에 나오면 예수님이 어떻게 물리치시는가. 마8:16 '사람들이 귀신들린 자를 많이 데리고 예수께 오거늘 예수께서 말씀으로 귀신들을 쫓아내시고' 말씀으로 귀신을 쫓아냈다고 했는데요. 말씀은 빛입니다. 우리가 주님 앞에 나와 말씀을 듣고 깨달음으로 빛이 비추어지기만 하면 악령은 그냥 떠나게 되어 있어요. 그러나 말씀을 들으러 나오지 않고 말씀 없이 계속 육신의 정욕을 쫓아 은혜 없는 자리에 헤매고 돌아다니면 귀신이 역사해서 계속 어둠으로 끌고 가서는 마침내 멸망시켜 버립니다.

그러므로 우리가 귀신의 세력에 잡히지 않기 위해서 항상 은혜를 사모하고 은혜에 사로잡혀야 하는데요. 예수님이 직접 말씀하셨지요.

눅11:24~26 '더러운 귀신이 사람에게서 나갔을 때에 물 없는 곳으로 다니며 쉬기를 구하되 얻지 못하고 이에 이르되 내가 나온 내 집으로 돌아가리라 하고 가서 보니 그 집이 청소되고 수리되었거늘 이에 가서 저보다 더 악한 귀

신 일곱을 데리고 들어가서 거하니 그 사람의 나중 형편이 전보다 더 심하게 되느니라'

윌로우크릭교회의 '빌 하이빌스' 목사님이 교회의 5개년 성장계획을 세웠다고 했습니다. 5G로 명명했는데요. Grace, Growth, Group, Gift, Giving. 은혜로 구원받고, 영적으로 자라고, 소그룹에 속하여 함께하고, 은사를 따라 봉사하고, 세상을 향하여 섬기고 헌신하는 것인데 너무너무 좋은 계획인 것 같았지만 실제 나타난 결과는 오히려 후퇴했다고 했습니다.

왜 그런가? 그 이유를 분석해 보았더니 첫 번째 것 은혜가 없으면 다른 모든 것이 다 안 되었기 때문이라고 했습니다. 그래서 바로 수정하여 은혜받는 일에 집중했을 때 다른 것도 다 잘되었다고 했는데요. 맞아요. 여러분, 오늘 우리가 힘쓰고 애써야 하는 것은 하나님을 가까이하는 거예요. 하나님을 가까이하여 은혜만 받으면 모든 어둠은 물러가고 풍성한 열매를 맺을 수 있습니다.

아무리 어렵고 힘들고 어둡고 상관없어요. 하나님을 가까이함으로 주님의 은혜의 빛이 비추어지기만 하면 모든 어둠은 다 떠나가고 모든 문제를 다 해결 받을 수 있습니다.

이것이 귀신의 역사를 물리칠 수 있는 유일한 비결이에요.

그다음 귀신의 두 번째 질문을 잠깐 생각하고 마치겠는데요. 29절 '때가 이르기 전에 우리를 괴롭게 하려고 오셨나이까'라고 했는데요. 여기서 때는 마지막 심판 때를 말합니다. 예수님의 초림 때는 구원주로 오셨지만, 예수의 재림 때는 심판주로 오세요. 그러니까 귀신은 예수님이 누구이신가만 알고 있는 것이 아니라, 왜 오셨는가 하는 사명까지도 알고 있었어요. 무엇입니까?

그것은 창3:15에서 이미 예언된 '여자의 후손이 네 머리를 상하게 할 것이요 너는 그의 발꿈치를 상하게 할 것이라' 한 예언의 말씀인데요. 예수님이 여자의 후손으로 오셔서 십자가로 뱀의 머리를 상하게 함으로 마귀의 일을 멸하러 오신 것을 말합니다. 그러니까 예수님이 십자가에서 죽으시고, 사망의 권세를 잡고 있는 마귀를 이기시고 부활하심으로 심판은 시작되었는데요. 우리가 알다시피 오순절 날 성령이 임하심으로 어둠의 권세가 깨어지고 이 땅에 하나님의 나라가 세워지기 시작했습니다.

그러면 언제 마귀의 일이 완전히 멸해지는가? 그것은 계시록에 예언된 대로 주님이 재림하셔서 이 땅을 심판하신 다음 마귀 사탄을 불과 유황 못에 던져 넣음으로 완성되는 것입니다. 그래서 지금 귀신이 자기 때가 아직 안 되었다고 주장하는 거예요. 오늘 우리 성도들은 주의 재림과 하나님의 마지막 심판 때가 더디다고 하는데 멸망당할 귀신들은 아직 때가 아니라고 너무 빠르다고 주장하고 있는 것입니다.

그래서 오늘 이 시대 마귀가 자기 때가 얼마 남지 않은 줄 알고 최후 발악을 하는 시대를 우리가 살아가고 있는데요. 갈수록 귀신의 역사가 온 사방에서 난리도 아니지요. 특히 이 마지막 심판 때를 악하고 음란한 세대라고 했는데 생명을 경시해서 낙태를 합법화하고 간통죄를 폐하고 동성애를 비롯해 성적 타락이 극에 달하고 있는데 이때 우리는 어떻게 해야 한다고요.

'깨어 근신하여 기도하라'고 했습니다. 왜냐 성령의 충만함을 받아 모든 어둠의 귀신의 세력들을 물리치고 끝까지 믿음으로 승리해야 하니까, 은혜 없으면 죽으니까. 오직 주님, 오직 성령이에요.

마지막 때가 될수록 모이기를 힘쓰는 가운데 은혜 받는 일에 집중해야 할 줄 믿습니다.

세리 마태를 부르심
(마9:9~13)

여러분, 우리가 예수님 하면 무엇이 가장 먼저 떠오르고 고맙습니까?

십자가가 가장 먼저 떠오르고 또 그의 피로 죄 씻음을 받았다는 것이 가장 고맙게 여겨집니다.

다윗도 이것 때문에 가장 감사하고 감격했다고 했는데요.

롬4:6~8 '일한 것이 없이 하나님께 의로 여기심을 받는 사람의 행복에 대하여 다윗이 말한 바 그 불법을 사하심을 받고 그 죄를 가리우심을 받는 자는 복이 있고 주께서 그 죄를 인정치 아니하실 사람은 복이 있도다'

죄인인 우리 인간에게 있어서는 죄 문제 해결만큼 더 기쁘게 하고 신나게 하는 일은 없습니다. 그래서 사도 바울은 뭐라고 고백했습니까? 자기 자신이 어쩔 수 없는 죄인인 것을 깨닫고 몹시 번민하다가 '내 속사람으로는 하나님의 법을 즐거워하되 내 지체 속에서 한 다른 법이 내 마음의 법과 싸워 내 지체 속에 있는 죄의 법으로 나를 사로잡는 것을 보는 도다. 오호라, 나는 곤고한 사람이로다. 이 사망의 몸에서 누가 나를 건져 내랴' 하고 죄 때문에 절대 절망하고 있는데요. 더 이상 희망이 없는 것 같습니다. 그러나 어디에서 다시 소망을 얻습니까? '우리 주 예수 그리스도로 말미암아 하나님께 감사하리로다. 그리스도 예수 안에 있는 자에게는 결코 정죄함이 없나니 이는 그리스도로 예수 안에 있는 생명의 성령의 법이 죄와 사망의 법에서 너를 해방하였음이라' 날 때부터 죄인이라 어쩔 수 없이 죄를 지어 멸망 받을 수밖에 없는 자였는데 예수가 죄 문제를 다 해결해 주심으로 예수 안에서 죄의 사슬에서 완전히 해방되어 새생명을 얻었다는 말입니다.

이것은 정말 맛본 사람만이 알 수 있는 감격이요, 기쁨인데요. 어때요, 여러분. 오늘 우리에게도 이 확신이 있습니까?

예수가 나의 모든 죄 문제를 다 해결하셨다. 나의 과거의 죄, 현재의 죄, 미래의 죄까지 몽땅 다 십자가에서 해결하셨다고 하는 것, 그 결과 예수 안에 있는 한 나는 결코 정죄함이 없다고 하는 이 확신이 오늘 우리에게 꼭 필요한 줄 믿습니다.

그러면 오늘 본문의 내용이 무엇입니까? 마태가 마태복음을 기록하면서 자기가 어떻게 예수의 제자가 되어 그분의 뒤를 따르게 되었는가 하는 것을 간증하는 내용인데요. 한마디로 무엇입니까?

예수는 세상에서 죄 사하는 권세가 있다는 것이지요. 우리가 앞에서 예수님이 중풍병자를 일으키시면서 '네 죄 사함을 받았느니라. 일어나 걸어 가라'고 했을 때 도무지 스스로 움직일 수 없는 중풍병자가 예수님의 죄 사함의 말씀을 듣는 순간 벌떡 일어나 자리를 들고 걸어갔던 것처럼 마태 자신이야말로 예수님의 죄 사함의 권세로 말미암아 주님의 뒤를 따르게 되었다는 것입니다.

9절 '나를 따르라 하시니 일어나 따르니라'

아주 짤막한 한 구절로 되어 있습니다만 이것은 그때 당시 상황으로 봤을 때는 중풍병자가 일어나 걸어간 사건보다 훨씬 더 충격적인 일입니다. 왜냐하면 세리라고 하는 신분 때문인데요. 오늘날로 하면 세무 공무원이지만 그때 당시는 무엇입니까. 이스라엘이 로마의 식민지하에 있었기 때문에 자기 동족의 피를 빨아먹는 철면피요, 매국노였습니다.

우리나라도 일본의 식민지 생활을 했습니다만 그때 당시 일본 사람들

앞잡이 노릇한 사람들을 어떻게 봤습니까. 겉으로는 어쩔 수 없이 뜯기고 있을지 몰라도 속으로는 이를 갈고 있지요. 매국노라고. 그래서 그때 당시 세리라고 하면 창기하고 똑같이 놓고 봤다고 했는데요. 왜냐하면, 창기는 몸을 팔아서 돈을 버는 것이요. 세리는 민족을 팔아서 돈을 버는 것이기 때문에 그랬습니다. 어쨌거나 그때 당시는 세리를 사람으로 취급하지 않았어요.

10~11절 예수님이 선생이라고 하면서 세리와 죄인들과 함께 식사하는 것을 바리새인들이 봤을 때는 도저히 이해할 수가 없었다고 했습니다. 어떻게 선생이라고 하는 자가 죄인 중의 죄인인 세리들과 같이 식사하실 수 있을까?

그러므로 결론은 이것입니다. 마태가 누구냐, 돈을 위해서 철면피가 되기로 작정한 사람이요, 다른 모든 것을 희생한 사람입니다. 명예, 자존심 같은 것은 사치스러운 것이고 나라와 민족까지도 팔아 버린 자였으니까 인간 이하지요. 뿐만 아니라 우리를 더욱 안타깝게 만드는 것은 그의 본명 때문인데요. 그의 족보를 알패오의 아들 레위라고 소개했는데 그는 본래가 레위 지파 사람이었어요. 그러니까 그는 다른 어떤 사람보다도 더 하나님과 나라를 사랑하고 섬겼어야 할 사람입니다. 그런데 지금 세리가 되었으니 무엇입니까? 돈을 벌기 위해 민족만 판 것이 아니라 신앙까지도 팔아 먹은 사람이라는 것이지요.

돈하고 하나님하고도 바꾸어 버렸어요.

그러니 여러분, 이 사람은 우리 인간의 눈으로 봤을 때는 도저히 구제불능인 사람입니다. 그런데 여러분, 오늘 우리가 관심을 가지는 것은 이렇게 하나님과 사람 앞에서 큰 죄인인 마태를 예수님이 어떻게 대우하는가 하는 문제인데요.

9절 '나를 따르라'

예수님이 제자로 부르셨다고 했는데 아니, 어떻게 이럴 수가 있는가. 그러니까 지금 마태가 주님을 찾아 나온 게 아닙니다. 주님이 먼저 마태를 찾아가셨어요. 그것도 어떤 자리입니까?

9절 '세관에 앉아 있는 것을 보시고' 한창 죄짓고 있는 현장입니다. 죄인이 죄짓고 있는 현장을 예수님이 찾아가셨다. 어때요. 예수님이 이런 분이신 것을 알고 계셨습니까? 마태가 회개하여 마음을 돌이켰을 때 찾아가신 것이 아니라 마태가 한창 죄짓고 있는 그 현장으로 찾아가셨다는 사실. 그런데 여러분, 이것은 오늘 우리도 똑같지요.

롬5:8 '우리가 아직 죄인 되었을 때 그리스도께서 우리를 위하여 죽으심으로 하나님께서 우리를 향한 자기의 사랑을 확증하셨느니라'

내가 의를 행할 때 예수님이 찾아오신 것이 아니라 한창 죄짓고 있는 현장에 주님이 찾아오셨습니다. 그러므로 만약 우리가 예수를 만나는데 다른 특별한 자격이 필요하다면 우리 중에 아무도 예수를 만났을 사람은 없습니다. 오늘 우리에게도 예수님은 똑같이 우리가 한창 죄짓고 있을 때 그 자리에 찾아오셨어요. 그러므로 여러분, 예수님은 우리를 찾으실 때 조건을 따지지 않습니다.

직업이 뭔가, 죄가 얼마나 적은가, 마음이 얼마나 착한가. 아니에요, 예수님은 그런 데에는 전혀 관심이 없습니다.

오직 무엇입니까? 마태라고 하는 사람이지요. 오늘 저와 여러분이라고 하는 사람입니다. 하나님은 우리가 하나님이 택하신 자식이기 때문에 찾아오는 것이지, 오늘 우리가 얼마나 잘났고 못났고를 따지시는 분이 아니세요.

여러분, 여러분들은 여러분들의 자식들을 사랑할 때 내 자식 이 다른 아이들보다 인물이 더 잘나고 공부를 더 잘하고 마음이 더 착하기 때문에 사랑하는 것입니까? 아니요, 다른 조건 아무것도 없습니다. 오로지 내 자식, 내 핏줄이라고 하는 이 하나의 조건만으로 관심을 가지고 사랑을 베풉니다.

그러므로 여러분, 예수님이 이 땅에 오신 이유는 오직 하나라고 했습니다.

'인자가 온 것은 죄인을 불러 구원하려 함이라'

죄의 사슬에 묶여 있고 죄의 종이 되어 있는 자기 백성을 구원하기 위해서 오신 분이 예수님이십니다. 그러니까 조건은 오직 하나, 죄인 된 자기 백성입니다. 예수님이 탄생할 때 천사들이 알려 줬지요.

마1:21 '아들을 낳으리니 이름을 예수라 하라 이는 그가 자기 백성을 그들의 죄에서 구원할 자이심이라 하니라'

여러분, 꼭 기억하세요. 예수님이 우리를 찾아오신 것은 죄인 된 바로 나 자신이지, 내가 어떤 사람이냐에 있지 않습니다. 그냥 죄인이에요, 죄인. 어떤 죄인이 아닙니다. 큰 죄인, 작은 죄인, 쓸 수 있는 죄인, 쓸 수 없는 죄인이 아니에요. 왜냐하면 예수님이 십자가의 피로 해결할 수 없는 죄는 단 하나도 없으니까. 예수가 이 땅에 오신 것은 전적으로 자기 백성의 죄 문제를 해결하고 구원하러 오셨습니다. 그럼에도 불구하고, 오늘 믿지 않는 세상 사람들에게 교회 좀 나오라고 하면 뭐라고 합니까? 나는 죄가 너무 많아서 죄 문제를 좀 정리하고 난 다음에 교회 나가겠다고 합니다.

그러나 여러분, 예수 믿는 것은 그런 게 아니에요. 죄 있는 모습 그대로 주님 앞에 나와서 예수님의 죄 사함의 권세로 죄 사함을 받는 것입니다. 왜냐 그분에게만 죄 사함의 권세가 있으니까 그분은 전적으로 이 일을 하기 위해서 이 땅에 오셨으니까.

자, 보세요. 마태가 지금 어떻게 주님을 쫓습니까?

9절 '일어나 따르니라' 다른 것 아무것도 없습니다. 주님의 음성을 듣는 순간 그 즉시 일어나 주님을 따랐다고 했습니다. 무엇입니까? 하나님의 택함 받은 영혼이요, 주님의 음성의 능력입니다. 그래서 내 양은 나의 음성을 듣는다고 주님이 말씀하셨는데요. 여러분, 오늘 우리는 분별할 수 있는 눈이 없습니다만 하나님의 택함 받은 영혼이 따로 있어요. 우리는 모르지만 주님은 자기 백성이 누구인가를 알아요. 그래서 먼저 알고 찾아오십니다.

어때요, 여러분. 하나님이 택한 준비된 영혼인데 주님이 부르실 때 거절할 수 있는 사람이 있습니까? 아니요, 준비된 영혼은 땡땡이 중이라도, 단군 교주라도, 무당, 점쟁이라도 돌아서서 주님께로 나오게 되어 있습니다.

여러분, 우리나라에서 지금 실제 일어나고 있는 일들 아닙니까.

김혜경이라고 단군교주였는데 예수께로 돌아와서 지금 예수 전하는 복음 전도자가 되었고 또 독실한 불교 신자였던 이정훈 교수도 예수께로 돌아와 열심히 복음 전하고 있습니다. 심지어 점쳐 주던 점쟁이가 부르심을 받아 목사가 되고 부흥사가 된 사람도 있어요. 그러니까 준비된 영혼이란 주님의 음성을 듣는 자인데요. 이 음성을 듣고 거부할 수 있는 사람은 아무도 없습니다. 왜냐하면, 주님의 음성을 들을 때 사람이 변해 버리니까. 사람이 바뀌어 버려요.

돈 따라가고 세상 따라가던 사람이 모든 것 다 버려두고 주님을 따라가는 사람으로 바뀌어 버립니다.

그러면 이것 때문에 억울해하고 슬퍼하는가. 아니요.

10절 '예수께서 마태의 집에서 앉아 음식을 잡수실 때에 마태가 지금 예수를 따르는 기념으로 자기 집에서 잔치를 베풀었다'고 했습니다. 그러니까 지금 마태가 주님의 뒤를 따르는 것은 마지못해서가 아니에요. 무당처럼 어쩔 수 없이, 할 수 없어서 따르는 것이 아니라 큰 기쁨과 즐거움으로 따르는 것입니다.

그런데 여러분, 이것은 오늘 우리도 똑같습니다. 여러분, 오늘 우리가 이 세상에서 가장 행복한 때가 언제인 줄 아십니까?

돈 따라가고 세상 따라가던 내가 어느 날 주님의 음성을 듣고 돈에서 해방되고 세상에서 해방되고 죄에서 해방되어 예수님의 뒤를 따르게 될 때입니다.

마태처럼 생업을 바꾸지 않아도 좋아요. 그대로 자기 직업을 가지고 있으면서도 내가 이제 일평생 예수의 뒤를 따르겠다고 결단할 때 이때가 가장 행복할 때입니다. 왜냐하면, 이 일은 하나님의 자녀 된 자만이 할 수 있는 결단이니까. 뿐만 아니라, 하나님의 전적인 은혜로 주어진 선물이기 때문에 그렇습니다. 그러므로 여러분, 오늘 우리가 본문을 통해서 봤을 때 지금 마태가 예수의 제자가 되어서 주님의 뒤를 따르게 된 것은 전적으로 주님의 은혜지요. 하나님의 선물입니다. 그래서 마태라는 이름의 뜻이 하나님의 은혜라는 뜻이에요.

죄인 중에 큰 죄인인 그가 하나님의 은혜로 구원을 받고 예수의 제자가 되었다는 것입니다. 그래서 마태가 자기 이름을 기록하면서 꼭 세리 마태라고 했는데요. 그 이유는 죄인 중에 가장 큰 죄인인 자기가 하나님의 은혜로 구원받았고 제자가 되었기 때문입니다. 그러면 여러분, 오늘 우리는 과연 어떻습니까?

오늘 우리야말로 바로 세리 마태가 아닙니까. 죄의 종이었던 내가 예수를 따르게 되었으니 세리 마태지요.

'존 뉴튼' 목사님이라고 세계에서 가장 많이 불리는 찬송가인 'Amazing Grace'를 작사하신 분인데요. 이분은 원래가 노예상인이었습니다. 인간이 할 수 있는 최악질이 사람 팔아먹는 것 아닙니까? 그런데 이러던 사람이 바다에서 큰 풍랑을 만나 죽음의 위기 속에서 주님의 음성을 듣고 변화되어 목사가 되었는데요. 그가 이제 나이 80이 넘어 곧 죽음이 임박했을 때 뭐라고 고백했는고 하니, '나는 이제 늙어서 기억력도 점점 사라져 가고 있다. 그러나 그럼에도 불구하고 두 가지 사실만은 더 또렷하게 기억되고 있는데, 하나는 나는 크나큰 죄인이라는 것이요, 또 하나는 하나님의 은혜는 그보다 더 크다는 사실이다'라고 했습니다.

어때요, 여러분, 맞습니까? 오늘 내가 구원받아 하나님의 자녀가 된 것은 나에게 무슨 의나 자격요건이 있어서가 아니라 전적 하나님의 은혜인 줄 믿습니다.

나야말로 바로 세리 마태예요. 크나큰 죄인인 내가 하나님의 은혜로 구원받아 주님의 뒤를 따르는 제자가 되었다는 사실이 너무너무 감사합니다, 하고 일평생 감사, 감격하며 찬송하게 되시기 바랍니다.

죽은 것이 아니라 잔다
(마9:18~26)

여러분, 우리가 신앙생활 할 때 율법과 복음을 구분할 수 있어야 하는데요. 먼저 율법이 뭔가? 율법은 하나님의 법으로 그것을 지켜 행함으로 구원받으라고 준 것이 아니라 죄인인 우리 인간의 죄를 깨닫게 해 줌으로 복음으로 나아가게 만드는 역할을 하는 것입니다.

갈4:23~24 '율법이 우리를 그리스도께로 인도하는 초등교사가 되어 우리로 하여금 믿음으로 말미암아 의롭다 함을 얻게 하려 함이라'

율법이 우리를 정죄할 때 복음인 예수를 믿음으로 의롭다 함을 받고 구원을 얻게 만든다는 것이지요. 그러니까 율법은 자신의 죄를 깨닫게 하는 것이기 때문에 반드시 나 자신에게 적용해야지, 다른 사람을 정죄하고 비판하는 일에 적용하면 안 됩니다. 그러면 다른 사람을 향해서는 어떻게 해야 합니까? 사랑과 긍휼인 복음으로 대해야지요.

예수님처럼 '새 계명을 너희에게 주노니 내가 너희를 사랑한 것 같이 너희도 서로 사랑하라' 정죄하는 것과 사랑하는 것, 이렇게 놓고 보면 율법과 복음이 확실히 대조되지요.

우리가 지난 시간에 새 포도주는 새 부대에 담아야 한다고 했는데 그 이유는 복음을 율법의 가죽 부대에 담을 수 없기 때문이라고 했습니다.

오늘 본문 말씀을 보면 이게 잘 나와 있는데요. 열두 해 동안 혈루증을 앓는 여자가 나오고, 한 관리의 죽은 딸 이야기가 나오는데 이는 둘 다 율법으로 보면 무엇입니까?

율법에서는 부정한 것으로 절대 손으로 만지거나 접촉해서는 안 되는 것으로 말씀하고 있습니다. 그런데 혈루증 여인이 예수님의 뒤로 와서 그 겉옷을 만졌다. 어때요, 서기관과 바리새인 같으면 어떻게 했겠습니까? 부정하다고 난리도 아니겠지요. 엄청나게 욕하고 배척했을 것입니다.

아니, 돌을 들어 쳤을 수도 있어요. 그러나 이에 반해서 예수님은 어떻게 했습니까? '딸아, 안심하라. 네 믿음이 너를 구원하였다' 하시니 어때요, 12년 동안 혈루증을 앓으면서 이런 말을 한 번이라도 들어 본 적이 있을까요? 없지요. 항상 부정하다고 하는 정죄하는 말만 들었을 것입니다.

그런데 예수님은 이 여인을 사랑으로 긍휼히 여기는 말씀을 주셨다고 했는데 이것이 복음입니다. 제 간증을 여러 번 했지요. 제가 어릴 때 교회 나가면 맨날 죄 이야기만 했어요. 물론 십자가 이야기도 했지만, 그 말씀이 복음으로 다가오지 못하고 늘 정죄감에 시달렸는데요. 그러다가 군대에서 난생처음으로 복음인 예수 그리스도를 만났으니 울 수밖에 없지요. 주님의 사랑을 깨닫고 2시간을 울었다고 했는데요. 하나님의 십자가의 사랑인 복음의 능력입니다.

또 죽은 한 관원의 딸도 마찬가지, 서기관과 바리새인 같으면 죽은 시체는 부정하다 하여 절대 손대지 않았을 것입니다. 그러나 예수님은 25절 '예수께서 들어가서 소녀의 손을 잡으시매 일어나는지라' 손을 잡아 일으켰다고 했습니다. 어때요, 여러분, 율법과 복음이 확실히 구분됩니까?

정죄하는 것과 사랑하는 것 확실히 구분됩니다. 이게 구분이 돼야 해요.

오늘도 혈루증 여인의 병이 낫고 한 관원의 죽은 딸이 살아나는 기적이 일어났는데요. 우리가 앞에서 이미 말씀드렸습니다만 이 이적들은 전부가 뭐라고요. 예수님이 누구신가 하는 것을 나타내는 것이라고 했습니다.

두 가지지요. 예수님은 죄인을 구원하시는 구세주 메시아시라는 것과 우리 인간을 만드신 창조주 하나님이시라는 것. 그러므로 이적 기사가 일어나려면 반드시 믿음이 필요한데요.

18절 '오셔서 그 몸에 손을 얹어 주소서 그러면 살아나겠나이다 하니' 유대 관원이었음에도 불구하고 예수님에게 병을 고치는 권세가 있음을 믿었어요.

20~21절 '여자가 예수의 뒤로 와서 그 겉옷 가를 만지니 이는 제 마음에 그 겉옷만 만져도 구원을 받겠다 함이라' 혈루증 여인도 예수님의 그 겉옷만 만져도 구원을 받겠다는 믿음이 있었어요. 그러니까 예수를 구세주 메시아로 믿는 믿음이 그를 구원한 것입니다.

그러면 이런 배경을 깔고 우리가 한 가지만 생각하려고 하는데요. 그것은 예수님이 한 관원의 죽은 딸을 살리는 과정입니다.

먼저 첫 번째 과정으로는 예수님은 문제를 해결하기 전에 먼저 환경을 바꾸셨다는 것인데요.

23~24절 '물러가라 이 소녀가 죽은 것이 아니라 잔다 하시니' 분명히 죽어서 애곡하고 있는데 죽은 것이 아니라 잔다.

누구만이 할 수 있는 말입니까?

생명의 주인이신 창조주 하나님만이 하실 수 있는 말입니다.

그러니까 예수님은 창조주 하나님이시니까 죽음을 얼마든지 잠든 것으로 바꿀 수 있는 능력이 있으신데 예수님을 하나님으로 믿는 믿음이 없어 비웃는 부정적인 분위기 속에서는 역사하실 수 없으니까 먼저 이 무리들을 다 내보낸 다음 들어가서 소녀의 손을 잡아 일으키셨다고 했습니다.

그러므로 오늘 예수 믿는 우리는 내 시각이 아니라 창조주 하나님이신 예수님의 시각에서 볼 수 있는 믿음의 눈이 있어야 하는데요.

그런데 여러분, 오늘 예수님이 잔다고 했을 때 비웃는 사람들을 이상하게 생각하지는 마세요. 왜냐 틀린 말이 아니니까.

그러면 예수님의 잔다는 말씀은 틀린 것인가? 아니요, 예수님의 말씀도 틀리지 않았어요. 왜냐하면, 이 문제는 진리의 문제가 아니라 어떤 시각으로 보느냐 하는 시각 차이니까. 우리 인간들은 환경을 바라보고 절망할 수밖에 없지만 예수님은 절망적인 상황 속에서도 희망을 노래할 수 있습니다. 비록 인간에게 있어서 가장 큰 절망인 죽음 앞에서일지라도 예수님은 희망을 말할 수 있는데요. 왜냐하면 그분은 생명의 주인이신 창조주 하나님이시니까, 인간과 창조주 하나님과는 차이가 있잖아요. 오늘 많은 사람들이 교회를 비판합니다. 한국교회가 죽었다고, 도무지 살아 역사하지 못한다고.

어때요, 맞습니까? 예, 맞는 말이에요. 그러나 그럼에도 불구하고, 한국교회는 죽지 않고 잠들어 있을 뿐이에요. 왜냐 예수님의 시각으로 보니까.

그러므로 오늘 우리는 예수님처럼 죽은 것이 아니라 잔다고 이야기할 수 있어야 합니다. 왜냐 예수 안에 있기 때문에 성경을 보면 전부 이런 이야기입니다.

행27:22~25를 보면 배를 타고 바울을 로마로 호송하다가 유라굴로라는 강풍을 만났습니다. 여러 날 동안 해도, 별도 보이지 않는 가운데 풍랑이 이는 대로 그냥 떠내려가고 있으니 살 가망이 전혀 없지요. 다 죽었다고 생각하고 있는데 이때 바울 한 사람만이 '안심하라 너희 중 아무도 생명에는 손상이 없겠고 오직 배뿐이니라'고 했습니다. 아니, 다른 모든 사람들은 다 죽었다고 생각하고 있는데 바울은 어떻게 그렇게 말할 수 있는가?

23~25절 '내게 속한 바 곧 내가 섬기는 하나님의 사자가 어제 밤에 내 곁에 서서 말하되 바울아, 두려워하지 말라, 네가 가이사 앞에 서야 하겠고 또 하나

님께서 너와 함께 항해하는 자를 다 네게 주셨다고 하였으니 그러므로 여러분이여 안심하라 나는 내게 말씀하신 그대로 되리라고 하나님을 믿노라'

모두 다 죽었다고 하는데 바울은 하나님의 음성을 듣고 하나님의 시각으로 봤을 때 산다는 것입니다. 그러므로 여러분, 오늘 우리는 어떤 상황 어떤 형편 속에서도 예수 안에서 하나님의 시각으로 바라볼 수 있어야 합니다. 그러면 오늘 우리도 바울처럼 어둠의 세상을 향하여 빛을 선포할 수 있는데요, 죽은 것이 아니라 잔다.

어때요, 여러분, 멀리 갈 것도 없이 지난 한 주 동안을 되돌아봤을 때 여러분의 생각과 말이 어땠습니까?

하나님이 아닌 환경을 우선해서 바라보고 부정적인 생각, 부정적인 말이 난무하지 않았습니까? 아이고, 죽겠다, 못 살겠다, 미치겠다, 돌겠다, 환장하겠다. 그러나 여러분, 하나님의 시각에서는 없는 말들입니다.

그러므로 오늘 우리가 어떤 상황 속에서도 예수 안에서 하나님의 시각으로 볼 수만 있다면 오늘 우리도 바울같이 될 수 있습니다.

어쨌든 예수님은 이적을 행하시기 전에 먼저 환경을 바꾸셨어요. 그런 다음 이제 그다음 단계로 그 선언이 선언으로만 그치는 것이 아니라 능력으로 나타나야 한다는 것입니다.

25절 '예수께서 들어가사 소녀의 손을 잡으시매 일어나는지라' 말로만 그친 것이 아니라 실제 능력으로 나타났어요.

'하늘나라는 말에 있지 아니하고 능력에 있느니라', '네 믿음대로 될지어다'

예수 안에서 누릴 수 있는 축복입니다. 오늘 우리도 예수 안에서 하나님의 시각으로 볼 수 있는 믿음만 있다면 믿음대로 이루어지는 기적이 일어날 줄 믿습니다.

다윗 보세요. 거인 장수 골리앗 앞에서 삼상17:45 '너는 칼과 창과 단창으로 내게 나오거니와 나는 만군의 여호와의 이름으로 나아가노라' 그러면 어때요? 여러분, 말로만 끝났습니까? 아니요. 48~49절 '다윗이 블레셋 사람을 향하여 빨리 달리며 손을 주머니에 넣어 돌을 가지고 물매로 블레셋 사람의 이마를 치매 돌이 그의 이마에 박히니 땅에 엎드러지는지라'

물맷돌이 골리앗의 이마에 박히므로 능력으로 나타났어요. 오늘 목사로서 가장 큰 고민이 이것입니다. 여러 가지 외치는 구호는 많은데 이것이 능력으로 나타나지 않으니까 공허하다는 것입니다. 믿으라, 순종하라, 사랑하라, 용서하라. 다 알지요. 그런데 이게 실천이 안 돼. 왜냐 능력이 없어서.

예수님이 멋있는 것은 말 그대로 능력으로 행하신다는 것입니다. 예수님의 제자들도 이게 고민이었지요. 그래서 묻습니다. 왜 예수님은 되는데 우리는 안 됩니까? 이때 예수님의 대답입니다.

기도와 금식 외에 다른 이유로는 이런 일을 행할 수 없느니라. 오직 우리가 기도할 때 주어지는 성령의 능력으로만 된다는 말인데요. 나는 죽고 성령이 역사할 때 말씀이 능력으로 나타납니다. 예수님의 제자들 3년 동안 예수님으로부터 말씀을 들었지만 예수님이 잡히시던 날 밤에 다 도망갔어요.

그러나 마가의 다락방에 모여 일심으로 기도했을 때 오순절 날 성령의 충만함을 받게 되자 담대하게 예수가 그리스도이심을 증거했는데, '두 번 다시 예수를 말하지 말라. 예수를 말하면 가만두지 않겠다' 위협하는데도 '우리는 보고 들은 것을 말하지 않을 수 없다' 하면서 목숨을 거는 담대한 능력으로 나타났습니다. 성령이 역사할 때 나타나는 말씀의 능력이에요.

히4:11~12 '하나님의 말씀은 살아 있고 활력이 있어 좌우에 날 선 어떤 검보다도 예리하여 혼과 영과 및 관절과 골수를 찔러 쪼개기까지 하며'

하나님의 말씀은 하나님 자신이므로 성령이 역사할 때 말씀대로 이루어지는 능력이 있습니다. 그러나 오늘날 말씀의 칼이 무뎌져서 능력으로 나타나지 않는데 그러면 왜 그런가? 배불러서 그래요.

열왕기하 20장에 보면 히스기야 왕이 병들어 죽게 되었을 때 벽을 향하여 눈물로 기도했다고 했는데요. 이때 하나님이 그 기도를 들으시고 생명을 15년 연장시켜 주셨다고 했습니다. 그러므로 오늘 우리는 왜 기도하지 않는가? 히스기야 왕 같은 절박함이 없기 때문입니다.

'내가 네 기도를 들었고 네 눈물을 보았노라' 히스기야 왕의 절박함을 하나님이 들으시고 응답하신 것입니다. 제가 아는 목사님이 천안 대학수련회를 인도하러 갔는데 말씀을 전한 다음 한 학생이 찾아와서 하는 말이 자기가 '자살하기 전에 수련회나 한번 참석해 보자' 하고 참석했는데 목사님 말씀을 듣고 살기로 했다고 했습니다. 말씀의 능력이에요. 하나님의 말씀의 능력이 사람을 살려내요. 사람은 할 수 없으나 하나님이 말씀하시면 됩니다.

기독교 신학자인 '필립 얀시'가 '아! 내 안에 하나님이 없다' 하고 절규했는데요. 맞아요, 오늘 우리의 문제는 교회도 있고, 예배도 있고, 찬양도 있고 다 있는데 내 안에 하나님이 없어요.

그 결과 아무런 능력도 나타나지 않고 아무런 능력도 행하지 못하고 있습니다. 오늘 교회 안에서 복음의 능력이 회복되어야 할 줄 믿습니다. 물이 포도주로 변하는 능력이 나타나야 하는데요. 왜냐 예수의 복음이 능력이니까 성령이 역사하면 됩니다.

베드로를 부르심
(마10:2~4)

여러분, 이 세상에서 가장 큰 힘이 무엇인 줄 아십니까? 그것은 바로 사랑입니다, 사랑. 사랑하면 무엇이든지 다 할 수 있고 무엇이든 다 이룰 수 있습니다.

천상병 씨라고 시인인데 우리 인생을 소풍에다 비유하고 '이 세상 소풍 끝나는 날 하늘나라로 간다'고 했는데요. 이분이 1년 만에 108kg에서 66kg로 무려 42kg의 몸무게를 뺐다고 했습니다. 그런데 살을 빼려고 한 동기가, 한 자매를 사랑하게 되었는데 그 자매에게 잘 보이기 위해 살을 뺐다고 하니 사랑의 힘이 이렇게 위대합니다.

사랑은 국경을 넘고 모든 장애까지도 뛰어넘지요. 사랑은 사람을 엄청난 거인으로 만드는 능력이 있어요. 그러므로 '하나님은 사랑이시라' 했을 때 가장 위대한 능력입니다. 아멘, 아멘.

오늘은 예수님의 12제자를 살펴보겠는데요, 특별한 사람이 아무도 없어요. 모두 평범한 사람들이었는데 훈련을 통하여 위대한 예수님의 제자들이 되었습니다. 그러면 어떻게 훈련했는가? 말로만이 아니라 직접 몸으로 실천하여 보여 줌으로 실습교육을 시키셨는데요. 무엇을 보여 주셨습니까?

예, 사랑입니다. 사랑. 우리 인간은 원래 하나님을 주인으로 섬기며 행복하게 잘 살도록 만들어졌는데 범죄하여 하나님을 떠남으로 마귀의 종으로 일평생 수고와 슬픔뿐인 인생을 살다가 마침내 죽고, 죽은 다음 심판받고 지옥의 멸망의 자리에 떨어질 운명이에요. 이러한 우리 인생을 불쌍히 여기서서 구원하러 하나님이 인간의 몸을 입고 이 땅에 오셨다고 했습니다. 요3:16에서 말했듯이 예수님이 우리 인간을 구원할 구세주 메시아로 이 땅에 오셨는데 사랑입니다.

'인자가 온 것은 섬김을 받으려 함이 아니라 도리어 섬기려 하고 자기 목숨을 많은 사람들의 대속물로 주려 함이니라'

자신의 생명을 줌으로 우리를 살리는 사랑인데요. '사람이 친구를 위하여 자기 목숨을 버리면 이보다 더 큰 사랑이 없나니, 예수님이 십자가에서 죽음으로 우리를 구원하신 이보다 더 큰 사랑은 세상에 없지요. 이 세상에서 가장 큰 어머니의 사랑보다 천 배, 만 배 더 큰 사랑입니다.

그래서 예수님이 이 땅에서 많은 이적, 기사를 행하셨는데 귀신을 쫓아내고 병자들을 치유하시고 오병이어의 기적을 베푸시고, 이것 전부 다 그 근본은 죄의 종으로 고통당하고 있는 우리 죄인들을 죄에서 구원하고자 하는 주님의 사랑입니다. 그러니까 사랑을 보여 주시고 사랑으로 제자들을 훈련시키셨어요. 그래서 예수님의 제자 훈련의 결론이 무엇입니까?

요13:1 '유월절 전에 예수께서 자기가 세상을 떠나 아버지께로 돌아가실 때가 이른 줄 아시고 세상에 있는 자기 사람들을 사랑하시되 끝까지 사랑하시니라' 심지어 누구까지도 사랑하셨습니까? 예수님을 은 30에 판 가룟 유다까지도 사랑하셨어요.

요13:2 '마귀가 벌써 시몬의 아들 가룟 유다의 마음에 예수를 팔려는 생각을 넣었더라' 가룟 유다가 예수님 자신을 팔 것을 아시면서도 끝까지 사랑하셨어요. 그래서 십자가를 지시기 전에 최후의 만찬을 하시면서 먼저 수건을 허리에 두르시고 제자들의 발을 씻기셨는데요.

그러면서, 요13:14~15 '내가 주와 또는 선생이 되어 너희 발을 씻었으니 너희도 서로 발을 씻어 주는 것이 옳으니라 내가 너희에게 행한 것 같이 너희도 행하게 하려 하여 본을 보였노라' 하시고는 새 계명을 주십니다.

요13:34~35 '새 계명을 너희에게 주노니 서로 사랑하라, 내가 너희를 사랑한 것같이 너희도 서로 사랑하라, 너희가 서로 사랑하면 이로써 모든 사람이 너희가 내 제자인 줄 알리라' 서로 사랑하는 것이 제자의 조건이에요. 그래서 예수님이 먼저 본을 보이심으로 사랑으로 이 땅에 오셔서 사랑으로 훈련하시고 사랑의 계명을 주신 다음 사랑으로 십자가에서 죽으셨습니다. 그러니까 사랑으로 시작해서 사랑으로 끝맺은 것이 예수님의 일생이에요.

오늘은 예수님의 12제자 중의 대표인 베드로인데요. 그러면 베드로가 어떻게 베드로 될 수 있었는가. 먼저 결론부터 말씀드려서 사랑입니다.

예수님이 처음 베드로를 만났을 때 예언하셨지요.

요1:42 '예수께서 보시고 이르시되 네가 요한의 아들 시몬이니 장차 게바라 하리라 하시니라, 게바는 번역하면 베드로라' 베드로의 원래 이름은 시몬인데, 시몬은 갈대라는 뜻입니다. 갈대는 바람에 잘 흔들리는 것을 말하는데요. 베드로는 다혈질에다가 변덕이 심한 사람입니다. 예수님이 물 위를 걸어오시는 것을 보고는 '주여, 나를 명하여 바다 위를 걷게 해 주소서' 했을 때 주님이 오라고 하시니까 바로 바다에 첨벙 뛰어들지요. 그러나 바람이 불어 풍랑이 일었을 때 두려워 물에 빠져가니까 '주여, 나를 구하소서' 하고 소리치는 게 베드로예요. 그러니까 변덕이 심하고 꺾이기 쉬운 갈대 같은 시몬을 베드로, 반석이라는 뜻이니까 예수님의 제자 훈련으로 요동치 않는 굳건한 믿음의 사람으로 바뀔 것을 말하는 것입니다.

그러면 갈대와 같이 약점이 많은 흔들리기 쉬운 약한 베드로가 어떻게 반석과 같은 굳건한 믿음의 사람이 되었는가? 예수의 사랑입니다.

요13:36~38 '시몬 베드로가 이르되 주여! 어디로 가시나이까 예수께서 대답하시되 내가 가는 곳에 네가 지금은 따라올 수 없으나 후에는 따라오리라 베드로가 이르되 주여 내가 지금은 어찌하여 따라갈 수 없나이까 주를 위하여 내 목숨을 버리겠나이다 예수께서 대답하시되 네가 나를 위하여 네 목숨을 버리겠느냐 내가 진실로 네게 이르노니 닭 울기 전에 네가 세 번 나를 부인하리라'

예수님이 지금은 네가 나를 따라올 수 없다고 하시고 베드로는 죽기까지 따라가겠다고 했는데요. 어떻게 되었습니까? 예수님의 예언대로 죽는 데까지는 내버려두고 예수님이 잡히시던 그 밤에 도망갔어요.

도망갔다가 예수님이 어떻게 되시는가 보려고 예수님이 재판 받는 곳에 다시 와서는 계집종 앞에서 3번씩이나 주님을 모른다고 부인하고 도망갔습니다. 그러면 이것으로 끝났는가? 아니요, 도망가서 다시 고기 잡는 일을 하고 있는 베드로를 주님이 직접 찾아오셨어요. 그리고는 묻지요.

요21:15 '요한의 아들 시몬아 네가 이 사람들보다 나를 더 사랑하느냐 하시니 이르되 주님 그러하나이다 내가 주님을 사랑하는 줄 주님께서 아시나이다 이르시되 내 어린양을 먹이라 하시고'

주님이 이 사람들보다 나를 더 사랑하느냐고 물으시니까, 염치가 없어 주님을 사랑한다고 말하지 못하고 주께서 아신다고 고백하고 있는데요.

요21:18~19 '내가 진실로 네게 이르노니 네가 젊어서는 스스로 띠 띠고 원하는 곳으로 다녔거니와 늙어서는 네 팔을 벌리리니 남이 네게 띠 띠우고 원하지 아니하는 곳으로 데려가리라 이 말씀을 하심은 베드로가 어떠한 죽음으로 하나님께 영광을 돌릴 것을 가리키심이러라 이 말씀을 하시고 베드로에게 이르시되 나를 따르라 하시니'

베드로가 따라가겠다고 했을 때 네가 나를 따라올 수 없다고 하셨는데 스스로 따라갈 수 없음을 깨달았을 때는 주님이 순교의 자리까지 나아갈 것을 말씀하시면서 나를 따르라고 하십니다. 그러니까 베드로가 비록 자신이 약하여 예수님을 따라갈 수 없어 다시 고기 잡으러 갔지만 자기 마음에 남아 있는 것은 온통 예수님밖에는 없고 주님 없이는 살 수 없는 사람이 되어 버렸어요.

여러분, 오늘 우리도 그렇지 않습니까. 비록 내가 약해서 주님의 뒤를 제대로 쫓지 못하지만, 주님 없이는 살 수 없는 자가 되었잖아요. 내 마음에 남아 있는 것은 온통 주님 생각뿐이잖아요. 그러면 마음은 원이로되 육신이 약해서 도무지 따를 수 없었던 베드로가 어떻게 끝까지 주님을 따르다가 마침내 십자가에 거꾸로 매달려 죽는 순교의 자리까지 나아갈 수 있었는가?

예수님이 그 비결을 가르쳐 주셨는데요, 무엇입니까. 그 비결은 오직 하나, 성령입니다. 성령. 예수님이 3년 동안 제자 훈련을 시키신 다음 맨 마지막에 주신 말씀이 성령에 대한 말씀이지요.

요14~16장까지의 말씀인데요, 예수님이 떠나신다고 하니까 제자들이 근심에 빠졌을 때 '너희는 마음에 근심하지 말라 하나님을 믿으니 또 나를 믿으라 내 아버지 집에 거할 곳이 많도다' 하고 천국의 소망을 주신 다음,

요14:16 '내가 아버지께 구하겠으니 그가 또 다른 보혜사를 너희에게 주사 영원토록 너희와 함께 있게 하리니'

14:26 '보혜사 곧 아버지께서 내 이름으로 보내실 성령 그가 너희에게 모든 것을 가르치고 내가 너희에게 말한 모든 것을 생각나게 하리라'

성령이 다 가르쳐 주시고 깨닫게 해 주심으로 인도하겠다고 했습니다. 그리고는 한 걸음 더 나아가 아예 우리와 한 몸을 이루어 주님이 친히 일하시겠다고 했는데요.

요15:5 '나는 포도나무요 너희는 가지라 그가 내 안에 내가 그 안에 거하면

303

사람이 열매를 많이 맺나니 나를 떠나서는 너희가 아무것도 할 수 없음이라'

맞아요. 여러분, 주님을 따르는 제자의 삶에 있어서 내가 할 수 있는 것은 아무것도 없고 오직 성령이 내 안에 오심으로 그분이 모든 것을 가르쳐 주시고 생각나게 해 주실 뿐만 아니라 주님과 하나 되게 만들어 주님이 친히 열매 맺게 해 주셨어요. 그러니 우리는 그냥 붙어 있기만 하면 됩니다.

예수님이 이 땅에 계실 때는 예수님이 처음부터 끝까지 제자들을 이끄셨다면 이제는 성령님이 우리에게 오셔서 처음부터 끝까지 이끄실 것이라는 것입니다. 그래서 부활하신 예수님이 제자들을 찾아오셔서 처음 하신 말씀이 무엇입니까? 숨을 내쉬면서 이르시되 성령을 받으라. 마지막 유언도 이 세상 끝날까지 너희와 항상 함께 있겠다. 무엇으로? 성령으로.

예수님이 이 세상을 떠나 하늘로 승천하시면서도, 행1:4~5 '그들에게 분부하여 이르시되 예루살렘을 떠나지 말고 내게서 들은 바 아버지께서 약속하신 것을 기다리라 요한은 물로 세례를 베풀었으나 너희는 몇 날이 못 되어 성령으로 세례를 받으리라'

성령을 받지 않고는 스스로 아무것도 할 수 없으니까 성령 받은 다음 사명을 감당하라는 것입니다.

행1:8 '오직 성령이 너희에게 임하시면 너희가 권능을 받고 예루살렘과 온 유대와 사마리아와 땅끝까지 이르러 내 증인이 되리라' 그러니까 우리가 예수님의 제자가 되어 끝까지 주님을 따라갈 수 있는 유일한 비결이 성령입니다. 사도행전 전체가 이것을 증거하지요. 예수님이 잡히시던 그 밤에 두려워서 다 도망갔던 예수님의 제자들이 오순절 날 성령을 받았을 때 죽기까지 끝까지 주님을 따르고 승리할 수 있었다는 것이 사도행전이에요.

그러면 이것이 12사도에게만 국한된 것인가? 아니요, 오늘 예수님의 제자 된 우리들에게도 동일하게 적용됩니다.

행2:17 '하나님이 말씀하시기를 말세에 내가 내 영을 모든 육체에 부어 주리니 너희의 자녀들은 예언할 것이요, 너희의 젊은이들은 환상을 보고 너희의 늙은이들은 꿈을 꾸리라' 이 예언의 말씀대로 12제자 이후에 계속, 계속 복음이 전파되어 오늘날 땅끝까지 복음이 증거된 것은 전적인 성령의 역사입니다.

그러므로 사도행전은 성령행전이요, 오늘날 기독교 2천 년의 역사는 성령의 역사요, 오늘 우리도 계속, 계속 성령의 역사로 여기까지 온 것입니다.

그러므로 바울이 뭐라고 고백합니까.

엡5:16~18 '세월을 아끼라 때가 악하니라 그러므로 어리석은 자가 되지 말고 오직 주의 뜻이 무엇인가 이해하라 술 취하지 말라 이는 방탕한 것이니 오직 성령으로 충만함을 받으라' 아멘, 아멘.

오직 성령 충만이에요.

복음 전파자의 자세
(마10:16~23)

오늘 우리가 하나님의 자녀요, 예수님의 제자라고 했을 때 복음 전파의 사명이 있는데요. 예수님이 이 땅에 복음을 전하는 선교사로 파송되었듯이, 오늘 우리도 세상을 향해서 복음을 전해야 하는 하나님의 전권대사입니다.

부활하신 예수님이 제자들을 찾아와 첫 번째 하신 말씀이지요.

요20:21~23 '너희에게 평강이 있을지어다 아버지께서 나를 보내신 것같이 나도 너희를 보내노라' 예수님의 사명을 오늘 우리가 위임받았어요. 그래서 예수님이 12제자를 세워 자신의 권능을 위임하신 다음 복음 전파자로 파송하셨는데요.

우리가 지난 시간에는 복음 전파자의 자세에 대해서 말씀드렸고, 오늘은 복음을 전할 때 끝까지 승리하는 비결입니다. 한마디로 엄청난 박해를 받게 되지만 주님의 도우심으로 승리하게 된다는 것인데요. 그러면 복음 전파의 사명자가 세상에서 승리하기 위해 어떻게 해야 하는가?

이것을 먼저 생각하기 전에 여러분, 우리가 살고 있는 이 세상은 원수 마귀가 왕 노릇 하는 곳임을 기억해야 합니다. 어때요, 원수 마귀가 왕 노릇 하는 곳에서 하나님 나라를 선포하고 예수가 왕이심을 선포한다면, 원수 마귀가 가만히 있겠습니까? 절대 가만있지 않지요. 엄청나게 대적하고 핍박하고 있습니다. 오늘 세상이 우리 교회를 공격하는 것 보세요.

그래서 오늘 예수님이 뭐라고 말씀하십니까? 16절 '보라 내가 너희를 보냄이 양을 이리 가운데로 보냄과 같도다' 복음 전파의 장인 세상이 한마디로 살벌하다는 것인데요. 겉으로 보면 전쟁터 같지 않아 보이지만 사실 영의 눈을 열고 보면 이 세상은 살벌한 영적 전투의 장입니다.

마귀가 우는 사자처럼 두루 삼킬 자를 찾아다닌다고 했으니까 보통 살벌한 전투장이 아니에요. 예수님이 이 땅에 오셨을 때 유대 정치, 종교 지도자들이 얼마나 예수를 핍박했습니까. 기회만 있으면 잡아 죽이려고 하다가 결국은 십자가에 못 박아 죽였잖아요.

예수 이후에 예수님의 제자들과 사도 바울을 보세요. 엄청난 핍박을 당하고 결국은 다 순교했습니다.

지금도 중국 시진핑이 우한에 있는 교회를 폭파시켜 버렸지요. 아프카니스탄, 인도에서 교회를 폭탄 테러해서 수십 명이 죽임을 당하는 참사가 일어났고 지금 매해 300명 이상의 선교사들이 순교하고 있는 상황입니다. 이북은 말할 것도 없고.

그러니까 오늘 우리가 이 세상에서 제대로 복음적인 삶을 살려면 원수 마귀의 공격과 핍박을 각오해야 합니다. 우리 기독교 2천 년의 역사는 핍박의 역사요, 순교의 역사예요. 피의 역사.

요한계시록에 나오는 소아시아 7교회, 지금 튀르키예 땅인데 거기가 보면 데린구유, 지하땅굴 교회와 갑바도기아 바위동굴 교회가 있는데 전부 다 로마의 기독교 핍박을 피해 목숨 걸고 신앙을 지킨 장소들입니다. 그러므로 어떻게 하라고요?

'너희는 뱀처럼 지혜롭고 비둘기같이 순결하라' 여기서 지혜는 하나님의 지혜니까, 하나님의 말씀으로 무장하는 것을 말합니다. 우리가 알다시피 마귀가 사용하는 무기는 거짓으로 사기 치는 것 아닙니까? 그러므로 복음 전파는 하나님의 말씀으로 무장되어 원수 마귀의 궤계를 분별하고 물리쳐야 합니다.

예수님이 공생애를 시작하기 전에 광야에서 40일 동안 금식하며 기도하셨는데 이때 원수 마귀가 공격하지요. 에덴동산에서 아담, 하와를 유혹하듯이 여러 가지 거짓 진리로 예수님을 넘어뜨리려고 했을 때 예수님이 하나님의 말씀으로 분별하여 다 물리치셨는데, 오늘 우리도 하나님의 말씀으로 무장되어 마귀의 궤계를 분별하고 물리쳐야 할 줄 믿습니다.

우리가 알다시피 하나님의 전신갑주로 무장할 때 유일한 공격무기가 하나님의 말씀이었어요. 성령의 검, 곧 하나님의 말씀을 가지라. 하나님의 말씀으로 마귀의 궤계를 대적하고 물리쳐야 합니다.

그다음 '비둘기같이 순결하라'고 했는데요. 주님이 우리와 함께하시면서 역사하실 수 있는 유일한 조건이지요. 내가 거룩하니 너희도 거룩하라. 오늘 우리가 진리의 말씀으로 나를 거룩하게 지킬 때 주님이 함께하심으로 원수 마귀를 물리칠 수 있습니다. 그래서 예수님이 십자가에 못 박히시기 전에 제자들을 위한 마지막 제사장적 기도를 드렸는데,

요17:17~19 '그들을 진리로 거룩하게 하옵소서 아버지의 말씀은 진리니이다'

제자들을 세상에서 거룩하게 지켜 줄 것을 기도했는데요. 오늘 우리를 가리켜 성도라고 하는데 세상에서 거룩하게 구별되었다는 뜻입니다.

오늘 우리가 순결하게 신앙의 절개를 지킬 때 주님이 우리를 지키시고 보호하실 수 있어요. 그다음 17절 '사람들을 삼가라'고 했는데요.

여기서 사람은 거짓 종교지도자들과 거짓 선지자들을 말하는 것인데요. '그들이 너희를 공회에 넘겨주겠고 그들의 회당에서 채찍질하리라'

예수님이나 예수님의 제자들, 사도 바울 다 똑같이 유대 종교지도자들과 거짓 선지자들의 대적과 핍박으로 어려움을 당했습니다. 특히 사도 바

울은 가는 곳곳마다 회당에서 제일 먼저 복음을 전했는데, 이때 유대인들이 계속 따라다니면서 핍박했지요. 비시디아 안디옥에서, 또 이고니온에서 계속 핍박하다가 바울이 데살로니가로 가니까 거기까지 따라와서 핍박하고, 이들을 피하여 베뢰아로 가니까 베뢰아까지 따라와서 핍박하고 있습니다.

18절 '너희가 나로 말미암아 총독들과 임금들 앞에 끌려가리니'

종교지도자들뿐만 아니라 정치지도자들로부터도 핍박을 받게 된다는 것인데요. 그런데 놀라운 것은 '정치 지도자들의 박해가 오히려 이방인들에게 복음 증거의 기회가 되게 하겠다'고 했습니다. 그런데 이 말씀은 주님의 예언 그대로 되었지요.

바울이 유대인들의 모함과 핍박으로 로마 군인들에게 체포되어 가이사랴 빌립보 감옥에 갇혀 있을 때 베스도 총독과 유대 왕 아그립바와 고관들 앞에서 재판을 받게 되는데 이때 바울이 담대하게 복음을 전하지요.

예수님의 죽으심과 부활을 담대히 전하다가 베스도로부터 미쳤다는 소리까지 듣고 있는데요. 어쨌든 고위 정치지도자들에게까지 복음이 전해지고 있습니다.

또 로마의 황제 가이사 앞에서까지 복음을 전할 것이라고 했는데 이 예언의 말씀도 예언 그대로 다 이루어져 바울이 로마로 강제 압송되어 가이사 앞에서 재판을 받게 됩니다.

19~20절 '너희를 넘겨 줄 때에 어떻게 또는 무엇을 말할까 염려하지 말라 그때에 너희에게 할 말을 주시리니, 말하는 이는 너희가 아니라 너희 속에서 말씀하시는 이, 곧 너희 아버지의 성령이시니라'

오순절 날 성령을 받은 예수의 제자들이 유대 정치, 종교지도자들 앞에서 목숨 걸고 담대히 복음을 전했는데 성령의 권능이요, 성령의 역사입니다. 스데반 집사가 성령이 충만하여 유대인들 앞에서 복음을 전하다가 순교까지 당하는 일이 있고, 사도 바울도 유대인들의 엄청난 핍박이 있었지만, 성령이 충만하여 끝까지 복음을 담대하게 전하고 있습니다.

21절 '장차 형제가 형제를, 아버지가 자식을 죽는 데에 내주며 자식들이 부모를 대적하여 죽게 하리라'

복음을 전할 때 심지어 인륜을 저버리면서까지 박해한 것을 말씀하고 있는데요. 이것도 역사 속에 그대로 이루어졌지요. 로마 황제 때 이런 일이 있었고, 지금 이북에서도 실제 일어나고 있는 일들입니다.

거짓 공산주의 사상에만 물들어도 부모를 거부하잖아요. 거짓 사상도 인륜을 뛰어넘습니다.

22절 '또 너희가 내 이름으로 말미암아 모든 사람에게 미움을 받을 것이나 끝까지 견디는 자는 구원을 얻으리라'

이루 형용할 수 없는 극한 핍박과 고난 속에서도 배교하지 않고 끝까지 신앙을 지키는 자들은 구원을 얻으리라고 했습니다.

23절 '이 동네에서 너희를 박해하거든 저 동네로 피하라 내가 진실로 너희에게 이르노니 이스라엘의 모든 동네를 다 다니지 못하여서 인자가 오리라'

예루살렘교회에 핍박이 일어났을 때 온 사방으로 다 피하여 흩어졌는데 그 일로 소아시아 전체가 빌립보와 아가야 지역 또 고린도와 로마에까지 복음이 전해지는 계기가 되었습니다.

이스라엘의 모든 동네를 다 다니지 못하여서 인자가 오리라, 예수님이 십자가에서 죽으시기 전에 '내가 너희를 고아처럼 홀로 버려두지 않겠다'고 약속했는데 약속하신 대로 부활하신 다음 제자들에게 오셨고, 부활 승천하신 다음에도 성령으로 함께하실 것을 말씀하신 것인데, 이 예언대로 그대로 이루어졌어요.

그러면 이러한 본문의 배경을 놓고 오늘 우리가 한 가지만 생각하려고 하는데요. 그것은 오늘 우리가 복음 전파자로 승리하기 위해서는 하나님을 붙드는 믿음을 바탕으로 한 진취적인 자세를 가져야 한다는 것입니다.

복음을 전하러 가는 것은 양이 이리 떼 가운데로 가는 것 같지만, 그러나 하나님을 붙드는 믿음의 담대함으로 진취적으로 앞으로 나아가야 한다는 거예요.

왜냐 복음 전파의 주체는 우리 인간이 아니라 성령 하나님이시니까.

미국의 강철왕 카네기가 '바람이 불지 않을 때 바람개비를 돌리는 방법은 앞으로 달려 나아가는 것이다'라고 했는데요.

맞아요. 오늘 우리가 복음을 전할 때 가만히 앉아 있으면 안 되고 적극적으로 앞으로 나아가야 합니다. 사도행전에 나타난 예수님의 제자들 빌립 집사, 스데반 집사, 사도 바울 다 적극적으로 앞으로 나아간 사람들이에요.

그러면 어떤 자가 진취적으로 앞으로 나아가는가?

하나님이 나와 함께하신다는 믿음의 확신을 가진 자입니다. 이스라엘이 가나안 땅을 정복할 때 12정탐꾼 이야기 잘 아시죠. 10명의 정탐꾼은 '우리는 스스로 보기에 메뚜기 같다. 도저히 이길 수 없으니 애굽으로 다시 돌아가자'고 했는데 하나님을 붙들지 못하는 불신앙은 절대 앞으로 나아갈 수 없습니다. 그러나 이에 반해서 여호수아와 갈렙은 민14:9 '오직 여호와를 거역하지 말라 또 그 땅 백성을 두려워하지 말라 그들은 우리 밥이라 그들의 보호자는 그들에게서 떠났고 여호와는 우리와 함께하시느니라 그들을 두려워 말라' 하나님이 함께하신다는 믿음의 확신이 진취적으로 나아가게 합니다.

오늘 18~20절에서도 총독들과 임금들 앞에 끌려간다고 했을 때 세상 권세 앞에 주눅 들거나 굴복하지 말라는 것인데 그 이유는 너희들이 약해 보이지만 너희 안에 성령이 계시니까 담대히 믿음으로 나아가라는 것입니다.

왜냐 하나님은 세상 왕보다 크시니까.

예수의 제자들이 오순절 날 성령의 충만함을 받았을 때 정치, 종교지도 자들 앞에서 담대히 믿음으로 나아가는 것을 볼 수 있습니다.

행4:8~13 '이에 베드로가 성령이 충만하여 이르되 백성의 관리들과 장로들아 만일 병자에게 행한 착한 일에 대하여 이 사람이 어떻게 구원을 받았느냐고 오늘 우리에게 질문한다면 너희와 모든 이스라엘 백성들은 알라 너희가 십자가에 못 박고 하나님이 죽은 자 가운데서 살리신 나사렛 예수 그리스도의 이름으로 이 사람이 건강하게 되어 너희 앞에 섰느니라, 이 예수는 너희 건축자들의 버린 돌로서 집 모퉁이의 머릿돌이 되었느니라 다른 이로써는 구원을 받을 수 없나니 천하 사람 중에 구원을 받을 만한 다른 이름을 우리에게 주신 일이 없음이라 하였더라 그들이 베드로와 요한이 담대하게 말함을 보고, 그들을 본래 학문 없는 범인으로 알았다가 이상히 여기며 또 전에 예수와 함께 있던 줄도 알고'

베드로가 성령이 충만하여 기탄없이 복음을 전하니까 잡아다가 도무지 복음을 못 전하게 하지요, '두 번 다시 예수를 말하지 말라. 말하면 가만 안 두겠다' 했을 때 베드로의 대답입니다.

'하나님 앞에서 너희 말 듣는 것이 하나님 말씀 듣는 것보다 옳은가 판단하라. 우리는 보고 들은 것을 말하지 아니할 수 없다.' 죽음의 위협 앞에서도 조금도 두려워하지 않는 믿음을 바탕으로 한 진취적인 자세입니다.

오늘 우리도 세상적인 조건으로는 부족하고 연약해도 믿음을 바탕으로 한 진취적인 자세로 나아갈 때 하나님이 역사하십니다. 조용기 목사님은 신경쇠약으로 10분을 강단에 서 있기가 힘들 때가 있었고, 또 장이 안 좋아서 계속 설사가 나 기저귀 차고 설교한 때도 있었고, 군대 가서는 폐렴으로 죽다가 살아났고 수많은 위기들이 있었는데 그때마다 번지점프하듯이 믿음의 담대함으로 자신을 던졌을 때 하나님이 역사하셨다고 했습니다.

하용조 목사님은 간암 수술만 6번 하고 고혈압, 당뇨 등 모든 병을 다 가지고 죽음이 왔다 갔다 하니까 삶과 죽음의 구분이 없는 삶을 살았다고 했습니다.

'살면 살고 죽으면 죽고.' 죽음을 두려워하지 않고 나아가니까 역사하신 것입니다.

사도 바울 보세요. 고린도에서 심히 두려워 떨었다고 하면서 오직 성령의 나타남과 능력으로 전했다고 했습니다. 또 소아시아에서도 고후1:8~9 '형제들아 우리가 아시아에서 당한 핍박을 너희가 모르기를 원하지 아니하노니 힘에 겹도록 심한 고난을 당하여 살 소망까지 끊어지고 우리는 우리 자신이 사형 선고를 받은 줄 알았으니 이는 우리로 자기를 의지하지 말고 오직 죽은 자를 다시 살리시는 하나님만 의지하게 하심이라'

살 소망까지 끊어졌다고 했을 때 엄청난 핍박이고, 고난이지요.

그러나 죽음의 위기 앞에서도 오직 하나님만을 붙들고 의지함으로 끝까지 담대하게 나아갈 수 있었다는 것입니다.

오늘 우리도 하나님이 나와 함께하신다는 이 진취적인 믿음의 담대함으로 승리하게 되시기 바랍니다. 그런데 이 믿음의 담대함은 오직 성령 충만이에요.

행1:8 '오직 성령이 너희에게 임하시면 너희가 권능을 받고'

엡5:18 '술 취하지 말라 이는 방탕한 것이니 오직 성령으로 충만함을 받으라'

오직 성령 충만…. 아멘! 아멘!

선지자보다 나은 자
(마11:2~6)

벌써 여러 해 된 것 같습니다. '두 얼굴을 가진 사나이'라고 하는 TV극이 있었는데요. 주인공 이름이 헐크인데 평상시에는 우리와 똑같은 보통 사람입니다.

그러나 위급한 상황이 되거나 불의한 일을 보게 되면 엄청난 힘을 가진 사람으로 바뀌는, 두 얼굴을 가진 사람인데요. 그런데 우리 예수님이야말로 두 얼굴을 가지신 분이십니다. 100% 인간이신 예수님과 100% 신이신 예수님인데요.

우리가 성경을 보면 예수가 배고파하시고, 피곤해하시고, 화를 내시고, 눈물을 흘리시고, 100% 인간이신 예수님입니다. 오늘 우리와 조금도 다를 바가 없어요. 그러나 그와 동시에 남자를 알지 못하는 처녀의 몸에서 나시고, 바다 위를 걸으시며, 파도를 잔잔케 하시고, 소경의 눈을 뜨게 하시고, 죽은 자를 살리시고, 죽은 지 사흘 만에 다시 부활하신 예수님. 이것은 전부가 100% 하나님이신 예수님입니다. 인간 예수로서는 도무지 할 수 없는 일들이에요.

그러면 여러분, 왜 이렇게 예수는 두 얼굴을 가진 신분으로 나타나셔야 했을까요? 그 이유는 전적으로 죄인 된 우리 인간 때문이지요. 우리 인간을 죄에서 구속하기 위해서는 인간이신 예수가 필요했고, 우리 인간을 죽음에서 구원하기 위해서는 또 신이신 예수가 필요했다는 것인데요. 그러므로 복음은 예수 그리스도의 십자가와 부활 두 가지입니다.

인간이신 예수는 우리의 옛사람과 함께 십자가에서 죽으셔야만 했고 신이신 예수님은 살리는 영으로 우리에게 새생명을 주시기 위해 부활의 첫 열매가 되셨습니다. 그러므로 예수님의 메시아적 사역은 구세주로서의 사역과 심판주로서의 사역, 이 두 가지인데요. 구세주로서의 사역은 무엇입니까?

'인자가 온 것은 죄인을 불러 구원하려 함이요 자기 목숨을 많은 사람의 대속물로 주려 함이니라'

구원자로 구속자로 오신 예수님입니다.

그다음 또 하나 심판주로서의 사역이 있는데요. 계1:7 '볼지어다 구름을 타고 오시리라 각 사람의 눈이 그를 보겠고 그를 찌른 자들도 볼 것이요 땅에 있는 모든 족속이 그로 말미암아 애곡하리니'

이것은 예수님이 다시 이 땅에 오실 때 이루어지는 심판 주로서의 메시아 사역입니다. 그러므로 예수는 이 땅에 두 번 오시는데 한 번은 구세주로서 오셨고, 또 한 번은 심판주로 오실 것인데 첫 번째 구세주로서는 이 세상을 심판하기 위해서 오신 분이 아니라 이 세상의 모든 죗값을 대신 지불하고 이 세상을 구원하시기 위해 오셨다고 했습니다. 그러나 장차 오실 재림하시는 예수는 구세주가 아니에요.

계19:11 '또 내가 하늘이 열린 것을 보니 보라 백마와 그것을 탄 자가 있으니 그 이름은 충신과 진실이라 그가 공의로 심판하며 싸우리라'

15~16절 '그의 입에서 예리한 검이 나오니 그것으로 만국을 치겠고 친히 그들을 철장으로 다스리며 또 친히 하나님 곧 전능하신 이의 맹렬한 진노의 포도주 틀을 밟겠고 그 옷과 그 다리에 이름을 쓴 것이 있으니 만왕의 왕이요 만주의 주라 하였더라'

심판주이신 예수님입니다. 예수님이 다시 이 땅에 오시는 이때는 더 이상 구세주로서의 모습이 없어요. 그러니까 똑같은 예수님이시지만 우리가 지금은 구세주이신 예수님을 영접하고 살다가 장차는 심판주이신 예수님을 맞이하게 된다는 것입니다. 그래서 오늘 우리는 항상 깨어 있어야 하는 거예요. 언제 예수가 심판주로 오실지 모르니까. 심판주로 오시는 이때는 더 이상 구원의 기회가 없으니까.

그런데 문제는 우리가 성경을 가만히 살펴보면 세례 요한도 그렇고, 예수님의 제자들도 그렇고 도무지 이 진리를 알지 못했다는 것입니다. 예수를 메시아로 틀림없이 믿기는 했는데 구세주로서는 알지 못하고 심판주로서의 메시아만 알고 있었어요. 그래서 메시아가 오시면 당장 이 세상을 심판하시고 이 땅에 하나님의 왕국을 세우실 것으로 생각했는데요. 그래서 세례 요한의 메시지가 어떻게 선포되고 있습니까?

마3:7 '임박한 진노를 피하라'

10절 '이미 도끼가 나무뿌리에 놓였으니', 12절 '손에 키를 들고 자기의 타작마당을 정하게 하사 알곡은 모아 곳간에 들이고 쭉정이는 꺼지지 않는 불에 태우시리라' 여기서 꺼지지 않는 불은 지옥의 심판을 말하는 것이니까, 메시아가 오시면 이 땅을 완전히 심판해 버리실 것이라는 것입니다. 심판하시기 전 구세주로서의 사역이 없어요. 오로지 심판주뿐입니다. 그러다 보니 어떤 오해가 생겼습니까?

마11:18~19 '요한이 와서 먹지도 않고 마시지도 아니하매 그들이 말하기를 귀신이 들렸다 하더니 인자는 와서 먹고 마시매 말하기를 보라 먹기를 탐하고 포도주를 즐기는 사람이요 세리와 죄인의 친구로다 하니'

세례 요한은 지금 메시아가 오셔서 당장 이 세상을 심판하실 줄 알고 금식하면서 그야말로 생명을 걸어 놓고 죄를 책망하고 악과 투쟁하느라 옥에까지 갇혀 있는데 정작 메시아라고 하면서 온 예수는 죄를 정죄하고 심판하기는커녕 오히려 죄인들과 함께 친구가 되어 같이 돌아가고 있다는 이야기를 듣게 되었을 때 도대체 이것이 어떻게 된 것이냐는 것이지요. 당신이 메시아라고 하는데 도무지 모르겠다는 것입니다.

그래서 결국 세례 요한은 자기 제자들을 시켜서 예수가 정말 메시아로서 이 땅에 오셨는지 아닌지를 물어보게 되었는데요.

2~3절 '요한이 옥에서 그리스도께서 하신 일을 듣고 제자들을 보내어 예수께 여짜오되 오실 그이가 당신이오니이까 우리가 다른 이를 기다리오리이까'

'온통 헷갈립니다. 당신이 메시아이신지 좀 분명히 대답해 주십시오' 했을 때 이때 예수님의 대답입니다.

4~5절 '예수께서 대답하여 이르시되 너희가 가서 듣고 보는 것을 요한에게 알리되 맹인이 보며 못 걷는 사람이 걸으며 나병환자가 깨끗함을 받으며 못 듣는 자가 들으며 죽은 자가 살아나며 가난한 자에게 복음이 전파된다 하라' 무엇입니까? 예수의 구세주로서의 메시아 사역입니다. 심판주가 아니에요. 구세주, 구원자이십니다.

그래서 예수님이 그의 사역을 처음 시작하면서 자기 고향 나사렛에 있는 회당에 들어가셔서 이사야의 글을 읽으셨다고 했는데요.

사61:1 '주의 성령이 내게 임하셨으니 이는 가난한 자에게 복음을 전하게 하시려고 내게 기름을 부으시고 나를 보내사 포로 된 자에게 자유를 눈먼 자에게 다시 보게 함을 전파하며 눌린 자를 자유롭게 하고 주의 은혜의 해를 전파하게 하려 하심이라' 메시아의 구세주로서의 사역입니다. 예수님은 이 땅을 심판하러 오시지 않았어요. 죄인을 구원하기 위한 구세주로 십자가에서 죽으시기 위해 오셨습니다.

요3:16~17 '하나님이 세상을 이처럼 사랑하사 독생자를 주셨으니 이는 그를 믿는 자마다 멸망하지 않고 영생을 얻게 하려 하심이라 하나님이 그 아들을 세상에 보내신 것은 세상을 심판하려 하심이 아니요 그로 말미암아 세상이 구원을 받게 하려 하심이라'

예수가 처음 이 땅에 오신 이유는 전적으로 구세주로서 이 땅에 오셨어요. 그래서 예수라는 이름의 뜻이 자기 백성을 저희 죄에서 구원할 자라고 했습니다. 그러므로 6절 '누구든지 나로 말미암아 실족하지 아니하는 자는 복이 있도다' 예수를 구세주로 믿고 영접하는 자는 비록 예수님이 이 땅에서 고난받으시고 십자가에서 죽으시는 것 때문에 실족하지 않는다는 것입니다.

오늘 우리는 예수를 구세주로 영접했으니까 실족하지 않았어요. 오히려 예수의 십자가의 죽으심으로 우리 구원의 증표가 되었습니다. 그러나 이스라엘 백성들은 어떻습니까? 실족했지요. 이 세상의 메시아를 기대했는데 아무 힘 없이 잡혀가는 모습을 보고는 십자가에 못 박아 죽여 버렸습니다. 영적 무지요, 예수의 구세주로서의 사역을 알지 못해서 그렇습니다. 그러면 오늘 이러한 본문의 배경을 놓고 우리가 생각하고자 하는 것은 딱 하나입니다.

11절 '내가 진실로 너희에게 말하노니 여자가 낳은 자 중에 세례 요한보다 큰 이가 일어남이 없도다 그러나 천국에서는 극히 작은 자라도 그보다 크니라'

도대체 이게 무슨 말씀입니까? 평생 주의 오시는 길을 예비하기 위해 광야에서 외치는 자의 소리로 살아온 세례 요한같이 위대한 사람이 오늘 우리보다 못하다니 이게 말이나 되는 것입니까?

그러므로 이것은 단순히 인간 대 인간으로 비교한 게 아닌 것이 분명한데요. 왜냐하면, 인간적인 면으로 봐서는 우리하고 도무지 비교할 수 없으니까. 여러분, 오늘 우리가 어떻게 세례 요한을 따라갈 수 있습니까. 그러면 여러분, 무엇입니까. 무엇이 오늘 우리를 세례 요한보다 큰 자로 만들어 줍니까? 그 이유는 오직 하나, 세례 요한은 아무리 위대할지라도 메시아를 예비하는 것으로 끝난 사람이요, 오늘 우리는 아무리 부족하고 연약해도 메시아를 내 마음에 모시고 사는 사람이기 때문에 그렇습니다.

세례 요한은 아무리 수고하고 애를 썼지만, 그냥 메시아를 멀리서 바라만 봤지, 함께 동거할 수는 없었어요. 그러나 오늘 우리는 어떻습니까?

요1:12 '영접하는 자 곧 그 이름을 믿는 자들에게는 하나님의 자녀가 되는 권세를 주셨으니'

계3:20 '볼지어다 내가 문밖에 서서 두드리노니 누구든지 내 음성을 듣고 문을 열면 내가 그에게로 들어가 그와 더불어 먹고 그는 나와 더불어 먹으리라'

우리가 예수를 구세주로 영접하고 믿음으로 마음 문을 열기만 하면 얼마든지 그분을 내 마음에 모시고 그분과 더불어 함께 교제하며 살 수 있습니다.

바로 이 점 때문에 우리가 세례 요한보다 더 나은 자요, 더 큰 자입니다.

그래서 사도 바울은 이 진리를 깨닫고 뭐라고 고백하고 있습니까?

고후4:16 '우리의 겉사람은 낡아지나 우리의 속사람은 날로 새로워지도다' 오늘 우리야말로 두 얼굴을 가진 사람입니다.

우리의 겉사람이 있고 우리의 속사람이 있는데 우리의 겉사람은 늙고 병들어 죽으면 썩어서 흙으로 돌아가게 되지만, 그러나 우리의 속사람은 어떻게요.

고후5:1 '만일 땅에 있는 우리의 장막 집이 무너지면 하나님께서 지으신 집 곧 손으로 지은 것이 아니요, 하늘에 있는 영원한 집이 우리에게 있는 줄 아느니라' 우리의 몸은 겉껍데기예요. 진짜는 우리 속에 있는 예수의 생명으로 거듭난 새생명입니다. 우리가 대단해서 세례 요한보다 나은 것이 아니라 내 안에 있는 보배이신 예수, 나의 구세주가 되시고 나의 생명이 되시는 예수 그리스도 그분 때문에 내가 위대한 사람이 되는 것입니다.

복음의 양면성
(마11:20~24)

성경을 보면 예수님이 크게 진노하시는 장면이 몇 번 나오는데요. 바리새인들의 외식함을 보고, 또 성전에서 장사하는 것을 보고, 그리고 예수님의 복음을 듣고도 회개하지 않는 것을 보고 진노하셨다고 했습니다.

'어린양의 진노', 도무지 어울리지 않을 것 같은 말인데요. 예수님 하면 십자가의 사랑 아닙니까? 그러나 그 사랑을 고의적으로 받아들이지 않고 거부했을 때는 주님의 사랑이 컸던 만큼 주님의 진노도 그만큼 크다는 것입니다. 그래서 사랑의 반대말은 미움이 아니라 질투요, 진노예요.

주님 대신에 우상을 사랑한 죄는 영적 간음죄가 되어 너무너무 진노하십니다. 그러므로 예수님이 진노하신 죄의 공통점이 무엇입니까?

고의적인 죄지요. 우리 주님은 몰라서 지은 죄에 대해서는 굉장히 관대하십니다. 심지어 현장에서 간음하다가 잡혀 온 여인을 향해서도 내가 너를 정죄하지 않는다고 하셨어요.

그러나 하나님이 무엇을 원하는지를 다 알고 있으면서도 고의적으로 짓는 죄에 대해서는 절대 용서가 없습니다. '이 독사의 새끼들아', '이 회칠한 무덤 같은 종자들아' 하고 욕을 막 퍼부으셨는데, 왜냐 하나님의 율법을 알고도 고의적으로 죄를 범하고 있었기 때문이에요.

성경에서 하나님이 우리 인간을 사랑하시는 이유는, 우리가 날 때부터 죄인이기 때문이라고 했습니다. 고의적인 죄가 아니에요. 날 때부터 죄인으로 태어났기 때문에 죄를 짓지 않을 수 없는 죄인입니다.

그래서 사도 바울이 고백했지요. 딤전1:13 '내가 전에는 비방자요 박해자요 폭행자였으나 도리어 긍휼을 입은 것은 내가 믿지 아니할 때에 알지 못하고 행하였음이'

하나님의 뜻이 무엇인지 알지 못했을 때는 비록 하나님과 원수 된 자리에 있었다 할지라도 자비를 베푸시고 긍휼을 베푸세요. 그러나 복음을 듣고 하나님이 무엇을 원하시는지를 알고도 계속 복음을 고의적으로 받아들이지 않고 거부하면 이 사람은 각오해야 합니다.

마12:31~32 '그러므로 내가 너희에게 이르노니 사람에 대한 모든 죄와 모독은 사하심을 얻되 성령을 모독하는 것은 사하심을 얻지 못하겠고 또 누구든지 말로 인자를 거역하면 사하심을 얻되 누구든지 말로 성령을 거역하면 이 세상과 오는 세상에서도 사하심을 얻지 못하리라'

성령은 우리의 마음 문을 두드리시는 분이기 때문에 성령의 역사를 거부하면 이것은 마음으로 거부하는 것이 되니까, 완전히 고의적인 죄가 되어 용서함을 받을 수가 없다는 것입니다.

이런 의미에서 오늘 이 시대를 살고 있는 우리가 큰 행운일 수 있고, 동시에 큰 불행일 수도 있는데요. 왜냐하면 과거에 우리 조상들은 복음을 듣지도 못하고 죽었으니까. 오늘 복음을 들을 수 있는 우리에게는 큰 행운이라 할 수 있겠지요. 그러나 만약 오늘 우리가 복음을 듣고도 회개치 않거나 제대로 열매를 맺지 못한다면 과거에 복음을 듣지 못한 우리 조상들보다 열 배나 더 큰 심판을 받게 될 것이니까 더 큰 불행이라는 것입니다.

우리가 장차 천국에서 받는 상이 다르듯이 하나님의 진노의 형벌에도 차이가 있어요. 그러면 오늘 본문의 내용이 무엇입니까. 주님이 가장 많은 권능을 행하시고 오랫동안 복음을 전했던 지역에서 복음을 듣고도 회개치 않았을 때 크게 진노하시는 장면인데요.

아니, 너무너무 안타까워서 탄식하고 계신 장면입니다. 뭐라고 하셨습니까? 예수님 이전에 가장 우상 숭배가 심하고 타락한 도시가 있었다면 그것은 소돔이요, 또 예수님 당시에는 두로와 시돈이었는데요. 그러나 고라신과 벳세다와 가버나움이 예수의 복음을 듣고도 회개하지 않으니까, 그저주와 심판이 소돔보다도 두로와 시돈보다도 훨씬 더 클 것이라고 예언하셨는데 엄청난 저주요, 주님의 탄식입니다.

그러면 여러분, 오늘 이러한 본문의 배경을 놓고 오늘 우리가 생각하고자 하는 것은, 왜 이들은 구세주를 바로 눈앞에 두고도 또 수많은 기적들과 병 고침의 역사를 바로 눈앞에서 보고도 끝까지 회개하지 않았을까 하는 문제입니다.

그 이유가 고린도전서 1장에서 잘 나오고 있는데요.

고전1:22~24 '유대인은 표적을 구하고 헬라인은 지혜를 찾으나 우리는 십자가에 못 박힌 그리스도를 전하니 유대인에게는 거리끼는 것이요 이방인에게는 미련한 것이로되 오직 부르심을 받은 자들에게는 유대인이나 헬라인이나 그리스도는 하나님의 능력이요 하나님의 지혜니라'

계속 반복되는 이야기입니다만, 예수님 당시에 수많은 무리들이 예수의 뒤를 따라다녔지만 거의 대부분이 다 망했는데, 그 이유가 무엇입니까?

그 이유는 두 가지인데, 첫째 하나는 예수에게서 표적을 구한 사람들이 망했고요, 그다음 또 하나는 예수를 하나의 지혜를 얻는 선생으로 본 사람들이 망했습니다. 그러면 예수는 누구십니까? 구세주지요, 구세주.

이 땅에 기적을 베풀어 자기를 과시하기 위해서 오신 분도 아니요, 이 땅에 지혜를 가르치는 선생으로 오신 것도 아니요, 오직 하나, 죄인을 불러 구원하심으로 이 땅에 하나님의 나라를 세우기 위해 오셨습니다.

그래서 예수님의 복음을 듣고 회개하여 구원받기를 원하셨어요.

그렇기 때문에 따르는 군중들은 예수님의 이 땅의 메시아 되심을 나타내는 표적을 보여 주기를 원했지만 예수님의 대답은 무엇입니까?

마12:39~40 '악하고 음란한 세대가 표적을 구하나 선지자 요나의 표적밖에는 보일 표적이 없느니라 요나가 밤낮 사흘 동안 큰 물고기 배 속에 있었던 것 같이 인자도 밤낮 사흘 동안 땅속에 있으리라'

너희가 자꾸 나에게서 표적을 구하고 지혜를 구하나 나는 십자가 외에는 보여 줄 표적이 없다는 말입니다.

'나는 이 땅의 메시아가 아니라 하나님 왕국의 메시아다. 너희는 내가 이 땅의 왕이기를 바라지만, 내 나라는 이 땅에 속한 것이 아니라 하늘에 속한 나라다, 나는 세상을 심판하러 온 것이 아니라 세상을 구원하러 왔다. 그러니 나를 믿고 구원을 받아라'라고 했는데 유대인들은 끝까지 이 복음을 받아들이지 않고 고의적으로 거부를 하여 결국은 예수를 십자가에 못 박아 죽였는데요.

그 결과 가장 저주받은 백성이 되고 말았습니다. 지금까지 우리 인류 역사상 이스라엘만큼 수난의 고통이 긴 역사를 가진 민족이 없었어요.

그러므로 여러분, 복음은 구원과 심판, 이 두 가지가 동전의 양면처럼 같이 붙어 있어서 믿음으로 받아들이면 구원이요, 축복이지만, 믿지 아니하고 고의적으로 거부하면 심판이요, 엄청난 저주가 뒤따릅니다.

요3:36 '아들을 믿는 자에게는 영생이 있고 아들에게 순종하지 아니하는 자는 영생을 보지 못하고 도리어 하나님의 진노가 그 위에 머물러 있느니라'

복음이 이렇게 무서운 것입니다. 믿고 순종하면 복이지만, 믿지 않고 불순종하면 그만큼 화를 받게 되어 있어요. 그렇기 때문에 예수님이 뭐라고 하십니까?

예수님이 십자가를 지고 가실 때 여인들이 가슴을 치며 슬피 울며 따라오고 있으니까 '예루살렘의 딸들아, 나를 위하여 울지 말고 너희와 너희 자녀를 위하여 울라'고 하셨는데 복음을 받아들이지 않았을 때 다가올 심판 때문에 그렇습니다. 또 예수님이 예루살렘 성을 바라보시면서도 우셨지요.

눅13:34~35 '예루살렘아 예루살렘아 선지자들을 죽이고 네게 파송된 자들을 돌로 치는 자여 암탉이 제 새끼를 날개 아래에 모음같이 내가 너희의 자녀를 모으려 한 일이 몇 번이냐 그러나 너희가 원하지 아니하였도다 보라 너희 집이 황폐하여 버린 바 되리라'

복음을 거부했을 때 받게 될 엄청난 저주의 심판을 예언한 말씀입니다.

여러분, 이스라엘의 마지막 멸망이 얼마나 비참했는지를 알기 원하시면 '맛사다'라고 하는 영화를 꼭 보시기 바랍니다. 거기에 마지막 멸망 과정이 잘 나와 있어요.

복음이 주어진 것은 행운입니다만, 그것을 고의적으로 거부했을 때 받게 되는 저주와 심판은 너무나 비참합니다. 그러면 여러분, 오늘 우리는 과연 어떻습니까? 예수를 알게 된 것이 복음을 듣게 된 것이 큰 행운입니까, 아니면 도리어 큰 불행과 저주입니까?

오늘 우리가 교회에 나와 앉아 있다는 이것은 정말 너무나 큰 축복이요, 행운입니다. 그러나 혹시 우리가 교회에 나오기는 나왔는데 몸만 나와 있고, 회개하지 않거나 또 예수가 나의 구세주이기 때문이 아니라 예수를 통해서 다른 어떤 무엇을 기대하고 있다면, 이 사람은 복이 변하여 오히려 화가 되는데요.

엄청난 저주와 심판을 받게 될 것입니다. 여러분, 이것은 오늘 우리 주위에서 너무나 많이 보는 현실 아닙니까?

예수 열심히 잘 믿다가 도중에 타락한 사람들 한번 보세요. 얼마나 비참하게 되는지. 아니, 어떻게 저렇게까지 비참하게 될 수 있을까 할 정도입니다.

마12:43절 이하에서 잘 나오지요.

'더러운 귀신이 사람에게서 나갔을 때에 물 없는 곳으로 다니며 쉬기를 구하되 쉴 곳을 얻지 못하고 이에 이르되 내가 나온 내 집으로 돌아가리라 하고 와 보니 그 집이 비고 청소되고 수리되었거늘 이에 가서 저보다 더 악한 귀신 일곱을 데리고 들어가서 거하니 그 사람의 나중 형편이 전보다 더욱 심하게 되느니라 이 악한 세대가 또한 이렇게 되리라'

우리가 일단 복음을 깨달았으면 내 마음속에 하나님의 말씀과 신령한 은혜를 계속, 계속 채워야 합니다. 비워 두면 안 돼요.

비워 놓으면 마귀가 가만히 있지 않을 뿐만 아니라 악한 자기 친구들까지 데리고 들어오기 때문에 예수 믿기 전보다 훨씬 더 못해집니다.

그러므로 여러분, 오늘 우리가 교회 나오지 않았으면 모를까, 또 예수가 누구신지 몰랐으면 모를까, 일단 교회에 나와서 예수가 누구신지를 알았으면 반드시 변화를 받아야 합니다.

롬12:1~2 '그러므로 형제들아 내가 하나님의 모든 자비하심으로 너희를 권하노니 너희 몸을 하나님이 기뻐하시는 거룩한 산 제물로 드리라 이는 너희가 드릴 영적 예배니라 너희는 이 세대를 본받지 말고 오직 마음을 새롭게 함으로 변화를 받아 하나님의 선하시고 기뻐하시고 온전하신 뜻이 무엇인지 분별하도록 하라'

여기서 마음을 새롭게 함으로 변화를 받으라는 말은 회개할 때 일어나는 역사인데 세상을 향하던 내가 완전히 하나님께로 돌이키는 것을 말합니다.

여러분, 혹시 우리 중에 나는 예수를 믿어도 5년이나 10년 전이나 똑같다 하시는 분 계십니까? 안 돼요, 큰일 납니다.

변화해야 해요, 반드시 자라나야 합니다.

여러분, 꼭 기억하세요. 우리의 마음은 비어 있을 수 없기 때문에, 예수를 믿어도 신령한 은혜로 채우지 않고 변화되지 않으면 예수 믿기 전보다 훨씬 더 못해진다는 사실을.

벧후2:20~22 '만일 그들이 우리 주 되신 구주 예수 그리스도를 앎으로 세상의 더러움을 피한 후에 다시 그중에 얽매이고 지면 그 나중 형편이 처음보다 더 심하리니 의의 도를 안 후에 받은 거룩한 명령을 저버리는 것보다 알지 못하는 것이 도리어 그들에게 나으니라 참된 속담에 이르기를 개가 그 토하였던 것에 돌아가고 돼지가 씻었다가 더러운 구덩이에 도로 누웠다 하는 말이 그들에게 응하였도다'

그러므로 여러분, 우리가 예수를 믿었으면 반드시 두 가지 하나는 자라야 하고 또 하나는 열매를 맺어야 합니다. 이것이 복음을 받은 자의 책임이에요. 열심히 자라고 열매를 맺으면 축복이지만 도무지 자라지 않고 열매를 맺지 못하면 이것은 오히려 큰 저주가 됩니다.

눅12:48 '무릇 많이 받은 자에게는 많이 요구할 것이요 많이 맡은 자에게는 많이 달라 할 것이니라'

받은 대로 요구하신다고 했으니까 우리는 받은 것을 가지고 죽도록 충성해야 합니다. 충성하지 않으면 악하고 게으른 자가 되어 그 마지막이 멸망이에요.

그래서 여러분, 우리가 신앙생활 열심히 하다가 또 교회를 열심히 잘 섬기다가 도중에 쉬게 되면 어떤 현상이 일어납니까? 엄청난 마음에 부담이 있는데 성령이 주는 마음입니다. 그러니 성령님께 순종하여 빨리 앞으로 나아가야 해요. 뒤로 물러나면 죽습니다.

히10:38~39 '나의 의인은 믿음으로 말미암아 살리라 또한 뒤로 물러가면 내 마음이 그를 기뻐하지 아니하리라 하셨느니라 우리는 뒤로 물러가 멸망할 자가 아니요 오직 영혼을 구원함에 이르는 믿음을 가진 자니라'

우리 신앙생활은 계속 앞으로 전진만 있지, 정지나 후퇴가 없습니다. 왜냐하면 우리 신자의 특징이 뒤에는 전혀 방어 무기가 없기 때문인데요. 그래서 계속 앞으로 나아가야 살지, 뒤로 돌아서면 죽습니다.

그렇기 때문에, 사도 바울은 자신의 일평생 신앙 자세를 뭐라고 고백하고 있습니까?

빌3:13~14 '형제들아 나는 아직 내가 잡은 줄로 여기지 아니하고 오직 한 일 즉 뒤에 있는 것은 잊어버리고 앞에 있는 것을 잡으려고 푯대를 향하여 그리스도 예수 안에서 하나님이 위에서 부르신 부름의 상을 위하여 달려가노라'

우리는 천성을 향하여 계속 달음질하는 경주자입니다. 멈추면 죽으니까 계속 앞으로 달리는 것, 이 길 외에 다른 길은 없습니다. 그런데 감사하게도 우리가 믿는 예수님을 가리켜 은혜 위에 은혜라고 했으니까 예수님을 내 마음 중심에 모심으로 계속 은혜로 채우는 가운데 계속 앞으로 전진하는 여러분들 되시기 바랍니다.

참된 안식
(마11:25~30)

우리가 알다시피 장애인에는 두 가지 종류가 있습니다.

날 때부터 장애인인 사람이 있고요, 또 하나는 중도에 장애인이 된 사람이 있는데요. 중도에 장애인이 된 사람은 참 견디기 어렵습니다. 왜냐하면 적응이 잘 안 되니까. 그러나 날 때부터 장애인이 된 사람은 훨씬 낫습니다. 왜냐 처음부터 아예 그런 줄 알고 적응을 했으니까.

정상인들이 볼 때 불편할 것이라고 생각해서 그렇지, 정작 본인은 그렇게까지 불편한 것을 못 느끼고 삽니다.

그런데 여러분, 이것은 영적으로도 똑같습니다. 우리 인간은 영적으로 봤을 때 분명히 장애인이에요. 장애도 보통 장애가 아니라 중증인데요. 우리의 육신은 귀먹은 벙어리에다가 중풍병에 앉은뱅이요, 또 온몸에는 문둥병이 발해 있고 헐벗고 굶주리고 가난한, 그야말로 눈 뜨고 볼 수 없는 비참한 형편에 놓여 있다고 했습니다.

그런데 문제는 이것이 날 때부터 그렇다 보니까 이것을 정상으로 알고 그냥 아무렇잖게 별 문제 없이 지내고 있다는 거예요. 모르면 용감하니까 비정상을 정상으로 알고 살고 있습니다.

그러나 여러분, 아무리 나는 괜찮다고 하지만, 정상인의 입장에서 본다면 어떨까요? 차마 눈 뜨고 볼 수가 없지요.

너무나 안타깝고 불쌍해서 어떻게 해서든 마귀의 묶임에서 놓임을 받게 하고 또 영적 장애의 자리에서 깨끗하게 치료받아 온전한 모습으로 살게 하기를 원하는데, 그러나 정작 당사자는 뭐라고 합니까? 괜찮다고 합니다.

이대로 좋다고 하고 전혀 불편함을 느끼지 않는다고, 충분하다고 합니다. 그래서 당신이나 잘해 보라고 하는데요.

그러니 이 일을 어떻게 합니까? 가슴을 찢을 수밖에 없지요.

예수님이 직접 말씀하셨습니다. '우리가 너희를 향하여 피리를 불어도 너희가 춤추지 않고 우리가 슬피 울어도 너희가 가슴을 치지 아니하였도다'

무슨 말씀입니까? 내가 바로 너희를 죄 가운데서 구원할 구원자로 왔고, 내가 바로 너희 영적 질병을 치료할 치료자로 왔는데, 정작 치유 받아야 할 이스라엘 백성들은 뭐라고 한다고요. '괜찮아요, 아무 문제 없습니다. 지금 이대로가 좋습니다'라고 합니다. 오늘 우리 주위에서도 많이 듣고 있는 말들이지요.

그래서 성경은 말씀합니다.

시49:20 '존귀하나 깨닫지 못하는 사람은 멸망하는 짐승과 같도다'

아무리 바른길을 이야기해도 도무지 알아듣지 못하고 죽음의 길로 가고 있으니 참자유를 얻었고 온전한 치료함을 받은 우리의 입장에서는 너무나 맞는 진리의 말씀입니다.

그러면 여러분, 오늘 본문의 내용이 무엇입니까?

크게 두 가지입니다. 하나는 하나님이 보셨을 때 우리 인간의 참모습이고요, 또 하나는 하나님이 예수를 왜 이 땅에 보내셨는지 그 이유인데요, 뭐라고 했습니까?

28절 '수고하고 무거운 짐 진 자들아 다 내게로 오라 내가 너희를 쉬게 하리라' 하나님이 우리 인간의 모습을 봤을 때 수고하고 무거운 짐을 지고 있는 자의 모습이요, 또 예수는 이러한 우리 인간에게 참쉼을 주실 수 있는 분이라고 했습니다.

그러면 여러분, 하나님이 보실 때 우리 인간은 수고하고 무거운 짐 진 자의 모습이라고 했는데 어때요, 동의하십니까?

시90:10 '우리의 연수가 칠십이요 강건하면 팔십이라도 그 연수의 자랑은 수고와 슬픔뿐이요 신속히 가니 우리가 날아가나이다'

모세가 한 고백인데요, 우리 인생은 한평생 수고와 슬픔뿐이라고 했습니다. 야곱도 130년을 산 다음에 뭐라고 고백합니까?

'내 나그네 길의 세월이 130년인데 내가 험악한 세월을 보냈다'고 했습니다. 그러니까 인생을 가리켜 나그네 길의 인생이요, 험악한 세월을 보낸 인생이라고 했습니다.

어때요, 여러분, 아직도 세상에 미련이 있습니까? 아직도 세상 자랑이 남아 있고, 세상 재미가 남아 있습니까?

하나님의 말씀에서 배우지 못하겠으면 세상 유행가 가사에서라도 배우세요.

뭐라고 했습니까? 인생은 나그네 길이라고 했고요, 우리 인생을 가리켜 일장춘몽이라고 했습니다. 그러니까 하나님이 우리 인생을 본 것이나 우리 인생이 스스로 자신을 본 것이나 똑같아요.

어쨌든 이러한 우리 인생의 운명을 아시고 하나님이 예수를 이 땅에 보내셨는데 왜 보내셨다고요.

'내가 너희를 쉬게 하리라' 참된 쉼을 주시기 위해 보내셨다고 했습니다. 그러면 여러분, 여기에서 쉬게 한다는 말이 무엇입니까? 우리나라 사람들은 쉰다고 하면 무조건 일하지 않고 노는 것을 연상하지만, 그러나 성경에서 말하는 쉼은 그런 것이 아닙니다.

창세기 2장에 나오지요. 하나님이 인간을 여섯째 날 만드시고 일곱째 날에 안식했다고 했기 때문에 우리 인간은 창조되자마자 그다음 날 바로 안식했으니까, 일을 하고 쉰 게 아니라 일을 하기 위해 쉬었다 하는 말이 맞는 말입니다.

그러므로 여러분, 이 안식은 무엇입니까? 하나님이 아담에게 에덴동산을 잘 관리하고 다스리고 지키라는 일을 맡기셨는데 이 일을 하기 위해서는 하나님이 주시는 새 힘과 능력이 필요하다는 것입니다. 그래서 안식일 날 하나님 앞에 나아와 하나님을 예배하는 가운데 새 힘과 능력을 받아서 그다음 날부터 열심히 일할 수 있게 하셨다는 것인데요.

그러니까 이 안식은 전적으로 우리 인간을 위해서 주신 것입니다. 하나님이 맡겨 주신 일을 하려면 하나님이 주시는 새 힘과 능력을 공급받아야 하니까.

그래서 영어에서는 이것을 'recreation'이라고 번역했는데요. 우리나라에서는 '리크리에이션'이라고 하면 재미나게 노는 것만 생각하는데, 그러나 이 단어가 만들어진 원래의 의미는 '재창조'라는 말입니다. 내일의 일을 더 잘하기 위해서 오늘 새로운 힘과 능력을 재충전하는 것을 가리켜 'recreation'이라고 하는데, 이것이 참된 안식이요, 성경에서 말하는 안식입니다.

그러므로 여러분, 성경에서 말하는 안식은 그냥 집에서 가만히 일하지 않고 놀고 있는 것이 아니라 하나님 앞에 나와서 모든 마음의 상처와 아픔과 인생의 모든 고통과 문제들을 하나님의 능력으로 깨끗하게 치료함 받고 해결함 받아서 새로운 위로와 평안과 힘과 능력으로 재충전되는 것, 이것이 참된 안식이라는 것입니다.

그렇기 때문에 예수님이 이 땅에 계실 때 안식일 날 주로 무엇을 했습니까? 병을 고치셨지요. 소경의 눈을 뜨게 하고 선한 일을 행하셨는데, 왜냐

하면 예수님이 주시고자 하는 안식은 그냥 일하지 않고 쉬는 것이 아니라 더 적극적으로 병든 자가 고침을 받고, 주린 자가 배부름을 얻고 문제와 어려움으로 고통하고, 절규하는 자가 위로와 평안과 쉼을 얻는 것이기 때문에 그렇습니다.

하나님만이 우리 인간에게 주실 수 있는 참된 안식이에요.

그러면 예수님이 '지금 수고하고 무거운 짐 진 자들아, 다 내게로 와라. 내가 너희를 쉬게 하리라'고 초청하셨는데, 오늘 우리가 어떻게 이 참된 안식을 얻을 수 있을까요?

크게 두 가지입니다. 첫째 하나는 예수 앞에 나옴으로 얻는 안식이고, 그 다음 또 하나는 예수와 함께 멍에를 맴으로 얻는 안식인데요. 여러분, 예수 앞에 나옴으로 얻는 안식이 무엇입니까? 그것은 한마디로 죄에서 자유함을 얻는 안식입니다.

여러분, 우리 인간은 영적으로 봤을 때 중간이 없어요. 마귀의 종이든지, 예수의 종이든지 둘 중에 하나지, '나는 아무에게도 속하지 않았다'가 없습니다.

원래 우리 인간은 날 때부터 마귀의 종이니까 예수 앞에 나온다는 것은 마귀와의 주종관계를 끊고 나오는 수밖에는 없어요.

왜냐하면, 마귀하고 예수하고는 원수 관계니까. 마귀가 주인으로 있는 한에는 죽어도 예수 앞에 나가지 못하도록 방해를 놓기 때문에 그렇습니다.

그러므로 여러분, 꼭 기억하세요. 마귀가 주인으로 있는 사람은 교회는 나와도 예수 앞에는 못 나온다는 사실을. 주인을 바꾸는 것이니까 마귀가 가만있지를 않지요. 막 요동을 합니다.

그러나 마귀의 모든 훼방을 뿌리치고 예수 앞에 나와 예수를 나의 구주로 영접하고 예수를 나의 주인으로 바꾸기만 하면 팔자가 바뀌는데요.

죄의 종에서 예수의 종으로 저주와 죽음의 자리에서 축복과 생명의 자리로 지옥과 심판의 자리에서 천국과 영생의 자리로, 그야말로 기가 막힌 일들이 일어나게 됩니다. 안식 정도가 아니라 입이 벌어져서 다물어지지를 않습니다. 너무너무 좋아서 하루 종일 웃을 수 있어요.

제가 군에서 제대해서 나올 때인데요. 그 전날 밤, 잠을 한숨도 자지 못했고 전역한 날 버스를 3시간 동안 타고 나오는데도 입이 다물어지지를 않았습니다. 너무 기쁘고 좋아서. 그런데 마귀의 종에서 해방되는 날은 이것에 100배, 1,000배 더 좋습니다. 여러분, 죽을병에 걸렸다가 다시 살아나 보세요. 미칠 듯이 기쁘지 않겠습니까? 사형수가 무기징역으로 감형만 되도 미칠 듯이 기뻐한다는데, 그런데 예수를 나의 주인으로 삼으면 이것에 천 배, 만 배 더 기쁩니다.

세상에서 나보다 더 행복한 사람은 없으니까. 좌우지간 겁날 것도 없고 두려울 것도 없어요.

과거에 북한의 김일성이 전쟁을 일으킬지 모른다고 하니까, 세상 사람들이 버들버들 떨었는데요. 그러나 여러분, 우리 예수 믿는 사람들은 어떻습니까?

두려워할 게 없지요. 왜냐하면, 이 세상이 내 집 아니고 저 천국이 내 집이니까. 여러분, 불안했습니까? 천국에 내 집이 없어서 그래요. 세상 밖에는 바라보는 데가 없으니까 불안한 것입니다.

그러므로 예수 앞에 나올 때 주어지는 안식은 어떠한 상황 속에서도 두려워하거나 겁내지 않는 안식입니다. 죽음을 두려워하지 않는데, 도대체 무엇이 우리를 불안하게 할 수 있는 게 있습니까? 그러니까 가장 근본적인 안식이 예수 앞에 나올 때 주어집니다.

그런데 문제는 이 안식은 어떤 사람에게만 주어진다고 했습니까?

25절 '이것을 지혜롭고 슬기 있는 자들에게는 숨기시고 어린아이들에게는 나타내심을 감사하나이다' 이 안식은 오직 믿음으로만 얻는 것이기 때문에 하나님보다 내가 더 잘났다 하고, 내가 더 똑똑하다고 하는 사람들에게는 절대 주어지지 않는다는 것입니다.

어린아이처럼 그냥 하나님의 약속을 있는 그대로 믿고 받아들이는 사람들에게만 주어지는 거예요. 단지 예수를 내 마음속에 구주로, 주인으로 영접하기만 하면 되니까. 예수 안에 이 모든 것들이 몽땅 다 들어 있으니까.

예수 앞에 나올 때 하나님이 주시는 선물이니까 그냥 감사합니다 하고 믿음으로 받기만 하면 됩니다. 그다음 또 하나 우리가 어떻게 할 때 참안식을 얻을 수 있는가. 예수와 함께 멍에를 매고 배움으로 얻게 되는 안식입니다.

29절 '나는 마음이 온유하고 겸손하니 나의 멍에를 메고 내게 배우라 그리하면 너희 마음이 쉼을 얻으리니'

여러분, 오늘 우리가 예수 믿기 전 마귀의 종이 되어서 세상을 열심히 섬기고 나를 열심히 섬겼는데 그 결과 무엇입니까?

망하게 되고 죽게 된 것밖에는 없지요. '몸은 늙고 병들고 약해지는데 세상 낙은 점점 없어지고 도대체 내가 무슨 재미로 세상을 사노' 하고 절망할 수밖에 없습니다. 그러다가 누구를 발견했습니까? 예수를 발견하고 예수 안에서 죽음도 두려워하지 않는 영원히 살 수 있는 길이 열렸어요. 그러니 소망 없던 세상에서 하늘의 소망이 넘칩니다. 그러나 문제는 너무나 오랜 세월 동안 세상을 섬겨 왔다 보니 주인이 바뀌었음에도 불구하고, 옛날 습관을 잘 버리지 못한다는 것입니다. 여전히 세상을 사랑하고요, 여전히 세상에 미련이 많습니다. 그래서 계속 왔다리 갔다리 하는데요.

그러나 이상하게도 우리가 예수를 주인으로 바꾸기 전에는 세상을 사랑

하는 것이 그렇게 재미가 있었지만 일단 주인을 바꾸고 난 다음에는 재미
나기보다 괴롭습니다. 마음이 아파요. 옛날 주인은 계속 나를 오라고, 오
라고 유혹을 하지만 새로운 주인은 절대 가지 말라고 하니까 이 둘 사이에
갈등이 있습니다.

그러나 여러분, 우리가 확실히 하나 알고 있는 것은 무엇입니까?

옛날 주인 따라갔다가는 죽고 멸망당하는 일만 남아 있다는 것이요, 새
로운 주인을 따라가면 생명이요 영생이라는 사실입니다. 그래서 우리는
어떻게 해서든 마귀의 유혹을 뿌리치고 새로운 주인의 음성에 순종해서
살려고 하는데요. 이때는 다른 것 없어요. 예수님께 순종하면 마음에 쉼이
오고 평안이 오고 기쁨이 오지만 불순종하면 괴롭고 아프고 전혀 마음에
평안이 없습니다.

그러므로 여러분, 신앙생활이 무엇입니까? 내 안에 주인을 예수님으로
모셔 들였으니까 이제부터는 매 순산순간마다 그분의 음성을 듣고 그분께
순종하여 사는 가운데 그분이 주시는 참된 기쁨과 안식과 평안을 누리며
사는 생활입니다. 그런데 이것은 하루아침에 안 돼요. 매일매일 계속, 계
속 배워서 얻을 수 있는 거예요. 그래서 예수님이 내게 와서 나의 멍에를
메고 배우라고 하는 것입니다.

여러분, 오늘 우리가 하나님 앞에 예배하러 나오는데 그 이유는 단순히
예배로 그치는 것이 아니라 그분의 음성을 듣고 그분께 순종하겠습니다
하고 응답할 때 그분이 주시는 참된 평안과 안식과 축복을 받기 위해서입
니다. 우리가 그분께 순종할 때 하나님만이 주실 수 있는 인생의 참쉼을
얻기 위해 나오는 거예요.

여러분, 우리 예수 믿는 사람이라고 문제가 없습니까? 병이 없습니까?
사고와 고통과 어려움이 없습니까? 아니요, 그런 것이 없다고 한다면 거짓

말입니다. 우리 예수 믿는 사람도 병이 있고 사고도 있고 어려움이 똑같이 있어요.

그러나 무엇이 세상 사람들과는 근본적으로 다릅니까?

그것은 나의 주인이 주님이시므로 내가 걱정할 문제가 아니라는 것이지요. 내가 주 안에 있고 주가 내 안에 있는 한 염려 없다는 것입니다.

바로 여기에 우리의 참된 평안과 위로와 안식이 있다는 것인데요. 이것은 계속, 계속 배워서 얻을 수 있는 것입니다. 하루아침에 안 돼요. 그런데 이때 우리가 한 가지 알아야 할 것은 주님이 우리 안에 주인으로 계시는 한 우리 각자에게 주어지는 멍에가 따로 있다는 것입니다.

그것은 그분이 나를 통해서 하시고자 하는 일인데요. 이것을 '사명'이라고도 하고 '십자가'라고도 합니다.

여러분, 우리 예수 믿는 사람들은 이제 내가 사는 것이 아니라, 내 안에 주님이 주인으로 사는 거예요. 그러니 주인 되시는 그분이 나를 통해서 하시려고 하는 일이 따로 있다는 것인데요. 그래서 예수와 함께 멍에를 매면 세상 사람들이 알지 못하는 크고도 놀라운 기쁨과 쉼이 주어집니다.

이것은 져 본 사람만이 알 수 있는데요. 여러분, 주님이 주신 멍에를 졌을 때 얼마나 좋은지 아세요?

저는 이런 이야기를 자주 듣습니다. 목사님, 목회하시느라 얼마나 힘들고 피곤하십니까. 그런데 여러분, 이 말이 맞는 것 같지만 틀린 말입니다.

왜냐하면, 기쁨으로 즐거움으로 자원하는 마음으로 지는 멍에는 힘든 것만이 아니니까, 주님이 주시는 기쁨과 위로는 그보다 열 배, 백 배 더 크니까요.

주님이 나를 통해서 일하신다고 생각하면 어디서 그런 큰 기쁨과 힘이 솟아나는지, 아마 저보고 이 일을 하지 못하게 하면 살맛이 없어서 못 살 거예요.

여러분, 멍에를 지지 못하고 있습니까. 땅만 바라보고 살고 있기 때문에 그렇습니다.

여러분, 땅만 바라보고 사는 사람은 내 할 일 바빠서 도무지 주님이 일하실 수 있는 자리를 내어 드릴 수가 없어요. 그러나 위를 바라보고 사는 사람은 그 정반대지요. 주님이 주시는 멍에를 져야 기쁨이 있고, 주인이 일하시게 해야 참마음에 안식이 있습니다.

그러므로 여러분, 내 안의 주인을 바꾸었는데도 여전히 멍에를 매지 않고 살려고 하고 있습니까? 아마 갈수록 재미없을 것입니다. 예수 믿어도 재미가 하나도 없어요. 마음에 기쁨도 없고, 안식도 없고, 아무것도 없어요. 아니, 오히려 마음에 부담만 있고 빚진 사람처럼 항상 뭔가 찜찜할 것입니다.

여러분, 지금 금덩어리가 있는데 당신이 지고 갈 수 있는 것만큼 지고 가라고 했을 때 어때요, 무겁고 귀찮아서 지고 갈 수 없다고 할 사람이 없지요. 그런데도 멍에를 지기 싫습니까? 놔두세요. 당신 말고도 얼마든지 지고 갈 사람들이 많이 있으니까. 여러분, 눈을 떠야 합니다.

'이 세상도 그 정욕도 다 지나가되 오직 하나님의 뜻을 행하는 자는 영원히 거하리로다' 위를 바라보고 하늘의 유업을 바라보는 이 지혜가 있어야 합니다. 그러면 이래도 기쁘고, 저래도 기쁘고 항상 주 안에서 참된 안식을 누리며 살게 됩니다.

씨 뿌리는 비유
(마13:10~17)

오늘부터 생각할 마태복음 13장에는 7개의 비유가 나오는데요.

전부 주제가 같습니다. 하나님의 나라지요. 천국에 대한 이야기가 7개의 비유를 통해서 계속, 계속 반복되고 있는데요. 물론 그 특징은 다 다릅니다.

똑같은 천국을 말하고 있지만, 비유 하나하나마다 천국의 다른 특징을 말하고 있기 때문에 우리가 이 7가지를 다 알아야 천국을 제대로 이해할 수 있습니다.

오늘은 7가지 비유 중 첫 번째로 씨 뿌리는 비유인데요. 이 비유를 생각하기 전에 우리가 먼저 생각해야 할 것이 두 가지 있습니다.

첫째 하나는 비유가 무엇인가 하는 것이요, 그다음 또 하나는 왜 예수님이 비유로 말씀하셨는가 하는 것인데요.

여러분, 비유가 무엇입니까? 원어적 뜻은 '나란히 던진다'는 뜻입니다. 그러니까 이 말을 쉽게 풀면 똑같은 진리를 말하는데 천국의 비밀을 이 세상의 이야기로 바꾸어 놓았다는 것입니다. 우리가 알다시피 천국은 우리 인간의 눈에 감추어진 비밀이에요. 하나님이 풀어서 보여 주시지 않으면 도무지 알 수 없는 비밀입니다. 그래서 예수님이 하늘의 비밀을 그 시대의 상황에 맞게 이 세상 이야기로 가장 쉽게 설명하기 위해 비유를 사용했다는 것이지요.

씨 뿌리는 것 누가 모릅니까? 오늘 우리가 잘 몰라서 그렇지, 예수님 당시 이스라엘 사람이라면 누구나 다 알 수 있는 이야기입니다.

그러니까 하늘의 비밀을 우리가 가장 잘 알기 쉽게 그때 당시 사람이면 누구나 다 알 수 있는 이야기를 들어서 말씀하셨는데 예수님이 여기에 대가셨어요.

그러므로 여러분, 예수님이 왜 비유로 말씀하셨는가? 우리로 하여금 가장 쉽게 하늘의 비밀을 알게 하기 위해서 비유로 말씀하셨습니다. 절대 하늘의 비밀을 감추기 위해서 비유로 말씀하신 게 아니에요.

그런데 문제는 오늘 본문에서 제자들이 예수님께 나아와 '왜 저희에게 비유로 말씀하십니까?' 하고 물었을 때 예수님의 대답입니다.

11~13절 '천국의 비밀을 아는 것이 너희에게는 허락되었으나 그들에게는 아니 되었나니, 무릇 있는 자는 받아 넉넉하게 되되 없는 자는 그 있는 것도 빼앗기리라, 그러므로 내가 그들에게 비유로 말하는 것은 그들이 보아도 보지 못하며 들어도 듣지 못하며 깨닫지 못함이니라'

얼핏 보면 마치 예수님이 진리를 감추기 위해 일부러 비유로 말씀하신 것처럼 보입니다만 그러나 사실은 그렇지 않다는 것인데요.

왜냐하면, 예수님이 이 땅에 계실 때 단 한 번도 진리를 감추려고 한 적이 없기 때문입니다. 어떻게 해서든 도를 풀어서 하늘의 비밀을 가르치려고 했지 일부러 숨기려고 한 적이 단 한 번도 없었어요.

그러므로 예수님의 이 대답은 무엇입니까?

15절 '이 백성들의 마음이 완악하여져서' 진리를 깨닫지 못하고 있는 것은 그들의 마음이 완악하고 강퍅하기 때문이지, 예수님이 진리를 감추려 했기 때문이 아니라는 것입니다. 그러면 이들의 완악한 마음 밭이란 어떤 것이었는가?

앞 12장에서 잘 나오고 있는데요, 22절 이하를 보면 예수님이 귀신 들려

눈멀고 벙어리 된 자를 고쳐 주셨다고 했습니다.

그러자 모인 사람들이 놀라면서 이분이야말로 다윗의 자손 메시아가 아니냐, 메시아가 아니면 어떻게 이런 일을 할 수 있겠는가 하니까, 바리새인들이 이 말을 듣고는 뭐라고 했는고 하니 '메시아는 무슨 메시아야. 우리가 보니까 귀신 들렸어. 귀신의 왕 바알세불을 힘입어 귀신을 쫓아내는 거야'라고 했습니다. 성령의 역사를 귀신의 역사로 바꾸어 버렸는데요.

그러자 이때 예수님이 하신 유명한 말씀입니다.

'사탄이, 사탄을 쫓아내면 어떻게 그 나라가 서겠느냐, 너희는 나무도 좋고 열매도 좋다 하든지 나무도 좋지 않고 열매도 좋지 않다 하든지 하라, 그 열매로 그 나무를 아느니라'

무슨 뜻입니까? 분명히 귀신을 쫓아내고 병을 고치는 일은 선하고 좋은 일이에요, 그런데 사탄이 서로 싸우면서 어떻게 선한 일을 할 수 있겠느냐는 것이지요. 그래서 좋은 일을 앞에 놓고 이들이 나쁘다고 하는 것은 귀신의 역사라는 것입니다. 그러니까 바리새인들이 예수님이 병자를 고치신 선한 일을 귀신의 역사라고 한 것은 자기들에 대한 인기와 존경이 예수님께로 다 빼앗기게 되는 것을 견딜 수가 없어서 시기, 질투에서 나온 말이라는 것입니다. 주님이 그렇게 만든 것이 아니라 그들의 완악한 마음 밭이 문제에요.

그래서 오늘 본문 바로 앞에 나옵니다만 똑같은 씨를 뿌렸는데 길가에 떨어진 것과 돌짝 밭이나 가시떨기 위에 떨어진 것과 같은 마음 밭은 도무지 열매 맺지 못하고 오로지 옥토 밭에 떨어진 씨만 열매를 맺었다고 했는데요.

그러면 여러분, 오늘 우리는 어떻습니까?

오늘 우리도 원래는 똑같이 마음이 완악해서 길가와 같고 돌짝 밭과 같고, 가시 밭과 같이 도무지 예수의 복음을 깨닫지도 못하고 제대로 받아들이지도 않았던 사람들입니다. 그런데 웬 은혜로, 웬 사랑으로 오늘 우리가 예수를 나의 구세주로 깨닫고 믿게 되는 옥토 밭이 되었는데요.

이것은 전적 하나님의 은혜요, 하나님의 축복인 줄 믿습니다.

16절 '너희 눈은 봄으로, 너희 귀는 들음으로 복이 있도다' 우리 인생이 받을 수 있는 최고의 축복입니다. 이보다 더 큰 축복은 없어요.

중국 교회가 낳은 가장 위대한 복음 전도자요, 신학자가 한 분 있다면 그분은 '워치만리'라고 하는 사람입니다. 제가 한 사람의 책을 그렇게 많이 읽어 본 적이 없는데 이분의 책을 수십 권 읽었으니까. 신학교 1학년 때 1년 내내 이분의 책에 푹 빠져 있었던 적이 있었습니다. 그런데 이분이 예수를 믿는다는 이유로 1952년에 종신형을 선고받고 감옥 생활을 하기 시작해서 1972년 감옥에서 죽을 때까지 20년 동안을 감옥 생활하다가 돌아가신 분입니다. 말이 좋아 20년이지, 20년 동안의 감옥 생활은 모든 것이 정상일 수가 없지요. 몸도 마음도 지쳤을 것이요, 믿음마저도 힘을 잃기 쉬운 그런 상황이었을 텐데요.

그러나 그가 죽기 바로 며칠 전에 몇 자의 글을 적어 자기 베갯머리 속에 끼워 놓고는 세상을 떠났는데 그 내용은 이렇습니다.

'하나님의 아들 그리스도는 사람의 죄를 속량하기 위하여 십자가에서 죽으시고 3일 만에 부활하셨다.' 우리가 다 알고 있는 이야기지요. 예수님의 십자가와 부활 사건입니다. 그런데 노신학자가 죽기 전에 마지막으로 남긴 말이 바로 그 말이었다는 거예요. 그러니 여러분, 예수 때문에 20년 동안을 옥살이를 했는데도 예수가 십자가에서 죽고 3일 만에 부활하셨다는 이 사실이 얼마나 좋고 만족스러웠으면 그 마지막 죽어 가면서까지 이 말을 남겨 놓고 죽었을까요?

'예수! 나의 구세주.' 이것이 그가 마지막 남긴 결론입니다.

그러면 여러분, 오늘 우리는 어떻습니까? 예수 때문에 20년은 그만두고 2년만 어려움이 있어도 원망, 불평하지 않겠습니까. 여러분, 오늘 우리가 이 세상을 살고 있는데 우리 일생에 있어서 최대의 발견이 있다면 그것이 무엇일까요?

내가 이 세상을 떠나면서 마지막까지 붙들고 있고 또 마지막까지 남기고 싶은 말이 있다면 그것이 무엇일까요?

내 인생에 있어서 이것이 가장 귀한 것이다. 나의 전 존재를 다 바쳐서라도 이것 하나만은 절대 놓칠 수 없다고 하는 그것은 두 번 생각할 것도 없습니다. 바로 예수지요, 예수. '예수! 내 구주.' 이 고백이 가장 귀한 축복입니다.

그래서 오늘 예수님이 이것을 직접 말씀하셨는데요.

16절 '너희 눈은 봄으로, 너희 귀는 들음으로 복이 있도다'

우리 인생에 있어서 예수를 보고 듣게 된, 이것 이상으로 복된 것은 없습니다.

아무리 생각하고 또 생각해 봐도 믿음으로 예수를 보고 믿음으로 예수를 듣게 된 것, 이것 이상 복된 것은 없어요.

그러면 오늘 우리에게 이것이 왜 가장 큰 축복인가?

11절 '천국의 비밀을 아는 것이 너희에게는 허락되었으나 그들에게는 아니 되었나니' 여기 보니까 허락받은 너희가 있고, 허락받지 못한 그들이 있는데요. 우리가 오늘 직접 눈으로 보고 있는 현실이지요. 어떤 사람은 교회를 10년, 20년 다녀도 예수를 보지도 못하고 듣지도 못하고 죽습니다. 그러나 어떤 사람은 예수의 '예' 자만 들어도 두드러기를 일으키고 혈압이 올라가고 하던 사람인데, 어느 날부터인가 교회에 나오게 되고 예수를 발견해서 예수를 보고 들었노라고 신앙고백 하는 것을 보게 되는데요. 어떻게 이런 일이, 그냥 입을 벌리고 놀랄 뿐입니다. 제가 75세, 76세 되는 어르신들이 예수를 믿고 세례를 받으면서 하는 간증을 들은 적이 있는데요.

먼저 76세 된 할아버지입니다. 예수 믿은 지 3년 되었다고 했는데요. 어떻게 예수를 믿게 되었다고 하시는고 하니, 3년 전에 자기 아들이 죽었대요. 그런데 그 아들이 죽어 가면서 마지막 부탁이 아버지 예수 꼭 믿으시라고 했다는 것입니다. 그래서 그 아들 장례를 치르고 그다음 주부터 교회에 나오기 시작해서 지금은 예수를 믿고 세례를 받게 되었노라고, 내가 죽은 내 아들 덕분에 이 큰 축복을 받게 되었노라고 눈물을 펑펑 쏟으시면서 간증을 하셨는데요. 참 그러니 여러분, 우리 인간의 머리로는 도무지 상상이 안 돼요.

76세 된 노인이 예수 믿고 구원받아 구원 간증을 한다. 와, 여러분, 누가 하신 일입니까? 하나님이 하셨어요. 우리 인간의 힘이 아닙니다.

또 75세 된 할머니는 이럽니다. 10년 이상을 예수 믿는 것 핍박하다가 예수 믿게 되었노라고, 딸이 예수 믿으라고, 믿으라고 그렇게 전도를 하는데도 10년 이상을 받아들이지 않았다고 했습니다. 아니, 전도하는 그 딸이 그렇게 미울 수가 없었대요. 그런데 이제는 그 딸이 그렇게 예쁘고 고마울 수가 없다고, 내 생명의 은인이라고 했는데요. 누가 하신 일입니까? 하나님이 하셨어요.

맞습니다. 여러분, 천국의 비밀은 내가 본 것이 아닙니다. 하나님이 내 마음의 문을 열고 천국의 비밀을 보여 주셨어요.

그러니 이것은 선물입니다, 선물.

엡2:8~9 '너희는 그 은혜에 의하여 믿음으로 말미암아 구원을 받았으니 이것은 너희에게서 난 것이 아니요, 하나님의 선물이라 행위에서 난 것이 아니니 이는 누구든지 자랑하지 못하게 함이라' 우리가 천국의 비밀을 보고 깨닫게 된 것은 전적으로 하나님의 은혜요, 하나님이 주신 선물입니다.

그렇기 때문에 이 축복이야말로 가장 큰 것이요, 우리의 일평생에 있어서 가장 귀한 것입니다. 어때요, 여러분, 맞습니까?

미국의 유명한 부흥 목사님인 '무디' 목사님이 이렇게 말했습니다.

당신 자신을 믿어 보라, 결국은 실망할 것이다.

친구를 믿어 보라, 어느 날 죽거나 이별할 것이다.

명예나 돈을 믿어 보라, 어느 날 사라져 버릴 것이다.

건강과 젊음을 믿어 보라, 어느 날 병들고 시들어 버릴 것이다.

예수를 믿어 보라, 후회 없는 삶을 살게 될 것이다.

그리고 영생을 소유하고 영원히 살 것이다.

오늘 우리에게 이 축복을 주셨어요. 그러니 우리가 일평생 동안 이 축복을 붙들고 이 축복을 기뻐하며 자랑하면서 살아야 되겠는데요.

바라기는 더 이상 마음을 완악하게 하지 말고 날마다, 날마다 은혜로 채워 부드럽게 함으로 30배, 60배, 100배로 열매 맺게 되시기 바랍니다.

알곡과 가라지 비유
(마13:24~30, 36~43)

오늘 말씀은 우리에게 퍽 위로가 되는 말씀인데요.

왜냐하면, 이 땅에 존재하는 하나님의 왕국은 결코 완전할 수가 없다고 했기 때문에 그렇습니다. 장차 주님이 다시 오시는 그때면 모를까 지금은 절대 완전할 수 없다고 했는데요. 그 이유는 두 가지 때문입니다.

첫째 하나는, 하나님의 왕국을 구성하고 있는 우리 신자들이 아직 미완성품으로 불완전하기 때문이요.

그다음 또 하나는, 오늘 하나님의 왕국인 교회 안에 알곡과 가라지가 함께 섞여 있기 때문에 그렇습니다.

어때요, 여러분. 오늘 우리 중에 우리 신자가 문제가 많다는 것 때문에 또 교회 안에 문제가 많다는 것 때문에 시험에 들거나 실망하시는 분이 계십니까? 믿는다는 신자가 왜 저 모양이야, 또 하나님의 왕국이라는 교회가 왜 저 모양이야 하는 것 때문에. 그러나 여러분, 주님은 말씀하십니다.

이 땅에 있는 하나님의 나라는 문제가 없는 것이 정상이 아니고 문제가 있는 것이 정상이라고.

27~29절 '주여 밭에 좋은 씨를 뿌리지 아니하였나이까 그런데 가라지가 어디서 생겼나이까, 주인이 이르되 원수가 이렇게 하였구나 종들이 말하되 그러면 우리가 가서 이것을 뽑기를 원하시나이까? 주인이 이르되 가만두라 가라지를 뽑다가 곡식까지 뽑을까 염려하노라'

알곡과 함께 가라지를 뽑지 말고 그냥 두라고 불완전한 상태를 허락하신 분이 주님이시라고 했습니다. 그러니까 주님은 완전하게 하려고 했는데 우리 인간이 그렇게 만든 게 아니에요. 주님이 처음부터, 이 땅에 있는 하나님의 왕국은 원수 마귀의 시험이 없는 것이 아니라 원수 마귀와 함께 있으면서 또 그것과 싸우면서 완성되도록 하셨다는 것입니다.

그러니 주님이 이것을 허락하신 이상 절대 완전할 수는 없지요. 어때요, 여러분. 위로가 됩니까?

그런데 오늘날 많은 신자들이 무엇하고 있습니까? 어디 가면 완전한 교회가 있을까 하고 찾아 헤매고 있고요, 또 어떤 사람들은 아예 내가 완전한 교회를 한번 세워 보겠다 하고는 팔을 걷어붙이는 사람들이 있는데요, 이것은 사실 다 부질없는 것입니다.

전혀 주님의 뜻하고는 상관이 없어요. 왜냐하면, 우리 주님은 자신의 나라를 원수 마귀와 함께하는 가운데 불완전하고 문제가 있는 곳에서 세우기를 원하고 계시기 때문에 그렇습니다.

그러면 여러분, 오늘 본문의 내용이 무엇입니까?

이 땅에 세워질 하나님의 왕국에 대해서 또 하나의 비유를 드셨는데요.

알곡과 가라지의 비유입니다. 이 비유는 두 가지 특징을 가지고 있는데요.

첫째 하나는, 이 땅의 하나님의 왕국은 알곡과 가라지가 함께 있다는 것이요,

또 하나는, 그 구별은 이 세상 끝날에 주님이 직접 하시겠다고 했습니다.

30절 '추수 때까지 함께 자라게 두라 추수 때에 내가 추수꾼들에게 말하기를 가라지는 먼저 거두어 불사르게 단으로 묶고 곡식은 모아 내 곳간에 넣으라 하리라' 여기서 추수 때는 주님이 다시 오시는 이 세상 심판 때를 말합니다.

오늘 이 말씀을 보면서 크게 위로가 되시는 분들도 있을 것이고, 또 오히려 두려움을 느끼는 분들도 있을 것인데요.

어때요, 여러분. 여러분들은 어떠세요. 장차 이 세상 끝날에 주님의 심판이 있다고 하는 것. 그날에 알곡과 가라지를 구별해서 알곡은 천국에 들어가지만 가라지는 모아서 지옥불에 던져 넣는다고 했는데. 어때요, 여러분. 여러분은 위로가 됩니까? 아니면, 두렵고 떨립니까?

위로가 돼야 정상이지, 두렵고 떨리면 안 됩니다.

그러면 오늘 이러한 본문의 배경을 놓고 우리가 한 가지만 생각합시다.

먼저 결론부터 말씀드리면 우리가 믿는 하나님은 이 땅에 있는 모든 것들을 통해서 심지어 마귀를 통해서까지도 선을 이루신다고 하는 것입니다. 마귀를 통해서 선을 이루시다니 얼핏 들으면 잘 이해가 안 되는데요. 아니, 어떻게 그러실 수가 있는가? 그러나 여러분, 우리 하나님은 그런 분이세요. 마귀를 사용하시고 이단까지도 사용하셔서 선을 이루시는 분이십니다.

자, 한번 보세요. 하나님이 맨 처음 아담과 하와를 창조하셨을 때에 무엇이 문제였습니까? 죄도 짓지 않았고, 죄가 무엇인지조차도 모르는, 그야말로 전혀 흠잡을 데가 없는 상태로 하나님 보시기에 심히 좋았음에도 불구하고 딱 한 가지 문제가 있었는데, 그것은 원수 마귀를 대적할 힘이 전혀 없었다는 것입니다.

원수 마귀의 밥이라. 그래서 원수 마귀와 1회전을 딱 붙여 놓고 보니까 공이 울린 지 1분도 채 못 되어 가지고 K.O. 되어 버렸습니다. 도무지 마귀를 대적할 힘이 없었어요. 그러자 이때 하나님은 생각하십니다. 나의 자녀가 다 좋은데 원수를 대적할 힘이 없구나. 힘을 기르자. 원수 마귀를 얼마든지 때려눕힐 수 있는 강력한 힘을 기르자. 그러면 어떻게 할 것인가? 마

347

음은 아프지만 원수 마귀가 왕 노릇 하는 세상으로 내보내서 그곳에서 원수 마귀와 실제 싸우게 함으로써 힘을 기르자. 그래서 하나님이 우리 인간을 세상으로 내보낸 거예요.

그런데 여러분, 이것은 절대 제가 지어낸 말이 아닙니다. 성경 전체에서 이것을 이야기하고 있는데요. 특히 모세5경 중에서 신명기에 나오지요.

신8:15을 보면 하나님이 이스라엘 백성들을 애굽에서 구원하여 바로 가나안 땅으로 데려가지 않으시고 시내 광야로 내몰아 버렸다고 했는데요. 그 광야는 어떤 광야라고 했습니까? '불뱀과 전갈이 있는 건조한 땅'이라고 했습니다. 그런데 이 말은 영적으로 원수 마귀가 득실거리는 영적 싸움터로 내보냈다는 말입니다. 결코 평안하고 아무 대적이 없는 곳이 아니었어요.

원수 마귀가 우는 사자처럼 두루 다니며 삼킬 자를 찾는 광야 같은 세상입니다. 그러면 왜 광야로 내몰았는가. 하나님의 계획이 그의 백성들로 하여금 원수 마귀와 대적하여 승리하는 강한 자로 만들려고 하는 것이기 때문에 그렇습니다. 이것은 마치 무엇과 같은고 하니 여러분, 예방주사 아시지요? 병균을 이길 수 있는 힘을 키우기 위해서 직접 균을 집어넣는데, 힘을 아주 약하게 해서 그 균을 이길 수 있는 내성을 먼저 키워 주는 것입니다. 언제든지 병균이 들어오면 물리칠 수 있도록. 마찬가지 하나님은 우리가 죄가 무엇인지도 모르는 무균질 사람이 아니라 죄가 무엇인지를 알고 사탄의 정체가 무엇인지를 알고 그것과 정면으로 대적해서 싸워 이기기를 원하십니다.

이것이 우리를 세상에 내보낸 이유예요.

그러므로 오늘 우리의 이 땅에서의 삶은 저주가 아니라 더욱 완전한 사람으로 만들기 위한 하나님의 축복입니다. 왜냐 하나님은 마귀를 통해서도 선을 이룰 수 있는 분이니까. 이 세상이야말로 우리의 훈련장이요, 사역장입니다.

이것에 대해서는 예수님이 직접 말씀하셨는데요. 우리가 앞으로 몇 장 더 나가면 마태복음 17장에서 변화산 사건이 나옵니다. 거기를 보면 예수님이 베드로와 야고보와 요한을 데리고 변화산에 올라가셨는데요. 이때 하나님이 예수 그리스도를 통하여 하늘의 영광을 보여 주셨습니다.

예수님의 모습이 갑자기 변했다고 했는데요. 그 얼굴이 해같이 빛나고 옷이 빛과 같이 희어졌다고 했습니다. 하늘의 영광이지요. 뿐만 아니라, 모세와 엘리야가 나타나서 예수님과 함께 대화하는 장면을 보게 되었는데요. 베드로가 너무 황홀해 가지고 '주여, 여기가 좋사오니 주께서 원하시면 초막 셋을 지을 테니까 아예 여기서 삽시다'라고 했습니다.

그러자 이때 예수님의 대답이 무엇입니까? '내려가자'입니다.

그래서 산 밑으로 내려왔다고 했는데요, 왜 그렇습니까? 그 이유는 예수님이 이 땅에서 사역하고 싸워야 할 사역터는 산 위가 아니라 이 세상이기 때문에 그렇습니다. 예수님은 세상을 피하여 도망가 숨는 것이 아니라 세상에서 원수 마귀와 정면대결하면서 하나님의 뜻을 이루는 거예요. 그래서 마귀와 정면대결하여 물리친 그것이 바로 십자가에서의 승리입니다. 원수 마귀는 예수를 죽였지만, 하나님은 십자가의 죽음을 통하여 예수님 뿐만 아니라 오늘 우리 모두를 다 살리셨어요. 그러니까 십자가의 죽음은 결코 저주가 아니라 축복이라는 것입니다. 요즈음은 어떤가 잘 모르겠습니다만 한때 기도원 한다고 산으로 들어가는 것하고, 또 세상 직장 그만두고 신학교에 가는 붐이 일었는데요. 그런데 그 이유가 가관입니다. 무엇인고 하니 세상이 너무 악하기 때문에 세상에서는 도저히 신앙을 바로 지킬 수 없을 것 같아서 나의 신앙을 지키기 위해 그 길을 택한다고 했는데요.

어때요, 여러분. 세상에서 죄 안 짓고 깨끗하게 살기 위해서 산으로 들어가고 신학교로 가고 하는 것, 이것 맞습니까?

아니요, 정말 잘못된 것입니다. 하나님은 우리를 강한 자로 만드시기 위해서 일부러 세상에 보내셨는데, 자기 발로 세상을 등지는 이 사람은 하나님의 뜻을 정면으로 거역하는 어리석은 행위예요. 결코 그 열매가 좋을 수 없습니다.

그러므로 여러분, 똑같은 원리로 오늘 우리가 교회 안에서도 내가 보기 싫은 사람이 있다고 해서, 또 교회가 완전하지 못한 것 때문에 도망가려고 하거나 아예 도망가는 분들이 있는데요. 아니요, 바로 그 자리야말로 내가 몸담고 원수 마귀와 싸우며 하나님의 왕국을 이루어 가야 할 자리입니다.

원수 마귀와의 싸움은 이 세상에 있는 한 어디를 가도 피할 수가 없어요. 그러니 내가 있는 바로 그 자리에서 빛이 되고 소금이 되십시오. 언제까지? 주님이 장차 알곡과 가라지를 갈라서 완전하게 만드는 그날까지.

오늘 주님은 나를 더욱 완전한 자로 세우기 위해서 또 원수 마귀와의 싸움에서 승리하는 강한 자로 키우기 위해서 교회 안에 여러 가지 어려움과 가라지들을 함께 주시고 있습니다. 그러니 이것은 전적 나의 유익을 위해서 허락하신 것이니까 피하면 안 돼요. 정면으로 대적하여 물리쳐야 합니다.

그러므로 우리는 어떻게 해야 합니까? 교회 안에 있는 가라지를 내가 뽑으려고 하지 말고 장차 주님이 추수하러 오는 그날까지 참고 기다려야 합니다.

여러분, 우리에게는 심판권이 없어요. 또 누가 알곡인지, 누가 가라지인지 우리는 알 수도 없습니다. 그것을 심판하고 가려낼 수 있는 권한은 오직 주님께만 있어요. 그러므로 심판은 전적으로 주님의 손에 맡기고 우리는 무엇만 붙들면 됩니까? 소망이지요, 소망.

41~43절 '인자가 그 천사들을 보내리니 그들이 그 나라에서 모든 넘어지게 하는 것과 또 불법을 행하는 자들을 거두어 내어 풀무 불에 던져 넣으리니 거기서 울며 이를 갈게 되리라, 그때에 의인들은 자기 아버지 나라에서 해와 같이 빛나리라'

세상 끝날에 주님이 이 땅에 오셔서 알곡과 가라지를 가르시는 그 날을 기다리는 소망입니다. 이 소망이 있는 한 우리는 시험 들 필요도 없고, 낙심할 필요도 없고, 산으로 들어가거나 신학교로 갈 필요는 더더욱 없습니다.

왜냐하면, 내가 살고 일해야 할 터는 바로 이 세상이요, 원수 마귀와 정면으로 대적해야 하는 곳이 바로 이 세상이기 때문에 그렇습니다.

그러니 다른 사람 때문에 괜히 시비하거나 교회가 완전하지 않다고 불평할 것도 없습니다. 오직 나에게 허락된 교회 안에서 묵묵히 충성하고 봉사할 뿐이에요. 그러다 보면 이 세상은 반드시 끝날 날이 있고 그때는 우리가 행한 그대로 갚음 받게 될 것입니다.

겨자씨 비유
(마13:31~32)

우리가 '하나님의 나라'라고 하면 무조건 좋은 것으로, 긍정적인 것으로만 생각하기 쉬운데요. 그러나 예수님의 예언의 말씀을 보면 이 땅에서 이루어지는 하나님의 왕국은 결코, 그렇지 않음을 말씀하고 있습니다.

긍정적인 면과 부정적인 면을 함께 가지고 있다는 것인데요. 자, 한번 보세요.

'회개하라 천국이 가까이 왔느니라' 하나님 나라의 시작이지요. '땅끝까지 이르러 내 증인이 되리라' 하나님 나라의 확장에 대한 예언입니다.

그다음 '이 천국 복음이 모든 민족에게 증거되기 위하여 온 세상에 전파되리니 그제야 끝이 오리라', 하나님 나라의 완성입니다.

얼핏 보면 이 땅 전체가 하나님 나라로 가득 채워질 것 같으니까 굉장히 긍정적이에요. 그러나 이 예언을 하신 예수님께서 또 하나의 예언을 동시에 주고 있는데, 문제는 이 예언이 너무나 엉뚱하다는 것입니다.

왜냐하면, 눅17:22에서 주님이 이 땅에 하나님의 왕국을 완성하기 위해 다시 오실 때의 상황을 노아의 때와 같고 롯의 때와 같다고 했기 때문인데요.

우리가 알다시피 그 큰 성 소돔과 고모라성이 의인 10명이 없어 멸망했다고 했고 또, 노아 때도 그 많은 사람들 중에 노아의 가족 식구 8명 외에는 다 멸망 받았다고 했으니까 도무지 긍정적이지를 못합니다. 아니, 너무나 부정적이에요.

뿐만 아니라, 예수님은 한 술 더 떠서 뭐라고까지 하셨습니까?

인자가 올 때에 세상에서 믿음을 보겠느냐. 어때요, 여러분, 주님이 다시 오실 때 믿음 있는 자가 있다는 말입니까? 없다는 말입니까?

그러니까 온 세상 땅끝까지 복음은 증거되어지는데, 그럼에도 마지막 때는 참믿음을 가진 자가 없다는 말이에요.

그러니 가장 긍정적이면서 동시에 가장 부정적인 면을 함께 갖고 있는 것이 이 땅에서 이루어지고 있는 하나님의 나라라는 것입니다.

그러면 이제 오늘 본문의 내용이 무엇입니까?

겨자씨 비유인데요. 우리는 이미 앞에서 씨 뿌리는 비유와, 알곡과 가라지 비유, 이 두 비유를 생각했습니다. 그런데 이 두 비유는 긍정적인 면과 부정적인 면을 함께 갖고 있었는데요. 씨 뿌리는 비유에서는 열매 맺지 못하는 밭이 있는가 하면, 열매 맺는 밭이 따로 있다고 했고요. 알곡과 가라지 비유에서도 알곡이 있는 그곳에 가라지가 함께 있다고 했습니다.

그런데 오늘 겨자씨 비유도 똑같이 긍정적인 면과 부정적인 면이 함께 있어요.

먼저 긍정적인 면부터 살펴보면 하나님의 나라의 성장성입니다.

조그마한 겨자씨 하나가 심겼는데 자라나서 큰 나무가 되어 공중의 새들이 와서 그 가지에 깃들었다고 했는데요, 하나님 나라의 성장성을 말하는 것입니다.

여러분, 겨자씨 아세요? 얼마나 작은지 떨어뜨리면 찾지 못할 정도로 작습니다. 그런데 이 작은 것이 땅에 심겨 자라나면 그 안에 새들이 깃들 정도로 크게 자라난다는 것인데요.

그러면 여러분, 여기에서 겨자씨가 무엇입니까?

예수지요, 예수. 그리고 베드로를 비롯한 12사도와 사도 바울과 같은 사람들입니다. 왜냐하면, 자, 한번 보세요.

나사렛 예수, 나사렛에서 무슨 선한 것이 나겠느냐 할 정도로 별 볼 일 없는 지역에서 가난한 목수의 아들로 태어났습니다. 전혀 사람들의 관심을 끌 만한 무엇이 없었어요.

사53:2 '그는 마른 땅에서 나온 뿌리 같아서 고운 모양도 없고 풍채도 없은즉 우리가 보기에 흠모할 만한 아름다운 것이 없도다'

겉으로 보기에 하나님의 아들로나, 하나님 나라의 왕으로 볼 만한 데가 없었다는 것입니다. 우리 보통 사람하고 전혀 다를 것이 없었어요. 뿐만 아니라 그의 마지막 죽음은 보통 사람 이하였는데요, 그때 당시 강도나 노예 같은 사람들을 처형하는 십자가 형틀에 달려 가장 비참한 죽음으로 죽었습니다.

그가 죽었을 때 하나님의 나라는 완전히 끝난 것 같았어요. 그러나 한 알의 밀알이 땅에 떨어져 죽으면 많은 열매를 맺는다고 예언한 그대로 이분은 죽음의 권세를 깨치시고 부활하셔서 그의 제자들을 향하여 명령을 주셨는데요.

너희는 가서 모든 민족으로 제자를 삼으라. 참 황당한 명령입니다.

아마 제가 그 당시 그 곁에서 그 말을 들었으면 웃었을 거예요.

왜냐하면, 예수도 예수지만 그 명령을 받는 예수의 제자들도 정말 별 볼일 없는 사람들이었기 때문입니다.

로마제국 앞에 선 12사도, 도무지 어떻게 비교가 안 되지요.

그러나 이들이 한 사람, 한 사람 겨자씨로서 순교의 피를 흘리고 땅에 심겼을 때 그 결과, 어떻게 되었습니까?

온 유대와 사마리아와 소아시아와 로마까지 복음으로 확 덮어 버렸습니다.

그래서 이 겨자씨가 불과 400년이 못 되어 로마의 국교가 되고 이후 천 년 동안 전 유럽을 지배하게 되는데요. 그러니까 큰 나무 정도가 아니라 아예 유럽 전체를 기독교로 덮어 버렸습니다. 아니, 오늘날에 이르러서는 로마제국은 온데간데없지만, 기독교 복음은 전 세계를 뒤덮음으로 도무지 불가능해 보이던 전 세계 복음 전파가 우리 세대 안에 완성되어지는 그러한 때를 지금 살고 있습니다.

그러니 오늘 우리는 이 말씀이 더 이상 예언이 아니에요. 이미 두 눈으로 똑똑히 보고 있는 현실입니다. 예수님이 예언한 꼭 그대로 이루어졌어요.

그런데 문제는 이때에 나무에 와서 깃드는 것이 무엇이라고요? 공중의 새들이라고 했습니다. 물론 긍정적인 면으로는 모든 이방민족들이지요, 또 전 세계에 있는 모든 하나님의 백성들입니다.

그러나 13장 전체의 흐름을 보면 이 말씀은 결코 긍정적일 수만은 없는데요.

왜냐하면 13:4에서 새들이 와서 먹어 버렸다고 했는데 여기서 새는 분명히 원수 마귀, 사탄을 말합니다.

또 19절 '악한 자가 와서 그 마음에 뿌려진 것을 빼앗나니'라고 했고, 25절 '원수가 와서 곡식 가운데 가라지를 덧뿌리고 갔더니'라고 했으니까 앞의 두 비유 전부가 긍정적인 면과 부정적인 면을 함께 가지고 있는데, 겨자씨 비유만 긍정적인 면만 있다고 하기에는 무리가 있다는 거예요.

그러니까 부정적인 면을 함께 곁들여야 전체적인 흐름과 일치가 된다는 것입니다. 뿐만 아니라, 예수님이 직접 세상 마지막 때의 부정적인 면을, 마태복음 24장과 요한계시록에서 상세하게 예언해 놓았으니까 부정적인 면을 함께 이야기해도 전혀 무리가 없다는 것입니다.

그러면 이렇게 놓고 봤을 때 이 새는 무엇을 상징합니까?

마태복음 24장에 나오는 적그리스도요, 또 거짓 선지자들입니다. 그리고 요한계시록에서는 이것을 짐승과 음녀로 표현하고 있는데요. 그런데 중요한 것은 기독교 2천 년 역사가 이것을 그대로 증명하고 있습니다. 무엇입니까? 기독교가 처음 시작될 때는 문제가 없어요. 순수하게 잘 출발을 합니다. 그러나 기독교가 크게 자라서 나무가 되어 온 나라 전체를 덮으면 이때는 반드시 문제가 되었다는 것인데요. 무엇입니까? 천주교지요. 또 무엇입니까? 공산주의입니다.

기독교가 처음 시작될 때는 갖은 핍박과 멸시와 천대를 받지만, 그러나 이것이 큰 나무를 이루면 무엇이 거기에 깃듭니까?

정치지요, 정치. 세상 왕입니다. 세상 왕.

세상 왕이 정치에 이용하기 위해 기독교와 손을 잡는데요. 이때부터 기독교는 타락합니다. 그래서 기독교가 정치화해서 위에서 군림하기 시작하면 이때 적그리스도가 활동하기 시작하는데요. 그러므로 예수님이 뭐라고 하셨습니까?

'가이사의 것은 가이사에게 하나님의 것은 하나님에게', 정치와 종교를 엄격하게 분리할 것을 말씀하셨습니다. 하나님의 나라 안에 세상 정치의 새가 깃들 안식처를 제공하지 말라는 것인데요. 왜냐하면, 종교가 정치와 타협해서 타락해 버리면 적그리스도 세력이 활동하게 되니까.

오늘날 공산주의 국가나 남미나 아프리카의 비극이 전부 이것 아닙니까. 종교가 정치와 결탁해서 끊임없이 피를 흘리고 있습니다. 그러면 여러분, 이러한 배경을 놓고 오늘 우리의 현실에 적용하면 어떻게 됩니까?

대통령이 장로입니다. 국무총리가 장로고요, 국회, 법조계, 언론계, 금융계, 교육계, 체육계 하다못해 연예계까지 신우회가 없는 곳이 없고, 온 사회 각처에 기독교 복음이 들어가지 않은 곳이 없습니다.

100년 전에 겨자씨 한 알이 심겼는데 지금은 큰 나무 정도가 아니라 온 나라 전체를 덮을 정도가 되었습니다. 외국에서 처음 한국에 들어오는 사람들이 김포공항에서 내려 시내로 들어오면서 제일 놀라는 것이 붉은색 십자가 표시라고 했습니다. 너무 많아서 헤아리기를 포기해야 할 정도니까.

그러면 우리나라가 이렇게 괄목할 만하게 성장했으니까 안전한가? 아니요.

제가 볼 때는 지금이야말로 가장 위험한 때라고 봅니다.

우리나라가 지금 가장 조심해야 할 때예요. 왜냐하면, 홍수 때 마실 물이 없다고, 교회도 많고 주의 종들도 많은데 참된 교회, 참된 주의 종들은 줄어들고 있기 때문입니다.

말씀은 쏟아져 나오는데 영의 양식이 될 만한 말씀이 적어요. 그 대표적 예가 요즈음 부흥회지요. 사람들이 모이지를 않는다고 하지 않습니까.

70년대, 80년대까지만 해도 부흥회 하면 사람들이 꽉꽉 찼는데, 요즈음은 텅텅 비어 있어요. 뿐만 아니라, 오늘날만큼 사이비 이단들이 판을 치는 시대가 또 있었습니까. 매년 한 건씩 터지고 있으니까.

그런데 여러분, 이것은 절대 강 건너 불 보듯 할 이야기가 아니에요.

조금만 정신 차리지 않으면 우리 교회도 곧 그렇게 된다는 것입니다. 처음에는 순수하게 잘 출발을 해요. 그러나 세월이 지나면서 큰 교회는 큰 교회대로 세상과 타협하고, 작은 교회는 작은 교회대로 세상과 타협합니다.

그래서 성경은 일찍이 경고하고 있지요.

약3:1 '내 형제들아 너희는 선생 된 우리가 더 큰 심판을 받을 줄 알고 선생이 많이 되지 말라' 왜 선생이 많이 되지 말라고 합니까? 제대로 된 선생이 되지 못하면 자칫 세상과 타협해서 타락하니까 그래서 사도 바울 자신도 무엇을 가장 염려했습니까?

고전9:27 '내가 내 몸을 쳐 복종하게 함은 내가 남에게 전파한 후에 자신이 도리어 버림을 당할까 두려워함이로다'

다른 사람에게 복음을 전파한 후에 자기가 도리어 버림을 받을까 두려워한다고 했는데요. 저는 솔직히 이 말씀이 무슨 말씀인지 잘 몰랐어요. 그러나 목회를 하고 나서, 또 주위에 목회하는 분들을 지켜보면서, '야, 이 말씀이야말로 바로 나의 말씀이구나' 하는 것을 실감하게 됩니다.

왜냐하면, 처음에 아무리 순수하게 잘 출발을 해도 세월이 지나면서 까딱 잘못하면 이렇게 되니까. 끝까지 바르게 한길로 간다는 게 그렇게 힘든 것입니다.

기독교 신문 같은 것을 보면, 매주 수십 개의 교회들이 팔겠다고 내놓았는데요. 제가 과거 같으면 인간 취급을 안 했습니다.

그러나 목회의 현실이 너무너무 어려운 것을 알기 때문에 이제는 그들을 향해 돌을 들지 못해요. '주여, 시험에 들지 않게 하옵소서' 하고 기도할 뿐입니다.

여러분, 순수하게 '똑바로 목회해야 되겠다' 대한민국에 이런 마음 안 가지고 목회 시작하는 사람이 누가 있습니까? 다 그렇게 처음 출발을 하지만 그만큼 세상이 우리를 가만히 놔두지 않는다는 것입니다.

그러므로 여러분, 여러분의 기도 제목들이 많이 있겠지만 가장 우선적으로 기도해야 할 제목이 있다면 그것은 바로 교회를 위해서, 또 주의 종을 위해서 기도해야 합니다. 주님이 안 붙들어 주시면 도저히 감당할 수가 없으니까.

그러나, 그럼에도 불구하고 저에게 마음의 위로가 되는 것이 하나 있는데요. 그것은 비록 많은 교회들이 급속하게 타락해 가고 있지만, 그러나 아직까지는 우리나라에 훌륭한 교회, 훌륭한 주의 종들이 많이 있다는 사실입니다. 우리가 몰라서 그렇지, 눈에 안 띄는 곳에 많이 숨어 있어요. 그래서 오늘 이 시대에 살고 있는 것이 참 감사합니다.

그러나 동시에 우리가 주의하고 염려해야 할 것은 주님의 예언이 사실이라면, 아니 틀림없이 그대로 이루어진다면 앞으로는 어떨까요? 점점 갈수록 참된 교회, 참된 주의 종을 찾기 힘들어지게 될 것입니다. 이것은 다음 시간에 누룩 비유에서 자세히 다루겠는데요.

그러므로 여러분, 우리는 밖으로 계속 전도하고 선교하고 확장하고 성장해 나가야 하지만 동시에 안으로는 끊임없이 개혁하고 또 개혁하고 해서 새가 깃들지 못하도록 해야 할 줄 믿습니다.

누룩 비유
(마13:33)

고 한경직 목사님이 거의 90세가 되셨을 때 한 목회자 세미나에 오셔서 이런 말씀을 하셨습니다.

나이가 들고 늙으면 마음이 좀 깨끗해지고 선해질 줄 알았는데, 그렇지도 않는 것 같다고, 처음이나 지금이나 똑같다고 했습니다.

어때요, 맞습니까? 맞아요.

인간의 마음은 나이 든다고 바뀌지 않아요. 그래서 성경에서도 만물보다 더 거짓되고 부패한 것이 우리 인간의 마음이라고 했는데요. 우리의 육신은 죄인 출신이라 처음이나 죽을 때나 똑같습니다. 나이가 들고 어른이 되면 이 죄성이 감추어지고 드러나지 않아서 그렇지 속에 있는 알맹이는 옛날 그대로 똑같아요. 그러므로 성경은 무엇이라고 합니까?

엡4:22~24 '너희는 유혹의 욕심을 따라 썩어져 가는 구습을 따르는 옛사람을 벗어 버리고, 오직 너희의 심령이 새롭게 되어 하나님을 따라 의와 진리의 거룩함으로 지으심을 받은 새사람을 입으라'

옛사람을 벗어 버리고 새사람을 입으라고 했는데요, 우리가 믿는 기독교는 개선설이 아닙니다. 악한 나를 점점 선하게 개선시켜 나가는 것이 아니라 악한 나와는 상관없이 완전히 새로운 새생명으로 창조되는 창조설이에요.

고후5:17 '누구든지 그리스도 안에 있으면 새로운 피조물이라 이전 것은 지

나갔으니 보라 새것이 되었도다'

여기서 새로운 피조물이라는 것은 새로운 창조물이라는 뜻입니다. 오로지 하나님으로부터 난 새로운 생명이에요. 그러므로 우리가 예수의 뒤를 따를 때 자기를 부인하라고 했는데 우리의 옛사람을 부인하라는 말입니다. 그 대신에 예수 안에서 새롭게 지음을 받은 새생명인 새사람을 좇아 살게 될 때 나도 모르는 사이에 예수 그리스도의 사람으로 변화되어지는 것, 이것이 기독교의 진리입니다. 그러면 오늘 본문의 내용이 무엇입니까? 누룩 비유인데요.

빵가루를 반죽할 때에 소량이지만 누룩을 넣어서 반죽해 놓으면 반죽 전체가 부풀게 된다는 우리가 다 아는 이야기입니다. 그런데 오늘 이 비유도 천국의 특징 중에 하나를 말씀하고 있다는 것인데요. 무엇입니까?

천국의 질적인 변화이지요.

지난 시간의 겨자씨 비유는 겉으로 나타나는 양적인 변화였다면, 누룩 비유는 안에서 변화가 일어나는 질적인 변화를 상징하고 있습니다. 물론 이 비유도 긍정적인 면과 부정적인 면을 함께 가지고 있는 것으로 봐야 하는데요.

왜냐하면 13장 전체의 흐름이 그렇고, 또 성경에서 단 한 번도 누룩을 긍정적으로 표현한 곳이 없기 때문에 그렇습니다.

지난 시간의 겨자씨 비유에서도 교회가 엄청나게 크게 성장하고 확장해서 큰 나무를 이루면 그 가지에 새들이 와서 깃든다고 했는데요.

이 새는 두 가지, 전 세계에 있는 모든 하나님의 백성을 상징하면서 동시에 교회를 대적하는 적그리스도와 거짓 선지자들을 상징한다고 했습니다.

그런데 누룩 비유도 마찬가지, 누룩 비유는 교회의 질적인 변화를 상징하는 것인데요. 긍정적으로 변화를 일으킬 때는 너무나 귀한 것이 되지만,

그러나 부정적으로 변화를 일으킬 때는 이것만큼 부패하게 만들고 해악을 끼치는 무서운 것이 없습니다.

왜냐하면 이 세상 전체를 썩고 부패하게 만들어서 마침내 불로써 싹 태워 버릴 정도로까지 위력이 있으니까요.

그러면 먼저 긍정적인 면입니다. 크게 세 가지인데요.

먼저 누룩은 예수 그리스도를 상징하니까 예수를 내 안에 모시면 예수가 우리의 인격 전체를 변화시켜 사람을 바꾸어 놓습니다. 예수님이 '너희가 돌이켜 어린아이처럼 되지 아니하면 하나님 나라에 들어갈 수 없느니라'고 했는데, 맞아요. 원래 태어난 우리의 본성을 가지고는 하나님 나라에 들어갈 수 있는 사람이 아무도 없습니다. 아니, 오히려 하나님과 원수 되는 자리에 있고 하나님의 진노를 살 수밖에 없는 것이 우리의 본성이에요.

그러므로 성경은 우리에게 무엇을 요구하십니까?

롬12:2 '너희는 이 세대를 본받지 말고 오직 마음을 새롭게 함으로 변화를 받아 하나님의 선하시며 기뻐하시며 온전한 뜻이 무엇인지 분별하도록 하라'

여기서 마음을 새롭게 하라는 말은 새마음을 가지라는 말입니다. 그러면 새마음이 무엇인가?

빌2:5 '너희 안에 이 마음을 품으라 곧 그리스도 예수의 마음이니'

우리말 성경에는 '이 마음을 품어라'로 되어 있는데 원어적 으로는 '새마음을 가져라'는 말입니다. 그러니까 예수의 마음을 가지는 것, 이것이 마음을 새롭게 하는 거예요. 그러므로 여러분, 제가 처음에 말씀드렸습니다만 우리의 마음은 세상 사람들처럼 우리 본래의 마음을 잘 갈고 닦으면 선하게 될 수 있는 게 아닙니다. 그리스도 예수의 마음을 가져야 선하게 될 수 있어요.

한때 성철스님이라고 인기가 대단했는데요. 어때요, 그 사람 일평생 도를 닦았으니까 마음이 선해졌습니까? 아니요.

밑에 숨겨지고 감추어졌을 뿐이지, 그 속 알갱이는 절대 선해질 수가 없었습니다. 아니, 처음이나 끝이 똑같아요. 일평생 도를 닦아도 조금도 그 질이나 양이 떨어지지 않습니다. 그래서 그분이 죽으면서 남긴 유명한 말이 있지요. '산은 산이요 물은 물이로다. 내 죄가 수미산보다 더 크고 높아서 나는 지옥 아랫목에 간다. 속지 마라'고 했습니다.

무슨 뜻입니까? 아무리 아무리 도를 닦아도 선해지지 않고 죄는 죄 그대로 있더라는 것입니다. 죄가 선으로 바뀌지 않아요. 그래서 그분 자신도 자기의 목을 베지 않는 한 선해질 수 없다는 것을 알았어요. 일평생 선을 쫓아갔을 뿐이지 선을 잡지는 못했습니다. 그러므로 여러분, 오늘날 사회제도를 개선하고 교육의 질을 높이고 전부 고등교육까지 시키고 했으니까 사회가 선해질 수 있는가? 아니요. 그 정반대입니다.

사람의 머리가 깨이면 깨일수록 더 악해지고 흉폭해지고 있는 것이 우리의 현실입니다.

그러므로 여러분, 누구만이 우리 마음을 바꾸어 놓을 수 있습니까? 예수지요, 예수. 예수가 친히 내 마음에 찾아오셔서 새마음을 주시는데 이 새 생명이 우리의 마음을 바꾸어 놓습니다. 처음에는 잘 모르지요. 아주 보잘 것없는 모습으로 시작하니까. 그러나 이 새생명이 점점 부풀어 전체에 퍼지면 우리의 삶 전체를 바꾸어 놓습니다.

고전6:9~10 '불의한 자가 하나님의 나라를 유업으로 받지 못할 줄을 알지 못하느냐 미혹을 받지 말라 음행하는 자나 우상 숭배하는 자나 간음하는 자나 탐색하는 자나 남색하는 자나, 도적이나 탐욕을 부리는 자나, 술 취하는 자나 모욕하는 자나, 속여 빼앗는 자들은 하나님의 나라를 유업으로 받지 못하리라'

원래 고린도 지역은 우상 숭배가 성행한 음란 문화에 물들어 윤리, 도덕

363

적으로 형편없었어요. 그런데 예수 그리스도의 복음이 들어가 어떻게 바뀌었습니까?

11절 '너희 중에 이와 같은 자들이 있더니 주 예수 그리스도의 이름과 우리 하나님의 성령 안에서 씻음과 거룩함과 의롭다 하심을 받았느니라'

예수가 그 마음에 들어와서 완전히 사람을 바꾸어 놓았다는 것입니다. 하나님이 싫어하는 것은 다 버리게 되고, 하나님이 좋아하는 것만 취하게 되는데요. 자기 자신이 봐도 놀랄 정도로 사람이 바뀝니다.

물론 금방 이렇게 바뀌는 것은 아니지요. 누룩이 여러 시간이 지나야 반죽을 부풀게 하듯이 시간이 지날수록 서서히 서서히, 조금씩 조금씩 변화가 일어납니다. 나 자신도 알고 나를 아는 다른 사람이 봤을 때도, '야! 정말 네가 어떻게 이렇게까지 변했나?' 할 정도로 바뀌어요.

ROTC 선후배 관계는 한 해 위가 제일 무섭습니다. 한 해 위 선배를 하늘이라고 했으니까. 그런데 제가 서울에서 교회 개척지를 찾고 있을 때인데요. 빌딩 임대를 하려고 한 건물을 찾아갔는데, 마침 제 ROTC 1년 후배가 근무하는 회사입니다. 십수 년 만에 처음 만났으니까 얼마나 반갑습니까? 그렇게 반가워할 수가 없어요. 그런데 서로 대화를 나누는 가운데 제가 목사가 되었다, 그리고 지금 교회 개척지를 찾고 있다고 하니까, 이 후배 얼굴이 서서히 변하기 시작하는데 실망하는 빛이 역력합니다. 저녁에 만나 한잔하자 해야 정상인데 목사, 교회라고 하니까 변해도 너무 변했거든요. 맞아요. 여러분, 예수가 내 안에 들어오면 사람이 완전히 변합니다. 내가 놀라고 나를 아는 모든 사람들이 다 놀랄 정도로.

그다음 또 하나, 누룩이 하는 긍정적인 역할 중에 다른 사람을 변화시키는 능력이 있습니다. 분명히 변화되기는 내가 변했는데 나를 통해서 나의 남편이 변하고, 나의 아내가 변하고, 내 부모, 가족, 친인척, 이웃들이 변화를 받기 시작합니다.

예수 때문에 변화를 받은 사람이 다른 사람을 변화시킬 수 있어요.

그러므로 오늘 교회가 교회 안에 이런 누룩 같은 사람들이 얼마나 있느냐 하는 것이 가장 중요합니다.

17세기 독일의 루터파 교회에서 실제 일어났던 일입니다.

루터가 종교개혁을 성공적으로 이끌었을 때 처음에는 온 독일 전체를 루터파 교회로 덮을 정도로 사람들이 많이 몰려왔어요. 그런데 100년이 채 못 되어서 사람들이 서서히 빠져나가기 시작하면서 교회가 무너지게 되었는데요. 교회에 남아 있는 사람들조차도 겉모양만 있었지, 속 내용이 없었어요. 완전히 형식뿐이었습니다.

그런데 이때 '스펜너'라고 하는 사람이 하나의 운동을 일으켰는데 그것이 바로 '경건운동'이라고 하는 것입니다.

나 자신이 누룩이 되는 운동인데요. 그래서 '나 자신이 먼저 변화를 받자' 하고는 열심히 말씀 보고, 기도하고, 하나님 말씀대로 살기에 힘쓰고 했는데, 그 결과 처음에는 소수의 사람들이 이 운동에 참여했지만 이들을 통하여 점점 많은 사람들이 영향을 받기 시작해서 나중에는 완전히 죽은 것 같았던 교회들이 다시 살아났다고 했습니다.

소수의 사람들이 교회 전체를 바꾸어 놓는 누룩의 역할을 한 것이지요. 그런데 이것은 오늘 우리도 똑같습니다.

오늘 우리 한 사람, 한 사람이 교회 안에서 누룩이 되어야 해요. 나 자신이 변화될 뿐만 아니라, 나를 통하여 교회 전체에 영향을 주어 변화를 일으킬 수 있는 그런 사람이 되어야 합니다.

그다음 세 번째 긍정적인 면은 사회에 대한 누룩 역할인데요. 교회가 세상을 향해서 누룩의 역할을 감당해야 합니다. 노예 해방, 여성 해방, 사회복지, 양로원, 고아원, 병원, 학교 이것 전부가 다 기독교에 의해서 시작되었는데요.

여러분, 만약 100년 전에 기독교가 우리나라에 들어오지 않았다고 한번 상상해 보세요. 끔찍합니다.

오늘날 복지국가, 민주주의 전부 그 뿌리가 기독교 정신입니다. 오늘 교회가 무엇입니까? 세상에 대해 빛과 소금의 역할을 감당해야 할 사명이 있습니다. 교회가 누룩이에요. 그래서 사회를 살리고 개혁시키는 데 앞장서야 합니다.

자, 그러면 여기까지가 긍정적인 면이라고 했을 때 부정적인 면은 어떤 것입니까?

똑같은 누룩 역할인데 이것이 부정적으로 영향을 미칠 때는 엄청난 해를 가져오게 되는데요. 타락한 예수쟁이, 또 다른 사람들로부터 손가락질을 받는 예수쟁이, '내가 너 때문에 교회 못 나가겠다. 네가 천당 가면 나는 지옥 가겠다' 하는 것, 이것 전부 다 누룩이 변질되어서 나쁜 영향을 미치는 것입니다.

또 사회에 대해서도 마찬가지지요. 지금 우리 사회가 이렇게 어두워지고 혼란스럽게 되는 것은 우리 기독교가 제대로 사명을 감당하지 못해서 그렇습니다. 빛과 소금의 역할이 아니라 오히려 세상으로 빨려 들어가고 있어요.

기독교의 세속화 마지막 때의 특징입니다.

딤후3:1~5 '말세에 고통하는 때가 이르리니 사람들이 자기를 사랑하고 돈을 사랑하고 쾌락 사랑하기를 하나님 사랑하기보다 더하여 경건의 모양은 있으나 경건의 능력은 잃어버린 자라' 기독교인들이 도무지 세상과 구별되지 못하고 세상과 섞여 맛이 가 버렸다는 거예요.

예수님이 직접 말씀하셨지요.

마5:13 '소금이 만일 그 맛을 잃으면 무엇으로 짜게 하리요, 후에는 아무 쓸데 없어 다만 밖에 버려져 사람에게 밟힐 뿐이니라' 오늘 우리 시대에 너무나 맞는 말씀입니다. 그러므로 우리는 어떻게 해서든 부정적인 누룩이 아니라 긍정적이고 생명력 있는 누룩이 되어야 되겠는데요. 다른 길이 없어요.

계속 말씀을 붙들고 기도하고 능력 받아서, 말씀대로 사는 것, 그래서 세상의 빛과 소금이 되는 것. 이 길만이 우리가 변질되지 않고 살아남을 수 있는 유일한 길입니다.

나를 부인하지 않고 하나님의 말씀을 붙들지 않고 살아남을 수 있는 길은 없어요.

보화와 진주의 비유
(마13:44~46)

요즈음 스포츠 스타들이 있는데요. 스포츠 스타들이 겉으로 보면 화려하게 보이지만, 실제 그 내면을 들여다보면 치열한 자기와의 싸움이 있습니다.

골프의 타이거 우즈, 연습벌레입니다. 그러니까 한 분야의 TOP이 되기 위해서는 엄청난 집중력을 가지고 전력 질주해야 해요. 전력 집중하지 않고는 어떤 무엇도 될 수 없는데 오늘 이 땅의 법칙입니다. 성경에도 나오지요.

갈6:7 '사람이 무엇으로 심든지 그대로 거두리라'

심는 대로 거둔다는 것, 만고불변의 진리입니다. 그런데 이것은 영적으로도 마찬가지인데요. 오늘 우리가 결정적으로 오해하는 것 한 가지가 복음이 공짜로 주어지기 때문에 아무런 대가 지불 없이 천국을 소유할 수 있다고 생각하는 면이 있는데 아니요, 이것은 잘못된 생각입니다.

오늘 본문을 통해서 예수님이 직접 말씀하고 있지요.

이 땅에 임한 천국을 말씀하시면서 밭을 갈다가 우연히 밭에 감추어진 보화를 발견했을 때 자기의 전 소유를 다 팔아 그 밭을 샀다고 했습니다.

또 진주를 구하는 상인의 비유도 좋은 진주를 발견하기 위해 여기저기 다니다가 극히 값진 진주를 발견했을 때 자신의 소유 전부를 다 팔아 그 진주를 샀다고 했습니다. 무엇을 말합니까? 천국의 가치이지요.

천국은 자기의 모든 소유를 다 팔아서 살 만큼 가치 있는 것이라는 것입니다.

그러므로 여러분, 오늘 저는 이 비유의 말씀을 통해서 한 가지 자신 있게 말씀 드릴 수 있는 게 있는데, 그것은 나의 모든 것을 다 희생해서라도 천국을 사야 되겠다는 마음이 없으면 이 사람은 진짜 천국의 보화를 발견한 사람이 아니라는 것입니다.

천국은 그 특징이 일단 그것을 한번 발견했다고 하면 절대 놓칠 수 없는 것입니다. 자신의 생명을 주고서라도 그것을 꼭 사야 해요.

그러면 여러분, 오늘 우리 인생에 있어서 가장 값진 보화가 무엇입니까?

물론 그것은 두말할 것도 없이 예수지요. 예수는 나의 구세주시니까.

예수가 보화임에 틀림없습니다.

그러나 여러분, 오늘 우리가 예수를 믿고 열심히 신앙생활 하는 이유가 단순히 예수 믿고 구원받아 천당 가기 위해서가 아니라는 것인데요.

왜냐하면, 천국은 믿음으로 가는 것이니까, 우리가 예수를 나의 구세주로 영접할 때 이미 천국행 티켓은 받아 놨어요. 뿐만 아니라 하나님의 자녀는 한번 태어났으면 됐지, 또 태어나고, 또 태어나고 할 필요가 없습니다.

그러므로 우리의 신앙생활은 천국 가기 위해서가 아니라 천국 가게 되었기 때문에 천국 가서 살기 위해서입니다. 그래서 이 땅에서의 삶은 천국에 가서 살 준비를 하는 삶이 되어야 하는데요.

그런데 이 사람이야말로 이 세상에서 가장 행복한 사람이라는 것입니다. 왜냐하면, 고후 4:18 '우리가 주목하는 것은 보이는 것이 아니요 보이지 않는 것이니 보이는 것은 잠깐이요 보이지 않는 것은 영원함이라'

우리가 알다시피 이 땅에 있는 모든 것은 다 지나가는 것이요, 없어지는 것인데 이 땅에서 시들고 없어질 것을 가지고 영원히 없어지지 않을 것을 위해서 투자한다고 했을 때 이보다 더 복된 일은 없기 때문입니다.

여러분, 영원한 천국이 있음을 믿습니까? 내 몸이 부활하는 때가 있음을 믿습니다.

고전15:42~44 '죽은 자의 부활도 그와 같으니 썩을 것으로 심고 썩지 아니할 것으로 다시 살아나며 욕된 것으로 심고 영광스러운 것으로 다시 살아나며 약한 것으로 심고 강한 것으로 다시 살아나며, 육의 몸으로 심고 신령한 몸으로 다시 살아나나니 육의 몸이 있은즉 또 영의 몸도 있느니라'

여러분, 오늘 우리가 세상 사는 재미가 무엇입니까?

나의 몸도 마음도 시간도 물질도 전부 다 주를 위해서 살므로 영원한 하나님 나라에 보화를 쌓는 재미로 살아야 합니다. 여러분, 성경을 보면 우리 믿음의 선진들이 전부 다 이 재미로 살았어요.

히11:13~14 '이 사람들은 다 믿음을 따라 죽었으며 약속을 받지 못하였으되 그것들을 멀리서 보고 환영하며 또 땅에서는 외국인과 나그네임을 증언하였으니, 그들이 이같이 말하는 것은 자기들이 본향 찾는 자임을 나타냄이라'

여러분, 오늘 우리가 이 땅에서 무슨 재미로 사십니까? 다 지나가고 없어지는 세상 것이 아니라 영원한 하늘의 본향을 바라보고 하늘에 보물 쌓는 재미로 살아야 합니다. 이것이 최고의 행복이고 최고의 유익이에요.

그러면 여러분, 어떻게 사는 것이 하늘에 보물을 쌓으며 사는 삶입니까?

오늘 본문이 이것을 잘 말해 주고 있는데요. 본문에 나오는 두 비유는 공통점도 있고, 다른 점도 있는데 다른 점은 농부는 적극적으로 밭에 감추어진 보화를 찾은 것이 아니라 밭을 갈다가 우연히 발견했어요. 그러나 진주 장사는 적극적으로 값진 진주를 찾아다녔다고 했습니다.

그런데 우연이든 적극적이든 상관없이 두 사람의 공통점은 보화를 발견했을 때 적극적으로 자신의 소유 전부를 다 팔아서 그것을 샀다는 것입니다.

자신의 인생 전부를 걸었어요.

여러분, 우리가 알다시피 구원은 하나님의 주권이에요. 인간이 노력한다고 얻을 수 있는 게 아닙니다. 그러나 그럼에도 불구하고 천국은 적극적으로 침노하는 자가 얻을 수 있어요. 내가 애쓰고 힘써서 노력해야지 그냥 가만히 있어 가지고는 갈 수 있는 곳이 아닙니다. 그러니까 중요한 것은 비록 구원이 선물이지만 일단 구원을 받았다면 그 구원을 위해서 자신의 전부를 다 투자한다는 것입니다.

왜냐하면, 우리가 처음 받은 구원은 시작이지, 완성이 아니기 때문에, 하늘의 상과 면류관을 바라보고 구원의 완성을 향하여 달려가야 하기 때문에 그렇습니다.

여러분, 예수님이 부른 제자들을 한번 보세요.

처음 제자로 부름받을 때 예수님이 주권적으로 그들을 선택했어요. 그러나 그들이 선택받은 다음에는 자신의 전부를 다 버리고 주의 뒤를 따랐다고 했고, 마침내는 자신의 생명마저도 순교의 제물로 드렸습니다.

눅5:10~11 '이제 후로는 네가 사람을 취하리라 하시니, 그들이 배들을 육지에 대고 모든 것을 버려두고 예수를 따르니라'

주님의 주권적인 선택에 너무나 자발적인 순종과 헌신이 뒤따랐는데요.

그러므로 여러분, 오늘 우리의 신앙생활은 나 하고 싶은 대로 하면 안 됩니다. 예수님이 보화인 것을 발견했으면 여기에 나의 전부를 다 걸어야 합니다.

이것도 아니고 저것도 아니고 안 돼요.

계3:15~16 '네가 차든지 뜨겁든지 하기를 원하노라 네가 이같이 미지근하여 뜨겁지도 아니하고 차지도 아니하니 내 입에서 너를 토하여 버리리라'

주님은 전적인 사랑의 헌신을 원하세요. 이것도 아니고 저것도 아닌 뜨뜻미지근한 사랑을 원치 않으십니다.

'네 마음을 다하고 뜻을 다하고 힘을 다하여 주 너의 하나님을 사랑하라.'

자신의 전부를 다 드리는 집중력입니다. 주님은 우리를 위해 자신의 전부를 주셨기 때문에 우리 또한 자신의 전부를 주시기를 원하십니다.

옛날에 자기 자랑하기 좋아하는 개가 날마다 자기의 빠름을 자랑했는데 어느 날 큰 망신을 당했어요. 토끼 한 마리를 잡으러 쫓아갔는데 놓쳐 버린 것입니다. 그러자 주위의 모든 개들이 비웃습니다. 그렇게 빠르다고 자랑하더니 꼴좋다고, 그랬더니 이 개가 변명 겸 놀라운 한마디를 했는데요.

'자네들이 알아야 할 것은 토끼는 목숨을 걸고 뛰었고 나는 그냥 저녁 식사거리를 위해 대충 뛰었다는 것일세.'

맞아요. 여러분, 최선을 다한 것과 최선을 다하지 않은 것의 차이입니다.

여러분, 성경을 보세요. 우리 믿음의 선진들이 그냥 대충 대충 주님을 쫓았는지, 목숨을 걸고 주님의 뒤를 쫓았는지.

오늘 우리는 예수 그리스도를 통하여 천국의 보화를 발견한 사람답게 자신의 전부를 다해 목숨을 걸고 달음질쳐야 합니다.

빌3:13~14 '나는 아직 내가 잡은 줄로 여기지 아니하고 오직 한 일 즉 뒤에 있는 것은 잊어버리고 앞에 있는 것을 잡으려고 푯대를 향하여 그리스도 예수 안에서 하나님이 위에서 부르신 부름의 상을 위하여 달려가노라'

오늘 본문에서는 자신의 소유 전부를 다 팔아서 샀다고 했는데요. 주님을 따르려면 자신의 전부를 헌신하는 대가 지불이 반드시 있어야 합니다.

여러분, 행복은 한 사람만을 사랑할 때 행복한 거예요. 사랑이 나누어지면 행복하지 않습니다. 그래서 한 여자를 위하여 모든 여자를 포기하고 한 남자를 위해 모든 남자를 포기함으로 한 남자와 한 여자가 하나 되어 결혼하는 것, 이게 사랑이고 이게 행복입니다.

그런데 이것은 영적으로도 마찬가지, 주님 한 분만을 사랑할 때 행복한 거예요. 그래서 예수님이 우리보고 뭐라고 하셨습니까?

마16:24 '누구든지 나를 따라오려거든 자기를 부인하고 자기 십자가를 지고 나를 따를 것이니라' 여러분, 이것은 절대 주님의 질투가 아니에요.

우리의 행복을 위함입니다. 그러므로 무리와 제자의 구분은 대가 지불이 있는 자가 제자예요.

그물 비유
(마13:47~50)

여러분, 일평생 예수를 믿고 신앙생활 했는데 그 마지막이 지옥이라면 이 일을 우리가 어떻게 해야 합니까?

나는 틀림없이 천국 갈 줄 알고 살았는데 죽어서 눈을 딱 떠보니까 '어서 오십시오. 여기는 지옥문입니다'라고 한다면 이때의 심정이 어떨까요? 상상만 해도 끔찍합니다.

아예 예수를 모르고 천당도 몰랐으면 모를까 다 알고 있고, 다 믿고 있는데 지옥이라니 참 엄청난 비극입니다. 그런데 성경을 보니까 이런 사람들이 한두 사람이 아니에요. 많이 있다고 했습니다. 예수님이 직접 말씀하셨지요.

마22:14 '청함을 받은 자는 많되 택함을 입은 자는 적으니라'

똑같이 예수를 믿어도 구원받지 못하고 천국에 들어가지 못할 사람들이 많다는 것입니다. 그래서 오늘은 천국 비유에 대한 마지막 시간을 정리하면서, 누가 과연 천국에 들어가지 못할 자인가 하는 문제를 생각하겠는데요.

오늘 본문은 7개의 천국 비유 중 마지막 일곱 번째 비유인 그물 비유입니다. 세상 종말에 주님의 심판대 앞에서 일어날 상황인데요. 앞에 나오는 알곡과 가라지 비유는 이 세상에 있을 때부터 이미 딱 구분이 되었습니다. 누가 알곡이고, 누가 가라지인지 자세히만 살피면 한눈에 구분할 수 있었어요. 그런데 그물 비유는 이 땅에 있을 동안에는 전혀 구분이 안 됩니다. 겉으로 보기에는 똑같아요. 그러나 이 세상이 끝났을 때는 주님이 재림해서 마지막 주님의 심판대 앞에 섰을 때 이때 구분되는 사건입니다.

그래서 '의인 중에서 악인을 갈라낸다'고 했는데요. 그러니까 이 사람은 구원받은 줄 알았어요. 다른 사람이 봤을 때도 '저 사람은 틀림없이 천국 갔을 것이다'라고 생각했는데 문제는 주님이 보실 때는 아니었다는 것입니다.

사람이 보기에는 의인인데 주님이 보실 때는 의인이 아니야, 양들 사이에 염소 새끼가 끼어 있는 것으로 보였어요. 그래서 '갈라내어 풀무 불에 던져 넣으리니'라고 했는데요. 이것은 분명히 지옥입니다. '거기서 울며 이를 갈리라'고 했으니까 너무너무 안타까운 일입니다.

저는 목사로서 우리 성도님들 중에 이런 일이 안 일어나기를 간절히 바라는데요. 여러분, 수표가 부도났을 때의 심정을 아십니까? 약속어음을 받았는데 날짜가 되었어요. 그래서 은행에 교환을 돌렸는데 부도라 그래서 수천만 원, 수억짜리가 한순간에 종이 쪼가리로 변한다고 했을 때, 그 참담함이란 안 당해 본 사람은 모릅니다.

그러면 여러분, 우리가 어떠한 경우에 이런 비극의 주인공이 될 수 있을까요?

성경에서는 크게 두 가지 경우의 예가 나오고 있는데요.

첫째 하나는 마22:12~13 '친구여 어찌하여 예복을 입지 않고 여기 들어왔느냐 하니 그가 아무 말도 못하거늘, 임금이 사환들에게 말하되 그 손발을 묶어 바깥 어두운 데에 내던지라 거기서 슬피 울며 이를 갈게 되리라 하니라'

예복을 입지 않았다고 했는데요. 천국은 잔칫집이라고 했습니다. 신랑 된 예수와 신부 된 교회가 결혼식을 치르고 영원히 함께 사는 곳인데요. 그러니까 우리 성도들은 하나님의 혼인 잔치에 초대된 사람들입니다. 그런데 이때 우리는 반드시 예복을 입어야 하는데 예복을 입지 않은 사람은 그 자리에 앉아 있지 못하고 쫓겨난다고 했는데요, 어디로 쫓겨나는가?

13절 '바깥 어두운 데에 내던지라 거기서 슬피 울며 이를 갈게 되리라'고 했으니까 지옥입니다, 지옥. 예복을 입지 않은 자는 쫓겨나 지옥에 던져져요.

그러면 여러분, 도대체 이때 예복이라는 것은 무엇을 말하는 것입니까? 딱 하나밖에 없지요. 예수 십자가의 피로 깨끗하게 씻음 받은 옷입니다.

성경에서는 이것을 예수의 십자가를 붙드는 믿음의 옷이요, 흰 세마포 옷이라고 했는데요. 예수가 십자가에서 나의 모든 죄 문제를 해결하셨다고 하는 믿음입니다.

그런데 문제는 무엇인고 하니 이때의 믿음은 머리로 아는 믿음이 아니라 행함의 열매가 따르는 믿음이라는 것입니다. 야고보서에서 행함이 없는 믿음은 죽은 믿음이라고 했으니까 나의 삶에 철저한 변화가 일어나는 믿음이요, 열매가 나타나는 믿음입니다. 그러면 어떤 변화입니까? 크게 두 가지, 하나는 회개요, 또 하나는 순종인데요. 회개는 잘못된 것을 깨닫고 돌이키는 것이고 순종은 자기를 부인하고 십자가를 지고 주의 뒤를 따르는 것입니다.

예수님을 내 마음에 주인으로 영접했기 때문에 내 마음대로 사는 것이 아니라 철저하게 그분께 순종하는 삶을 살아야 하는데요. 내 마음대로 넓은 길로 가는 것이 아니라 비록 십자가의 길이지만 주님의 뜻을 좇아 좁은 길로 가는 것입니다.

그러므로 여러분, 이렇게 놓고 봤을 때 어떤 사람이 탈락하는가? 예수를 믿는데도 도무지 변화가 일어나지 않는 사람입니다. 예수를 믿기는 어머니 배 속에서부터 믿었어요. 그런데 수십 년을 교회 다녀도 어제나 오늘이나 동일한 사람입니다.

도무지 변화가 없어요. 뜨뜻미지근해 가지고 예수를 따르는 것도 아니고 안 따르는 것도 아니고, 항상 하나님을 두 번째, 세 번째 자리에 놓는 사람입니다.

자기를 사랑하고 세상을 사랑하기 바빠서 주님을 뒤에서 따라오게 하는데요. 그러면서도 회개할 줄을 모릅니다.

제가 늘 말씀드리지만 참된 회개는 가슴을 치고 눈물을 흘리는 것으로 끝나는 것이 아니라 잘못된 것을 깨달았으면 이제는 방향을 틀어서 주님께로 완전히 돌아서는 것까지를 회개라고 했습니다. 왜냐하면 여러분, 우리가 예수를 내 마음에 구주로 영접하게 되면 죄를 짓고 싶습니까? 짓고 싶지 않습니까? 죄를 짓고 싶지 않아요. 예수가 내 죄 때문에 십자가에서 죽으신 것을 깨달았는데 어떻게 죄를 짓고 싶겠습니까. 그래서 죄를 짓고 싶지 않지만, 우리 육신이 약하기 때문에 어쩔 수 없이 넘어지고 자빠집니다. 그러므로 우리는 죄를 지을 때마다 마음이 아프기 때문에 회개하지 않을 수 없는데요. 그러나 여러분, 오늘 교회 안에 가만히 한번 보세요. 분명히 예수를 믿는다고 하는데 마음대로 죄짓고 자기 할 일 다 합니다.

하나님 따로, 나 따로예요. 그 결과 하나님의 자녀라면 하나님과 뭔가 닮은 데가 있어야 하는데 도무지 닮은 데가 없습니다.

그래서 세상 사람들이 보고 그래요. 예수 믿는 너나, 예수 믿지 않는 나나 다른 게 뭐 있느냐고. 아니, 예수 믿는 자들이 예수 안 믿는 자기들보다 더 못하다고까지 하는데요. 십자가를 지고 좁은 길로 가야 된다고 하면 무슨 말인지 못 알아듣습니다. 십자가를 졌다 벗었다 자기 마음대로예요. 좁은 길은커녕 아주 넓은 길 고속도로만 가려고 합니다.

'주를 위해서 좀 헌신하시지요'라고 하면 부담 주지 말라고 해요. 왜 사람에게 부담을 주고 귀찮게 하느냐고 불평합니다. 어때요 여러분, 여러분이 예수 신랑이라고 한다면 이런 사람 신부 삼고 싶은 생각이 있겠습니까? 도무지 순종하지 않으려고 하고 손에 물 한 방울 묻히는 것조차 싫어하는 사

377

람은 결코 그리스도의 신부가 될 수 없습니다.

여러분, 우리가 정말 예수를 내 마음에 구세주로 영접했습니까? 그렇다면 반드시 변화가 일어나야 합니다.

계19:6~8 '할렐루야 주 우리 하나님 곧 전능하신 이가 통치하시도다, 우리가 즐거워하고 크게 기뻐하며 그에게 영광을 돌리세 어린 양의 혼인 기약이 이르렀고 그의 아내가 자신을 준비하였으므로, 그에게 빛나고 깨끗한 세마포 옷을 입도록 허락하셨으니 이 세마포 옷은 성도들의 옳은 행실이로다 하더라'

여기서 세마포 옷은 성도들의 옳은 행실이라는 말은 그리스도의 신부다운 삶을 가리키는 말입니다. 그러니깐 우리가 정말 그리스도를 나의 신랑으로 내 안에 모셨으면 변화가 일어나야 합니다.

내 마음의 주인이 바뀌었는데 어떻게 변화가 일어나지 않겠습니까?

그리스도를 닮아 가야 합니다. 그리스도의 장성한 분량에 이르기까지 자라나야 해요. 그다음 또 하나 어떤 경우에 탈락하는가?

마25:31~33 '인자가 자기 영광으로 모든 천사와 함께 올 때에 자기 영광의 보좌에 앉으리니, 모든 민족을 그 앞에 모으고 각각 구분하기를 목자가 양과 염소를 구분하는 것같이 하여, 양은 그 오른편에 염소는 왼편에 두리라'

이 말씀은 주님이 재림했을 때 마지막 심판대 앞에서 양과 염소로 나누어지는 장면인데요, 그러면 그 기준이 무엇입니까?

35~36절 '내가 주릴 때에 너희가 먹을 것을 주었고 목마를 때에 마시게 하였고 나그네 되었을 때에 영접하였고, 헐벗었을 때에 옷을 입혔고 병들었을 때에 돌보았고 옥에 갇혔을 때에 와서 보았느니라'

형제들이 어려움에 처해 있을 때 돌아보았느냐고 묻고 계신데요. 왜냐하면 그 이유가 40절 '너희가 여기 내 형제 중에 지극히 작은 자 하나에게 한 것이 곧 내게 한 것이니라'라고 했기 때문인데요. 그러니까 형제에게 한 것이 곧 주님께 한 것이라고 했을 때 이것은 우리가 계명으로 받았습니다.

'새 계명을 너희에게 주노니 내가 너희를 사랑한 것같이 너희도 서로 사랑하라' 받은 바 예수님의 사랑으로 형제를 사랑하라는 계명인데요. 어때요, 여러분, 오늘 우리가 이 계명을 지켜 행하고 있습니까?

그런데 여러분, 오늘 우리가 꼭 기억해야 할 것은 하나님이 우리에게 계명을 주신 것이 우리에게 부담을 주려는 것이 아니라 축복을 주시려고 주신 것이라는 사실입니다.

34절 '그때에 임금이 그 오른편에 있는 자들에게 이르시되 내 아버지께 복 받을 자들이여 나아와 창세로부터 너희를 위하여 예비된 나라를 상속받으라'

분명히 축복입니다, 축복. 그러므로 여러분, 오늘 우리가 자칫하면 하나님의 축복을 잘못 이해하기 쉬운데요.

많은 신자들이 받는 것을 축복이라고 생각하는데, 아니에요. 성경은 분명히 말씀하시기를 '주는 것이 받는 것보다 복되도다'라고 했습니다.

그러니까 우리가 형제를 돌아 볼 때에 하나님이 우리를 축복하신다는 것인데요. 오늘 우리가 이 비밀을 알고 실천해야 합니다.

여러분, 한번 물어봅시다. 우리가 가진 것 중에 내 것이라고 할 수 있는 게 무엇 있습니까. 집, 돈, 재산, 건강, 젊음, 생명. 아니요, 빈손으로 왔다가 빈손으로 가는 게 우리 인생입니다. 우리의 생명마저도 하나님께로부터 와서 하나님께로 돌아간다고 했어요. 내 것이라고 할 수 있는 것은 아무것도 없습니다. 그러면 여러분, 내가 가진 모든 것의 주인이 따로 있고 또 나는 단지 주인의 것을 맡아서 관리하는 관리자일 뿐이라고 했을 때 어때요, 나를 위해서 사용해야 하겠습니까, 나의 주인 되시는 그분의 뜻을 좇아 사용해야 하겠습니까.

여러분, 오늘 나에게 맡겨진 모든 것을 가지고 나를 위해서 사용하고 있습니까? 안 돼요. 그것은 축복이 아니라 저주입니다.

요즈음 큰일 났어요. 하나님이 좀 그만 주셔야 되겠는데요. 왜냐하면 주신 것 가지고 하나님을 위해서 사용하는 것이 아니라 전부 다 자기를 사랑하고 세상을 사랑하는 데 쓰고 있으니까.

주인 뜻대로 사용하지 않고 내 뜻대로 사용하고 있어요. 여러분, 솔직히 오늘 내가 주님의 심판대 앞에 섰다고 했을 때 한번 대답해 보세요.

오늘 네 주위에 있는 어려운 형제들을 돌아보았느냐고 묻는다면 오늘 우리의 대답은 무엇입니까?

'주여, 부족하지만 최선을 다해서 주인의 뜻대로 살려고 힘썼습니다' 한다면 이 사람은 정말 복 받은 사람입니다. 그러나 전혀 아니올시다 하는 사람은 각오하세요. '저주를 받은 자들아 나를 떠나 마귀와 그 사자들을 위하여 예비된 영원한 불에 들어가라' 지옥입니다, 지옥. 죄목은 주의 것을 가지고 내 멋대로 남용한 죄입니다. 이 사람들이 예수를 믿지 않은 게 아니에요. 교회에 다니지 않은 것이 아닙니다. 헌금도 했어요. 겉모양에는 전혀 하자가 없었어요. 그러나 단지 하나, 열매가 없었습니다. 열매는 주인의 뜻에 순종할 때 맺혀지는 것인데 전부 내 마음대로 내 멋대로 사용했습니다.

그 결과 마지막은 저주였어요.

여러분, 길게 이야기하지 않겠습니다. 내 마음의 주인이 주님이시라는 것을 믿고 또 장차 그분 앞에서 셈 볼 날이 있다는 것을 믿고 사는 사람은 사는 게 분명히 다릅니다.

내 뜻대로 아니에요. 내 마음대로 나를 위해서가 아니에요.

주님 뜻대로 그분께 순종하면서 그분의 영광을 위하여 사는 줄 믿습니다.

입술로만 주여, 주여 할 것이 아니라 실제 우리의 삶을 통해서 열매를 맺으며 그분께 영광을 돌리며 사는 복된 여러분들 되시기 바랍니다.

380

천국을 소유하는 믿음
(마14:22~33)

우리는 마태복음 13장에서 천국에 대한 엄청난 비밀을 알게 되었는데요. 문제는 아무리 천국의 엄청난 비밀을 알게 되었어도, 이것을 내 것으로 소유하지 못한다면 아무 소용이 없습니다. 그림의 떡이 무슨 소용 있습니까?

그러므로 우리는 어떻게 해서든 천국을 소유하는 자리까지 나아가야 하는데요. 그러면 오늘 우리가 무엇으로 천국을 소유할 수 있을까요?

그것은 믿음입니다. 겨자씨 한 알만 한 믿음이라도 믿음이 있어야만 천국을 소유할 수 있습니다. 그러면 어떤 믿음입니까?

그것은 바로 '예수님이 하나님의 아들 메시아시다'라고 믿는 믿음인데요. 예수는 인간의 몸을 입고 이 땅에 오셨지만, 하나님의 아들, 신이세요.

그러므로 예수님이 이 땅에 오셔서 행하신 모든 이적과 기사는 전부가 자신이 하나님의 아들, 신이심을 나타내기 위함입니다. 그러나 정말 유감스럽게도 예수가 이 땅에 오셨을 때 모든 주위 사람들은 사람의 아들로 봤지, 하나님의 아들로 보지 않았어요. 예수가 자기 고향 나사렛 회당에서 천국 복음을 가르쳤을 때 사람들이 뭐라고 합니까?

마13:55~57 '이는 그 목수의 아들이 아니냐 그 어머니는 마리아, 그 형제들은 야고보, 요셉, 시몬, 유다라 하지 않느냐, 그 누이들은 다 우리와 함께 있지 아니하냐 그런즉 이 사람의 이 모든 것이 어디서 났느냐 하고, 예수를 배척한지라'

우리가 알기로는 가난한 목수의 아들이요, 별로 배운 것도 없고 그의 형제와 누이들도 우리와 함께 살고 있지 않느냐, 그런데 어디서 저런 지혜와 능력이 났지? 도무지 예수를 하나님의 아들로 믿지 않고 있습니다. 그래서 천국을 바로 눈앞에 두고도 믿음이 없어서 소유하지를 못했어요.

그다음 또 헤롯 왕은 어떻습니까?

마14:2 '이는 세례 요한이라 그가 죽은 자 가운데서 살아났으니'

예수를 죽은 세례 요한이 다시 살아난 귀신으로 생각했어요. 하나님의 아들로는 꿈에도 생각하지 못했습니다. 믿음의 눈이 없으니까 완전히 깜깜하지요.

그러면 예수를 따르던 군중들은 놀라운 기적을 직접 두 눈으로 봤으니까 예수를 제대로 봤는가? 아니요. 유감스럽게도 이들도 그렇지를 못했습니다.

보리 떡 다섯 개와 물고기 두 마리로 5천 명을 먹이고도 열두 바구니를 남겼을 때 난리가 났지요. 도대체 어떻게 이런 분이 세상에 있을 수 있느냐고.

그러나 그럼에도 불구하고 이들은 예수를 누구로 알았습니까? 사람의 아들로 알았어요. 도무지 하나님의 아들로 알지 못했습니다. 그래서 요한복음을 보니까 예수를 억지로 붙잡아 자기들의 왕으로 삼으려고 하자 예수님이 산으로 피하셨다고 했습니다.

그러므로 여러분, 예수님은 이 땅에서 천국 복음을 전하고 모든 병자들을 고치고 오병이어의 기적을 행하시는 것들을 통해서 자신의 무엇을 알게 하고자 한 것입니까? '내가 바로 하나님의 아들인 메시아다'라는 것이지요.

내가 바로 너희를 구원할 구세주니 나를 믿음으로 천국을 소유하라는 것입니다. 그래서 예수님의 공생애 첫 음성이 '회개하라. 천국이 가까이 왔느니라'였어요. 그러나 믿음의 눈이 없는 군중들은 바로 눈앞의 천국을 보고도 소유하지 못했습니다. 천국 소유는 전적으로 예수를 하나님의 아들로 믿는 믿음에 달려 있어요. 그러면 오늘 본문의 내용이 무엇입니까?

베드로가 믿음으로 물 위를 걷는 유명한 사건인데요. 이것은 오늘 이 땅에 살고 있는 우리들이 어떻게 천국을 소유할 수 있는가 하는 천국 소유의 비결을 상징적으로 보여 주는 사건입니다.

그러므로 지금 갈릴리 바다는 우리가 살아가는 이 세상을 말하는 것이요, 배에 타고 있는 제자들은 오늘날 예수 믿는 우리 신자들을 의미하는데요. 우리가 살아가는 이 세상을 풍랑이 일어나는 바다라고 했습니다. 그러니까 우리 신자라고 해서 이 세상을 살아갈 때에 풍랑을 면제받을 수 있는 게 아니에요.

22절 '예수께서 즉시 제자들을 재촉하사 자기가 무리를 보내는 동안에 배를 타고 앞서 건너편으로 가게 하시고' 분명히 주님이 가라고 해서 그 명령에 순종해서 가고 있는데도 풍랑이 일어났습니다. 그러므로 여러분, 이것은 오늘 우리도 똑같은데요. 우리 생각에 주님의 뜻에 순종해서 주님 뜻대로 살면 풍랑이 없고 어려움도 없고 그냥 순풍에 돛단 듯이 평탄하게 갈 것으로 기대하지만, 그러나 실제는 정반대예요. 여전히 풍랑이 있을 뿐만 아니라, 없던 풍랑까지 막 일어납니다. 왜냐하면 이 세상은 원수 마귀가 왕 노릇하는 곳이기 때문인데요. 옛날 같으면 세상이 내 친구이고 세상이 내 편이니까 세상에서 환영을 받았지만, 주인을 주님으로 바꾸고 나니까 원수 마귀가 얼마나 심통을 부리는지 정신을 차릴 수가 없습니다.

24절 '바람이 거스르므로 물결로 말미암아 고난을 당하더라' 세상을 따라가던 사람이 세상을 거슬러 올라가려고 하니까 얼마나 힘이 듭니까? 세상과 싸우느라 정신을 차릴 수 없을 정도로 힘들어하고 있습니다.

그래서 이때 우리는 자주 자주 뭐라고 합니까? '예수 믿는데 왜 이렇게 힘드냐'라고 합니다. 아니, 어떤 때는 주님이 야속하기까지 한데요. 그러나 여러분, 그럼에도 불구하고 우리가 이때 꼭 붙들어야 할 것이 있는데요.

25절 '밤 사경에 예수께서 바다 위로 걸어서 제자들에게 오시니' 분명히 주님은 산으로 가셨고 제자들은 배 타고 바다를 건너고 있었습니다.

그러나 여러분, 비록 몸은 떨어져 있었지만, 주님은 제자들의 형편을 다 보고 계셨고 다 알고 계셨어요. 그래서 제자들에게 어려움이 있으니까 밤 사경이라도 급히 오고 계십니다.

그러므로 여러분, 오늘 우리가 신앙생활 하면서 가장 어려움을 느끼는 때가 언제입니까? 주님이 나를 돌아보시지 않는다고 생각될 때, 내 사정이 주님께 감추어졌다고 생각될 때가 가장 어렵고 힘듭니다.

그러나 여러분, 안심하세요. 우리 주님은 절대 그러신 분이 아닙니다. 우리에게 정말 도움이 필요할 그때를 알고 계세요. 그래서 그때를 맞추어서 주님이 오십니다.

시121:4 '너희를 지키시는 자는 졸지도 아니하시고 주무시지도 않으시고 너를 지키시리라'

사49:15 '여인이 어찌 그 젖 먹는 자식을 잊겠으며 자기 태에서 난 아들을 긍휼히 여기지 않겠느냐 그들은 혹시 잊을지라도 나는 너를 잊지 아니할 것이라'

여인이 젖 먹는 자기 자식은 혹시 잊을지라도 우리 하나님은 절대 우리를 잊지 않으신다고 했습니다. 잠시라도 한눈팔지 않으시고 항상 돌보시고 지키고 계세요. 그다음 또 하나 우리가 이 세상을 살면서 꼭 가지고 있어야 할 믿음은,

27절 '예수께서 즉시 이르시되 안심하라 나니 두려워하지 말라'

아무리 힘들고 위급한 상황이라고 해도 우리 주님만 오시면 이상 끝이

라는 사실입니다. 비록 죽음이 바로 눈앞에 닥친 상황이라고 할지라도 주님만 오시면 더 이상의 두려움도, 염려도 없다는 것인데요. 왜냐하면 우리 주님이 해결할 수 없는 문제는 없으니까. 욥기에 나오지요. 욥은 세상적으로 봤을 때 욥보다 더 큰 어려움을 당할 수 있는 사람은 없습니다. 한꺼번에 열 자녀를 다 잃고, 가진 전 재산을 다 잃고, 부인은 욕하고 도망가고, 온몸은 악창이 나서 재 가운데서 기왓조각으로 긁고 있고, 더 이상 비참할 수 없고 도무지 세상적으로는 해결할 수 없는 상태에 놓여 있는 것 같았지만, 그러나 하나님을 딱 만났을 때 한순간에 모든 문제가 다 해결되었습니다.

그러므로 여러분, 우리에게 어려움이 왔을 때 '주님도 이 문제는 해결할 수 없을 것이다' 하는 염려는 할 필요가 없습니다.

왜냐하면 아직까지 주님이 우리 인생사를 해결하지 못한 일은 단 한 건도 없었으니까 주님 자체가 평안이요, 문제해결이에요.

그러므로 여러분, 우리 신자보고 이 세상을 살아갈 때 어떻게 살아가라고요?

오직 믿음으로 우리 주님은 언제나 문제해결자이시니까 우리에게 믿음만 있으면 돼요. 왜냐 믿음은 내 것이 아니라 하나님의 것이니까. 우리의 믿음은 전부가 하나님의 말씀을 붙들 때 나타나는데 이 말씀이 곧 하나님이라고 했습니다. 그러므로 믿음은 하나님의 말씀대로 이루어지는 하나님의 능력이에요.

오늘 본문을 보니까 베드로가 물 위를 걸었다고 했는데요. 어떻게 걷고 있습니까?

29절 '오라 하시니 베드로가 배에서 내려 물 위로 걸어서 예수께로 가되' 베드로가 주님이 오라고 하는 말씀을 듣고 물 위를 걸었다고 했습니다. 그러므로 여러분, 이때 베드로는 어디를 걷고 있는 것입니까?

물 위를 걷고 있는 것입니까? 아니면 말씀 위를 걷고 있는 것입니까? 말씀 위를 걷고 있어요. 물 위를 걸으면 빠지니까 분명히 주님의 오라는 음성을 듣고 말씀 위를 걷고 있습니다.

그러므로 여러분, 이 믿음은 나의 것이 아니라 하나님의 것이니까 베드로가 우리와 똑같은 인간이지만 물 위를 걸을 수 있었어요.

왜냐, 하나님의 말씀의 능력이니까.

30절을 보니까 베드로가 바람을 보고 무서워할 때에 빠져들어 갔다고 했는데 왜 그렇습니까? 주님의 말씀 위를 걷고 있는데 바람이 불자 주님의 말씀을 의지하지 않고 세상 환경을 바라보고 걸으니까 빠질 수밖에 없지요.

그런데 여러분, 이것은 오늘 우리도 똑같습니다. 여러분, 오늘 우리 신자가 '오직 의인은 믿음으로 말미암아 살리라'고 하는 이 말씀을 모르는 사람이 어디 있습니까?

그런데 문제는 우리에게 어떤 어려운 문제가 오면 하나님의 약속의 말씀을 붙들고 믿음으로 나가기보다는 자꾸 무엇을 바라봅니까? 세상 환경 바라보고, 내 능력 바라보고, 어려운 문제만 바라봅니다.

그래서 그 결과 자꾸 빠지게 되는데요. 조금만 어려움이 와도 빠져 가지고는 숨이 가빠서 정신을 못 차립니다. 밤새도록 고민하고 신경 쓰느라 잠을 못 자서 눈이 벌겋게 충혈되어 어떤 때는 교회도 못 나오는데요. 이때 심방을 가 보면 뭐라고 합니까? '목사님 믿음으로 살아 보려고 하는데 잘 안 되네요'라고 합니다.

그러나 여러분, 오늘 본문 보니까 베드로는 이렇게 빠져 갈 때에 어떻게 했다고요. '주여, 나를 구원하소서.' 무엇입니까? 기도입니다, 기도.

사실 이것이 믿음인데요. 어려울 때 주님을 찾는 것, 이게 믿음입니다.

그러므로 여러분, 신앙생활은 절대 우리 힘으로 안 돼요. 꼭 주님께 도움을 구해야 합니다.

여러분이 밤새도록 잠을 못 자는 고민거리가 있으면 그 앞에 '주여' 한 단어만 넣으세요. 주여, 도와주소서. 그러면 철야기도가 되어 주님이 이 기도를 듣고 어떻게요.

'즉시 손을 내밀어 그를 붙잡으시며'

여러분, 오늘 우리가 예수를 믿고 믿음으로 살아간다고 하지만 사실 우리의 믿음은 언제 빠질지 모르는 연약한 믿음인 것을 우리는 알아야 합니다.

금방 산을 옮길 것 같은 담대한 믿음이 있는 것 같다가도 또 금방 푹 꺼져서 언제 빠질지 모르는 연약함을 함께 가지고 있는 게 우리의 믿음이에요.

성경에도 나오는데요. 엘리야 선지자가 갈멜산상에서 바알과 아세라 선지자와 850:1로 대결할 정도로 담대했지만 그다음 날 이세벨이 죽인다고 하니까 무서워서 광야로 도망가 로뎀나무 앞에 엎드려져 죽여 달라고 하고 있잖아요.

또 믿음의 사람 사도 바울도 보세요. 죽음도 두려워하지 않던 그였지만 소아시아에서 너무 어려움이 심하니까 살 소망까지 끊어졌다고 했습니다.

그러니까 우리의 신앙은 아무리 믿음이 좋다고 할지라도 넘어지고 자빠질 때가 있는데요. 그러나 그럼에도 불구하고 우리가 이때 담대하게 용기를 잃지 않는 것은 무엇 때문입니까?

빠져 갈 때 우리가 주께 구하면 즉시 우리를 건져 주신다는 믿음 때문입니다.

우리 주님은 우리에게 두 가지를 다 주셨어요. 어려움도 주시고, 또 도와 달라고 구하면 건져도 주시고, 풍랑도 주시고, 건져도 주시고.

그러면 왜 주님이 이 두 가지를 함께 우리에게 주시는가. 그 이유는 오직 하나, 우리의 믿음이 자라게 하기 위해서입니다. 어려울 때 '주여!' 하고 기도하게 하시고, 또 그 어려움에서 건져 주심으로 주님만을 바라보며 살게 하시고.

왜냐하면 우리는 원래가 어려움이 없으면 주님을 안 찾는 자들이니까. 이것을 주님이 아세요. 그래서 주님이 우리에게 어려움을 주시는 이유는 전적으로 우리의 믿음을 위해서입니다.

우리의 믿음이 '당신은 진실로 하나님의 아들이로소이다' 할 때까지 자라날 수 있도록. 여러분, 성경을 한번 보세요.

우리 믿음의 선진들이 전부 이것 아닙니까.

아브라함을 불러서 계속 어려움을 주어 넘어지고 자빠지고 빠지고 하지만 결국은 어떻게요.

믿음으로 백 세에 낳은 독자 이삭을 번제로 바칠 수 있는 자리까지 자라게 하셨어요. 또 이스라엘 백성들에게 광야 40년 동안 계속 어려움을 주셨는데 언제까지입니까?

'사람이 떡으로만 살 것이 아니요, 하나님의 입으로부터 나오는 모든 말씀으로 살 것이라'는 것을 깨달을 때까지.

오늘 우리 교회도 마찬가지예요. 여러 가지 어려움과 시련이 계속 주어질 것입니다. 그러나 그럼에도 불구하고 우리에게 소망이 있는 것은 무엇입니까? 주의 말씀을 붙드는 믿음만 있으면 엄청난 기적이 일어날 것이라는 것입니다. 환경만 바라보면 빠집니다. 그러나 주의 약속의 말씀을 붙들고 계속 인내하며 나가면 앞으로 엄청난 하나님의 기적을 보게 될 줄 믿습니다. 바다 위를 걷는 것과 같은 기적이 일어날 줄 믿습니다.

의문의 종교와 마음의 신앙
(마15:1~20)

여러분, 만약 우리가 보석을 선물로 받았다고 했을 때 보석을 담은 상자가 중요합니까? 아니면 그 상자 안에 담긴 보석이 더 중요합니까?

물어볼 것도 없습니다. 이스라엘 민족이 보석상자만 남고 안에 담긴 보석을 잃어버려서 망했다는 것인데요. 여러분, 우리가 알다시피 이 세상에서 가장 열심히 하나님을 섬기는 민족이 있다면 그것은 단연 이스라엘 민족입니다.

이들이 하나님을 섬기는 열심은 가히 상상을 초월하는데요.

이들은 어릴 때부터 철저하게 하나님의 말씀으로 교육받습니다. '토라'라고 해서 모세오경을 듣고 배우는 정도가 아니라 성인이 되기 전까지 아예 깡그리 외운다고 했으니까 보통 열심이 아니지요.

그런데 그뿐만 아니에요. '탈무드'라고 해서 하나님의 율법을 더 잘 지키기 위해 조상 대대로 유전되어 오는 생활지침서가 있는데 이들은 이것을 율법 못지않게, 아니 율법보다 더 엄하게 지켜 행했다고 했습니다.

예를 들면 율법에는 안식일을 지키라고만 했는데 탈무드에는 안식일을 어떻게 지킬 것인가 하는 그 세부조항까지 상세하게 세분해 놓았어요. 그래서 안식일에 걸을 수 있는 거리의 한계가 따로 있고요, 또 일이라고 생각되는 것은 전혀 할 수 없게 만들어 놓았습니다. 그래서 지금도 이스라엘 나라에 가면 호텔 엘리베이터에 평일용과 안식일용이 따로 있는데요. 안

389

식일용은 모든 것이 자동입니다. 버튼을 누르지 않아도 매 층마다 자동으로 열리고 닫히게 만들어 놓았는데, 왜냐하면 버튼을 누르는 것도 일이기 때문에 그렇게 만들어 놓았다는 것입니다. 그러니 보통 열심이 아니지요.

그러나 여러분, 이들이 이렇게 하나님을 열심히 섬기고 있음에도 불구하고 하나님으로부터 버림을 받았는데 왜 그렇습니까?

사도 바울이 정확하게 말했어요.

롬10:2~3 '그들이 하나님께 열심이 있으나 올바른 지식을 따른 것이 아니라 하나님의 의를 모르고 자기 의를 세우려고 힘써 하나님의 의에 복종하지 아니하였느니라'

열심은 열심인데 잘못된 열심이었어요. 하나님의 의를 모르고 자기 의를 드러내기 위한 열심이었다고 했습니다. 그 대표적인 것이 하나님의 의인 예수를 메시아로 받아들이지 않은 것이지요. 율법을 지켜 행함으로 구원받는 줄 알았기 때문에 하나님의 말씀을 그렇게 열심히 보고 듣고 배우고 암송까지 하면서도 그 말씀 안에서 하나님의 의인 예수를 발견하지 못했습니다.

그 결과 하나님의 저주를 받았는데요. 우리 인류 역사상 이스라엘 민족만큼 고난을 당한 역사가 없습니다. 가장 비참한 자리에 떨어졌어요.

그런데 이것은 오늘날 이단들도 마찬가지지요. 이들은 하나님을 섬기는 데 그 열심이 특심합니다. 신천지, 여호와의증인 이들의 열심은 도무지 우리가 따라갈 수가 없어요. 그러나 그럼에도 그 열심은 잘못된 열심이기 때문에 그 마지막은 멸망입니다.

그러면 이제 오늘 본문 말씀을 통해서 예수님 당시에 바리새인들과 서기관들이 얼마나 하나님의 말씀으로부터 떠나 있었는지를 한번 살펴보도록 하겠는데요. 먼저 본문의 배경을 잠깐 설명드리면 예수의 제자들이 손을 씻지 않고 떡 먹는 것을 보고는 바리새인들이 예수님에게 시비를 걸었다고 했습니다.

그러니 여러분, 이것은 하나님의 말씀이 아니라 무엇을 가지고 말하고 있는 것입니까? 자기들의 전통이지요. 조상들로부터 유전되어 오는 장로들의 유전입니다. 유대인들의 전통에는 음식을 먹을 때 반드시 손을 씻고 먹어야 한다는 것이 있었는데요. 이것은 하나님의 말씀에는 없는 것입니다.

제가 앞에서 말씀드린 대로 하나님을 더 잘 섬겨 보겠다고 인간이 만들어 낸 계명이에요. 지금은 '미쉬나'라고 해서 그 한 부분 전체가 성결에 대해서만 말하고 있는데요. 거기를 보면 바깥에서 돌아왔을 때는 반드시 손을 씻은 다음에 음식을 먹고 음식 먹은 그릇도 깨끗이 씻는다는 것인데요.

그런데 여기에 대한 예수님의 대답이 무엇입니까?

'너희는 어찌하여 너희의 전통으로 하나님의 계명을 범하느냐'

사람의 계명을 지키는 것을 가지고 하나님의 계명을 지키는 것으로 착각하는 것에 대한 책망입니다. 무슨 말인고 하면 우리가 음식을 먹기 전에 손을 깨끗이 씻고 또 음식 먹은 그릇을 깨끗하게 씻는다고 하는 것은 우리 몸의 위생상 매우 유익하고 좋은 것입니다. 오늘 우리가 이 세상을 살아갈 때 꼭 필요한 지혜예요. 그러나 여러분, 아무리 좋은 생활규범이라도 이 생활규범이 곧 하나님을 섬기는 일이요, 또 한 걸음 더 나아가서 하나님의 계명보다 더 우선하는 것이라고 한다면 여기에는 문제가 있다는 것입니다.

왜냐하면 자, 보세요. 우리가 믿는 하나님은 영이시므로 우리 마음의 중심을 살피시고 우리의 마음을 받으시는 분이라고 했습니다. 그러니 손발 씻는 일이 좋은 일이기는 하지만 마음하고는 상관이 없어요. 손을 씻는다고 마음이 씻어지는 것은 아니니까.

그런데 여러분, 그럼에도 불구하고 지금 바리새인들과 서기관들은 어떻게 하고 있다는 것입니까? 완전히 거꾸로예요.

하나님 앞에서 정작 씻어야 할 마음은 접어놓고 하나님과는 전혀 상관도 없는 손발 씻는 일을 가지고 하나님을 섬기는 것으로, 그것을 지킴으로 하나님을 경배하는 것으로 착각하고 있다는 것입니다.

그래서 예수님이 지금 이들의 무엇이 잘못되어 있는가를 아주 쉬운 예를 들어 설명하고 있는데요.

4~6절 '하나님이 이르셨으되 네 부모를 공경하라 하시고 또 아버지나 어머니를 비방하는 자는 반드시 죽임을 당하리라 하셨거늘, 너희는 이르되 누구든지 아버지에게나 어머니에게 말하기를 내가 드려 유익하게 할 것이 하나님께 드림이 되었다고 하기만 하면, 그 부모를 공경할 것이 없다 하여 너희의 전통으로 하나님의 말씀을 폐하는도다'

네 부모를 공경하라고 하는 것은 하나님의 계명이고 하나님께 드림이라고 하는 것은 '고르반'이라고 해서 유대교인들이 하나님 앞에 일단 서원하여 드린 것은 절대 다른 사람이 사용하지 못하게 하는 서약문입니다.

그러니까 나는 하나님께 이미 드리고 서약했기 때문에 심지어 부모라도 돌아볼 수가 없다고 한다는 것인데요. 그런데 이것은 장로들의 유전입니다. 율법이 아니에요.

하나님의 율법에도 한번 서원한 것은 반드시 이행해야 한다는 법이 있습니다만, 그러나 그 말씀이 서원했기 때문에 부모를 공경하지 않아도 된다는 뜻은 아닙니다. 하나님의 율법에는 네 부모를 공경하라, 이상 끝이에요.

더 이상 예외조항이 없습니다. 그러므로 이유 여하를 막론하고 반드시 부모를 공경해야만 한다는 것이 하나님의 법이에요. 그런데 지금 바리새인과 서기관들이 어떻게 했다는 것입니까? 분명히 하나님의 법에 부모를 공경하라는 법이 있음에도 불구하고 부모를 봉양하기 싫으니까 하나님의 말씀은 접어 두고 장로들의 유전을 좇아 부모를 돌보지 않고, 나는 하나님께 드렸으니 이상 끝이다, 라고 생각했다는 것입니다. 그러니 하나님의 법보다 무엇이 앞섰습니까? 사람의 계명이 앞섰어요. 사람의 계명을 지키겠다고 하나님의 계명을 버렸으니 이것은 보통 죄가 아니지요.

그러면 여러분, 오늘 우리는 혹시 하나님을 섬긴다는 핑계로 부모를 공경하지 않는 일들은 없습니까? 저는 목사지만 항상 이 문제에 부담을 갖고 있습니다. 객지 생활을 어릴 때부터 하다 보니까 부모님과 함께 있는 것보다 떨어져 있는 것이 더 자연스럽게 되어 버렸어요. 물론 떨어져 있다고 부모를 공경하지 못하는 것은 아닙니다만 여러분, 하나님을 섬기는 일하고, 부모를 섬기는 일하고가 다른 것입니까? 따로따로에요? 아니지요. 성경은 이 두 일이 똑같이 하나라고 했습니다.

요일4:20 '누구든지 하나님을 사랑하노라 하고 그 형제를 미워하면 이는 거짓말하는 자니 보는 바 그 형제를 사랑하지 아니하는 자는 보지 못하는 바 하나님을 사랑할 수 없느니라'

이 말씀은 부모에게도 그대로 적용되는 말씀입니다. 눈에 보이는 자기 부모를 공경하지 못하는 자가 어떻게 눈에 보이지 않는 하나님을 공경하겠느냐 성경은 분명히 말씀합니다.

딤전5:8 '누구든지 자기 친족 특히 자기 가족을 돌보지 아니하면 믿음을 배반한 자요 불신자보다 더 악한 자니라'

부모는 이 땅에 있는 하나님의 대리자니까 마땅히 공경해야 해요. 하나님의 일을 핑계해서 부모를 돌아보지 않는 것은 하나님 앞에 큰 죄가 됩니다.

그러면 이러한 본문의 배경을 놓고 오늘 우리에게 적용하면 어떻게 할까요.

사실 지금은 많이 좋아졌습니다만 제가 어릴 때만 해도 굉장했습니다.

좌우지간 주일 날 할 수 있는 게 아무것도 없었으니까.

사 먹는 것은 말할 것도 없고, 차 타는 것, 장 보는 것, 빨래하는 것까지도 안 했어요. 저 경상도 대구에 가면 장로교 고려파라고 있는데요. 저의 작은고모 부부가 고려파 교회 장로고 권사고 그렇습니다. 버스터미널 근처에 집이 있어서 제가 고향에 갔다가 주일 날 올라오면 가끔 그 집에 들렀습니다. 그러면 손님이라고 중국요리를 시켜 주는데요. 자기들 법에 주일 날 음식 사 먹으면 안 되니까 언제나 한 그릇입니다. 그래서 나는 먹고 자기들은 구경만 하고 있는데요. 나는 먹고 지옥 가도 된다는 것인지 헷갈렸습니다.

어때요, 여러분. 술, 담배 하면 구원 못 받습니까? 아니요. 우리 그리스도인들의 너무나 좋은 생활규범입니다만 술, 담배하고 구원하고는 아무 상관도 없어요. 그 외에도 여러 가지 웃지 못할 일들이 많이 있었는데요. 불과 50년 전까지만 해도 입술에 빨갛게 바르고 머리에 파마를 하고 나이롱 치마 입고 성가대 앉아 있으면 끌어내렸다고 했습니다. 신성모독죄로 지금 생각해 보면 참 웃기는 일인데요.

어쨌든, 오늘 예수님이 우리에게 말씀하시고자 하는 핵심이 무엇입니까?

'입으로 들어가는 것이 사람을 더럽게 하는 것이 아니라 입에서 나오는 그것이 사람을 더럽게 하는 것이니라'

너무나 당연한 말씀이지요. 우리 입으로 들어가는 음식이 더러운 것이 아니라 정말 더러운 것은 우리 마음에서 나오는 것이라고 했습니다.

'마음에서 나오는 것은 악한 생각과 살인과 간음과 음란과 도둑질과 거짓 증언과 비방이니, 이런 것들이 사람을 더럽게 하는 것이요 씻지 않은 손으로 먹는 것은 사람을 더럽게 하지 못하느니라'

너무너무 정답인데요. 왜 그런가?

여러분, 우리 인간은 날 때부터 무엇입니까? 죄인이지요, 죄인.

죄를 짓기 때문에 죄인 된 것이 아니라 날 때부터 죄인이라 죄를 짓지 않을 수 없는 죄인입니다. 그러므로 성경에서는 이러한 우리 인간이 구원을 받으려면 반드시 어떻게 돼야 한다고 했는고 하니,

요3:3 '사람이 거듭나지 아니하면 하나님의 나라를 볼 수 없느니라'고 했습니다. 한번 태어난 것은 죽을 때까지 변화되어질 수 없으니까 일단 죄인으로 태어났으면 죽을 때까지 죄인이에요. 그러므로 죄인인 우리 인간이 의인이 되려면 반드시 의인으로 다시 태어나는 길밖에는 없다는 것입니다. 그래서 우리가 예수를 나의 구세주로 영접할 때 새생명이 주어진다고 했는데요. 그런데 이 새생명은 예수님의 생명이므로 죄에 오염되지 않은 생명이요, 본질적으로 죄를 싫어하는 생명이라고 했습니다. 맞아요, 여러분, 죄는 죄가 싫어서 짓지 않아야지 죄를 짓고 싶은데 억지로 안 지으려고 하면 힘만 들었지, 결국은 실패합니다. 그러므로 오늘 우리는 어떻게 해야 합니까?

갈5:16 '성령을 따라 행하라 그리하면 육체의 욕심을 이루지 아니하리라'

우리가 원래 어머니 배 속에서 타고난 마음은 죽을 때까지 변하지 않습니다. 악한 마음이 조금도 나아지지 않아요. 처음이나 끝이나 똑같습니다. 그러므로 성령으로 다시 태어나 새생명을 받을 때 주어지는 새마음을 가져야 하는데요. 여기에는 영적 싸움이 필요합니다. 육체의 소욕과 성령의 소욕은 정반대이니까.

그런데 우리 예수 믿는 사람은 어떤 사람이라고요?

갈5:24 '그리스도 예수의 사람들은 육체와 함께 그 정욕과 탐심을 십자가에 못 박았느니라'

우리의 육신은 예수와 함께 이미 십자가에 못 박혀 죽었어요. 그런데 우

리가 새생명을 받아 이 새생명이 점점 자라게 되면 신기한 일이 일어나는데 그것은 죄를 지을 때 주어지는 즐거움보다도 죄를 지을 때 받게 되는 마음의 고통이 훨씬 더 크다는 것입니다.

왜냐 내 안에 주인인 성령이 근심하고 고통하는 것을 도무지 견디지를 못하니까. 그래서 정말 죄가 싫어서 죄를 안 지을 수 있어요.

그러므로 오늘 우리가 죄를 이기려면 무조건 성령 충만 받아야 합니다.

성령이 아니고는 죄를 이길 방법이 없으니까. 그래서 사도 바울이 뭐라고 했습니까?

롬12:1~2 '그러므로 형제들아 내가 하나님의 모든 자비하심으로 너희를 권하노니 너희 몸을 하나님이 기뻐하시는 거룩한 산 제물로 드리라 이는 너희가 드릴 영적 예배니라, 너희는 이 세대를 본받지 말고 오직 마음을 새롭게 함으로 변화를 받아 하나님의 선하시고 기뻐하시고 온전하신 뜻이 무엇인지 분별하도록 하라'

여기서 마음을 새롭게 함으로 변화를 받으라고 했는데 이것은 오직 성령으로만 됩니다. 그러므로 마지막 때가 될수록 우리는 성령 충만 받아야 해요.

'세월을 아끼라 때가 악하니라 술 취하지 말라 이는 방탕한 것이니 오직 성령으로 충만함을 받으라'

자녀의 떡과 개의 부스러기
(마15:21~28)

여러분, 하나님 나라는 말에 있지 아니하고 능력에 있다고 했는데요. 우리가 아무리 많은 하나님 나라에 대한 비밀을 알고 있다고 해도 이것을 나의 삶 가운데서 실제로 맛보고 체험하지 못한다면 아무 소용이 없다는 것입니다.

여러분, 하나님은 오늘도 살아 역사하심을 믿습니까?

그렇다면 그분이 오늘 나에게 과연 어떻게 살아 계심을 나타내실까요?

다른 것 아무것도 없습니다. 오직 믿음이지요. 오직 믿음으로 하나님의 살아 계심을 오늘 내가 맛보게 될 줄 믿습니다.

그래서 오늘도 우리는 하나님의 살아 계심을 오늘 내가 맛볼 수 있는 비결에 대해서 생각하게 되겠는데요. 먼저 바리새인들과 서기관들은 왜 천국을 바로 눈앞에 두고도 소유하지 못했습니까?

그들의 겉모양은 하나님의 말씀을 지켜 행하는 것처럼 떠들었지만 실제 그들의 마음은 완전히 하나님으로부터 떠나 있었다고 했습니다.

그러니까 이들은 하나님의 말씀을 받되 마음으로 받지를 못했어요. 입술은 '주여! 주여!' 하는데 그들의 삶은 하나님의 말씀이 아닌 엉뚱한 것을 붙들고 하나님을 가장 열심히 잘 섬기는 체했다는 것입니다. 하나님을 섬기되 하나님이 원하시는 방향이 아니었어요. 그런데 그 이유는 그들이 노력하지 않았기 때문이 아니라 그들의 마음이 새로워지지 않았기 때문인데요.

고후5:17 '누구든지 그리스도 안에 있으면 새로운 피조물이라 이전 것은 지나갔으니 보라 새것이 되었도다'

여기서 새로운 피조물은 하나님께로부터 난 완전히 새사람, 새마음입니다.

원래 어머니 배 속에서부터 갖고 나온 마음 가지고는 안 돼요. 예수를 구세주로 고백할 때 주어지는 하나님으로부터 난 새생명의 새마음을 가져야 하는데 이 마음이 없어서 서기관과 바리새인들은 망했습니다.

그러면 여러분, 과연 어떠한 마음이 하나님의 나라를 소유할 수 있는 마음 밭인가 하는 것인데요. 오늘 본문에서 잘 나옵니다.

귀신 들린 딸아이를 둔 한 가나안 여인에 대한 이야기인데요. 이방 여인으로서 이스라엘 백성들이 볼 때는 짐승 취급을 받는 여인이었습니다.

그런데 놀랍게도 유대인으로부터 개처럼 취급받는 이 여인이 하나님 나라를 소유하게 되는데요. 그 비결이 무엇입니까?

'여자여 네 믿음이 크도다 네 소원대로 되리라 하시니 그때로부터 그의 딸이 나으니라'

믿음으로 하나님 나라를 맛보았다고 했습니다. 그러면 과연 어떤 믿음인가? 첫째 하나는 '주 다윗의 자손이여 나를 불쌍히 여기소서'. 성경에서 다윗의 자손은 메시아를 가리킵니다. 그러니까 이 여인은 예수가 '메시아'이심을 정확하게 알고 고백했다는 것인데요. 메시아는 구원자시니까 메시아 되시는 예수님에게만 나아가면 반드시 내 문제를 해결 받을 수 있다는 믿음이 있었습니다.

그러므로 여러분, 오늘 누가 하나님 나라를 맛보고 소유할 수 있습니까?

예수가 메시아이심을 정확하게 알고 그 앞에 나아가는 자입니다. 예수가 메시아이므로 예수만 만나면 내 문제는 반드시 해결된다고 하는 믿음,

이 믿음이 하나님 나라를 가져왔는데요. 예수님이 이 땅에 오신 이유지요. '회개하라. 천국이 가까웠느니라.'

눅4:18~19 '주의 성령이 내게 임하셨으니 이는 가난한 자에게 복음을 전하게 하시려고 내게 기름을 부으시고 나를 보내사 포로 된 자에게 자유를, 눈먼 자에게 다시 보게 함을 전파하며 눌린 자를 자유롭게 하고 주의 은혜의 해를 전파하게 하려 하심이라'

예수님이 이 땅에 오신 목적이 죄 때문에 주어진 우리 인간의 모든 문제를 해결할 구원자로 오셨다는 것입니다. 그러니까 오늘 우리에게 '예수님은 메시아로서 나의 모든 문제를 해결할 구원자이십니다' 하는 믿음의 고백이 천국을 소유할 수 있게 했어요. 그런데 문제는 오늘 본문 보니까 이 믿음 하나 가지고는 부족했다는 것인데요.

25~26절 '주여 저를 도우소서 대답하여 이르시되 자녀의 떡을 취하여 개들에게 던짐이 마땅하지 아니하니라'

여기서 자녀는 유대인을 가리키고 개는 이방인을 의미하는 것인데요. 그러니까 예수님은 유대인으로서 유대인의 입장에서 말씀하신 것인데, 어쨌든 이것은 보통 무시하는 말씀이 아닙니다. 아니, 무시 정도가 아니라 모독하는 말이에요.

아마 우리 중에 아무도 이런 모독적인 말을 듣고도 가만있을 사람은 없을 것입니다. 그런데 놀랍게도 이 여인은 어떻게 했다고요.

27절 '여자가 이르되 주여 옳소이다 마는 개들도 제 주인의 상에서 떨어지는 부스러기를 먹나이다 하니'

나는 개입니다. 그러나 개도 주인의 상에서 떨어지는 부스러기는 먹나이다.

이것은 자기가 먼저 죽지 않고는 도저히 할 수 없는 대답인데요. 극도로 자신을 낮춤과 간절함입니다. '당신이 뭐라고 해도 나는 꼭 문제를 해결 받고 가야겠습니다' 하는 이 믿음의 자세야말로 하나님의 기적을 체험할 수 있는 가장 복된 믿음이라는 것인데요. 주님이 직접 말씀하셨죠.

28절 '여자여 네 믿음이 크도다 네 소원대로 되리라 하시니 그때로부터 그의 딸이 나으니라'

어떤 극한 장애도 뛰어넘는 이 믿음이 하나님의 살아 계심을 체험할 수 있었습니다. 그러면 여러분, 오늘 우리가 이러한 본문의 배경을 놓고 생각하고자 하는 것은 가나안 여인의 믿음과 오늘 우리의 믿음이 과연 어떤 차이가 있는가 하는 문제입니다.

먼저 여러분, 오늘 우리 중에는 나는 아직 이런 절실한 문제를 당해 보지 않아서 잘 모르겠다 하시는 분들도 계실 거예요. 그러나 여러분, 우리는 언제 어떤 일을 만날지 아무도 모릅니다. 이 여인보다 더 절실한 기도 제목이 생길지 아무도 장담할 수 없어요. 그러므로 오늘 나를 완전히 가나안 여인의 입장에 놓고 나를 비교해 볼 필요가 있는데요.

첫째로 이 여인의 믿음에는 겸손함이 있었습니다. 자신을 꺾는 게 있었어요. 성경에 보면 하나님의 기적을 보기 전에 먼저 나를 꺾을 수 있는 믿음이 필요하다고 했습니다.

나아만 장군의 이야기는 유명하지요. 아람 나라의 군대장관 이었는데 나병에 걸려서 나병을 고치기 위해 엘리사 선지자를 찾아갔다고 했습니다. 그때 당시 아람 나라는 이스라엘이 조공을 바칠 정도로 엄청난 힘을 갖고 있었기 때문에 엘리사 선지자가 맨발로 뛰어나와 융숭하게 맞이해 줄 줄 알았는데 어떻게요. 엘리사는 코빼기도 안보이고 제자 하나를 보내 가지고는 요단강에 가서 일곱 번 몸을 씻으라고 합니다.

그러니 모독도 보통 모독을 당한 것이 아니지요. 너무 분이 나고 혈압이 터져서 두고 보자 하고는 돌아서는데, 부하중 중에 하나가 말하기를 '어려운 일도 아닌데 한번 들어 봅시다. 시키는 대로 한번 해 보고 안 되면 그때 분을 내도 늦지 않지 않습니까'. 이 말을 들은 나아만 장군이 어떻게요. 자기 생각을 꺾고 엘리사가 시킨 대로 요단강에 가서 일곱 번 몸을 씻었더니 그 살이 여전하여 어린아이의 살 같아서 깨끗하게 되었더라.

자신을 꺾고 하나님의 말씀에 순종했을 때 나타나는 능력입니다. 여러분 어때요, 오늘 우리에게 이 믿음의 자세가 있습니까?

하나님의 말씀이라고 하면 어린아이처럼 나를 꺾고 그 앞에 순종할 수 있는 믿음, 이 믿음을 하나님이 기뻐 받으시는데 이것을 오늘 우리가 잘 못해요.

여러분, 솔직히 오늘 우리가 하나님의 말씀에 순종해서 살려고 하면 세상 사람들로부터 무시와 모독을 당해요? 안 당해요? 당합니다.

이 가나안 여인 같은 취급을 받는 경우가 허다히 많습니다. 저는 목회를 시작하고 수도 없이 당했는데요. 목사라고 하면 말만 들어도 두드러기를 일으키는 사람들이 우리 주위에 얼마나 많은지. 어떤 여전도사님은 시골에서 교회를 건축하는데 뒷집 아주머니가 교회 지으면 집값 떨어진다고 얼마나 핍박을 하는지 나중에는 귀싸대기까지 올려붙이더라고 했습니다.

성경에도 보니까 사도 바울이 일평생 하나님의 말씀에 순종하여 복음 증거의 사명을 감당했는데 돌아온 것은 무엇밖에 없다고 했습니까?

고전4:9~13 '하나님이 사도인 우리를 죽이기로 작정된 자 같이 끄트머리에 두셨으매 우리는 세계 곧 천사와 사람에게 구경거리가 되었노라 우리는 그리스도 때문에 어리석으나 너희는 그리스도 안에서 지혜롭고 우리는 약하나 너희는 강하고 너희는 존귀하나 우리는 비천하여, 바로 이 시각까지 우리가 주리고 목마르며 헐벗고 매 맞으며 정처가 없고, 또 수고하여 친히 손으로 일을 하며 모욕을 당한즉 축복하고 박해를 받은즉 참고, 비방을 받은즉 권면하니 우리가 지금까지 세상의 더러운 것과 만물의 찌꺼기같이 되었도다'

오늘 우리가 이렇게 되었다면 어떻게 하시겠습니까? 나를 꺾고 끝까지 주의 말씀에 순종할 수 있을까요? 그런데 여러분, 놀랍게도 바로 이 어려움에 대한 순종이야말로 하나님의 축복을 받을 수 있는 절호의 찬스라는 것입니다.

하나님이 우리를 축복하실 때 쓰는 방법인데요. 이태웅 목사님이라고 제가 신학교 다닐 때 저를 가르친 교수님이신데 이런 간증을 합니다. 거의 몇 달간 번역 작업을 해서 20만 원을 받았다고 했습니다. 지금부터 30년 전이니까 적은 돈이 아니지요. 그런데 이상하게도 꼭 도와줘야 할 사람이 생기더래요. 그래서 몇 날 며칠을 고민 고민하다가 '아이고, 모르겠다' 하고는 성령님께 순종하는 마음으로 줘 버렸는데요. 그런데 이때부터 하나님이 그를 축복하시기 시작하는데 여러 대학에서 강의할 수 있는 길이 열리고, 선교훈련원 하라고 집도 누가 헌물하고 하나님이 축복하시는데 정말 겁날 정도로 축복하셨다고 했습니다.

맞아요, 여러분, 하나님이 축복하시는 믿음에는 반드시 그 앞에 장애물이 있는데요. 그러나 그럼에도 불구하고 나를 꺾고 성령님께 순종하여 드리면 그 일을 통해서 하나님이 축복하시는 줄 믿습니다.

그런데 이때 우리가 주의해야 할 것은 끝까지 매달리는 자세인데요. 응답될 때까지 끝까지 포기하지 않는 것입니다. 누가복음 18장에 나오지요.

눅18:1 '항상 기도하고 낙심하지 말라'고 했는데요. 이 말씀은 우리가 하나님 앞에 무엇을 구할 때 낙심될 때가 있다는 것입니다. 바로 즉시 응답되면 얼마나 좋겠습니까마는 그렇지를 않아요. 1년, 2년, 5년, 10년, 심지어 20년, 30년 기도를 해도 응답되지 않는 경우가 있는데요. 그러나 우리는 끝까지 포기하지 않고 매달려야 합니다. 왜냐하면 이것이 하나님이 우리의 믿음을 키우는 방법이기 때문인데요. 믿음을 다른 말로 인내라고 했습니다. 끝까지 포기하지 않고 매달리는 게 믿음이에요.

우리가 잘 아는 기도의 왕 '조지 뮬러'에 대한 이야기가 있습니다. 혼자서 수천 명의 고아들을 돌보았는데 무기는 오직 기도 하나였습니다. 그런데 이분도 일평생 기도가 응답되지 않는 제목이 있었는데요. 자기와 가까운 세 친구를 놓고 기도했는데 수십 년을 기도했지만 돌아오지 않았어요. 그런데 이분이 죽기 얼마 전에 한 사람이 돌아왔고, 이분이 죽고 난 다음 장례식을 치를 때 또 한 사람이 돌아왔고, 그리고 얼마 지나지 않아 마지막 한 사람까지 돌아왔다고 했습니다. 그러니까 일평생 기도를 했는데 죽고 난 다음에야 다 응답받았다는 것이지요.

여러분, 오늘 우리의 믿음은 어떤 믿음입니까?

과연 나를 꺾는 겸손함과 끝까지 포기하지 않고 매달리는 끈질김이 있습니까?

이 믿음이 하나님의 기적을 볼 수 있는 믿음입니다.

칠병이어의 표적
(마15:32~16:4)

우리는 지난번 두 번에 걸쳐서 복음이 어떻게 유대인에게서 이방인에게로 넘어갔는지 그 이유를 살펴보았는데요. 오늘도 그 이유가 계속 이어지고 있습니다. 먼저 여러분, 오늘 칠병이어의 기적이 나오고 있는데 오병이어의 기적과 칠병이어의 기적의 차이가 무엇입니까?

먼저 결론부터 말씀드려서 하나님 나라의 시작과 완성을 나타내는데요.

먼저 오병이어는 푸른 잔디 위에 앉게 하시고 했으니까, 유월절을 앞둔 봄에 씨 뿌리는 때 일어난 사건인데요, 유월절은 예수님의 초림사건을 말합니다.

그래서 떡 다섯 개와 5천 명은 전부 다 오순절을 의미하는데요, 그러니까 예수님이 유월절 어린양으로 십자가에서 죽으심으로 시작된 구원의 역사가 오순절 성령이 강림함으로 12제자에 의해 복음이 예루살렘과 온 유대와 사마리아에까지 전해지지요. 그래서 예수의 12제자들의 사역에 의해서 복음이 전해지기 때문에 12바구니를 남겼다고 했습니다.

그러나 이에 반해 칠병이어는 35절 '예수께서 무리에게 명하사 땅에 앉게 하시고' 땅에 앉았다고 했으니까 이스라엘의 가을 추수 절기인 초막절로 예수님의 재림을 상징합니다.

그러니까 예수의 12제자들에 의해 예루살렘에서 시작된 복음이 사도 바울에 의해 이방인 지역으로 번져 나가 마침내 예수님 재림 때 이방인 구원이 완성되는 것을 말하는데요. 그래서 떡 일곱 개, 일곱 광주리의 7은 완전수(數)지요.

4(땅의 수) + 3(하늘의 수). 요한계시록이 구원의 완성을 알리는 책인데 일곱 별, 일곱 촛대, 일곱 영, 일곱 교회, 전부 다 7로 되어 있습니다. 그리고 4천 명의 4는 땅의 숫자인데요. 땅끝까지 복음이 증거되는 것을 말합니다. 그래서 예수님의 초림으로 시작된 하나님 나라가 예수님의 재림으로 완성된다고 했을 때 하나님 나라의 시작과 완성을 말하는 것이라는 것입니다.

그러면 이렇게 놓고 봤을 때 복음이 왜 유대인에게서 이방인에게로 넘어갔는가? 유대인들은 자기들이 아브라함의 후손인 선민이요, 율법을 지켜 행함으로 구원을 받는다고 생각했기 때문에 구세주로 오시는 메시아, 십자가에서 고난받고 죽는 메시아에 대해서는 전혀 생각을 못 했고 오로지 만왕의 왕, 만주의 주가 되시는 통치자 메시아만 생각했습니다.

그래서 통치자 메시아가 오시면 자기들이 함께 세상 모든 나라와 모든 민족을 다스릴 것만 학수고대하며 기다리고 있었는데요. 오늘날 지금까지지요.

그래서 예수님 당시에도 통치자 메시아만 기다리고 있었기 때문에 예수님이 예루살렘 성에 입성하실 때 '호산나 다윗의 자손이여 찬송하리로다 주의 이름으로 오시는 이여 가장 높은 곳에서 호산나' 하고 왕으로 오시는 메시아를 환영했지만, 그러나 만왕의 왕으로 다스리지 못하고 힘없이 잡혀가 빌라도 앞에서 재판받는 모습을 보면서 '저 사람은 메시아가 아니다. 십자가에 못 박아 죽이라'고 소리칠 수밖에 없었고, 예수님이 십자가에 달리셨을 때도 '그가 남은 구원하였으되 자기는 구원할 수 없도다. 네가 하나님의 아들이면 스스로 내려와 너를 구원해 보라. 그러면 믿겠다'고 소리쳤던 것입니다. 자, 이렇게 놓고 봤을 때 오늘 본문도 마찬가지지요. 16장 1절 '하늘로부터 오는 표적 보이기를 청하니' 이들이 요구하는 표적은 네가 하나님의 아들, 신이면 신이 되는 표적을 보여 보라는 것입니다.

모세가 광야에서 하나님의 대리자 되는 표적으로 만나와 메추라기를 내렸지요. 그러니 너도 진짜 하나님의 아들이면 신 된 표적으로 하늘로부터 보여 보라는 것입니다. 그러자 이때 예수님의 대답이 무엇입니까?

'요나의 표적밖에는 보여 줄 표적이 없다'고 했는데요, 초림의 예수는 죄인을 구원할 구세주로 오셨기 때문에 요나의 표적밖에는 보여 줄 것이 없다는 것이지요. 여러분, 요나의 표적이 무엇입니까? 우리가 이미 앞에서 한 시간 했습니다만, 요나가 물고기 배 속에서 3일간 있다가 다시 살아난 것은 예수님이 십자가에서 죽으시고 3일 만에 부활하신 사건의 예표지요. 그래서 예수님은 지금 죄인인 우리 인간을 구원할 구세주로 이 땅에 오셨으니까 요나의 표적밖에는 보여 줄 것이 없다고 하신 것입니다.

어때요, 여러분, 오늘 우리는 예수님의 구세주 되심을 믿고 영접함으로 구원을 받고 하나님의 자녀가 되었습니까?

요1:9~13 '참빛 곧 세상에 와서 각 사람에게 비추는 빛이 있었나니, 그가 세상에 계셨으며 세상은 그로 말미암아 지은 바 되었으되 세상이 그를 알지 못하였고, 자기 땅에 오매 자기 백성이 영접하지 아니하였으나, 영접하는 자 곧 그 이름을 믿는 자들에게는 하나님의 자녀가 되는 권세를 주셨으니, 이는 혈통으로나 육정으로나 사람의 뜻으로 나지 아니하고 오직 하나님께로부터 난 자들이니라'

예수를 구세주로 믿고 영접해야 구원을 받는데 유대인들은 이것을 알지 못했어요. 심지어 예수의 제자들조차도 이것을 알지 못해서 예수님이 부활하신 다음 40일 동안 하나님 나라를 가르쳤을 때 제자들이 묻지요.

'주께서 이스라엘 나라를 회복하심이 이때니이까.'

여전히 구세주 메시아를 알지 못하고 통치자 메시아를 기대하고 있어요. 그러자 이때 예수님의 대답이 무엇입니까?

행1:7~8 '때와 시기는 아버지께서 자기의 권한에 두셨으니 너희가 알 바 아니요, 오직 성령이 너희에게 임하시면 너희가 권능을 받고 예루살렘과 온 유대와 사마리아와 땅끝까지 이르러 내 증인이 되리라'

오직 성령이 임해야 예수가 구원자 메시아 되심을 깨닫고 땅끝까지 복음을 전하게 될 것이라고 예언했는데요. 예언 꼭 그대로 오순절 날 성령이 임했을 때 비로소 예수님의 십자가의 죽으심과 부활이 무엇인가를 깨닫고 베드로가 유대인들을 향하여 설교하는데 무엇입니까?

행2:36 '너희가 십자가에 못 박은 이 예수를 하나님이 주와 그리스도가 되게 하셨느니라' 너희가 십자가에 못 박아 죽인 예수가 그리스도가 되어서 우리를 구원하시고 부활하셔서 우리의 주, 주인이 되셨다는 것입니다.

그러자 이 설교를 들은 유대인들이 어떻게요. 행2:37 '마음에 찔려 베드로와 다른 사도들에게 물어 이르되 형제들아 우리가 어찌할꼬' 통회했다고 했습니다. 불과 며칠 전 예수를 십자가에 못 박으라고 소리쳤던 그들이 성령이 깨닫게 해 주시니까 회개하고 구원을 받고 있습니다. 예수님 예언 꼭 그대로예요.

요14:26 '보혜사 곧 아버지께서 내 이름으로 보내실 성령 그가 너희에게 모든 것을 가르치고 내가 너희에게 말한 모든 것을 생각나게 하리라'

고전12:3 '성령으로 아니하고는 누구든지 예수를 주시라 할 수 없느니라'

오직 말씀과 성령으로 거듭나야 예수를 주로 고백하고 구원을 받는다는 것입니다. 성령이 아니면 예수의 메시아 되심을 알 길이 없어요.

그러면 예수님을 배척했던 유대인들은 과연 언제 구원받는가?

요한계시록 7장을 보면 이 세상 마지막 종말의 때 예수님의 재림 때 유대인의 구원과 이방인의 구원이 완성되는데요.

오순절 날 성령 강림 때는 복음이 유대인에게서 이방인에게로 넘어갔는데 마지막 주님이 재림하실 때는 거꾸로 이방인의 충만한 수가 채워진 다음 마지막으로 유대인들의 민족적 구원이 이루어집니다.

계7:1~8에 유대인 12지파의 구원을 이야기하고 있지요. 그런데 이방인의 구원은 이때 이미 완성되어 있어요.

계7:9~10 '각 나라와 족속과 백성과 방언에서 아무도 능히 셀 수 없는 큰 무리가 나와 흰 옷을 입고 손에 종려 가지를 들고 보좌 앞과 어린 양 앞에 서서 큰 소리로 외쳐 이르되 구원하심이 보좌에 앉으신 우리 하나님과 어린양에게 있도다 하니'

이들이 누구입니까? 이방인들이에요. 그러니까 유대인들의 마지막 구원 이전에 이방인들 구원의 완성이 먼저입니다.

살전4:16~17 '주께서 호령과 천사장의 소리와 하나님의 나팔 소리로 친히 하늘로부터 강림하시리니 그리스도 안에서 죽은 자들이 먼저 일어나고, 그 후에 우리 살아남은 자들도 그들과 함께 구름 속으로 끌어올려 공중에서 주를 영접하게 하시리니 그리하여 우리가 항상 주와 함께 있으리라'

예수님 재림 때는 이 세상 심판의 때니까 이 세상 마지막 심판 전에 믿는 자들이 공중으로 들림받아 예수님을 영접함으로 교회 시대가 마감됩니다.

그리고 난 다음 유대인들의 구원이 완성되는데 이때는 거의 순교해야지요.

계18:24 '선지자들과 성도들과 및 땅 위에서 죽임을 당한 모든 자의 피가 그 성 중에서 발견되었느니라 하더라' 마지막 유대인의 구원의 때에 순교자의 수가 다 채워지는데요. 그 수가 어마어마합니다. 그러면 이러한 본문의 배경을 놓고 우리가 생각하고자 하는 것은 오늘 이 시대 우리는 어떻게 해야하는가 하는 것입니다. 이스라엘의 역사를 보고 경고를 받고 배워야 되는데요. 먼저 예수님이 이스라엘에 대해서 뭐라고 예언하셨습니까? 무화과나무의 비유를 통해서 예언하셨는데요.

누가복음 13장 1~9절을 보면 포도원에 무화과나무를 심었는데 열매를 얻지 못했다고 했습니다. 그러자 주인이 포도원 지기에게 와서 내가 3년을 와서 무화과나무에서 열매를 구하되 얻지 못하니 찍어 버리라. 어찌 땅만 버리게 하겠느냐고 했을 때, 포도원 지기가 '주인이여 금년에도 그대로두소서. 내가 두루 파고 거름을 주리니 이후에 만일 열매를 열면 좋거니와그렇지 않으면 찍어 버리소서' 합니다. 어떻게 되었습니까? 예수님이 3년동안 열심히 복음을 전했지만 유대인들은 회개하지 않았고 오순절 성령강림으로 한 번 더 기회를 주었지만 끝까지 회개하지 않다가 결국 멸망하고 말았습니다. 유대인들의 멸망, 이것도 예수님이 미리 예언하셨어요.

예수님이 십자가 사역을 앞두고 예루살렘 성에 입성하셨는데, 말씀은예루살렘 성전에서 전하셨으나 잠은 베다니에서 잤습니다. 그래서 아침일찍이 베다니에서 나와 예루살렘으로 올라가는 도중에 한 무화과나무를보시고 열매가 있는가 해서 가 보았더니 잎사귀 외에 아무것도 없었다고했습니다. 그러자 이제부터 영원토록 사람이 네게서 열매를 따 먹지 못하리라 하고 저주했을 때 뿌리까지 완전히 메말라 죽었다고 했는데요, 무엇입니까?

유대인들이 메시아이신 예수를 거부함으로 멸망할 것을 예언하신 것인데, 이 예언도 그대로 이루어졌어요.

오순절 날 성령이 강림하여 예루살렘교회가 세워졌지만 유대인들의 핍박으로 다 흩어져 이방인 지역으로 넘어갔고 유대인들은 AD 70년에 로마의 티토 장군에 의해 완전히 멸망을 당합니다.

예수님의 예언 꼭 그대로 이루어졌어요.

그러면 유대인들에 대한 마지막 예언적 비유가 무엇입니까?

마24:32~33 '무화과나무의 비유를 배우라 그 가지가 연하여지고 잎사귀를 내면 여름이 가까운 줄을 아나니, 이와 같이 너희도 이 모든 일을 보거든 인자가 가까이 곧 문 앞에 이른 줄 알라'

이것은 이스라엘이 다시 회복될 것에 대한 예언인데요. 무엇입니까? 마태복음 24장은 이 세상 마지막 종말의 때 예수님의 재림 때의 징조를 말씀하셨으니까 이스라엘이 다시 회복될 때 예수님의 재림이 이루어진다는 것입니다.

여러분, 우리가 알다시피 이스라엘이 로마의 티토 장군에 의해 멸망한 다음 2천 년 동안 전 세계에 흩어져 유리방황하다가 2차 세계대전 때 히틀러에 의해 6백만 명이 학살되는 일을 계기로 다시 이스라엘 땅으로 돌아오게 되는데요. 2천 년 만에 나라를 다시 되찾는 경우는 우리 인류 역사상 단한 번도 없었던 희귀한 일입니다. 성경의 예언 외에 다른 것으로는 설명이 안 돼요. 그러니 오늘 우리가 보다시피 성경의 예언대로 나라를 회복했고 지금 전 세계에 흩어져 살던 유대인들이 이스라엘 땅으로 몰려들고 있습니다. 뿐만 아니라 마지막 때는 애굽과 앗수르도 주님께로 돌아온다고 했는데요. 이 예언도 그대로 이루어지고 있어요.

사19:22~25 '여호와께서 애굽을 치실지라도 치시고는 고치실 것이므로 그들이 여호와께로 돌아올 것이라 여호와께서 그들의 간구함을 들으시고 그들을 고쳐 주시리라, 그날에 애굽에서 앗수르로 통하는 대로가 있어 앗수르 사람은 애굽으로 가겠고 애굽 사람은 앗수르로 갈 것이며 애굽 사람이 앗수르 사람과 함께 경배하리라, 그날에 이스라엘이 애굽 및 앗수르와 더불어 셋이 세계 중에 복이 되리니, 이는 만군의 여호와께서 복 주시며 이르시되 내 백성 애굽이여, 내 손으로 지은 앗수르여, 나의 기업 이스라엘이여, 복이 있을지어다 하실 것임이라'

이스라엘이 애굽과 앗수르와 더불어 함께 하나님을 경배할 것이라고 했는데 지금 애굽인 이집트에서 앗수르인 시리아에서 엄청난 구원의 역사가 일어나고 있는데요. 성경에서 예언한 마지막 때의 징조가 이루어지고 있는 것입니다.

그러면 이렇게 놓고 봤을 때 오늘 우리 한국교회의 상황은 어떻습니까?

우리 기독교 역사상 이렇게 짧은 시간에 복음화가 되어 전 세계에 선교사를 파송한 나라는 우리나라가 유일한데요. 그러나 오늘 이 시대를 보면 어떻습니까? 주일학교, 중고등부, 청년부에 이르기까지 젊은 세대들이 급속히 교회에서 사라지고 있습니다.

여러분, 영국과 미국이 가장 기독교 복음이 왕성하고 전 세계에 선교사를 파송할 때가 언제입니까? 주일학교가 부흥한 때였어요.

18세기 영국의 로버트 레이커스에 의해서 또 19세기 미국의 디엘 무디에 의해서 주일학교가 엄청나게 부흥했을 때, 이들에게서 영적 거성들이 나왔는데요. 영국의 대표적 인물이 윌리안 켈리와 허드슨 테일러지요. 우리나라도 영국의 토머스 선교사가 와서 순교 당했는데요. 어쨌든 이들에 의해서 세계 선교가 시작되어 오늘날까지 전 세계로 복음이 전파되고 있습니다. 우리나라도 1960년대, 70년대에 엄청난 주일학교 부흥이 일어났는데요. 어른 숫자보다 주일학교 숫자가 훨씬 더 많았어요. 그래서 이들이 자라나 복음화를 이루고 전 세계에 선교사로 나가 선교하고 했는데요. 그러면 영국, 미국 교회가 왜 몰락했는가?

주일학교의 몰락 때문입니다. 부모 세대에서 자녀 세대로 신앙이 전수

되지 않았어요. 그런데 이것은 오늘 우리 한국교회도 마찬가지, 오늘 이 시대의 주일학교가 비참한 지경에 이르렀는데요. 한국교회 거의 반 이상이 주일학교가 없지요. 그나마 있던 것도 코로나 팬데믹 이후에 회복이 되지 않고 있습니다.

그래서 지금 주일학교 회복과 새로운 세대를 일으키는 운동이 일어나고 있는데 이것이 마지막 기회 같아요. 영국, 미국교회의 길을 갈 것인가? 아니면 다시 한번 일어나 세계 선교사역을 완성할 것인가?

여러분, 오늘 일본 한번 보세요. 1964년 도쿄올림픽을 계기로 세계 경제 2위의 나라로 미국을 뛰어넘을 것 같은 나라로 번성했지만 1995년 플라자 회의를 계기로 쇠락하기 시작해서 지금은 완전히 주저앉았는데요. 잃어버린 30년이라고 하지요.

그런데 이것은 우리나라도 마찬가지, 지금 12개월 연속 적자로 경제가 몹시 힘들지요. 자칫하면 일본의 뒤를 따라가게 되는데요. 뿐만 아니라 젊은 세대들이 결혼을 하지 않고 결혼을 해도 자녀를 낳지 않아 인구가 급속히 줄어들 것을 예상하고 있는데요. 지금 출산율이 0.78명인데 이대로면 우리나라가 사라지게 됩니다. 지금 유일한 돌파구가 남북통일인데 저는 우리 세대에 남북통일이 이루어진다고 봅니다. 지금 백두산 천지가 부글부글 끓고 있지요. 남북통일이 되면 부산에서 튀르키예까지 철도가 연결되고 중국, 북한, 남한 이 셋이 합쳐서 마지막 세계 선교를 완성할 것을 기대하고 있는데요.

어쨌든 예수님의 예언이 그대로 이루어지고 있는 이 시대, 우리가 깨어서 다시 부흥의 불길로 일어나야 합니다.

복음으로 무장하고 성령 충만함으로 다음 세대를 일으켜서 마지막 추수 때에 땅끝까지 복음을 전하는 사명을 감당해야 할 줄 믿습니다.

바리새인과 사두개인의 누룩
(마16:1~12)

여러분, 성경을 보면 우리 신자들을 가리켜 양이라고 했는데요, 양의 특징 중에 하나가 목자가 인도하는 대로 앞만 보고 따라간다는 것입니다.

자기 스스로 판단해서 방향을 정해 갈 수 있는 능력이 없어요. 그래서 목자가 잘못된 길로 인도하면 그 뒤를 따라가는 양들은 도매금으로 함께 망하게 된다는 것입니다. 예수님이 직접 말씀하셨지요.

마15:14 '맹인이 맹인을 인도하면 둘이 다 구덩이에 빠지리라' 더 이상 설명이 필요 없습니다. 그러면 여러분, 여기서 맹인이 누구입니까? 이때 당시 이스라엘의 종교지도자들이지요. 대표적으로 바리새인과 사두개인들이었습니다. '바리새인과 사두개인들이 와서 예수를 시험하여 하늘로부터 오는 표적 보이기를 청하니' 바리새인과 사두개인들이 예수를 시험하여 '네가 메시아면 하늘로서 오는 표적을 보여 봐'라고 했는데요. 그러니까 이 말은 구약시대 때 모세처럼 하늘에서 만나를 내리거나, 엘리야 선지자처럼 하늘에서 불을 떨어뜨리거나 당신도 하늘로부터 뭔가 화끈한 표적을 보여 보라는 것입니다.

그러자 이때 예수님의 대답입니다.

4절 '요나의 표적밖에는 보여 줄 표적이 없느니라' 예수님의 십자가의 죽음과 부활을 상징하는 표적인데요. 요나가 3일 동안 물고기 배 속에 있다가 살아난 것은 예수님의 십자가의 죽으심과 부활을 상징합니다.

그래서 예수가 이 땅에 오셔서 병든 자를 고치고 귀신을 쫓아내고 오병이어의 기적을 베푸시고 한 것은 전부가 다 자신이 메시아 되심을 증거하기 위한 것이었는데 지금 바리새인과 사두개인들은 영적으로 완전히 눈이 멀어 있었기 때문에 오히려 이것을 귀신의 역사라고 비난하면서 계속 눈에 보이는 하늘의 표적 보기를 원했다는 것입니다.

그러자 너무 답답하신 예수님이 너희가 천기는 분별할 줄 알면서도 어떻게 시대의 표적은 분별하지 못하느냐고 하셨는데요, 세상적인 것은 기가 막히게 잘 아는 너희들이 어떻게 영적인 것은 그렇게도 깜깜하냐는 것입니다.

맞아요, 여러분, 이들은 성경을 줄줄 외우고 있으면서도 그 속에서 메시아이신 예수를 발견하지 못했고요, 또 메시아를 바로 눈앞에 놓고도 바로 알아보지 못하는 영적 소경들이었어요.

그래서 이러한 본문의 배경을 놓고 오늘 우리가 생각하려고 하는 것은 딱 하나입니다. 이들은 일평생 하나님을 섬겼으면서도 왜 망했는가 하는 것인데요. 그 이유는, 6절 '삼가 바리새인과 사두개인들의 **누룩**을 주의하라'고 했습니다. 이것은 영적인 것을 말하는 것인데요. 바리새인들의 누룩이란 말은 종교적 형식주의를 말하는 것이고 사두개인들의 누룩이란 종교적 세속주의를 말하는 것입니다.

그런데 문제는 이것이 오늘 우리 시대에도 똑같다는 사실인데요. 오늘 우리 신자들에게 있어서 최대의 적은 이단 빼놓고는 바로 이 두 가지 신앙의 형식주의와 신앙의 세속화입니다. 제가 볼 때 이 두 가지만 조심하면 다른 것은 크게 문제 될 것이 없어요. 그러면 여러분, 종교적 형식주의가 무엇입니까?

이미 우리가 앞에서 한 번 생각했습니다만 하나님 앞에서가 아니라 사람 앞에서 하는 신앙생활을 말합니다. 다시 말해서, 하나님 앞에 자기 마음을 쏟는 것이 아니라 사람 앞에서 자기를 자랑하고 자기 의를 드러내기 위해 하는 신앙생활인데요. 이것은 반드시 위선과 독선으로 나타나게 됩니다.

예수님이 가장 호되게 비판하고 책망한 사람들인데요.

마23:5 '사람에게 보이고자 하나니' 외식입니다, 외식.

27:7 '사람에게 랍비라 칭함을 받는 것을 좋아 하느니라' 자기 자랑입니다

여기에 대한 예수님의 책망이 나오는데요.

23:25 '화 있을진저 외식하는 서기관들과 바리새인들이여 잔과 대접의 겉은 깨끗이 하되 그 안에는 탐욕과 방탕으로 가득하게 하는도다'

23:33 '뱀들아 독사의 새끼들아 너희가 어떻게 지옥의 판결을 피하겠느냐'

예수님이 가장 가증스럽게 여긴 것이 외식과 가식이었어요. 그래서 마땅히 행함으로 열매를 맺어야 함에도 불구하고 전혀 행함이 없이 말만 번지르르하게 하는 잎만 무성한 무화과나무, 예수님이 저주하시자마자 그 즉시 뿌리까지 말라 버렸다고 했습니다. 그러니까 신앙생활을 하는데 겉모양만 있고 실제 속이 변하지 않으면 불신자들보다 더 큰 심판과 저주를 받을 것임이 분명한데요. 이것은 이미 앞에서 한번 생각했기 때문에 더 설명하지 않겠습니다.

그다음 사두개인들의 누룩인데요, 세속주의를 말합니다.

분명히 세상에서 구별되게 살아야 할 성도들이 세상을 사랑하여 세상과 섞여 버리는 것인데요. 분명히 신자인데 자기 편리한 대로 세상과 적당히 타협해 버립니다. 그런데 성경을 보니까 이런 사람들이 말세 때 특히 많이 나타난다고 했는데요.

딤후3:1~5 '말세에 고통하는 때가 이르러, 사람들이 자기를 사랑하며 돈을

사랑하며 자랑하며 교만하며 비방하며 부모를 거역하며 감사하지 아니하며 거룩하지 아니하며, 무정하며 원통함을 풀지 아니하며 모함하며 절제하지 못하며 사나우며 선한 것을 좋아하지 아니하며, 배신하며 조급하며 자만하며 쾌락을 사랑하기를 하나님 사랑하는 것보다 더하며, 경건의 모양은 있으나 경건의 능력은 부인하니 이 같은 자들에게서 네가 돌아서라'

여러분, 한 사람이 두 주인을 섬길 수 없다는 진리를 알고 계십니까?

세상도 사랑하고, 주님도 사랑하고 이게 안 돼요. 세상을 사랑하면 할수록 주님과의 사랑은 멀어집니다. 그런데 마지막 말세 때가 되면 될수록 사람들이 세상을 사랑한대요. 그래서 주님을 향한 사랑이 식어진다고 했습니다.

여러분, 오늘날 그 대표적인 예가 무엇입니까? 모이기를 점점 폐한다는 것이지요. 주일을 거룩하게 지키지 못해요.

그래서 빨리 예배드리고 놀러 가기 위해서 1부 예배에 참석하는 신자들이 점점 늘어나고 있다고 했습니다. 그리고 저녁 예배에 나오는 신자들이 점점 줄어들고 있는데요. 여러분 어때요, 하나님을 더 사랑하고 있습니까, 세상을 더 사랑하고 있습니까?

하나님이냐, 세상이냐 했을 때 어느 것을 더 먼저 택하는가를 보면 나의 현주소를 알 수 있습니다. 결정적인 순간에 어느 것을 택하느냐를 보면 내 마음이 어디에 가 있는가를 알 수 있어요.

여러분, 세상일이 너무 바쁘십니까? 세상일이 너무 바빠서 신앙생활을 우선하지 못할 정도입니까? 또 십일조, 결혼, 직업 등등 하나님의 것을 구별하지 못하고 하나님보다 세상 것을 더 우선해서 선택하십니까?

그러나 여러분, 정말 조심하셔야 합니다. 왜냐하면, 누가복음 17장을 보면 주님이 다시 오는 심판의 때가 노아의 때와 같고 롯의 때와 같다고 했기 때문인데요. 이때의 현상을 뭐라고 했습니까? 사람들이 먹고 마시고 장가들고 시집가더니 홍수가 나서 저희를 다 멸하였으며 사람들이 먹고 마시고, 사고팔고, 심고 집을 짓더니 하늘로서 불과 유황이 비 오듯 하여 저희를 멸하였느니라.

여러분, 먹고 마시고 장가가고 시집가고 사고팔고 심고 집 짓고, 이게 무슨 죄가 됩니까? 아니요, 우리의 일상생활이에요. 전혀 죄 되는 일들이 아닙니다. 그러면 무엇이 문제입니까?

그것은 바로 세상일에 너무 바쁘다 보니 하늘 쳐다볼 여유가 없었다는 것이지요. 하나님을 우선하지 못하고 세상일을 우선해서 세상일 다 보고 남는 시간을 주님께 드렸다는 것입니다. 그리스도의 신부로서 전혀 주님 맞이할 준비를 못 했어요.

여러분, 저는 분명히 경고합니다. 낮 예배 한 번만으로 신앙생활 다 했다고 생각하시는 분들, 세상의 믿지 않는 불신자보다 심판이 더 클 거예요.

죄목은 주님을 더 사랑하지 않은 죄인데요. 주님은 오늘 우리가 세상 그 무엇보다도 주님을 더 사랑하기를 원하시는데 그렇게 하지 못한 죄입니다. 그러므로 오늘 우리는 과연 어떻게 해야 할까요?

6절 '삼가 바리새인과 사두개인들의 누룩을 주의하라'

여러분, 왜 바리새인과 사두개인들의 잘못된 교훈을 누룩으로 표현했을까요? 그 이유는 전염성 때문에 그렇습니다.

고전5:6 '적은 누룩이 온 덩어리에 퍼지는 것을 알지 못하느냐' 누룩은 퍼지는 성질을 가지고 있어요. 그래서 아주 작은 양이지만 시간이 지남에 따라 온 전체에 영향을 미치게 됩니다.

그 대표적인 예가 구라파지요. 또 오늘날 미국입니다. 여러분, 우리가 알다시피 구라파는 기독교가 1,500년 역사입니다. 세계에서 가장 오래된 역사예요. 그런데 문제는 지금 가장 알곡이 없는 나라들이 되었습니다. 나라 온 전체가 기독교 문화요, 사람들의 모든 풍습이 기독교 전통임에도 불구하고 주님이 보실 때 알곡은 제일 없어요. 왜 이렇게 되었습니까?

두 가지 형식주의와 세속주의 때문입니다. 자기를 너무너무 사랑하고 세상을 너무너무 사랑하느라 도무지 하나님을 찾을 시간이 없습니다. 하나님이 계신 것도 알고 있고 결혼식과 장례식을 교회에서 치를 줄 알면서도 주님을 사랑할 시간은 없습니다.

제 사촌 여동생이 독일에서 유학을 했는데요. 그 큰 교회에 2~30명이 모인다고 했습니다. 그것도 90%가 할머니, 할아버지들, 세상 낙이 없다고 하는 사람들만 나온다고 했습니다. 저주예요.

그러면 이 나라가 원래 그랬는가? 아니요, 불과 500년 전에 종교개혁을 일으켰던 나라입니다. 전 세계에 선교사를 파송했던 나라요, 전 세계의 기독교를 이끌고 나갔던 지도자급 나라들이었습니다. 그런데 지금은 어떻게요. 형식주의와 세속주의가 누룩처럼 번져 온 구라파 전체를 삼켜 버렸어요. 거짓 교훈인 누룩의 위력입니다. 그런데 이 위력이 지금 미국을 뒤덮고 있고요. 오늘날 우리 한국에도 상륙을 해서 지금 서서히, 서서히 번져 나가고 있는 그런 때입니다.

그러면 여러분, 이러한 상황에서 오늘 우리는 어떻게 해야 하나요?

두 가지, 하나는 자르고 또 하나는 불붙이고.

예수님이 직접 말씀하셨지요. 마5:29~30 '만일 네 오른 눈이 너로 실족하게 하거든 빼어 내버리라 네 백체 중 하나가 없어지고 온몸이 지옥에 던져지지 않는 것이 유익하며 또한 만일 네 오른손이 너로 실족하게 하거든 찍어 내버리라 네 백체 중 하나가 없어지고 온몸이 지옥에 던져지지 않는 것이 유익하니라'

이 말씀은 정말 우리 눈을 빼 버리고 우리 손을 잘라 버리라는 말이 아닙니다.

만약 그렇게 한다면 우리 몸이 100개라도 남아날 수 없을 거예요.

그러므로 이 말씀의 뜻은 죄의 심각성이지요. 우리가 죄에 대해서만큼은 심각하게 생각하고 처음부터 단호하게 잘라야지, 그렇지 않고 하찮게 취급하거나 적당하게 취급하다가는 나중에 우리 영혼 온 전체가 지옥의 멸망의 자리에 떨어지게 된다는 것입니다. 죄는 전염성이 있으니까 처음부터 단호하게 잘라야 해요. 그다음 또 하나 불붙이라고 했습니다. 불은 어떻게 붙입니까? 큰 불이라도 흩어지면 꺼지고 작은 불이라도 모아 놓으면 큰 불이 되니까 마지막 때가 될수록 모이기에 힘써야 합니다. 왜냐하면 모이지 않으면 사랑이 식어지기 때문인데요.

여러분, 주님과 우리와의 관계는 사랑의 관계입니다. 마음을 쏟고 시간을 쏟고 정성을 쏟아야 사랑이 유지될 수 있어요. 하나님 앞에 나오시 않고 말씀을 계속 듣지 않고 사랑을 유지할 수 있는 사람은 아무도 없습니다. 그러므로 마지막 말세 때는 하나님을 찾되 생명 걸고 열심히 찾아야 합니다.

예수님은 누구신가
(마16:13~16)

성경은 한 권만 제대로 배워 체계를 잡으면 다른 성경 전체도 잘 이해할 수 있는데, 왜냐하면 성경은 창세기부터 요한계시록까지 전체가 하나로 통일되어 있기 때문에 그렇습니다.

창세기 처음 시작과 요한계시록 마지막 끝을 맞추어 보면 톱니바퀴가 들어맞듯이 딱 들어맞게 되어 있어요.

그러면 구약과 신약을 연결해 주는 책 중에 가장 중요한 책이 무엇인가 했을 때, 그것이 바로 마태복음입니다. 왜냐하면, 마태복음은 4복음서 중에 유대인을 향한 복음서이기 때문인데요, 구약성경 인용 구절이 가장 많지요. 총 93구절이니까 엄청납니다.

어쨌든 제가 이 말씀을 드리는 이유는, 마태복음이 신구약 전체를 연결하는 데 가장 중요한 책일 뿐만 아니라, 오늘부터 우리가 생각할 마16:13~23까지가 마태복음 중에서도 가장 중요한 복음의 핵심이기 때문에 우리 신앙이 여기를 어떻게 소화해서 내 것으로 삼느냐에 달려 있다고 해도 과언이 아니기 때문입니다.

그래서 아주 자세하게 여러 번에 걸쳐서 할 테니까, 바라기는 이번 기회에 꼭 여러분 것으로 만드는 기회가 되시기 바랍니다.

먼저 마태복음은 16장을 중심으로 앞부분은 예수님이 누구신가에 초점이 맞추어져 있고, 뒷부분은 그분이 무엇을 위해 왜 오셨는가에 초점이 맞추어져 있는데요. 오늘은 먼저 예수님이 누구신가입니다.

오늘날은 예수라고 하면 세상에 믿지 않는 사람까지도 다 압니다만, 그러나 예수님이 이 땅에 오신 당시에만 해도 예수는 사람들이 잘 알지 못하는 생소한 사람이었습니다. 그래서 예수님이 공생애를 시작하고 나서 고향 나사렛을 찾아가 회당에서 말씀을 전했을 때 그 말씀이 얼마나 권세가 있었든지 사람들이 다 놀랐다고 했습니다. 그러나, 그럼에도 불구하고 그들은 예수님을 제대로 알아보지 못하고 '이 사람이 마리아의 아들 목수가 아니냐, 야고보와 요셉과 유다와 시몬의 형제가 아니냐. 그 누이들이 우리와 함께 여기 있지 아니하냐' 하고는 예수를 단순히 목수의 아들 목수로만 생각해서 예수를 배척했다고 했습니다. 그래서 예수님이 다른 곳에서는 많은 이적과 기사를 행했었지만 자기 고향 나사렛에서는 아무것도 할 수 없어서 소수의 병자만 고치고 떠났다고 했는데요. 그러니까 한동네에서 어릴 때부터 봐 온 사람들인데도 예수님이 누구신지 몰랐다는 것입니다.

그러면 여러분, 예수님이 유대인의 왕으로 오셨으니까 고향이 아닌 다른 지역에서는 알아봤는가? 아니요, 예수님이 가버나움에서 귀신을 쫓아내니까 바리새인들이 예수님을 귀신의 왕 바알세불을 힘입어 귀신을 쫓아냈다고 하면서 예수님에게 귀신이 들렸다고 했습니다. 뿐만 아니라 더 놀라운 것은 예수님의 가족과 친척들까지도 예수님을 보고 미쳤다고 했는데요. 그러니까 예수님 당시에 사람들은 누구나 할 것 없이 아무도 예수님이 누구신지 제대로 알지 못했어요.

그래서 오늘 본문에도 보니까 지금 예수님을 따르는 무리가 수만 명이 있었지만 이 중에 예수님이 누구신지 아는 자가 한 사람도 없었어요. 심지어 예수님의 제자들까지도 예수님이 누구신가를 잘 몰라요.

그래서 예수님이 지금 제자들에게 묻고 있습니다.

'사람들이 인자를 누구라 하느냐' 그러자 대답하기를 '더러는 세례 요한이라고도 하고, 더러는 엘리야, 어떤 이는 예레미야나 선지자 중에 하나라 하나이다' 전부 다 막연한 추측들이지요. 도무지 예수를 제대로 알지 못하고 있습니다.

그러자 예수님이 이번에는 제자들에게 물었습니다. '너희는 나를 누구라 하느냐' 이때 베드로가 대답하기를 '주는 그리스도시오 살아 계신 하나님의 아들이시니이다'라고 했는데요. 이 대답을 들은 예수님은 너무너무 기뻐하시면서 '바요나 시몬아 네가 복이 있도다'라고 했습니다.

어때요, 제대로 맞췄다는 말입니까, 못 맞췄다는 말입니까?

제대로 맞췄어요. 예수님이 누구신지 완전 100% 정답을 맞추어서 예수님께로부터 큰 칭찬을 받았습니다. 그러면 여러분, 베드로가 고백한 '주는 그리스도시오 살아 계신 하나님의 아들이시라'는 이 신앙고백의 뜻이 무엇입니까?

여기서 '주'는 헬라 원어로 '큐리오스'라고 해서 '주인님'이라는 뜻입니다.

그러면 예수님이 어떻게 우리의 주님이 되시는가? '주는 그리스도시오'라고 했는데요. 그리스도라는 말은 기름 부음 받은 자, 메시아라는 뜻인데 구세주, 구원자라는 뜻입니다. 그러므로 여러분, 하나님의 아들이신 예수님이 왜 인간의 몸을 입고 이 땅에 오셨습니까? 그 이유는 죄인인 우리 인간을 구원하기 위해서 메시아 구세주로 이 땅에 오셨어요.

우리가 알다시피 아담이 범죄함으로 아담의 후손인 우리 인간은 모두가 죄인입니다. 왜냐 죄인의 씨는 죄인이니까.

그러므로 죄인인 우리 인간을 구원하기 위하여 죄 없는 예수님이 인간의 몸을 입고 이 땅에 오셔서 우리의 모든 죄를 위해서 십자가에서 죽으심으로 우리의 주가 되셨습니다.

죄의 삯은 사망이요, 피 흘림이 없이는 죄 사함이 없기 때문에 예수님이 십자가에서 피 흘려 죽으심으로 그 피 값으로 우리를 사서 우리의 주인이 되셨어요.

그래서 오늘 우리가 예수를 믿으면 그리스도인이라고 하는데 '그리스도인'이라는 뜻은 예수님께 속한 예수님이 주인이라는 뜻입니다. 어때요, 여러분, 오늘 우리의 주인이 예수님 맞습니까?

그다음 또 하나 예수님을 가리켜 하나님의 아들이라고 했는데요. 하나님은 신이세요. 그러니 신의 아들인 예수도 신이십니다. 예수님이 만약 사람의 아들로서만 십자가에서 죽으셨다면 우리의 주가 될 수 없지요. 왜냐하면 사람은 죽어서 무덤에 장사되면 이상 끝이니까 다시 살 수가 없잖아요.

그런데 예수님은 신이신 하나님의 아들로서 신이시니까 신은 죽는 게 없습니다. 그러므로 예수님은 사람의 아들로서 십자가에서 죽으셨지만 하나님의 아들이시므로 무덤에 장사된 지 3일 만에 다시 살아나셔서 예수를 주로 고백하고 영접하는 자에게는 누구에게나 오늘도 살아서 왕으로 다스리고 계십니다.

예수님은 우리 인간을 만드신 창조주 하나님이시니까 얼마든지 우리의 주가 되실 수 있어요. 그러니까 예수님은 우리의 주인이 되시는데 인간의 몸으로 우리를 대신해서 십자가에서 죽으심으로 그 생명의 피 값으로 우리의 주인이 되셨고, 또 하나님의 아들인 신으로서 죽음의 권세를 깨치시고 부활하셔서 오늘 우리를 왕으로 다스림으로 우리의 주가 되셨습니다. 그러므로 오늘 예수를 주로 고백하는 사람은 누구든지 구원을 받아 하나님의 자녀가 되는 권세를 받게 되는데요.

롬10:9 '네가 만일 네 입으로 예수를 주로 시인하며 또 하나님께서 그를 죽은 자 가운데서 살리신 것을 네 마음에 믿으면 구원을 받으리라' 예수님의 십자가의 죽으심과 부활하심으로 말미암아 예수를 주로 믿고 입으로 고백하면 누구든지 구원을 받는다는 것입니다. 그러면 여러분, 오늘 우리가 예수를 믿는데 과연 예수를 주로 고백하고 믿습니까?

이것을 점검해 보기 전에 우리가 먼저 한 가지 생각해야 할 것이 있는데 그것은 예수님이 왜 하필 빌립보 가이사랴에서 이 질문을 하셨나 하는 것입니다.

13절 '예수께서 빌립보 가이사랴 지방에 이르러'라고 했는데요, 이 도시는 헤롯대왕의 아들 헤롯빌립이 이곳에 도시를 건설한 다음 자기 이름과 로마 황제 가이샤의 이름을 합쳐서 빌립보 가이사랴라고 지었는데요, 그러니까 빌립은 세상의 왕이요, 가이샤는 로마의 시저 황제니까 신 아닙니까. 이때 당시 로마 황제는 자신의 신상을 만들어 놓고 신으로 섬기게 했으니까.

그러므로 세상 왕과 세상 신이 군림하는 지역이 빌립보 가이사랴라고 했을 때 예수님이 왜 하필 이 지역에서 이 질문을 하셨는고 하니 세상 사람들은 세상 왕, 세상 신이 주인인 줄 알고 그들을 섬기고 있지만, 사실은 만왕의 왕 만주의 주가 누구시라는 것입니까? 예수님이지요, 예수님.

예수님이 유대인의 왕으로 오셨지만 사실은 만왕의 왕 만주의 주가 되세요. 그런데 이것은 육신의 눈으로 볼 수 없고 예수를 주로 고백함으로 영의 눈이 열린 자만이 이것을 알 수 있고 볼 수 있기 때문에 이 질문을 하신 것입니다.

그러면 여러분, 오늘 예수를 믿는 여러분들은 어떻습니까?

세상 왕, 세상 신이 크세요? 예수님이 크세요? 성경 말씀을 보니까 오늘 이 시대를 마지막 말세 때 고통하는 때라고 했는데요. 왜냐하면 사람들이 자기를 사랑하고 돈을 사랑하고 쾌락 사랑하기를 하나님 사랑하기보다 더하여 경건의 모양은 있으나 경건의 능력은 부인하는 자라고 했기 때문입니다. 그러니까 참신이신 하나님보다 세상 신, 세상 것이 훨씬 더 커 보여서 그것을 쫓아가기 때문에 고통한다는 것입니다.

예수를 믿기는 믿는데 예수님을 주님으로 고백하지 못하고 믿기 때문에 세상 것이 훨씬 더 커 보이니까 세상 것을 더 앞세워 쫓아갈 수밖에 없어요.

여러분, 초대교회 우리 신앙의 선배들은 주일 성수와 하나님 중심의 신앙생활을 철저히 했지요. 그래서 주일을 지키기 위해 감옥도 가고, 순교까지 했습니다. 그런데 오늘 우리는 하나님보다 세상 왕, 세상 신이 더 커 보여서 세상 것을 우선해서 쫓아가고 있는데요. 그러므로 여러분, 오늘 저는 본문 말씀을 가지고 우리의 신앙을 다시 한번 점검해 보자는 것입니다.

과연 예수님과 나와의 관계가 베드로의 신앙고백처럼 주님으로 바르게 정립되어 있는지, 그래서 말로만이 아니라 정말 내 삶의 전반에서 예수를 주로 고백하고 예수님을 주님으로 섬기며 살고 있는지 이것을 점검해 보자는 것입니다.

그런데 오늘 본문 보니까 이 신앙고백은 어떻게 할 수 있다고 했고 하니 17절 '바요나 시몬아 네가 복이 있도다 이를 네게 알게 한 이는 혈육이 아니요 하늘에 계신 내 아버지시니라'

베드로가 고백할 수 있었던 것이 아니라 하나님이 베드로의 영의 눈을 열어 깨닫게 해 주심으로 이 고백을 할 수 있었다는 것입니다.

맞아요, 여러분, 똑같이 하나님의 말씀을 받아도 누구는 깨닫고 구원을 받는데 누구는 깨닫지 못하고 졸고 있어요. 왜냐하면 이 영의 눈은 내 편에서가 아니라 하나님 편에서 열어 주셔야 하기 때문입니다. 중국 산동성에서 유학생 집회인 코스타 집회가 열렸다고 했는데요. 그런데 이때 한국에서 어학연수를 갔던 한 자매가 그 집회에 참석했다가 예수를 영접하고 구원을 받았다고 했습니다.

이 자매는 한국에 있을 때도 교회를 나갔지만 예수님을 주님으로 고백하지 못했었는데, 그 집회에서 예수님이 주인이신 것을 깨닫고 예수를 구주로 고백하고 영접했다고 했습니다. 그런 다음 이제 그다음 날 집으로 가다가 차 사고가 났는데 여러 사람이 죽고 중상을 입고 장애인이 되고 하는 대형사고였습니다. 그런데 이때 이 자매에게 놀라운 일이 일어났는데 사고가 나는 그 순간 너무 무섭고 어떻게 해야 좋을지 모르는 막막한 가운데 있을 때 갑자기 이런 생각이 들었다고 했습니다. 어제 구원받았는데 주님께 한 번 쓰임 받지도 못하고 그냥 죽다니 너무 억울하다는 생각이 들어서 '하나님 한 번만 살려 주세요. 그러면 꼭 한 번 주를 위해서 살고 싶습니다' 하고 기도했다고 했는데요. 도저히 상상할 수 없는 기도내용이지요. 왜냐하면 예수를 주로 고백하기 전까지만 해도 어떻게 해서든 어학연수 열심히 해서 세상에서 잘되고 출세하는 것이 자기 소원이었는데 예수를 주로 고백하고 영접한 다음에는 생각이 완전히 바뀌었기 때문입니다.

뿐만 아니라 세상 것보다 주님이 훨씬 더 커 보이니까 죽음 앞에서도 죽기밖에 더하겠나 하는 담대한 생각이 들었다고 했습니다. 예수를 주로 영접하기 전과 후의 가치관이 이렇게 180도 달라졌어요.

성경에도 나오지요. 마10:28 '몸은 죽여도 영혼은 능히 죽이지 못하는 자들을 두려워하지 말고 오직 몸과 영혼을 능히 지옥에 멸하실 수 있는 이를 두려워하라'

예수를 주로 고백하기 전에는 세상 것이 훨씬 더 커 보이고 죽음이 두렵지요. 그러나 예수를 주로 고백하고 나면 세상 것은 아무것도 아니야, 심지어 죽는 것조차도 크지 않고 오히려 죽은 다음에 지옥의 심판을 받는 것이게 더 두렵다는 것입니다.

여러분, 아직 세상 것이 더 커 보이고 세상 것을 우선해서 구하고 있습니까?

아니요, 예수를 주로 고백함으로 영의 눈을 열고 보면 주님 앞에 이 세상은 아무것도 아니에요.

그래서 초대교회 때 수많은 그리스도인들이 예수를 주로 고백하는 것 때문에 잡혀서 순교를 당했는데, 왜냐 세상 왕보다 예수님이 훨씬 더 커 보였기 때문에 그렇습니다.

여러분, 예수님이 여러분의 주님이 되셨습니까? 그렇다면 이렇게 고백해야 합니다. 주님, 사랑합니다. 이 세상 그 어떤 무엇보다도 주님을 더 사랑합니다.

오늘 많은 신자들이 예수를 믿는데도 예수님에게는 관심이 없고 예수님이 주시는 축복에만 관심을 가지는데요. 아니요, 우리는 세상 축복보다 주님을 더 사랑한다고 고백해야 합니다.

그 자매의 마지막 고백이에요. '저는 정말 하나님을 안 믿었던 사람인데 하나님을 체험하고 하나님의 사랑을 깨닫게 되니까 하나님을 너무너무 사랑하게 되어서 눈물이 멈추어지지 않습니다. 그동안 저는 제가 정말 하찮은 사람이라고 생각했는데 이렇게 하나님의 사랑을 받고 보니까 제가 특별해지고 당당해지고 세상 그 어떤 무엇도 두렵지 않게 되었습니다.'

맞아요, 여러분, 우리가 하나님을 모르면 세상 것이 너무너무 커 보이고 나는 도무지 보잘것없는 존재로 보여요.

그러나 예수를 주로 고백함으로 영안이 열리게 되면 내가 너무너무 특별한 존재가 되면서 더 이상 세상에서 부러워하거나 두려워하는 것이 없게 됩니다. 그러므로 여러분, 우리 인간의 귀함은 예수를 주고 고백할 때 내가 주님의 것이 됨으로 존귀하게 될 수 있습니다.

우리가 잘 아는 이지선 자매, 화상을 입어 흉측한 괴물이 되었지만 너무 너무 행복해하는데, 왜냐 예수님이 주인이시니까, 자신이 예수 안에서 보배가 되었기 때문에 그렇습니다.

바라기는 오늘 우리 모두도 예수를 주로 고백하여 주님의 것이 됨으로 가장 귀한 보배가 되어 이 세상을 당당하게 행복하게 살아가는 여러분들 되시기 바랍니다.

반석 위에 세워진 교회
(마16:13~20)

저는 군대 있을 때 교육장교로 근무한 적이 있는데요, 사회에서도 마찬가지겠습니다마는 특히 군대에서는 윗분의 의중을 잘 알아야 만수무강에 지장이 없습니다. 왜냐하면, 아무리 열심히 하고 수고했어도 윗분의 뜻에 맞지 않으면 아무 소용이 없기 때문인데요. 몇 날 밤을 새워서라도 완전히 다시 새로 해야 하는데 저는 여러 번 경험했습니다.

그러면 여러분, 우리 예수 믿는 사람들의 윗분은 누구십니까? 그것은 두말할 것도 없이 하나님이시지요. 그러니 우리의 신앙생활이 하나님의 마음에 들어야 합니다. 그러면 여러분, 하나님이 이 세상을 바라보실 때 가장 큰 관심을 어디에 두고 계실까요? 그것은 하나님이 예수 그리스도를 이 땅에 보내신 이유를 알면 금방 알 수 있는데요.

18절 '내가 이 반석 위에 내 교회를 세우리니 음부의 권세가 이기지 못하리라'

예수를 이 땅에 보내신 이유는 영혼들을 구원하여 이 땅에 하나님의 나라인 교회를 세우기 위함입니다. 그래서 계시록 2장에 보면 부활하신 예수님이 어떤 모습으로 묘사되고 있는고 하니,

계2:1 '오른손에 있는 일곱 별을 붙잡고 일곱 금 촛대 사이를 거니시는 이'라고 했는데 일곱 별은 일곱 교회의 사자요, 일곱 촛대는 일곱 교회라고 했습니다. 그러니까 이 말씀은 지금 우리 눈에 보이지는 않지만, 영적으로 봤을 때 예수님이 지금 어디 계신다는 것입니까? 구원받은 우리 한 사람, 한

사람의 심령 속에도 계시지만, 또 구원받은 우리 한 사람, 한 사람이 모인 교회 속에 함께 계신다는 말씀입니다.

그러므로 여러분, 우리는 꼭 기억해야 합니다. 오늘날 하나님이 이 세상을 바라보실 때 온통 관심이 교회에 집중되어 있다는 사실을.

그래서 예수님이 이 땅에 오셔서 3년 동안 공생애 사역을 하시면서 하신 일은 12제자를 훈련하는 일과 함께 십자가의 죽으심과 부활하심을 통하여 교회의 터 하나를 세우고 가셨어요. 그리고 지금도 교회의 머리로 교회를 다스리고 계십니다.

왜냐하면, 지금 이 세상은 누가 권세를 잡고 있는 곳입니까? 원수 마귀지요.

그런데 이러한 세상 가운데 하나님께서 자기의 나라를 세우기로 작정하셨는데 그것이 바로 교회입니다.

그렇기 때문에 예수님이 승천하시기 전에 제자들에게 하나님 아버지께서 약속하신 성령을 기다리라고 했는데 오순절 날 성령이 이 땅에 임하자마자 첫 번째 하신 일이 영혼들을 구원하여 교회 세우는 일을 하셨어요.

또 열두 사도는 말할 것도 없고 사도 바울이 소아시아와 마케도니아와 아가야 지역에까지 복음을 전해서 한 일이 교회 세우는 일이었습니다.

그리고 성경 13권을 기록한 사도 바울의 서신서는 전부가 다 교회에 보낸 편지였어요. 그러니 이렇게 놓고 봤을 때 하나님의 최대 관심이요, 하나님의 최고의 뜻이 무엇이냐? 그것은 바로 전 세계 모든 곳에 복음으로 교회를 세우는 것이 하나님의 뜻이요, 하나님의 소원입니다.

그러면 여러분, 오늘날 이 하나님의 소원이 과연 이루어졌습니까? 이루어졌지요. 오늘날 세상 사람들은 인류 역사의 주인을 인간으로 보기 때문에 모든 역사 기술이 사람 중심으로 되어 있습니다. 그래서 역사책을 펼치면 왕들 이름만 쭉 연결되어 있는데요. 그러면 과연 이 세상 역사가 인간 중심으로 흘러 왔는가 했을 때, 천만에요, 절대 그렇지 않습니다.

무엇입니까? 인류의 역사는 하나님 중심의, 하나님의 선교 역사로서 교회의 역사로 흘러왔어요. 아니, 정말 그런지 어디 한번 볼까요?

자, 우선 예수 이전의 시대는 접어놓고 예수 이후의 시대만 한 번 생각해 봅시다. 먼저 우리가 지금 쓰고 있는 달력, 서기 2023년이라고 하면 언제부터 2023년이 되었다는 말입니까? 예수 탄생 이후 2023년이 되었다는 말입니다. 그러니까 우리 인류의 역사는 예수 탄생 이전과 이후로 갈라지는데 인류 역사의 재출발점이 바로 예수 탄생으로부터 시작되었다는 것이지요. 그러면 예수 탄생 이후 인류 역사의 주도권이 어떻게 흘러갔는가?

우리가 알다시피 '이스라엘'이라고 하는 조그마한 나라에서 시작된 복음이 소아시아를 거쳐 유럽으로 건너가게 되었을 때 유럽이 어떻게 되었습니까?

전 세계의 역사를 유럽이 주도했습니다. 그다음 이 복음이 유럽에서 영국으로 건너가니까 이번에는 영국이 전 세계의 역사를 주도했습니다.

그다음 이 복음이 영국에서 미국으로 건너가게 되니까 이번에는 미국이 전 세계 역사를 주도하기 시작했고요, 그다음 이 복음이 미국에서 한국을 비롯한 중국과 아시아 국가에 상륙한 오늘날에는 아시아 주도의 환태평양 시대가 되었습니다. 아시아가 세계 역사의 중심 무대에 서게 되었다는 말이에요.

뿐만 아니라 오늘날은 아프리카와 남미와 중동 지역에서도 폭발적으로 복음 운동이 일어나고 있는데요. 그야말로 이 복음이 예수님의 예언대로 지금 전 세계를 쫙 덮어 버렸습니다.

그러니 여러분, 지금부터 2천 년 전에 하나님이 뜻을 가지고 온 세상 땅끝까지 내 나라를 세우겠다고 하셨는데, 그 뜻이 오늘날 이루어졌습니까? 안 이루어졌습니까? 이루어졌지요.

우리가 보다시피 오늘날은 공산주의 국가들조차도 기독교를 인정하고 있지요. 중국의 3자교회, 러시아의 정교회인데요. 물론 정부 편을 드는 종파만 살아남았습니다. 그러나 지하교회 신자 수가 훨씬 더 많습니다.

그러므로 여러분, 우리는 누가 뭐라고 해도 '우리 인류 역사의 초점은 교회다'라고 자신 있게 말할 수 있어야 합니다.

그렇기 때문에 예수님이 이 세상 마지막 종말을 무엇이라고 예언하셨습니까?

마24:14 '이 천국 복음이 모든 민족에게 증언되기 위하여 온 세상에 전파되리니 그제야 끝이 오리라'

무슨 말씀입니까? 이 세상이 아직 멸망하지 않고 존재하는 이유는 오직 하나, 교회 때문이라는 것입니다. 아직 영혼을 구원하여 세워져야 할 교회가 있기 때문에 유보하고 있는 것이지 우리 인간이 착해서 놔두고 있는 게 아니라는 거예요.

전 세계 땅끝까지 교회를 세우시기를 원하시는 하나님의 뜻, 이 뜻 때문에 아직 세상이 망하지 않고 있는 것입니다.

그러면 여러분, 이러한 본문의 배경을 놓고 오늘은 하나님이 이 세상 땅끝까지 교회를 세우기 위해서 교회에 허락한 특권이 무엇인가 하는 것인데요.

오늘 본문에 보니까 크게 두 가지가 나오는데 하나는,

18절 '내가 이 반석 위에 내 교회를 세우리니 음부의 권세가 이기지 못하리라'

음부의 권세가 이기지 못한다고 했고요. 그다음 또 하나는,

19절 '내가 천국 열쇠를 네게 주리니 네가 땅에서 무엇이든지 매면 하늘에

서도 매일 것이요 네가 땅에서 무엇이든지 풀면 하늘에서도 풀리리라 하시고'

천국 열쇠를 준다고 했는데요. 오늘은 이 두 가지를 다 하지 못합니다. 두 번째 것은 다음 시간에 하기로 하고요.

오늘은 첫 번째 것, 음부의 권세가 이기지 못하는 특권입니다. 쉽게 다시 말하면 이 세상은 지금 사탄이 권세를 잡고 있기 때문에 다른 모든 것은 사탄이 자기 마음대로 할 수 있는데 교회만은 건드리지 못한다는 것입니다.

왜냐하면 교회는 이 땅에 있는 하나님 나라로 치외법권 지역이기 때문에 그래요. 하나님이 왕으로 다스리는 곳이니까 마귀가 마음대로 할 수 없는 곳입니다.

한국에 있는 미국대사관, 우리나라 정부에서 마음대로 건드릴 수 있습니까? 아니요, 절대 못 건드립니다. 우리 정부의 말을 듣지도 않아요. 오직 미국 대통령의 명령에 따라 움직이는 곳이 미국대사관입니다.

마찬가지 교회도 하나님 나라 소속임으로 하나님이 왕으로 다스리고 계세요. 사탄이 넘볼 수 있는 곳이 아닙니다.

그러면 교회는 왜 이 세상에 있으면서도 사탄의 권세가 넘보지 못할까요?

그 이유는 성경을 보니까, 고전6:19~20 '예수님이 십자가의 피로 값 주고 샀기 때문'이라고 했는데요. 무슨 말인고 하면, 원래는 이 온 우주 만물이 하나님의 소유였는데 인간이 죄를 지음으로 그 죗값으로 마귀에게 그 소유권이 다 넘어가 마귀 소속이 된 것을 하나님이 친히 자기의 피를 쏟아 그 피로 죗값을 다 치르시고 다시 사셔서 자기의 것으로 삼으셨다는 것입니다.

그러므로 오늘 본문에서는 이것을 무엇이라고 했습니까?

18절 '내가 이 반석 위에 내 교회를 세우리니'

여기서 반석이 누구입니까? 예수 그리스도시지요. 어떤 예수? 우리 모든 인간의 죄를 위하여 십자가에서 피를 흘리심으로 우리의 모든 죗값을 다 치르시고 3일 만에 부활하신 예수 그리스도입니다.

우리의 구세주요, 구원자가 되시는 예수 그리스도가 반석이에요. 지금 베드로가 잘 고백했지요. 예수님이 '너희는 나를 누구라 하느냐' 하고 물었을 때 '주는 그리스도시오 살아 계신 하나님의 아들이십니다' 하고 고백했는데 '예수는 우리의 구원자 메시아시오, 하나님이십니다'라는 뜻입니다.

그러므로 여러분, 우리는 알아야 합니다. 성경에서 말하는 교회는 눈에 보이는 건물이 아니라 예수의 십자가의 피 위에 세워진 것이 교회요, 또 이 예수를 나의 구주로 고백한 사람들이 함께 모여 세워져 가는 신령한 집을 가리켜 교회라고 한다는 것입니다.

그러니 지금 우리 눈에 안 보여요. 장차 예수님이 이 땅에 다시 오실 그 때에 완성된 모습으로 우리 눈에 보여질 것입니다.

자, 교회가 무엇인가 이제 다시 한번 정리하면, 죗값으로 우리 모두가 마귀에게 팔려갔는데 예수님이 자기의 피로 죗값을 다 치르고 예수님에게로 소유권 이전을 시켰으므로 이제 더 이상 마귀가 자기권리를 행사할 수 없는 곳이 교회입니다. 그러니 우리가 얼마나 행복한 사람입니까? 더 이상 복될 수가 없지요.

그런데 문제는 이렇게 예수님이 자기에게로 소유권 이전을 다 해 놓았음에도 불구하고 마귀의 권세가 건드리지 못하게 하려면 꼭 한 가지 조건이 있는데요. 그것은 바로 교회에 반드시 붙어 있어야 한다는 것입니다. 교회에 소속되어 있어야 되지, 구경꾼이 되면 안 돼요.

왜냐 예수가 교회의 머리요, 오늘 우리는 그의 지체이기 때문에 예수와 한 몸을 이루고 있어야 하기 때문입니다.

그래서 오늘날 우리 신자에게 있어서 가장 큰 위협이 있다면 그것은 교회를 우습게 생각하고 구태여 교회에 소속되지 않아도 예수만 잘 믿으면 구원을 받는다고 생각하는 것인데요. 그러나 여러분, 이것은 그야말로 착각 중에 큰 착각입니다. 영적 교회에는 독불장군이 없기 때문이에요.

엡2:20~24 '그리스도 예수께서 친히 모퉁잇돌이 되셨느니라 그의 안에서 건물마다 서로 연결하여 주 안에서 성전이 되어 가고, 너희도 성령 안에서 하나님이 거하실 처소가 되기 위하여 그리스도 예수 안에서 함께 지어져 가느니라'

여러분, 교회를 하나님이 거하실 신령한 집이라고 했을 때 벽돌 하나로 어떻게 집을 지을 수 있습니까? 여러 벽돌이 함께 모두어져야 합니다. 그러므로 교회는 단수가 없어요. 항상 복수예요.

여러분이 장차 주님을 맞이하게 되실 텐데, 이때는 우리 개인이 1:1로 맞이하지 않고 예수님하고 그의 몸을 이루는 교회와 만나게 되는 것입니다.

그러므로 여러분, 오늘 우리 모두가 예수님을 만나려면 반드시 그의 몸인 교회에 붙어 있어야 합니다.

여러분, 한번 생각해 보세요. 자기 소속팀이 없는 축구선수, 축구 황제 펠레의 할아버지라고 해도 소용이 없어요. 왜냐 축구는 혼자 하는 것이 아니니까. 그렇기 때문에 성경은 무엇이라고 합니까?

요15:5 '나는 포도나무요 너희는 가지라 그가 내 안에, 내가 그 안에 거하면 사람이 열매를 많이 맺나니 나를 떠나서는 너희가 아무것도 할 수 없음이라'

예수님이 포도나무요, 나는 가지니까 예수님을 떠나서는 아무것도 할 수 없다는 것입니다. 뿐만 아니라 교회에 붙어 있지 않으면 더 이상 하나님이 책임지지 않아요. 그러므로 교회는 나의 영적 생명줄이기 때문에 교회를 떠나면 생명에서 끊어지는 것입니다.

제가 집사 때 함께 신앙생활 했던 이문자 집사님이라고 남편이 여러 해 동안 실직을 했어요. 그러니 먹고살기가 얼마나 어렵습니까? 너무 힘들어서 교회에 나가게 됐는데 처음 교회에 등록을 하고 나니까 교회에서 심방을 온다고 하는데 돈이 없어서 머리를 잘라 팔아 대접을 했다고 하니까 알만하지요.

어쨌든 그때 당시 잠실1단지에 살면서 그야말로 생명 걸고 하나님께 매달렸대요. 정규 예배시간은 말할 것도 없고 새벽기도회와 철야기도까지 안 빠졌다고 했는데요. 하나님의 기도 응답으로 남편이 취직이 되었고, 또 자기 어머니가 쿠웨이트에서 슈퍼마켓을 하는데 딸이 불쌍하다고 10만 달러를 보내 주면서 땅을 사 놓으라고 해서 그 돈으로 곤지암에다 평당 몇만 원씩 해서 수천 평을 사 났는데요, 그런데 알다시피 그 땅이 평당 수백만 원으로 뛰었잖아요. 졸지에 갑부가 된 것이지요. 그러자 연립주택에서 겨우 살던 사람이 아파트를 사서 고덕동으로 이사를 갔는데요. 그런데 문제는 아파트를 사서 가는 것까지는 좋았는데 교회가 너무 머니까 주일 날 낮 예배 한 번만 나오고, 저녁 예배, 새벽기도, 철야기도는 다 관뒀다는 것입니다.

여러분, 어떻게 되었을까요? 저의 장모님이 잠실 롯데수영장에서 그 집사님을 우연히 만났다고 했습니다. 살이 너무 쪄서 살 빼러 왔다고 했는데요. 그런데 뭐라고 고백하는고 하니, 잠실1단지에 살 때 교회 가까이에서 열심히 신앙생활 할 때 그때가 좋았다는 것입니다. 왜냐하면 지금은 돈도 있고 배는 부른데 심령이 얼마나 메마른지 죽겠다고 마음이 답답하고 신앙생활의 기쁨을 다 잃어버렸다고 했습니다.

여러분, 우리 주님이 가장 싫어하는 것이 바로 독립선언입니다.

왜냐하면 더 이상 하나님이 돌볼 수가 없으니까. 여러분, 교회는 집입니다. 눈에 보이지 않는 하나님의 집. 그러므로 우리가 세례를 받는데 세례가 무엇입니까? 나의 옛사람은 죽고 예수 부활의 새생명으로 사는 새사람이 되었는데 이 새사람은 이제부터 하나님의 집에 소속되어 있다고 하는 표식입니다.

여러분, 제발 부탁합니다. 이왕 신앙생활 할 바에야 교회에 붙어 있으세요. 주님께 속해 있어야 합니다. 여러분, 신앙생활은 목사를 위해 하는 것이 아니잖아요. 여러분, 자신을 위해서 하는 것이니까 교회에 붙어 있으세요.

붙어 있다는 것을 잘 모르시는 분이 있는데 다른 것 아니에요. 예배시간 빼먹지 않고 주님의 몸 된 교회를 잘 섬김으로 주님으로부터 영양을 잘 공급받으라는 것입니다. 그래서 교회를 통하여 마음의 평안과 기쁨과 참만족을 누리서야 합니다. 예수님이 직접 말씀하셨지요. 요10:9~10 '내가 문이니 누구든지 나로 말미암아 들어가면 구원을 받고 또는 들어가며 나오며 꼴을 얻으리라, 도둑이 오는 것은 도둑질하고 죽이고 멸망시키려는 것뿐이요 내가 온 것은 양으로 생명을 얻게 하고 더 풍성히 얻게 하려는 것이라'

교회의 영광인 천국 열쇠
(마16:13~20)

여러분, 우리가 장차 가게 될 천국에도 문이 있다는 사실을 알고 계십니까?

그런데 이 문은 반드시 열쇠로 열고 들어가야 하는데 계3:7을 보니까 이 열쇠를 가진 자는 오직 예수 그리스도시라고 했습니다.

그러면 여러분, 이 천국 열쇠는 무엇입니까? 예수님이 직접 말씀하셨죠.

'내가 곧 길이요 진리요 생명이니 나로 말미암지 않고는 아버지께로 올 자가 없느니라'

예수님 자신이 바로 천국을 열 수 있는 유일한 열쇠입니다. 예수를 소유하지 않은 사람은 아무도 천국 문 안으로 들어갈 수가 없어요.

그러면 여러분, 우리가 예수를 어떻게 소유할 수 있습니까?

16절 '주는 그리스도시요 살아 계신 하나님의 아들이시니이다' 예수를 나의 구세주로 또 나의 왕으로 고백하는 이 사람만이 예수를 소유할 수 있습니다. 그리고 또 한 가지 조건이 있는데 그것은 예수를 나의 구주로 고백할 뿐만 아니라 이 고백 위에 세워진 교회에 꼭 붙어 있어야 한다고 했습니다. 교회를 떠나서는 구원이 없어요. 왜냐하면 주님은 교회의 머리요, 우리는 그의 지체로 한 몸을 이루고 있으니까. 그러므로 교회에 붙어 있는 우리는 하나님이 책임지고 보호하시므로 음부의 권세가 건드리지 못한다고 했는데 여기에 교회의 영광이 있다고 했습니다.

그런데 오늘은 또 한 가지 교회의 영광이 천국 열쇠를 맡겨준 데 있다고 했습니다. 19절 '내가 천국 열쇠를 네게 주리니' 지금 주님이 베드로에게 천국 열쇠를 준다고 약속하고 있는데요. 그런데 가만히 보면 이 열쇠는 베드로에게만 준 것이 아니에요. 왜냐하면 18절을 보니까 베드로의 고백 위에 교회를 세운다고 했으니까 지금 베드로는 누구를 대표해서 이 열쇠를 받고 있는 것입니까? 교회를 대표해서 지금 받고 있는 것입니다.

그러므로 이 열쇠는 베드로에게만 주어진 것이 아니라 오늘 교회에 속한 저와 여러분에게도 똑같이 주어진 것인데요. 왜냐하면 예수님이 이 열쇠를 교회에 주셨기 때문입니다. 물론 천주교에서는 이것을 그렇게 해석하지 않고 베드로에게만 주었다고 해석을 하지요. 그래서 오늘날까지도 이 천국 열쇠는 베드로의 후계인 교황만이 가지고 있다고 하는데요. 이것은 잘못된 해석입니다.

그 이유를 오늘 말씀을 통해서 알게 될 거예요.

어쨌든 주님이 교회에다가 천국 열쇠를 주셨는데 오늘 본문 보니까 이 천국 열쇠의 특징이 어떤 것입니까?

19절 '네가 땅에서 무엇이든지 매면 하늘에서도 매일 것이요 네가 땅에서 무엇이든지 풀면 하늘에서도 풀리리라'

도대체 이 말씀이 무슨 뜻입니까? 말 그대로지요. 내가 땅에서 무엇을 매면 하늘에서도 똑같이 맨다는 말이요, 내가 땅에서 무언가를 풀면 하늘에서도 똑같이 풀어 놓는다는 말입니다. 그러니까 문제는 하나님하고 우리하고 주도권이 바뀌었다는 것인데요. 하나님이 먼저 매고 푸는 것이 아니라 열쇠를 가진 우리가 먼저 매고 풀면 하나님이 그대로 뒤따라서 매고 푼다는 것입니다.

그러면 여러분, 세상에 우리가 결정하는 대로 하나님이 뒤따라 그대로 결정하는 일도 있습니까? 있어요. 분명히 있는데요. 성경을 보니까 딱 한 가지가 있는데 그것은 바로 전도입니다, 전도.

고전1:21 '하나님의 지혜에 있어서는 이 세상이 자기 지혜로 하나님을 알지 못하므로 하나님께서 전도의 미련한 것으로 믿는 자들을 구원하시기를 기뻐하셨도다'

무슨 말씀입니까? 하나님께서 천국에 들어갈 수 있는 열쇠인 구원의 복음을 전하는 일만은 반드시 우리 인간을 통해서 하시기로 작정하셨다는 말입니다.

우리가 생각할 때는 하나님이 직접 전도하시면 훨씬 더 쉽고 빠르고 효과적일 것 같은데 하나님은 직접 하시지 않겠대요.

여러분, 한번 생각해 보세요. 오늘이라도 만약 하늘에서 큰 음성이 들려지면서 '너희는 나를 믿으라. 그렇지 않으면 다 멸망당한다'고 한 말씀만 하시면 전부 다 버들버들 떨면서 하나님 앞으로 다 돌아오겠지요.

그런데 하나님은 이 방법을 사용하지 않으시고 꼭 우리 인간을 통해서만 구원의 복음을 전하기로 하셨다는 것입니다.

그러므로 하나님이 다른 것은 다 자기 마음대로 혼자서 앞서 행하실 수 있지만 천국 열쇠를 나누어 주는 일만큼은 꼭 우리의 도움이 필요하대요. 왜냐하면 전도를 통해서 구원하시기로 작정하셨기 때문에. 그래서 사도 바울이 로마서 10장에서 말했지요.

롬10:13~15 '누구든지 주의 이름을 부르는 자는 구원을 받으리라, 그런즉 그들이 믿지 아니하는 이를 어찌 부르리요 듣지도 못한 이를 어찌 믿으리요 전파하는 자가 없이 어찌 들으리요, 보내심을 받지 아니하였으면 어찌 전파하리요 기록된 바 아름답도다 좋은 소식을 전하는 자들의 발이여 함과 같으니라'

무슨 말씀인고 하면 하나님이 아무리 천국 복음을 전해 주고 싶다고 해도 천국 복음을 전해 주는 전도자가 없으면 아무 소용이 없다는 말입니다.

자, 한번 보세요. 우리나라에도 백수십 년 전에 미국 선교사들이 이 땅에 왔는데요. 여러분, 만약 그때 미국 선교사들이 복음을 전하러 이 땅에 오지 않았다면 오늘 우리나라는 어떻게 되었을까요? 두 번 생각할 것도 없습니다. 아직까지 예수를 알지 못했을 거예요. 왜냐하면 전도하는 사람이 없는데 복음을 듣지 못했는데 예수를 믿고 소유할 수 있는 길은 없기 때문입니다.

그러므로 천국 열쇠의 특징은 하나님 혼자서는 나누어 줄 수 없고, 반드시 우리 인간을 통해서만 나누어 줄 수 있는 것입니다. 우리 인간이 먼저 열쇠를 들고 가고 하나님은 그 뒤를 따라갈 수밖에 없는데 이것이 하나님의 뜻이라는 거예요. 그래서 지금 주님이 약속하시기를 네가 땅에서 무엇이든지 매면 하늘에서도 매일 것이요, 네가 땅에서 무엇이든지 풀면 하늘에서도 풀리리라. 천국 열쇠에 관한 한 우리 인간에게 우선권을 주셨다는 것입니다.

그러면 이제 마지막으로 우리에게 이렇게 기가 막히게 영광스러운 천국 열쇠를 맡겨 주셨는데 이 열쇠를 가지고 오늘 우리는 어떻게 해야 할까요?

먼저 결론부터 말씀드리면 주인의 뜻대로 해야 합니다. 비록 우리에게 천국 열쇠가 맡겨지기는 했지만, 그러나 우리는 주인의 뜻에 순종하는 그분의 제자요, 청지기입니다. 우리의 주인이 따로 있어요. 그러므로 우리는 전적으로 주인의 뜻에 따라 해야 하는데요. 그러면 주인의 뜻이 무엇입니까?

딤전2:4 '하나님은 모든 사람이 구원을 받으며 진리를 아는 데에 이르기를 원하시느니라'

주인의 뜻은 모든 사람들이 회개하여 하나님께 돌아옴으로 한 사람도 멸망하지 않는 것이 주인의 뜻입니다. 그렇기 때문에, 예수님의 제자들을 향한 마지막 유언이 무엇입니까?

'너희는 가서 모든 족속으로 제자를 삼으라' 이 세상 모든 사람들에게 천국 열쇠를 나누어 주는 것, 이것이 주인의 뜻입니다.

그러므로 오늘 천국 열쇠를 위임받은 우리는 때를 얻든지, 못 얻든지 항상 천국 열쇠를 나누어 주는 일에 최선을 다해야 합니다. 우리에게 주어진 환경, 건강, 시간, 물질, 모든 여건을 다 활용하여 최우선 순위로 천국 열쇠를 나누어 주는 일을 해야 해요. 그래서 우리가 하나님의 소원대로 모든 사람들에게 천국 열쇠 나누어 주는 일을 하면 '한 가지 약속을 하겠는데 네가 천국 열쇠를 나누어 주는 데 있어서 필요한 모든 것을 나에게 구하라, 그러면 내가 다 응답하겠다. 네가 땅에서 매면 내가 하늘에서도 매고 네가 땅에서 풀면 나도 하늘에서 풀어 주마' 하고 약속하셨습니다. 그러니까 성경에서 무엇이든지 구하면 다 들어주시겠다는 약속은 반드시 전도와 연관이 되어 있어요.

그러므로 여러분, 오늘 교회가 무엇이며, 교회의 영광이 어디에 있습니까?

교회는 천국 열쇠를 맡았다는 것이요, 교회의 영광은 천국 열쇠를 나누어 주는 구원의 복음을 전하는 데 있습니다.

여러분, 어때요. 우리에게 천국 열쇠가 맡겨져 있다는 사실이 엄청난 사실 아닙니까? 내 가족, 내 친족, 내 이웃, 내 친구가 하늘나라에 들어갈 수 있느냐, 없느냐 하는 열쇠가 내 손에 달려 있다는 것. 복음을 전하고 가르칠 수 있는 특권이 바로 나에게 주어져 있다는 사실. 이것을 생각할 때 나 자신의 모습이 얼마나 영광스러운지 모릅니다. 그래서 찬송가에서 이러한 우리의 모습을 천사도 흠모한다고 했지요. 전도는 기가 막힌 우리의 특권이요, 우리의 영광된 모습입니다.

그러므로 여러분, 오늘 우리가 우리 자신을 평가할 때 무엇을 평가합니까? 평가 기준이 천국 열쇠를 맡은 것입니까? 아니면 세상에서 성공하고 출세하고 돈 모으는 데 그 기준이 있습니까? 어느 거예요?

분명히 기억하세요. 하나님은 우리의 무엇을 보고 평가한다고 했는고 하니 내가 돈이 얼마나 많으냐, 얼마나 세상에서 성공하고 출세했느냐를 보지 않고 하나님이 우리에게 맡겨 주신 천국 열쇠를 어떻게 사용했느냐를 보신다고 했습니다. 그래서 장차 우리가 하늘나라에 갔을 때에도 그 평가 기준은 오직 하나 나에게 맡겨진 천국 열쇠를 과연 어떻게 사용했느냐에 따라서 잘했다 칭찬받을 수도 있고, 악하고 게으른 종이라고 책망받을 수도 있다고 했습니다.

그렇기 때문에 천국 열쇠를 맡은 사람들의 소원은 다 똑같아요. 무엇입니까? 사도 바울이 말했습니다. '나의 달려갈 길과 주 예수께 받은 사명 곧 하나님의 은혜의 복음 증거하는 일을 마치려 함에는 나의 생명을 조금도 귀한 것으로 여기지 아니하노라'

자신의 생명과 맞바꾸어서라도 천국 열쇠를 나누어 주는 일에 최선을 다하겠다는 것입니다. 그러니 여러분, 이런 각오를 가진 사람이 하나님께 무엇을 구하면 하나님이 듣지 않으시겠어요. 생명 걸고 하나님의 소원을 이루는데 어떻게 하나님이 응답하지 않을 수 있겠습니까? 100% 응답하십니다.

그러므로 여러분, 오늘 우리도 하나님이 나와 함께하시고 내가 무엇을 구할 때 하나님이 살아 역사하심을 경험하고 싶습니까?

그렇다면 전도자가 되십시오. 천국 열쇠를 한번 나누어 줘 보세요. 하나님이 역사하시나, 안 하시나. 목사나 전도사가 되라는 말이 아닙니다. 전도자가 되세요.

오늘날까지 기독교 역사상 하나님의 최대의 기적을 맛본 사람들은 전부가 다 전도자들입니다. 저 인천에 가면 주안장로교회라는 데가 있는데요. 이 교회에 다니는 여집사님 중에 한 분은 1991년도 한 해 동안 전도하여 교회로 인도한 숫자가 자그마치 천 명이라고 했습니다. 어때요, 여러분, 이 여자 집사님이 1년에 천 명을 인도할 때 자기의 힘과 능력으로 인도했을까요? 아니요, 우리가 전도를 해 보면 알지만 전도는 절대 내 힘으로 되는 것이 아닙니다. 오직 하나님의 능력으로 되는 거예요. 그러니 이 여집사님은 천국 열쇠의 비밀을 알고 있는 분입니다. 천국 열쇠의 특징을 알고 있었어요. 무엇입니까? 무엇이든지 내가 땅에서 매면 하늘에서도 매이고 무엇이든지 내가 땅에서 풀면 하늘에서도 풀린다는 이 비밀, 이 비밀을 이 집사님이 알고 있었어요. 그래서 엄청난 결과를 가져온 것입니다.

그러므로 오늘 우리도 하나님의 이 변치 않는 약속을 붙들고 구할 때 하나님의 놀라운 기적을 체험하게 될 줄 믿습니다.

어때요, 여러분, 오늘 여러분에게 천국 열쇠가 주어져 있다면 천국 열쇠를 통하여 하나님의 살아 역사하심을 실감하고 싶지 않습니까? 또 장차 하늘에서 상 받고 면류관 받는 성도가 되고 싶습니까? 그렇다면 구하세요.

'구하라 너희에게 주실 것이요, 찾으라 찾을 것이요, 문을 두드리라 열릴 것이니, 너희가 악할지라도 좋은 것을 자식에게 줄 줄 알거든 하물며 너희 하늘 아버지께서 구하는 자에게 성령을 주시지 않겠느냐, 오직 성령이 너희에게 임하시면 너희가 권능을 받고 예루살렘과 온 유대와 사마리아와 땅끝까지 이르러 내 증인이 되리라'

이 놀라운 특권을 포기하시겠습니까? 오늘 우리가 이 특권을 포기하면 하나님이 그 피 값을 우리 손에서 찾겠다고 했습니다. 그러니 오늘 우리는 때를 얻든지 못 얻든지 항상 복음 증거에 힘써야 되겠는데요.

이사야 선지자가 성전에서 하나님의 영광을 보았을 때 하나님의 소원을 깨닫고는 어떻게 했습니까? '내가 여기 있나이다 나를 보내소서'

복음 증거는 교회의 영광이요, 우리 믿는 자의 특권입니다.

자기 십자가를 지고 따르라
(마16:21~24)

여러분, 오늘 우리의 신앙생활은 전부가 무엇입니까?

두 가지, 하나는 십자가를 바로 아는 것이요, 또 하나는 그 십자가를 지고 따라가는 것인데요. 이 두 가지가 안 되면 우리가 일평생 신앙생활 하고도 그 수고가 전부 헛될 수밖에 없습니다. 왜 그런가? 그 이유를 오늘 우리가 베드로를 통해서 한번 생각해 보도록 하겠는데요.

먼저 베드로의 신앙고백이 무엇입니까?

'주는 그리스도시요 살아 계신 하나님의 아들이시니이다' 그리스도라는 말은 구원자 메시아라는 말이요, 하나님의 아들이라는 말은 당신은 하나님의 아들 신이시라는 고백이니까 너무너무 예수님을 제대로 잘 알아봤어요. 그래서 예수님이 이 고백을 듣고 크게 기뻐하면서 칭찬을 하셨는데요. '바요나 시몬아 네가 복이 있도다 이를 네게 알게 한 이는 혈육이 아니요 하늘에 계신 내 아버지시니라'

베드로는 큰 복을 받은 자인데, 그 이유는 하나님이 깨닫게 해 주시지 않으면 도무지 알 수 없는 고백을 했기 때문입니다. 여러분, 오늘 우리가 왜 복 받은 사람입니까? 예수가 구세주요, 하나님이심을 아는 것은 성령으로 말미암지 않고는 깨달을 수 없는데 오늘 우리가 이것을 깨달았다는 것은 성령을 받았다는 증거이기 때문에 그렇습니다. 사도 바울이 고백했지요.

고전12:3 '성령으로 아니하고는 누구든지 예수를 주시라 할 수 없느니라'

오늘 우리도 베드로같이 예수를 주로 고백하니까 분명히 복 받은 사람입니다. 그런데 문제는 21절 '이때로부터 예수 그리스도께서 자기가 예루살렘에 올라가 장로들과 대제사장들과 서기관들에게 많은 고난을 받고 죽임을 당하고 제삼일에 살아나야 할 것을 제자들에게 비로소 나타내시니'입니다. 예수님이 자신이 메시아이기는 메시아인데 고난을 당하시고 죽임을 당하시는 메시아로 소개하고 있습니다. 절대 십자가의 죽음 없이 영광을 받고 대접을 받는 메시아가 아니에요.

그러면 앞에서 베드로가 예수를 메시아로 고백하고 큰 칭찬을 들었는데 예수님이 말씀하시는 메시아와 베드로가 고백한 메시아가 같은 모습의 메시아였는가? 아니요, 22절 '베드로가 예수를 붙들고 항변하여 이르되 주여 그리 마옵소서 이 일이 결코 주께 미치지 아니하리이다' 베드로가 기대한 메시아는 고난을 당하고 죽임을 당하는 그런 메시아가 아니었어요. 그야말로 만왕의 왕이요, 만주의 주로서 이 세상에서 영광을 받고 또 왕으로 이 세상을 다스리는 이 세상 왕국의 메시아였습니다.

그러니 예수님과 베드로의 생각이 서로 맞지가 않지요. 예수님은 고난당하고 십자가를 지고 죽어야 할 것을 말씀하고 있고, 베드로는 만왕의 왕이 되어서 영광 가운데 이 세상 왕국을 다스리기를 바라고 있으니까. 그러므로 당황한 쪽은 누구입니까? 베드로지요. 그래서 '주여, 그리 마옵소서' 하면서 극구 반대하고 말리는 것입니다.

'아니, 귀하신 몸께서 고난당하고 죽으신다니요. 그 무슨 당치도 않은 말씀을 하십니까. 농담이라도 그런 말씀은 마옵소서. 이 세상을 다스릴 왕께서 고난당하시고 죽으신다니 말도 안 됩니다. 절대 그런 일은 일어나지 않을 것입니다'라고 하는 거예요. 그런데 여러분, 여기에 대한 예수님의 대답입니다.

23절 '사탄아 내 뒤로 물러가라 너는 나를 넘어지게 하는 자로다 네가 하나님의 일을 생각하지 아니하고 도리어 사람의 일을 생각하는도다' 여러분, 예수님이 세상에 계실 때 사람을 정면에 대놓고 사탄이라고 책망한 경우가 있습니까? 아니요, 베드로 빼놓고는 아무도 없었어요. 예수를 정면에서 대적한 바리새인과 서기관을 향해서도 '독사의 새끼들아'라고 욕했을망정 사탄이라고 직접 대놓고 말하지는 않았습니다. 그런데 지금 자기가 가장 사랑했던 수제자를 향하여 사탄이라고 했으니까 이것은 보통 문제가 아닌데요. 왜냐하면 '사탄'이라는 말은 하나님을 반역하는 마귀의 우두머리라는 뜻이니까.

그러므로 여러분, 오늘 우리가 베드로를 통해서 알 수 있는 것은 베드로한 사람 안에 영적으로는 두 사람이 함께 들어 있다는 사실입니다. 하나는 성령의 감동을 받는 성령의 사람이요. 또 하나는 사탄의 도구로 사용되는 육신의 사람인데요. 오늘 우리가 예수를 믿어도 항상 겸손해야 할 이유가 바로 여기에 있습니다.

왜냐하면 한 몸으로 하나님도 섬기고 사탄도 섬기고 또 한 입으로 찬송도 하고 그 입으로 욕과 저주를 함께 하는 이것은 오늘 우리가 부인할 수 없는 현실인데요. 그러면 오늘 우리에게 있어서 누가 이것이 심한가 했을 때 십자가의 은혜를 제대로 이해하지 못한 사람일수록 이게 심합니다. 금방 주여, 주여 하다가 또 금방 내여, 내여 하면서 사탄을 주인으로 섬긴다는 것인데요. 그러므로 여러분, 오늘 우리가 예수의 십자가를 똑바로 이해해야 할 이유가 바로 여기에 있습니다.

베드로가 십자가를 바로 이해하지 못했을 때 예수를 나의 주로 고백한 그 몸과 입을 가지고 금방 사탄을 주로 섬기는 것같이, 오늘 우리도 십자가를 바로 이해하지 못하면 베드로와 똑같을 수밖에 없다는 것입니다.

저는 교회를 목회하면서 항상 마음에 큰 부담이 되는 사람이 있었는데, 그것은 십자가를 바르게 깨닫지 못하고 인간의 의나 인간의 생각으로 하나님을 섬기려는 사람입니다. 십자가의 감격 없이 예수를 믿는다고 하는 사람, 십자가의 감격 없이 교회를 섬기겠다고 하는 사람. 참 걱정스럽습니다. 왜냐하면 변덕이 죽 끓듯 하니까. 자기 기분 내키는 대로 금방 성령의 도구로 쓰이다가 또 금방 사탄의 도구로 쓰여요. 왔다 갔다, 왔다 갔다 하니까 도무지 정신을 차릴 수가 없습니다. 그러므로 여러분, 우리가 진짜 신앙생활 제대로 하려면 예수가 십자가에 못 박힐 때에 내 육신의 정과 욕심도 함께 못 박혔다는 고백이 있어야 합니다. 우리 예수 믿는 사람은 예수가 죽을 때 나도 십자가에서 함께 죽었으니까 이제는 내가 없고 오직 내 안에 예수만 있을 뿐이에요.

그러므로 예수가 고난당했습니까? 나도 고난당해야 합니다.

예수가 십자가를 졌습니까? 나도 십자가를 져야 합니다.

우리는 예수의 제자이기 때문에 예수님이 간 그 길을 그대로 뒤따라가야 할 자들이에요. 그러므로 십자가를 바로 깨닫지 못하고 주님의 뒤를 따른다? 불가능합니다. 왜냐하면 지금 베드로 보세요. 예수가 왜 이 땅에 왔는지 모르고 있습니다. 예수는 이 땅에 우리 죄인들을 구원하기 위하여 고난당하시고 십자가를 지고 죽으시기 위해서 오셨어요. 예수님이 직접 말씀하셨지요.

'인자가 온 것은 섬김을 받으려 함이 아니라 도리어 섬기려 하고 자기 목숨을 많은 사람의 대속물로 주려 함이니라'

예수가 이 땅에 오신 이유입니다. 그런데 베드로는 이것을 몰랐어요. 꼭 마찬가지로 오늘 우리도 예수가 왜 이 땅에 오셨는지를 모르면 도무지 하나님을 제대로 섬길 수가 없습니다.

여러분, 우리가 알다시피 예수님이 이 땅에 오셨을 때 두 가지밖에는 없었어요. 순종과 섬김. 하나님의 뜻에 대해서는 죽기까지 순종하셨고 이웃에 대해서는 자기 목숨을 주기까지 사랑으로 섬겼습니다. 그런데 이것은 자기가 살아 있어 가지고는 도저히 할 수 없는 일이에요.

십자가에서 자기가 죽은 사람만이 할 수 있는 일입니다. 그러므로 여러분, 혹시 오늘 우리가 하나님의 일을 생각하지 않고 사람의 일을 생각하고 있습니까? 십자가를 모르는 사람입니다. 내가 죽지 않고 살아 있어서 그래요.

여러분, 하나님이 예수를 통해서 하시고자 하는 일이 무엇이었습니까? 예수를 희생시켜서 우리 인간을 구원하시려는 일입니다.

마찬가지로 하나님이 오늘 우리를 구원하여 예수의 제자로 삼으신 이유가 무엇입니까? 우리를 희생시켜서 다른 사람들을 구원하기 위함입니다. 이것을 아예 계명으로 받았지요. '새 계명을 너희에게 주노니 내가 너희를 사랑한 것 같이 너희도 서로 사랑하라' 예수님은 우리를 사랑하여 자신의 생명을 주셨습니다. 그러므로 오늘 우리도 예수님의 사랑으로 죽기까지 이웃을 내 몸과 같이 사랑해야 해요. 그다음 또 하나, 베드로는 십자가의 무엇을 몰랐는가?

그것은 예수님의 십자가의 죽으심이 바로 자기를 살리기 위함이라는 사실을 몰랐습니다.

우리가 성경을 보면 예수님의 12제자 중에 자기가 죄인인 것을 제일 먼저 깨닫고 고백한 사람이 누구입니까? 그것은 베드로였습니다.

베드로가 어부 시절에 밤새도록 그물을 내렸으나 한 마리도 잡지 못하고 그물을 손질하고 있는데 예수님이 오셔서 깊은 데로 가서 그물을 내리라고 했을 때 그 말씀에 순종하여 내렸더니 얼마나 고기가 많이 잡혔는지 혼자서 그물을 끌어올릴 수 없을 정도였습니다. 이때 베드로는 예수가 보통 분이 아닌 것을 깨닫고 '주여, 나를 떠나소서. 나는 죄인입니다' 하고 고백했는데요.

그런데 문제는 이렇게 자신이 죄인인 것을 고백했던 베드로지만 그러나 예수가 십자가를 지시겠다고 하신 것이 바로 자기의 죄 때문이라는 사실은 알지 못했다는 것입니다.

여러분, 오늘 우리도 교회 안에 이런 사람들이 참 많은데요. 자기가 죄인인 것은 아는데 예수가 자기 죄를 위해서 십자가에서 죽으실 만큼 큰 죄인이라는 것은 모릅니다. 그래서 예수의 십자가가 바로 나의 죄 때문이라는 사실을 실감하지 못하는데요.

그러나 여러분, 예수의 십자가는 바로 나의 죄 때문입니다. 내가 바라바요, 내가 바로 예수를 죽인 장본인이요, 예수의 십자가의 죽으심 때문에 살아난 자가 바로 나예요.

그러니 예수의 십자가를 생각할 때 가슴이 뜨겁지 않을 수 없지요. 이 진리를 깨달으면 사람이 완전히 변합니다. 완전히 다른 사람이 돼요.

사도 바울이 그 대표적 예인데요. 사도 바울은 예수 믿는 사람 잡아 죽이는 데 앞장섰던 사람인데 다메섹 도상에서 예수를 만나 예수가 바로 자기의 죄 때문에 십자가에서 죽으셨음을 깨닫고는 완전히 180도 바뀌었습니다. 예수 믿는 사람 핍박하던 사람이 예수를 전하는 일에 목숨을 거는 사람으로.

갈6:14 '내게는 우리 주 예수 그리스도의 십자가 외에 결코 자랑할 것이 없으니'

롬14:8 '우리가 살아도 주를 위하여 살고 죽어도 주를 위하여 죽나니 그러므

로 사나 죽으나 우리가 주의 것이로다'

예수의 십자가를 바로 깨달은 사람만이 할 수 있는 고백입니다. 여러분, 오늘 우리가 예수의 뒤를 따르는 그의 제자입니까? 그렇다면 십자가를 바로 깨달아야 일평생 동안 변함없이 그분의 뒤를 쫓을 수 있습니다. 그러므로 여러분, 우리가 예수의 뒤를 따르려면 그 전제조건이 무엇입니까?

24절 '자기를 부인하고'

여러분, 자기를 부인한다는 말이 무엇입니까? 그것은 하나님의 뜻에 대해서는 항상 예하고 나의 뜻에서는 항상 '아니요'라고 할 수 있는 것을 말합니다.

그러니 여러분, 이게 얼마나 어려운 일입니까? 도무지 인간의 힘으로는 할 수 없는 일이지요. 내가 살아 있어서는 할 수 없습니다. 그러나 여러분, 그럼에도 불구하고 우리가 십자가를 생각할 때 전혀 마음에 부담을 느낄 필요가 없다는 것인데요. 왜냐하면 하나님이 이 십자가 안에 모든 좋은 것을 다 감추어 놓았기 때문입니다. 우리가 하나님으로부터 받을 수 있는 가장 귀한 축복들은 전부가 다 십자가 안에 감추어져 있어요. 그러므로 여러분, 십자가를 지지 않습니까? 싸구려 축복밖에는 없습니다. 절대 귀한 은혜를 받을 수가 없어요.

제 간증을 자꾸 해서 죄송합니다. 제가 군대에서 살아 계신 하나님을 만난 다음 전역 후에 교회에 등록하자마자 중고등부 교사를 자원했는데요. 이후 신학교 가기 전까지 7년 동안을 섬겼는데, 제가 처음 중고등부 교사를 시작했을 때 회사를 다니고 있었는데, 이때 1년에 딱 한 번 있는 여름휴가를 가족들과 함께하지 않고 중고등부 수련회에 참석했습니다. 왜냐하면 수련회 동안 몸살이 나고 코밑이 다 헐 정도로 힘들지만 내 영은 너무너무 기쁘고 힘을 얻습니다. 그래서 이때 받은 은혜가 1년 동안 신앙생활을 열심히 잘 할 수 있는 원동력이 되었는데요.

그래서 지금 와서 저의 신앙생활을 되돌아보면 언제 하나님의 은혜와 축복을 받았는가. 전부가 다 십자가를 졌을 때입니다. 십자가를 졌을 때 최고의 은혜와 기쁨과 축복을 다 받았어요.

그러므로 바라기는 오늘 여러분들도 꼭 십자가를 지고 주의 뒤를 따름으로 최고의 은혜와 축복을 받게 되시기 바랍니다.

자기부인과 십자가
(마16:24~28)

오늘 우리의 신앙은 분기점이 있어야 합니다. 예수 오시기 전과 오시고 난 후가 BC와 AD로 갈라지듯이 오늘 우리도 예수 믿기 전과 믿고 난 후 완전히 다른 새사람이 되는 것인데요. 자, 그런데 중요한 것은 우리가 똑같이 예수를 믿어도 신앙의 동기에 따라 완전히 180도 달라지는데 그 분기점이 바로 마태복음 16장이라고 했습니다.

마태복음 16장 이전의 신앙이 되느냐, 이후의 신앙이 되느냐 하는 것은 우리 신앙의 승패를 가르는 그야말로 우리 신앙의 핵심적인 문제인데요.

오늘 우리는 어떻게 해서든 마태복음 16장 이후의 신앙이 되어야 되겠는데, 이것을 생각하기 전에 먼저 우리 신앙생활의 원형이 사도행전에 나타난 초대교회 성도들의 모습이라고 했을 때, 여러분, 사도행전에 나타난 초대교회 성도들과 오늘 우리 시대의 성도들과의 가장 큰 차이가 무엇입니까? 크게 두 가지 차이점이 있는데요. 초대교회 성도들의 신앙은 첫째로 오순절 날 성령 받은 베드로의 설교에서 잘 나타나 있습니다.

행2:36 '너희가 십자가에 못 박은 이 예수를 하나님이 주와 그리스도가 되게 하셨느니라' 무엇입니까? 예, 부활 신앙입니다. 그러니까 예수님이 십자가에서 나의 죄를 위해서 죽으심으로 나의 구세주 그리스도가 되셨다. 이것으로 끝이 아니에요. 그 예수님이 부활하셔서 오늘 나의 생명의 주가 되셨다는 것까지입니다. 그런데 중요한 것은 나의 구원자가 되신 그리스도보다도 그 예수가 나의 주가 되셨다는 예수의 부활을 더 앞세웠다는 것인데요. 그래서 주와 그리스도가 되게 하셨다고 했습니다.

사도 바울의 설교를 봐도 그 핵심이 예수가 부활하셨다는 것입니다.

행17:31 '이는 정하신 사람으로 하여금 천하를 공의로 심판할 날을 작정하시고 이에 그를 죽은 자 가운데서 다시 살리신 것으로 모든 사람에게 믿을 만한 증거를 주셨음이니라 하니라' 보이지 않는 하나님을 믿을 수 있는 가장 확실한 증거가 바로 '예수 부활'이라는 것입니다. 그러니까 초대교회 성도들은 예수의 십자가의 죽으심과 더불어 예수의 부활을 증거했는데 예수님이 부활하셔서 나의 주가 되셨다는 그 부활 신앙을 더 앞세웠다는 거예요. 그러니까 초대교회 성도들의 신앙의 특징은 예수 그리스도의 주 되심인데 이것이 부활 신앙이라는 것입니다.

그리고 또 하나 초대교회 성도들의 특징은 주의 재림을 기다리는 신앙이었어요. 우리가 알다시피 초대교회 때는 유대인들과 로마의 기독교 핍박이 극심했기 때문에 매일매일 주의 재림을 학수고대하며 기다렸는데요. 그래서 이들이 만날 때마다 한 인사말이 뭐라고요. '마라나타 주 예수여 오시옵소서'였습니다. 그러니까 초대교회 성도들은 두 가지, 십자가에서 죽으신 예수가 부활하셔서 오늘 나의 왕으로 나의 주님으로 나를 다스리고 계신다는 부활신앙과 하늘로 승천하신 예수가 곧 영광스러운 모습으로 다시 재림하신다는 이 소망이 그들로 하여금 죽음을 무릅쓰고 신앙을 지킬 수 있었던 비결이었다는 거예요.

그러면 이에 비해서 오늘 우리 시대의 신앙은 어떻습니까?

오늘 이 시대의 관심은 오늘 이 땅에서 잘 먹고, 잘 살다가 죽어서는 천당 가는 것이지요. 부활하신 주님이 오늘 내 안에서 왕으로 다스리면서 하나님의 뜻을 이루신다는 예수의 주 되심이 없고요, 또 승천하신 예수님이 왕권을 가지고 이 땅에 심판주로 다시 오신다는 재림에 대한 소망이 없습니다.

그 결과 십자가를 지지 않으려고 하고 신랑 되신 예수님을 맞이할 신부 단장하는 것이 없어졌습니다. 불과 100년 전 우리나라 초대 기독교인들만 해도 이 두 가지가 다 있었어요. 십자가를 지고 주의 뒤를 따르는 것과 예수 그리스도의 신부로서 주의 재림을 소망하며 기다리는 것, 이것은 필수였습니다. 뿐만 아니라 우리 신앙 선배들이 부르는 찬송가가 다 그렇게 되어 있지요. 십자가를 지고 주의 뒤를 따르고 또 다시 오실 주님을 사모하며 기다리고….

그런데 오늘날은 하나님의 축복으로 등 따시고 배불러지니까 갈수록 이 두 가지가 사라졌는데요. 그러나 우리 신앙의 핵심은 뭐라고요?

24절 '누구든지 나를 따라오려거든 자기를 부인하고 자기 십자가를 지고 나를 따를 것이니라' 날마다 나를 부인하고 십자가를 지고 주의 뒤를 따르는 것인데 제자도지요. 예수의 제자가 되려면 반드시 나를 부인하고 십자가를 지고 따르는 것이 있어야 합니다. 이것이 없으면 예수의 참제자가 아니에요. 그러므로 여러분, 오늘 우리가 신앙생활 할 때 가장 중요한 것은 신앙의 동기입니다. 왜 신앙생활 하느냐 하는 것인데요. 나 중심의 신앙생활 안 됩니다. 항상 하나님 중심의 신앙생활이 되어야 해요.

오늘 많은 신자들이 내 중심으로 신앙생활 해서 열심히 했지만, 그 모든 행함이 다 수포로 돌아가는 일들이 너무너무 많습니다. 오늘 베드로 보세요.

예수님이 너희는 나를 누구라 하느냐 물을 때 '주는 그리스도시오 살아 계신 하나님의 아들이시니이다' 하고 제대로 신앙고백을 함으로 엄청난 칭찬을 들었지요.

마16:17~19 '바요나 시몬아 네가 복이 있도다 이를 네게 알게 한 이는 혈육이 아니요 하늘에 계신 내 아버지시니라 또 내가 네게 이르노니 너는 베드로라 내가 이 반석 위에 내 교회를 세우리니 음부의 권세가 이기지 못하리라 내가 천국 열쇠를 네게 주리니 네가 땅에서 무엇이든지 매면 하늘에서도 매일 것이요 네가 땅에서 무엇이든지 풀면 하늘에서도 풀리리라'

엄청납니다. 이보다 더 큰 칭찬과 축복은 없어요.

그런데 문제는 이 칭찬을 듣고 바로 이어서 예수님이 예루살렘에 올라가 고난받고 죽임을 당할 것을 말했을 때 베드로가 '주여 그리 마옵소서. 이 일이 결코 주께 미치지 아니하리이다' 했다가 엄청난 책망을 듣고 있는데요.

23절 '사탄아 내 뒤로 물러가라 너는 나를 넘어지게 하는 자로다' 우와! 너무나 극과 극이지요. 그러면 도대체 그 차이점이 무엇입니까? 그 차이점은 앞의 대답은 베드로 자신의 생각이 아니었어요. 하나님이 주신 하늘의 지혜였습니다. 그러나 뒤의 '주여 그리 마옵소서. 이 일이 결코 주께 미치지 아니하리이다' 하는 요구는 하나님이 주신 하나님의 지혜가 아니라 베드로의 자기 욕심에서 나온 자기 생각이었어요.

그러니까 인간적으로 보면 베드로의 말이 얼마나 인간미가 있고 인정이 있는 말입니까마는 그러나 하나님의 뜻을 알지 못하고 자기 중심에서 나온 생각은 옳은 것이 아니라는 것입니다.

자, 그러면 베드로는 어떻게 해서 금방 하나님이 주시는 깨달음으로 신앙고백을 하다가 또 금방 원수 마귀가 가져다주는 자기 생각으로 말을 하게 되는가? 그 이유는 지난 시간에 생각했는데 예수님에 대한 잘못된 메시아관 때문인데요. 21절 '이때로부터 예수 그리스도께서 자기가 예루살렘에 올라가 장로들과 대제사장들과 서기관들에게 많은 고난을 받고 죽임을 당하고 제삼일에 살아나야 할 것을 제자들에게 비로소 나타내시니' 이때로부터 비로소 나타내셨다고 했는데요. 그러니까 지금까지 베드로를 비롯한 예수님의 제자들이 가진 메시아관은 이 땅의 메시아지요. 병든 자를 고치시고 가난한 자들을 먹이시고 또 로마의 압제에서 구원해 내어 만왕의 왕으로 다스리시는 메시아. 그래서 예수님이 왕으로 다스리시면 그때 한자리씩 차지하겠다는 생각뿐이었습니다.

그런데 예수님이 지금 예루살렘으로 올라가 고난받고 죽으시는 메시아를 말씀하시니까 이것은 베드로가 전혀 이해하지 못했고 받아들일 수 없는 메시아입니다. 그러면 여러분, 오늘 우리가 믿는 예수님은 어떤 예수님입니까?

나에게 모든 좋은 것을 주시고 병을 고쳐 주시고 축복을 기적으로 주시고 그래서 십자가의 고난이 완전히 빠진 예수님입니까? 아니면 예수님이 '너희가 나를 따라오려거든 자기를 부인하고 날마다 자기 십자가를 지고 따라올지니라' 하신, 십자가를 지고 따라야 할 예수님입니까?

오늘 우리는 나에게 축복을 주시고 모든 좋은 것을 주시는 예수님의 단계에서 머무르면 안 됩니다.

예수님으로부터 많은 축복을 받았다면 이제 그 축복을 가지고 십자가를 지고 주의 뒤를 따르는 그다음 단계로 넘어가야 해요. 사도 바울이 이런 삶을 살았지요. 예수 믿는 사람들을 핍박하는 삶을 살았던 그가 다메섹 도상에서 부활의 주님을 만난 다음 완전히 새사람이 되어 이때부터 자신이 받은 축복을 전하고 나누는 삶을 살고 있습니다.

롬14:7~8 '우리 중에 누구든지 자기를 위하여 사는 자가 없고 자기를 위하여 죽는 자도 없도다 우리가 살아도 주를 위하여 살고 죽어도 주를 위하여 죽나니 그러므로 사나 죽으나 우리가 주의 것이로다' 자신의 뜻을 좇아 살던 삶에서 주님의 뜻을 이루기 위한 삶으로 완전히 바뀌었어요.

그러므로 여러분, 오늘 우리의 간증은 내가 예수 믿고 새사람 되고 복을 받고 잘되고 여기서 그치지 않고 '그 받은바 축복을 다른 사람에게 나누어 주는 삶을 살므로 십자가의 고난의 삶에 동참하고 있다' 여기까지 가야 해요.

그래서 오늘 교회를 위해서 교사를 하고 셀리더를 하고, 장로로, 권사로 봉사 일을 하고 있다면 그것 잘하는 것입니다.

여러분, 왜 만왕의 왕이신 예수님이 이 땅에 섬기는 종의 모습으로 오셨습니까? 그 이유는 고난받는 메시아로 오셨기 때문입니다. 예수님 한 분이 고난받고 십자가를 지심으로 많은 사람들이 구원을 받고 축복을 받게 하기 위해서인데요. 이것은 오늘 우리도 마찬가지, 오늘 우리 한 사람이 십자가를 짐으로 많은 사람들이 구원을 받고 축복을 받게 해야 합니다.

하인즈 워드 아시지요. 한국계 2세인데 미국 American 풋볼 최우수상을 받은 대단한 사람이에요. 이 사람이 한국을 방문해서 자선재단을 하나 만들었는데 그 이유는 내가 단지 풋볼선수를 하기 위해서 이 세상에 태어난 것이 아니라 그보다 더 큰일을 하기 위해 태어났다고 생각하기 때문이라고 했습니다. 맞아요, 여러분, 오늘 우리가 예수 믿고 구원받는 것이 최종 목표가 아니에요. 예수 믿고 구원받아 변화되었다면 이제 새로운 사명이 주어졌음을 알고 나를 위한 삶이 아니라 주님을 위한 삶을 살 수 있어야 합니다. 이것이 십자가를 지는 삶이에요

고후5:15 '그가 모든 사람을 대신하여 죽으심은 살아 있는 자들로 하여금 다시는 그들 자신을 위하여 살지 않고 오직 그들을 대신하여 죽었다가 다시 살아나신 이를 위하여 살게 하려 함이라'

자, 그러면 우리가 십자가를 지는 삶을 살려면 어떻게 해야 하는가?

크게 3가지를 구비해야 하는데요.

첫째 멀리 내다볼 줄 아는 영적 안목이 있어야 합니다.

25~26절 '누구든지 제 목숨을 구원하고자 하면 잃을 것이요 누구든지 나를 위하여 제 목숨을 잃으면 찾으리라, 사람이 만일 온 천하를 얻고도 제 목숨을

잃으면 무엇이 유익하리요 사람이 무엇을 주고 제 목숨과 바꾸겠느냐'

우리 한글 성경에는 안 나와 있지만 원어 성경에는 24절과 25절 사이에 '호'라고, '왜냐하면'이라는 접속사가 있습니다. 그러니까 너희는 넓은 길, 정욕의 길, 세상 욕심을 쫓아가는 길이 아니라 자기를 부인하고 십자가를 지고 가는 좁은 길을 가야 하는데, 왜냐하면 이 땅에서 나를 부인하고 죽는 길이 영원한 나라에서 영생을 얻는 길이기 때문이라는 것입니다.

어때요, 여러분, 오늘 이 땅에서 7~80년 사는 것하고 천국에서 영원히 사는 것하고 어느 것이 더 귀합니까? 물어볼 필요가 없지요.

사도 바울이 이것을 질 그릇 속에 보배를 가진 것으로 말하면서 우리가 예수 때문에 어떤 환난과 핍박을 받아도 낙심하지 않는데 그 이유가,

고후4:16~18 '우리의 겉사람은 낡아지나 우리의 속사람은 날로 새로워지도다 우리가 잠시 받는 환난의 경한 것이 지극히 크고 영원한 영광의 중한 것을 우리에게 이루게 함이니, 우리가 주목하는 것은 보이는 것이 아니요 보이지 않는 것이니 보이는 것은 잠깐이요 보이지 않는 것은 영원함이라'

여러분, 오늘 우리가 왜 양보 못 하고 희생하지 못합니까? 이 땅밖에는 볼 줄 모르는 시야가 좁아서 그래요. 이 땅이 전부라고 생각하는 사람은 절대 자기를 희생하거나 헌신, 봉사하여 섬기는 삶을 살 수가 없습니다. 이 세상 다음의 천국을 볼 수 있어야 이 삶을 살 수 있어요.

우리나라에 처음 들어온 선교사님들 한번 생각해 보세요. 그때 당시 영국 미국은 세계에서 가장 앞서가는 나라들이었어요. 그럼에도 지금의 아프리카보다 못한 수준의 나라인 이 땅에 와서 순교를 하고 자신의 모든 청춘을 불살라 헌신했다고 했을 때 다른 이유 없어요. 하늘의 소망이 있었기 때문입니다. 그래서 히브리서 11장에 나오는 모든 믿음의 선진들을 보니까 이 세상을 나그네와 외국인처럼 살았다고 했는데, 그 이유를 뭐라고요. 하늘

에 있는 본향을 사모했기 때문이라고 했습니다. 여러분, 모세와 바울이 어떻게 그렇게 죽기까지 자기 백성들과 함께 고난받고 끝까지 헌신할 수 있었습니까? 하늘의 상과 면류관을 바라봤기 때문이에요. 만약 이 세상뿐만이라면 절대 그렇게 살 수가 없지요. 오늘 예수님이 직접 약속하고 있잖아요.

27절 '인자가 아버지의 영광으로 그 천사들과 함께 오리니 그때에 각 사람이 행한 대로 갚으리라' 행한 대로 갚는다는 말은 상을 주신다는 말입니다.

계22:12 '보라 내가 속히 오리니 내가 줄 상이 내게 있어 각 사람에게 그가 행한 대로 갚아 주리라' 부활하신 예수님이 이 성경을 마감하면서 직접 하신 약속입니다.

그러니까 오늘 우리도 장차 주님 다시 오시는 날에 상 받고 면류관 받을 것을 기대하고 열심으로 헌신하고 희생하는 삶을 살아야 할 줄 믿습니다.

자, 그다음 또 하나 우리가 어떻게 십자가를 지는 삶을 살 수 있는가?

하나님 나라의 권능을 체험해야 십자가를 지는 삶을 살 수 있습니다.

28절 '진실로 너희에게 이르노니 여기 서 있는 사람 중에 죽기 전에 인자가 그 왕권을 가지고 오는 것을 볼 자들도 있느니라' 그다음 바로 17장에서 베드로와 야고보와 요한이 변화산에서 하늘의 영광을 보는 장면이 나오는데요. 죽고 난 다음에 가는 천국이 아니라 오늘 이 땅에서 하나님 나라의 권능을 체험한다는 것입니다. 그러니까 오늘 우리가 십자가를 지고 주의 뒤를 따르면 하늘의 권세와 능력으로 임하는 천국을 이 땅에서 경험할 수 있다는 거예요. 제가 늘 말씀드리지요, 이 땅에서 천국을 맛보지 못하면 죽은 다음의 천국은 없다.

지점이 없는 본점은 절대 있을 수 없는 거예요. 여러분, 오늘 우리가 하늘의 영광을 경험하지 못하면서 어떻게 십자가를 지고 주의 뒤를 따르며 순교할 수 있습니까? 절대 불가능합니다. 여러분, 스데반 집사가 돌에 맞아 순교할 때 그 얼굴이 천사처럼 환하게 빛났다고 했는데 어떻게 그럴 수 있습니까? 스데반이 순교할 때 하늘 문이 열리고 예수님이 보좌 우편에 서신 것을 봤다고 했어요. 하늘의 영광을 봤기 때문에 예수님처럼 순교할 수 있었던 것입니다.

어때요, 여러분, 오늘 우리의 신앙생활이 오늘 이 땅에서 잘 먹고, 잘 사는 것뿐이라면 신앙생활 제대로 잘 할 수 있겠습니까? 아니요, 저부터라도 신앙생활 제대로 못 할 것 같아요. 좀 못 먹고, 못살고 말지, 뭐 목숨 걸고 신앙생활 하겠습니까?

자, 이제 마지막 세 번째로 가장 중요한 것인데요. 오늘 우리에게 천국의 소망이 있고, 또 오늘 이 땅에서 하늘의 영광을 체험할 수 있는 축복이 주어졌다고 할지라도 십자가를 지고 주의 뒤를 따르려면 나의 한계를 인식하고 날마다 나를 부인하고 주님을 붙들고 살아야 한다는 것입니다.

여러분, 베드로는 진짜 예수님을 사랑했고요, 정말 죽는 데까지 따라갈 마음을 갖고 있었어요. 그런데 문제는 마음은 원이로되 육신이 약했습니다. 그래서 예수님이 잡히시던 그 밤에 도망을 가고, 도망가서도 작은 계집아이 앞에서 예수님을 모른다고 3번씩이나 부인한 것입니다. 그러므로 오늘 우리도 나 자신의 연약함을 철저하게 인식하고 날마다 나를 십자가에 못 박고 주님을 붙들고 사는 이 일 외에는 다른 대안이 없어요. 그래서 사도 바울이 '나는 날마다 나를 쳐서 복종시키고 날마다 죽노라'고 했는데 맞아요, 오늘 우리도 날마다 나의 정과 욕심을 십자가에 못 박고 주님으로 살아야 살 수 있습니다. 나는 죽고 예수로 사는 삶!

이것이 나를 부인하고 십자가를 지고 따르는 삶이요, 우리의 신앙생활입니다.

마라나타 주 예수여, 오시옵소서. 아멘.

십자가와 부활의 영광
(마17:1~8)

여러분, 예수를 다른 말로 무엇이라고 합니까? 기쁜 소식, 복음이라고 하는데요. 예수라는 이름의 뜻이 '자기 백성을 저희 죄에서 구원할 자'라는 뜻이니까 죄인에게 있어서 구원자라는 이것보다 더 큰 기쁜 소식은 없습니다.

'예수 내 구주' 말만 들어도 기분이 좋은 그런 이름이에요. 그런데 문제는 베드로가 예수를 나의 구원자라고 했을 때, 예수님은 자신을 어떤 구원자라고 소개하고 있습니까?

마16:21 '이때로부터 예수 그리스도께서 자기가 예루살렘에 올라가 장로들과 대제사장들과 서기관들에게 많은 고난을 받고 죽임을 당하고 제삼일에 살아나야 할 것을 제자들에게 비로소 나타내시니'

한마디로 십자가와 부활인데요. 십자가는 고난이요, 부활은 영광입니다. 그러니까 진정한 복음은 십자가의 고난만도 아니요, 또 부활의 영광만도 아니에요. 이 둘이 합쳐져야 진정한 복음이 될 수 있습니다.

여러분, 예수님이 누구든지 나를 따라오려거든 자기를 부인하고 자기 십자가를 지고 따라오라고 했는데요. 그런데 문제는 이것 하나만으로는 복음이 못 돼요. 무엇이 또 필요합니까? 부활의 영광입니다.

부활의 영광이 없는 십자가의 고난은 아무 소용이 없어요. 여러분, 오늘 우리가 십자가의 고난을 달게 받을 수 있는 것은 장차 주어질 부활의 영광이 있기 때문인 것이지 장차 주어질 영광을 바라보는 것 없이 십자가만 지고 따라간다, 이것은 복음이 아닙니다.

부활의 영광을 바라보고 십자가를 지고 따라가는 것, 이것이 복음이에요.

그러므로 여러분, 십자가와 부활, 이 둘은 함께 붙어 있는 것이지, 결코 따로 떨어져 있는 게 아니에요. 십자가의 고난이 없는 부활의 영광도 있을 수 없지만, 부활의 영광을 바라보지 않는 십자가의 고난도 있을 수 없다는 말입니다.

사도 바울이 말했어요.

고전15:19 '만일 그리스도 안에서 우리가 바라는 것이 다만 이 세상의 삶뿐이면 모든 사람 가운데 우리가 더욱 불쌍한 자이리라'

정말 맞아요. 장차 우리에게 주어질 부활의 영광이 있으니까 오늘 달게 십자가를 지고 따라가는 것이지, 만약 장차 주어질 영광이 없는데 오늘 땀빼고 있다, 저부터 도망갈래요. 예수 믿는 것이 이 땅에서 잘 먹고, 잘 살기 위해서라면 저부터 도망가겠어요. 좀 못 먹고, 못살고 말지, 뭐 그렇게 애쓰고 힘쓸 이유가 있습니까? 그러므로 여러분, 오늘 우리 신자는 십자가의 비밀을 알고 있어야 할 뿐만 아니라 반드시 부활의 영광에 대한 비밀도 함께 알고 있어야 합니다.

좌우지간 제가 볼 때 부활의 영광에 대해서 잘 알지 못하는 신자치고 제대로 십자가를 지는 사람을 제가 본 적이 없습니다. 아직까지는 못 봤어요.

인간적인 열심, 인간적인 자랑 한계가 있습니다. 언제 변할지 몰라요. 그러나 부활의 영광을 바라보는 신앙은 한계가 없습니다. '죽으면 죽으리라'의 각오로 생명을 거니까 절대 변하지 않지요.

그러면 여러분, 오늘 이러한 본문의 배경을 놓고 우리가 생각하고자 하는 것은 딱 하나, 부활의 영광입니다. 도대체 부활의 영광이란 게 무엇인가 하는 문제인데요.

1~2절 '엿새 후에 예수께서 베드로와 야고보와 그 형제 요한을 데리시고 따로 높은 산에 올라가셨더니, 그들 앞에서 변형되사 그 얼굴이 해같이 빛나며 옷이 빛과 같이 희어졌더라'

예수님이 부활하셨을 때 받게 될 영광을 미리 보여 주신 장면입니다. 여기에 대한 더 상세한 모습은 계시록 1장에 나오지요.

계1:13~15 '발에 끌리는 옷을 입고 가슴에 금띠를 띠고, 그의 머리와 털의 희기가 흰 양털 같고 눈 같으며 그의 눈은 불꽃같고, 그의 발은 풀무 불에 단련한 빛난 주석 같고 그의 음성은 많은 물소리와 같으며, 그의 오른손에 일곱 별이 있고 그의 입에서 좌우에 날선 검이 나오고 그 얼굴은 해가 힘 있게 비치는 것 같더라'

부활하신 주님의 모습인데요. 저는 잘 설명을 할 수가 없습니다. 솔직히 잘 모르겠어요. 그러나 한 가지 제가 확실히 알 수 있는 것은, 너무너무 기가 막히다는 것입니다. 너무나 휘황찬란하고 멋있는 모습이에요.

그런데 문제는 예수님의 이 모습이 왜 우리에게 중요한가 하면요, 성경을 보니까 우리가 장차 부활했을 때의 모습이 바로 이 모습과 똑같다고 했기 때문입니다.

요일3:2 '사랑하는 자들아 우리가 지금은 하나님의 자녀라 장래에 어떻게 될지는 아직 나타나지 아니하였으나 그가 나타나시면 우리가 그와 같을 줄을 아는 것은 그의 참모습 그대로 볼 것이기 때문이니'

우리의 부활 모습이 주님의 부활 모습과 똑같다 했을 때 심장마비 올 것 같지 않습니까. 여러분, 장차 천국에서는 추남, 추녀가 없다는 사실을 알고 계십니까. 요즈음 보니까 성형수술이 대단히 유행하고 있는데요. 여러분, 절대 그런 거 하지 마세요. 병원에 갖다 줄 돈 있으면 헌금하십시오. 왜냐하면 우리는 이제 얼마 멀지 않아서 기가 막히게 멋진 얼굴로 바뀔 것이니까. 돈도 안 받고 공짜로 바꿔 준다고 했습니다. 그러니 여러분, 혹시 얼굴에 주름 생기는 것 때문에 고민되시는 분 있습니까? 조금만 기다리십시오. 우리가 부활의 몸을 입을 그날이 다가오고 있으니까. 그때는 늙지도 않고, 병들지도 않고, 상하지도 않고, 죽지도 않고, 시간과 공간에 제한을 받지도 않고 좌우지간 여러분들이 생각할 수 있는 모든 것을 다 갖다 붙여도 우리의 상상 이상입니다.

저는 솔직히 이 몸을 벗어 버릴 그날을 학수고대하며 기다리고 있는데요. 지금 이 몸은 너무나 약하고, 고장 잘 나고, 늙고, 쇠하지만 장차 우리에게 주어질 몸은 영원히 생생한 새것이니까 사모하지 않을 수가 없지요.

그런데 이것은 저만 그런 줄 알았더니 아니에요. 성경을 보니까 우리 모든 믿음의 선진들이 몽땅 다 이날을 학수고대하고 있다고 했고요. 심지어 말 못 하는 자연 만물까지도 이날을 간절히 기다리고 있다고 했습니다.

롬8:19~23 '피조물이 고대하는 바는 하나님의 아들들이 나타나는 것이니, 피조물이 허무한 데 굴복하는 것은 자기 뜻이 아니요 오직 굴복하게 하시는 이로 말미암음이라, 그 바라는 것은 피조물도 썩어짐의 종노릇한 데서 해방되어 하나님의 자녀들의 영광의 자유에 이르는 것이니라, 피조물이 다 이제까지 함께 탄식하며 함께 고통을 겪고 있는 것을 우리가 아느니라, 그뿐 아니라 또한 우리 곧 성령의 처음 익은 열매를 받은 우리까지도 속으로 탄식하여 양자될 것 곧 우리 몸의 속량을 기다리느니라'

어때요, 여러분, 오늘 여러분들도 영광의 그날을 탄식하며 기다리고 있습니까? 어쨌든 이렇게 기가 막힌 장면을 본 베드로가 지금 뭐라고 합니까?

4절 '주여 우리가 여기 있는 것이 좋사오니 만일 주께서 원하시면 내가 여기

서 초막 셋을 짓되'

여러분, 저는 분명히 말씀드릴 수 있습니다. '주여, 여기가 좋습니다' 하는 이 고백을 한 번도 해 보지 못한 사람은 진짜 신자가 아니라는 사실을.

제가 늘 말씀드립니다만 지점이 없는 사람은 본점도 없어요. 오늘 이 땅에서 하늘나라의 영광을 맛보지 못한 사람은 장차 이 땅을 떠난 다음에 하늘의 영광은 더더욱 없습니다. 혹시나 하지 마세요. 역시나로 끝날 거니까.

그러므로 여러분, 성경에서 우리 신자가 항상 갖고 있어야 할 것이 무엇이라고요? 믿음, 소망, 사랑 이 세 가지는 항상 있을 것인데, 좌우지간 하늘의 소망이 없는 신자치고 제대로 신앙생활 하는 사람을 아직까지는 보지 못했습니다.

'세상이 좋사오니' 누구 자식입니까? 마귀 자식입니다.

이 땅에 살면서도 하늘나라가 좋사오니 해야 하나님의 자녀지, 세상이 좋다고 하는데 어떻게 하나님의 자녀가 될 수 있습니까?

그러므로 여러분, 주의 일을 하고 싶습니까? 그래서 십자가를 지고 따라가고 싶습니까? 그렇다면 반드시 필수조건이 하나 있는데, 그것은 먼저 하늘의 영광을 보아야 한다는 것입니다.

먼저 하늘나라에 대한 맛을 봐야 십자가를 제대로 지고 따라갈 수 있어요. 그런데 여러분, 이것은 제 말이 아닙니다. 성경에서 그렇게 말씀하고 있어요.

오늘 본문 보니까 하늘의 영광을 볼 수 있는 이 기가 막힌 자리에 누구만 데리고 올라왔습니까. 베드로와 야고보와 요한. 분명히 예수님에게는 12제자가 있었음에도 이 특권은 세 제자만이 누릴 수 있었는데요. 그러면 왜 예수님이 이 세 제자에게만 특별히 이 영광을 보여 주었는가. 그 이유는 다른 것이 아니지요.

물론 예수님이 이 세 제자를 특별히 사랑한 것도 있겠습니다만, 그러나 그것보다는 이 세 제자에게 특별한 사명을 맡기기 위함이라는 것인데요.

사도행전에 보면 그대로 나와 있습니다.

첫 교회인 예루살렘교회에 세 지도자가 나오는데 누구입니까?

베드로와 야고보와 요한이었습니다.

그러니까 주님이 이 세 사람을 통하여 처음 세운 교회를 이끌어 갈 계획을 갖고 계셨기 때문에 이들에게는 하늘의 영광을 보는 특별한 체험과 교육이 필요했다는 것이지요. 하늘의 영광을 봐야 십자가를 질 수 있으니까. 그런데 여러분, 이것은 오늘 우리도 똑같습니다. 오늘날도 하나님이 특별한 사명을 맡기려고 하는 사람은 엄청난 시련과 고통의 강을 건너게 함과 동시에 그 시련의 강을 능히 넘을 수 있도록 하늘의 신령한 은혜들도 동시에 체험하게 하신다는 것입니다.

사도 바울 한번 보세요. 그는 고린도후서 1장에 보면 얼마나 시련과 고통이 심했는지 살 소망까지 끊어졌다고 했습니다. 보통 어려움이 아니었어요. 살고 싶지 않을 정도의 어려움과 큰 고통이었습니다.

그러나 그가 이러한 엄청난 시련의 십자가를 끝까지 지고 갈 수 있게 하기 위해서 동시에 무엇을 보여 주셨다고요. 하늘의 영광입니다.

고린도후서 12장을 보니까 그가 삼층천인 낙원으로 이끌려 가 말로 표현할 수 없는 말을 들었다고 했는데요. 이 낙원은 분명히 주님이 계신 곳입니다. 이곳에는 성경에 딱 두 사람, 사도 바울과 사도 요한만이 가 볼 수 있는 특권을 누렸는데요. 그 이유는 두 사람이 그만큼 어려운 시련과 고통을 견뎌 나가야 했기 때문에 그렇습니다. 그냥 보여 준 것이 아니라 엄청난 십자가를 지고 가야만 했기 때문에 보여 준 거예요.

그런데 여러분, 저도 이것이 무엇인가를 체험했는데요. 물론 제가 삼층

천에 까지 올라가 봤다는 것은 아닙니다. 그러나 '내가 몸 안에 있었는지 몸 밖에 있었는지 나는 모르거니와 하나님은 아시느니라' 이것이 뭔가는 알아요.

은혜 충만할 때 하늘의 신령한 은혜를 체험하게 되는데요. 진짜 내가 몸 안에 있는지, 몸 밖에 있는지 구분이 가지 않습니다.

하늘의 영광을 맛보면 진짜 여기가 좋사오니 하면서 내려가기 싫습니다. 분명히 몸은 이 땅에 있는데도 은혜 가운데서 하늘나라에 와 있는 것으로 착각하게 된다는 것인데요.

너무너무 감격스러워서 심장이 막 터질 것 같습니다. 그래서 하늘나라에 가면 우리가 특별한 은혜를 받아야 하는데요. 너무너무 감격해도 심장이 터지지 않는 특별한 은혜를 받아야 합니다. 아니면 심장이 터지거나 머리가 돌아 버릴 거니까. 이것은 맛본 사람만이 알 수 있는 것인데요.

그런데 여러분, 너무너무 감사한 것은 이 은혜는 저나 몇몇 특별한 사람들에게만 주어지는 것이 아니라 오늘 하늘나라를 사모하고 주의 십자가를 지고 따라가려고 하는 모든 성도들에게는 누구든지 주어지는 은혜라는 것입니다.

'나는 안 돼. 내가 어떻게 그런 은혜를 받아.' 아니에요.

주의 은혜를 사모하는 사람이면 누구에게나 주어집니다. 우리 믿음의 선진들도 이 은혜를 받고 찬송가를 지었지요.

'내 영혼이 은총 입어 중한 죄 짐 벗고 보니, 슬픔 많은 이 세상도 천국으로 화하도다. 높은 산이 거친 들이 초막이나 궁궐이나 내 주 예수 모신 곳이 그 어디나 하늘나라.'

하늘의 영광 보기를 소원하는 가운데 꼭 이 은혜를 성령 안에서 체험하게 되시기 바랍니다.

468

능력 있는 믿음
(마17:14~23)

오늘 여러분이 생각할 때 예수님이 행하신 기적 중에 가장 큰 기적이 무엇이라고 생각하십니까? 앉은뱅이가 일어나는 것, 소경이 눈을 뜨는 것, 문둥병자가 깨끗하게 고침받는 것, 벙어리 된 자가 말하는 것.

아니요, 성경을 보면 기적 중에 가장 큰 기적은 죽은 나사로를 살려낸 기적입니다. '나는 부활이요 생명이니 나를 믿는 자는 죽어도 살겠고 무릇 살아서 나를 믿는 자는 영원히 죽지 아니하리라'

영원히 죽지 않는 것, 이 기적이야말로 기적 중에 기적이라는 거에요. 그러므로 여러분, 오늘 예수 믿고 구원받아 영원히 죽지 않을 것을 믿고 사는 우리들이야말로 기적 중에 가장 큰 기적의 주인공들입니다.

그러면 여러분, 이제 물어봅시다. 오늘 우리에게 주어진, 이 영원히 죽지 않는 생명, 이것이 어떻게 주어진 것입니까?

오직 하나, 믿음으로 예수의 십자가와 부활을 믿는 믿음으로 주어진 것입니다. 그러므로 여러분, 이 세상에서 예수의 십자가와 부활만큼 능력 있는 것은 없어요. 왜냐하면 죽은 자를 영원히 죽지 않게 살리니까. 이렇게 놓고 봤을 때 오늘 우리가 어떤 자들입니까? 예수의 복음을 믿음으로 죽었던 자들이 살아난 자들입니다. 예수가 십자가에서 죽으실 때 우리 육신도 함께 죽고 예수가 부활할 때 예수 부활의 새생명으로 우리가 다시 살아났어요. 그러므로 우리의 육신은 장례절차만 남아 있지, 이미 죽은 줄 알고 살고 있습니다. 숨 끊어지면 갖다 묻기만 하면 이상 끝이에요. 사도 바울이 분명히 고백했지요.

갈2:20 '내가 그리스도와 함께 십자가에 못 박혔나니 그런즉 이제는 내가 사는 것이 아니요 오직 내 안에 그리스도께서 사시는 것이라 이제 내가 육체 가운데 사는 것은 나를 사랑하사 나를 위하여 자기 자신을 버리신 하나님의 아들을 믿는 믿음 안에서 사는 것이라'

믿음 안에서 나는 죽고 예수의 생명으로 사는 것이 바로 오늘 우리들입니다.

고후4:16 '우리의 겉사람은 낡아지나 우리의 속사람은 날로 새로워지도다'

우리의 육체는 시간문제예요. 곧 늙고 병들어 죽게 되어 있습니다. 그러나 우리 영의 생명은 영원한 생명이기 때문에 날로 날로 새롭게 자라나고 있습니다.

예수님이 직접 말씀하셨어요.

요6:63 '살리는 것은 영이니 육은 무익하니라'

예수님이 이 땅에 오셔서 살리신 것은 우리의 영입니다. 우리의 육은 예수의 십자가에서 이미 함께 죽었어요.

그러면 여러분, 여러분은 예수의 십자가와 부활을 믿으십니까? 예수가 십자가에서 죽으실 때 예수와 함께 나의 육신은 죽고, 예수가 3일 만에 죽음에서 부활하실 때 예수와 함께 나의 영은 살고. 이 믿음이 가장 큰 믿음입니다.

죽었던 자가 살아난 것이니까 이 믿음보다 더 크고 능력 있는 믿음은 없어요. 이 믿음 안에 모든 기적과 모든 능력이 다 들어 있습니다. 기적 중에 가장 큰 기적은 죽은 자가 다시 살아나는 기적이에요.

그러면 여러분, 오늘 본문의 내용이 무엇입니까? 예수님이 3년 동안 그야말로 피땀 흘려 제자들을 가르쳤는데 유감스럽게도 제자들은 도무지 예수님의 가르침을 알아먹지를 못했습니다.

무엇입니까? 십자가와 부활이지요. 오늘 마태복음에는 나와 있지 않습니다만, 누가복음을 보면 예수님이 변화산상에서 모세와 엘리야와 더불어 말씀하신 내용이 나오는데, 무엇이라고 했는고 하니, 예수님의 별세에 대해서 이야기했다고 했는데 이것은 예수의 십자가에서의 죽으심을 말하는 것입니다.

그러니까 이 말은 모세는 율법의 대표요, 엘리야는 선지자의 대표니까 구약성경 전체가 바로 예수의 죽으심을 말하고 있고, 또 그 죽으심을 통하여 하나님 나라가 이 땅에 세워질 것을 말하고 있다는 것입니다. 십자를 통한 부활의 영광이에요. 그런데 제자들은 지금 어떻게요. 십자가 없는 부활의 영광입니다. 도무지 예수가 왜 죽어야 하는지 그 이유를 모르고 있어요. 그러면 여러분, 왜 예수는 반드시 죽어야 합니까? 그 이유는 전적으로 죄인 된 우리 때문이지요. 죄로 말미암아 주어진 모든 저주와 형벌에서 우리를 구원하시려고.

예수가 십자가에서 우리의 모든 죗값을 다 치르심으로 우리를 모든 저주와 형벌에서 해방시키셨습니다. 그렇기 때문에 예수가 이 땅에 오셨을 때 첫 선언이 무엇입니까? '회개하라 천국이 가까웠느니라' 하시고 바로 이어서 '주의 성령이 내게 임하셨으니 이는 가난한 자에게는 복음을 전하게 하시려고 내게 기름을 부으시고 나를 보내사 포로 된 자에게 자유를 눈먼 자에게 다시 보게 함을 전파하며 눌린 자를 자유케 하고 주의 은혜의 해를 전하게 하려 하심이라'

죄로 말미암은 모든 저주와 형벌에서 해방할 해방자로 오셨다는 것입니다. 그렇기 때문에 모든 병든 자를 고치시고, 귀신을 쫓으시고, 소경의 눈을 뜨게 하시고, 앉은뱅이를 일으키시고, 문둥병을 고치시고, 죽은 나사로를 살리시고, 이것 전부가 무엇입니까? 내가 바로 죄의 저주와 형벌에서 구원할 구원자요, 해방자라는 것이지요.

그렇기 때문에 오늘 본문을 보면 한 아버지가 간질병에 걸린 자기 아들을 제자들에게 데려왔는데 제자들이 전혀 손을 쓰지 못하고 안절부절못하고 있으니까 예수님이 뭐라고 하십니까.

17절 '믿음이 없고 패역한 세대여 내가 얼마나 너희와 함께 있으며 얼마나 너희에게 참으리요'

내가 누구냐는 것입니다. 내가 바로 너희들의 모든 저주와 형벌에서 해방시키는 해방자가 아니냐, 너희에게 3년 동안이나 이것을 가르쳤지 않느냐, 그것도 말로만이 아니라 직접 두 눈으로 볼 수 있게 가르쳤지 않느냐, 그런데도 너희는 아직까지 어찌 이 모양이냐, 하는 것입니다. 얼마나 너희에게 참으리요, 너무 답답하다는 것입니다. 그러나 그럼에도 불구하고 제자들은 예수님의 이 마음을 전혀 알지 못하고 뭐라고 하고 있습니까?

19절 '우리는 어찌하여 쫓아내지 못하였나이까' 하고 병 고치는 기적에만 관심을 갖고 있는데요. 진짜 불난 집에 부채질하고 있습니다. 그러니까 예수님의 대답이에요. 20절 '너희 믿음이 작은 까닭이니라' 어떤 믿음입니까? 예수의 십자가와 부활을 믿는 믿음이지요. 하나는 예수가 십자가에서 우리의 모든 저주와 형벌을 다 깨뜨려 버리셨다는 것이요, 또 하나는 그의 전능하신 능력으로 마귀의 가장 큰 권세인 죽음의 권세를 깨뜨리시고 살아났다는 사실입니다. 기적 중에 가장 큰 기적인 죽음에서 다시 살아나는 능력이 예수에게 있어요. 그러니 이 믿음만 가지고 있으면 도대체 할 수 없는 일이 무엇 있느냐는 것입니다. 그런데 예수의 제자들에게는 이 믿음이 없었어요.

22~23절 '인자가 장차 사람들의 손에 넘겨져, 죽임을 당하고 제삼일에 살아나리라 하시니 제자들이 매우 근심하더라'

믿는 것은 고사하고 오히려 예수가 죽고 3일 만에 살아나야 한다고 하니까 심히 근심했다고 했습니다. 그러면 여러분, 이러한 본문의 배경을 놓고 오늘 우리가 생각할 것은 무엇입니까? 오늘 우리도 똑같지요. 오늘 우리가 예수의 십자가와 부활만 믿으면 못 이룰 일이 없다는 것입니다. 무엇이라고 약속했습니까?

'내가 천국 열쇠를 네게 주리니 네가 땅에서 무엇이든지 매면 하늘에서도 매일 것이요 네가 땅에서 무엇이든지 풀면 하늘에서도 풀리리라'

예수의 십자가와 부활의 능력입니다. 하나님만이 하실 수 있는 하나님의 전능하신 능력이에요. 우리가 알다시피 하나님이 예수 그리스도를 통하여 십자가에서 원수 마귀의 머리통을 부서뜨릴 때 우리가 한 일은 아무것도 없습니다.

또 하나님이 원수 마귀의 죽음의 권세를 깨뜨리고 예수를 다시 살릴 때 우리가 한 일도 아무것도 없어요. 예수 그리스도의 십자가와 부활은 전적인 하나님의 능력입니다. 그러므로 성경은 뭐라고 합니까?

롬1:16 '내가 복음을 부끄러워하지 아니하노니 이 복음은 모든 믿는 자에게 구원을 주시는 하나님의 능력이 됨이라' 예수의 십자가와 부활이야말로 죽은 자를 살리는 하나님의 전능하신 능력이 들어 있어요. 그런데 문제는 이 죽은 자를 살리시는 하나님의 능력인 복음을 가지고 있는 오늘 우리의 모습입니다. 도무지 능력을 행하지 못하고 있다는 것인데요. 분명히 예수는 모든 저주와 형벌에서 해방할 해방자로 오셨고 또 오늘 그 능력이 우리에게 주어졌음에도 불구하고 오늘 우리는 전혀 이 일을 행하지 못하고 있다는 사실입니다.

그래서 주님은 오늘 우리보고 뭐라고 하십니까? '믿음이 없고 패역한 세대여 내가 얼마나 너희와 함께 있으며 얼마나 너희에게 참으리요'

저는 사실 목사입니다만 이 문제 때문에 너무너무 안타까워하고 있습니다. 너무 답답해서 머리를 막 쥐어뜯는 때가 한두 번이 아니었는데요. 왜냐 분명히 예수는 해방자로 오셨고 그 복음이 오늘 나에게 주어졌는데도 오늘 나는 도무지 능력을 행하지 못하고 있는 것이 아닌가 하는 것 때문입니다.

하나님의 나라는 말에 있지 않고 능력에 있다고 했고 무엇이든지 믿고 구한 것은 받은 줄로 알라고 했는데, 현실에서는 왜 이 능력이 나에게서 나타나지 않는가 하는 이 문제예요. 그러면 여러분, 여기에 대한 예수님의 대답이 무엇입니까?

20절 '너희 믿음이 작은 까닭이니라' 여기서 믿음은 예수의 십자가와 부활을 믿는 믿음인데요. 머리로만 까딱거릴 줄 알았지 도무지 능력으로 나타내지 못하고 있다는 것입니다.

믿음은 믿음인데 능력으로 나타나지 않는 믿음이에요.

칼을 뺐는데 무 하나도 베지 못하는 칼과 같은 아무 힘도 없고 맥아리도 없는 믿음입니다. 그래서 주님이 장차 오실 때 우리보고 뭐라고 한다고 했습니까?

눅18:7~8 '하나님께서 그 밤낮 부르짖는 택하신 자들의 원한을 풀어 주지 아니하시겠느냐 그들에게 오래 참으시겠느냐, 내가 너희에게 이르노니 속히 그 원한을 풀어 주시리라 그러나 인자가 올 때에 세상에서 믿음을 보겠느냐 하시니라'

여기서의 믿음은 능력 있는 믿음을 말합니다. 예수의 십자가와 부활을 믿음으로 병든 자를 고치고 귀신을 쫓아내고 죽은 자를 살리는 능력 있는 믿음이에요. 그러므로 여러분, 오늘 우리가 기도합시다. 우리의 믿음이 말뿐인 믿음이 아니라 주님의 능력을 붙드는 능력 있는 믿음이 되게 해 달라고.

오늘도 주님은 우리를 향하여 '이 믿음이 없고 패역한 세대여' 하고 책망하십니다. 그리고 예수 그리스도는 어제나 오늘이나 영원토록 동일한데 너희가 믿음이 없어 이 능력을 행하지 못한다고 하십니다. 바라기는 오늘 우리가 예수의 십자가와 부활을 믿는 믿음으로 능력을 나타내고 승리하는 여러분들 되시기 바랍니다.

천국에서 큰 사람
(마18:1~14)

여러분, 예수님은 자신을 가리켜 '온유하고 겸손하다'고 했는데, 겸손이라고 하는 게 무엇입니까? 나를 낮추는 것이니까 그냥 연신 굽신거리는 것입니까? 그렇다면 선거철에 국회의원 후보들이 제일 겸손한 것이네요.

그러나 여러분, 성경에서 말하는 겸손은 그런 것이 아닙니다. 빌립보 2장에 나오지요. 크게 두 가지 특징이 있는데요. 첫째 하나는 마음을 같이하여 서로 하나가 되는 것이라고 했고요, 그다음 또 하나는 남을 나보다 낮게 여겨 돌아보는 것이라고 했습니다. 그러니까 어떤 사람이든 상관이 없어요. 어른, 아이, 남녀노소 누구나 할 것 없이 서로 하나 되어 돌아봄으로 상대편을 섬기고 또 그 결과 상대편에게 유익이 되게 하는 것, 이것이 겸손입니다.

오늘 본문의 내용은 예수의 제자들이 여전히 이 세상에서의 하나님 왕국을 꿈꾸고 있는데요. 그래서 이제 예수님이 왕이 되시면 그 밑에 누가 더 높은 자리에 앉을 것인지에 대해서 관심이 많았기 때문에 제자들이 예수께 나아와 이렇게 묻고 있습니다.

'주여 천국에서는 누가 크니이까' 그러자 이때 예수님의 대답이 너무나 엉뚱한데요.

3~4절 '너희가 돌이켜 어린아이들과 같이 되지 아니하면 결단코 천국에 들어가지 못하리라, 그러므로 누구든지 이 어린아이와 같이 자기를 낮추는 사람

이 천국에서 큰 자니라'

무슨 뜻입니까? 자기를 낮추는 자라고 했으니까 겸손한 사람을 말하고 있는 것입니다. 천국은 다른 사람이 높임을 받는 것이 아니라 어린아이처럼 자신을 겸손하게 낮추는 자가 최고로 높임을 받고 대접을 받는 곳이라는 것인데요.

그러면 여러분, 이렇게 놓고 봤을 때 겸손한 사람이 어떤 사람입니까?

두 가지, 첫째 하나는 교만해서 다른 사람을 실족시키지 않는 사람이요, 그다음 또 하나는 하나님을 기쁘시게 하기 위해서 자기의 모든 권리까지도 포기하는 사람입니다. 오늘 본문의 내용이 전부 이 내용이지요.

먼저 17:24절 이하를 보면 성전세 이야기가 나옵니다. 성전에 들어가려면 성전세를 반 세겔 내야 하는데 이것은 속죄세입니다. 죄 용서함 받고 하나님의 백성이 되었다고 하는 것을 감사하는 것이니까 부자라고 더 많이 낼 수 있는 것도 아니고, 가난하다고 내지 않아도 되는 세가 아니에요. 부자나 가난한 자나 남녀노소 할 것 없이 누구나 다 똑같이 내야 하는 세입니다.

그런데 문제는 우리 예수님은 어떻습니까? 날 때부터 하나님의 아들이시니까 도무지 죄가 없으세요. 그러니 속죄세를 낼 하등의 이유가 없습니다. 그런데도 성전세 받는 사람들이 베드로보고 너희 선생도 성전세를 내느냐 하고 물으니까 베드로가 내신다 하고 대답했는데요. 그러니 지금 베드로는 예수님을 하나님의 아들이시라고 고백해 놓고서도 성전의 주인 되시는 예수님을 알지 못했다는 것입니다. 그러나 이때 예수님의 대답입니다.

마17:27 '그러나 우리가 그들이 실족하지 않게 하기 위하여 네가 바다에 가서 낚시를 던져 먼저 오르는 고기를 가져 입을 열면 돈 한 세겔을 얻을 것이니

가져다가 나와 너를 위하여 주라 하시니라'

자신은 하나님의 아들로서 성전세를 낼 이유가 없지만 저희로 실족하지 않게 하기 위해서 성전세를 내도록 했는데요. 이것이 주님의 겸손입니다.

한 영혼이라도 실족시키지 않기 위해서 하나님의 아들 된 자기의 권리까지도 기꺼이 포기하시겠다고 하는 주님의 심정, 내가 낮아지고 내가 고난을 받고 내가 죽는다 할지라도 한 영혼이 구원받을 수만 있다면 기꺼이 그 일을 감수하시겠다고 하는 주님의 심정, 이것이 예수님의 겸손이에요.

어때요, 여러분, 오늘 우리에게 이 심정이 있습니까? 사도 바울 보니까 주님의 이 심정이 있었습니다.

고전9:19~22 '내가 모든 사람에게서 자유로우나 스스로 모든 사람에게 종이 된 것은 더 많은 사람을 얻고자 함이라, 유대인들에게 내가 유대인과 같이 된 것은 유대인들을 얻고자 함이요 율법 아래에 있는 자들에게는 내가 율법 아래에 있지 아니하나 율법 아래에 있는 자같이 된 것은 율법 아래에 있는 자들을 얻고자 함이요, 율법 없는 자에게는 내가 하나님께는 율법 없는 자가 아니요 도리어 그리스도의 율법 아래에 있는 자이나 율법 없는 자와 같이 된 것은 율법 없는 자들을 얻고자 함이라, 약한 자들에게 내가 약한 자와 같이 된 것은 약한 자들을 얻고자 함이요'

한 영혼이라도 더 구원할 수 있다면 자기 자신은 낮아지고 없어지고 하는 것은 아무렇지 않게 생각하겠다는 말입니다.

자기를 낮추고 상대편과 같이 되어 자신을 내어 주겠다는 것이니까 예수님과 똑같은 심정이에요. 그런데 여기서 중요한 것은 이렇게 겸손히 자기를 낮추어 상대편에게 내어 주었을 때 하나님이 이 사람을 어떻게 한다고요. 가장 큰 자가 되어 높은 자리로 올리신다고 했습니다.

빌2:5~8 '너희 안에 이 마음을 품으라 곧 그리스도 예수의 마음이니, 그는 근본 하나님의 본체시나 하나님과 동등됨을 취할 것으로 여기지 아니하시고, 오히려 자기를 비워 종의 형체를 가지사 사람들과 같이 되셨고, 사람의 모양으로 나타나사 자기를 낮추시고 죽기까지 복종하셨으니 곧 십자가에 죽으심이라'

신이 인간이 되어 우리와 같이 되셨다, 더 이상 낮아질 수는 없습니다.

뿐만 아니라 상대편에게 유익을 주시기 위해서 어떻게요. 하나님의 아들이라는 특권을 포기하고 이 땅에 인간의 몸을 입고 오셔서 종처럼 섬기다가 마침내는 자기의 생명까지 주었다고 했습니다. 완전히 자기를 포기한 거예요.

그러자 하나님이 이 예수를 어떻게 했다고요.

빌2:9~10 '이러므로 하나님이 그를 지극히 높여 모든 이름 위에 뛰어난 이름을 주사, 하늘에 있는 자들과 땅에 있는 자들과 땅 아래에 있는 자들로 모든 무릎을 예수의 이름에 꿇게 하시고' 하나님 나라에서 가장 존귀하게 높임을 받는 자로 세웠다고 했습니다. 맞아요. 여러분, 영혼을 구원하기 위하여 자기의 모든 권리를 포기하고 자신을 내어 주는 사람을 하나님이 가장 존귀한 자리에 세우세요. 그러면 왜 그런가, 도대체 그 이유가 무엇인가?

마18:12~14에서 잃어버리지 않은 아흔아홉 마리의 양보다 잃어버린 양한 마리를 찾는 것을 하나님이 더 기뻐하신다고 했는데요. 그 이유는 잃어버린 한 영혼을 하나님께로 돌아오게 하는 일보다 하나님을 더 기쁘시게 하는 일은 없기 때문에 그렇습니다.

한 영혼을 천하보다 더 귀하게 여기시는 하나님, 영혼들을 구원하기 위해서는 자기의 생명까지도 주시는 하나님, 이 하나님이 우리가 믿는 하나님입니다.

그러므로 여러분, 천국은 어떤 곳인가? 한 영혼을 구원하기 위해서라면 어린아이처럼 자기를 낮추는 정도가 아니라 자기의 생명을 주기까지 섬기는 자, 바로 이 자가 가장 높은 자요, 이 자가 가장 크게 대접받을 수 있는 곳이 천국입니다. 그러면 반대로 어떤 자가 가장 대접을 받지 못하는 곳인가? 자기 잘났다, 그리고 도무지 주위에 있는 영혼들을 돌아보지 않는 자입니다. 그래서 이제 처음 신앙생활을 시작했거나 아직 영적으로 자라지를 못해서 신앙이 약한 사람을 향해 손가락질을 하면서 '어찌 그 모양이냐' 그러고, '나를 봐라. 나 정도는 돼야지' 하는 사람. 그래서 연약한 영혼들을 붙들어 주는 것이 아니라 오히려 낙심시키고 실족시키는 사람, 이런 사람들은 나중에 큰 문제가 되는데요.

마18:6~10절에 영적 어린아이 하나를 실족시키는 것보다는 실족시키는 내 손 하나, 내 발 하나를 찍어 버리고 장애인으로 천국에 가는 것이 더 낫다고 했습니다. 그러므로 여러분, 교회 안에서는 제발 나 잘났다 하고 자신을 높이지 마세요. 오직 남을 나보다 낮게 여기고 섬기는 것, 이것 외에 다른 것은 없어요.

여러분, 예수님이 대야에 물을 떠서 제자들의 발을 씻기시면서 친히 말씀하셨지 않습니까.

요13:14~15 '내가 주와 또는 선생이 되어 너희 발을 씻겼으니 너희도 서로 발을 씻어 주는 것이 옳으니라 내가 너희에게 행한 것 같이 너희도 행하게 하려 하여 본을 보였노라'

예수님이 제자들의 발을 씻기며 친히 섬김의 본을 보이셨다면 오늘 우리가 섬기지 못할 사람이 누가 있습니까?

여러분, 오늘 우리 주위에 많은 형제자매들을 주셨는데 왜 주셨습니까? 섬기라고 겸손히 주님의 심정을 가지고 섬기라고 주신 것입니다.

여러분, 주님의 심정을 한번 가져 보세요. 어른, 아이 할 것이 없습니다.

이제 갓난아기나 유치부 아이 하나까지도 귀하니까 그들도 주님의 심정을 가지고 섬겨야 합니다. 저는 사실 목사이기 때문에 이점에 있어서는 누구보다 더 큰 부담이 있는데요. 종 중에 제일 큰 종이 목사니까 목사가 제일 영혼들을 열심히 섬겨야 하는데 아직까지 너무너무 부족한 것 같아요. 그래서 저는 매일매일 주님의 심정을 달라고 기도합니다만 어떨 때는 제 자신이 너무너무 싫어 보일 때가 있습니다. 영혼들을 내 생명처럼 귀하게 돌봐야 하는데 그렇게 하지 못하고 있는 나 자신의 모습이 보이면 막 가슴을 칠 수밖에 없는데요.

그런데 여러분, 이것은 내 힘으로는 안 됩니다. 오직 성령의 능력으로만 될 수 있어요. 주님의 심정, 주님의 사랑. 이것은 오직 성령으로만 될 수 있습니다.

어쨌든 오늘은 세계 선교 주일인데요, 우리가 주님의 심정을 1/100, 1/1,000이라도 알자는 것이지요.

우리는 하나님이 무엇을 가장 기뻐하시는지, 또 나에게 무엇을 기대하고 있는지 잘 알고 있습니다. 그런데 성경을 보니까 알고도 행치 않는 것이 더 큰 죄라고 했어요.

그럼에도 불구하고 오늘 우리에게 영혼 구원하는 일에 힘쓰자고 하면 부담 주지 말라고 가만 내버려 두라고 하는데요.

여러분, 영혼을 향한 주님의 심정은 부담 정도가 아니라 하나님의 명령이요, 최후의 유언입니다. 우리 인간은 원래가 하나님의 영광을 위하여 창조된 존재예요. 그러므로 하나님을 기쁘시게 할 수 있는 일이라면 내가 할 수 있는 모든 것을 다 동원하여 행하여야 할 의무가 있습니다. 심지어 생명을 바쳐서라도.

여러분, 성경을 한번 보세요. 전도와 선교는 해도 되고 안 해도 되는 게 아니에요. 반드시 해야 하는 우리의 의무요, 삶의 목적입니다.

고전9:16 '내가 복음을 전할지라도 자랑할 것이 없음은 내가 부득불 할 일임이라 만일 복음을 전하지 아니하면 내게 화가 있을 것이로다'

저는 며칠 전에 도미니카공화국에서 선교하시는 김영구 선교사의 사모인 김보은 선교사님이 쓴 편지를 읽었는데요. 이런 내용이 나옵니다. '내 머리에도 어느덧 하얀 머리카락이 무수하다.' 나이가 이제 겨우 37세입니다.

그분들은 예수님의 겸손을 배우지 않았다면 그곳에 갈 이유가 없는 분들이에요. 한국에 있으면 정말 얼마든지 편안하게 잘살 수 있는 분들인데 그들은 주님의 심정을 알았고 주님이 그곳으로 가도록 명령하셨기 때문에 전적으로 그 명령에 순종함으로 자신들의 모든 권리를 다 포기한 것입니다.

그러면 그들이 어리석은가? 아니요, 그들은 장차 하늘에서 가장 크게 높임을 받는 자리에 앉게 될 것입니다. 천국은 이 세상과 그 법칙이 달라요.

여러분, 오늘 우리는 정말 겸손합니까?

그렇다면 주님의 심정을 가슴에 담고 나의 권리를 포기하고 영혼 구원하는 일을 위하여 나를 주는 이 일에 성공해야 합니다.

천국에서 누가 큰 자인가
(마18:15~35)

제가 신학교 다닐 때 저에게 가장 큰 영향을 주신 교수님이 이런 말씀을 하셨습니다. 젊었을 때 보는 성경하고 나이가 들어서 보는 성경하고가 다르더라고.

물론 그때 당시에는 제가 그 말씀이 무슨 뜻인지 잘 몰랐어요. 그러나 나이가 들수록 그 말씀이 마음에 와닿습니다. 왜냐하면, 우리 옛말에도 빈 수레가 더 요란하고 벼는 익을수록 고개를 숙인다고, 솔직히 저는 과거에 말씀을 보면서 다른 사람 눈에 있는 티는 잘 보면서 내 눈 속에 있는 들보는 잘 보지 못했어요. 그래서 다른 사람 책망은 잘 하는데 정작 두들겨야 할 나 자신은 잘 두들기지를 못했습니다.

그런데 나이가 들면서 철이 조금씩 드는지 말씀을 대하면 다른 사람의 티보다는 내 눈 속에 있는 들보가 훨씬 더 잘 보여요. 그래서 설교도 책망하는 것보다는 위로하고 격려하고 용서하는 설교로 바뀌는 것을 보게 됩니다.

나 자신의 부족과 허물이 너무 크게 보이니까 다른 사람에 대해서 너그럽게 감싸지 않을 재간이 없는 것 같아요. 다른 사람 두들기다 보면 나 자신이 너무 비참해지니까 나부터 먼저 위로와 격려와 용서가 필요한 사람이라서 그런 것 같습니다.

그러면 오늘 본문의 내용이 무엇입니까? 앞에 나온 것과 똑같은 주제지요. 천국에서는 누가 큰 자인가 하는 주제입니다.

한마디로 '용서하는 자가 큰 자다'라는 것인데요.

우리는 앞에서 예수님이 자신을 가리켜 나는 마음이 온유하고 겸손하다고 하신 것 중에 겸손에 대해서 생각했습니다. 한 영혼이라도 실족시키지 않기 위해서 하나님의 아들이라는 특권마저도 포기하시는 주님이었어요. 아니, 십자가에서 죽기까지 우리를 섬기셨던 분이십니다. 그러니까 신이 인간이 되신 것만 해도 엄청나게 낮아지신 것인데, 우리를 위해서 죽기까지 낮아지셨으니 하나님이 어떻게요. 그를 모든 이름 위에 가장 뛰어난 이름이 되게 하셨다고 했습니다. 그런데 오늘은 예수님이 천국에서 제일 높으신 분이 될 수밖에 없는 또 하나의 이유가 나오는데요. 그것은 바로 용서입니다, 용서.

용서함으로 모든 이름 위에 가장 뛰어난 이름이 되셨어요.

21절 '그때에 베드로가 나아와 이르되 주여 형제가 내게 죄를 범하면 몇 번이나 용서하여 주리이까 일곱 번까지 하오리이까'

이때 당시 유대 랍비는 3번까지만 용서하고 그 이상은 용서하지 말라고 가르쳤습니다. 그러니까 예수님이 지금 죄 용서에 대해서 말씀하시니까 베드로 자기 생각에 7번까지라고 하면 예수님이 깜짝 놀라면서 칭찬해 줄 줄 알았어요. 유대 랍비도 3번 이상은 용서하지 말라고 했는데 자기는 7번까지라고 했으니까.

그런데 여기에 대한 예수님의 반응입니다.

22절 '네게 이르노니 일곱 번뿐 아니라 일곱 번을 일흔 번까지라도 할지니라'

성경에서 7은 완전수이고 10은 무한수입니다. 그러니까 일곱 번씩 일흔 번이라는 말은 490번만 용서하라는 것이 아니라 무한정으로 용서하라는 말입니다. 그러니 용서는 끝이 없다는 말인데요. 그러면 그 이유가 무엇인가? 예수님이 한 예를 들었지요.

일만 달란트의 빚을 진 종이 있는데 1달란트가 6천 데나리온이니까, 1데나리온이 장정 하루 품삯이라고 했을 때 도저히 갚을 길이 없습니다. 그런데 주인이 이 종을 불쌍히 여겨서 그 엄청난 빚을 몽땅 다 탕감해 주었다고 했는데요. 문제는 빚을 다 탕감받고 기쁨으로 나오다가 누구를 만났다고요. 자기에게 100데나리온의 빚을 진 동관을 만났다고 했습니다. 그러자 목을 잡고 빚을 갚으라고 하니까 그 동관이 사정사정했습니다. 조금만 참아 주시면 갚겠다고. 그런데도 어떻게 했는고 하니, 더 이상 참을 수 없다 하고는 그를 잡아다가 옥에 넘겨 버렸다고 했는데요. 물론 여기서 임금은 하나님이시고 일만 달란트 빚진 자는 오늘 우리고, 100데나리온 빚진 동관은 우리의 형제들을 가리킵니다. 그러니까 도무지 갚을 길이 없는 엄청난 빚을 탕감받은 오늘 우리가 불과 얼마 되지 않는 빚을 진 형제의 죄를 용서하지 않는다면 과연 하나님이 우리를 가만히 두시겠느냐 하는 내용인데요. 물론 절대 용서하시지 않는다는 것이 결론입니다.

35절 '너희가 각각 마음으로부터 형제를 용서하지 아니하면 나의 하늘 아버지께서도 너희에게 이와 같이 하시리라'

그러므로 여러분, 저는 오늘 이러한 본문의 배경을 놓고 두 가지만 생각하려고 하는데요. 첫째 하나는 제가 처음에 이미 말씀드렸지요. 우리가 왜 다른 형제를 용서해야 되는가? 그 이유는 다른 누구보다도 나 자신이야말로 용서가 필요한 사람이기 때문에 용서해야 합니다. 사람은 별수 없어요. 누구나 허물이 있고 실수가 있고 약점이 있어요. 다른 사람이 나를 받아 주고 용서해 주지 않으면 도무지 나는 살 수 없습니다. 내가 오늘 이만큼이라도 되어 있는 것은 다른 사람들이 다 넓은 마음으로 나를 받아 주었기 때문이에요.

여러분들은 어떤지 몰라도 저는 정말 그렇습니다. 제가 이 설교를 준비하면서 가만히 제 자신을 한번 돌아봤는데요. 정말 저는 너무너무 좋은 사람들을 만났다고 생각했습니다. 부모, 형제, 가족 식구들은 말할 것도 없고 교우들까지도 다 저를 받아 줬어요. 저의 부족한 대로 갚는다면 국물도 없을 사람인데 다 받아 주었기 때문에 오늘 제가 있는 것입니다.

여러분, 이것은 제가 그냥 말로만 한번 해 보는 게 아니에요. 진짜 그렇다는 것을 느꼈기 때문에 말씀드리는 것입니다.

그다음 또 하나 오늘 본문을 통해서 우리가 생각하고자 하는 것은 주님이 우리에게 요구하는 용서는 소극적인 것이 아니라 적극적인 용서라는 것인데요. 다시 말해서 주님은 우리에게 상대편이 자기 잘못을 인정하고 용서를 빌러 올 때까지 기다리라고 하지 않았습니다. 더 적극적으로 내가 먼저 찾아가서 용서해 주라는 것인데요.

그래서 어떻게 하라고 했습니까? 크게 세 가지, 첫째 하나는 15절 '네 형제가 죄를 범하거든 가서 너와 그 사람과만 상대하여 권고하라' 형제가 범죄했을 때 내가 먼저 찾아가서 권고하라는 것인데요. 사실 이것은 예수님이 우리에게 하신 방법입니다. 예수님은 우리를 용서하기 위해 가만히 기다리시지 않고 먼저 찾아오셨어요. 그러므로 이것은 형제를 사랑하는 주님의 마음이 아니고는 할 수 없는 일입니다. 정말 한 영혼을 천하보다 더 귀하게 여기시는 주님의 심정을 가지고 찾아가서 형제에게 권고한다는 것인데요. 이때 나의 권고를 듣고 주님께로 돌아오면 어떻습니까? 하나님께서 천국에 있는 모든 구원받은 성도들보다 그 한 영혼이 돌아오는 것을 더 기뻐하신다고 했습니다. 그러니까 하늘에 계신 하나님이 기뻐하시는 것 때문에 내가 기뻐할 수 있는 사람, 이 사람은 얼마든지 적극적인 용서를 할 수 있는 사람이에요. 나의 감정이나 자존심이 아니라 하나님이 기뻐하시는 일이라면 무엇이든지 할 수 있는 사람입니다.

그다음 두 번째, 세 번째인데요. 나의 권고를 도무지 받아들이지 않을 때는 어떻게 해야 하는가?

16~17절 '만일 듣지 않거든 한두 사람을 데리고 가서 두세 증인의 입으로 말마다 확증하게 하라, 만일 그들의 말도 듣지 않거든 교회에 말하고 교회의 말도 듣지 않거든 이방인과 세리와 같이 여기라'

더 적극적인 방법으로 나 혼자서 안 될 때는 두세 사람과 함께 가서 권고하고 그래도 안 되면 교회에다 말하라고 했는데요. 이것이 무슨 뜻인지는 우리가 다 알 수 있습니다.

그런데 우리가 여기까지만 읽으면 우리가 용서할 수 없는 한계가 있는 것 같아요. 교회의 말도 듣지 않으면 이방인과 세리같이 여기라고 했으니까. 그러나 여러분, 그다음 구절들을 읽어 보면 그게 아니에요.

18~19절 '진실로 너희에게 이르노니 무엇이든지 너희가 땅에서 매면 하늘에서도 매일 것이요 무엇이든지 땅에서 풀면 하늘에서도 풀리리라, 진실로 다시 너희에게 이르노니 너희 중의 두 사람이 땅에서 합심하여 무엇이든지 구하면 하늘에 계신 내 아버지께서 그들을 위하여 이루게 하시리라'

사람의 마음을 움직이시는 이가 하나님이라고 했는데 하나님이 하실 수 없는 일도 있습니까? 없어요. 그러므로 우리가 중심으로 형제를 용서하고 그 영혼을 주님께 인도함으로 하나님을 기쁘시게 해야 되겠다 하는 소원을 가지고 하나님께 매달리면 어떻게요. 하나님이 반드시 그 기도를 들어주시겠다는 약속입니다.

'무엇이든지 너희가 땅에서 매면 하늘에서도 매일 것이요 무엇이든지 땅에서 풀면 하늘에서도 풀리리라.' 반드시 들어주시겠다는 말씀입니다.

대표적인 예가 예수님의 경우이지요. 예수님이 이 땅에 계실 때 따르는 무리들을 어디 한두 번 권고했습니까? 수도 없이 권고했어요.

그러나 그들은 끝까지 돌이키지 않고 마침내 예수를 십자가에 못 박아 버렸는데요. 그러나 그럼에도 불구하고 십자가에 달리신 예수님의 기도가 무엇입니까? '아버지여 저들을 사하여 주옵소서 자기들이 하는 것을 알지 못함이니이다' 원수를 향하여 용서하는 기도를 올렸는데요. 그러면 그 결과 어떻게 되었습니까? 이 기도가 응답됩니다.

한쪽 편 강도가 회개하고 돌아왔을 뿐만 아니라, 사도행전을 보니까 예수를 십자가에 못 박으라고 외쳤던 이들이 베드로의 설교를 듣고 '형제들아, 우리가 어찌할꼬' 하면서 하루에 3천 명이 회개하고 돌아오는 역사가 일어나고 있는데요, 무엇입니까? 예수님의 용서의 기도가 상달된 거예요.

그런데 이것은 오늘 우리 시대도 마찬가지입니다. 여러분, 우리나라에 처음 선교사들이 들어왔을 때 어떻게 했습니까? 서양 귀신 들린 사람들이라고 하면서 배척했습니다. 아니, 심지어 처음에는 순교까지 당했어요. 도무지 안 될 것 같습니다. 그러나 이들은 끝까지 포기하지 않고 주님의 심정을 가지고 하나님 앞에 매달리며 기도했을 때 그 결과 어떻게 되었습니까?

오늘 우리가 보다시피이지요.

여러분, 저는 성경을 보면서 무엇을 느꼈는고 하니 예수님뿐만 아니라 예수의 사람들은 한결같이 영혼 구원에 미친 사람들이라는 것입니다.

영혼 구원을 하는 일이라면 무슨 일이든 할 수 있는 사람들, 자기감정, 자존심 이런 것은 사치스러워요. 영혼 구원을 위하여 죽기까지 자신을 내어 준 사람들입니다. 이것은 실화인데요. 남미 에콰도르에 있는 와다니족에게 복음을 전하러 간 '짐 엘리엇'을 비롯한 5명의 선교사들이 한꺼번에 순교를 당했습니다. 총을 가지고 있었지만 총을 쏘지 않았다고 했어요. 그래서 각 언론에서는 이게 도대체 무슨 낭비냐고 비난했다고 했는데요. 그러나 기자가 짐 엘리엇의 아내를 찾아가 인터뷰했을 때 '낭비라니요. 남편은 어렸을 때부터 이 순간을 위해 준비했던 사람입니다. 그가 이제야 그 꿈을 이룬 것뿐입니다' 하고는 순교자들의 아내 5명이 아이들을 부둥켜안고 남편들이 순교한 그곳을 찾아가 복음을 전했는데요. 와다니 부족의 추장이 물었어요. 당신들은 누구며 왜 우리를 위해서 이렇게 애써 수고하느냐고. 그러자 부인이 말합니다. '나는 5년 전 당신들이 죽인 남자의 아내입니다. 그러나 우리가 여기 다시 오게 된 것은 하나님의 사랑 때문입니다'라고 했을 때 이 말에 감동을 받은 추장이 예수를 영접하게 되었고 와다니 부족 전체가 예수를 믿게 되었다고 했습니다.

그리고 짐 엘리엇을 죽였던 청년이 와다니족의 목사가 되었다고 했는데요.

무엇입니까? 용서의 능력이지요. 원수를 원수로 갚지 않고 그리스도의 사랑으로 품었을 때 예수님의 능력이 나타난 것입니다. 그들이 빌리그레함 전도집회에 참석해서 이런 간증을 했는데요. '우리들은 그분들에게서 복음을 받고 하나님을 믿게 되었습니다. 그 젊은이들의 희생이 아니었다면 우리는 아직도 예수를 모른 채 살아가고 있을 것입니다. 그분들의 죽음으로 우리는 빛을 보게 되었습니다.'

용서의 능력이 엄청나지요. 그 후에 짐 엘리엇이 대학 다닐 때 쓴 일기장이 발견되었는데, 이런 내용이 나오는데요. '결코 잃어버릴 수 없는 것을 얻기 위해 지킬 수 없는 것을 버리는 것은 결코 어리석은 자가 아니다.'

맞아요, 분명히 짐 엘리엇은 지금 하늘나라에서 별과 같이 빛나고 있을 것입니다.

하나님의 헤세드의 사랑
(마19:1~12)

마태복음 강해를 통해서 제가 바라는 목적은 우리의 신앙생활이 내가 할 수 있는 것이 아니라 전적 성령의 역사로만 가능하다는 것입니다.

우리가 알다시피 예수님의 제자들이 3년 동안 열심히 배우고 따라다녔지만 예수님이 잡히시던 그 밤에 다 도망갔잖아요. 그러나 오순절 날 성령을 받았을 때 죽기까지 복음을 전하다가 결국 다 순교했는데요. 그러니까 오직 성령의 역사로만 될 수 있다는 것입니다.

예수님이 미리 말씀하셨어요. 행1:4~5 '예루살렘을 떠나지 말고 내게서 들은 바 아버지께서 약속하신 것을 기다리라, 요한은 물로 세례를 베풀었으나 너희는 몇 날이 못 되어 성령으로 세례를 받으리라'

왜 성령을 받기 전까지는 예루살렘을 떠나지 말라고 하십니까? 그 이유는 성령 없이는 아무것도 할 수 없기 때문에 그렇습니다. 저는 목사입니다만 가면 갈수록 성령으로 아니하고는 아무것도 할 수 없음을 절감하고 있습니다.

오늘 19장 전체 말씀의 핵심도 사람은 할 수 없으나 하나님은 하실 수 있다는 것입니다. 그러면 오늘 본문의 내용이 무엇입니까?

바리새인들이 예수님을 시험하여 '사람이 어떤 이유가 있으면 그 아내를 버리는 것이 옳으니이까' 하고 이혼에 관해서 물었습니다.

여기에 대한 예수님의 대답은 4~6절 '예수께서 대답하여 이르시되 사람을 지으신 이가 본래 그들을 남자와 여자로 지으시고, 말씀하시기를 그러므로 사람이 그 부모를 떠나서 아내에게 합하여 그 둘이 한 몸이 될지니라 하신 것을 읽지 못하였느냐, 그런즉 이제 둘이 아니요, 한 몸이니 그러므로 하나님이 짝지어 주신 것을 사람이 나누지 못할지니라 하시니'

결혼이 무엇인가를 말씀하셨는데요. 왜냐하면, 결혼이 무엇인가를 알지 못하면 이혼을 알 수 없기 때문입니다.

그러면 결혼은 무엇입니까? 하나님이 짝지어 주신 것을 사람이 나누지 못한다고 하셨는데요. 결혼은 하나님으로 말미암은 것임으로 사람이 결코 나눌 수 없다는 것입니다. 그러면 왜 우리 인간이 이혼을 하는가? 그 이유는 하나님과의 관계가 잘못되었기 때문에 부부 관계가 잘못된다는 것입니다. 그러므로 결혼은 인간이 아닌 하나님의 관점에서 봐야 하는데요.

우리가 알다시피 하나님과 아담의 관계는 결혼 관계였어요. 왜냐하면 하나님이 주인이요, 남편이니까. 그래서 혼인조건으로 '동산 모든 나무의 실과는 네 마음대로 먹되 동산 중앙에 있는 선악을 알게 하는 나무의 실과만은 먹지 말라 네가 먹는 날에는 정녕 죽으리라' 하고 언약을 맺었습니다.

그런데 아담이 어떻게 했습니까? 자기 아내 하와가 뱀의 꼬임에 빠져 선악과를 따 먹고 아담에게도 주어 먹게 했다고 했는데, 그 결과 하나님과의 언약 관계가 깨어졌습니다. 그런데 뱀은 사탄을 의미하니까 하나님이 아닌 사탄의 말을 듣고 따라갔다, 이것은 영적 간음입니다. 그러면 혼인 관계에서 간음을 행하면 어떻게 되지요?

9절 '내가 너희에게 말하노니 누구든지 음행한 이유 외에 아내를 버리고 다른 데 장가드는 자는 간음함이니라'

다른 어떤 이유로도 이혼이 안 되지만 간음을 행하면 자동 이혼이라는 것인데요. 왜 그렇습니까. 아담, 하와는 한 몸이었기 때문에 그렇습니다.

우리가 알다시피 하와가 만들어진 과정을 보면 아담을 깊이 잠들게 한 다음 그의 갈빗대 하나를 취하여 하와를 만들었다고 했습니다. 그래서 하나님이 처음 하와를 아담에게 데려왔을 때 아담이 뭐라고 합니까? '이는 내 뼈 중에 뼈요 살 중의 살이로다' 아담 자신과 한 몸이라는 것입니다.

그럼에도 불구하고, 마귀 말 듣고 따라가 하나님과의 언약을 깨뜨리는 영적 간음을 행하니까 한 몸이었던 아담, 하와가 그 즉시 나누어집니다. 아담이 하와를 원망하지요. 하나님이 주신 저 여자 때문에 선악과를 먹었다고. 그러니까 아담, 하와가 나누어지기 전에 영적 간음으로 하나님과 나누어지는 것이 먼저였어요. 하나님과의 관계가 잘못되니까 금방 한 몸이었던 부부 관계가 나누어졌습니다.

그래서 바울은 예수 그리스도와 성도인 우리와의 관계를 부부 관계로 설명했는데요. 그리스도를 교회의 머리로, 교회는 그의 몸으로 비유하면서 엡5:31~32 '사람이 부모를 떠나 그의 아내와 합하여 그 둘이 한 육체가 될지니 이 비밀이 크도다 나는 그리스도와 교회에 대하여 말하노라' 육신의 결혼을 영적 그리스도와 교회의 결혼으로 비유하고 있습니다. 그러므로 여러분, 오늘 우리가 그리스도께 붙어 있는 몸이라고 했을 때 이혼은 그리스도의 몸을 나누는 것이니까 이혼을 하면 안 되지요. 그러므로 어떻게 하라고요?

엡5:22절, 25절 '아내들이여 자기 남편에게 복종하기를 주께 하듯 하라, 남편들아 아내 사랑하기를 그리스도께서 교회를 사랑하시고 위하여 자신을 주심같이 하라' 주 안에서 사랑으로 하나 되는 것 외에 다른 길이 없다는 것입니다.

어때요, 이혼을 함으로 그리스도에게서 떨어져 나와 멸망의 자식이 되고 싶습니까. 불가능하잖아요. 그러니 이혼하지 말라는 것입니다.

그럼에도 지금 바리새인들은 뭐라고 합니까.

7절 '여짜오되 그러면 어찌하여 모세는 이혼 증서를 주어서 버리라 명하였나이까' 이때 예수님의 대답입니다. 8절 '모세가 너희 마음의 완악함 때문에 아내 버림을 허락하였거니와 본래는 그렇지 아니하니라' 모세가 이혼을 허락한 것은 인간의 연약함 때문에 예외적 규정을 둔 것이지, 정상적인 일이 아니라는 것입니다. 자, 보세요.

신24:1 '사람이 아내를 맞이하여 데려온 후에 그에게 수치 되는 일이 있음을 발견하고 그를 기뻐하지 아니하면 이혼 증서를 써서 그의 손에 주고 그를 자기 집에서 내보낼 것이요'

여기서 수치 되는 일은 간음을 행한 것을 말하는 것이 분명합니다. 그러나 그럼에도 불구하고 유대인들은 이 예외조항을 악용해서 아무것도 아닌 일로 이혼해 버린다는 것입니다. 기분 나쁘다고, 음식 솜씨가 나쁘다고, 심지어 요리하다가 생선을 태웠다고 내쫓는 경우까지 있다고 했는데 그 결과 이혼이 사회적 문제까지 되었다고 했습니다.

그러면 그 원인이 어디 있는가? 겉으로 나타난 표면적 이유가 진짜 이유가 아니라 안에 감추어진 이면적 이유가 진짜 이유라는 것인데요. 예를 들어 간이 나빠졌다고 했을 때 겉으로 나타나는 피곤하다는 이유만으로 간이 나빠졌다고 하면 안 됩니다. 진짜 이유를 알기 위해서는 종합검사를 통해서 보이지 않는 부분까지 검사해 봐야 알 수 있어요.

마찬가지 바리새인이 겉으로 나타난 이혼문제를 이야기하니까 예수님이 안에 감추어진 근본적인 원인을 말씀하시면서 결혼에 대한 하나님의 창조 질서를 이야기하고 있는데요. 그러니까 오늘 우리 인간이 이혼을 하는 진짜 이유는 근본적으로 하나님과 우리 인간 사이에 문제가 생겼기 때문이라는 것입니다. 앞에서 말씀드렸죠. 아담에게 처음 하와를 데리고 왔을 때 '이는 내 뼈 중에 뼈요 살 중에 살이로다'라고 고백했는데 죄로 말미암아 하나님과의 관계가 틀어지니까 하나님이 주신 저 여자 때문에 선악과를 먹었다고 당장 원망하고 불평하고 있습니다.

여러분, 오늘 부부 사이에 문제가 있습니까? 절대 부부 사이의 문제가 아닙니다. 하나님과의 영적 문제가 있기 때문에 부부 사이가 안 좋은 거예요.

그러므로 오늘 우리가 가정의 행복을 위하여 부부 사이를 좋게 하기 위한 두 가지 대안을 제시하려고 하는데요.

첫째는 신앙고백적인 자기 선언이 필요합니다.

갈5:24 '그리스도 예수의 사람들은 육체와 함께 그 정욕과 탐심을 십자가에 못 박았느니라' 이것은 상징적인 의미인데요. 실제 내 몸을 십자가에 못 박은 것은 아니지만 신앙고백적으로 '나는 십자가에서 죽었다' 하고 자기 선언을 하는 것입니다. 왜냐하면 내가 죽으면 성령이 역사하니까.

갈5:25 '만일 우리가 성령으로 살면 또한 성령으로 행할지니' 육체의 소욕을 십자가에 못 박고 성령으로 살면 하나님이 그렇게 살 수 있도록 도와주신다는 것입니다. 그러니까 지금 예수님이 이혼은 창조 질서상 절대 안 된다고 한 것은 예수가 없을 때는 인간이 약하니까 이혼할 수도 있지만, 그러나 예수가 있으면 예수님이 도와주시니까 이혼하면 안 된다는 것입니다. 실제 이런 간증이 있는데요. 남편이 이혼하자고 하면서 생활비를 제대로 안 주고 법정에 이혼소송을 했다고 했습니다. 그래서 교회 안에 친한 집사님에게 사정을 이야기하니까 그 집사님이 용한 권사님에게 데리고 갔는데 그 권사님도 하나님이 이혼하라고 하신다고 했습니다. 더 이상 절망적일 수 없었지만, 그러나 이분이 포기하지 않고 끝까지 예배를 붙들었다고 했습니다. 시간, 시간 예배에 빠지지 않고 하나님께 매달렸는데 그 결과 하나님이 상황을 소망적으로 바꾸어 주셔서 결국 이혼하지 않고 잘 해결되었다고 했습니다. 맞아요. 여러분, 인간의 생각으로는 절망적이지만 그러나 하나님을 붙들고 끝까지 믿음으로 나가면 하나님이 승리케 하세요. 나는 할 수 없지만, 하나님은 하실 수 있습니다.

다음 또 하나 부부 관계를 좋게 회복시키는 비결은 하나님의 사랑을 회복해야 합니다. 하나님의 사랑을 구약 히브리 원어로 '헤세드'라고 하는데요. 받을 자격이 없는 자에게 베푸는 자비와 긍휼의 사랑입니다.

우리가 알다시피 하나님이 우리 인간을 자기 형상으로 만드셔서 하나님의 대리자로 온 세상 만물을 정복하고 다스리는 복을 주시면서 선악과를 통한 사랑의 언약을 맺으셨습니다. 그런데 인간 스스로 하나님처럼 되겠다고 이 언약을 깨뜨림으로 은혜를 배은망덕으로 갚았는데요. 그 결과 마땅히 벌을 받아야 함에도 불구하고, 하나님의 헤세드의 사랑은 우리 인간과 맞상대하지 않으시고 우리 인간을 불쌍히 여기셔서 여자의 후손으로 구원하실 것과 가죽옷을 지어 입히심으로 끝까지 사랑을 베푸셨다는 것인데요. 이 사랑이 누가복음 15장에 나오는 탕자의 비유에서 잘 나와 있습니다.

둘째 아들이 아버지가 살아 계심에도 불구하고 유산을 미리 달라고 해서 먼 나라로 가 허랑방탕하다가 굶어 죽게 되었다고 했습니다. 아들이 먼저 아버지와의 관계를 깨뜨렸으니까 배은망덕의 죄지요. 그러나 그럼에도 불구하고, 이 아버지는 아들을 맞상대하지 않고 문밖에서 끝까지 기다려 이 아들이 회개하고 돌아왔을 때 다시 아들로 받아주었는데요. 이렇게 맞상대하지 않고 끝까지 받아 주는 아버지의 사랑, 이것이 하나님의 '헤세드'의 사랑입니다.

마찬가지 부부 간에도 서로 맞상대하면 안 되고 자비와 긍휼을 가지고 끝까지 기다려 주어야 한다는 거예요.

여러분, 오늘 본문 바로 앞에 용서에 대한 말씀을 하신 다음 바로 이어서 이혼에 대한 말씀을 하셨는데요. 그 이유는 가장 용서해야 할 대상은 남편이요, 아내이기 때문입니다. 예수님과 우리가 부부 관계라고 했을 때 예수님이 먼저 우리에게 맞상대하지 않는 십자가의 사랑, 헤세드의 사랑을 베푸셨어요. 그래서 오늘 우리도 우리와 맞상대하지 않는 십자가의 사랑을 먼저 경험해야 이 사랑으로 부부 간에 서로 용서하고 품을 수 있습니다.

어떤 여집사님이 이런 간증을 합니다.

남편이 외도한 사실을 알고는 너무 절망해서 이혼하기로 결심하고 교회를 떠났다고 했습니다. 왜냐하면 자기가 처녀 때는 불교 집안이었는데 믿는 집에 시집와서 신앙생활을 시작했기 때문에 남편과의 관계를 정리하기 위해 다니던 교회까지 정리한 것이지요. 그러나 그럼에도 불구하고 시어머니에게 예의를 갖추기 위해서 인사하러 갔더니 시어머니가 눈물로 자식들을 위해서 기도하는데 그 기도를 듣고 마음이 녹아내려서 바로 신청하지 못하고 잠시 보류했다가 다시 마음을 추슬러서 이혼하기로 도장까지 다 찍고 월요일 날 서류만 제출하면 이혼이 성립되는데 마지막으로 주일 날 예배나 한 번 드리자 하고는 예배를 드리러 갔다고 했습니다. 그런데 그날 마침 목사님 설교말씀을 통해서 하나님의 헤세드의 사랑이 터치한 거예요.

그러자 희한한 감정의 변화가 일어났는데 그렇게 마음에 상처를 주고 배신감을 안겨 준 남편이 불쌍해지기 시작하더라는 것입니다. 그래서 예배가 끝난 다음 남편을 만나서 용서를 빌었다고 했습니다. 내가 그동안 아내로서 제대로 당신을 섬기지 못했는데 오죽했으면 딴 여자한테 마음이 쏠렸겠느냐고, 나를 용서해 달라고. 그러니까 이 남편도 그 사랑 앞에 녹아져서 용서를 구하면서 다시 부부 관계가 회복되었다고 했는데요. 그냥 회복된 정도가 아니라 신혼으로 다시 돌아갔다고 했습니다.

맞아요. 여러분, 오늘 가정의 사랑을 위해서 헤세드의 사랑을 회복해야 합니다. 맞상대하지 않는 주님의 사랑, 이 사랑만이 가정이 회복되고 행복하게 될 수 있는 비결이에요. 아멘.

포도원 품꾼 비유
(마20:1~16)

여러분, 우리가 성경을 보면 참 이상한 장면들이 나오는데요. 탕자의 비유를 보면 아버지의 잔치에 참여한 사람은 집에서 착실하게 일한 맏아들이 아니라 아버지를 떠나 먼 나라로 가서 허랑방탕하다가 돌아온 탕자였습니다. 그리고 하나님을 최고로 열심히 잘 섬긴다고 했던 서기관과 바리새인들은 저주가 섞인 최고의 욕을 얻어먹고, 오히려 죄인 취급을 받던 창기와 세리가 먼저 천국에 들어간다고 했을 때 도대체 이것을 우리가 어떻게 이해해야 합니까?

분명히 이 세상에서의 계산방법과 천국에서의 계산방법이 다르다는 것인데요. 예수님이 직접 말씀하셨습니다. 부자와 가난한 과부가 성전에서 헌금하는 것을 보셨는데 부자는 금화를 보란 듯이 더러럭 소리를 내면서 넣고 가난한 과부는 얼마 안 되는 두렙 돈의 돈을 살짝 집어넣는 것을 보시고 예수님이 평가를 하셨는데요.

'이 가난한 과부가 모든 사람보다 더 많이 넣었도다 저들은 그 풍족한 중에서 넣었거니와 이 과부는 구차한 중에 자기 생활비 전부를 넣었느니라'라고 하셨습니다.

그러니까 주님이 보시는 것은 양보다는 질이었어요. 그 헌금에 담겨 있는 마음의 중심을 보시는 분이 주님이십니다. 그러면 여러분, 오늘 본문의 내용이 무엇입니까? 예수님이 천국의 계산방법을 비유로 드시면서 이것은 마치 포도원 주인이 품꾼을 얻어 포도원에 들여보내려고 이른 아침에 나간 것과 같은데 한 데나리온의 품삯을 약속하고 들여보냈다고 했습니다. 그런데 문제는 들여보낸 시간인데요. 똑같이 같은 시간에 들여보낸 것이 아니라 아침 7시, 9시, 11시, 오후 3시, 오후 5시 이렇게 여러 차례 나누어서 들여보냈다고 했습니다. 그러면 여러분, 여기서 주인은 누구를 가리키는 것입니까? 예수님이지요. 그리고 품꾼은 오늘 우리들이고요. 포도원은 천국을 상징하는데 오늘날은 이 세상의 천국인 교회를 가리키는 것입니다.

그러니 이렇게 놓고 봤을 때 포도원에 1차, 2차, 3차, 4차, 5차로 나누어 들어갔다는 말은 무엇입니까? 하나님의 포도원의 특징이지요. 포도원에 들어가서 일하기 시작한 시간이 각각 다르듯이 오늘날도 교회 안에 들어오는 사람들의 시기가 각각 다릅니다. 저처럼 어릴 때부터 믿는 집에 태어나서 교회를 다닌 사람이 있고요, 또 어떤 분들은 청소년 시절에, 또 어떤 분은 장년이 되어서, 또 어떤 분은 노년기에. 아무튼 여기에서 말하고자 하는 핵심은 누구든지 예수를 믿는 시기가 각각 다 다르다는 것입니다.

그런데 문제는 오늘 본문 보니까 품꾼들이 일을 다 마치고 늦게 온 사람부터 품삯을 받는데 놀랍게도 1시간밖에 일하지 않은 사람들에게도 한 데나리온의 품삯을 지불하더라는 거예요.

그러자 이것은 지켜본, 아침 일찍부터 하루 종일 일한 품꾼들이 생각하기를 '1시간 일한 사람들이 한 데나리온 받는 것 보니까 우리는 좀 더 받을 수 있을 거야' 하고 한껏 기대에 부풀어 있었는데 막상 받아 보니까 똑같이 한 데나리온입니다. 그러자 당장 투덜투덜 주인을 원망하면서 1시간만 일한 사람하고 하루 종일 더위에 수고한 우리하고 어떻게 똑같으냐 하면서 불평했다고 했는데요. 그러자 이때 주인의 대답입니다.

14~15절 '네 것이나 가지고 가라 나중 온 이 사람에게 너와 같이 주는 것이 내 뜻이니라, 내 것을 가지고 내 뜻대로 할 것이 아니냐 내가 선하므로 네가 악하게 보느냐' 하면서 이들을 향해 내린 결론이 무엇입니까?

16절 '이와 같이 나중 된 자로서 먼저 되고 먼저 된 자로서 나중 되리라' 이 비유의 핵심인데요. 우리가 너무 잘 아는 말씀임에도 우리가 너무나 잘 모르는 말씀입니다. 이 말씀을 이해하려면 앞에 나오는 19장의 말씀을 알아야 하는데요.

19:27 '우리가 모든 것을 버리고 주를 따랐사온대 그런즉 우리가 무엇을 얻으리이까' 우리가 모든 것을 버리고 주를 따랐다는 말은 아침부터 하루 종일 수고했다는 말입니다. 그래서 베드로의 질문은 '우리가 이렇게 하루 종일 수고를 많이 했으니 우리에게 무엇을 주시겠습니까' 하는 질문인데요. 그런데 베드로의 이 질문에 대한 예수님의 대답이 너무나 엉뚱합니다.

19:30 '그러나 먼저 된 자로서 나중 되고 나중 된 자로서 먼저 될 자가 많으니라' 베드로는 그야말로 자기의 모든 것을 다 바쳐서 주의 뒤를 쫓았어요. 그러나 주님을 쫓는 동기가 잘못되었을 때는 그 모든 수고가 아무 소용이 없다고 하는 것이 예수님의 결론인데요.

그러면 여러분, 베드로의 잘못된 동기가 무엇입니까? 크게 두 가지인데요. 첫째 하나는 20:10~11 '먼저 온 자들이 와서 더 받을 줄 알았더니 그들도 한 데나리온씩 받은지라, 받은 후 집 주인을 원망하여 이르되' 여러분, 이 사람들은 포도원 주인을 원망했는데 그 이유가 무엇입니까? 받을 것을 못 받은 게 아니에요. 다른 사람들이 생각 밖에 자기들과 똑같이 받는 것을 보고 신경질이 난 것입니다. 다시 말해서 나중에 온 사람들이 좀 덜 받았으면 아무 말 없었을 텐데 자기들하고 똑같이 받는 것이 억울하다는 것입니다. 그러니 이들은 받은 바 은혜에 대한 감사가 전혀 없었어요. 우리 옛말에도 물에 빠진 사람 건져 놓으면 내 보따리 내놔라 한다는 말이 있는데요. 한번 생각해 보세요. 이들은 원래 일거리가 없어서 만약 그날 누군가가 자기들을 써 주지 않으면 가족의 생계까지 어려운 그런 절박한 상황이었습니다. 오늘날도 그렇지 않습니까? 인력 시장에 나오는 대부분의 사람들이 그날 벌어서 그날 먹고 사는 사람들입니다. 그러니 이런 처지에 있는 사람들에게 일거리를 주었으니 얼마나 고마운 일입니까. 뿐만 아니라 품삯을 받지 못한 것이 아니라 약속한 그대로 다 받았어요. 그런데 그럼에도 불구하고 마치 주인이 무정한 사람인 것처럼 원망했다는 것인데요. 그러면 여러분, 이 태도가 왜 잘못되었을까요?

유명한 부흥 목사님이 부흥회를 인도하러 갔습니다. 기도의 응답이라는 제목을 가지고 열심히 하나님을 믿고 구하는 자에게는 하나님이 반드시 응답하신다고 설교했는데요. 끝나자마자 장로님 한 분이 찾아와서 뭐라고 하는고 하니 '나는 일평생 예수를 믿어 왔고 주일학교 교사로, 또 지금은 장로로 열심히 봉사 생활을 해 왔습니다. 그런데 하나님은 이런 나에게 기도 응답을 별로 해 주시지 않는 것 같은데 이게 어떻게 된 것입니까' 하는 항의 섞인 불평이었습니다.

그러자 이때 목사님의 대답입니다. '장로님 말씀은 잘 알아듣겠는데요. 제가 볼 때 장로님이 기도 응답을 받으려면 내가 이만큼 했으니까 하나님도 이만큼 해 주셔야 합니다 하는 그 흥정의식, 장사의식이 무너져야 되겠습니다' 하고 대답했다고 했습니다. 맞아요. 여러분, 우리가 주님을 위해서 일을 할 때에 내가 이렇게 하면 하나님도 이렇게 해 주실 것이다 하는 보상의식으로 일하고 있습니까? 그것은 참 억울합니다. 왜냐하면 주님이 보실 때 그 일은 아무 소용이 없기 때문인데요. 물론 주님이 우리가 일한 대로 갚아 주시지 않는 분이 아니십니다. 소자 하나에게 냉수 한 그릇 대접한 것도 상을 얻는다고 했으니까 우리가 일한 그대로 갚아 주시는 주님이 심이 틀림없습니다.

그러나 그럼에도 불구하고 지금 베드로처럼 내가 주를 위해서 이렇게 희생했으니 주님은 나에게 무엇을 주시겠습니까 하는 식으로 흥정의식을 가지고 보상을 바라고 주님을 섬기는 것은 잘못된 것이라는 것입니다.

왜냐 주님이 계산하는 방식은 품꾼이 계산하는 방식과는 다르니까. 지금 보세요, 품꾼은 어떻게 계산합니까?

10절 '더 받을 줄 알았더니' 말을 바꾸면 나중 온 자들이 자기보다 적게 받았으면 아무 불만이 없었다는 말입니다. 단지 나중 온 사람들이 자기와 똑같이 받았다고 하는 것에 대한 불만입니다. 그러면 여러분, 한번 물어봅시다. 오늘 우리 주위에 수많은 교회들이 있고 수많은 성도들이 있습니다만 이들 모두가 우리의 경쟁자입니까? 아니면 그리스도 예수 안에서 한 피 받아 한 몸 이룬 한 형제자매입니까? 우리가 주님의 포도원인 교회를 섬긴다고 했을 때 우리 모두는 똑같은 한 피 받아 한 몸 이룬 한 형제자매입니다. 절대 경쟁자가 아니에요.

그러면 여러분, 오늘 같은 동업자인데 왜 다른 형제가 후하게 받는 것 때문에 배 아파합니까? 특히 우리 한국교회는 사촌이 논을 사면 배가 아프다고 어떻게 해서라도 남이 잘되면 물어뜯고 깎아내리고 서로 싸우고 갈라서고 하는데 그 이유가 무엇입니까? 오직 하나 시기, 질투 때문이에요.

천로역정을 쓴 '존 번연'이 이런 말을 했습니다. 이상하다. 답답하다. 미치고 싶다. 왜 마귀와 더불어 싸워야 할 성도들이 자기들끼리 싸우고 있을까?

여러분, 우리가 오늘 교회 안에서 주를 섬길 때 혹시 성도 간에 서로 시기, 질투하는 것이 있습니까? 그렇다면 무조건 마귀 짓입니다. 그런 사람이 하는 일은 무슨 일을 하든 하나님이 받지 않으세요. 그다음 또 하나 이들이 원망한 이유는 10절 '먼저 온 자들이 와서 더 받을 줄 알았더니' 이것은 한마디로 말해서 공로의식이라고 하는 것입니다. 내가 이만큼 했으니 이만큼은 보상해 주어야 하는 것 아닌가 하는 공로의식. 그러나 여러분, 성경을 보면 이 공로의식만큼 주님으로부터 정죄를 받은 것이 없다는 것인데요.

바리새인과 서기관들이 그랬고 율법을 지켜 행한다는 유대인들이 그랬습니다. 주님이 이들을 가리켜 '독사의 새끼들아 회칠한 무덤과 같은 종자들아'라고 했는데요. 그러면 여러분, 그 이유가 무엇입니까?

그 이유는 우리가 믿는 기독교는 공로의식이 아니라 빚진 자의 심정이기 때문에 그렇습니다. 바울이 나는 빚진 자라고 했는데요.

예수님이 직접 말씀하셨습니다.

눅17:7~10 '너희 중 누구에게 밭을 갈거나 양을 치거나 하는 종이 있어 밭에서 돌아오면 그더러 곧 와 앉아서 먹으라 말할 자가 있느냐, 도리어 그더러 내 먹을 것을 준비하고 띠를 띠고 내가 먹고 마시는 동안에 수종들고 너는 그 후에 먹고 마시라 하지 않겠느냐, 명한 대로 하였다고 종에게 감사하겠느냐, 이와 같이 너희도 명령 받은 것을 다 행한 후에 이르기를 우리는 무익한 종이라 우리가 하여야 할 일을 한 것뿐이라 할지니라'

하루 종일 밭에서 일하고 돌아온 종에게 주인의 식사 수발을 들라고 했을 때 주인의 수발을 다 들고 난 다음 종이 하는 말이 무엇입니까?

나는 무익한 종이라 내가 해야 할 일을 한 것뿐입니다. 분명히 빚진 자의 심정이에요. 도무지 자기 공로가 없습니다. 왜냐 내가 구원받은 것도 그렇고 오늘까지 신앙생활 하며 살아온 것도 그렇고 모든 것이 다 하나님의 은혜이기 때문이에요. 내 공로는 하나가 없습니다. 그러므로 여러분, 꼭 기억하세요. 교회 안에서 주의 일을 할 때 '내가 얼마나 수고했는데, 내가 얼마나 땀을 흘렸는데' 하는 공로의식이 많으면 많을수록 그러한 나를 알아주지 않을 때 원망하게 되고 불평하게 된다는 사실을.

그런데 여러분, 이것은 하나님과 원수 되는 것으로 먼저 된 자가 나중에될 수밖에 없는 지름길입니다. 공로의식 절대 안 돼요.

그러면 오늘 우리가 주를 위해서 일할 때 어떤 자세로 일해야 하는가?맨 나중에 들어온 사람들의 태도입니다. 물론 나중에 들어온 것이 잘했다는 게 아니에요, 단지 이들의 태도가 주님을 기쁘시게 한다는 것입니다.

자, 보세요. 나중에 들어온 사람들, 특히 오후 5시에 들어와 1시간밖에 일하지 않은 사람들 이들은 과연 어떤 마음으로 일했을까요? 한마디로 감사하는 마음을 넘어 황송한 마음이지요.

하루 종일 공칠 뻔했는데 5시에라도 불러 주셨으니 얼마나 감사합니까.그야말로 그 은혜에 감사하는 마음으로 가득 차서 생각하면 할수록 감사합니다, 감사합니다, 감사합니다. 온통 감사로 꽉 찼을 것입니다.

그런데 바로 이 태도를 우리 주님이 귀하게 보신다는 것인데요. 왜냐 우리가 주님을 위해서 일할 때 주님이 보시는 것은 일의 양이 아니라 일의 질이기 때문입니다. 우리의 겉이 아니라 우리 마음의 중심을 주님이 보세요.

그러므로 여러분, 어떻게 나중 된 자로서 먼저 될 수 있습니까? 감사하는 마음입니다. 받은 바 은혜에 대해서 감격하는 마음을 가지고 일할 때그렇게 될 수 있습니다. 지금 한번 보세요. 오후 5시에 들어간 사람들은 주인이 써 주시는 것만 해도 감사해서 품삯이 얼마인지 계약조건이 어떻게되는 것인지 따지는 게 없어요. 무조건 들어간 사람들입니다. 써 주는 것만 해도 감사하니까 내가 무엇을 했으니 하는 자랑이나 공로의식은 더더욱 없지요.

오직 그 마음에는 주인이 베풀어 준 은혜에 대해서 감사하고 감격하는 마음뿐입니다. 사도 바울처럼.

　고전15:10 '내가 모든 사도보다 더 많이 수고하였으나 내가 한 것이 아니요 오직 나와 함께 하신 하나님의 은혜로라' 모든 것이 하나님의 은혜라고 생각하고 그 은혜에 감사하고 감격하는 마음, 이 마음이 우리가 주님을 위해서 일할 때 꼭 가져야 할 태도입니다.

열매와 기도
(마21:18~22)

여러분, 하나님이 오늘 우리에게 무엇을 원하고 계시는지 알고 계십니까?

누가복음 13장을 보면 포도원에 무화과나무를 심어 놓고 3년 동안 열매를 구했으나 열매를 맺지 못했다고 했습니다. 그러자 주인이 포도원 지기에게 말하기를 '내가 3년을 와서 열매를 구하되 얻지 못하니 찍어 버리라. 어찌 땅만 버리게 하겠느냐 하고 매우 진노했다고 했는데요. 하나님은 우리에게서 열매를 구하십니다. 열매를 맺지 못하면 찍어 버린다고 했는데 이것은 심판을 말해요.

그러므로 오늘 우리가 신앙생활 하면서 항상 염두에 두어야 할 것은 '과연 나는 열매 맺는 신앙생활을 하고 있는가' 하는 것, 또 '그 열매가 정말 하나님이 기뻐 받으실 만한 열매인가' 하는 것을 항상 점검해 보아야 합니다.

그러면 여러분, 오늘 본문의 내용이 무엇입니까?

19절 '길가에서 한 무화과나무를 보시고 그리로 가사 잎사귀밖에 아무것도 찾지 못하시고 나무에게 이르시되 이제부터 영원토록 네가 열매를 맺지 못하리라 하시니 무화과나무가 곧 마른지라'

예수님이 열매 없이 잎만 무성한 나무를 보시고 저주하셨을 때 무화과나무가 금방 말라 버렸다고 했는데요. 무슨 뜻입니까? 무화과나무는 이스라엘 나라를 상징합니다. 그러니까 열매 맺지 못하는 이스라엘 백성들이 하나님의 심판으로 멸망할 것을 예표로 보여 주신 사건인데요. 그러면 여러분, 왜 이스라엘은 수천 년 동안 하나님을 섬겼음에도 불구하고 결국은 망했습니까?

그 이유는 12~13절 '예수께서 성전에 들어가사 성전 안에서 매매하는 모든 사람들을 내쫓으시며 돈 바꾸는 사람들의 상과 비둘기 파는 사람들의 의자를 둘러엎으시고, 그들에게 이르시되 기록된 바 내 집은 기도하는 집이라 일컬음을 받으리라 하였거늘 너희는 강도의 소굴을 만드는도다 하시니라'

여러분, 성전은 하나님이 임재해 계시는 곳 아닙니까? 그런데 이 거룩한 장소를 하나님께 제사한다는 구실로 자기 이익을 채우는 장사 터로 바꾸어 놓았다고 했으니 하나님이 절대 가만두실 리가 없지요. 하나님을 섬기기는 잘 섬겼는데 겉껍데기만 있었지, 속 내용이 없었습니다. 기도하는 집하고 허가 낸 장사 터하고는 너무 극과 극이에요. 그래서 여러분, 구약 이사야서에 나오지요.

하나님이 이스라엘 백성들을 애굽에서 구원해 내어 가나안 땅에 들여보내실 때는 극상품 포도 열매가 맺히기를 기대했는데 먹지 못하는 들포도가 맺혔다고 탄식했는데, 이스라엘이 망할 수밖에 없는 이유입니다.

그런데 여러분, 오늘 우리가 관심을 가지고자 하는 것은 왜 주님이 이스라엘의 심판 이야기를 하시다가 갑자기 기도 문제를 언급하시느냐 하는 것입니다.

21~22절 '내가 진실로 너희에게 이르노니 만일 너희가 믿음이 있고 의심하지 아니하면 이 무화과나무에게 된 이런 일만 할 뿐 아니라 이 산더러 들려 바다에 던져지라 하여도 될 것이요, 너희가 기도할 때에 무엇이든지 믿고 구하는 것은 다 받으리라 하시니라'

과연 이스라엘의 심판과 기도가 무슨 관계가 있는가? 그 이유는 먼저 결론부터 말씀드려서 우리의 신앙생활에서 기도가 빠지면 아무것도 아니기 때문에 그렇습니다. 절대 열매 맺지 못하고 그 마지막이 심판이에요.

그렇기 때문에 여러분, 요한복음을 보면 14~17장까지 주님이 십자가의 고난을 당하시기 바로 전날 밤에 제자들에게 유언을 남기듯이 하신 말씀이 나오는데요, 무엇입니까? '계속해서 기도해라, 기도해라, 기도해라.'

'너희가 지금까지는 아무것도 구하지 아니하였으나 내 이름으로 무엇이든지 내게 구하면 내가 시행하리라. 그러니 계속 계속 기도하라'고 강조하고 있습니다.

그러면 그 이유가 무엇입니까?

요15:5 '나는 포도나무요 너희는 가지라 그가 내 안에, 내가 그 안에 거하면 사람이 열매를 많이 맺나니 나를 떠나서는 너희가 아무것도 할 수 없음이라'

우리가 기도해야 할 이유입니다. 내 힘으로 할 수 있는 게 아무것도 없어요. 좌우지간 열매라고 했을 때는 무조건 주님께 붙어 있을 때만 맺힐 수 있으니까. 내 열매가 아니라 주님의 열매니까 기도하지 않고 맺을 수 있는 열매는 아무것도 없습니다. 그러니 주님이 계속 기도를 강조할 수밖에 없지요.

저는 하나님의 연단과정을 쭉 통과해 오면서 주님이 특별히 나에게 훈련시킨 것이 바로 '나를 떠나서 너 혼자 할 수 있는 것은 아무것도 없다'는 이것을 확인시키고 또 확인시키는 일이었습니다. 왜냐하면 제가 보통 고집이 세고 깡다구가 있는 사람이 아니거든요. 인간적인 열심은 둘째가라고 하면 서러워하던 사람입니다. 그러니 보통 훈련으로는 이것이 꺾이지 않으니까 완전히 두 손 들고 주님 앞에 엎드리게 하기 위해 계속 그 방향으로 끌고 간 것입니다.

제가 알고 있는 목사님 한 분도 목회가 너무너무 어렵고 힘들어서 40일 동안 금식기도를 하셨는데 35일이 지나니까 정신이 혼미해지면서 죽음의 고비가 왔다 갔다 했다고 했는데요. 물도 못 마시고 나중에는 침을 삼킬 힘조차도 없었다고 했습니다. 그래서 이분이 40일 금식기도를 통해서 크게 은혜받은 것이 무엇인가? '침 삼키는 것까지도 하나님의 은혜다'라는 것을 깨달았다고 했어요.

맞아요. 여러분, 우리 인간은 너무 어리석고 부패해서 조금만 여유가 있으면 주님 없이도 얼마든지 나 혼자 할 수 있다고 생각합니다. 그래서 주님 앞에 기도하지 않고 주님을 의지하지 않는데요. 너무너무 손해입니다. 왜냐 주님을 떠나서 나 혼자는 아무것도 할 수 없으니까. 그러므로 여러분, 오늘 우리가 열매 맺게 하기 위해 주님이 우리에게 주시는 약속이 무엇입니까?

22절 '너희가 기도할 때에 무엇이든지 믿고 구하는 것은 다 받으리라'

우리 귀가 번쩍 뜨이는 약속입니다. '무엇이든지'라고 약속했으니까. 여러분, 혹시 오늘 우리가 '무엇이든지 구하면 다 받으리라'는 특권을 누리지 못하고 있습니까? 그렇다면 너무너무 손해입니다.

왜냐하면 하나님은 절대 거짓말하시지 않고, 하나님의 약속에는 부도가 없으니까 오늘 우리가 주님의 이 약속을 두고도 실제 우리의 삶 속에서 받아 누리지 못한다면 이것만큼 손해가 없다는 것이지요.

그렇다면 여러분, 우리에게 무엇이든지 기도 응답을 주시는 조건이 무엇입니까? 믿고 구하라고 했습니다. 믿고 구하기만 하면 된다는 것인데요.

그러면 이 믿는다는 말이 무엇인가?

요15:7 '너희가 내 안에 거하고 내 말이 너희 안에 거하면 무엇이든지 원하는 대로 구하라 그리하면 이루리라'

너희가 내 안에 거한다는 말과 내 말이 너희 안에 거한다는 같은 말인데 예수를 믿음으로 하나님의 말씀을 내 마음에 두는 것을 말합니다. 성경에 좋은 예가 나오지요.

예수님이 이 땅에 탄생할 때 먼저 천사들이 마리아를 찾아와서 '네가 잉태하여 아들을 낳으리니 그 이름을 예수라 하라'고 하니까 마리아가 깜짝 놀라면서 '나는 남자를 알지 못하니 어찌 이 일이 있으리이까' 반문하자 천사가 '대저 하나님의 모든 말씀은 능하지 못하심이 없느니라' 했을 때 마리아가 대답하기를 '주의 여종이오니 말씀대로 내게 이루어지이다'라고 했는데요, 천사가 전해 준 말씀을 마리아가 믿음으로 마음에 담았다는 것입니다.

그러니까 하나님이 하신 말씀을 그대로 내 마음에 꼭 붙들어 두는 것, 이것이 믿음이에요. 그래서 이 믿음만 있으면 무엇이든지 구하라는 것입니다. 우리가 알다시피 마리아가 하나님의 말씀을 믿음으로 마음에 담았을 때 이 믿음대로 처녀인 마리아가 아이를 낳았어요. 마리아에게 능력이 있는 것이 아니라 하나님의 말씀에 능력이 있었습니다.

그러므로 여러분, 하나님은 뭐라고 말씀하십니까?

'너희가 얻지 못함은 구하지 아니하기 때문이요 구하여도 받지 못함은 정욕으로 쓰려고 잘못 구함이라'

우리 인간의 모든 생사화복이 하나님의 손에 달려 있고 또 모든 좋은 것은 위로부터 하나님께부터 온다고 했을 때 우리는 무엇 하나 하나님 앞에 구하지 않고는 살 수 없다는 것입니다. 그러므로 여러분, 무엇이든지 믿고 구하라는 말은 기도와 무관한 것은 아무것도 없다는 거예요. 큰일이든 작은 일이든 중요하든 하찮은 일이든 믿음의 사람에게 있어서는 기도와 관계없는 것은 하나도 없습니다.

제가 아는 목사님 한 분이 이런 간증을 합니다. 아파트에 살았는데 열쇠를 깜빡하고 외출을 했대요. 막내아들놈이 집을 보고 있었는데 밤 9시쯤

와서 벨을 눌렀지만 감감무소식입니다. 낮에 자전거를 너무 많이 타 가지고 완전히 곯아떨어진 것이지요. 5분, 10분, 15분 아무리 문을 두드리고 벨을 누르고 인터폰을 하고 별짓을 다 해도 소식이 없습니다. 하다 하다가 1시간을 두드려도 안 돼 가지고, 너무 지쳐서 계단에 털썩 주저앉았는데 저절로 '주여 어떻게 해야 합니까?' 하고 기도가 나오더래요. 그래서 '주여 어떻게 좀 해 주세요' 하고 기도하다가 한편으로는 뭐 이런 것 가지고 기도해야 하나 하는 생각도 들었다고 했습니다. 그래도 어쩔 수 없으니까 계속 주여, 주여 하고 있는데 갑자기 문이 쩍 열리더래요. 기도 응답이 된 것입니다. 나중에 알고 보니까 이 아이가 문 두드리는 소리에 깬 것이 아니라 초저녁부터 곯아떨어져서 오줌이 마려워서 일어난 거예요.

어쨌든 여러분, 아무리 사소한 일이라도 기도해야 한다는 것입니다.

저의 큰고모도 권사님인데 나이가 들면서 건망증이 생겼다고 했어요. 그래서 이불을 꿰매다가 바늘을 잃어버렸는데 어디에 뒀는지 통 찾지를 못합니다. 찾다가 찾다가 도저히 못 찾아서 결국은 하나님께 부탁했는데요. 그랬더니 하나님이 금방 찾게 해 주셨다고 하면서 기도가 참 신통하다고 했습니다. 맞아요. 여러분, 지금 주님이 우리보고 '무엇이든지'라고 약속하신 것은 그야말로 말 그대로의 무엇이든지입니다.

아침에 눈 뜨자마자 밤에 잠자리에 들 때까지 무엇이든지 구해야 해요. '쉬지 말고 기도하라' 무엇이든지 항상 기도로 살라는 말입니다.

어때요, 여러분. 혹시 오늘 우리가 나는 먹을 것도 있고 필요한 것 다 있으니까 기도할 필요가 없다고 생각하시는 분 있습니까? 그렇다면 그것만큼 위험천만한 생각이 없습니다. 왜냐하면 무엇이든지 구하는 자리에 서 있지 않으면 영적으로 금방 잠들어 버리기 때문인데요. 빌 브라이트 목사님이 이런 경고를 했습니다. '우리 신자에게 있어서 나는 기도 제목이 없다고 하는 것만큼 위험한 생각은 없다. 왜냐하면 영적으로 잠들어 버리기 때문이다'라고 했는데요.

맞아요. 여러분, 기도하지 않는 것은 열매 맺지 못하는 정도가 아니라 영적으로 잠들어 버리고 죽어 버립니다. 그래서 결국은 미련한 다섯 처녀 신세가 되고 마는데요. 영적으로 잠들어 있다가 기름을 사러 간 사이에 신랑이 와서 신랑을 맞이하지 못했습니다. 그래서 기름을 사 가지고 와서 문을 두드렸더니 어떻게요. 내가 너희를 도무지 알지 못한다고 거부당하는 비참한 신세가 되었다고 했어요.

그러므로 오늘 우리는 마지막 때 기도함으로 항상 깨어 있는 지혜로운 다섯 처녀가 되시기 바랍니다.

혼인 잔치 비유
(마22:1~14)

성경을 보면 마지막 말세 때의 특징으로 크게 두 가지 사랑이 식어진다고 했고요, 모이기를 폐한다고 했는데요. 그런데 사실 이것은 둘 다 같은 말입니다. 주님을 사랑하니까 부지런히 주를 찾는 것이요. 주님과의 사랑이 식어지니까 도무지 주님을 찾지 않는다는 것이지요.

제가 처음 은혜받았을 때입니다. 저 서울 잠실에 있는 교회를 다녔는데요. 지금 아시아 선수촌 아파트가 있는 자리인데 80년대 초만 해도 거기는 배추밭이었습니다. 길도 제대로 없고 해서 비가 오거나 눈이 오면 정말 가기가 불편했어요. 그런데 보세요. 얼마나 교회가 좋았으면 그 진흙 위를 디디고 가면서도 막 기뻐서 찬송을 하면서 갔습니다. 뭐가 그렇게 좋은지 신바람이 났었는데요. 요즈음 가만히 생각해 보면 그때가 좋았다는 생각이 듭니다. 왜냐 주님을 뜨겁게 사랑했으니까.

오늘도 우리에게 성령의 새 바람이 불기만 하면 그야말로 새 술에 취한 것처럼 기쁨과 즐거움으로 충만해 가지고 하나님 앞에 나오게 될 줄 믿습니다.

그러면 오늘 본문의 내용이 무엇입니까? 천국에 대한 비유인데요. 왕이 자기 아들을 위하여 혼인 잔치를 베푼 것과 같다고 했습니다. 그런데 문제는 종들을 보내어 사람을 청했는데 이들이 초대를 받고도 오기를 싫어했다고 했어요.

그래서 다시 다른 종들을 보내어 가지고는 소와 살찐 짐승을 잡고 모든 것을 갖추어 놓았으니 제발 잔치에 좀 와 달라고 간청을 했지만, 그럼에도 불구하고 이들이 어떻게 했다고요.

5~6절 '그들이 돌아보지도 않고 한 사람은 자기 밭으로, 한 사람은 자기 사업하러 가고, 그 남은 자들은 종들을 잡아 모욕하고 죽이니'

왕의 호의를 무시해도 보통 무시한 것이 아닙니다. 아니, 초대에 응하기는커녕 왕이 보낸 종들을 능욕하고 죽여 버리기까지 했다고 했습니다. 그러자 이 소식을 들은 왕이 진노해서 군대를 보내어 가지고는 그들을 진멸해 버렸다고 했는데요. 이 비유는 역사적으로 그대로 이루어졌습니다. 지금 초대에 응하지 않은 사람들은 이스라엘 백성들을 가리키지요. 하나님이 그의 종인 선지자들을 보내어 제발 회개하고 돌아오라고 아무리 간청을 해도 끝까지 돌아오지 않으니까 AD 70년에 로마의 티토 장군을 보내어 완전히 진멸해 버렸는데 이것은 하나님의 심판이었습니다.

하나님의 초대에 끝까지 응하지 않다가 심판을 받았어요.

그러면 여러분, 이것을 오늘 우리에게로 가져오면 어떻게 됩니까?

오늘날도 마찬가지입니다. 하나님은 오늘도 그의 종들을 보내어 우리 모두를 자신의 혼인 잔치에 초대하셨어요. 뭐라고 초대하셨습니까?

'교회 나오십시오. 예수 믿고 구원받으세요.' 여러 사람을 통하여 여러 모양으로 초대하고 있는데요. 그럼에도 불구하고 이 귀한 천국 잔치의 초대를 거절하는 이유가 뭐라고요.

5절에서 자기 밭으로 가고 자기 사업하러 갔다고 했는데요. 쉽게 다시 말해서 자기 볼일 바빠서, 세상일에 바빠서입니다. 어때요, 여러분. 세상일에 바쁘고 생업에 종사하는 것 너무나 당연합니다. 그러나 문제는 왕의 초대를 거절할 만큼 바쁜 일은 이 세상에 아무것도 없다는 것인데요. 왜냐

하면, 우리의 생명은 내 것이 아니기 때문입니다.

　제가 신학교 다닐 때 한 학기 동안 병원 전도를 나갔던 적이 있습니다. 병원 전도는 중환자일수록 전도가 잘되는데요, 그 병원도 3층 입원실이 중환자실이었어요. 3층에 가 보니까 한 병실 안에 몇 사람씩 함께 입원해 있었기 때문에 전도 대상을 잘 선택해야 되었습니다. 그래서 기도하는 마음으로 전도 대상을 찾는데요. 그날도 3층 중환자실에 갔더니 마침 입원실 입구에 의자를 놓고 앉아 계신 분이 한 분 있었습니다. 그래서 제가 그 옆에 의자를 놓고 앉으면서 몸이 좀 불편하신 모양이지요, 하니까 위가 좀 안 좋아서 수술 대기 중이라고 했습니다. '혹시 교회에 나가세요? 동네 가까이에 교회가 있습니까?' 하니까 '선생님, 교회 나가는 것 좋은 줄 누가 모릅니까. 그렇지만 농사짓느라 바빠서 나갈 시간이 있어야지요. 이제 좀 여유가 생기면 차차 나갈 생각입니다'라고 했습니다.

　그런데 보세요. 여러분, 제가 3일 후에 가니까 수술을 받고 코에 호스를 끼고 정신이 없어요. 도저히 말을 건넬 상황이 못 되어 그냥 가고, 그다음 주에 다시 가 봤는데 놀랍게도 이미 퇴원하고 없었습니다. 그래서 간호사한테 어떻게 된 건지 물어봤더니, 이래요. '그분 위암 환자인데 배를 열어 보니까 너무 심해서 손도 못 대고 그냥 다시 꿰맸는데 아마 많이 살아야 2~3달 살 겁니다'라고 했습니다.

　아니, 여러분, 그 아저씨가 저보고 뭐라고 했습니까? 농사짓느라 너무 바빠서 차차 교회 나가겠다고 했어요. 그런데 지금 병세는 2~3달밖에는 못 산다고 합니다. 성경에도 나오지요. 부자가 농사를 크게 짓고는 쌓아놓을 창고가 부족해서 새 창고를 크게 다시 짓고 그 안에 곡식을 잔뜩 쌓아놓고는 스스로 말하기를 '내 영혼아 여러 해 쓸 물건이 예비되어 있으니 이제 마음껏 먹고 마시고 즐기자'라고 합니다. 그런데 이때 우리 주님이 하시는 말씀이 무엇입니까?

'오늘 밤 내가 네 영혼을 취하리니 그러면 네 쌓아 놓은 것이 뉘 것이 되겠느냐?'

여러분, 오늘날 세상 사람들이 이 세상에서 영원히 살 것처럼 바쁘게 살아가고 있는데요. 그러나 여러분, 우리의 생명이 나의 것입니까? 아니요. 우리의 생명의 주인은 따로 있어요. 그래서 주인이 부르시면 언제든지 가야 하는 것이 우리들의 운명입니다. 올 때는 순서가 있지만 갈 때는 순서도 없어요.

'네 인생이 무엇이뇨? 잠시 보이다 없어지는 안개니라' 내일을 장담할 수 없는 게 바로 우리 인생입니다.

어때요, 여러분, 바쁘세요? 주님을 찾지 못할 정도로 바쁘십니까? 아니요, 바쁠수록 더 부지런히 주님을 찾아야 합니다. 이 세상에서 주님을 찾는 일보다 더 바쁜 일은 아무것도 없어요.

그다음 또 하나, 우리가 오늘 본문을 통해서 생각하려고 하는 것은 11~14절에 보면 잔칫집에 초대되기는 했는데 예복을 입지 않은 사람이 있었습니다. 그러면 여러분, 이 사람은 도대체 어떤 사람입니까?

교회는 다녔는데 하나님이 원하시는 믿음이 없어서 결국 망한 사람인데요. 교회는 나왔지만 구원받지를 못했어요. 그러면 여러분, 여기 나오는 예복이 무엇입니까? 물론 예수를 나의 구세주로 믿는 믿음이지요. 그런데 요한계시록을 보니까 이 예복을 가리켜 성도들의 옳은 행실이라고 했습니다.

그러니까 교회 나온다고 다 구원받는 것이 아니라 구원받을 수 있는 믿음이 따로 있다는 것인데요,

마7:21에서 예수님이 직접 말씀하셨지요. '나더러 주여 주여 하는 자마다 다 천국에 들어갈 것이 아니요, 다만 하늘에 계신 내 아버지의 뜻대로 행하는

자라야 들어가리라'

그러니까 구원받은 믿음은 반드시 하나님 뜻대로 행하는 행함이 뒤따른 다는 것인데요. 그러므로 여러분, 이렇게 놓고 봤을 때 오늘 우리가 천국 백성 된 것을 무엇으로 알 수 있습니까?

여러 가지 증거가 있을 수 있겠습니다만, 대표적인 것 하나만 예를 들면, 준비하는 것 보면 알 수 있습니다. 천국 갈 사람은 천국 갈 준비를 하면서 살아요.

여러분, 여러분 주위에 미국 이민 가려는 사람 한번 보세요. 미국 영주권 나오면 그곳에 가서 살 준비를 합니까? 안 합니까? 반드시 합니다. 준비를 안 하고 갔다가는 낭패를 보게 되니까 열심히 준비를 해요.

이름이 승수라고 하는 한 젊은 청년이 있었습니다. 그는 많이 배우지 못 했고 넉넉하지도 못했지만 조그마한 회사에 취직이 되어서 열심히 직장 생활을 하고 있었습니다. 그런데 자기 여동생이 미군 부대에 새까만 사람 하고 결혼을 해서 미국 가서 사는데 자기를 초청한 거예요. 그러자 다니던 직장 그만둬 버리고 집에서 빈둥빈둥 놉니다. 그러자 이것을 안 동네 아저 씨 한 분이, '이 사람 승수 군, 이제 곧 미국 가서 살게 될 텐데 학원에 가서 영어라도 좀 배워 둬야 하지 않겠나.'

그러자 이 사나이가 대답하기를 '아니, 아저씨 미국에는 3살짜리 아이도 영어를 다 하는데 영어 천지에 가서 영어 하지 못하려고요'. '아니, 그래도 이 사람아, 배우지 않고 어떻게 영어를 하나' 했지만, 도무지 말을 듣지 않 고는 계속 빈둥빈둥 놀기만 합니다.

그러자 보다 못한 친구가 '이 친구야, 미국 가서 뭐라도 하려면 밑천이 좀 있어야 되지 않겠냐. 돈을 좀 모아서 가게' 하니까 '아니, 세계에서 최고 로 잘사는 재벌 나라로 가게 되는데 거기서 설마 굶어 죽으려고' 하고는 들은 척도 하지 않았습니다. 또 한 번은 먼 친척 고모가 말하기를 '너 미국 가면 기술자가 대접을 받는다는데 자동차 수리 기술이라도 좀 배워 가지'라고 했습니다. 그런데 그 말도 우습게 여기고 아무 준비도 없이 그냥 미국에 갔다고 했는데요. 그러면 어떻게 되었는가, 가자마자 동생 집에 갔는데요. 처음 몇 달 동안은 잘 대접을 받았습니다만 도무지 일도 안 하고 놀고만 먹으니까 여섯 달 만에 쫓겨났다고 했습니다.

그런데 막상 나와 보니까 자기가 할 수 있는 일이란 아무것도 없었어요. 돈도 없고 기술도 없고 영어도 못 하고 그래서 할 수 없이 한국인이 경영하는 김치공장에 취직했다고 했는데요. 거기서 5년 동안 뼈 빠지게 일해 가지고 겨우 한국에 나와 눈먼 처녀를 하나 꼬셔서 미국으로 데려갔다고 했습니다. 그런데 이 여자는 남자가 미국에서 성공한 줄 알고 따라갔더니 완전히 속았어요. 출세는 고사하고 영어 한 마디 할 줄 몰라 김치공장에서 일하고 있거든요. 그래서 이런 메모를 남기고 하루아침에 도망쳐 버렸는데요. '야, 이 돌대가리야, 나는 너 같은 돌대가리하고는 더 이상 살 수 없어' 하고는 그나마 조금 모아둔 돈하고 패물까지 싹 챙겨 가지고 날라 버렸다고 했습니다.

여러분, 오늘 혹시 교회 다니고 있는 나의 모습은 어떻습니까?

그냥 아무 준비하는 것 없이 다니고 있습니까? 아니면 준비하며 다니고 있습니까? 오늘 우리는 그리스도의 신부니까 장차 신랑 되시는 예수님을 맞이할 혼인날을 기대하면서 하나님의 말씀으로 깨끗하게 단장함으로 준비하며 살아야 합니다. 그리스도인다운 행실 없이 주님을 맞이할 수는 없으니까, 그리스도의 신부로서 깨끗하게 단장하면서 신앙생활 열심히 하고 주를 위해서 열심히 충성하다가 주님 앞에 서야 하지 않겠습니까?

만약 아무 준비 없이 그냥 주님 앞에 섰다고 했을 때 주님이 우리보고 뭐라고 하시겠습니까?

'야! 이 돌대가리야! 나는 너 같은 돌대가리하고는 같이 살 수 없어. 너 혼자 저 어두운 데 가서 슬피 울며 살아'라고 하지 않겠습니까?

오늘 본문 말씀 보니까 14절 '청함을 받은 자는 많되 택함을 입은 자는 적으니라'고 했습니다.

혹시 오늘 우리가 세상일이 너무 바쁘다는 핑계로 예복을 준비하지 못한다면 나중에 이스라엘 백성들처럼 심판받고 버림받게 되지 않겠습니까?

여러분, 꼭 기억합시다. 우리가 사람의 눈은 혹 속일 수 있을지 몰라도 하나님의 눈은 결코 속일 수 없다는 사실을.

그러므로 항상 가난한 마음으로 겸손하게 위를 바라보며 날마다 주님 맞이할 준비를 하며 사는 지혜로운 처녀들이 다 되시기 바랍니다.

참된 영적 지도자
(마23:1~12)

여러분, 우리 신자에게 있어서 최고의 축복이 있다면 그것은 좋은 영적 지도자를 만나는 것입니다. 물론 이것은 우리가 이미 다 알고 있는 것입니다마는 그러나, 그럼에도 불구하고 이것은 아무리 강조하고 또 강조해도 지나치지가 않는데요. 왜냐하면, 성경이 이것을 확실하게 증거하고 있기 때문입니다.

자, 보세요. 예수님께서 이 땅에 오셨을 때 공생애 3년 동안 꼬박 하신 일이 무엇입니까? 우리가 알다시피 열두 제자를 선택해서 열심히 가르쳐 좋은 영적 지도자를 만드는 일이었습니다. 오늘날로 말하면 예수님이 직접 신학교 교장이 되셔서 자기 밑에 학생들을 두고 함께 숙식을 같이하면서 목사 만드는 일을 했다는 것인데요. 결코 따르는 무리들을 고치시고 먹이시고 돌보시는 일이 주가 아니었어요. 성경을 보면 주님의 가장 큰 관심은 항상 제자들이었고 그들을 영적 지도자로 세우는 일이었습니다.

그래서 마태복음 13장에 보면 예수님이 천국 비유를 다 드시고 난 다음에 마지막 결론이 무엇입니까?

예수님이 제자들에게 '너희가 이 모든 것을 깨달았느냐' 물었을 때 제자들이 '그렇습니다' 하고 대답하니까,

마13:52 '천국의 제자 된 서기관마다 마치 새것과 옛것을 그 곳간에서 내오는 집주인과 같으니라'고 했습니다.

예수님이 자기 제자들을 보고 천국의 제자 된 서기관이라고 했는데요. 우리가 알다시피 그때 당시 종교지도자들이 누구였습니까? 서기관과 바리새인들이었어요. 그런데 예수님이 보실 때 그들은 참된 영적 지도자들이 되지를 못했습니다. 아니, 그들은 오히려 자기 백성들을 잡아먹는 이리 떼요, 도적놈들이었어요.

그래서 예수님은 완전히 새로운, 정말 생명을 주고 살릴 수 있는 영적 지도자들을 세우기를 원하셨는데, 그들이 바로 예수님의 제자들이었다는 것입니다. 그래서 '너희들이야말로 천국의 제자 된 참서기관들이야'라고 했는데요.

그러면 여러분, 참된 영적 지도자란 과연 어떤 사람을 말하는 것입니까?

오늘 본문에서 예수님이 아주 잘 말씀해 주고 있는데요, 먼저 참된 영적 지도자가 아닌 거짓 지도자들의 특징입니다.

2~3절 '서기관들과 바리새인들이 모세의 자리에 앉았으니, 그러므로 무엇이든지 그들이 말하는 바는 행하고 지키되 그들이 하는 행위는 본받지 말라 그들은 말만 하고 행하지 아니하며'

2절의 모세의 자리에 앉아 있다는 말은 서기관과 바리새인들이 영적 지도자의 자리에 앉아 있다는 말입니다. 그런데 이들이 가지고 있는 치명적인 잘못이 있는데 그것이 무엇입니까?

3절에서 말만 하고 행하지를 않았다고 했는데요, 한마디로 하나님 앞에서가 아니라 사람에게 보이기 위해서 영적 지도자의 자리에 앉아 있다는 것입니다.

그러니 말은 다 맞는 말인데 하나님이 보실 때 행함의 열매가 없었어요. 겉 다르고 속 다른 완전히 외식하는 자들이었습니다.

그러면 여러분, 오늘 우리가 생각할 때 참된 영적 지도자의 자격요건이 무엇입니까? 큰 교회를 하는 것입니까? 엄청난 능력을 행하는 것입니까? 성경에 대해서 박식하고 설교를 잘하는 것을 말합니까?

아니에요. 여러분, 성경에서 말하는 참된 영적 지도자의 기준은 딱 하나밖에는 없습니다. 무엇입니까?

10절 '지도자라 칭함을 받지 말라 너희의 지도자는 한 분이시니 곧 그리스도시니라' 자기 자신을 나타내지 않고 그 지도자를 통해서 예수 그리스도가 나타나는 것이 참된 영적 지도자라는 것입니다. 내가 없어요. 오직 예수 그리스도만이 나타나는 지도자예요.

그러니까 참된 영적 지도자는 세상 기준과 다릅니다. 세상에서는 높으면 높을수록 어떻습니까? 어깨에 힘을 주고 자기를 드러내지요. 자기가 높아지고 자기를 나타내고 모든 일에 '내가! 내가! 내가!'라고 합니다. 그런데 영적 세계에서의 지도자는 '내가'가 없어요. 주님이 왕이요, 주님이 주인이시기 때문에 항상 '주님이! 주께서!' 하다 보니까 자기가 전혀 나타나지를 않습니다. 전적으로 순종하는 종의 모습이에요.

그러므로 여러분, 참된 영적 지도자의 특징이 무엇입니까?

11~12절 '너희 중에 큰 자는 너희를 섬기는 자가 되어야 하리라, 누구든지 자기를 높이는 자는 낮아지고 누구든지 자기를 낮추는 자는 높아지리라'

이 말씀은 사람 앞에서 자기를 높이는 것이 아니라 우리의 왕이요, 주인은 오직 예수 그리스도 한 분이시므로 그분을 높여 왕 자리에 모신다는 말입니다.

그러니까 영적 지도자의 존재는 포도나무 되시는 예수님께 붙어 있어야지, 절대 자기 자신 스스로가 열매를 맺을 수가 없어요. 이것은 예수님이 직접 말씀하셨는데요.

마7:15~23 '거짓 선지자들을 삼가라 양의 옷을 입고 너희에게 나아오나 속

에는 노략질하는 이리라' 그들의 열매를 보고 그들을 알 수 있다고 하면서,

21절 '나더러 주여 주여 하는 자마다 다 천국에 들어갈 것이 아니요, 다만 하늘에 계신 내 아버지의 뜻대로 행하는 자라야 들어가리라'

여기서 하나님의 뜻이 무엇입니까? 하나님이 주인이시요, 우리는 그의 종이니까 나의 주인인 하나님의 뜻대로 행하는 것을 말합니다. 그런데 이에 반해 거짓 지도자는 22~23절 '그날에 많은 사람이 나더러 이르되 주여 주여 우리가 주의 이름으로 선지자 노릇 하며 주의 이름으로 귀신을 쫓아내며 주의 이름으로 많은 권능을 행하지 아니하였나이까 하리니, 그때에 내가 그들에게 밝히 말하되 내가 너희를 도무지 알지 못하니 불법을 행하는 자들아 내게서 떠나가라 하리라'

불법을 행했다고 했는데요, 이제 대답해 보세요. 무엇이 불법입니까? 입으로는 '주여'라고 부르고 있는데 실제 속은 자기가 주인이 되어서 자기 영광을 위하여 행함으로 하나님의 영광을 가로채는 위선자요, 외식하는 자들이에요.

그러므로 여러분, 영적으로 타락한 자가 누구입니까? 영적으로 절대 되돌이킬 수 없는 자가 누구입니까? 입으로는 주의 이름을 부르면서 실제 속으로는 자기가 왕 노릇 하고 있는 사람입니다. 히브리서 6장에 나오지요.

히6:4~8 '한 번 빛을 받고 하늘의 은사를 맛보고 성령에 참여한 바 되고 하나님의 선한 말씀과 내세의 능력을 맛보고도, 타락한 자들은 다시 새롭게 하여 회개하게 할 수 없나니 이는 그들이 하나님의 아들을 다시 십자가에 못 박아 드러내 놓고 욕되게 함이라, 땅이 그 위에 자주 내리는 비를 흡수하여 밭 가는 자들이 쓰기에 합당한 채소를 내면 하나님께 복을 받고, 만일 가시와 엉겅퀴를 내면 버림을 당하고 저주함에 가까워 그 마지막은 불사름이 되리라'

여러분, 가시와 엉겅퀴가 왜 나왔습니까? 아담, 하와가 하나님 대신에

자기가 왕 노릇 하려고 하다가 하나님의 저주로 나온 것입니다.

그러므로 여러분, 오늘 우리가 참된 영적 지도자를 무엇으로 구분할 수 있습니까? 기적을 일으키고 능력을 행하고 세상적으로 너무너무 유능합니까?

그래서 그를 통해서 예수 그리스도의 영광이 나타나지 않고 자기 자신의 이름만 높이 드러납니까? 조심해야 합니다. 왜냐하면, 우리 기독교 역사상 이런 사람들이 좋은 열매를 맺은 적은 단 한 번도 없기 때문이에요. 그때 당시는 수많은 사람들이 추종을 하고 따라다녔지만, 그가 죽고 난 다음에는 '전혀 아니올시다'입니다.

여러분, 우리나라 기독교 100년 역사만 해도 어떻습니까?

참된 영적 열매가 없는 사람은 바람과 함께 사라져 버렸어요. 아니, 오히려 부정적인 지도자로 낙인찍히고 있습니다. 그렇기 때문에, 성경에서도 뭐라고 했습니까?

히13:7 '하나님의 말씀을 너희에게 일러 주고 너희를 인도하던 자들을 생각하며 그들의 행실의 결말을 주의하여 보고 그들의 믿음을 본받으라'

다른 것 보라고 하지 않았어요. 저의 행실의 결말을 보고 판단하라고 했습니다. 저는 목사입니다만 제 개인적으로 제가 본받고자 하는 영적 지도자들이 있는가 하면, 동시에 제가 본받지 말아야 되겠다고 하는 영적 지도자가 있는데요. 물론, 겉으로 봐서는 전혀 표시가 없습니다. 세상적으로는 전부 다 성공한 목사님들이에요. 아니, 오히려 참된 영적 지도자들보다도 거짓 영적 지도자들이 세상적으로는 더 크게 성공을 했습니다. 그런데 여러분, 저는 그럼에도 불구하고 참된 영적 열매가 없는 영적 지도자들에 대해서는 전혀 부럽지가 않은데요. 목회를 크게 하는 것이 부럽지 않다는 게 아니라 그분들의 행실의 결말을 보니까 부럽지 않다는 말입니다.

여러분, 로마 가톨릭이 왜 이단 중에 이단인 줄 아십니까? 그들이 다른 사람들을 위한 희생이 적어서도 아니요, 다른 사람들을 섬기지 않아서가 아닙니다. 아니, 오히려 그들은 선행으로 구원을 받기 때문에 세상적으로는 우리보다 더 의롭습니다. 우리보다 훨씬 더 많이 섬기고 있고 훨씬 더 희생하고 있어요. 그러나, 그럼에도 불구하고 문제가 무엇입니까? 불법이라는 것이지요. 왜냐하면, 그들은 그 모든 선행을 통해서 참주인 되시는 예수 그리스도를 나타내려고 하는 것이 아니라 자신의 의로움을 나타내려고 하는 것이기 때문에 그렇습니다. 교리 자체가 예수를 믿을 뿐만 아니라 자기가 의를 행함으로 구원받는 것으로 되어 있으니까.

하나님, 예수님 빼고는 불교나 원불교나 똑같은데요. 하나님이 주인인 신본주의가 아니라 인간이 주인인 인본주의요, 박애주의입니다.

인간의 의를 자랑하는 하나님이 가장 싫어하는 거예요. 여러분, 오늘날 이단들의 특징이 무엇입니까? 교주인 자기가 하나님입니다. 절대 주인을 섬기는 종이 아니에요. 입으로는 '주여'를 찾고 하나님을 찾고 다 하지만, 실제 그 속은 자신이 하나님입니다. 그런데 문제는 이것이 속에 감추어져 있기 때문에 겉으로는 잘 구별이 가지 않는다는 것인데요. 양의 가죽을 뒤집어쓴 이리요, 광명의 천사로 위장하니까.

그러나 여러분, 그들의 열매를 보면 어떻습니까? 감출 수가 없지요.

아무리, 아무리 감추려고 해도 그 열매는 결국 다 드러나게 되어 있습니다. 그래서 제가 신학교 다닐 때 교수님이 이런 말씀을 하셨어요.

'여러분들이 목회를 할 때 3년까지는 입으로 설교할 수 있다. 그러나 그 이후부터는 입이 아니라 자신의 삶으로 설교해야 한다.' 맞습니다. 여러분, 사람의 눈을 3년은 속일 수 있을지 모릅니다. 그러나 성도가 바보입니까? 3년쯤 지나면 다 알지요. '저 목사가 말뿐이다. 아니면 말씀대로 살려고 하는 분이다' 다 알 수 있습니다.

그러므로 여러분, 제가 부탁을 드립니다. 저를 비롯한 목사님들을 위해 많이 기도해 주세요. 왜냐하면, 제가 저 자신을 봐도 내가 말하는 것하고 내가 실제로 사는 것하고가 많은 차이가 있는 것을 보고 있기 때문에 그렇습니다. 물론 말씀대로 살아 보려고 애는 쓰지요. 그런데도 아직까지 너무 너무 부족함을 제 스스로 느낍니다.

여러분, 사도 바울도 가장 큰 염려가 무엇이었습니까?

고전9:27 '내가 내 몸을 쳐 복종하게 함은 내가 남에게 전파한 후에 자신이 도리어 버림을 당할까 두려워함이로다'

맞아요. 여러분, 주의 종에게 있어서 가장 큰 두려움이 있다면 그것은 말하고 행하는 것하고가 따로 되어서 외식자가 되고 위선자가 되며 참된 열매를 맺지 못하는 것입니다. 일평생 하나님을 부르고 살았는데 결국은 불법을 행하는 자로 낙인찍히는 거예요.

그러므로 여러분, 우리는 어떻게 해야 합니까?

하나님을 주인으로 섬기며 하나님 앞에서 진실되게 삶으로 참열매를 맺는 자들이 되어야 하겠습니다.

마지막 때의 징조1
(마24:1~14)

이장림이라고 하는 사람이 1992년 10월 28일 날 예수님이 재림하신다 해 가지고는 사회적으로 큰 물의를 일으켜서 결국은 감방에까지 가고 했는데요.

여러분, 솔직히 눈 뜬 우리도 확실한 날짜를 모르는데 도대체 장님이 뭘 알겠습니까? 그 사람 종말의 때를 바로 알려면 이름부터 바꿔야 해요. 이눈뜸이라고.

어쨌든 예수님 당시나 지금 우리 시대나 우리 인간의 최대 관심이 하나 있다면 그것은 두말할 것도 없이 예수님이 언제 다시 오시느냐 하는 문제입니다.

좌우지간 우리나라는 기독교 역사가 140년밖에는 되지 않습니다만 지금까지 종말론을 강해한 목사님들치고 인기를 끌지 못한 분은 없는데요. 세계 최대 교회를 자랑하는 조용기 목사님도 70년대 초에 요한계시록을 강해해 가지고 대히트를 쳤지요. 물론 지금은 특별한 내용이 아닌 것으로 판명이 났습니다만 그러나 그때 당시는 수많은 사람들이 진지하게 그 예언을 받아들였습니다. 저도 실제 가서 듣지는 않았습니다만 카세트테이프를 통해서 듣고 굉장한 충격을 받았었는데요.

어쨌든 오늘은 우리의 최대 관심사 중의 하나인 종말의 때에 대해서 생각해 보도록 하겠습니다. 그러면 오늘 본문의 내용이 무엇입니까? 예수님이 이 세상 종말에 대해서 예언하셨는데 문제는 예루살렘의 멸망과 함께 말씀하고 있기 때문에 이 둘을 구분하지 못하면 굉장한 혼란이 있다는 것입니다. 예루살렘의 멸망을 이야기하다가 세상 종말을 이야기하고, 세상 종말을 이야기하다가 이스라엘의 멸망을 이야기하고 있으니까, 이 둘을 잘 구분만 할 수 있으면 쉽게 이해할 수 있는데요. 왜냐하면 이스라엘의 멸망은 이미 역사적으로 다 이루어졌기 때문입니다. 이스라엘의 멸망은 더 이상 예언이 아니에요. 이미 다 이루어진 역사적 사실입니다. 그러니까 이스라엘의 멸망을 잘 살펴보면 세상 종말에 대한 것도 한눈에 볼 수 있게 되는데요. 그러면 먼저 예루살렘의 멸망에 대한 주님의 예언입니다.

1~2절 '제자들이 성전 건물들을 가리켜 보이려고 나아오니, 대답하여 이르시되 너희가 이 모든 것을 보지 못하느냐 내가 진실로 너희에게 이르노니 돌 하나도 돌 위에 남지 않고 다 무너뜨려지리라'

오늘 본문에서는 확실하게 나와 있지 않습니다만 마가복음을 보면 예수님의 제자들이 어마어마하게 크고 화려하게 지어지고 있는 예루살렘 성전을 보고는 크게 놀라워하고 있다고 했습니다. 그러니까 제자들은 성전의 겉모습에 놀라워하고 있는데 예수님은 똑같은 예루살렘 성전을 보시면서 어떻게요.

2절 '돌 하나도 돌 위에 남지 않고 다 무너뜨려지리라' 예루살렘 성전의 멸망입니다. 완공되기도 전에 예루살렘 성전의 멸망을 예언하셨어요. 그러면 그 이유가 무엇입니까? 지금 제자들은 성전의 겉모습만 보고 놀라고 감탄하고 있지만, 그러나 예수님은 성전의 속 내용을 보시고 계시니까 예루살렘 성전의 멸망을 예언하고 계신다는 것입니다. 우리가 지난 21장에서 이미 생각했지요.

마21:13 '기록된 바 내 집은 기도하는 집이라 일컬음을 받으리라 하였거늘

너희는 강도의 소굴을 만드는도다 하시니라'

그때 당시 종교지도자들인 서기관과 바리새인들이 완전히 타락해 가지고 하나님께 제사한다는 구실로 장사 터를 만들어 놨으니 멸망을 선언할 수밖에 없지요. 그래서 여러분, 예수님은 이 예루살렘 도성을 바라보시면서 어떻게 했다고요?

마23:37~38 '예루살렘아 예루살렘아 선지자들을 죽이고 네게 파송된 자들을 돌로 치는 자여 암탉이 그 새끼를 날개 아래에 모음같이 내가 네 자녀를 모으려 한 일이 몇 번이더냐 그러나 너희가 원하지 아니하였도다 보라 너희 집이 황폐하여 버려진 바 되리라'

예루살렘의 멸망을 바라보시면서 눈물을 흘리셨다고 했는데 미래를 내다보시는 주님만이 하실 수 있는 능력입니다.

그런데 여러분, 이것은 오늘 우리도 똑같은데요. 교회의 참된 영광은 교회 건물이 아니라 교회를 구성하고 있는 신자 한 사람, 한 사람의 심령입니다. 그래서 하나님의 말씀과 성령의 은혜가 역사하지 않는 교회는 그 외모가 아무리 화려하고 그 의식이 아무리 장중하다 할지라도 그 마지막은 멸망이요, 심판이라는 것인데요. 천주교 성당 건물이 얼마나 화려합니까? 또 그 의식이 얼마나 장중합니까. 그러나 그곳에 하나님의 말씀과 성령의 은혜가 떠나고 나니까 지금은 완전히 겉껍데기인 형식만 남고 말았습니다. 장차 가장 큰 심판의 대상이에요. 그러면 여러분, 이렇게 놓고 봤을 때 오늘 우리의 염려는 무엇입니까?

우리 개신교가 점점 천주교를 닮아 가고 있다는 현실이지요. 겉모양은 점점 천주교처럼 화려해지고 있는데 내용은 점점 시들어 가고 있고 생명력은 잃어 가고 있는 현실입니다.

역사적으로 볼 때 기독교가 타락할 때는 꼭 화려한 건물이 지어졌는데요. 오늘날이 바로 그때가 아니냐는 것입니다. 그러므로 오늘 우리는 이러한 사실을 알고 교회의 바깥 모양보다는 교회의 내실을 알차게 해야 하는데요.

사실 제가 어릴 때만 해도 교회의 겉모양은 그렇게 중요하지 않았습니다. 천막을 쳐 놔도 은혜만 있으면 얼마든지 사람들이 몰려왔어요. 그러나 요즈음 만약 천막을 치고 교회를 시작했다고 했을 때 과연 사람들이 올 수 있을까? 현실적으로 저는 어렵다고 봅니다. 왜냐 사람들의 눈이 그만큼 안의 내용보다는 바깥 모양에 치우쳐 있기 때문에 그래요.

그러면 이제 본론으로 들어가서 우리가 가장 큰 관심을 가지는 세상 종말의 때에 대한 예언인데요. 3절 '세상 끝에는 무슨 징조가 있사오리이까' 세상 종말 이전에 여러 가지 징조가 있다는 것인데요, 여기에 대한 예수님의 대답이 4~14절까지 쭉 나오고 있습니다. 크게 3가지인데요. 첫째 하나는 거짓 선지자의 미혹이고요, 그 다음은 전쟁과 여러 가지 자연 재난이고요, 마지막 셋째는 환난과 박해 속에서의 복음 전파입니다.

그런데 이 세 가지는 예루살렘 멸망 당시에 다 이루어졌어요. 그러므로 이 예언은 이 세상 마지막 종말 때도 그대로 이루어질 것임에 틀림없는데요. 물론 오늘 이 세 가지를 다하지는 못합니다. 첫 번째 것 하나만 하겠는데요.

그러면 먼저 거짓 선지자들의 미혹입니다.

4절 '너희가 사람의 미혹을 받지 않도록 주의하라' 여기서 미혹이라는 말은 거짓으로 꼬드기는 것을 말하는데요. 그러면 누가 어떻게 꼬드기는가?

5절 '많은 사람이 내 이름으로 와서 이르되 나는 그리스도라 하여 많은 사람을 미혹하리라'고 했습니다.

여러분, 우리가 원수, 마귀, 사탄이라고 하면 어떻게 생겼을 것으로 생각합니까? 머리에 뿔난 도깨비나 날카로운 이빨을 가진 드라큘라처럼 생겼을 것으로 연상합니다만 그러나 여러분, 성경에서는 절대 그렇지 않다고 했는데요. 그 겉모양이 양의 탈을 쓴 이리라고 했고요, 광명의 천사라고 했습니다. 그러니까 겉으로 봐서는 도무지 분별할 수가 없다는 말인데요.

아니, 진짜보다 더 진짜 같습니다, 여러분. 이단들의 특징이지요. 겉모양을 봐서는 머리부터 발끝까지 다 똑같아요. 사이비, 이단. 한문으로 '이단(異端)'은 비슷한데 꽁지만 약간 삐뚤어졌다는 말입니다. 그러니 얼핏 겉모양만 봐 가지고는 도무지 분별할 수가 없어요.

자, 보세요. 오늘 우리가 보다시피 이단들이 우리와 똑같은 성경 들고 찬송 들고 있고 똑같이 예수 이름으로 말하고 똑같이 하나님의 말씀이라고 하면서 가르치고 있으니 일반 평신도 입장에서는 도무지 분별할 수가 없지요. 그렇다고 은혜가 없느냐? 아니요, 은혜가 넘칩니다. 능력이 없느냐? 아니요, 엄청난 능력과 기사가 있습니다. 요한계시록을 보면 마지막 때는 사탄이 하늘에서 불을 떨어뜨리는 능력을 행한다고 했습니다.

그러니까 겉으로 나타나는 것 가지고는 도무지 구분할 수 없어요. 그러면 이것을 어떻게 구분할 수 있는가? 전문가가 진리의 말씀을 가지고 자세히 살펴봐야 분별할 수 있습니다.

무엇입니까? 두 가지, 계22:18~19 '만일 누구든지 이것들 외에 더하면 하나님이 이 두루마리에 기록된 재앙들을 그에게 더하실 것이요, 만일 누구든지 이 두루마리의 예언의 말씀에서 제하여 버리면 하나님이 이 두루마리에 기록된 생명나무와 및 거룩한 성에 참여함을 제하여 버리시리라'

첫째 하나는, 성경에 없는 것을 더해 넣는 경우가 있고요. 그다음 또 하나는 성경에 있는 것을 빼 버리는 경우가 있는데요. 귀신파 김기동은 무엇이 잘못되었습니까? 귀신론이 잘못되었어요. 모든 안 좋은 것은 귀신으로부터 온다고 하고 죽은 영혼이 귀신이 되어 떠돌아다니다 들어온다고 했는데 이것은 전부 다 자기 복음입니다. 성경에 없는 것을 자기 멋대로 집어넣었어요.

또 이장림 씨, 이 사람은 종말론이 잘못되었는데요. 성경에서는 분명히 그때와 시기에 대해서는 아무도 모른다고 했는데 이 사람은 자기가 안다고 하니까 자기 복음이지요. 성경에 없는 것을 자기 멋대로 집어넣은 잘못입니다.

그러니까 이들은 성경을 말하고 예수의 이름을 말하고 있지만, 거짓 진리를 참진리인 양 주장해서 사람들을 꼬드기고 있으니까 전부 무엇입니까? 거짓 선지자들의 미혹이지요.

그러면 여러분, 이스라엘 멸망 당시는 어떤 거짓 선지자들이 있었습니까? 서기관과 바리새인들이 있었습니다. 이들은 예언하기를 메시아가 오시면 이스라엘을 해방시키고 하나님의 왕국을 세워 메시아가 왕으로 세계를 다스릴 것이라고 예언했는데요. 그래서 메시아만 오시면 이 땅에 평화가 오고 모든 것이 끝이니까 아무 염려할 것이 없다고 생각하고 목이 빠지게 메시아가 오기를 학수고대했습니다.

그러나 여러분, 참선지자인 세례 요한은 무엇이라고 예언했습니까? 거짓 선지자들과 정반대로 메시아가 오시면 이 땅을 심판하실 것이라고 하면서 '이미 도끼가 나무뿌리에 놓였으니 좋은 열매 맺지 아니하는 나무마다 찍어 불에 던지우리라' 하고 심판을 선언했습니다. 그러므로 메시아를 기다리는 너희는 어떤 준비를 하라고요? 회개하고 의에 합당한 열매를 맺으라고 했습니다.

그러면 여러분, 과연 이 두 선지자의 예언 중에 어느 선지자의 예언이 옳았습니까? 물론 세례 요한이지요. '회개하고 의에 합당한 열매를 맺으라 그렇지 않으면 하나님이 심판하시리라'고 했는데 이스라엘이 끝까지 회개하지 않고 의에 합당한 열매를 맺지 못했을 때 그들은 결국 심판받고 멸망하고 말았습니다.

우리가 알다시피 예수님이 이 예언을 하신 후 불과 40년이 못 되어서 AD 70년에 이스라엘은 로마의 티토 장군에 의해서 완전히 멸망했어요. 예수님의 예언대로 예루살렘 성전이 돌 하나 위에 돌 하나가 남아 있지 않을 정도로 철저하게 파괴되었고요. 백만 명 이상의 유대인들이 학살을 당해서 요단강이 핏빛으로 물들었다고 했습니다. 그리고 마지막 남은 천 명 정도가 맛사다에서 끝까지 항쟁을 했지만, 이들도 결국 집단 자살로 스스로 목숨을 끊음으로 비참한 최후를 맞이했는데요.

그러므로 여러분, 오늘 우리가 예수님이 다시 오신다고 했을 때 다시 오시는 예수님은 이 땅을 심판하는 심판 주로 오신다고 했는데 혹시 이 예언의 말씀이 농담으로 들리십니까? 그래서 도무지 회개하지 않고 의의 열매도 없이 그냥 맥 놓고 살고 있습니까? 아니에요, 여러분. 그러면 큰일 납니다. 졸지에 하나님의 심판으로 이스라엘처럼 망하게 돼요.

그러므로 여러분, 우리는 항상 깨어 있어서 회개의 합당한 열매를 맺고 그리스도의 거룩한 신부로 주님 맞이할 준비를 하며 살아야 합니다. 그러면 오늘 우리가 이러한 본문의 배경을 놓고 딱 한 가지만 생각하려고 하는데요. 그것은 주님 맞이할 준비를 어떻게 해야 할 것인가 하는 것입니다.

오늘날 가장 말썽을 일으키고 있는 잘못된 종말론자들의 문제가 무엇입니까?

시와 때를 못 박아서 언제 주님이 오시니까 주님 맞이할 준비를 해야 한다는 것인데요.

어때요, 여러분. 주님 맞이할 준비를 하자, 잘못된 것입니까? 아니요.

절대 잘못된 것이 아닙니다. 오늘 우리는 반드시 주님 맞을 준비를 해야 해요. 이것 자체는 전혀 잘못된 게 없습니다. 그러면 무엇이 잘못되었는가?

그것은 우리 개인이 알 수 없는 날짜를 몇 년, 몇 월, 며칠에 주님이 오신 다고 날짜를 못 박는 것입니다.

그러면 이것이 왜 문제인가? 이제 날짜가 정해졌으니까 더 이상 세상 것은 필요 없다고 하니까 문제가 됩니다.

학생은 학교를 그만두고, 직장인은 직장 그만두고, 집 있는 사람은 집 팔아서 바치고, 예금통장, 적금통장 필요 없다. 다 바쳐라. 주님을 준비하면서 기다리는 것까지는 좋은데 기다리는 방법이 완전히 잘못되었다는 것입니다.

여러분, 성경은 우리에게 어떻게 기다리라고 했습니까? 언제 오실지 모르니까 항상 깨어 기다리라고 했습니다.

40~42절 '그때에 두 사람이 밭에 있으매 한 사람은 데려가고 한 사람은 버려둠을 당할 것이요, 두 여자가 맷돌질을 하고 있으매 한 사람은 데려가고 한 사람은 버려둠을 당할 것이니라, 그러므로 깨어 있으라 어느 날에 너희 주가 임할는지 너희가 알지 못함이니라'

어때요, 여러분. 주님 재림하실 날짜를 알아서 학교도 그만두고, 직장도 그만두고, 재산 다 팔아 바치고, 오로지 예배당에 모여서 하얀 소복 입고 '주여, 어서 오십시오' 하라고 했습니까?

아니요, '밭에서'라고 했습니다. 또 '맷돌질하고 있을 때'라고 했어요.

무엇입니까? 우리 일상생활이지요. 우리 일상생활에서 열심히 자신이 하는 일에 최선을 다할 때입니다. 절대 모든 세상 일 다 그만두고 모여서 주님 맞이할 준비하라고 하지 않았어요.

그러니까 여러분, 과거에 이장림 씨가 구속되었을 때 이장림 씨 집에서 무엇이 나왔습니까? 92년도 10월에 주님이 오신다고 했는데 93년 4월이 만기인 적금 통장이 나왔다고 했습니다. 그러니까 10월에 주님이 오신다고 주장한 장본인은 10월에 주님이 오시는 것을 안 믿었다는 거예요. 그냥 돈 거둬들이기 위해서 거짓으로 10월에 온다고 했다는 것입니다.

그러므로 여러분, 오늘 우리가 주님의 재림의 때에 대해서 확실히 알 수 있는 것이 무엇입니까? 세 가지, 첫째 하나는 그 시와 때는 아무도 모른다는 것이요, 그다음 둘째는 그럼에도 불구하고 예수님은 오늘이라도 곧 재림하신다는 것이요, 셋째는 그러므로 우리는 항상 깨어 준비하며 기다려야 한다는 사실입니다. 이 세 가지만이 가장 확실하고 시원한 대답이니까, 마지막 종말의 때에 우리 성도들이 반드시 가지고 있어야 할 지혜입니다.

마지막 때의 징조2
(마24:1~14)

성경에 보면 잠16:4 '여호와께서 온갖 것을 그 쓰임에 적당하게 지으셨나니 악인도 악한 날에 적당하게 하셨느니라'고 했는데요.

여러분, 하나님은 가룻 유다 같은 악인들뿐만 아니라 이단들까지도 사용하신다는 사실을 알고 계십니까?

사실 우리 기독교가 잠들어 있을 때 이단들이 출현해서 정신을 차리고 깨어난 적이 많습니다. 예를 들면, 한때 귀신 이야기가 한창 판을 쳤는데요. 무엇입니까? 우리 신자들이 마땅히 귀신에 대해서 알고 있어야 함에도 불구하고 귀신을 전혀 의식하지 못하고 있으니까 이단을 통해서 귀신이 있음을 알려 주신 것이지요. 또 잘못된 종말론자들이 한때 엄청나게 유행했는데요, 무엇입니까?

세상에 취해서 세상 종말이 있는 줄도 모르고 사는 사람들에게 세상 종말이 있음을 알려 주기 위해서 이단을 사용하시는 것입니다.

어쨌든 하나님은 지금까지 여러 번 이 세상을 심판하셨는데요. 그러나 한 번도 그냥 심판하신 적이 없었습니다. 반드시 먼저 경고하시고 그다음에 심판하셨어요.

노아의 때 어때요. 하나님이 심판을 선언하고도 120년의 유예 기간을 주었다고 했습니다. 산 위에 방주를 지으면서 120년 동안 노아가 계속 하나님의 심판을 경고했지만, 그러나 끝까지 그들이 받아들이지 않다가 결국

망했다고 했어요. 소돔과 고모라 때도 마찬가지지요. 하나님이 천사들을 보내서 하늘에서 불이 떨어진다고 경고했지만 롯의 사위들이 뭐라고 합니까. 농담으로 여겼다고 했습니다. 전혀 경고를 받아들이지 않았어요. 그래서 여러분, 성경에 보면 주의 날이 생각지 않은 때에 도둑같이 임한다고 했는데, 어때요 여러분, 하나님이 징조를 보여 주지 않아서 그렇습니까? 아니에요. 하나님은 여러 가지 모양으로 징조를 보여 주시고 또 여러 경로를 통해서 계속 계속 경고를 하십니다.

그러나, 그럼에도 불구하고 우리 인간들이 이것을 끝까지 받아들이지 않다가 멸망당한다는 것인데요. 그래서 그 특징이 졸지에 망합니다.

그러나 이에 반해서 우리 믿는 신자들보고는 성경에서 뭐라고 말씀하셨습니까? 살전5:4 '형제들아 너희는 어둠에 있지 아니하매 그날이 도둑같이 너희에게 임하지 못하리니' 믿는 믿음의 사람들에게는 주의 날이 절대 도둑같이 임할 수 없다고 했는데요, 왜 그렇습니까?

그 이유는 우리에게 세상 종말에 대한 확실히 예언된 성경 말씀이 있고 또 항상 깨어 준비하며 기다리고 있기 때문입니다. 진리를 깨닫고 깨어 준비하고 있는 사람은 세상 종말이 오늘이든 내일이든 언제든지 상관이 없어요.

그러면 여러분, 성경에서는 세상 마지막 때의 징조를 어떻게 말씀해 놓고 있습니까? 지난 시간에 말씀드린 대로 이스라엘이 멸망할 때와 같다고 했습니다. 그런데 이스라엘의 멸망은 더 이상 예언이 아니지요. 주님이 예언하신 꼭 그대로 역사적으로 이미 다 이루어졌으니까.

그러므로 오늘 우리가 이스라엘의 멸망을 잘 살펴보면 오늘 지금 이 시대가 과연 어떤 때인지 분명하게 분별할 수 있는데요. 그러면 이스라엘이 멸망할 때의 징조가 무엇입니까?

크게 세 가지, 첫째는 거짓 선지자들의 미혹이었고, 둘째는 전쟁과 여러 가지 자연 재난이고, 셋째는 환난과 핍박 속에서 이스라엘 나라 전체에 복음이 전파되는 것이었습니다.

물론 이 세 가지 징조는 이스라엘이 멸망할 때 다 이루어졌던 징조들인데요. 우리가 첫 번째 것, 거짓 선지자들의 미혹에 대해서는 이미 생각했습니다. 그래서 오늘은 두 번째, 세 번째 것을 하겠는데요. 먼저 처처에 일어나는 난리들과 여러 가지 자연 재난들이라고 했습니다.

6~8절 '난리와 난리 소문을 듣겠으나 너희는 삼가 두려워하지 말라 이런 일이 있어야 하되 아직 끝은 아니니라, 민족이 민족을, 나라가 나라를 대적하여 일어나겠고 곳곳에 기근과 지진이 있으리니, 이 모든 것은 재난의 시작이니라'

난리는 전쟁이지요. 사실 우리 인간의 세속사는 전부가 다 전쟁의 역사입니다. 여러분들이 세계사나 국사책을 한번 펼쳐보세요. 전부 언제 누가 누구하고 싸우고 나라를 빼앗고 잃고 전부 이 이야기입니다. 사람이 이 땅에 살고부터 한 번도 전쟁이 없었던 적이 없었어요. 이스라엘 나라도 끊임없이, 끊임없이 전쟁이 일어났습니다. 그다음 처처에 기근과 지진이라고 했는데요. 사도행전에 나오지요. 사도행전 11장 27절 이하를 보면 선지자 아가보가 예언하기를 '천하에 흉년이 들리라 하더니 글라우디오 때에 그렇게 되니라'고 했습니다.

이스라엘이 멸망하기 불과 얼마 전에 유대 땅에 비가 오지 않아서 가뭄 때문에 큰 흉년이 들었다고 했어요. 그래서 안디옥교회에서 예루살렘교회에 바울과 바나바 편으로 부조를 보내는 내용이 나옵니다.

어쨌든 난리와 자연재난에 있어서 중요한 말은 이 모든 것은 재난의 시작이라는 말인데요. 그러니까 재난이 한 번으로 끝나는 것이 아니라 갈수록 계속 계속 일어나는데 그 강도가 점점 세진다는 것입니다.

예수님은 이것을 해산하는 여인에 비유했는데요. 어때요, 여러분, 아이를 낳으려고 하면 징조가 있습니까? 없습니까? 있어요. 배가 아프다고 금방 아이가 나오는 것이 아니라 처음에 조금씩 조금씩 진통이 시작되다가 점점 더 심해져서 마침내 하늘이 노래지면서 죽을 것 같을 때 그때 '으앵' 하고 아이가 태어납니다.

그런데 세상 종말도 마찬가지예요. 전쟁과 재난들이 갈수록 점점 심해지니까 그 심한 정도를 보고 '아, 이제 곧 이 세상 종말이 오겠구나' 하는 것을 예견할 수 있게 했다는 것입니다.

그러면 여러분, 오늘날 세상 돌아가는 것을 봤을 때 어때요. 처처에 전쟁과 민족분규가 끊임없이 일어나고 있습니다. TV만 틀면 매일매일 전쟁과 재난의 소식을 들을 수 있어요. 뿐만 아니라 엄청난 자연재해가 일어나고 있는데요. 세계 곳곳에 지진이 일어나고 있고 또 기상이변으로 인한 홍수, 가뭄, 기근 등 앞으로 어떤 자연재난이 닥칠지 예견하기 어려울 정도로 지금 전 세계가 기상이변으로 인한 자연재해 때문에 심각한 문제에 직면하고 있습니다. 그런데 이것은 갈수록 점점 더 심해져 온 것이 그 특징인데요. 예수님 이후에 오늘날까지 전쟁과 자연재해는 점점 심해져 왔습니다. 그러므로 앞으로도 이것은 점점 심해졌으면 졌지, 결코 줄어들지 않을 것인데요.

이스라엘이 멸망할 때도 유대 나라에 전쟁과 재난이 있었는데 이것은 시작에 불과하고 마지막 때가 되면 될수록 점점 심하게 나타나다가 마침내 쾅 하고 무너지는 때가 있다는 것입니다. 그러면 여러분, 과연 이 세상 마지막 종말의 때가 언제일까요?

9~14절 '이 천국 복음이 모든 민족에게 증언되기 위하여 온 세상에 전파되리니 그제야 끝이 오리라' 엄청난 핍박 속에서도 복음이 전파된다고 했는데요.

사도행전을 보면 이스라엘이 멸망하기 전에 엄청난 핍박 속에서도 예루살렘과 온 유대와 사마리아까지 이스라엘 나라 온 전체에 복음이 전파되었는데, 마찬가지 이것은 이 세상 마지막 때도 온 세상 모든 민족에게 복음이 전파되는데 그때 이 세상 끝이 온다고 했습니다.

그런데 사실 이것은 오늘 우리에게 있어서는 더 이상 예언이 아니에요.

우리 두 눈으로 직접 보고 있는 현실입니다. 자, 보세요. 여러분, 우리가 알다시피 이스라엘이 멸망 직전에 어떠한 일이 일어났습니까?

오순절 날 성령이 이 땅에 임함으로 이스라엘 나라 전체에 복음이 급속히 확산되었습니다. 행1:8 '오직 성령이 너희에게 임하시면 너희가 권능을 받고 예루살렘과 온 유대와 사마리아와 땅끝까지 이르러 내 증인이 되리라'

엄청난 핍박이 있었지만 예수님이 예언하신 꼭 그대로 예루살렘과 온 유대와 사마리아까지 복음이 증거되었어요. 그리고 복음이 온 이스라엘 전체에 전파되자마자 바로 멸망했습니다.

그런데 이것은 세상 종말의 때도 똑같은데요. 복음이 들어가는 곳곳마다 갖은 핍박과 박해 속에서 복음이 전파됩니다. 우리나라도 처음에 복음이 전파될 때 보통 핍박이 심하지 않았어요. 선교사들이 죽음을 각오하고 복음을 전했는데요. 그 결과 오늘날 어떻게 되었습니까? 비록 남한만입니다만, 남한 전체에 섬에까지 복음이 전파되었는데 이 원리가 지금 전 세계적으로 계속 계속 확산되고 있다는 것입니다.

1년에 300명 이상이 순교하는 엄청난 핍박 속에서도 계속 복음이 전파되고 있는데 그 속도가 우리의 상상을 초월할 정도로 급속히 전파되고 있는데요.

오늘 성경에서 주님이 하신 예언 중에 아직 완전히 성취되지 않은 것이 두 가지 있는데, 하나는 주님의 재림이요, 또 하나는 땅끝까지 복음이 전파되는 것인데, 그런데 사실 이 둘은 같이 연결되어 있습니다.

그러니까 주님이 언제 다시 오시는가? 복음이 온 세상에 전파되면 그때 오세요. 그러면 오늘 지금 이때가 어떤 때인가?

지금 추세대로라면 2035년쯤 해서는 전 세계에 복음이 전파된다고 했으니까, 잘하면 우리 세대에 주님의 재림을 볼 수 있는 그런 시대를 우리가 살아가고 있습니다. 그러니 오늘 우리가 얼마나 복 받은 사람입니까. 마지막 때에 세계 선교 완성에 동참할 수 있고요, 또 땅끝까지 복음이 증거되어지는 것을 직접 보면서 주님의 재림을 준비하며 기다릴 수 있습니다. 그러니까 우리는 단지 무엇만 하면 됩니까? 땅끝까지 복음 전파라는 이 황금 같은 기회를 놓치지 말고 열심히 이 일을 감당하면서 깨어 있기만 하면 됩니다.

지금 우리나라가 세계 선교의 주도적 역할을 하고 있는데요. 수많은 젊은이들이 선교사로 나가고 있습니다.

3만 명 가까이 나가 있는데요. 문제는 선교사들이 교회가 없는 곳에 가서 교회를 세워야 하는데 90% 이상이 이미 교회가 있는 곳에 가서 활동하고 있고, 10% 미만만이 교회가 없는 곳에 가서 복음을 전하고 있다고 했습니다.

그러니 중복만 되지 않았더라면 벌써 옛날에 세계 복음화는 이루어졌을 텐데, 중복이 되어 계속 지체되고 있는데요.

어쨌든 지금은 크게 세 지역밖에는 남아 있지 않습니다. 아프리카를 비롯한 깊은 밀림지역 속에 있는 족속들 그다음 인도네시아, 파푸아 뉴기니와 같은 섬 지역에 있는 원주민들, 또 이슬람과 불교가 국교인 나라들인데요.

그런데 우리나라가 지금 이슬람권인 중앙아시아와 중동 국가들, 또 불교권인 동남아시아에 집중적으로 선교사들이 나가고 있습니다.

그러니까 세계 선교는 벌써 카운트다운되었어요. 시간문제입니다.

한 사람이 열을 상대하기는 어렵지만, 100사람, 1,000사람이 한둘을 상대하기는 쉽잖아요. 그런데 오늘날 통계적으로 보면 450개 교회가 한 종족씩만 책임지고 선교하면 다 된다고 했으니 450:1이라 보면 충분히 가능하지 않겠습니까.

지금 추세대로라면 우리 세대 안에 세계 선교는 충분히 이루어질 수 있습니다.

그러니까 우리는 이 황금 같은 기회를 놓치지 말고 더 많은 선교사를 파송하고 또 뒤에서 기도와 헌금으로 뒷받침하고 해서 나가는 선교사역과 보내는 선교사역 이 두 가지 사명을 함께 감당해야 하는데요. 여러분, 꼭 기억하세요. 오늘 우리나라가 이렇게 잘살게 된 것은 세계 선교의 사명이 있기 때문입니다.

그러니 하나님이 주신 축복 가지고 나를 사랑하고 세상을 사랑하는 데 사용하지 말고 땅끝까지 세계 선교하는 일에 힘쓰게 되시기 바랍니다.

열 처녀 비유
(마25:1~13)

제가 성지순례로 소아시아 7교회 중에 에베소교회를 갔을 때 교회는 완전히 무너지고 기초석 몇 개만 덩그러니 남아 있는 것을 보면서 마음이 몹시 슬펐는데요. 여러분, 에베소교회가 어쩌다 이렇게 되었습니까?

우리가 알다시피 에베소 교회의 처음 시작은 바울이 가서 안수함으로 성령을 받았다고 했고, 엄청난 성령의 역사가 나타나 바울의 몸에서 손수건이나 앞치마를 가져다가 병든 사람에게 얹으면 병이 떠나고 악귀가 떠났다고 했고, 심지어 마술을 행하던 자들이 돌아옴으로 그 책을 모아 불사르니 은 오만이나 되더라고 했습니다.

뿐만 아니라 바울과 디모데와 사도 요한까지 함께 목회함으로 소아시아 전체의 중심 교회가 되었다고 했는데요. 그러나 이렇게 훌륭했던 교회가 요한계시록에 보면 부활하신 예수님으로부터 뭐라고 책망을 받고 있습니까?

계2:4~5 '너를 책망할 것이 있나니 너의 처음 사랑을 버렸느니라, 그러므로 어디서 떨어졌는지를 생각하고 회개하여 처음 행위를 가지라 만일 그리하지 아니하고 회개하지 아니하면 내가 네게 가서 네 촛대를 그 자리에서 옮기리라'

왜 처음 사랑을 잃어버렸는가? 성령이 사랑의 영인데 성령이 떠남으로 사랑을 잃어버렸다는 것입니다. 그 결과 주님이 촛대를 옮기겠다고 예언한 꼭 그대로 망하고 말았는데요. 그런데 여러분, 에베소교회의 이 모습이 바로 오늘 우리 한국교회와 나의 모습이 아닌가 생각할 때 너무나 두렵고 떨리는 것이 사실입니다. 등은 있는데 기름이 떨어진 모습. 주님이 재림하실 때 버림받을 수밖에 없습니다.

우리는 지난 24장에서 예수님이 예언한 세상 종말의 징조에 대해서 생각했는데요. 세상 종말을 이스라엘의 종말과 같이 놓고 말씀하셨습니다. 한 가지만 빼놓고 전부 다 이루어졌다고 했는데요, 무엇입니까? 이 천국 복음이 모든 민족에게 증언되기 위하여 온 세상에 전파되리니 그제야 끝이 오리라.

이스라엘 나라가 복음이 온 나라 전체에 증거되자마자 곧 하나님의 심판이 임했듯이 이 세상 종말도 복음이 온 세상 땅끝까지 전파되는 그때 곧바로 하나님의 심판이 임할 것이라고 했는데요. 사실 오늘날 세계는 하나라는 말, 세계화라는 말은 너무너무 성경적입니다. 예수님이 벌써 2천 년 전에 전 세계 모든 민족이 복음으로 하나 될 것을 미리 예언해 놓으셨어요.

어쨌든 지금 이 시대는 마지막 시대로서 복음이 땅끝까지 증거되어지는 시대요, 그 결과 하나님의 심판을 피할 수 없는 그런 시대를 우리가 살고 있습니다. 그러면 정말 주님이 다시 오실 때가 가까운 이때에 우리는 과연 어떻게 주님 맞이할 준비를 해야 할 것인가 했을 때 성경에서는 한마디로 '깨어 있으라'고 했습니다.

'어느 날에 너희 주가 임할는지 알지 못하니 깨어 있으라 생각지 않은 때에 인자가 오리라'

그때와 시는 알지 못하니까 항상 깨어 있으라고 했는데요. 그러면 여러분, 어떻게 하는 것이 깨어 있는 것입니까? 25장 말씀을 보니까 예수님이 세 가지 비유를 통해서 이것을 잘 말씀해 주셨습니다.

오늘은 그 첫 번째 비유로서 우리가 잘 아는 열 처녀 비유인데요. 이스라엘 나라의 결혼 풍습을 가지고 오늘 우리 신자들이 과연 어떻게 주님의 재림을 준비하며 기다려야 할 것인가? 하는 것에 대해서 말씀하셨습니다.

그런데 우리가 오늘 본문 말씀을 생각하기 전에 한 가지 염두에 두어야할 것은, 여러분, 잔치라고 하면 우선 우리가 어떤 느낌을 가집니까? 노래가 있고, 춤이 있고, 기쁨이 있고, 먹고 마시고 즐기는 것이 있으니까, 말만 들어도 즐겁고 흥이 납니다. 그런데 이상하게도 오늘 본문에서 말하고 있는 잔치에는 도무지 즐겁고 흥겹다는 느낌이 들지 않아요. 아니, 오히려 무거운 긴장감이 돌고 있다는 것인데요. 왜냐하면 열 처녀가 있었는데 그중에 반밖에는 잔치에 참여하지를 못했다고 했기 때문에 그렇습니다. 10명 중에 5명이라 둘 중에 하나라는 뜻인데요. 여러분, 한번 생각해 보세요.

우리가 똑같이 교회를 다니고 똑같이 신앙생활을 했는데 막상 나중에 천국에 가 보니까 그중에 반밖에는 들어가지 못했다고 했을 때 2명 중에 1명이 탈락이니까 등골이 오싹해지는 이야기가 아닙니까.

물론 저는 우리 교회 성도들이 한 사람도 빠짐없이 몽땅 다 천국 잔치에 참석하기를 바랍니다만, 그러나 성경은 절대 그렇게 말하고 있지를 않아요.

아니, 성경은 오히려 말세가 되고 주님 오실 날이 가까워지면 알곡보다는 쭉정이가 더 많아진다고 했습니다. 예수님이 직접 말씀하셨지요.

'인자가 올 때에 너희에게서 믿음을 보겠느냐 또 말세에 고통하는 때가 이르리니 사람들이 자기를 사랑하며 돈을 사랑하며 쾌락 사랑하기를 하나님 사랑하기보다 더하여 경건의 모양은 있으나 경건의 능력은 잃어버린다'고 했는데요. 진짜 오늘 이 시대가 이런 때가 아닌가 싶습니다. 겉모양은 있는데 속내용은 없어요.

그러면 이제 본론으로 들어가서 열 처녀가 신랑을 맞이하러 나갔는데 다섯은 미련하다고 했고 다섯은 슬기롭다고 했는데 그 기준이 무엇입니까?

등과 기름을 함께 준비했느냐, 하지 않았느냐에 달려 있었습니다.

등만 들고 있는 사람은 미련하다고 했고, 등과 함께 기름을 준비한 사람을 슬기롭다고 했는데요. 그러면 여러분, 여기서 등과 기름은 무엇을 상징하는 것일까요? 등은 겉으로 나타나 보이는 것이고, 기름은 안에 담겨 있어서 보이지 않는 것이니까 등은 우리 신앙의 겉으로 나타나는 모습이고, 기름은 우리 내면에 담겨 있는 믿음의 내용을 말한다는 것인데요.

다시 말해서 등과 기름은 우리 신앙생활의 외적인 모습과 내적인 내용을 각각 상징한다는 것입니다.

그러면 여러분, 이제 한번 물어봅시다. 우리는 지금 교회 다니고 있고, 또 예수를 믿는다고 하고 있으니까 겉으로 드러난 등은 있는 것 같습니다. 그러면 어때요, 여러분은 지금 기름도 함께 가지고 있습니까?

아니, 여러분, 기름이 도대체 무엇입니까? 성경에서 기름은 성령을 말합니다. 그러니까 오직 의인은 믿음으로 말미암아 살리라고 했을 때 이 믿음은 성령으로 거듭난 믿음이요, 성령이 역사하는 믿음입니다.

그래서 성경을 보니까 믿음이라고 다 똑같은 믿음이 아니라 진짜 믿음이 있고 가짜 믿음이 있다고 했는데요. 그러면 그 기준이 무엇인가? '마음'이라고 했습니다. 마음이 담긴 믿음이 진짜요, 마음이 빠진 형식적인 믿음을 가짜라고 했는데요. 왜냐하면 하나님이 우리 마음의 중심을 보시기 때문에 그렇습니다.

여러분, 이렇게 놓고 봤을 때 오늘 우리는 기름이 준비되어 있습니까? 여러분, 저는 기회가 있을 때마다 강조하는 것이 하나 있는데요. 그것은 주님과 우리의 관계는 신랑, 신부가 결혼하는 것에다 비유했기 때문에 사랑의 관계라는 것입니다. 그러면 사랑의 관계에 있어서 그 핵심이 무엇인가, 마음입니다.

왜냐하면, 사랑에는 마음이 빠져 버리면 아무것도 남는 게 없기 때문인데요. 여러분, 사랑한다고 하는데 마음이 빠져 있다. 아니요, 그것은 사랑이 아닙니다. 온통 마음이 사로잡혀야 그것이 사랑이에요.

제가 대학 다닐 때입니다. 저하고 같은 하숙집에 군 복무를 마친 복학생이 한 분 있었는데요, 이분이 하루는 저에게 자기 첫사랑 이야기를 해 주었습니다. 군대 가기 전에 대학교 1학년 때 연애를 했대요. 그게 첫사랑이었는데 완전히 빠져 버렸다고 했습니다.

얼마나 깊이 빠졌는지 좌우지간 매일 만났대요. 하루도 빠짐없이 6개월 동안을 매일 만났다고 했는데요. 그분의 말이 그래요. 눈이 갑자기 어떻게 됐는지 그 여자 외에는 눈에 들어오는 것이 없었다고 했습니다. 눈만 감으면 그 여자 얼굴이 떠오르는데 온통 그 여자 생각뿐이라고 했습니다. 매일 만나고 그것도 몇 시간씩 함께 이야기를 나누고 하는데도 막상 헤어져 돌아서면 돌아가는 버스 안에서부터 벌써 보고 싶어진다고 했습니다.

그래서 저는 그때 속으로 '웃기고 있네. 무슨 신데렐라를 만난 것도 아니고 한두 달 그러다 말지, 무슨 6개월씩 매일 만나나' 하면서 그 말이 실감나지를 않았습니다. 그런데 여러분, 놀랍게도 정말 그러한 현상이 저에게도 일어난 때가 있었다는 것인데요. 그때가 언젠가. 저의 집사람을 만났을 때가 아니고 예수님과의 첫사랑을 나눌 때였습니다.

참 이것은 제가 어떻게 표현해야 좋을지 모르겠습니다만 앉으나 서나 예수님 생각이에요. 정말 눈만 감으면 주님 생각입니다. 직장에 갔다 퇴근해 오면 막 가슴이 뜨겁고 황홀해서 가만히 앉아 있지를 못했어요. 그래서 매일 저녁 은혜 받으러 쫓아다녔는데요. 아무리 말씀을 듣고 또 듣고 또 들어도 지겹지가 않아요. 아니, 오히려 더 갈급하고 더 새롭습니다. 그렇게 좋을 수가 없어요. 그래서 그때 비로소 옛날 그 선배가 하던 말이 생각나더라고요. 사랑에 빠지니까 정신을 못 차리겠다고 하더니 바로 이런 거구나.

여러분, 사랑은 마음이 담겨 있어야 합니다. 있으면 좋고 없으면 말고, 이것은 사랑이 아니에요. '당신 없이는 못 살아', 이게 사랑입니다.

그다음 또 하나 주님과 우리 사이를 사랑의 관계라고 했을 때 사랑은 반드시 1:1로 이루어진다는 사실입니다. 절대 1:2가 안 돼요. 한 여자가 두 남자를, 한 남자가 두 여자를, 이것은 벌써 사랑이 아닙니다.

여러분, 오늘 본문 말씀을 보니까 미련한 처녀는 어떤 배짱을 갖고 있었습니까?

우리 등불이 꺼져 가니 너희 기름을 나눠 달라 하거늘. 기름이 부족하면 좀 빌려서 쓰지 하는 배짱이 있었습니다. 그러나 여러분, 막상 필요했을 때 빌릴 수 있었습니까. 아니요, 없었습니다. 조금도 빌릴 수 없었어요.

그러면 여러분, 왜 그럴까요? 오늘 본문에서는 '둘 다 쓰기에 부족할까 봐'라고 했습니다만 그러나 사실은 빌려줄 수 없는 것이기 때문에 빌려주지 않았다고 하는 것이 맞는 말입니다. 왜냐하면 여러분, 한번 생각해 보세요. 당신 마음 좀 빌려주시오, 말이 됩니까? 안 돼요. 마음을 빌려줄 수 있는 사람은 아무도 없습니다.

여러분, 우리의 가까운 식구들, 부모, 형제, 아내, 남편, 자식들이 지금 죽어 간다고 합시다. 그러면 어때요. 나의 믿음으로 그들을 구원할 수 있습니까? 아니요, 절대 안 됩니다. 누구 말마따나 '당신 왜 예수 안 믿느냐'고 하니까 '나는 나중에 마누라 치맛자락 붙잡고 가면 되기 때문에 걱정할 것 없다'고 하는데요. 어때요, 여러분, 이것이 정말 가능합니까? 안 돼요. 어림도 없는 이야기입니다. 왜냐하면 사랑은 1:1이니까 우리 각자가 따로 준비해야 하기 때문입니다.

그러면 이제 마지막으로 하나 우리가 반드시 기름을 준비해야 한다면 과연 언제 준비해야 할 것인가?

먼저 결론부터 말씀드려서 기름은 준비할 수 있는 기회가 따로 있습니다. 준비할 수 있을 때 준비해야지, 기회를 놓치고 난 다음에는 아무리 준비하려고 해도 기회가 주어지지 않아요.

10~12절 '그들이 사러 간 사이에 신랑이 오므로 준비하였던 자들은 함께 혼인 잔치에 들어가고 문은 닫힌지라, 그 후에 남은 처녀들이 와서 이르되 주여 주여 우리에게 열어 주소서, 대답하여 이르되 진실로 너희에게 이르노니 내가 너희를 알지 못하노라 하였느니라'

얼마나 비극적인 일입니까. 똑같이 등을 들고 똑같이 신랑을 기다렸는데 막상 신랑이 올 때는 등불이 꺼져 가고 있으니 이 얼마나 안타까운 일입니까?

그런데 여러분, 이것은 오늘 우리도 마찬가지에요. 우리가 세상을 살면서 가장 큰 어려움을 겪는 것은 나에게 믿음이 없다는 것 때문입니다. 믿음이 있는 줄 알았는데 막상 믿음을 사용해야 할 다급한 일을 만났을 때 믿음이 없어요. 마치 군인이 전쟁에 나가서 적이 쳐들어오고 있는데 총알이 떨어진 것과 똑같은 심정일 것입니다.

결정적인 순간에 믿음이 없어요. 분명히 교회도 다녔고 헌금도 했고, 기도도 했고, 봉사도 했고, 남 하는 것 다 따라 했습니다. 그런데 정말 믿음이 필요한 때는 믿음이 없어 얼마나 안타까운 일입니까? 그런데 이것보다 더 큰 문제는,

10절 '그들이 사러 간 사이에 신랑이 오므로 준비하였던 자들은 함께 혼인 잔치에 들어가고 문은 닫힌지라' 주님이 오시고 난 다음에 준비하는 것은 이미 때가 늦다는 말입니다. 이때는 아무리 준비한다고 해도 때가 이미 늦었

어요. 한번 문이 닫혀 버리면 이상 끝입니다. 아무리 아우성치고 몸부림쳐도 문은 다시 열리지 않아요. 더 이상 기회가 없습니다. 그러면 그 이유가 무엇입니까?

11~12절 '그 후에 남은 처녀들이 와서 이르되 주여 주여 우리에게 열어 주소서, 대답하여 이르되 진실로 너희에게 이르노니 내가 너희를 알지 못하노라 하였느니라'

얼마나 기가 막힙니까? 평생 교회를 다니고 주의 이름을 불렀는데 주님은 나를 모르신다고 하니 이 얼마나 기가 막힐 노릇입니까?

그러므로 여러분, 결론은 났습니다. 우리의 기름 준비는 언제 되어져야 하는가? 주님이 오시기 전에, 우리가 이 세상 떠나기 전에 미리 준비되어야 합니다.

주님이 오셨을 때는 이미 늦었어요. 왜냐하면 기름은 마음이 담긴 믿음이요, 마음이 담긴 사랑이기 때문에 하루아침에 퍼 담을 수 있는 게 아니기 때문입니다. 여러분, 마음을 어떻게 하루아침에 퍼 담을 수 있습니까? 매일매일 조금씩, 조금씩 계속, 계속 퍼 담아야 합니다. 믿음은 계속, 계속 자라나는 것이니까.

어때요, 여러분. 여러분의 믿음은 지금 마음이 담겨 있습니까? 주님을 향한 사랑하는 마음이 담겨 있느냐고요. 이 세상 그 어떤 무엇보다도 주님을 더 사랑하는 마음.

혹시 여러분의 마음을 세상 것에 다 빼앗겨 버리고 몸만 형식적으로 왔다 갔다 하고 있지는 않습니까? 그렇다면 큰일입니다. 기름 없는 등불이에요. 언제 꺼질지 모릅니다.

그러므로 우리는 지금의 기회를 놓치지 맙시다. 아직도 주님이 오시지 않았으니까 나에게 기회가 주어진 바로 이때에 기름을 준비해야 해요. 주님이 언제 오시느냐 신경 쓸 것이 없습니다. 오늘 준비하고 기다리는데 언제 오시든 그게 무슨 상관이 있습니까? 오늘 마음이 담긴 믿음, 오늘 주님을 이 세상 그 무엇보다도 더 사랑하는 믿음, 이 믿음만 준비되어져 있으면 아무 염려 없습니다.

양과 염소의 비유
(마25:31~46)

여러분, 우리는 하나님의 큰 축복을 받은 자들인데요. 왜 그렇습니까?

두 가지지요. 첫째 하나는 지금 내가 앉아 있는 이 자리가 축복된 자리이기 때문이요, 그다음 또 하나는 내가 살아가는 매일 하루하루의 삶이 하늘에 복을 쌓고 있는 삶이기 때문에 그렇습니다.

세상에서 똑같이 살아가고 있는데 세상 사람들은 하나님의 심판을 쌓아가고 있는 반면 오늘 우리는 하늘의 축복을 쌓아 가며 살아가고 있다고 했을 때 오늘 우리가 얼마나 복 받은 자들입니까?

여러분, 우리는 누구나 할 것 없이 장차 우리의 주인 되시는 그분 앞에서 셈 보는 날이 있습니다. 우리에게 주어진 모든 것에 대한 것인데요. 시간, 물질, 환경, 달란트, 이 모든 것을 어떻게 사용했는지 우리의 주인 되시는 주님이 따지신다고 했습니다. 그래서 주인의 뜻을 좇아 열심히 잘 관리한 사람은 '착하고 충성된 종아'라고 칭찬 듣고 상을 받고, 전혀 이익을 남기지 못하고 자기 멋대로 허비한 사람은 악하고 게으른 종이라고 책망을 듣고 벌을 받는다고 했는데요.

그래서 오늘은 우리가 장차 주님 앞에 섰을 때 받게 될 상벌 심판입니다. 시험문제는 미리 주어졌어요. 오늘 본문에 나오는 내용인데요.

35~36절에 '내가 주리고 목말라하고 헐벗고 병들고 옥에 갇혔을 때 너희가 돌아보았느냐?'라는 것인데요. 바로 이 기준에 따라 양과 염소로 구분했습

니다. 그래서 오른편에 서게 된 양들은 영원한 하나님 나라를 상속받았고, 그다음 왼편에 있는 염소는 영원한 영벌의 자리에 떨어졌다고 했는데요.

내용을 이해하는 데는 별 어려움이 없습니다. 그러나 문제는 이대로 실천하는 데는 너무나 큰 어려움이 있다는 것인데요. 그래서 상을 어떻게 받는 줄 몰라서 못 받을 사람은 하나도 없어요. 어떻게 해야 상을 받는지는 다 알고 있습니다. 그런데 이것을 실천하지를 못해서 상을 못 받아요.

먼저 본문에 들어가기 전에 우리가 기억해야 할 것은 우리가 성경을 볼 때 한 가지 주의해야 하는 것이 있는데, 그것은 성경에서는 우리의 영과 육을 결코 분리해서 생각하지 않는다는 것입니다.

무슨 말이고 하면 지금 주님이 내가 주리고 목말랐다 하는 이야기는 육신적으로 주리고 목마른 것뿐만 아니라 영적으로도 주리고 목마른 것을 함께 포함하고 있다는 거예요.

그러니까 우리가 형제들을 돌아볼 때 빵만 주면 안 되고 빵과 너불어 복음을 함께 주어야 한다는 것입니다.

그래서 이렇게 놓고 봤을 때 35~36절에 나오는 내용을 한마디로 하면 무엇입니까? 이웃을 돌아보는 것인데요. 네 이웃을 네 몸과 같이 사랑하라는 하나님의 계명에서 나온 것입니다. 그러면 여러분, 왜 장차 우리가 하나님의 심판대 앞에 섰을 때 그 판단 기준이 '네 이웃을 돌아보았느냐'입니까? 그 이유는 두 가지, 첫째 하나는 눈에 보이는 형제를 사랑하지 않는 자는 눈에 보이지 않는 하나님을 사랑할 수 없다고 했기 때문이요.

또 하나는 40절 '너희가 여기 내 형제 중에 지극히 작은 자 하나에게 한 것이 곧 내게 한 것이니라'

형제를 사랑하는 것을 하나님을 사랑하는 것과 똑같이 여기기 때문에 그렇습니다. 그래서 부활하신 예수님이 베드로를 찾아와서 하신 질문이

'네가 나를 사랑하느냐 그렇다면 내 양을 먹이라'였습니다. 왜냐하면 하나님 사랑과 이웃 사랑은 떨어져 있는 것이 아니라 함께 붙어 있기 때문에 그래요. 십자가가 그렇지요. 위로는 하나님 사랑, 옆으로는 네 이웃 사랑, 이 둘이 함께 붙어 있습니다. 절대 떨어져 있지 않아요. 그래서 예수님이 하나님을 지극히 사랑했는데 그 사랑이 자기의 형제 된 우리를 위하여 자기의 생명을 주시는 사랑으로 나타났고, 또 주님이 우리를 사랑해서 자신의 생명을 주심으로 하나님을 사랑하는 주님의 사랑이 나타났습니다.

그러면 여러분, 이제 한번 물어봅시다. 우리는 솔직히 나 자신도 잘 사랑하지 못하고 나의 가족이나 나와 가까운 사람들조차도 잘 사랑하기 어려운데, 어떻게 네 이웃을 네 몸과 같이 사랑할 수 있습니까? 불가능하지 않습니까?

그러나 여러분, 우리가 믿는 하나님은 불가능한 일을 가지고 하라고 하시지는 않습니다. 할 수 있기 때문에 하라고 하는데요. 어떻게 할 수 있습니까?

그 길은 오직 하나, 나의 주인 되시는 그분께 순종함으로 할 수 있습니다. 원래의 나는 죽었다 깨어나도 사랑할 수 없어요. 그러나 내 안에 있는 주인은 본래가 사랑이시니까 그분께 순종만 하면 사랑할 수 있다고 했습니다.

그러므로 여러분, 양과 염소가 무엇으로 구분되는가? 양은 순종의 상징이요, 염소는 불순종의 상징이니까 나의 주인 되신 주님께 순종할 때 양이될 수 있습니다.

한 여자 권사님이 이런 간증을 했습니다. 자기는 어릴 때 너무 가난하고 못 먹고 살았다고 했어요. 그래서 돈이라고 하면 한이 맺힌 정도가 아니라좀 지나쳐서 아예 환장을 했다고 했는데요. 이분은 시집을 가서도 어떻게 했는고 하니 일단 자기 수중에 들어온 돈에 대해서는 절대 그냥 나가는 법이 없었다고 했습니다. 자기 남편이라도 이자를 얹어서 따박따박 받아냈다고 했는데요. 돈에 대해서만큼은 아주 지독한 여자였대요. 그런데 이분이 예수를 믿고 은혜를 받게 되자 사람이 변해 버렸습니다. 돈에 환장을 해서 돈 모으는 재미로 살았던 여자가 이제는 그 돈으로 가난한 사람들을 돌보고 나누어 주는 재미로 산다고 했는데요. 이분은 원래 이웃 사랑이라고는 상상조차 못 했던 사람인데 예수 때문에 나누어 주면서 사니까 그 기쁨이 얼마나 큰지 옛날에 돈 모을 때 재미와는 비교할 수 없다고 했습니다.

맞아요. 여러분, 우리 예수 믿는 사람은 주님 섬기는 재미로 살기 때문에 나의 주인 되시는 주님께 순종해서 이웃을 섬기며 살면 그 기쁨이 이루 말로 다 할 수 없이 큽니다. 그러면 여러분, 너희가 여기 내 형제 중에 지극히 작은 자 하나에게 한 것이 곧 네게 한 것이니라.

예수님의 형제에게 한 것이 곧바로 예수님께 행한 것과 똑같다는 이 말씀 어때요? 이해가 되고 실감이 됩니까?

벌써 여러 해 되었습니다만 원종수 권사님이라고 이분의 간증 테이프가 우리 한국 교계 전체를 떠들썩하게 만들었는데요. 이분은 아버지를 일찍 여의였기 때문에 무척 가난하게 살았다고 했습니다. 그런데 어릴 때부터 어머니의 신앙 덕택으로 열심히 신앙생활 하는 가운데 하나님의 큰 축복을 받아 대전고등을 우등으로 졸업하고 서울대 의대를 수석으로 졸업하고 지금은 미국 디트로이트에서 암전문의로 활동하고 있다고 했는데요. 이분이 대학을 졸업하고 첫 봉급을 받았을 때 일입니다. 인턴 때니까 교통비 정도를 받은 것이지요. 그렇지만 너무나 기뻐서 그 돈으로 어머니에게 고기를 사 드려야 하겠다 하고는, 고향인 대전으로 내려갔다고 했는데요. 그런데 버스터미널에 막 내려서 보니까 웬 할아버지 한 분이 추위에 떨고 서

555

있더래요. 참 불쌍하구나 하는 생각이 들었지만 그냥 지나쳐 가려고 하는데 갑자기 자기 마음속에 계신 성령님이 '저 할아버지 좀 도와드려라'고 하더라는 것입니다. '아니, 하나님 저는 지금 어머니 고기 사 드릴 돈밖에는 없는데요' 하니까 '그래, 그것을 드려라' 하더라는 것입니다.

그러니 여러분, 얼마나 기가 막힐 노릇입니까? 그렇지만 하나님이 주라고 하는데 어떻게 해요. 할 수 없이 3만 원 몽땅 다 쥐여 드렸는데요. 그리고는 집에 와서 아무 말도 못 하고 그냥 잠자리에 들었는데 얼마나 속이 쓰린지 하나님이 그렇게 원망스러울 수가 없었다고 했습니다.

그런데 그 이후 어느 날인가 무릎을 꿇고 기도하는데 하나님이 환상을 보여 주시더래요. 보니까 웬 할아버지 한 분이 서 계시는데 자세히 보니까 그 옛날 버스터미널 앞에서 떨고서 계시던 그 할아버지예요. 그런데 그 할아버지가 이렇게 말씀합니다. 네가 그때 나를 돌봐주어서 참 고마웠다고. 그런데 그때 서 있었던 그 할아버지가 바로 나였다고 하시더라는 것입니다.

그래서 그때 그 할아버지가 바로 주님이신 것을 깨닫고는 그렇게 감격하며 눈물을 흘렸다고 했는데요. 맞아요. 여러분, 오늘 우리 주위에는 수많은 예수님이 있습니다. 물론 겉은 다 변장된 모습입니다만 그러나 우리의 도움을 필요로 하는 사람이면 누구나 할 것 없이 그냥 주님을 대하듯이 사랑을 베풀면 됩니다. 왜냐하면, 그것이 바로 주님 자신을 대접하는 일이니까. 여러분, 오늘 저와 여러분도 어떻게 예수를 믿게 되었습니까? 지금부터 백수십 년 전에 미국에 있던 선교사님들이 이 땅에 들어왔어요. 도무지 우리하고는 사돈의 8촌도 안 되는 사람들입니다. 그것도 그때 당시 우리나라 수준은 지금의 아프리카보다도 더 수준이 낮았어요. 너무너무 미개했습니다. 그러나 그럼에도 불구하고 그들은 이 땅에 들어와서 교회를 세우고, 학교를 세우고, 병원을 세우고, 고아원을 세우고 했는데요, 무엇입니까?

오직 주님을 사랑하고 주님을 섬기는 마음으로 이 땅에 들어와서 자신들의 모든 것을 주었어요. 그들의 청춘, 물질, 심지어 자신의 생명까지도 주었어요. 그 결과 여러분, 오늘 우리나라를 한번 보세요. 만약 그때 그들이 이 땅에 들어오지 않았다면 지금 우리나라에 8백만 명이라고 하는 기독교인 숫자가 있겠습니까? 어림도 없습니다.

지금 우리 교회에서 후원하고 있는 김영구 선교사님 부부도 한번 보세요. 두 분 다 대학원까지 나오고 가정도 부요하고 한국에 있으면 얼마든지 좋은 조건으로 살 수 있음에도 불구하고 자신들의 모든 좋은 환경과 젊음을 다 버려두고 낯설고 도무지 살기 어려운 도미니카 공화국으로 가지 않았습니까. 왜 그럴까요?

그 이유는 오직 하나, 예수 사랑 때문입니다. 그곳에 주님의 형제들이 있기 때문에 주님을 섬기는 마음으로 복음을 들고 직접 그곳으로 간 거예요.

그러므로 여러분, 우리 기독교의 이웃 사랑은 사회사업이나 자선사업하고는 근본적으로 다릅니다. 자선사업 같으면 돈이나 건네주고 필요한 것만 주면 돼요. 그러나 우리 기독교의 이웃 사랑은 돈만 주고 물질만 주는 게 아니라 그 돈과 물질 속에 반드시 예수의 사랑을 담아서 주어야 합니다.

예수 때문에 주는 것이니까 나의 이름이나 나의 의를 드러내기 위해서 주는 것이 아닙니다. 오직 예수 사랑 때문에 내 안에 있는 주인의 사랑이기 때문에 주는 거예요.

여러분, 성경을 한번 보세요. 우리의 주인 되시는 예수님이 어떤 분이십니까? 가난하고, 굶주리고, 헐벗고, 병든 자를 보고는 절대 그냥 지나치신 적이 없습니다. 반드시 사랑으로 돌아보셨어요. 사랑을 베풀지 않고는 견디지 못하시는 분이십니다.

그러면 그분이 바로 내 안에 주인으로 계신다고 했을 때 또 우리는 그분께 마땅히 순종해야 할 종이라고 했을 때, 마땅히 사랑을 실천해야 하지 않겠습니까? 그럼에도 불구하고 마지막 때가 되면 신자들이 어떻게 한다고요? 자기를 사랑하고 돈을 사랑하고 세상 쾌락을 사랑하느라 하나님을 사랑하는 일과 내 이웃을 사랑하는 일은 점점 멀어진다고 했습니다.

그러므로 여러분, 사랑이 식어지는 이런 때일수록 우리 교회는 더욱 이일에 힘써야 합니다. 우리 교회 목표 중에 하나가 선교하며 구제하는 교회인데요. 사실 이 둘은 떨어져 있는 게 아니라 함께 붙어 있습니다. 그래서 우리 교회는 앞으로 최선을 다해서 선교에 힘쓸 뿐만 아니라 동시에 최선을 다해 국내 선교에도 힘쓸 것인데요.

우리가 지금 지원하고 있는 지체부자유자들뿐만 아니라 시골교회, 섬교회, 군부대, 양로원 등등 우리가 도와야 할 곳은 도처에 깔려 있습니다.

여러분, 우리는 이제 얼마 있지 않으면 모두가 다 주님 앞에 서게 될 텐데요. 그날에 주님이 우리에게 반드시 물으실 것입니다. 내가 주리고 목말라하고 헐벗고 병들고 옥에 갇혔을 때 너는 내게 무엇을 해 주었느냐고.

그러면 여러분, 이때에 우리는 뭐라고 대답할 수 있겠습니까?

마지막 주자
(마28:16~20)

여러분들은 점쟁이들이 장래 일을 예언하는 것을 보면서 얼마나 믿을 수 있다고 생각하십니까? 소위 말하는 족집게 점쟁이들이 길어야 1년 아니면 불과 몇 달 후의 일을 예측하는데도 도무지 맞지를 않습니다.

물론 세상 사람들이 돈까지 들여가면서 가는 것을 보면 완전히 거짓말만 하는 것은 아닌 것 같습니다만 그러나 우리가 볼 때 어쩌다 실수로 맞추면 소 뒷걸음질치다가 쥐 잡는 격이지, 그 이상은 결코 되지 않습니다.

그러면 이번에는 세계적인 석학들의 예언은 어떻습니까?

앨빈 토플러를 비롯한 여러 미래학자들이 장래 일을 미리 예언해 놓았는데요. 불과 4~50년을 내다보고 예언한 것입니다만 그러나 오늘날 현실에 비추어 보면 별로 맞는 게 없어요. 물론 전혀 없다는 것은 아닙니다만, 거의가 예상을 빗나간 것이 대부분입니다. 그만큼 장래 일을 미리 내다본다는 것은 어려운 일인데요. 그런데 여러분, 이렇게 장래 일을 미리 예측하기가 거의 불가능한 일임에도 불구하고 만약 그 예언이 100% 맞는 것이 있다면 그것이 무엇일까요?

그것은 두말할 것도 없이 성경의 예언이지요. 신약성경은 지금부터 2천 년 전에 예언한 것입니다만 2천 년이 지난 오늘의 현실에 비추어볼 때 조금도 틀림이 없이 그대로 다 맞아떨어졌습니다.

오늘 본문의 예언이 그 대표적인 것인데요.

예수님이 제자들을 앞에 놓고 마지막 유언한 내용입니다. '너희는 가서 모든 민족을 제자로 삼아라'라고 명령하셨는데요. 이것은 허황된 꿈이 아니라 오늘날 그대로 현실로 이루어졌습니다. 예수님이 미리 예언하셨지요. '이 천국 복음이 모든 민족에게 증언되기 위하여 온 세상에 전파되리니 그제야 끝이 오리라' 두 가지 예언인데요. 하나는 땅끝까지 주의 복음이 증거되어진다는 것이요, 그다음 또 하나는 그때에 이 세상의 종말이 오겠다는 것인데요. 물론 아직 세상 종말은 오지 않았습니다만 어때요, 여러분, 이 예언의 실현은 오늘날 우리가 두 눈으로 보고 있는 현실 아닙니까? 지금 전 세계적으로 또 우리나라에 가장 많이 유행하고 있는 말이 세계화라는 말인데요. 이 말은 불과 몇십 년 전까지만 해도 거의 상상도 할 수 없었던 말이었습니다. 그러나 예수님은 이것을 이미 2천 년 전에 미리 예언하셨어요. 물론 세상 사람들은 세상 문명이 발전해서 세계화가 이루어지는 줄 알고 있습니다만, 그러나 실제는 전 세계 모든 민족의 복음화라는 주님의 예언의 성취입니다.

그러므로 땅끝까지 복음으로 세계화가 이루어지면 더 이상 세계화는 없어요. 그때는 세상 끝입니다.

이 세상의 역사는 하나님의 선교의 역사예요. 하나님의 세계 선교가 끝나면 이 세상도 끝납니다. 그런데 오늘 우리가 특별히 관심을 가지려고 하는 것은 아무리 예수님의 예언이라고 하지만 지금부터 2천 년 전 예수님 당시의 제자들의 입장에서는 도무지 손에 잡히지 않는, 아니 거의 상상조차 할 수 없는 예언이었다는 것입니다. 왜냐하면 지금 제자들이 볼 때는 이스라엘 나라 하나도 복음을 다 전할 수 있을까 말까인데 전 세계에 복음을 전하라고 하니 말이나 됩니까?

그러나, 그럼에도 불구하고 제자들은 어떻게요. 이 예언을 그대로 믿고 예수님의 명령에 순종을 했어요. 그 결과 사도행전을 보면 이 복음이 예루살렘과 온 유대와 사마리아뿐만 아니라 소아시아와 마케도니아와 아가야와 로마에까지 복음이 전해졌습니다. 그러니까 여러분, 좀 진지하게 한번 생각해 보세요.

예수의 제자들은 그때 당시 이미 이루어진 일은 아무것도 없었어요. 완전히 백지에서 처음 출발하는 단계입니다. 그러나 그럼에도 불구하고 그들은 예수님의 예언을 그대로 믿고 즉시 나가서 복음을 전하여 제자를 삼았는데, 여기에 비해서 오늘 우리의 현실은 어떻습니까?

예수님의 예언이 더 이상 예언이 아닙니다. 이미 99% 이상 거의 다 이루어졌어요. 우리가 눈으로 보고 있고 손으로 만지는 바입니다. 예수의 복음이 땅끝까지 증거되어지는 일은 이제 시간문제예요. 아니, 우리 세대 중에 충분히 이루어질 수 있는 일입니다. 그런데 이렇게 100% 이루어진 예언의 말씀을 앞에 놓고도 만약 오늘 우리가 주님이 우리에게 명령한, '가서 모든 족속으로 제자를 삼아라'는 이 말씀에 순종하지 않고 있다면 그 이유는 무엇일까요?

그 이유는 오직 하나, 불신앙 때문이지요. 예수님이 예언하신 꼭 그대로 '인자가 올 때에 너희에게서 믿음을 보겠느냐' 했는데 믿음이 없어서 하지 못한다는 것입니다.

여러분, 제가 분명히 예언하는데요. 이 세상은 이제 더 이상 소망이 없습니다. 지금 뒤늦게 '하나뿐인 지구를 살리자'라고 하는데요, 소용없어요. 하나님이 이 세상 종말의 때를 예언하고 있으니까 아무도 이것을 거역하지 못합니다. 세상은 점점 더 악해지고 점점 사람 살기에 부적합해질 것이 분명해요. 그래서 세상은 갈수록 소망이 없습니다.

그러나 이에 반해서 예수의 복음은 땅끝까지, 땅끝까지 계속, 계속 증거되어질 텐데요. 하나님이 그렇게 하신다고 했으니까 틀림없습니다.

지금 세계 곳곳에서 전쟁이 끊이지 않고 세계 처처에 기근과 지진으로 신음하고 고통하고 있지만, 그럼에도 불구하고 복음은 전 세계 각처에서 계속, 계속 증거되어지고 있는 현실이에요. 그래서 패트릭 존스톤이 세계 기독교정보라는 잡지에서 말하기를 '과거 어느 때보다도 오늘날 전 세계적으로 주님 앞으로 돌아오는 부흥의 불길을 보고 있다'라고 했습니다.

맞아요. 여러분, 오늘날만큼 급속도로 전 세계에 복음이 증거되어지는 때가 없었어요. 불과 얼마 전까지만 해도 도무지 무너지지 않을 것 같던 소련과 중공과 같은 공산권이 무너졌지요. 뿐만 아니라 지금은 그렇게도 어렵다고 하는 이슬람권 국가들까지도 주님께로 돌아오고 있습니다. 참 놀라운 일 아닙니까?

코란 아니면 죽음이라는 사람들이 지금 주님께로 돌아오고 있으니까 이것은 전적으로 하나님의 역사지요. 우리 인간의 힘으로 이렇게 할 수 있는 게 아닙니다. 하나님이 미리 다 예언해 놓은 그 예언이 그대로 실현되고 있는 거예요.

그래서 마침내 전 세계가 복음화되는 그날에 이 세상은 종말이 오고, 오늘 우리는 그렇게 꿈에도 그리던 하나님의 나라가 이 땅 위에 이루어지는 것을 보게 될 텐데요. 주님 다시 오시는 그날에 꿈꾸는 듯한 현실이 우리 눈앞에 나타날 것입니다.

그러면 땅끝까지 주의 복음을 증거하는 일을 누구를 통해서 이루시는가? 그것은 두말할 것도 없이 오늘 우리 교회를 통해서지요. 하나님이 교회를 이 땅에 세우신 이유가 복음을 땅끝까지 전하게 하기 위해서니까, 복음을 전하지 않는 교회는 더 이상 교회가 아닙니다. 그런데 오늘 제가 강조하려고 하는 것은 하나님이 전 세계 복음화를 위해서 이 마지막 때에 다른 교회가 아닌 우리 한국교회를 들어서 이 일을 이루시기를 원하신다는 것입니다. 왜냐하면 여기에는 그렇게 말할 수 있는 몇 가지 이유가 있는데요.

첫째 하나는 우리 기독교 2천 년 역사가 이것을 증명하고 있기 때문에 그렇습니다. 제가 이미 말씀드린 대로 이 세상의 역사는 하나님의 선교의 역사예요. 하나님이 선교하는 나라를 들어서 세계 역사를 이끌어 왔습니다.

자, 보세요. 예루살렘교회가 선교하지 않을 때 핍박을 받고 다 흩어졌어요. 그다음 로마교회도 선교하지 않을 때 지금의 프랑스인 고트족에 의해 망했습니다. 또 고트족이 선교하지 않을 때 바이킹족에게 망했고, 바이킹족이 선교하지 않을 때 앵글로 색슨족에 의해 망했어요. 그래서 한동안 영국이 전 세계 선교를 감당했었는데요. 우리나라에 맨 처음 성경을 들고 들어온 선교사가 바로 영국 선교사입니다.

토머스 선교사라고 배에서 내리자마자 대동강변에서 목 베임을 당해 순교했는데요. 어쨌든 영국이 타락해서 기독교를 핍박할 때 청교도들이 아메리카 대륙으로 건너가서 미국을 세웠는데 이때부터 미국이 세계 선교를 주도하면서 세계 최강국이 되었습니다. 그런데 지금 미국이 선교의 열기가 식었어요. 선교사 지원자가 급감하고 있고 1년에 6천 개의 교회가 문을 닫고 있습니다. 그 결과 오늘날 미국이 어떻습니까? 급속히 쇠락하고 있습니다.

마약, 알코올중독자 외에 거지, 노숙자가 천만 명이나 있다고 했으니까, 더 이상 잘사는 나라가 아니에요.

그런데 여기에 비해서 오늘 우리 한국은 어떻습니까?

우리나라가 기독교 100년 만에 천만 성도와 오만 교회라고 하는 엄청난 부흥이 일어났습니다. 그리고 지금은 또 세계 선교에 불이 붙었어요. 선교자 지원자들이 계속 일어나고 있고, 아무도 가지 않는 선교의 마지막 보루인 이슬람권 선교에 집중하고 있는데요. 이집트, 시리아, 이란, 이라크, 사우디아라비아, 튀르키예, 이스라엘까지 지금 난리도 아닙니다.

또 경제도 엄청난 속도로 성장했는데요. 불과 5~60년 전까지만 해도 보릿고개가 있고 풀뿌리 캐 먹던 시절이 있었던 우리나라가 지금은 음식찌꺼기 버리는 것만 1년에 14조 원이 넘는다고 했으니 참 놀라운 일이 아닙니까? 자다가도 깜짝 놀랄 일이에요.

그러면 여러분, 왜 하나님이 우리나라를 이렇게 축복하고 계실까요? 그 이유는 오직 하나, 지금 우리나라가 선교할 때이기 때문입니다. 여러분, 작년 통계인데요, 개척교회가 반 이상 문을 닫았어요. 점점 갈수록 개척교회가 안 된다고 했습니다. 왜 그렇습니까? 지금은 교회 개척의 때가 아니라 선교의 때이기 때문입니다. 그래서 교회가 많고, 신학교 신학생이 많은 이유가 무엇인가? 잘 훈련시켜서 선교사로 내보내기 위함입니다. 지금 신학생 중 반 이상이 선교사 지망생이에요. 또 한국교회만큼 열심 있는 교회가 없는데요. 한국에서는 실패한 목사라도 외국에 나가면 성공할 수 있습니다. 열심으로는 세계 일등이니까.

어쨌든 기독교 2천 년 역사를 통해서 볼 때 하나님이 지금 우리 한국교회를 들어서 세계 선교의 일을 맡기고 있음이 분명합니다. 그다음 또 하나 왜 우리 한국 선교사들이 세계 선교의 마지막 주자인가? 그 이유는 선교에 은사가 있는 민족이기 때문에 그렇습니다. 우리 민족이야말로 선교에 은사가 있어요.

자, 보세요. 먼저 우리 한국 사람의 체질입니다. 4계절용이지요. 춘하추동이 있는 나라로 추운 데, 더운 데 좌우지간 전 세계 어디를 가도 다 견딜 수 있는 4계절용 체질이에요. 그다음 우리 한국 사람의 혓바닥인데요. 전 세계 어떤 나라 말도 다 소화할 수 있는 혓바닥입니다. 일본이나 중국 사람들은 어림도 없어요. 그다음 위장이 또 우주적 밥통이라는 것인데요. 우리 한국 사람이 먹을 수 없는 음식은 없습니다. 안 줘서 못 먹고 없어서 못먹지, 굼벵이, 지렁이, 뱀, 보신탕까지 싹 먹어 치우는 민족입니다. 그다음 잠자리 문제인데요.

어디든 등만 붙이면 잘 수 있는 민족입니다. 미국이나 구라파 같은 서양 나라 사람들은 절대 땅바닥에 자지를 못합니다. 나무상자나 야전침대라도 침대를 만들어 줘야 잘 수 있어요. 그런데 우리나라 사람들은 전혀 잠자리를 가리지 않습니다. 결론을 맺겠습니다.

이제 곧 주님이 다시 이 땅에 오시면 우리보고 물을 것입니다.

네가 나를 사랑하느냐. 사랑한다고 대답하면 내가 너보고 땅끝까지 모든 족속으로 제자를 삼으라고 명령했는데 너는 이 세상 사는 동안에 이 일을 위해서 무엇을 했느냐고 그러면 이때 여러분의 대답은 무엇입니까?

구속사의 관점에서 본

마태복음 강해

ⓒ 최성배, 2023

초판 1쇄 발행 2023년 11월 21일

지은이	최성배
펴낸이	이기봉
편집	좋은땅 편집팀
펴낸곳	도서출판 좋은땅
주소	서울특별시 마포구 양화로12길 26 지월드빌딩 (서교동 395-7)
전화	02)374-8616~7
팩스	02)374-8614
이메일	gworldbook@naver.com
홈페이지	www.g-world.co.kr

ISBN 979-11-388-2508-5 (03230)